LES COMBATTANTS
DU 18 JUIN

Roger Bruge

LES COMBATTANTS DU 18 JUIN

LE SANG VERSÉ

FAYARD

Ce livre est dédié à des « combattants du 18 juin » qui ont toujours su que la France avait perdu une bataille et non la guerre.

Lieutenant André Bollier, du 68ᵉ RA, évadé du fort Montluc, à Lyon, abattu les armes à la main par la Gestapo le 17 juin 1944.

Commandant Maurice Charpy, du I/204ᵉ RI, tombé le 7 décembre 1944 devant Guevenheim (Haut-Rhin) à la tête du 1ᵉʳ régiment de l'Yonne.

Commandant Jacques de la Fournière, du III/168ᵉ RIF, onze fois cité en 14-18, torturé à mort par la Gestapo et décédé le 7 août 1943.

Colonel Louis Gentil, du 68ᵉ RA, mort en déportation au Revier de Dora le 8 avril 1945.

Commandant Jean Labat, du 4ᵉ Bureau du 12ᵉ corps d'armée, mort en déportation au camp de Neuengamme le 5 février 1945 (Kommando de Laagberg).

Chef d'escadron Georges Lahaye, du III/49ᵉ RAMF, déporté et disparu en Allemagne en septembre 1944.

Capitaine Raymond Limouzin, de la prévôté de la Vᵉ armée, mort en déportation au mois d'avril 1945 au camp de Neuengamme.

Capitaine Régis Pignal, officier d'ordonnance du général Champon, commandant le 12ᵉ corps, tombé le 19 novembre 1944 près de Pont-de-Roide (Doubs) dans les rangs du 1ᵉʳ régiment d'artillerie coloniale du Maroc.

Lieutenant André Rondenay, du 39ᵉ RAF, évadé du camp de Lübeck, fusillé par ordre de la Gestapo le 15 août 1944.

Capitaine Bernard de Tarragon, commandant le III/161ᵉ RIF, tombé le 18 mai 1944 en Italie dans les rangs du 6ᵉ régiment de tirailleurs marocains.

*Avoir fait son devoir est peut-être
une formule périmée, elle n'est pas inutile
à un certain équilibre intérieur !*

Médecin-lieutenant Georges LOUBLIÉ,
du 20ᵉ bataillon de chars de combat.

Abréviations françaises

58e BM : *58e bataillon de mitrailleurs.*
291e RI : *291e régiment d'infanterie.*
11e REI : *11e régiment étranger d'infanterie.*
21e RMVE : *21e régiment de marche de volontaires étrangers.*
18e BILA : *18e bataillon d'infanterie légère d'Afrique (les« Joyeux »).*
174e RIF : *174e régiment d'infanterie de forteresse.*
3e RIC : *3e régiment d'infanterie coloniale.*
3e RAC : *3e régiment d'artillerie coloniale.*
14e RTS : *14e régiment de tirailleurs sénégalais.*
6e RICMS : *6e régiment d'infanterie coloniale mixte sénégalais.*
9e RTM : *9e régiment de tirailleurs marocains.*
21e RTA : *21e régiment de tirailleurs algériens.*
I/21e RTA : *1er bataillon du 21e RTA.*
II/21e RTA : *2e bataillon du 21e RTA.*
III/21e RTA : *3e bataillon du 21e RTA.*

6e DI : *6e division d'infanterie.*
3e DINA : *3e division d'infanterie nord-africaine.*
3e DIC : *3e division d'infanterie coloniale.*
DLB : *division légère Burtaire (ex-secteur fortifié de Montmédy).*
Division Poisot : *division de marche constituée avec les troupes d'intervalles du secteur fortifié de Thionville. De même, les divisions Besse, de Girval, Dagnan, Chastanet et Senselme sont issues des secteurs fortifiés.*
3e DIM : *3e division d'infanterie motorisée.*
7e DLM : *7e division légère mécanique.*
GRCA 14 : *groupe de reconnaissance de corps d'armée nº 14.*
GRDI 39 : *groupe de reconnaissance de division d'infanterie nº 39.*
GRRF 44 : *groupe de reconnaissance de région fortifiée nº 44.*

Pour les régiments d'artillerie, les sigles sont très divers, allant du 46e RAMF (régiment d'artillerie motorisé de forteresse) au 145e RALH

(régiment d'artillerie lourde hippomobile) en passant par le
206ᵉ RALNA (régiment d'artillerie lourde nord-africain) et le 165ᵉ RAP
(régiment d'artilleurs à pied). Dans la mesure du possible, nous avons
réparti en RA (équipés de 75) et RAL (105 ou 155) :
I/313ᵉ RA : *1ᵉʳ groupe du 313ᵉ RA ;*
II/313ᵉ RA : *2ᵉ groupe du 313ᵉ RA ;*
III/313ᵉ RA : *3ᵉ groupe du 313ᵉ RA.*

Abréviations allemandes

24ᵉ ID : 24ᵉ Infanterie Division.
8ᵉ Panzerdivision : 8ᵉ Division blindée.
20ᵉ Motor. Div. : 20ᵉ Division motorisée.
Höhere Kommando 36 : corps d'armée statique.
IR 125 : Régiment d'infanterie 125.
I/IR 125 — II/IR 125 — III/IR 125 : 1ᵉʳ, 2ᵉ et 3ᵉ bataillons du *IR 125.*
AR 58 : Régiment d'artillerie 58.
I/AR 58 — II/AR 58 et *III/AR 58 :* 1ᵉʳ, 2ᵉ et 3ᵉ groupes du *AR 58.*
Stosstrupp : unité d'assaut de l'importance d'une section renforcée.
Panzerjäger Abteilung : bataillon antichar motorisé à trois compagnies.
Aufklärungs Abteilung : groupe de reconnaissance divisionnaire à trois
escadrons.
Artillerie Abteilung : groupe d'artillerie.
37 Pak : Panzer Abwehr Kanone (pièce antichar de 37 mm).
88 Flak : Flieger Abwehr Kanone (pièce de DCA de 88 mm).
Minenwerfer : mortier allemand.
Minen : obus du mortier allemand.

Grades

Gefreiter : caporal. *Unterroffizier :* sergent. *Feldwebel :* adjudant.
Oberfeldwebel : adjudant-chef. *Leutnant :* sous-lieutenant.
Oberleutnant : lieutenant. *Hauptmann :* capitaine (peut être *Rittmeister*
dans la cavalerie). *Major :* chef de bataillon. *Oberstleutnant :* lieutenant-
colonel. *Oberst :* colonel.

Avertissement

Ce récit n'est pas une fiction et le lecteur sera déçu s'il recherche des effets littéraires ou des personnages romantiques. Il ne doit pas non plus fixer son attention sur les noms, les centaines de noms qu'il rencontrera au fil des pages, sauf peut-être sur ceux des généraux responsables : Condé, Freydenberg, Bourret, Laure, à l'échelon de l'armée ; Flavigny, Carles, Dubuisson, Loizeau, Hubert et Lescanne au niveau du corps d'armée. Ajoutons quelques divisionnaires, et ce sera tout : Roucaud, Falvy, de Verdilhac, Burtaire, Poisot, Dagnan, Boell et Chastanet.

La seule chose qui compte, c'est l'ÉVÉNEMENT. De l'offensive lancée le 9 juin sur l'Aisne par von Runstedt à la bataille de Toul s'achevant le 20 juin, nous allons suivre la percée de Guderian en Champagne, les combats livrés par la 3e DINA et la 6e DIC pour lui barrer la route, puis, le front étant crevé, la retraite, la terrible retraite pendant laquelle le soldat français, souffrant de la faim, se bat le jour et marche la nuit, ployant de plus en plus sous le poids de la fatigue et du manque de sommeil.

Le lundi 17 juin, les forces blindées et motorisées de Guderian atteignent la frontière suisse, enfermant du même coup en Lorraine la moitié de l'armée française. C'est sans doute le plus grand encerclement réalisé pendant la Seconde Guerre mondiale, les « poches » de l'armée rouge, en septembre 1941, ne dépassant pas 400 000 hommes (Briansk), 300 000 (Viasma), 280 000 (Smolensk) et, plus tard, 230 000 à Stalingrad.

Pour les quatre armées françaises prises au piège, c'est à la fois Dunkerque et Stalingrad, mais elles n'ont pas la mer pour s'échapper et, le même jour, 17 juin, le maréchal Pétain leur a demandé de « cesser le combat ». Coupés de la ligne Maginot qui résistera jusqu'à l'armistice [1], les 500 000 soldats encerclés vont s'aligner sur la Meuse, face à l'ouest, et

1. Voir *On a livré la ligne Maginot !* (Fayard, 1975).

13

sur le canal de la Marne au Rhin, face au nord. C'est là que, le mardi 18 juin, l'armée française livre sa dernière bataille. Le lecteur va en effet découvrir que le jour où, de Londres, le général de Gaulle lance son célèbre appel à la résistance, des combats extrêmement sévères se déroulent en Lorraine : les Sénégalais de la 1re DIC à Bourmont, les légionnaires de la 6e DINA à Saint-Germain-sur-Meuse, les grenadiers polonais du général Duch à Vaucourt, les mitrailleurs coloniaux de la division Dagnan à Avricourt, les soldats du 37e régiment de forteresse à Xouaxange, tous fraternellement unis dans le même affrontement sans espoir. Plus de 400 tués sur la Meuse au cours de la journée et 660 corps identifiés dans la zone du canal. Des chiffres irréfragables parce que puisés aux meilleures sources. D'abord au Service des Sépultures militaires, rue de Bercy, à Paris où, grâce à l'autorisation de M. Plantier, secrétaire d'État aux Anciens Combattants, avec l'aide de M. Pyatzook et de ses dévoués collaborateurs, Suzanne Emery et Jacques Barbe, j'ai pu consulter les archives de plus de 300 communes champenoises, lorraines et alsaciennes, où sont conservés les procès-verbaux d'exhumation dressés en 1941. Seconde source de grand intérêt : les archives personnelles du lieutenant Robardet qui, prisonnier de guerre, obtint des Allemands l'autorisation de constituer un groupe que l'occupant appela le *Gräberkommando Robardet*. Ces hommes identifièrent et donnèrent une sépulture décente à plus de 2 500 soldats tombés sur le territoire du département de la Moselle dont l'accès, ainsi que celui des départements alsaciens, était refusé à l'administration française[1]. Ces archives sont maintenant déposées au Service historique de l'armée, selon le vœu exprimé par Mme Robardet[2].

Pour la première fois, nous possédons des chiffres officiels de pertes, des chiffres vérifiés, souvent recoupés sur place auprès des mairies (Esnes-en-Argonne en particulier, Ourches et Saint-Germain-sur-Meuse), et d'inévitables questions se posent : pourquoi un tel silence sur cette bataille ? Qui est chargé, dans notre pays, de choisir dans les tranches de l'Histoire, celles que l'on apprend aux enfants et celles que l'on étouffe ? Pour quelles obscures raisons, les « combattants du 18 juin » n'ont-ils pas l'honneur de figurer dans les manuels scolaires ? Pourquoi retenir Sedan, Dunkerque, Montcornet, et fermer les yeux sur une bataille qui a coûté plus d'un millier de morts dans la seule journée du 18 juin ?

Un début de réponse nous est proposé par le général d'armée Vaillant qui, ancien commandant d'un ouvrage de la ligne Maginot, écrivait en

1. L'histoire extraordinaire du *Gräberkommando Robardet* est contée dans *Juin 1940, le mois maudit* (Fayard, 1980).
2. Les remerciements et les sources des « Combattants du 18 juin » figureront à la fin du tome II : *Les Derniers Feux*.

1979 : « Le " flambeau de l'indifférence ", si j'ose dire, s'est transmis depuis Vichy jusqu'à nos jours, à travers tous les régimes. »

Il a certainement raison, car, à leur retour des camps, en 1945, de nombreux officiers, anciens « combattants du 18 juin », voulurent expliquer, prouver qu'avec les faibles moyens dont ils avaient été dotés, ils s'étaient battus et que des centaines de leurs hommes sont tombés dans la bataille. On ne les écouta point. La France était revenue du côté des vainqueurs, les Français avaient gagné la guerre et ne voulaient plus qu'on leur parlât de juin 1940.

« Il aurait été souhaitable, assure le capitaine Daubenton, du II/174e RIF[1], que les autorités intéressées dirigent vers leurs officiers les malheureux qui rentraient après cinq ans de captivité. Mais ils étaient tellement indésirables qu'on a tout fait pour les escamoter. Je me suis heurté à Nancy à un mur de silence ; seuls avaient des droits et des faveurs les déportés politiques ou les FFI, mais les soldats de 1940, il ne fallait pas en causer. »

Conservant au fond d'eux-mêmes une blessure secrète qui ne s'est jamais refermée, beaucoup d'entre eux en prirent leur parti et tirèrent un trait sur 39-40. Le lieutenant Bertrand d'Astorg, à qui je demandais des précisions sur son unité de cavalerie, le GRDI 39, me répondit avec une amertume dont chaque ligne est imprégnée : « Vous me faites revivre un moment d'histoire et de ma vie que la tristesse et la honte m'ont fait occulter au point que son souvenir en est à peu près complètement effacé de ma mémoire. »

Il était pourtant facile de dire la vérité aux Français, de ne plus faire du soldat de 40 le bouc émissaire de la défaite. Les années passant, d'anciens combattants des armées encerclées en Lorraine accédèrent à de hautes fonctions politiques qui leur permettaient d'éteindre le « flambeau de l'indifférence » dont parlait le général Vaillant. MM. Capitant et Frénay, officiers à l'état-major du 43e corps, furent tous les deux ministres, ainsi que MM. de Menthon et P.-H. Teitgen, anciens du 133e RIF. M. Bourgès-Maunoury, du 17e RA, fut ministre, puis chef du gouvernement, M. Billères, lieutenant au 49e RIA, présida le parti radical et fut aussi ministre. M. Max Lejeune, officier d'artillerie à l'ouvrage de *Métrich*, devint même ministre des Armées.

Ancien sous-officier du 23e RIC, un régiment qui, le 14 juin 1940, laissa 183 des siens sur les pentes de la cote 304, M. Mitterrand est aujourd'hui président de la République. Sa voix s'élèvera-t-elle pour que les silences de l'Histoire soient enfin brisés èt que cessent les trahisons dont elle est l'objet ?

---

1. Lettre du 14 janvier 1946 adressée par Daubenton à son ami, le capitaine Roger Pirat, de Dijon.

« Ils ont des droits sur nous ! » affirmait Clemenceau parlant des « poilus » de 14-18. Lancés dans une guerre mal préparée dont la nation ne voulait pas, mais ayant assumé les mêmes devoirs, les « combattants du 18 juin » n'auraient-ils pas les mêmes droits ?

R. B.

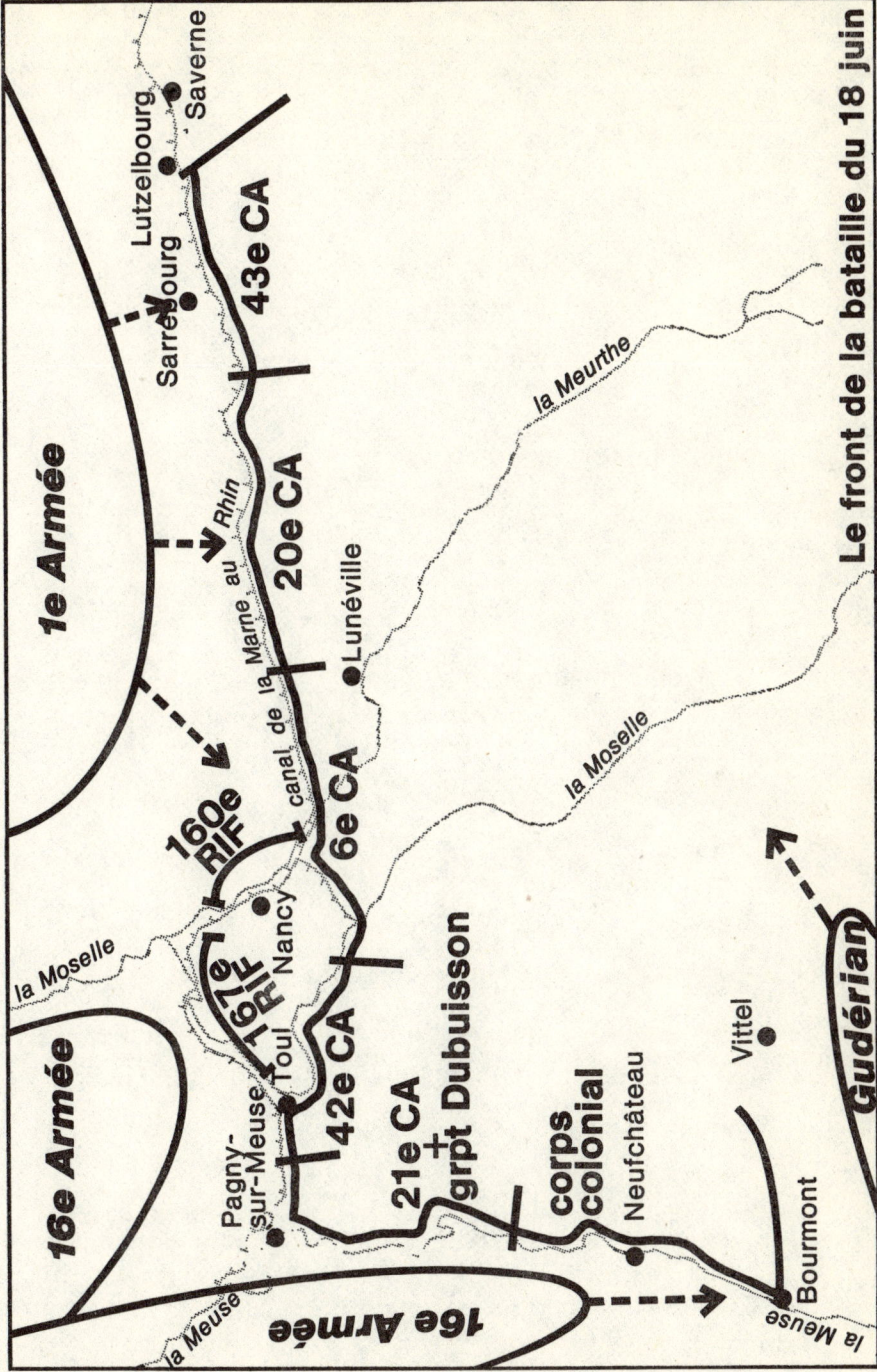

Le front de la bataille du 18 juin

1e Armée

43e CA

20e CA

6e CA

42e CA

21e CA + grpt Dubuisson

corps colonial

160e RIF

167e RIF

16e Armée

16e Armée

Gudérian

Saverne

Lutzelbourg

Sarrebourg

Lunéville

Toul

Nancy

Pagny-sur-Meuse

Neufchâteau

Vittel

Bourmont

la Meurthe

la Moselle

la Moselle

la Meuse

la Meuse

canal de la Marne au Rhin

PREMIÈRE PARTIE

La guerre

CHAPITRE PREMIER
Les oubliés du communiqué

Le général Lesourd, gouverneur militaire de Verdun, a enregistré avec stupeur le message qui vient de lui être transmis : « Le 14 mai 1940, écrit-il, le chef d'état-major de la IIe armée me téléphone de mettre Verdun en état de défense face à l'ouest, mais qu'il ne peut mettre aucune troupe à ma disposition ! »

Pourquoi le 14 mai ? Pourquoi Verdun ? Parce que la IIe armée du général Huntziger a été enfoncée la veille à Sedan où les *Panzers* ont franchi la Meuse et que personne ne sait sur quel axe va se poursuivre leur effort. L'appel téléphonique du colonel Lacaille, chef d'état-major de la IIe armée, nous donne cependant une précieuse indication. En demandant à Lesourd de mettre Verdun en état de défense face à l'ouest, Lacaille dévoile la pensée de son chef qui estime probable, ou du moins possible, une tentative allemande de percée en Champagne, face au sud.

Mais revenons à Verdun : avec quelles troupes va-t-on défendre la ville ? Lesourd dispose d'une seule unité, la 1re demi-brigade d'infanterie légère d'Afrique du colonel Lambert, un ancien officier de Légion. Le commandement a si peu confiance dans les soldats de la demi-brigade, plus connus sous le nom de « Joyeux », qu'il les a fait désarmer pendant la « drôle de guerre ». Un de leurs anciens officiers, le commandant Choquet, les dépeint d'une plume sans complaisance : « Composés de repris de justice incorrigibles et de délinquants primaires (...). Dans l'ensemble, ils sont peu sûrs et, pour la plupart, tarés physiquement. » Mêmes critiques envers les cadres issus de la garde républicaine : « Ils ne s'imposent pas et certains ont franchement peur de leurs hommes ! »

Voilà les soldats avec lesquels le général Lesourd devrait défendre Verdun. Comme il n'a pas le choix, sa décision est prise : « Je fais réarmer les Joyeux ! » dit-il dans son rapport. Une note du 17 mai indique même que des lance-flammes seront bientôt livrés au colonel Lambert. Heureusement pour Lesourd, et aussi pour la IIe armée, les

Panzerdivisionen ont obliqué vers l'ouest, en direction de la mer, pour encercler à la fois le groupe d'armées du général Billotte, le corps expéditionnaire britannique et une partie de l'armée belge, désastre qui s'achèvera à Dunkerque.

Le PC du général Huntziger est au fort de Landrecourt, à dix kilomètres au sud de Verdun, et il est probable que le vaincu de Sedan n'est pas fâché de voir les choses évoluer de cette façon. Cependant, l'alerte a été chaude et, dans la perspective d'une autre offensive allemande à partir de la poche de Sedan, on va procéder à la mise en état de défense de Verdun. Première décision : coiffer le général Lesourd par un chef énergique qu'on fait venir spécialement d'Afrique noire, le général de corps d'armée Dubuisson, un colonial de soixante et un ans dont la carrière s'est déroulée pour l'essentiel en Indochine après la guerre de 14-18 au cours de laquelle il fut quatre fois cité avant de faire campagne au Maroc. Arrivé par avion à Marseille, le futur défenseur de Verdun s'est d'abord rendu dans sa famille, à Toulon. « J'ai reçu le 18 mai, dans la matinée, l'ordre de rejoindre Verdun et m'y suis rendu avec mon auto personnelle pour gagner du temps », écrit-il.

Le lendemain à 15 heures, il se présente au PC de la IIe armée où le général Huntziger, en présence du colonel Lacaille, lui donne les grandes lignes de sa mission : « Verdun est appelée à jouer un rôle important dans la bataille ; il est possible que le front cède à l'ouest de la Meuse et que les forces dont nous disposons à l'ouest de Stenay et qui se battent face au nord soient alors obligées de faire face à l'ouest. Verdun se relierait alors à droite à la ligne Maginot et deviendrait le pivot de la défense. »

On voit que, depuis le 14 mai, Huntziger n'a pas changé d'idée et n'écarte pas l'hypothèse d'une percée profonde en Champagne où les *Panzers* bénéficieraient d'un terrain plat, idéal pour une offensive en direction de la Marne. Cependant, lorsque Dubuisson s'inquiète des unités qui lui seront affectées, on lui répond par un haussement d'épaules. Les réserves de 1940 ne sont pas celles de 1916 et le front actif du Nord étant prioritaire, Dubuisson se contentera des... fonds de tiroir.

« Il faut d'abord rétablir la discipline et le moral dans les arrières de l'armée ! » observe le colonel Lacaille.

L'enfoncement à Sedan des deux divisions en première ligne, la 55e DI et la 71e DI, a laissé de profondes séquelles dans la zone arrière. Les fuyards sont encore nombreux qui se mêlent aux réfugiés dans la vallée de la Meuse, des petites unités sans chefs campent ici et là, et des officiers sans troupe cherchent un commandement ou une autorité pour s'y rallier. Une reprise en main s'impose, et Dubuisson va s'y employer en priorité. Il conserve le général Lesourd comme adjoint et prend pour chef d'état-major le colonel Placiard qui commandait huit jours plus tôt l'infanterie de la 71e DI. L'artilleur de la 55e DI, le colonel Boudet de Castelle, devient celui de Verdun, et le colonel Mauduit, qui sera secondé par le lieutenant-colonel du Bois de Montrenaud, prend la direction du génie, une lourde charge puisque la mise en état de défense de Verdun n'existe encore que sur le papier. A peine installé à la citadelle, Dubuisson réunit ses officiers et leur indique sur la carte du secteur la ligne sur laquelle il compte se battre. Le jour où la situation l'exigera. Cette ligne est naturellement jalonnée par les forts de ceinture et leurs tourelles de 75 et de 155 dont les munitions sont encore stockées au parc d'artillerie de Verdun.

« Et les artilleurs ? » interroge le colonel Boudet.

Les forts ont en effet des tourelles, mais celles-ci n'ont pas de pelotons de pièce pour les servir. De toute façon, les forts n'ont pas de garnison, si bien que, le 18 mai 1940, on se retrouve dans la situation de 1916, avec cette aggravation que les blessures reçues par des forts comme Vaux ou Douaumont n'ont fait l'objet d'aucune réparation. La guerre de 14-18 n'était-elle pas la « der des der » ?

Outre les « Joyeux » du colonel Lambert, Dubuisson hérite d'un bataillon d'instruction de tirailleurs marocains, le 21/1er RTM, d'un régiment de pionniers et d'un régiment régional qui assure la sécurité des voies stratégiques, des ponts et des dépôts de carburant et de munitions. Dans les jours qui suivent sa prise de commandement, il reçoit non pas des combattants, mais des hommes de classes anciennes ou du service auxiliaire, capables de manier la pelle ou la pioche, un régiment de travailleurs coloniaux, cinq bataillons de pionniers, puis tout le 57e régiment de travailleurs qui sera suivi un peu plus tard de trois bataillons de sapeurs belges.

Le colonel Mauduit rapporte qu'à la fin du mois de mai il a fait distribuer dans les unités 300 tonnes de barbelés, 50 000 piquets, 500 chevaux de frise, 1 000 pioches et autant de pelles, 300 masses, le ciment, le sable et le gravier nécessaires pour couler 200 mètres cubes de béton, 20 tonnes d'explosifs, des cisailles, des haches, des scies, bref, de quoi dresser une chaîne d'obstacles sur les itinéraires conduisant à Verdun, tout en préparant une ligne d'arrêt partant de Bois-Bourrus, au nord-ouest de la ville, jusqu'au ravin de Bezonvaux, au nord-est. Les maires des villages, dont la reconstruction entreprise après 1918 n'est pas encore achevée, ne dissimulent pas leur angoisse en voyant les travailleurs du général Dubuisson préparer le futur champ de bataille sur les lieux mêmes de l'ancien.

A Verdun où l'évacuation de la population est déjà prévue, tout un réseau de tranchées, de barricades et de points d'appui est établi dans la seconde quinzaine de mai. Les fourneaux de mines des ponts des environs vont être chargés, mais les sapeurs du commandant Roux n'ont pas l'impression que le temps presse et commencent par mettre les explosifs en place dans la ville, ce qui nécessite moins de chemin à parcourir. Aux ponts de la Galavaude et de la Porte-Chaussée, à Beaurepaire et à l'usine Saint-Nicolas, au tunnel de Tavannes, les charges seront prêtes en quelques jours. Si Verdun devait être perdue — ou abandonnée — le colonel Mauduit prévoit d'incendier les casernes, les dépôts de carburant, ceux de l'intendance, et de détruire le réseau d'adduction d'eau. Des blockhaus antichars avec chevaux de frise sont coulés sur le chemin de halage du canal, près des ponts de la Meuse, avenue de Douaumont, rue des Remparts et à la porte de la citadelle.

Les ordres donnés au colonel Mauduit par Dubuisson montrent bien sa détermination : « La destruction des maisons doit être envisagée sans hésitation pour renforcer l'efficacité des barrages. Il appartient aux officiers chargés des travaux de faire savoir au maire de la commune intéressée qu'il doit faire évacuer telle ou telle maison dont la destruction est rendue inévitable pour les besoins de la défense. »

Quant au rythme du travail, il est à l'opposé de l'inertie pratiquée à la IIe armée pendant la « drôle de guerre ». Certes, le général Huntziger a fait savoir « qu'il convenait d'agir vite », mais de là à creuser des trous et à tendre du barbelé toutes les nuits à la lumière des projecteurs... C'est pourtant ce qui se passe et le commandant Perrot, du II/444e Pionniers, assure que « les ordres sont d'employer les hommes au maximum, jour et nuit ».

Si la main-d'œuvre ne manque pas, le général Dubuisson reste aussi démuni au niveau des moyens de combat. Un commandant de gendarmerie lui a été affecté pour rétablir l'ordre et la discipline dans la ville, mais il n'a pas de groupe de reconnaissance, pas de compagnie auto, et son service de santé compte exactement douze voitures sanitaires d'un modèle vétuste. Dubuisson n'a même pas de poste émetteur-récepteur, et cette lacune montre à quel point il reste le parent pauvre des arrières de la IIe armée. En outre, si le colonel Boudet a pu faire approvisionner quelques forts de ceinture en munitions à la fin du mois de mai, le problème des garnisons et des pelotons de tourelles n'a toujours pas reçu de solution.

* * *

Toutes les nuits, à Verdun, et sans même tendre l'oreille, on entend la voix puissante du canon. Le front est là, dans le nord du département et dans les Ardennes voisines, à une cinquantaine de kilomètres. Que se passe-t-il sur cette position déchirée par les obus des deux camps ? Les journaux n'en parlent pas, publiant sans les commenter les récits pleins d'imagination concoctés par les services du ministère de l'Information. Du fait que les hommes des divisions qui se battent dans le nord

24

meusien et les Ardennes se trouvent sur un front dit « stabilisé », tout le monde les ignore, comme si le quotidien était à nouveau celui de la « drôle de guerre » : activités de patrouilles et tirs d'artillerie de part et d'autre du front. Plus de quarante années ont passé et l'on découvre avec stupeur que ces soldats qui furent les oubliés du communiqué ont souffert sur leur position comme leurs anciens aux plus mauvais jours de 14-18.

« L'activité est surtout marquée par des tirs d'artillerie sur nos lignes auxquels répondent nos 75 », note le lieutenant Cabrol, du I/11e RI (35e DI), avant d'ajouter : « Mais il y a tous les jours des blessés et des morts. »

Certes, la mort et la mutilation constituent dans toute guerre un risque quotidien, mais quand s'y ajoutent la faim et l'épuisement dû au manque de sommeil, le devoir à remplir devient l'affaire des caractères les mieux trempés. Dans les poignants messages tirés des archives du 14e RTA, lisons le véritable SOS lancé par le lieutenant Dufrenne à son chef de bataillon : « Pourrions-nous avoir un ravitaillement en pain au moins et en conserves s'il y a moyen. Nous n'avons plus rien, de ce fait le moral baisse... » Transmettant le billet au PC du régiment, le commandant Serre ajoute : « Il est urgent de ravitailler cette unité qui n'a rien mangé depuis plusieurs jours. »

C'est daté du 18 mai 1940. Sur un front que l'on prétend stabilisé, des hommes dont la vie s'écoule, vingt-quatre heures sur vingt-quatre, dans un trou ou un élément de tranchée « n'ont rien mangé depuis plusieurs jours ». On est loin du vin chaud du soldat et du Théâtre aux Armées dont la presse française a fait ses délices au cours de l'hiver. A la même date, au même régiment, le capitaine Germas alerte le bataillon sur « l'état des hommes : fatigue, insomnie depuis neuf jours, nourriture médiocre : pas de café, pas de vin, rareté de l'eau ».

La veille, 17 mai, le commandant Serre, du III/14e RTA (3e DINA), écrivait dans son compte rendu du matin : « Nuit très dure. Pas un instant de répit de la tombée de la nuit au lever du jour. Les pertes se montent à cinq tués et quarante blessés. La fatigue des hommes est extrême. La nuit prochaine sera difficile à passer. » Et Serre ajoute *in fine* à l'intention du lieutenant-colonel Bosviel : « J'attire votre attention toute spéciale sur le danger de sommeil. »

Serre s'exprime clairement : malgré les tirs d'artillerie, les guetteurs épuisés sont capables de s'endormir sur le parapet. Un sergent[1] du même régiment écrit de son côté : « Je reste avec trois groupes de quatre hommes chacun. Tiendrons jusqu'au bout, mais touchons à la limite de la résistance physique. » Un autre billet, signé « Ménard » et envoyé par

---

1. Écrit au crayon sur une feuille de calepin jaunie par les ans, le nom du sergent est peut-être Airault ou Hiraud.

un point d'appui de première ligne, reflète le même état de fatigue :
« Nous avons encore été harcelés, toute la nuit et personne n'a pu fermer
l'oeil à cause du manque de personnel. Nous tenons toujours, mais je
crois que cela ne pourra pas s'éterniser. »

Sous les coups de l'artillerie adverse et de l'infanterie qui se montre
très agressive, la ligne de front est difficile à défendre et provoque une
usure profonde des unités. Non seulement les soldats connaissent la faim
et la soif, non seulement ils ne dorment pas et subissent des pertes, mais
ils vivent dans une pestilence constante : « Un gros inconvénient, relève
le sous-lieutenant Collin, du II/11e REI (6e DINA), les cadavres
nombreux d'hommes et de chevaux, mal enterrés, répandent une odeur
nauséabonde, surtout la nuit. Nous essayons de les couvrir de terre, sans
résultat appréciable. »

Dans toutes les unités, troupes de forteresse rivées à leur béton,
divisions de série B ou divisions d'active, le réveil du 10 mai a été d'une
extrême brutalité. Après avoir littéralement laissé pourrir le moral de
l'armée pendant les neuf mois de « drôle de guerre », le haut commandement a prétendu exiger d'elle le maximum d'agressivité, sans d'ailleurs
lui donner les moyens matériels nécessaires.

A la 3e DIC, une division coloniale qui stagne depuis cinq mois dans le
secteur fortifié de Montmédy, le colonel Fauchon, du 1er RIC,
explique [1], pourquoi le moral et la combativité des hommes ne sont pas
ce qu'ils devraient être : « L'impression générale [jusqu'au 10 mai] était
qu'être combattant n'était plus un honneur mais une tare, et que seuls
restaient au front, à côté de quelques illuminés, ceux qui n'étaient pas
assez malins pour s'en faire retirer. Le terme d' « embusqué » n'avait
plus de sens péjoratif et beaucoup s'en glorifiaient. Tout se passait
comme s'il eût été essentiel que l'intérieur ne s'aperçût pas qu'il y avait
la guerre. A cet état d'esprit, se rattache la prescription de placer
certaines catégories de mobilisés « dans les postes les moins exposés ».
Je fus accablé de lettres de députés, maires et autres personnalités qui
demandaient l'application de cette mesure à leurs protégés, parfois de
façon comminatoire. »

Et Fauchon, qui ne manque pas d'humour, ajoute : « Si l'on joint à
cela l'action de la presse et de la radio qui affirmaient que nous étions les
plus forts, que le temps travaillait pour nous, que le blocus était efficace
et la route du fer coupée, il ne faut pas s'étonner si la masse des
combattants était persuadée que cette guerre n'était pas sérieuse et qu'il
n'y avait pas lieu de faire de grands efforts pour la gagner. »

Après le 10 mai, c'est en versant leur sang que les soldats découvrent
que la guerre ne souffre pas l'amateurisme. L'arrivée en ligne de

1. Historique daté du 22 juin 1942.

certaines divisions, telle la 35ᵉ DI du général Decharme, la « division de Bordeaux », montre à quel point les Français sont en retard d'une guerre.

« Le 23 mai, écrit le capitaine Sauvage, de l'état-major du général Decharme, au moment où la division est appelée à s'engager dans des conditions qui s'annoncent difficiles, elle se trouve, du point de vue matériel, dans une situation désastreuse. Certaines de ses unités sont dissociées sur une distance de plus de cent kilomètres. Les hommes n'ont pas dormi depuis trois jours, ils n'ont pas eu un seul repas chaud... »

C'est ce qu'on appelle la montée d'une division fraîche en ligne. La « fraîcheur » du 11ᵉ RI du lieutenant-colonel Pamponneau est telle qu'il est déployé le 25 mai au nord de Brieulles-sous-Bar, dans les Ardennes, avec la mission « de rechercher le contact ». A midi, le régiment a son premier officier tué, le capitaine de Roaldès, et l'on compte cent trente morts et blessés.

A la 6ᵉ DI du général Lucien, ancien commandant de l'école de Saint-Cyr, le 36ᵉ RI du lieutenant-colonel Bléger est engagé dans les mêmes conditions, et le capitaine Miray, de la 7ᵉ compagnie, observe « que c'est après une marche de quarante kilomètres avec tout le barda et une nuit sans sommeil » que son bataillon a pris le contact. Les mitrailleuses et leurs pesants trépieds ont été portés à dos sur huit kilomètres et aucun renseignement, ni sur l'ennemi ni sur le terrain, n'a été fourni. On comprend l'amertume du capitaine Miray qui, dressant le bilan de la journée, signale pour sa seule compagnie douze morts dont quatre sergents (Picard, Beaufils, Furon et Verschuère) et vingt-quatre blessés dont deux sous-lieutenants, Richard et Boireau.

Poussé dans le bois d'Inor quelques jours plus tôt, le 36ᵉ RI a déjà souffert. A lui seul, le IIIᵉ bataillon a perdu 9 officiers : le commandant Mouquet, le capitaine Comby, et trois lieutenants, Mertz, Kolski et Grunzhaendler ont été tués. Quatre ont été blessés et évacués (Gouget, Merlet, Durteste et Vergez-Vicat [1]). Les cadres, qui subissent des pertes très élevées, se plaignent tous des conditions qui sont faites à leurs soldats. Toujours au 36ᵉ RI, le lieutenant Gallon, de la 10ᵉ compagnie, note que « depuis le 15 mai, les hommes n'ont eu à consommer que leurs vivres de réserve alors que des efforts écrasants leur sont demandés. Au début du troisième jour de combat, la « 10 » compte à peine la moitié de son effectif initial, une partie de l'armement a été détruite par le bombardement, les munitions sont presque épuisées, des blessés graves, par suite de la fréquence des attaques ennemies, n'ont pu être évacués à temps et sont décédés ».

---

1. Pendant la même période, le III/74ᵉ RI du commandant Ribaud a perdu dans le secteur d'Inor 17 tués, 62 blessés et 52 disparus.

On peut supposer qu'un régiment en ligne qui signale des pertes de matériel et d'armement du fait de l'artillerie adverse va être promptement rééquipé. Il n'en est rien, malgré les multiples réclamations et les protestations des chefs de corps. « Le matériel a été régi par le même principe de suprématie de l'intérieur sur les armées, explique le colonel Fauchon. Aucune restriction n'était imposée à l'intérieur. Aussi, les armées recevaient-elles le matériel au compte-gouttes. L'esprit bureaucratique des services faisait le reste ; le matériel s'accumulait dans les parcs et le combattant ne voyait rien venir. »

Le problème posé par le « matériel humain » est encore plus aigu et, pendant la seconde quinzaine de mai, les régiments en ligne vont se dépeupler en officiers à une cadence inquiétante. Et ce, répétons-le, sur un front que l'on considère comme stabilisé, donc... relativement tranquille. Un exemple, celui du 5e RICMS du colonel Le Bris[1] :

16 mai : lieutenant Wisner, malade évacué.

18 mai : lieutenants Fournier et Strauel, blessés et évacués.

19 mai : arrivée de cinq aspirants : Nicole, Charney, Mars, Bocquet et Peyraud[2]. Trois blessés évacués : lieutenant Flye et sous-lieutenants Poli et Roblot.

20 mai : aumônier Bradelet malade évacué (sera remplacé le 29 mai par l'abbé Ronceray).

21 mai : capitaine Thomas blessé.

23 mai : sous-lieutenant Sacré tué. Capitaine Serré de Rivière, lieutenant Scalier, Viguier et Battesti, blessés et évacués. Aspirant Boquet, blessé et évacué. Lieutenant Makan Sidibé et lieutenant Lallement blessés et disparus. Aspirants Mars, Maubert et médecin-lieutenant Courdurier disparus.

24 mai : lieutenants Jacquot et de La Rochefordière, tués. Lieutenant Blondelle blessé[3].

On conçoit, dans ces conditions, que l'encadrement de certaines unités soit d'une singulière pauvreté. Au 26 mai, le lieutenant Cabrol, du I/11e RI, n'a plus un sous-officier dans sa section. Deux de ses groupes sont commandés par des caporaux, Pomès et Daron, le troisième par le tireur au FM depuis que le caporal Baradat a été blessé. Dans un régiment comme le 11e Étranger, la crise de cadres et d'effectifs est identique. A la fin du mois de mai, le lieutenant Juri ayant été tué à la

1. Le 5e régiment d'infanterie coloniale et le 6e sont devenus « mixtes sénégalais » au début de 1940.

2. Selon André Nicole, les cinq aspirants sont arrivés le 17 mai.

3. Le journal ne mentionne pas le lieutenant Préa, tué le 24 au matin, ni les officiers capturés avec le commandant Siméoni du I/5e RICMS : capitaines Mathias, Barry et Martin, lieutenants Avous et Saint Martin, ce qui porte à dix les officiers perdus pour la seule journée du 24 mai.

tête du corps franc et le sous-lieutenant Sautour blessé, la 1re compagnie ne compte plus qu'un officier, le lieutenant Pierre. Le chef Plus ainsi que les sergents Didier et Dupuis commandent chacun une section. Le 29 mai, le colonel Robert lance un nouvel SOS à la « maison mère » de la Légion, à Sidi-bel-Abbès ; il lui faut d'urgence 18 officiers, 120 sous-officiers et 520 légionnaires. Deux jours plus tard, il recevra... 98 légionnaires. Pas un de plus !

La 6e DIC du général Carles réclame elle aussi des renforts, car ses effectifs sont en chute libre. Le 1er juin, on lui enverra 6 officiers, 7 aspirants, 58 sous-officiers et tirailleurs européens, et 343 Sénégalais. Carles en espérait le double ! A la 35e DI, le 11e RI, qui a perdu 300 hommes dont 53 tués, obtient 2 officiers, 2 aspirants et... une centaine de soldats. A la 3e DINA du général Mast qui, en huit jours de combats meurtriers accuse un déficit de 45 officiers et 1 695 sous-officiers et soldats, le renfort envoyé fin mai se monte à... 200 hommes qui viennent pour la plupart de la 55e DI enfoncée le 13 mai à Sedan et dissoute. Un régiment de la 1re DIC du général Roucaud, le 3e RIC, devrait se considérer comme privilégié puisque le renfort qu'il reçoit le 29 mai comprend 4 officiers et 850 coloniaux. Mais la qualité ne correspond pas aux espoirs du chef de corps : « Que des hommes âgés, des classes 20 à 25, non préparés à combattre. Beaucoup sont sans casque, sans sac, sans masque à gaz. Ils portent des ballots énormes. On croirait des territoriaux de l'autre guerre changeant de cantonnement. »

Résumant la situation au 1er RIC, le colonel Fauchon nous éclaire davantage : « Les renforts se composaient d'évacués récupérés, d'hommes laissés primitivement dans les dépôts ou provenant de dissolution de régiments blancs transformés en mixtes, au total d'éléments de qualité plutôt médiocre. » Et Fauchon de conclure : « Le régiment entre dans la bataille avec un déficit de l'ordre de 20 %, soit les pertes d'un combat sérieux. »

Effectifs insuffisants, recomplètement du matériel et de l'armement insuffisant, renforts insuffisants, n'oublions pas le quatrième volet, conséquence de la « drôle de guerre » pendant laquelle on a fait du soldat-combattant un soldat-terrassier : l'insuffisance de l'instruction. « Si des illusions avaient pu subsister avant la guerre, dit encore Fauchon, elles étaient tombées et l'acte primordial devait être de donner instruction et entraînement à cette armée qui en était dépourvue. »

Le résultat est grave, car une opération aussi classique qu'une relève se change en traquenard dans lequel périssent des hommes. Ainsi, lorsque le 21 mai, la 6e DINA relève la 3e DINA dans les forêts situées au sud-ouest de la Chiers, le résultat est-il prévisible.

« Dans la nuit, écrit le sous-lieutenant Collin, du II/11e Étranger, c'est la pagaille complète. Les boches sont partout dans ce bois où nous allons prendre position. Pas de ligne continue, si bien que l'ennemi ne cesse de s'infiltrer entre les points d'appui. En cours de relève, nous sommes mitraillés par des boches cachés dans les arbres. Plusieurs d'entre eux sont d'ailleurs descendus à bout portant ! Les guides fournis par les unités à relever font des erreurs d'itinéraire... »

Le lieutenant Seillon et la 2ᵉ compagnie sont conduits vers les lignes allemandes. Conscients de l'erreur, les légionnaires se dégagent en combattant, mais plusieurs d'entre eux ne reviendront pas et l'on ne reverra pas le lieutenant Seillon.

« Tout cela dans le noir le plus complet, rappelle Collin, et sous le feu de l'artillerie ennemie qui s'est déclenché dès les premiers mouvements de relève. »

Les carences que nous venons de souligner n'enlèvent rien, semble-t-il, à l'esprit qui anime en particulier les jeunes officiers. Le sous-lieutenant Lalande, du I/74ᵉ RI, s'indigne « du manque d'esprit offensif » et affirme avec toute son ardeur juvénile qu'il « faut dominer l'adversaire et au besoin sortir de son trou pour le repousser ». Sortir de son trou ? A la 1ʳᵉ DIC, le général Roucaud le fait le 18 mai.

Sur la rive droite de la Meuse, la 3ᵉ DINA a fait des prisonniers et les interrogatoires ont amené le commandement à conclure — un peu vite — que « l'ennemi est harassé par une dizaine de jours d'efforts consécutifs ». Roucaud se dit que l'occasion est belle de reprendre Beaumont-en-Argonne, important carrefour routier, lâché deux jours plus tôt par la division qui ne croyait pas pouvoir s'y maintenir. Évidemment, il faut attaquer en rase campagne, c'est-à-dire sortir de la forêt et s'exposer aux vues de l'aviation allemande. Tout de même, si « l'ennemi est harassé »...

Le 18 à 4 h 30 du matin, le capitaine Lennuyeux apporte l'ordre d'attaque au lieutenant-colonel Cantegrel dont le 3ᵉ RIC va constituer le fer de lance de l'opération. A 7 h 30, après une préparation d'artillerie limitée à dix minutes, le régiment lance deux bataillons en direction de Beaumont, le I/3ᵉ RIC du capitaine Daugy et le IIᵉ bataillon du capitaine Sompairac qui assume la mission principale. Le chef de corps marche d'ailleurs avec lui. Les hauteurs du village sont à moins de quatre kilomètres et les coloniaux, largement déployés, parcourent la moitié du trajet sans rencontrer d'obstacle. Or, non seulement les Allemands ne sont pas harassés, mais ils observent une stricte discipline de feu afin que les Français viennent à bonne portée. Quand c'est chose faite, leurs armes automatiques se dévoilent et plusieurs batteries ouvrent un feu violent que le 1ᵉʳ RAC ne parviendra pas à neutraliser.

« Tirs écrasants de l'artillerie ennemie guidée par l'avion d'observation », note le lieutenant Flamet.

Très vite, l'affaire tourne mal. La 1ʳᵉ compagnie est tournée et son chef, le lieutenant Sarrot, grièvement blessé. Le lieutenant Nicolas prend le commandement et se dégage avec une centaine d'hommes. Deux officiers, Legrand et Janin, sont tués, le sous-lieutenant d'Ussel est porté disparu. A la 2ᵉ compagnie, les cadres sont hors de combat et c'est encore Nicolas qui rameute les survivants, une soixantaine de coloniaux démoralisés. Le lieutenant-colonel Cantegrel prend conscience de l'échec en voyant les groupes qui couvraient son PC se replier par bonds, voire en rampant, pour échapper aux projectiles. A l'arrière, le lieutenant-colonel Rocafort, chef d'état-major de la 1ʳᵉ DIC, se rend à l'observatoire de la Fontaine-aux-Fresnes d'où le colonel Fady, du 1ᵉʳ RAC, lui montre à la jumelle « les nombreux morts et blessés français qui couvrent le terrain reconquis par l'ennemi ».

Pour clore cette sanglante matinée, le 3ᵉ RIC va maintenant perdre son colonel. Vers 11 h 15, celui-ci se dirige vers la lisière d'un bosquet, le bois de la Vache, quand soudain, dit-il, « un obus tombe à quelques mètres de moi…, et c'est le néant. Il est midi quand se produit mon pénible réveil ». A quelques mètres, le sergent Lacroix est étendu dans l'herbe, sans blessure apparente, tué sans doute par la commotion. Deux soldats gisent un peu plus loin, criblés d'éclats. Cantegrel se relève, respire un grand coup, dégaine son revolver et repart. « Dans une allée à frondaisons épaisses, écrit-il, je suis assailli par trois soldats allemands dont le premier soin est de me désarmer. »

Cantegrel sera le premier officier du 3ᵉ RIC à revenir à Beaumont-en-Argonne, mais… comme prisonnier. Pendant ce temps, les débris du bataillon Sompairac tentent de regagner leur base de départ, mais les pertes augmentent sous les tirs d'artillerie. Depuis l'observatoire du 1ᵉʳ RAC, le colonel Fady constate que « les infirmiers et brancardiers qui arrivent pour relever les blessés sont fauchés à leur tour ». Fady révèle qu'il « ne fut possible de ramener nos blessés qu'au cours des deux nuits suivantes ». Ceux qui avaient survécu, bien entendu, car, si le général Roucaud ne donne pas avec exactitude le total des pertes enregistrées le 18 mai, on sait tout de même que depuis le 14, c'est-à-dire en quatre jours, le 3ᵉ RIC a beaucoup souffert : 160 morts dont 9 officiers et plus de 350 blessés. Pour l'ensemble de la 1ʳᵉ DIC, le journal du groupe sanitaire nº 71, sauvé par le lieutenant Sénèque, nous livre le nombre des blessés. Le 17 mai, veille de l'attaque sur Beaumont : 4 officiers, 8 sous-officiers et 72 hommes. Le 18, les médecins évacuent 14 officiers blessés, 37 sous-officiers et 217 hommes. Le 19, c'est à nouveau le… « train-train » quotidien : 37 blessés dont un officier.

Doit-on pour autant suivre le commandant Valluy, chef du 3ᵉ Bureau du 21ᵉ corps, lorsqu'il donne cette définition de l'infanterie allemande : « Elle est très supérieure à l'infanterie française du point de vue formation technique et équipement matériel. Elle est sûre d'elle-même et de ses procédés : elle fait du scoutisme de grande classe et, au combat, elle se transforme en " gangsters supérieurs ". »

Valluy se montre très critique quand il parle de l'infanterie française : « Lourdement chargée, peu résistante à la fatigue, au sommeil, méfiante des autres armes et de ses voisins, elle reste sur le « qui-vive », et s'use nerveusement dans cette perpétuelle alerte. » Le futur général d'armée ajoute d'une plume trempée dans le vitriol : « Les Allemands font du grand tourisme, les Français sont de petits bourgeois déracinés qui conservent la hantise d'un lit, du bistro, des grasses nourritures... »

Après l'échec subi par la 1re DIC le 18 mai, ce sont la plupart du temps les Allemands qui vont passer à l'attaque, mais, les archives le prouvent, les « petits bourgeois déracinés » vont leur mener la vie dure et chaque mètre de terrain conquis le sera au prix du sang. Le 23 mai, c'est un régiment de la 6e DIC, le 5e RICMS du colonel Le Bris, qui reçoit les coups.

« Le bombardement s'est déclenché dans la soirée du 22 et s'est poursuivi toute la nuit avec une violence inouïe, interdisant tout essai de déplacement, écrit le médecin-lieutenant Courdurier. Le commandant Siméoni nous disait que, seul, Verdun pouvait lui évoquer un tel tir de barrage. Gros et petits calibres se succédaient sans interruption, avec une progression mathématiquement réglée ; l'effet du tir était d'abord dirigé à gauche sur la 1re compagnie et il est arrivé sur nous au milieu de la nuit pour nous dépasser et descendre vers le chemin des chenillettes. »

Lorsque l'aube du 23 mai se lève, l'infanterie allemande peut lancer son assaut, car, après un tel bombardement, la position française est dévastée. L'aspirant Bocquet, de la 1re compagnie, apporte son témoignage[1] : « Toutes les armes du PA furent successivement « éteintes » à coups de *minen* ou de canon. Vers 5 heures du matin, mes deux pièces se taisaient, aucun de mes hommes, aucun de mes deux sergents ne me répondaient plus. J'étais moi-même blessé d'un éclat à l'œil droit. Je pus, à tâtons et en le hélant, rejoindre le lieutenant Scalier, indemne par miracle. Il était seul, debout, un de mes hommes, Gravaux, touché aux jambes et commotionné à terre près de lui. Plus rien ne bougeait dans le PA, vrai fouillis de branches cassées, de terre retournée, où la fumée nous bouchait la vue à quinze pas. Nous trouvâmes, quand j'eus rejoint Scalier, lui me remorquant, car je n'y voyais guère, le corps du sous-lieutenant Jean Sacré, allongé à terre, la face contre le sol. »

Sacré était leur ami et ils restent là, immobiles, Bocquet « assommé par sa blessure qui commence à le faire " chanter ", Scalier murmurant : " Nous sommes flambés ! " ».

Bocquet : « Nous entendions à droite les Allemands qui attaquaient

---

1. Lettre du 5 février 1941 transmise à l'auteur par M. Nicole, ancien aspirant au 5e RICMS.

au clairon et en chantant. Je me suis vu tombant entre leurs pattes et j'ai dit à Scalier que ce serait trop bête puisque nous étions encore bons à quelque chose. »

Le pistolet à la main, l'un tirant l'autre accroché à la bride de son masque à gaz, les deux officiers parviendront à un poste de secours du 6e RICMS où Scalier laissera son compagnon pour retourner au feu, avant d'être blessé à son tour, le 23 au soir. En dépit des dégâts commis par l'artillerie allemande, les tirailleurs survivants du I/5e RICMS se battent toute la journée. « Vers 17 heures, dit encore le Dr Courdurier, il y eut rencontre de patrouilles à proximité du PC et l'adjudant-chef Léonetti fut tué à bout portant. La nuit venue, je suis allé à la 3e compagnie pour amputer sur place un blessé et en voir d'autres. Nous étions à quelques centaines de mètres des Allemands qui débarquaient de leurs camions au nord de la route. »

Le bataillon Siméoni, réduit à l'effectif d'une grosse compagnie, tient encore toute la nuit du 23 au 24 mai, puis le commandant décide de se replier vers la « 3 » pour y constituer un dernier carré. Courdurier reste seul au PS avec ses blessés : « Nous avons été faits prisonniers vers une heure par une patrouille qui a manqué tout fusiller quand ils ont vu des indigènes ; ensuite ils ont été très corrects. »

C'est seulement dans la soirée, après un ultime engagement à la grenade, que Siméoni se rendra avec ses tirailleurs épuisés.

Après l'attaque du 23 mai, le colonel Le Bris renouvellera une demande présentée au général Carles trois jours plus tôt : le régiment a absolument besoin de repos et ses effectifs doivent être recomplétés. Cette fois, il est entendu. Toute la 6e DIC est relevée, mais on engage à sa place la 6e DI qui vient tout juste d'être retirée du front entre Meuse et Chiers. Son chef, le général Lucien, écrivait la veille : « Pour la première fois depuis dix jours, je peux me déshabiller ! » La 6e DI aura bénéficié de trois jours de détente.

Le 27 mai, nouvelle attaque allemande, cette fois sur le front de la 6e DINA du général de Verdilhac. La préparation d'artillerie qui s'abat sur le secteur boisé est sévère et dure toute la nuit du 26 au 27 mai. A l'aube, avant l'entrée en action de l'infanterie adverse, le secteur offre une image insoutenable : le tirailleur Négrel, qui allait au-devant de la chenillette de ravitaillement du III/9e RTM, traverse en courant le sous-secteur du 11e Étranger et décrit ce qu'il a vu au lieutenant Aveline : « Tout est saccagé, brisé, les abris sont enfoncés, crevés par les obus, beaucoup de matériel broyé parmi les cadavres et des blessés en très grand nombre [1]. »

1. Dans ses carnets, Aveline raconte que « Négrel était couvert de sang, de lambeaux de chair, de matière cérébrale, les yeux creux, la figure boueuse et noircie, affreux à voir ».

L'attaque déborde sur le 21e RTA du lieutenant-colonel Thouvenin où, trois jours plus tôt, les gradés et tirailleurs algériens d'un point d'appui sont passés à l'ennemi. Celui-ci les utilise puisque le 27 mai, raconte le commandant Reymond, « il se fait précéder de soldats portant des drapeaux blancs et criant : " Ne tirez pas, camarades africains, ne tirez pas ! " ». Quelques brebis galeuses ne contaminent pas forcément le troupeau et la tentative d'intoxication échoue. Le IIIe bataillon de Reymond plie d'abord sous le choc, puis, emmenés par leurs cadres, les tirailleurs contre-attaquent. Le combat ne dure que quelques heures, mais il est d'une telle brutalité que les pertes, dans les deux camps, sont très élevées. Reymond n'a plus que 286 hommes valides, la 10e compagnie du capitaine de Montigny, pour ne citer qu'elle, est réduite à 37 tirailleurs. Une fois encore, les jeunes officiers ont payé cher la reconquête du terrain perdu : Aubel, Sybos, Hervé, Dunant Brultey ont été tués ; Bruneton, Cournault, Nury, Claudel, de Montplanet et le capitaine Chateaureynaud ont été évacués après avoir été blessés.

Cependant, l'attaque du 27 mai porte d'abord sur le centre de la 6e DINA tenu par le 11e Étranger. Dans le bois haché pas les obus, les Allemands prennent pied dans le sous-quartier de la compagnie du capitaine Lanchon où, selon le lieutenant Chevillotte, 45 légionnaires sont mis hors de combat. Une heure plus tard, la « 9 » du capitaine Taillet contre-attaque avec le lieutenant de Hautefeuille qui sera blessé. A trois reprises, la Légion relance l'assaut et, au prix de nombreux corps à corps, reprend sa position initiale. Que voulaient donc les Allemands ? S'emparer de quelques centaines de mètres de forêt ou accentuer l'usure de leurs adversaires ? Dans la seconde hypothèse, c'est réussi, car le 11e Étranger perd 64 morts, 184 blessés et 23 disparus. Les capitaines Emmanuelli, de Closmadenc et l'aumônier Wattel ont été tués, et 5 lieutenants blessés. Les 53 prisonniers allemands parlent, certes, d'épuisement et de grosses pertes dans leur camp, mais ce n'est pas une consolation pour les Français dont les effectifs resteront toujours insuffisants. Une satisfaction pourtant : le commandant Audibert, de l'infanterie divisionnaire, écrit après les combats du 27 mai : « A moyens égaux, infanterie contre infanterie, le boche n'a pas pris un pouce de terrain. »

L'usure quotidienne des régiments en ligne est grave. Jour et nuit, les deux artilleries poursuivent leur duel et les combattants, privés de sommeil et parfois de nourriture, se plaignent du manque de repos. Une liaison, une patrouille ou une simple corvée de soupe deviennent des actes d'héroïsme. A cet égard, les états de pertes quotidiens sont significatifs. Regardons ceux du 11e Étranger.

21 mai : 9 tués et 10 blessés (le régiment vient d'arriver en ligne).

22 mai : 3 tués, 25 blessés et 4 disparus dont le lieutenant Seillon (conséquences de la relève).

23 mai : 5 tués, 26 blessés, 1 disparu.
24 mai : 8 tués et 7 blessés.
25 mai : 7 tués et 18 blessés.
26 mai : 10 tués et 18 blessés.
27 mai : 64 tués, 184 blessés et 23 disparus (c'est le jour de l'attaque).
28 mai : 6 tués et 15 blessés.

On retombe dans une espèce de « routine » qui n'est pas sans danger puisqu'on a calculé que, sans bouger de sa position et sans subir d'attaque, un bataillon d'infanterie disparaît en trente-six jours, du seul fait des pertes causées par l'artillerie. Une démonstration de cette usure quotidienne est apportée par le 15ᵉ RTA du colonel Buisson dans le secteur d'Olizy-sur-Chiers entre le 14 et le 22 mai, c'est-à-dire en huit jours. Dans les « causes du décès » relevées dans les archives du régiment, on observe que, sur 79 tués, 9 ont été atteints par balle, les autres par éclats d'obus. Même constat pour les blessés : sur 45 à la 9ᵉ compagnie, 4 seulement par balle et 2 sur 59 à la 11ᵉ compagnie. A la « 10 » du capitaine Perrin, les 30 blessés ont été victimes de l'artillerie, aucun par balle. Explication du commandant Servant : « Les abris sont rares, les hommes ont creusé à la hâte leurs trous individuels, mais les arbres provoquent l'éclatement prématuré des obus explosifs qui fonctionnent fusants et nos tirailleurs ne sont pas protégés des terribles coups de hache. »

Au 14ᵉ RTA[1], le médecin-commandant Luiggi a dressé un état des pertes du 10 au 22 mai, période au cours de laquelle la division fut attaquée par de l'infanterie appuyée par son artillerie. Tués : 4 officiers et 168 sous-officiers et tirailleurs. Blessés : 10 officiers, 444 sous-officiers et tirailleurs. Disparus : un officier (lieutenant Lembezat) et 127 tirailleurs. En douze jours, le 14ᵉ RTA a donc perdu 754 hommes. Presque un bataillon !

Au 5ᵉ RICMS (6ᵉ DIC), on enregistre en cinq jours, du 20 au 25 mai, 45 tués et 155 blessés parmi lesquels 106 tirailleurs sénégalais. Au 36ᵉ RI (6ᵉ DI), le commandant Lagnien parle de 17 officiers hors de combat (dont 4 morts) depuis le 10 mai, les pertes de la troupe étant estimées à 5 % de tués et 9 % de blessés.

« Tous les jours, nous comptons une moyenne de trois à quatre tués et autant de blessés », rapporte l'abbé Pouydebasque, aumônier du 57ᵉ RI (36ᵉ DI), régiment où 107 hommes sont mis hors de combat pendant la seconde quinzaine de mai.

---

1. La 3ᵉ DINA comprend le 12ᵉ Zouaves et les 14ᵉ et 15ᵉ RTA.

Le 3 juin, le général Weygand crée le GA 4 qu'il confie au général Huntziger. Celui-ci a sous ses ordres la IVe armée de Réquin et la IIe armée qu'il a cédée à Freydenberg [1]. Quelles sont les intentions de celui-ci en ce qui concerne la défense de Verdun ? Dubuisson va le savoir le 8 juin puisqu'il est convoqué ce jour-là au fort de Landrecourt par le nouveau chef de la IIe armée. Devant la carte, Freydenberg souligne que, dans l'Ouest, la situation se détériore : le front de la Somme a été percé et les Allemands avancent en direction de la Seine, ce qui laisse supposer que Paris sera menacé à brève échéance.

« Les ordres sont-ils toujours de défendre Verdun sans esprit de recul ? s'inquiète Dubuisson.

— Bien sûr, répond Freydenberg, mais il convient de voir plus loin...

— Mais encore, mon général ?

— En Argonne, la IIe armée tient bon et notre artillerie est même supérieure à celle de l'adversaire. C'est la gauche qui m'inquiète, car, devant la IVe armée, en Champagne, de fortes concentrations de chars ont été repérées et il est possible qu'une puissance offensive se déclenche ces jours-ci dans cette région. »

Freydenberg, qui n'est pas un sot, en tire l'hypothèse suivante : au cas où l'armée Réquin serait enfoncée, l'avance des *Panzers* menacerait le flanc gauche de la IIe armée. Si rien n'arrête la poussée allemande, qui sait si l'adversaire ne cherchera pas à déboucher sur les arrières pour tenter d'encercler l'armée ? Conclusion de Freydenberg : « Il convient donc d'envisager un combat en retraite s'appuyant sur des positions successives dont les systèmes devront s'étayer sur Verdun. »

Le 18e corps de Doyen qui est à la droite de la IIe armée s'accrocherait à Verdun et à la ligne Maginot, le corps colonial de Carles qui est à gauche épousant l'éventuel repli de la IVe armée en direction de la Marne, le 21e corps de Flavigny, au centre, équilibrant son mouvement entre Carles et Doyen. La possibilité d'un combat en retraite sur des positions successives inquiète tout de même Dubuisson, malgré l'assurance donnée par Freydenberg que ce combat « a pour objet d'arrêter l'ennemi au fond de la poche de Champagne ». Huntziger envisage-t-il de lier son nom à un nouveau « miracle de la Marne » après avoir fait partager cette idée à Freydenberg ?

« Dans cette hypothèse, confirme ce dernier à Dubuisson, Verdun

1. Ce qui se traduit dans une période critique par de profonds changements, Freydenberg passant le corps colonial à Carles dont la 6e DIC sera commandée par le général Gibert, venant du Maroc le 11 juin après un intérim d'une semaine assuré par le colonel Chaulard, de l'AD/6e DIC.

jo. jouerait le rôle d'une place du moment et vous prendriez un créneau de corps d'armée. »

Les propos de Freydenberg n'éclairent pas Dubuisson autant qu'il le souhaite. Veut-on conserver Verdun à tout prix ? Restera-t-on accroché au secteur fortifié de Montmédy ? Le nouveau chef de la IIe armée a sans doute son idée à ce sujet puisque, dans la nuit du 7 au 8 juin, on a procédé à la relève de la 3e DIC de Falvy.

« Depuis près d'un mois, écrit le lieutenant-colonel Rousseau, du 23e RIC, la troupe a fourni un effort considérable, dix-huit heures par jour au minimum de combats, patrouilles, veilles, corvées et travaux. »

La division se retire sur Mouzay, à trente kilomètres du front ; bien entendu, les coloniaux effectuent le parcours à pied et sac au dos, car, dit encore Rousseau, « aucune voiture d'allégement n'a été prévue ».

La nuit suivante, dans le secteur de Marville réputé pour son calme, c'est la 3e DINA du général Mast qui est retirée du front. D'ailleurs, les deux divisions ne sont pas relevées, mais placées en réserve. Si une relève s'impose, c'est sur la gauche de la IIe armée où le général Roucaud, de la 1re DIC, n'hésite pas à tirer le signal d'alarme : « Dans ce secteur agité où les troupes sont au contact permanent de l'ennemi, ou elles dorment peu et souffrent même du manque d'eau, les fatigues s'accumulent. Le moral est toujours très haut, la forme physique baisse. »

Roucaud et les autres généraux de la IIe armée ne peuvent pas le savoir, mais la relève est une question dépassée. Il ne s'agit même plus de vaincre, mais de durer. Dans moins de vingt-quatre heures, l'offensive du *General* von Runstedt le leur fera comprendre.

CHAPITRE II

« Je vais marcher devant votre char... »

Appliqué le 10 mai 1940 à la Belgique et à la Hollande, *Fall Gelb* (plan Jaune) a été marqué par une percée spectaculaire des *Panzerdivisionen* au sud de Sedan, la course à la mer, l'encerclement du groupe d'armées nº 1 et du corps expéditionnaire britannique, la capitulation des Belges, et puis Dunkerque. Un désastre !

On mesure beaucoup moins l'importance du deuxième volet de l'offensive allemande *Fall Rot* (plan Rouge) qui vise cette fois à l'anéantissement de l'armée française affaiblie par les revers subis en Belgique et dans la poche de Dunkerque. *Fall Rot* est une offensive à double détente. Le *General* von Bock a frappé le premier coup le 5 juin en attaquant avec deux armées entre la Somme et l'Oise ; von Runstedt entre en scène quatre jours plus tard, le dimanche 9 juin, avec deux autres armées qui vont tenter de percer en Champagne, de part et d'autre de Reims. La mission des divisions d'infanterie est de franchir l'Aisne de vive force et d'établir de solides têtes de pont au sud de la rivière avant de s'effacer pour céder le passage aux *Panzers*. Partant en effet des têtes de pont conquises par les fantassins, les groupements Guderian et Kleist pratiqueront pour la seconde fois de la campagne la guerre éclair et rechercheront une exploitation rapide et profonde du terrain.

Les effectifs engagés par les Allemands ne laissent aucune chance aux Français puisqu'ils se montent, de la mer à l'Argonne, à cent vingt-quatre divisions dont dix *Panzers* et sept motorisées. Une vingtaine de divisions d'infanterie sont tenues en réserve et la *Luftwaffe,* le combattant français ne l'ignore plus, est maîtresse absolue du ciel. Le général Weygand aligne encore soixante-dix divisions dont deux cuirassées et une motorisée, mais les déficits en matériel et en hommes les affaiblissent. Ne parlons pas de l'allié britannique qui sera le grand absent de *Fall Rot,* la mission de la Royal Air Force étant désormais de défendre son propre espace aérien.

L'offensive de von Runstedt se met en place devant le front de trois armées françaises dont la plupart des grandes unités, nous l'avons vu, auraient besoin d'être relevées pour se « refaire une santé ». De gauche à droite, épousant le cours de l'Aisne sur plus de cent kilomètres, la VIe armée du général Touchon, la IVe du général Réquin et la IIe de Freydenberg. Nous suivrons plus particulièrement celle-ci dont le destin, à la suite de *Fall Rot*, va se trouver lié à celui du GA 2 du général Prételat, lequel se prépare à abandonner sur ordre la ligne Maginot.

★ ★ ★

Quand l'artillerie allemande ouvre le feu, à l'aube du dimanche 9 juin, le brouillard recouvre encore la vallée de l'Aisne. La riposte des artilleurs français est immédiate et, au milieu de l'assourdissant duel auquel se livrent les deux camps, c'est à peine si l'on enregistre le passage des escadrilles de la *Luftwaffe* qui vont attaquer à la bombe colonnes de renfort, convois, dépôts et carrefours ferroviaires. Le grondement des deux artilleries est assourdissant :

« Le bombardement déchiquète les arbres, remarque le capitaine Eon, du I/3e RIC, et la forêt devient impraticable. »

Au brouillard, se mêlent les éclatements des obus fumigènes qui permettent aux *Stosstrupps* de traverser l'Aisne et le canal des Ardennes. Dans la boucle de la rivière, vers Semuy, le lieutenant Villatoux, du III/18e RI, perçoit à peine le ronronnement du « mouchard » qui survole le secteur. « Devant nous, dit-il, se succèdent de longues rafales d'armes automatiques, mais nous ne voyons rien ! »

Les rafales se déplacent, glissent sur les flancs de la ferme Forest où la section du lieutenant Darmendrail est installée, paraissent s'éloigner, puis se rapprochent et prennent de la force. Le bruit du bombardement domine tout, mais, dans chaque point d'appui, on ne connaît ni la cible ni les résultats. Les lignes téléphoniques ont été coupées par les éclats, et Darmendrail ne peut communiquer avec son chef de bataillon, le capitaine Bogaert. L'attaque semble dépasser le cadre d'une action locale, mais où commence-t-elle et où finit-elle ? Les hommes de première ligne ne connaissent que leur étroit créneau et Darmendrail obtient ses premiers renseignements lorsque le chef Houilles arrive de l'avant avec un blessé, Barta. Houilles, qui est en état de choc, raconte que les Allemands ont attaqué ses abris en rondins au lance-flammes. Il a laissé quatre morts derrière lui : Adassus, Brocas, Lescastreyres et le caporal-chef Picabea.

« Lui-même a la capote brûlée, note Darmendrail, et la voix presque éteinte du fait des vapeurs de lance-flammes. »

Au régiment voisin, sur la rive droite de l'Aisne dont la courbe harmonieuse prend la direction de l'ouest, la situation s'est vite détériorée et les *Stosstrupps* ont traversé le canal en force, puis enfoncé le I/57e RI du commandant Roussenque. La défense s'est muée en combats singuliers et, pendant que des PA encerclés sur le canal font feu de toutes leurs armes, l'infanterie allemande occupe le terrain. Roussenque a été tué à son PC, puis le lieutenant Corde, de la 2e compagnie, bientôt suivi du sous-lieutenant Ramade qui, grièvement blessé, refuse d'être évacué et meurt au milieu de ses soldats. Léon Mallet, un autre sous-lieutenant, se fait tuer sur sa mitrailleuse et, pendant que le lieutenant Foreau résiste dans le bois de la Brouille, le capitaine Parrat regroupe une trentaine d'hommes pour barrer la route des Alleux où se trouve le PC du lieutenant-colonel Sinais, à six kilomètres de là. A Voncq, superbe observatoire juché sur sa colline, les incendies se propagent et des coups de feu éclatent, sans qu'on sache si le village est encore défendu. On ne sait rien du PS du médecin-lieutenant Lanusse et de ses nombreux blessés [1], sinon que les évacuations sont suspendues.

« Faites prévenir le PC de la division par le lieutenant Trinquier ! » ordonne Sinais à son chef d'état-major, le commandant Gounouilhou.

Trinquier est l'officier de transmissions du 57e RI, mais, dès qu'il a le contact radio avec le PC de la 36e DI, à Vouziers, il devine qu'il se passe quelque chose d'anormal. Le colonel Soulet, chef d'état-major du général Aublet, règle l'affaire exposée par Trinquier en deux minutes : « Votre colonel dispose d'une compagnie de chars ; qu'il la fasse contre-attaquer ! Nous avons d'autres chats à fouetter : des parachutistes sont signalés à cinq kilomètres de chez nous ! »

Les mythes ont la vie dure et celui des parachutistes allemands largués sur les arrières de la 36e DI est long à se dissiper. La vérité est pourtant simple : le fantassin de la *Wehrmacht* a une consigne : avancer sans s'occuper d'une quelconque liaison latérale. De plus, ce jour-là, le *General* von Schobert, dont le *VIIe Korps* attaque avec cinq divisions entre le canal des Ardennes et la Meuse, a donné pour premier objectif : Briquenay, Buzancy, Nouart et Laneuville-sur-Meuse « afin de s'emparer de l'artillerie ennemie ». Ainsi, de nombreux soldats ont traversé les lignes du III/18e RI et progressent vers le sud en utilisant les bosquets de la vallée de l'Aisne. On imagine l'effet de surprise lorsque, vers 10 heures du matin, le capitaine Lalanne rend compte « qu'un drapeau allemand flotte sur l'éolienne de Vandy ». Un regard sur la carte : cela correspond à des infiltrations sur une profondeur de HUIT kilomètres. Comme on ignore de quelles forces l'adversaire dispose, on comprend

_____

1. Le corps du commandant Roussenque et les premiers blessés auraient été évacués par la sanitaire de deux volontaires féminines, Mmes Verilhes et Conrad, celle-ci de nationalité américaine.

l'émoi qui s'est emparé du PC de la 36e DI. Vouziers n'étant qu'à CINQ kilomètres de Vandy, le général Aublet téléphone à son supérieur, le général Carles, pour que celui-ci l'autorise à déplacer son PC. Ce serait trop bête de se faire capturer à Vouziers par des « parachutistes » ! Mais le commandant du corps colonial n'entre pas dans les vues du commandant de la « division de Toulouse ».

« Il refuse, écrit le capitaine de La Rochebrochard, chef du 3e Bureau. Il semble même trouver la demande parfaitement inopportune ». Et il ajoute : « A notre gauche, le général de Lattre, qui n'est pas fou, s'est replié sans attendre d'autorisation et son PC est à plus de quinze kilomètres en arrière de nous. »

Les Allemands ne cherchent pas à s'emparer de Vouziers, préférant s'attaquer aux batteries d'appui du 57e RI dont les artilleurs ont du mal à comprendre comment l'ennemi peut surgir derrière leurs pièces, alors qu'ils se trouvent eux-mêmes derrière l'infanterie. Au 24e RA du lieutenant-colonel Noetinger, la 7e batterie a juste le temps de saboter ses pièces avant d'être capturée. A la « 8 », la défense rapprochée s'organise et l'on se bat une partie de la journée. Même réaction à la « 5 » du lieutenant Escande qui a trois tués : Loupère, un sous-officier, Camy et Laborde. On se bat autour des 155 du V/224e RAL où le commandant Harispe et le médecin-capitaine Filippi sont blessés. Deux officiers, Pourquié et Masse, organisent la défense, mais ils ne pourront empêcher la destruction de cinq pièces sur douze. Au III/99e RA, deux batteries tombent entre les mains des Allemands et, plutôt que de se battre, le commandant G... se réfugie aux Alleux où il rend compte au lieutenant-colonel Colmant « qu'il n'a pas pu se défendre, ses mitrailleuses manquant de munitions ». Colmant n'est pas dupe : chaque groupe dispose de 25 000 cartouches et les réserves permettent d'en délivrer autant en cas de perte ou de consommation élevée.

« J'ai l'impression, écrit Colmant, que l'affolement régnait au PC de G... et qu'aucune défense n'a été tentée. »

Surprise et affolement conjugués permettent aux *Stosstrupps* de neutraliser seize pièces de 75 et de 155 dans la matinée, ce qui représente LA MOITIÉ de l'artillerie d'appui du 57e RI. C'est une lourde perte pour le lieutenant-colonel Sinais qui attendra encore plus de six heures avant de voir déboucher 200 spahis et dragons de la brigade Gailliard, rescapés des combats de mai. Les cavaliers procéderont durant tout l'après-midi au « nettoyage » des arrières, ce qui permettra à quelques 75 muets depuis le matin de reprendre leurs tirs. Auparavant, Sinais a mis en application le conseil donné par le chef d'état-major de la 36e DI : il a fait contre-attaquer ses chars. La compagnie du capitaine Dayras appartient au 4e BCL du commandant de Laparre de Saint-Sernin, équipé de chars légers FCM de 12 tonnes[1]. Elle est lancée à travers le bois de Voncq, le capitaine Parrat ayant regroupé environ 200 combattants pour accompagner les chars. Au nombre de 13, les engins font refluer les fantassins allemands qui, surpris par la réaction française, se rendent en grand nombre.

D'autres disparaissent dans les layons que Dayras « ratisse » à la mitrailleuse et quelques-uns tirent à balles perforantes sur les blindés, sans pourtant obtenir de bons résultats[2]. Sur la route de Voncq dont les maisons brûlent, Dayras est arrêté par un officier qui, tenant son casque à la main, ne semble pas se soucier du feu adverse.

« Je suis le capitaine Le More, dit-il, du corps franc du 57ᵉ RI[3]. Je vais marcher devant votre char et ce sera ensuite à vous de m'ouvrir le chemin du village. »

Une heure plus tard, Voncq est reconquis, le poste de secours délivré et les FCM de l'aspirant Rossignol et de l'adjudant Tastet accompagnent le corps franc Le More dans le bois de la Brouille où ils dégageront les éléments du I/57ᵉ RI qui s'y trouvent encerclés depuis le matin. Le More installera ensuite ses hommes dans le château de Voncq où il prévoit de se barricader pour la nuit.

Appuyée à la Meuse, sur la droite de la IIᵉ armée, la 1ʳᵉ DIC du général Roucaud subit une attaque d'une telle violence qu'il faut se rendre à l'évidence : les divisions de la *XVIᵉ Armee* alignées depuis la mi-mai face au sud, de la Moselle au canal des Ardennes, se montrent aussi agressives que les deux armées lancées contre le front de l'Aisne par von Runstedt.

Précédée par des concentrations de tirs très nourries[4], l'attaque d'infanterie enveloppe la position du 3ᵉ RIC, au centre de la division. La loi du nombre joue contre les coloniaux. Le capitaine Roche, de la 2ᵉ compagnie, est blessé, ainsi que le lieutenant Buxdorf, et, rapidement, la « 2 » est submergée. Puis c'est le tour de la « 6 » où le capitaine Roger Herbin disparaît, vraisemblablement tué à bout portant au cours des combats singuliers qui se succèdent au milieu des branches brisées. Entre les emplacements de la « 2 » et ceux de la « 6 » où crépitent les

1. Le FCM (Forges et chantiers de la Méditerranée) a un équipage de deux hommes. Son blindage maximal est de 40 mm, sa vitesse de 24 kilomètre/heure, mais il est encore armé du canon de 37 modèle 18 et d'une mitrailleuse de 7,5. Un avantage : son autonomie d'environ 225 kilomètres grâce à un moteur Diesel.
2. Le char 30094 de l'adjudant Cuville a sa tourelle clavetée par un de ces projectiles (rapport du lieutenant Durand).
3. Le corps franc a été décimé lors d'un coup de main le 29 mai : vingt morts et blessés, dont son chef, le capitaine Chounet, auquel Le More a demandé de succéder.
4. Les obus pulvérisent le train de combat où l'on sauvera un fourgon et deux chevaux. Sur treize side-cars et cinq motos, il restera... un side.

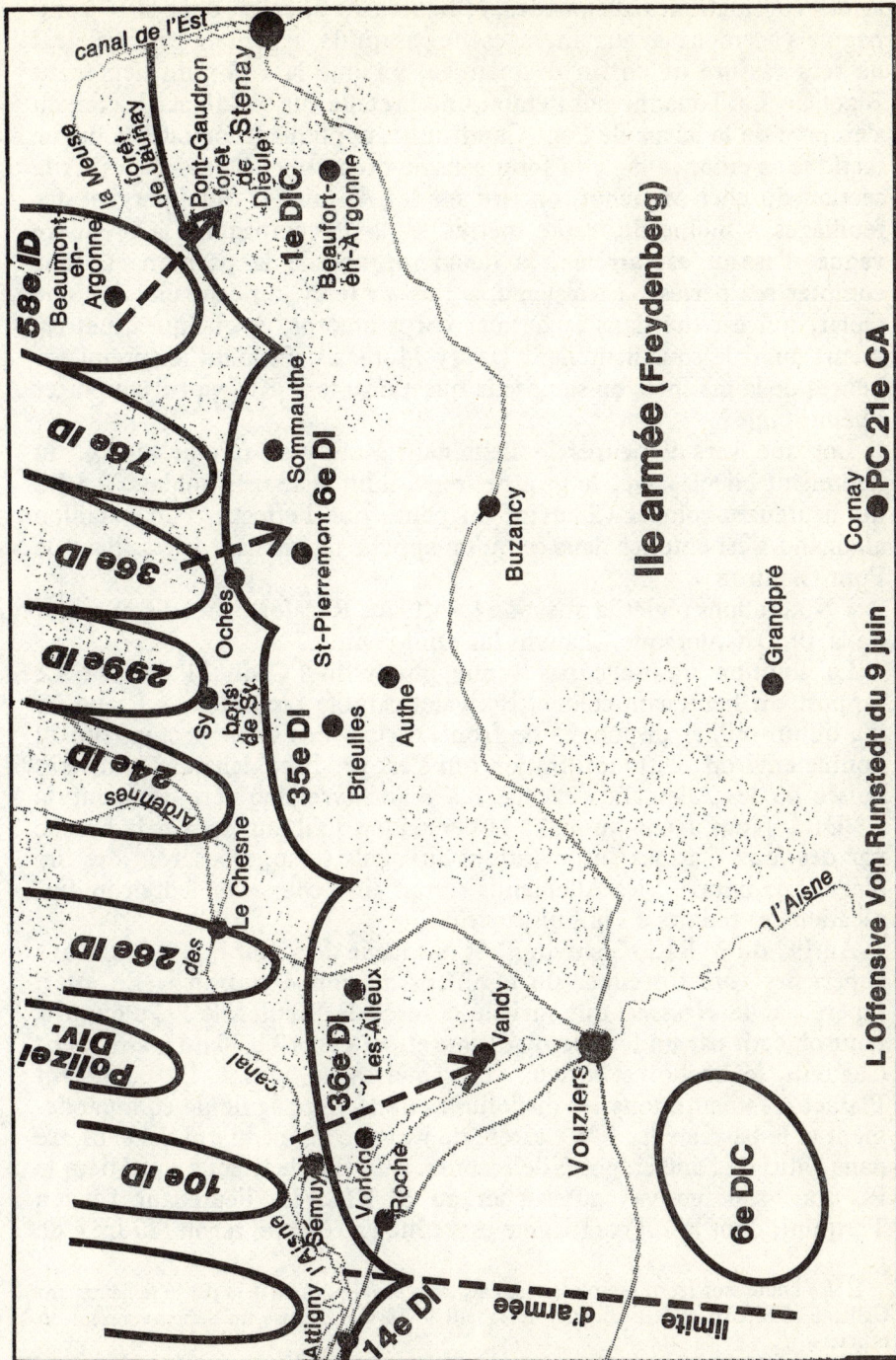

canal de l'Est

Pont-Gaudron

forêt de Jaunay

forêt de Dieulet

la Meuse

Beaumont-en-Argonne

58e ID

Stenay

1e DiC

Beaufort-en-Argonne

76e ID

Sommauthe

36e ID

6e DI

St-Pierremont

Oches

Sy

299e ID

bois de Sy

35e DI

Ardennes

24e ID

Brieulles

Authe

Buzancy

Le Chesne

26e ID

Grandpré

Polizei Div.

des

canal

36e DI

Les Ailieux

10e ID

Vendy

Voncq

Roche

l'Aisne

Attigny

l'Aisne

Semuy

Vouziers

14e DI

limite d'armée

6e DIC

IIe armée (Freydenberg)

Cornay

PC 21e CA

L'Offensive Von Runstedt du 9 juin

armes automatiques allemandes, le lieutenant Nicolas, dont la 1ʳᵉ compagnie s'accroche au terrain, ne cache pas qu'il « se sent un peu seul ». Il ne sera rassuré qu'en fin de matinée, lorsque la « 11 » du lieutenant Bigot de La Touanne aura établi une bretelle sur son flanc. L'ennemi s'empare de la ferme de Pont-Gaudron et, appliquant toujours la même tactique, s'enfonce dans la forêt sans se préoccuper de ses flancs. A la section du chef Mouchot, on tire sur les Allemands qui émergent des feuillages à moins de trente mètres. A la 7ᵉ compagnie, la première vague d'assaut est arrêtée, la deuxième aborde la position et, sans compter ses pertes, la troisième se rue sur le PC du capitaine Antoine Sallat, qui est tué dans le dernier corps à corps. A quelques mètres, meurt aussi le sous-lieutenant Henry Moreau[1]. Pendant les premières heures de la matinée, on se pose la question : le 3ᵉ RIC va-t-il supporter l'hémorragie ?

Lorsque vers 9 heures le lieutenant Rouby se réfugie au PC du lieutenant Nicolas avec le groupe franc, il lui reste trois soldats. Au PC du lieutenant-colonel Chauvin, on pense que l'effectif d'un bataillon allemand s'est enfoncé dans ce qu'on appelle maintenant « le saillant de Pont-Gaudron ».

« Nous allons régler la question ! » affirme Rocafort, chef d'état-major de la 1ʳᵉ DIC, lorsque Chauvin lui rend compte.

La solution n'est-elle pas venue plutôt du PC du 21ᵉ corps ? Le rapport du lieutenant-colonel Bonvalot semble l'indiquer. « La poche n'a qu'un millier de mètres de front, écrit-il, mais une profondeur du double environ ; cette infiltration qui s'est produite dans une zone très boisée où les Allemands excellent à manœuvrer inquiète beaucoup la 1ʳᵉ DIC. Nous avons du mal à la persuader qu'il faut fermer la brèche par des feux d'armes automatiques auxquels se superposeront des tirs d'artillerie nourris ; les Allemands seront ainsi coupés de leurs communications et réduits à l'impuissance. »

Au PC du 3ᵉ RIC, Chauvin n'est pas fâché de savoir que les échelons supérieurs vont s'occuper du « saillant de Pont-Gaudron ». En effet, repéré par le *Henschel* qui survole la forêt de Dieulet, le PC a été pris pour objectif par un fort parti adverse et, « depuis 7 h 30 du matin, écrit Chauvin, le boche est à deux cents mètres de nous ». Le lieutenant Flamet a rameuté tous les disponibles de la compagnie de commandement et le barrage des FM a arrêté de justesse l'ennemi qui s'est enterré dans l'abri de l'ancien poste de secours. Ce « nid de frelons » qui tient le PC sous son feu va coûter cher au 3ᵉ RIC. Le lieutenant Lucien Tarquini, dont la 10ᵉ compagnie est tenue en réserve, reçoit l'ordre « de

1. Le lieutenant Izern remplacera Sallat, mais la « 7 », qui a déjà perdu le lieutenant Galland le 15 mai et le lieutenant Elisabeth le 18 mai, accuse un déficit écrasant en officiers.

contre-attaquer et de nettoyer ce trou ». Courageusement, les coloniaux donnent l'assaut. L'adjudant Vacher est tué à la tête de sa section, puis c'est le lieutenant Tarquini et, au moment du reflux, le lieutenant Léon Paillet. Bien abritées, les mitrailleuses allemandes tirent avec précision et les pertes sont telles que la « 10 » reflue.

« Je vais leur régler leur compte ! » assure le capitaine Étienne Latouille, de la compagnie régimentaire d'engins, qui relance l'assaut avec un groupe de volontaires.

Trois seulement reviendront sans blessure. Latouille est resté sur le chemin, tué l'un des premiers. Le lieutenant Guy Sautour lui succède à la tête de la compagnie ; une heure plus tard, il est mortellement blessé. Sous les projectiles, les branches feuillues jonchent le sol et constituent un merveilleux camouflage pour l'ennemi. Chauvin monte une nouvelle contre-attaque entraînée par le capitaine Paul Thouron, de la compagnie d'appui du II/3e RIC. Cette fois, les coloniaux ramènent quatre prisonniers et tous leurs blessés. Mais le capitaine Thouron figure au nombre des tués. En fin de matinée, le sous-lieutenant Lignac, du peloton moto, tente à son tour de liquider le « nid de frelons », mais il s'y fait tuer lui aussi. C'est le sixième officier qui perd la vie en contre-attaquant pour enlever le « nid de frelons ».

Sous les arbres mutilés où règne une chaleur lourde — le temps est orageux —, les cadavres, allemands et français, sont par endroits enchevêtrés [1]. Quant au lieutenant-colonel Chauvin, qui vient d'apprendre la mort du médecin-capitaine Louis Coy, du IIe bataillon, il confie à l'officier de liaison de la 1re DIC, le capitaine Chapouthier, « que ses moyens sont insuffisants pour colmater les deux brèches ouvertes sur le front du régiment et qu'il lui faut de l'aide ».

* * *

Dans la soirée de ce dimanche 9 juin, le général Freydenberg semble satisfait : Carles, du corps colonial, et Flavigny, du 21e corps, fournissent à peu de chose près un compte rendu identique : combats très durs, succès locaux enregistrés par l'ennemi, mais rétablissement de la situation en cours. Est-ce exact ? La 35e DI du général Decharme a bien été pressée du côté de Sy, mais l'adversaire n'a pas insisté. A la 6e DI de Lucien, le 74e RI du lieutenant-colonel Maisse s'est fait enlever la ferme d'Isly et le I/36e RI du capitaine Lasserre s'est battu toute la journée

1. En juillet et août 1940, on retrouvera dans le secteur 198 morts de la 1re DIC qui, d'abord enterrés sur place, seront relevés en 1941 et inhumés au cimetière de Laneuville-sur-Meuse.

pour Oches[1] où la 3e compagnie a succombé, son chef, le capitaine Nadal, ayant été tué, ainsi que le lieutenant Esnée. Le capitaine Lamachère, de la « 5 », a eu le pied arraché par un éclat et le capitaine Plou, de la « 2 », vient d'être grièvement blessé. La relève du I/36e RI est en cours par le II/119e RI du commandant Hamel. A la 36e DI, sur la gauche de l'armée, le III/18e RI évacue en partie la boucle de l'Aisne dans la soirée. Le capitaine Breton, pour citer un exemple, reste a Rilly-aux-Oies (aujourd'hui Rilly-sur-Aisne) jusqu'à la nuit et se replie avec les survivants de la 9e compagnie après avoir perdu 103 morts et blessés dans la journée. Le lieutenant Portal, blessé, le lieutenant Gourmel à qui il ne restait que trois hommes, le lieutenant Martin, sont vraisemblablement prisonniers. Le général Carles, qui garde la 6e DIC en réserve, rend compte qu'un bataillon, le III/5e RICMS du commandant Saint-Gall monte en renfort dans la nuit[2] et contre-attaquera le 10 au matin avec les chars du 7e BCL. La 6e compagnie du lieutenant Perron est envoyée au lieutenant-colonel Sinais qui, de son PC des Alleux, prépare une nouvelle contre-attaque en direction de Voncq.

A la 1re DIC, le général Cruciani, de l'artillerie divisionnaire, fait tirer sans arrêt sur le nord de la poche de Pont-Gaudron où les Allemands infiltrés sont, comme le prévoyait le lieutenant-colonel Bonvalot, coupés de leurs arrières par le barrage de feu. Partant du PC du 3e RIC, le lieutenant Flamet a, lui aussi, tenté de réduire le « nid de frelons », mais il a échoué, réussissant cependant à rester en vie. Dans la soirée, trois pelotons du GRDI 71 sont arrivés avec le capitaine de Bellabre pour contre-attaquer à l'aube du lundi avec les coloniaux du capitaine Parizet. On a même promis au lieutenant-colonel Chauvin de lui envoyer un char FT qui prendra la tête de l'opération. En dépit de ces rassurantes nouvelles, tout le monde baisse la tête sous l'orage d'acier que l'artillerie allemande, décidément prodigue, entretient sur le secteur de la 1re DIC. On déplore encore la mort d'un capitaine, Georges Legoux, et les blessures mortelles du « toubib » de la division, le médecin-colonel Ferdinand Robert. Le GSD 71 rendra compte à minuit au général Roucaud que 285 blessés dont 11 officiers ont été réceptionnés et évacués sur les hôpitaux de l'arrière.

Le bilan est impressionnant, mais l'on sait aujourd'hui que la 36e DI du général Aublet et les trois divisions alignées sur l'Aisne à sa gauche[3] ont subi chacune l'attaque d'un corps d'armée à trois divisions, ce qui explique les pertes élevées, en particulier au 18e RI et au 57e RI. Ces

---

1. 19 morts du 36e RI seront inhumés à Oches et 24 à Saint-Pierremont.
2. Le bataillon Saint-Gall effectue près de 40 kilomètres à pied dans la nuit alors que les 80 camions de la 514e compagnie de transport qui sont dans les bois de Sommepy, à environ 30 kilomètres, restent inutilisés.
3. La 14e DI (de Lattre de Tassigny), la 2e DI (Klopfenstein) et la 10e DI (Aymé).

sacrifices ont-ils au moins servi la défense ? On peut en douter en prenant connaissance de l'*Abendsmeldung,* le compte rendu du soir, qui vient d'être apporté à von Runstedt. Il indique en effet que l'infanterie a franchi l'Aisne en deux endroits et conquis de haute lutte les têtes de pont indispensables aux *Panzerdivisionen.* Il était prévu que Guderian traverserait la rivière à Rethel, mais la 2e DI ayant cédé du terrain jusqu'à Avançon, à sept kilomètres au sud de Château-Porcien, c'est à partir de cette ville que Guderian va lancer ses blindés vers le sud. Plus à l'ouest, c'est devant la 42e DI du général Keller que le front de l'Aisne a été crevé et le groupement Kleist va se regrouper au nord de Château-Thierry d'où il attaquera le 13 en direction de Sézanne, puis de Troyes.

*
* *

Lundi 10 juin. Avec la même violence que la veille, le front s'embrase au lever du jour et la 36e DI du général Aublet est d'autant plus malmenée qu'elle ne tient plus ni l'Aisne ni le canal. Au 57e RI, le lieutenant-colonel Sinais souhaite se maintenir entre Voncq et Les Alleux où il a établi son PC, mais la route traverse une forêt propice aux infiltrations ennemies.

« Dès le matin, écrit Sinais, le lieutenant Ledrappier contre-attaque avec treize chars [1]. Sous les coups de l'artillerie et des pièces de *Pak,* la colonne parcourt huit cents mètres et s'arrête. »

Pendant la nuit, l'ennemi n'est pas resté inactif et, tandis que son artillerie se rapprochait du canal, de nombreux 37 Pak passaient sur la rive sud. Quand le « mouchard » a repéré les blindés de Ledrappier, un déluge d'obus leur a coupé la route de Voncq. Sur la crête, le village est le théâtre d'un combat acharné, car la 6e compagnie du II/5e RICMS (lieutenant Perron) prête main-forte au corps franc du capitaine Le More qui se bat à la grenade au milieu des incendies, après avoir été harcelé toute la nuit. Les tirailleurs sénégalais chargent à plusieurs reprises, mais ils seront décimés, le lieutenant Perron blessé et trois de ses officiers, Gondou, Brugère et l'aspirant Peyraud, faits prisonniers.

Sur la rive gauche de l'Aisne, la contre-attaque a plus de chance de réussir puisque le III/5e RICMS du commandant Saint-Gall est engagé avec le 7e BCL du commandant Giordani. C'est la seconde fois que ce dernier va au combat et ce sera la dernière. Engagé le 14 mai dans le secteur Chémery-Bulson avec 39 chars FCM, le bataillon Giordani a attaqué quatre heures durant la 1re *Panzerdivision,* mais il a perdu dans cette affaire 29 chars et 7 officiers sur 12. Partiellement recomplété, il

---

1. Sinais se trompe, Ledrappier n'a que onze chars : le sien, trois à la section Le Coroller, deux avec Cuville, deux avec Durand et trois chez Louvet.

repart le 10 juin à l'aube avec 16 chars placés sous les ordres du capitaine Join-Lambert[1]. Ouvrant la route aux tirailleurs sénégalais, les sections Levitte et Bavard avancent sur la droite, les sections Danne et Bauchneckt sur la gauche. Dépassant Vrizy en flammes, tirailleurs et blindés progressent d'abord à l'abri du brouillard, dégageant des éléments du 18e RI encerclés depuis la veille à la ferme Fontenille. Un peu plus loin, les murs calcinés de Roche sont reconquis, mais, à peine les chars et les Sénégalais sont-ils passés, que le feu des armes automatiques reprend.

« L'infanterie allemande est restée dans les villages et s'est manifestée à nouveau au moment opportun », explique le lieutenant Delorme, officier de renseignements du 7e BCL, qui semble fasciné par le comportement de l'ennemi. « Cette infanterie est apparue comme de première qualité, écrit-il. Elle attaquait en bras de chemise avec une audace frisant la folie. »

Elle dispose aussi d'une forte dotation en pièces antichars qui interdisent à la contre-attaque de sortir des bois. Neuf chars sont déjà immobilisés, le plus souvent avec une chenille coupée. Le sergent Rivoalen est tué et le médecin-lieutenant Fleury parvient à évacuer l'aspirant Cassier, blessé par éclats d'obus à l'aine, le lieutenant Chassedieu, le sergent Hullot et le caporal-chef Lunven. Trois chefs de chars ont disparu : le sous-lieutenant Levitte, l'aspirant Bauchneckt et le caporal-chef Le Bleis. Au bataillon Saint-Gall, les pertes sont plus élevées : le lieutenant Pion a disparu, le lieutenant Canioni a été tué et nombreux sont les cadres blessés : le capitaine Gracieux, les lieutenants Barbier et Paoletti, le sous-lieutenant Dumonet et le médecin auxiliaire Gouthier. Les trois derniers chars de l'aile droite ramèneront les tirailleurs vers les marais de Loisy, mais l'un d'eux coulera une bielle, un second se fera couper une chenille par un obus de *Pak* et seul le dernier regagnera Vouziers dans la soirée où il retrouvera trois engins rescapés de la contre-attaque.

Sur la rive droite de l'Aisne, le capitaine Dayras n'hésite pas à retourner au feu avec les cinq chars encore disponibles du 4e BCL, mais les Allemands sont maintenant sur leurs gardes et la densité du tir des antichars aura raison de l'action désespérée tentée par Dayras. Le char 30041 de l'aspirant Stoven est déchenillé et le mécanicien Moulènes tué, le sergent de la Myre-Mory trouve la mort[2] dans la tourelle du 30096, mais Loiré, son mécanicien, parvient à échapper à l'incendie malgré ses blessures. Un troisième char brûle, le 30100 : le sergent Hidondo et

---

1. Le lieutenant Delorme a conduit dix-sept chars de Vouziers à la base de départ de Vrizy sous des tirs d'artillerie qui ont immobilisé un FCM de la section Cassier.
2. Le sergent de La Myre-Mory était député de Villeneuve-sur-Lot (Lot-et-Garonne).

48

Lux, le conducteur, périssent dans le brasier. Le sous-lieutenant Tastet et l'aspirant Rossignol sont blessés dans leur tourelle et les survivants de la compagnie doivent se replier.

A Voncq, le corps franc du 57e RI se bat avec détermination malgré ses pertes : Auger vient d'être tué, on évacue Renoulleau et le caporal Dantoing, mais, dix minutes plus tard, c'est le tour du capitaine Le More, atteint au visage. Ils survivront alors que de nombreux blessés déposés par les brancardiers dans les maisons de Voncq « seront carbonisés lorsque les toitures en flammes s'effondreront » (rapport du capitaine Jean Roger). Le corps franc compte encore une douzaine de combattants commandés par le sous-lieutenant Chaudrupt, mais tout le monde semble les avoir oubliés.

« Nous sommes exténués, affamés, assoiffés, aucune nourriture depuis le 9 au matin, témoigne le sergent Guillot. Comme boisson, nous avons trouvé de l'eau savonneuse dans une cuvette et nous y avons mis du Viandox. »

Guillot et le second sergent, Entremont, se relaient au service du dernier FM. Ils économisent les cartouches, car ils savent que personne ne les ravitaillera, et le sous-lieutenant Chaudrupt les a prévenus : « Il n'y aura pas d'ordre de repli ! ».

A la 1re DIC, le saillant de Pont-Gaudron est toujours soumis aux feux d'artillerie exigés par le général Cruciani. Les Allemands (environ 300 à 400) qui ne parviennent pas à manœuvrer ou à regagner leur base de départ, commencent à comprendre que leur percée de la veille s'est muée en échec. Renforcée par les Sénégalais du capitaine Gautier, la 3e compagnie du I/3e RIC contre-attaque durant la matinée du 10, fait des prisonniers, s'empare d'armes automatiques et récupère même un canon de 25 abandonné la veille. « Vers midi, note le capitaine Eon, l'intégralité de la position de la « 2 » est rétablie. »

Devant le PC du lieutenant-colonel Chauvin, la question du « nid de frelons » est enfin réglée. Encadrés par les coloniaux, les cavaliers du capitaine de Bellabre attaquent au fusil et à la grenade. Fourquet, Samaran, Daverat, Faure et l'adjudant-chef Romas qui chargent en tête échappent miraculeusement aux balles, mais Dumont et deux tireurs au FM, Pansier et Coccuron, trouvent la mort au cours de l'action. Le capitaine de Bellabre est lui-même blessé, mais le PC du 3e RIC, sous le feu depuis la veille, est enfin dégagé.

***

La faiblesse du front français n'est plus perceptible devant la IIe armée, mais à sa gauche où la IVe armée et la VIe du général Touchon ont leur première ligne entamée. Et, à partir des deux têtes de pont conquises la veille, les *Panzers* vont porter le fer en Champagne. Ce n'est pas encore la guerre éclair, car Huntziger a mis à la disposition de Réquin la seule réserve dont il dispose : le groupement Buisson[1]. Les trois divisions de celui-ci ont beaucoup souffert au mois de mai et n'ont été ni recomplétées en matériel ni renforcées en effectifs, ce qui leur permet d'aligner environ 150 chars, à peine la moitié d'une *Panzer* de Guderian qui s'apprête à en lancer quatre à partir de la poche de Château-Porcien. Bien entendu, le groupement Buisson ne dispose d'aucun appui aérien et, s'il va ralentir pendant deux jours l'avance allemande en Champagne, il ne l'arrêtera pas et succombera sous le nombre.

Au plus haut niveau du commandement français, on sait, bien entendu, que la guerre est perdue. Ce lundi 10 juin, le général Weygand place le gouvernement devant ses responsabilités, en écrivant à M. Paul Reynaud que l'armée « est à bout de souffle et que sa dislocation peut survenir d'un jour à l'autre ». A son PC d'Arcis-sur-Aube, le général Huntziger est tout à fait de cet avis puisqu'il n'a plus de réserves pour alimenter la bataille de Champagne. De toute façon, ce que le commandant du GA 4 semble redouter le plus au monde est d'être encerclé. Le 16 mai, trois jours après avoir été enfoncé à Sedan, il déclarait déjà au capitaine Belliot, officier de liaison de la IIIe armée : « Ma situation est telle que j'ai l'angoisse de me laisser " enrouler ". Tous mes efforts, dussé-je retraiter, tendent à éviter cet enroulement. »

Cette absence d'esprit offensif chez Huntziger explique aussi sa prise de position du 26 mai en présence de Prételat, du GA 2, et de Condé, de la IIIe armée. Le commandant du GA 4 estimait en effet l'armistice « obligatoire », en raison « de nos troupes fatiguées, de nos divisions étalées sur des fronts impossibles et de notre aviation inexistante[2] ».

Huntziger est-il plus réaliste que pessimiste ? Dans la matinée du 10 juin, à l'heure où les contre-attaques battent leur plein à la 36e DI et à la 1re DIC, à l'heure où le général Réquin n'a pas encore engagé le groupement Buisson, il fait partir d'Arcis-sur-Aube un ordre de décrochage à exécuter le soir même. Vers 11 heures, Freydenberg qui a convoqué ses commandants de corps d'armée au fort de Landrecourt, apprend à Flavigny, le premier arrivé, que les ouvrages et casemates des secteurs de Montmédy et de Marville seront sabordés pour que « les troupes s'alignent dans un premier temps sur le front Verdun-Longuyon ».

1. La 3e division cuirassée du général Buisson, la 7e division légère mécanique de Marteau qui vient d'être formée et la 3e division d'infanterie motorisée de Bertin-Boussu.
2. La réunion s'est tenue à Vigneulles-lès-Hattonchâtel (Meuse). Voir *Faites sauter la ligne Maginot !* (Fayard, 1973).

« Quelles seront mes liaisons latérales ? » demande Flavigny.

Freydenberg lui explique que le 21ᵉ corps aura sa droite à Verdun et tentera de se relier à gauche à un front « qu'on essaie de rétablir au sud de la Champagne ». Sur la Marne ? Huntziger envisagerait-il de reconstituer le front de la IVᵉ armée sur la Marne ? Avec quelles troupes puisque ses seules réserves, le groupement Buisson, vont se faire détruire au combat dans la plaine champenoise ?

« Si cette manœuvre échoue, révèle Flavigny dans son journal, un repli beaucoup plus profond est à envisager. »

La première étape à effectuer dans la nuit du 10 au 11 juin est modeste : environ vingt kilomètres. Flavigny estime « qu'il vaudrait mieux faire un bond de très grande amplitude, même au prix de fatigues extrêmes, car on pourrait ainsi échapper à une pression immédiate de l'ennemi ».

Avec 40 kilomètres dans les jambes au lieu de 20, les Français seraient épuisés, mais pour les fantassins allemands, transportés en camions, où serait la différence ? Tous les moyens de transport du groupe d'armées vont-ils être mobilisés pour l'infanterie ? C'est une question que Flavigny ne pose pas.

« Notre repli n'est pas une fuite, commente Freydenberg. Les bonds en arrière auront des amplitudes différentes ; nous ferons front par moments et nous tromperons ainsi l'ennemi ! »

Quand ils reçoivent l'ordre de repli, dans l'après-midi, les divisionnaires se montrent très amers. A la 6ᵉ DI, le général Lucien confie au lieutenant-colonel Gras, son chef d'état-major : « Cela va avoir un effet moral désastreux sur la division qui vient de se battre et de souffrir pour garder sa position. »

Roucaud, dont la 1ʳᵉ DIC, il est vrai, se trouve sur la droite, se montre plus direct : « Nous ne possédons aucun renseignement sur les raisons de ce repli : on murmure que le front de l'armée a crevé à gauche. En tout cas, exécuté de façon précipitée avec des troupes fatiguées par une bataille incessante depuis le 13 mai, et des marches depuis le 10, il va être à l'origine de tous nos malheurs. »

On peut en effet imaginer dans quel état le 3ᵉ RIC va entamer la retraite lorsqu'on sait que les 9 et 10 juin il a perdu 96 tués recensés et un nombre indéterminé de disparus, prisonniers ou morts ensevelis sous les feuillages de la forêt mutilée. Et 103 blessés dont 2 officiers sont encore passés par le groupe sanitaire de la division[1]. Une satisfaction pourtant : des Allemands enfermés dans le saillant de Pont-Gaudron se rendront au

1. Du 15 mai au 10 juin 1940, le GSD 71 a réceptionné et évacué 1 493 blessés, soit une moyenne d'environ 60 par jour.

nombre de 180 au lieutenant Fornari, resté en arrière-garde avec sa section de tirailleurs.

Au village des Alleux, où le lieutenant-colonel Sinais a vu passer plus de 400 prisonniers allemands depuis la veille, la nuit tombe lorsque le lieutenant Ledrappier lance une ultime contre-attaque en direction de Voncq avec ses derniers chars. Il va trouver la mort au cours de l'opération, inutile en soi puisque, depuis 20 heures, Sinais a reçu l'ordre de repli. Ledrappier voulait à tout prix délivrer les survivants du corps franc enfermés dans Voncq.

« Dans la nuit du 10 au 11, rapporte le sergent Guillot, l'ennemi incendie tout le village à l'essence. »

Quand ils se rendront, la dernière douille éjectée, le sous-lieutenant Chaudrupt n'aura plus avec lui que ses deux sergents et quatre hommes valides : Vieillard, Bouzon, Etchegonay et le caporal-chef Fougère [1].

Au 18e RI, sur la rive gauche de l'Aisne, le repli est difficile, car selon le capitaine de La Rochebrochard qui assure la permanence au PC de la 36e DI, « les éléments français et allemands sont mélangés dans toute la plaine au nord-ouest de Vouziers ». Ce « mélange » a pour conséquence la destruction de pièces d'artillerie dont la sortie de batterie n'a même pas commencé. C'est le cas de la 16e batterie du V/224e RAL où le capitaine Magagnini, malgré plusieurs morts dont deux officiers, les lieutenants Loze et Vernazobres, se bat jusqu'au moment où, une balle dans la main et commotionné par l'éclatement d'une grenade, il succombe sous le nombre.

Dans l'obscurité, on entend, malgré la fusillade qui se rallume ici et là, le raclement des chenilles des petits chars FCM. A la compagnie Dayras qui ne compte plus que deux engins, le capitaine a pris place dans le 30060 du sergent Laporte conduit par le caporal Autran. Lassagne pilote le 30049 du sergent Labourdette et s'efforce de ne pas perdre de vue la masse sombre du 30060 qui avance à trente mètres devant lui.

« A 23 heures, écrit le lieutenant Durand qui vient de remplacer Ledrappier à la tête de la 3e compagnie, éclairé par les flammes de Voncq, je prends liaison avec les Sénégalais qui marchent colonne par un sur le côté gauche de la route. »

Couverts sur le flanc ouest par la GRCA 22 du colonel Leclerc et le GRDI 76 du lieutenant-colonel du Paty de Clam (6e DIC), les régiments de la IIe armée décrochent sans éveiller de soupçon chez l'ennemi. Mais les kilomètres, parfois à travers champs, s'ajoutant aux kilomètres après

1. Au retour des habitants, les corps de 135 soldats français seront retrouvés et inhumés au cimetière de Voncq.

plusieurs nuits sans sommeil et deux jours de bataille, il est à craindre que de nombreux soldats ne supportent pas l'épreuve.

« Le 10 au soir, affirme l'aumônier Pouydebasque, du 57ᵉ RI, nos hommes sont épuisés jusqu'à l'hébétement. »

Dans quel état seront-ils à l'aube du 11 juin, les nombreux chevaux tués par le bombardement des deux jours de bataille obligeant les mitrailleurs à porter les pièces sur leurs épaules ? C'est le cas au II/119ᵉ RI où la « 6 » du lieutenant Idalgo s'est battue dans les ruines d'Oches sans céder un mètre de terrain de la journée. « Tout ça pour rien puisqu'il faut tout lâcher ! » dira le sous-lieutenant Lepeltier à son ami Bonaillie.

Bien entendu, les caisses de munitions sont trop nombreuses sur la position pour être emportées. On les jette dans les feuillées et dans les abris dont le toit est défoncé à la pioche. Sur la rive droite de la Meuse, la 6ᵉ DINA — qui n'a pas été attaquée les 9 et 10 juin — doit, elle aussi, abandonner sa position. Au 9ᵉ Marocains, on vide « des caisses entières de cartouches dans la Chiers » et, pour faire bonne mesure, les abris ne sont pas détruits, mais piégés avec des grenades dégoupillées. Au 21ᵉ RTA où le capitaine Henri Pédelmas vient d'être tué par un obus, les voiturettes sont chargées à refus et quelques « brêles » ont le privilège d'en tirer deux à la fois. Or, malgré ces difficultés sans nom, malgré la fatigue qui tétanise les muscles, l'absence de sommeil qui rougit les paupières, certains combattants se sentent frustrés. « L'ordre de repli est accueilli avec stupeur par des troupes épuisées, mais qui ne se tenaient nullement pour battues ! » assure le capitaine Daverat, du II/18ᵉ RI. Dans le journal du 123ᵉ RI, un des trois régiments de la 35ᵉ DI, la « division de Bordeaux », le lieutenant Chaubet exprime un point de vue semblable : « Les hommes abandonnent leur position la rage au cœur ; ils avaient si bien résisté. » Au 3ᵉ RIC qui a subi de véritables mutilations pendant les deux jours de bataille, le lieutenant Nicolas ne peut se faire à l'idée d'évacuer la forêt de Dieulet, « alors que tout semblait rentré dans l'ordre ». Quant au lieutenant Aveline, qui quitte la vallée de la Chiers avec les Marocains du III/9ᵉ RTM, il n'oubliera pas de sitôt l'ambiance de cette nuit de retraite. « Silencieux, mornes, dit-il dans ses carnets, nous remâchions notre rage d'être ainsi obligés de nous replier ! »

* * *

Dans l'après-midi du lundi 10 juin, le général Freydenberg a reçu au fort de Landrecourt un autre de ses grands subordonnés, Dubuisson, commandant supérieur de la défense de Verdun. Le chef de la IIᵉ armée lui fait savoir « que les Allemands ont percé le front de l'Aisne et qu'un mouvement de retraite de très grande ampleur est prévu ; il est même question de l'abandon de la ligne Maginot » (rapport Dubuisson). Freydenberg aurait ajouté : « Dans cette éventualité, Verdun ne serait pas défendue et vous prendriez un créneau sur le front des troupes en retraite à leur passage à hauteur de la ville. » Il est entendu que Dubuisson sera sous les ordres du général Flavigny qui, nous l'avons vu, doit « accrocher sa droite à Verdun ». Freydenberg parle d'une éventualité, mais, comme il précise ensuite que « les divisions qui vont se replier atteindront Verdun le 13 juin », Dubuisson comprend qu'il s'agira bientôt d'une réalité et que l'ordre de repli, s'il n'est pas encore donné, ne saurait tarder. Il a donc trois jours devant lui pour se préparer à évacuer Verdun.

Dans son rapport, Dubuisson affirme qu'il a fait cesser tous les travaux défensifs le 10 juin, ce qui est logique puisqu'il est averti qu'on ne défendra pas Verdun. Pourtant, certains exécutants affirment avoir travaillé après le 10 juin.

« Les travaux ont eu lieu du 7 au 13 juin à 17 heures sans arrêt », affirme le commandant Perrot, du II/444e Pionniers, qui a fait abattre des centaines d'arbres pour dégager les champs de tir, tendu 6,5 kilomètres de barbelés à quatre rangs, aménagé 24 emplacements de mitrailleuses et 17 pour canons de 25 sur les pentes nord de la cote 304 où va se dérouler dans quatre jours une bataille dont l'âpreté n'aura rien à envier aux combats de 1916. Un autre bataillon du 444e Pionniers, celui du commandant Brazier, assure la garde des dépôts dans la banlieue de Verdun. Avec ses éléments disponibles, Brazier reçoit le 10 juin l'ordre « de défendre la rive droite de la Meuse sur les emplacements de l'enceinte fortifiée de la ville ».

Les entreprises civiles qui avaient été réquisitionnées pour les travaux sont priées de quitter la ville le 11 juin. Le commandant Roux, du génie, reçoit l'ordre « de se hâter et de prévoir les destructions dans un délai de trois jours », ce qui correspond aux directives de Freydenberg. Roux, qui s'attendait à une bataille de longue haleine devant Verdun, n'est pas satisfait : « Nous allons travailler jour et nuit ! » Personne n'imaginait une dégradation aussi rapide de la situation et le capitaine Moustardier, dont les sapeurs ont 42 dispositifs à charger entre Champneuville et Troyon, sans oublier le sabotage d'une péniche belge amarrée au quai du bassin Saint-Paul, se demande si trois jours suffiront, même en travaillant jour et nuit.

De son côté, le général Flavigny, dont le 21e corps a entamé son repli dans la nuit du 10 au 11 juin, préconise l'application derrière lui d'une véritable politique de terre brûlée. « Les destructions, écrit-il dans l'ordre no 309/3 du 11 juin, porteront non seulement sur les voies de communication, mais encore sur tout ce qui pourrait être utilisé par l'ennemi : carburants, sucre dans l'essence, fourrages et céréales, etc. »

Dans certaines unités, en particulier à la 3e DIC, des ordres seront donnés d'abattre les vaches dans les prés à coup de fusil[1]. Dubuisson n'en est pas encore là. Pour l'instant, seule la défense — ou l'abandon — de Verdun l'intéresse. Son adjoint, le général Lesourd, note « qu'à la date du 12 juin, on pense encore à une défense de Verdun sans esprit de recul ». C'est d'ailleurs officiel puisque dans l'ordre d'opération n° 7 figurant dans son rapport, Dubuisson, qui a été prévenu de la poursuite de la retraite de la IIe armée, avertit ses subordonnés que « le front nord de la région fortifiée de Verdun peut se trouver en première ligne à partir de la nuit du 13 au 14 juin ». Et il ajoute : « La position principale de Verdun doit être tenue sans esprit de recul[2]. »

Tenue avec quelles troupes ? Il est probable qu'au moment où les grandes unités en retraite se trouveront à la hauteur de Verdun, certaines d'entre elles passeront sous le commandement de Dubuisson, surtout si celui-ci se voit confirmer la mission de tenir Verdun « sans esprit de recul ». Mais en attendant ? Les pionniers du lieutenant-colonel Wattecamp et ceux du lieutenant-colonel de Cassagnac ? Les « Joyeux » de la demi-brigade Lambert dont on connaît la médiocrité ? Restent les forts dont plusieurs sont maintenant tenus par le « bataillon de marche de la région fortifiée de Verdun » constitué début juin et confié au capitaine Marchand. A l'effectif de huit cents hommes, le bataillon dispose de quatre compagnies placées sous les ordres du capitaine Van den Brock et des lieutenants Lefebvre, Barré et Lefer. Plus d'un tiers des soldats sont classés « service auxiliaire » et, le 9 juin, ils ont été répartis dans les forts disponibles, en particulier Vacherauville, le Rozelier, Vaux, Douaumont, Moulainville et Froideterre où Marchand installe son PC. On est toutefois surpris par l'optimisme béat dont fait preuve Dubuisson. « Au 10 juin, assure-t-il, tous les forts sont pourvus d'une garnison d'infanterie fixe et d'équipages pour toutes les tourelles de mitrailleuses, de 75 et de 155. »

Le capitaine Marchand reçoit-il une mission temporaire ? Pas du tout ! « Tenir sur place sans esprit de recul ! » Et cette mission lui est confirmée le 10 juin, le jour où Freydenberg transmet l'ordre de décrocher. Deux jours plus tard, le bataillon Marchand se verra même affecter un numéro de secteur postal, le 5396. Chaque compagnie a reçu quatre FM et des munitions, mais, faute de temps, aucun exercice de tir n'est prévu et chaque officier espère que les tireurs savent se servir de leur arme. Le général Dubuisson, s'il parle avec optimisme des garnisons, se montre plus discret sur l'état des forts. Marchand, qui n'a

---

1. La note n° 29/30 P du 8 juin 1940 signée par le général Huntziger « étend le plan des destructions à toutes les ressources utilisables par l'ennemi » (journal du GA 2).
2. Dubuisson a-t-il oublié que, deux jours plus tôt, Freydenberg lui a laissé entendre que Verdun ne serait pas défendue ? Mais on verra plus loin que, le 13 après-midi, Freydenberg ne sait toujours pas s'il défendra ou abandonnera Verdun.

pas les mêmes raisons de se taire, nous livre sa première impression du fort de Froideterre : « Tout l'aménagement est à faire. Pas de liaisons téléphoniques, pas d'éclairage, très peu d'eau. »

Passons au célèbre fort de Vaux. Le successeur du commandant Raynal est un officier de réserve, le lieutenant Fromentin, notaire de son état. Il est affecté à Vaux le 11 juin. La garnison se compose d'une centaine d'hommes dont soixante-dix fantassins, anciens comptables, tailleurs et cordonniers des régiments dissous après la chute de Sedan. Aucun d'eux n'a jamais tiré un coup de fusil !

« Travaux de défense : néant ! » commente Fromentin qui dispose de quatre pièces de 75 destinées à tirer en flanquement, deux vers Douaumont, deux vers La Laufée. Avec réciprocité de la part de ces deux ouvrages. Mais comment Vaux résisterait-il à un assaut d'infanterie ?

« Le fort n'a pas été aménagé, ajoute l'officier. Aucune fermeture n'a été prévue, les portes qui subsistent ne tournent plus sur leurs gonds, aucune ne possède de fermeture (serrure ou chaîne). Il existe de larges ouvertures, en particulier sur la face ouest où l'une d'elles est assez large pour permettre l'entrée et le garage d'une voiture. »

Depuis 1918, le fort de Vaux et tous ceux de la ceinture de Verdun sont à l'abandon. Pas d'observatoire, pas de moyens de signalisation, pas même un pistolet lance-fusées. Le vendredi 14 juin, Fromentin recevra un renfort : un sergent-chef et vingt soldats. « Aussi capables que les précédents ! » écrit-il, définitivement écœuré.

CHAPITRE III

« Je ne pus qu'écarter les bras ;
je pleurais ! »

Les Allemands ne se sont pas aperçus du décrochage de la IIe armée dans la nuit du 10 au 11 juin. Les deux jours de bataille ont été éprouvants dans les deux camps et, comme l'écrit le général Lucien, de la 6e DI, « l'ennemi est aussi fatigué que nous ». C'est seulement vers 15 heures que des motocyclistes prendront le contact avec l'arrière-garde. A droite, à la 1re DIC du général Roucaud, les premiers coups de feu ne claquent qu'au début de l'après-midi au nord de Beaufort[1]. A la 35e DI, un officier du 123e RI, le lieutenant Chaubet, avoue qu'il s'attendait au pire. « Nous pensions aller à une catastrophe, raconte-t-il, car l'unique route de Verrières à Briquenay était encombrée par les convois et les troupes. Déjà, le " coucou " ronronnait au-dessus de nos têtes et d'une minute à l'autre il allait apercevoir le mouvement. C'est alors que le miracle se produisit : le brouillard se leva et, d'un seul coup, nous masqua complètement. »

Le brouillard permet à la IIe armée de poursuivre sa retraite une grande partie de la journée du 11 juin. Après plusieurs semaines passées sur un front très animé, après une bataille de deux jours et des pertes élevées, après plusieurs nuits sans sommeil, les soldats vont tomber d'épuisement. Le général Roucaud espère pour ses coloniaux, surtout ceux du 3e RIC, « durement éprouvés les 9 et 10 juin, un ou deux jours d'arrêt pour permettre aux hommes de dormir et de se laver ».

Sur la gauche de l'armée, la 6e DIC du général Gibert fait face au nord entre Sommepy et Ardeuil. Les coloniaux ignorent tout de la bataille de chars qui a opposé la veille la 3e DCR et la 7e DLM aux *Panzers* de Guderian débouchant de la tête de pont de Château-Porcien, mais ils sont rassurés par la présence à leur gauche des premiers éléments de la

---

1. Selon le journal du VIIe Korps, l'ordre de poursuite donné par la XVIe Armée a été donné à 10 h 06. La 24e ID a repris le contact à 13 h 30 à Authe, la 58e ID à la même heure vers Beaufort et la 76e ID à 16 heures vers Belval à 8 kilomètres à l'ouest de Beaufort.

3e DIM du général Bertin-Boussu. C'est la preuve que le front n'est pas rompu entre l'armée Réquin et l'armée Freydenberg, ce qui explique les termes employés à la 6e DIC pour dépeindre le 11 juin : « Journée calme sur l'ensemble du front de la division. »

Le GRDI 76 du colonel du Paty de Clam, dont les pelotons multiplient les reconnaissances recueille pourtant vers 20 heures une curieuse information : le colonel Fonsegrive, de l'ID/3e DIM, fait savoir que ses unités se replient sans être relevées. « La 6e DIC est découverte sur sa gauche », constate le général Gibert. Une petite phrase qui va influer sur la suite de ce récit, car la IIe armée ne reprendra plus contact avec les divisions en retraite de la IVe armée.

Vers 21 heures, la 6e DIC reçoit à son tour l'ordre de décrocher. La marche de nuit sera d'une quinzaine de kilomètres, la division prenant position à la lisière nord du camp de Suippes, au sud de la butte de Tahure où abondent tranchées et boyaux de 14-18. Les coloniaux vont se garder à la fois au nord et à l'ouest, et le mercredi 12 juin sera sans doute moins « calme sur l'ensemble du front de la division ».

Au fort de Landrecourt, au sud de Verdun, le général Freydenberg est satisfait de savoir que le décrochage s'est déroulé dans de bonnes conditions. Rompre le contact constitue toujours une sorte d'exploit, surtout lorsqu'il s'agit de faire reculer cinq divisions en même temps. Freydenberg reste inquiet pour sa gauche : les Allemands sont entrés à Reims et il est clair que leur prochain objectif est la Marne de Châlons. C'est de ce côté que viendra le danger et qu'il convient d'être fort.

Sur la rive droite de la Meuse, Freydenberg dispose de deux divisions qui ont été retirées du front tenu par les troupes de forteresse. Très éprouvées au mois de mai, la 3e DIC de Falvy et la 3e DINA de Mast ont besoin de se reposer et d'être recomplétées, mais nécessité fait loi. Le 9 juin, on a déjà enlevé à Falvy un de ses trois régiments d'infanterie, le 21e RIC, qui a été transporté au sud de Sainte-Menehould.

Le 11 juin, Freydenberg décide d'étoffer son flanc gauche. Au lieu de faire partir le reste de la 3e DIC, il désigne la 6e DINA du général de Verdilhac, puis donne un contre-ordre : c'est la 3e DINA qui partira. Le choix n'est pas heureux, car elle accuse un déficit de plus de 2 000 hommes et il lui manque près de 500 chevaux [1]. Au GRDI 93 du commandant de La Londe qui a beaucoup souffert au mois de mai, il reste les deux tiers de l'effectif initial.

Le général Mast est avisé du mouvement prévu le mardi 11 à 17 heures. La division doit passer de la droite à la gauche de la IIe armée et les convois, circulant en principe de nuit pour éviter les attaques

1. Le rapport du général Mast indique qu'il manque à la date du 12 juin 521 hommes au 12e Zouaves, 870 au 14e RTA et 708 au 15e RTA.

aériennes, vont effectuer environ 80 kilomètres sur les arrières des grandes unités qui retraitent nord-sud. Personne, dans cette soirée du 11 juin, ne comprend encore qu'une course contre la montre vient de s'engager et que, si les Français la perdent, ils n'auront plus rien à espérer. D'où la nécessité de ne pas gaspiller une heure et d'accorder toutes les priorités routières à la 3ᵉ DINA.

Le PC de celle-ci est à Bréhéville, à 25 kilomètres au nord de Verdun et, à 23 heures, le général Mast y reçoit le capitaine Lenormand, envoyé par le colonel Paquin, du 3ᵉ Bureau de l'armée. L'officier apporte des ordres, des cartes et... une mauvaise nouvelle : « Sur notre flanc gauche, la IVᵉ armée est enfoncée et les *Panzers* seront sans doute demain à Châlons-sur-Marne. »

Aucune observation aérienne, aucun interrogatoire de prisonnier n'ont permis de connaître l'axe de marche fixé aux blindés allemands. Vont-ils tenter de franchir la Marne et de poursuivre en direction du sud ? Vont-ils obliquer vers le sud-ouest ou se ruer contre le flanc découvert de la IIᵉ armée ?

« C'est dans cette dernière hypothèse, commente Lenormand, que la 3ᵉ DINA va s'installer en bretelle face à l'ouest, de Sainte-Menehould au nord à Vitry-le-François au sud... »

Mast jette un coup d'œil sur la carte et ne peut retenir un haut-le-corps : « Tenir un front de 50 kilomètres avec ma division dans l'état où elle est ! »

Lenormand l'apaise : « Le colonel Cazeilles et son 21ᵉ RIC sont déjà entre Sainte-Menehould et Villers-en-Argonne. De plus, vos moyens en artillerie vont être triplés : un groupe de 155 GPF et deux régiments de réserve générale, le 313ᵉ RA du lieutenant-colonel de Langalerie et le 311 du lieutenant-colonel Merlin, sont mis à votre disposition.

— Ils sont sur place ?

— Non, mais ils ont entamé leur mouvement. »

Lenormand revient à la carte et son doigt épouse un axe imaginaire : « La direction la plus dangereuse est la route Châlons-sur-Marne-Vitry-le-François. Si le franchissement de la Marne leur fait perdre du temps et qu'ils attaquent de notre côté, ce sera par la RN 4. »

Le capitaine sourit et ajoute : « La 6ᵉ DIC qui couvre pour l'instant la gauche du corps colonial viendra peut-être vous épauler..., si elle n'est pas démolie avant, car nos tirailleurs sénégalais, si courageux soient-ils, pourront difficilement tenir tête aux centaines de *Panzers* qui, paraît-il, se déploient en Champagne.

— Nous n'avons plus de chars ?

— Le 67ᵉ BCC vient d'arriver de Tunisie, mais cela ne fait jamais qu'une cinquantaine d'engins... »

Mast revient aux détails pratiques :

« A quelle heure se présenteront les camions qui vont embarquer la division ?

— Ils devraient être là ! »

Trois groupes de transport (142, 143 et 145) sont prévus pour amener la 3ᵉ DINA sur ses nouvelles positions. Comme dit le capitaine Lenormand, les camions « devraient être là ». Selon le chef d'escadrons Lesourd, responsable du mouvement, les commandants de groupe ont été informés le 10 juin « qu'ils devaient enlever un certain nombre d'unités stationnées au nord de Verdun pour les amener vers Vitry-le-François, en vue de l'établissement d'une ligne de défense sur la Marne et sur l'Argonne ».

La soirée du 11 juin s'écoule sans qu'un seul camion n'apparaisse. Dans la nuit, les tirailleurs algériens du 14ᵉ RTA (colonel Bosviel) se regroupent sous une pluie battante le long de la route de Bréhéville. Jusqu'au lever du jour, ils attendent, en vain, les camions affectés au régiment. A la décharge des « tringlots », il faut admettre que les difficultés ne leur sont pas mesurées. Le groupe 142 du commandant Charavel doit embarquer le 14ᵉ Algériens, mais, dans l'après-midi du 11, contrordre, c'est le 12ᵉ Zouaves qu'il faut enlever. Les rames partent à 18 heures, mais, à Dun-sur-Meuse, des sapeurs trop pressés ont fait sauter le pont et les camions doivent effectuer un détour de plus de quarante kilomètres pour franchir la rivière. Circulant tous feux éteints sous les averses, les conducteurs ne battent pas des records de vitesse. De plus, les encombrements se multiplient et la Régulatrice routière, nous dit Charavel, « n'a plus les moyens de flécher l'itinéraire ».

Le 12 juin à 3 h 30 du matin, Charavel se présente au PC de la 3ᵉ DINA. Le jour se lève sur un ciel couvert de nuages et le chef d'escadrons apprend qu'il n'enlève plus le 12ᵉ Zouaves, mais le 14ᵉ Algériens : 2 200 hommes, 71 voiturettes, 158 chevaux, 14 cuisines roulantes, 6 chenillettes, 12 canons de 25 et 38 véhicules divers. Selon Charavel, l'embarquement commence à 7 h 30. « Il s'est achevé à 11 heures, assure le lieutenant Paille, du 14ᵉ RTA, et vers 16 heures nous arrivions à Outrepont. »

Le premier régiment de la division est à environ dix kilomètres au nord-est de Vitry-le-François.

Le 15ᵉ RTA du colonel Buisson a quitté ses bivouacs dans la nuit et, sous la pluie, stationne pendant plus de HUIT heures le long de la route de Brandeville. Embarqué dans l'après-midi du 12, le régiment se retrouvera en pleine nuit entre Charmont et Revigny-sur-Ornain. Le 12ᵉ Zouaves partira le dernier, le général Mast ayant confié au colonel Tissané un sous-secteur classé « en troisième urgence, car seules y aboutissent des routes secondaires ». Cette « troisième urgence » est prise au pied de la lettre par les « tringlots », les zouaves passant toute la journée du 12 juin à attendre les camions.

Un meilleur sort est-il réservé aux artilleurs ? On peut supposer en effet qu'une priorité leur est accordée, car, si les *Panzers* prennent la direction de Vitry-le-François, il est préférable de les recevoir à coups de 75 qu'avec les pièces de 25 de l'infanterie. Le 20e RANA du lieutenant-colonel Malmary, régiment organique de la 3e DINA, n'est pas mieux servi que les tirailleurs algériens. « Embarquement terminé le 12 juin à 13 heures », note Malmary. La colonne de ravitaillement et les services généraux se sont joints au 220e RANA qui effectue le trajet au pas lent de ses attelages. Enfin, les rames qui transportent les 75 du 20e RANA démarrent à 14 heures, roulent pendant dix minutes... et s'arrêtent.

« Nous stationnons là durant QUATRE heures, en raison de l'encombrement des routes dû à l'évacuation de Verdun ! » s'insurge le commandant Benoît, du IIIe groupe.

Sans penser un seul instant qu'il allait paralyser les itinéraires au sud de la ville, le général Dubuisson a en effet donné l'ordre à la population de Verdun d'évacuer la ville. Affolés à la pensée de revivre le cauchemar de 1916, les habitants de tous les villages des environs se sont hâtés de les imiter. Devant ces milliers de réfugiés qu'il est impossible de canaliser, la Régulatrice routière et la gendarmerie baissent les bras. Le convoi du 20e RANA repart vers 18 heures pour débarquer, lui aussi en pleine nuit, du côté de Revigny-sur-Ornain. Le commandant Benoît, qui a précédé son groupe, va se renseigner à Laheycourt où le PC de la division fonctionne pourtant depuis 6 h 30 du matin. « Personne ne sait où sont les batteries ni où aura lieu leur débarquement », se plaint-il après avoir vu le colonel Longepée, de l'artillerie divisionnaire.

Restent les deux régiments d'artillerie de réserve générale affectés au général Mast. Où sont-ils ? Seront-ils en position avant le 20e RANA ? On pourrait le croire puisque le lieutenant-colonel de Langalerie, du 313e RA, a été informé de son prochain départ le 11 juin à 8 heures du matin, soit NEUF heures avant le général Mast. Le régiment se trouve dans le secteur de Marville et la route sera longue pour ses tracteurs et ses camions. De plus, bien que prévenu à 8 heures du matin, Langalerie va passer sa journée dans la bureaucratie. On le fait d'abord venir à Damvillers « pour recevoir des ordres en vue d'un départ immédiat ».

« Départ dans quelle direction ? demande le chef de corps au général Mouton qui le reçoit.

— Partez tout de suite pour Consenvoye, vous aurez les détails. »

A 13 h 30, après avoir vaincu tous les encombrements, Langalerie est à Consenvoye où un officier de la Régulatrice routière lui avoue... qu'il n'est au courant de rien et qu'il va se renseigner : « Vous m'attendez ici, mon colonel, je serai de retour avant 15 heures. » A l'heure indiquée, l'artilleur ronge toujours son frein et décide de téléphoner au PC de la Régulation routière, à Verdun.

« Mais bien sûr, lui dit-on, allez à la mairie de Belleville, vos ordres vous attendent. »

Commentaire — désabusé — de Langalerie : « Tout cela me laisse perplexe. On me demande de toute urgence et tout est fait, semble-t-il, pour que le déplacement s'effectue le plus lentement possible. »

Les ordres qu'il reçoit sont à l'image de la perte de temps que la force d'inertie bureaucratique lui fait subir depuis le matin. On ne lui dit pas qu'il renforce la 3e DINA et on lui donne comme terminus... Sézanne, dans la zone de la IVe armée en pleine retraite. Il fera étape pour la nuit près de Vaubécourt, dans la Meuse, ce qui va à l'encontre des consignes du haut commandement exigeant que les déplacements aient lieu la nuit afin d'échapper aux attaques aériennes.

Le 311e RA du lieutenant-colonel Merlin se trouve dans le secteur fortifié de Montmédy, et le général Burtaire, qui commande celui-ci, fait savoir le 12 à 0 h 30 à Merlin « qu'il doit partir de toute urgence et faire mouvement cette nuit avec pour point de première destination Laheycourt ». Le temps de regrouper le régiment et celui-ci pourrait effectuer une partie du trajet sous le couvert de l'obscurité. Malheureusement, un groupe du 311e RA est engagé avec celui du commandant Japriot, du 185e RAL, dans une opération mineure comparée à la nécessité de barrer au plus vite la route de Vitry-le-François. Les deux groupes procèdent en effet à un tir d'encagement qui a pour but de permettre l'évacuation de la casemate de *Margut* que le lieutenant Labyt et son équipage se préparent à saborder. Or, le général Burtaire demande à Merlin de patienter de façon à terminer les tirs.

Le résultat est navrant. « La sortie de batterie s'effectue seulement à l'aube du 12 juin et le mouvement du régiment se fait en plein jour ! » raconte Merlin qui précède ses colonnes pour aller prendre ses ordres au PC de la 3e DINA, à Laheycourt.

Les sorties de batterie ne sont pas faciles, car, dans l'obscurité, sous les averses, sur des chemins boueux et en pente où il faut couper des branches et les placer sous les roues des tracteurs, le mouvement s'opère au ralenti. La vétusté du matériel a aussi sa responsabilité dans les pertes de temps.

« Je dispose de quatre tracteurs Panhard capables d'atteindre 20 à 25 kilomètres/heure sur route, rapporte le capitaine Fessard, de la 9e batterie, et d'un tracteur Latil sur bandages pleins, encore plus lent. »

C'est le matériel de 14-18 qui a repris du service et, malgré sa sortie de batterie laborieuse, Fessard se plaint « d'avoir attendu jusqu'à midi pour recevoir l'ordre de départ ». Responsable de la colonne lourde, le capitaine de la 9ᵉ batterie se souviendra du voyage, « notamment, dit-il, sur les cinq derniers kilomètres avant Laheycourt où j'ai dû faire la police de la circulation des colonnes montantes et des réfugiés pendant plus de CINQ heures pour que la route ne soit pas bloquée ».

Le 12 à 9 heures du matin, le lieutenant-colonel de Langalerie est au PC de l'AD/3ᵉ DINA, à Laheycourt, où le colonel Longepée lui explique que toute l'artillerie s'articulera en quatre groupements en position sur un front d'environ 56 kilomètres. Un groupe sur deux placera ses pièces en DCB (défense contre blindés), le second constituant l'appui direct de l'infanterie. Les deux sous-secteurs sud de la division disposeront même de trois groupes d'artillerie chacun, le général Mast appliquant les ordres et donnant la priorité de la défense à l'axe Châlons-sur-Marne-Vitry-le-François. Les intentions sont bonnes, mais personne, à la IIᵉ armée, ne semble comprendre que le temps presse et que les retards subis par les artilleurs et les fantassins sur les routes compromettent leur mise en place.

« On m'assure que j'ai tout le temps de m'installer, écrit Langalerie, que l'ennemi est à une trentaine de kilomètres... »

Vers 14 heures, c'est le lieutenant-colonel Merlin, du 311ᵉ RA, qui arrive à Laheycourt. Longepée lui explique également la répartition de l'artillerie et lui confie le groupement sud qui comprendra deux groupes du 311 et le I/313ᵉ RA. Le PC de Merlin est fixé à Reims-la-Brûlée où sera également le lieutenant-colonel Bosviel, du 14ᵉ Algériens. Tout est en ordre, mais les batteries de tir sont toujours sur les routes, au milieu des encombrements. Et la Régulatrice routière, qui devrait faire cesser tout le trafic pour leur donner la priorité, freine au contraire leur mouvement.

« Le 12 au matin, la Régulatrice routière ayant arrêté mes canons, ceux-ci ne pourront être mis en batterie que le 13 à partir de midi. » (Rapport Merlin.)

La mise sur pied du front de la 3ᵉ DINA est placée sous le signe de l'improvisation et la défense s'établira dans de mauvaises conditions. Merlin ne s'en cache pas : « Pas de vues dominantes, pas de fil téléphonique, une seule carte pour moi et une par groupe, mais quadrillées de façon différente. »

Dans la soirée du 12, les premiers éléments du 311ᵉ RA sont enfin sur place après une journée entière passée sur les routes. Le lieutenant de Guichen abrite ses camions dans une allée ombragée de la tuilerie de Pargny-sur-Saulx et le commandant Champonnois, du IIIᵉ groupe, étudie la future zone d'action de ses batteries. Alors que la nuit tombe, le régiment du lieutenant-colonel Merlin dispose de toutes ses munitions, mais ses canons ne sont pas arrivés.

Pendant cette journée du 12 juin, la 6ᵉ DIC du général Gibert se bat dans le camp de Suippes contre les premiers éléments des *6ᵉ et 8ᵉ Panzerdivisionen,* tandis que, plus à l'ouest, longeant le camp de Mourmelon, la *2ᵉ Panzer* s'empare de Châlons-sur-Marne [1], sans toutefois franchir la rivière dont le pont saute au moment où les chars s'y engageaient. Les coloniaux de la 6ᵉ DIC se battent vers Tahure, Perthes-lès-Hurlus, Souain et bientôt vers Suippes où les éléments blindés de Guderian débordent le dispositif français. Au II/5ᵉ RICMS, l'aspirant Nicole, de la compagnie Chambion, voit les *Panzers* se déployer et le village de Souain commencer à brûler. Vers 15 heures, dit Nicole, « le temps se couvre, gris-noir, et la pluie tombe, violente et drue, détruisant toute visibilité ».

Pendant cet orage, le 67ᵉ BCC du commandant Valleteau reçoit l'ordre d'attaquer pour soulager l'infanterie coloniale. C'est le dernier bataillon de chars disponible sur cette partie du front et son engagement tient du sacrifice. Amené de Tunisie à bord du *Compiègne* et du *Chantilly,* le 67ᵉ BCC a débarqué à Marseille les 2 et 3 juin. Affecté au corps colonial le 11 juin, il renforce la 6ᵉ DIC, mais ses chars Renault D 1 sont dans un état mécanique déficient et l'on s'attend à des pannes nombreuses et sans doute définitives [2].

La 3ᵉ compagnie du capitaine Blanc contre-attaque vers 16 heures en direction de Souain. Le lieutenant Dechery est dans le char de commandement, les sections Oudet et Henry au nord de la route de Perthes-lès-Hurlus, les sections Larger et Muracciole au sud. Dès que les chars sortent des bois, l'artillerie allemande et les pièces de *Pak* ouvrent le feu. La pluie gêne l'action de la « 3 ». « Il pleuvait à flots, écrit le lieutenant Larger, et nous ne voyions rien dans les épiscopes et mal par les fentes de visée. Je tirais au jugé. »

Engagés sans connaître la situation ni le terrain, les chars tirent « sur tout ce qui bouge » et quelques projectiles s'abattront même sur les PA de la 6ᵉ DIC. La riposte allemande est sévère. Un obus traverse le char de Dechery, tuant Pelladez, le mécanicien et le caporal-radio Leyre. Le char du lieutenant Oudet est incendié et Pecquart, le radio, meurt dans les flammes. Blessé à la jambe, Oudet parvient à sortir de la tourelle, mais un obus le tue alors qu'il se hissait sur le char du sergent Bertho. Un autre projectile éclate dans les casiers à chargeurs de mitrailleuses du

---

1. Le général Étcheberrigaray, dont la 53ᵉ DIL tient les passages de la Marne entre Châlons et Vitry-le-François, dit : à 12 h 15. Son chef d'état-major, le colonel Rivet : 11 h 45.
2. Char de 14 tonnes avec trois hommes d'équipage et la radio, le D 1 est armé d'un canon de 47 et de deux mitrailleuses Reibel. Sa vitesse est de 18 kilomètres/heure sur route et son autonomie de 90 kilomètres.

lieutenant Muracciole qui succombe à ses blessures[1]. La « 2 » du capitaine Faure est poussée sur Suippes où elle entre de vive force, permettant ainsi le repli des coloniaux. Les 37 *Pak* martèlent toutes les tourelles, mais aucune n'est percée et les 47 des chars D 1 maintiennent les *Panzers* à distance. Au repli du soir, la « 2 » ramènera 11 chars sur les 15 engagés. A la « 3 », le lieutenant Dechery affirme que l'ennemi a d'abord été refoulé, mais que, « devant le nombre impressionnant des chars allemands, 100 à 150, nous avons décroché ». Le lieutenant Hildesheimer et plusieurs soldats du 5ᵉ RICMS ont trouvé la mort devant Souain. Vers la butte de Tahure, le 43ᵉ RIC a tenu, lui aussi, toute la journée : « A quel prix ! écrit le lieutenant Boillon[2]. Sur les 35 hommes de ma section, j'ai perdu ce jour-là 10 morts et 8 blessés. »

Couverte par les chars du 67ᵉ BCC, la division Gibert prend la direction du sud-est dans la soirée. Le ventre creux, les hommes vont couvrir encore plus de 40 kilomètres à pied sans fermer l'œil, mais ils pensent qu'en atteignant les lisières de l'Argonne ils seront relevés ou trouveront une position solide et bien organisée.

Pendant que la situation se détériore en Champagne, les divisions de la IIᵉ armée ont achevé leur deuxième nuit de retraite et la fatigue se fait de plus en plus sentir. Vers 9 heures du matin, le général Roucaud voit le 14ᵉ Sénégalais à Malancourt. « Les hommes sont éreintés, dit-il, réagissent mal, mais je vois encore de bons sourires, des manifestations de confiance... »

La 1ʳᵉ DIC passant en réserve, les soldats vont pouvoir se reposer toute une journée. Disposant de trois divisions, le général Flavigny veut « les faire alterner en les mettant successivement en ligne, puis en réserve ». Cette alternance est d'autant plus nécessaire que des réactions sont signalées dans certains régiments où les colonels demandent « du repos ou des camions ».

A la 6ᵉ DI, le lieutenant-colonel Bléger, du 36ᵉ RI, envoie au général Lucien un rapport éloquent : « Mes bataillons sont sur leur position à hauteur de Sommerance, mais je ne peux pas dire qu'ils l'occupent, car ils sont absolument éreintés et hors d'état de fournir un effort sérieux avant quelques heures. » Et Bléger, qui n'est pas un « alarmiste », conclut : « Des tours de force comme ceux des deux dernières nuits ne peuvent aller sans qu'il y ait des pertes. Je laisse au commandement le soin de décider si une relève n'apparaît pas bientôt nécessaire. »

Lucien apprend, au contraire, qu'il passera en réserve la nuit

1. Paul Oudet, vingt-trois ans, né à Saintes, repose au cimetière militaire de Souain ; Roger Muracciole, vingt-sept ans, est inhumé au cimetière communal.
2. Il s'agit de Pierre Boillon, futur évêque de Verdun.

prochaine, derrière la 1re DIC de Roucaud, ce qui signifie une nouvelle étape de 30 kilomètres à couvrir.

Lucien : « Je téléphone au colonel Tassin que cela me paraît impossible dans l'état d'extrême fatigue de mes hommes. »

Chef d'état-major du 21e corps, Tassin se dérobe et tend le combiné au général Flavigny auquel Lucien répète ses propos. La réponse de son supérieur le sidère.

« Si vous ne voulez pas marcher, vous n'avez qu'à vous rendre ! »

Un ton au-dessous, Lucien répond « que nous n'en sommes pas là, qu'il s'agit seulement de faire des étapes moins longues...

— La situation générale est telle, coupe Flavigny, qu'elle imposera un effort plus grand encore, même si des éclopés doivent rester en route. » Il explique à son interlocuteur que, sur la gauche, la IVe armée du général Réquin « a été bousculée » et que la 6e DI pourra se reposer le 14 juin puisque ce sera le tour de la division Roucaud de passer derrière elle en réserve.

« Bien mon général, nous exécuterons ! » fait Lucien. Son état-major rédige les ordres de marche pour la nuit du 12 au 13 et les fait porter par les officiers de liaison. Certes, les chefs de corps vont tempêter, mais la perspective de rester sur la position la nuit suivante et de s'y reposer devrait les apaiser. Sauf imprévu, bien entendu. Et celui-ci tombe, sans semonce, vers 21 heures, sur la table de Lucien : la 6e DI ne passe plus en réserve, mais remonte en ligne, car la 1re DIC va être enlevée par camions.

« Cette nouvelle acrobatie, alors que tous les ordres sont partis, est inimaginable », dit Lucien.

Le 12 juin, le général Roucaud est en train de dîner à sa popote de Malancourt lorsqu'un colonel du train des équipages se présente avec un ordre de la IIe armée : ses camions doivent enlever la 1re DIC et la transporter dans la région de Vitry-le-François. Étonnement de Roucaud qui téléphone au PC du 21e corps à Jouy-en-Argonne : personne n'est au courant et l'on demande au commandant de la 1re DIC de venir régler la question sur place.

« Voyage de nuit par les routes étroites, surencombrées, de la forêt de Hesse, note Roucaud. Nuit noire où personne ne voit ce qui précède, où l'on se heurte aux véhicules, aux canons, aux chariots qui cherchent leur place. »

A 2 h 30 du matin le 13 juin, arrivée à Jouy. Roucaud explique à Flavigny qu'il est préférable d'enlever la 6e DI de Lucien puisque celle-ci marche vers le sud pour passer en réserve. C'est elle qui est la plus proche des points d'embarquement. « Il m'écoute à peine, tout ensommeillé, relate Roucaud. L'armée a désigné nominativement ma division, il n'y a qu'à obéir. Après cette conversation qui a duré cinq minutes, j'essaie de me mettre d'accord avec mon transporteur. »

Il faut étudier les routes possibles, désigner les chantiers d'embarquement, refaire des ordres pour les régiments. Le colonel Rocafort, qui a accompagné Roucaud, « dort comme un plomb et le lieutenant-colonel Bonvalot, sous-chef du 21e corps, ronfle sur un matelas. Tout cela sent la fatigue, l'épuisement, le désordre, l'incapacité de prendre une décision sérieusement mûrie », souligne le commandant de la 1re DIC.

A son PC de Cheppy, pendant ce temps, le général Lucien signe tous les ordres de marche refaits par le colonel Blanc et le capitaine de Caumont. A minuit, tout est achevé et Lucien s'allonge, avec l'espoir de dormir jusqu'à l'aube. Las, deux heures plus tard, Blanc le réveille : seul, le lieutenant-colonel Maisse, du 74e RI, a pu être touché par le contrordre ; Bléger, du 36e RI, et Perdijon, du 119e RI, sont « dans la nature » et il est impossible de les joindre. Dans la nuit traversée par de violentes pluies d'orage, les bataillons marchent vers le sud, alors qu'ils devraient reprendre la direction du nord pour relever la 1re DIC dont les colonnes vont se cisailler avec celles de la 6e DI. « Il en résulte des fatigues excessives pour les deux divisions, souligne Roucaud, et des enchevêtrements qui auraient pu être évités. » Désabusé, il ajoute : « C'est là que j'ai commencé à voir l'insuffisance éclatante de notre commandement. »

Le déplacement de la 1re DIC vers la gauche de la IIe armée est aussi urgent que celui de la 3e DINA, mais les unités vont connaître les mêmes retards que la division Mast. Pour commencer, Roucaud apprend que les premiers embarquements ne pourront s'opérer que dans l'après-midi du jeudi 13 juin, du côté de Récicourt, sur la RN 3. Soit VINGT heures après qu'il eut été prévenu. Raison invoquée : les camions et les autocars désignés pour l'opération ont un très long chemin à parcourir. C'est inexact puisque les premières rames appartiennent à la compagnie de transport 142 du commandant Charavel qui vient d'amener le 14e RTA à l'est de Vitry-le-François. Or, Charavel apprendra seulement le 13 à 8 h 30 qu'il doit enlever le 3e RIC du lieutenant-colonel Chauvin.

« Début de l'embarquement prévu pour 14 heures, lui a-t-on dit, le régiment étant encore au contact (sic). »

Devant la nécessité de barrer au plus vite la route de Vitry-le-François, sans doute aurait-on pu utiliser pendant deux jours les compagnies de transport organiques de la IIe armée ? Que font-elles le 12 juin ? Une centaine de camions de la 515e compagnie stationnent près de Combles-en-Barrois, à moins de 60 kilomètres au sud de la 1re DIC. Avec une Régulatrice routière active, l'embarquement pourrait se faire dans la nuit et, à l'aube du 13, le 3e RIC serait en place. Le 4e Bureau de l'armée a confié une autre mission à la 515 : le transport d'un groupe d'artillerie à Montiers-sur-Saulx, à environ 90 kilomètres derrière le front de la 3e DINA. La compagnie envoie aussi des véhicules récupérer des « traînards » de la 36e DI à la lisière de la forêt d'Argonne. Circulant en plein jour, la colonne subit une attaque aérienne au cours de laquelle sept cars et trois camions sont incendiés. La 514e compagnie déplace chaque nuit des tonnes de munitions entre Bar-le-Duc et Saint-Dizier. A la « 516 », le sous-lieutenant Bouchain est envoyé le 12 juin avec trente camions à la 6e DI dont il « charge les éléments les plus fatigués ».

Est-il plus important de véhiculer des munitions, des éclopés et de porter un groupe d'artillerie à Montiers-sur-Saulx, que de mettre la 1re DIC en place sur l'axe Vitry-le-François-Saint-Dizier ? La IIe armée a fait le mauvaix choix.

A l'aube du jeudi 13 juin, le général Mast dresse un rapide bilan avec le colonel Longepée, son artilleur, et le colonel Suffren, de l'ID/3e DINA. La situation est sérieuse : le 12e Zouaves n'est pas arrivé et l'artillerie n'est pas en place.

« Si l'ennemi nous accorde un répit, rien n'est perdu ! dit Suffren. Et rien ne dit que les *Panzers* viennent sur nous. Ils vont peut-être essayer de traverser la Marne et de poursuivre en direction du sud. »

Plutôt que des hypothèses, Mast aimerait des réalités. « Envoyez des reconnaissances motorisées vers l'ouest ! » ordonne-t-il au commandant de La Londe, du GRDI 93. L'escadron du capitaine Decousser assurant la défense antichar de Laheycourt, c'est l'escadron motocycliste du lieutenant Hècre qui va assurer la mission. Hècre part avec un peloton en direction de Dampierre-le-Château afin de rechercher le contact avec la 6e DIC. Le peloton du lieutenant Vieuille se dirige vers Somme-Yèvre et le lieutenant Dillon va reconnaître vers Vanault-le-Châtel et Bussy-le-Repos. Tous les cavaliers démarrent vers 5 h 30. Les intentions de Mast sont bonnes : rechercher la liaison avec la 6e DIC et tenter de jalonner l'avance ennemie doivent lui permettre de clarifier une situation dont il sait seulement qu'elle se dégrade. Pourquoi n'envoie-t-il pas un officier de liaison vers sa gauche, au-delà de Vitry-le-François ? Le PC du 329e RI (lieutenant-colonel Elichondo) est à Maisons-en-Champagne, à trois kilomètres de Vitry. Par Elichondo, Mast apprendrait que la 14e RTA se chevauche inutilement avec un bataillon du 329e RI et que le IV/344e RI du commandant Poirier installé à Révigny-sur-Ornain pourrait être renvoyé à sa division, la 53e DIL, dont les faibles effectifs s'étirent au sud de la Marne.

Le général Etcheberrigaray a deux régiments d'infanterie et quelques canons[1] avec lesquels il doit interdire tous les ponts, entre Pogny et

1. Selon le commandant Sonnac, chef d'état-major du 329e RI, neuf canons de 75, huit de 47 et trois de 25 sont en DCB au sud de la Marne.

Vitry-le-François. Les sapeurs sont prêts à les faire sauter, car, depuis l'arrivée de la *2e Panzerdivision* à Châlons-sur-Marne, Etcheberrigaray s'attend à voir glisser les *Panzers* vers le sud-est pour forcer le passage de la rivière. Sa mission est difficile, car des milliers d'hommes, unités constituées et isolées de toutes armes, se trouvent encore au nord de la Marne et il faut leur permettre de la franchir. Le commandant de la 53e DIL a donné l'ordre « de conserver le plus longtemps possible les ponts de Vaux, Vitry-en-Perthois et Plichancourt afin de faciliter l'écoulement des troupes en retraite [1] ».

Pas plus que Mast, le général de Lattre de Tassigny ne cherche à prendre la liaison avec le PC de la 53e DIL. Obsédé par l'idée de faire passer les débris de sa 14e DI au sud de la Marne, de Lattre « réquisitionne » d'autres unités pour sauver ce qui subsiste des siennes. Fixant son PC à Vitry-la-Ville (deux kilomètres derrière Pogny), il met la main sur les treize chars lourds du capitaine Gasc (dont six en remorque) et, malgré les protestations de celui-ci qui appartient à la 3e DCR, les répartit en bouchons défensifs à l'entrée des ponts où la moitié d'entre eux seront sacrifiés [2].

Coupant les liens tactiques entre les unités de la 53e DIL, de Lattre « réquisitionne » aussi les fantassins du général Etcheberrigaray. Au sud de La Chaussée-sur-Marne, le lieutenant Aubé, du II/329e RI, a vu arriver de Lattre qui lui a dit qu'il le prenait sous ses ordres et lui fit remettre des consignes écrites dont Aubé, réserviste et instituteur de son état, se demanda d'abord s'il pourra les appliquer. De Lattre exigeait en effet que toute unité refluant sur les ponts fût arrêtée et incorporée à la défense, que tous les officiers qui se présenteraient, fussent-ils colonels, se mettent à la disposition du lieutenant et obéissent à ses ordres. Bien entendu, les ponts du canal et de la Marne ne devaient sauter que sur un ordre écrit signé par lui, et les mitrailleurs de la compagnie Aubé « doivent tirer sur tout fuyard ». Dans ce document daté du 12 juin à 21 heures, de Lattre promet à Aubé de lui envoyer des chars [3], des canons de 47 et « une forte dotation de bouteilles à liquide inflammable » pour lutter contre les *Panzers*.

Durant la nuit, des éléments en retraite ont franchi la Marne : des camions, des batteries de 155, des attelages, des compagnies isolées, des pionniers, des cavaliers démontés, des hommes qui, pour la plupart, sont dans un état pitoyable. « Ils sont exténués et tout mouillés, témoigne Aubé. Leurs yeux brûlent de fièvre. »

1. Transmis à ses bataillons par le lieutenant-colonel Elichondo, cet ordre sera saisi par les Allemands et figure dans les archives du *39e Korps*.
2. Dans son rapport, le général Buisson, de la 3e DCR, est sévère pour de Lattre « qui n'exerçait aucun commandement sur la Marne et dont la division battait en retraite ».
3. Le lieutenant Aubé recevra un char de la colonne Gasc, le *Lot* du lieutenant Delalande... qui lui sera retiré avant l'apparition de l'ennemi.

Entre trois et quatre heures du matin, une forte explosion retentit alors que le jour se lève : le pont de Pogny vient de sauter. Un quart d'heure plus tard, un officier de liaison du général de Lattre apporte l'ordre de destruction au lieutenant Aubé. Les défenseurs reculent d'environ trois cents mètres et la mise à feu est opérée à la sonnerie d'un clairon. Peu après, d'autres déflagrations se font entendre, plus au sud, à Ablancourt, à Soulanges, à Couvrot. Ces destructions ne sont-elles pas prématurées ? Pas à Pogny où le combat est engagé, mais le lieutenant-colonel Elichondo ne signale des motocyclistes allemands qu'à 7 h 30 à l'entrée de La-Chaussée-sur-Marne et à 8 h 30 au pont d'Ablancourt.

Les reconnaissances de la *2e Panzerdivision* refluent sous les obus des 75 et des 47, puis renoncent à franchir la Marne dans la matinée du 13 juin. « En raison du feu violent venant de la rive sud de la rivière, lit-on dans le journal du *39e Korps* [13 juin à 8 heures], la *2e Panzerdivision* doit, avec de lourdes pertes, passer par le secteur de la *29e Division motorisée.* »

Ce n'est pas la seule déception enregistrée par le *General* Guderian le 12 juin. Vers 14 h 30, il a fait transmettre à Reinhardt les objectifs qu'il assignait au *41e Korps* pour le soir même : Vitry-le-François, Saint-Dizier et Bar-le-Duc.

« Il est impensable d'atteindre cette ligne ce soir, lit-on dans le journal du *41e Korps,* en raison surtout des fatigues résultant des encombrements sur les routes. »

Depuis la tête de pont de Château-Porcien, le *General* Reinhardt s'est heurté à trois types d'obstacles qui ont ralenti l'avance de ses divisions : l'infanterie allemande qui avait franchi l'Aisne la première n'a pas dégagé assez vite les itinéraires affectés aux *Panzerdivisionen ;* dans chaque village, les *Pionniers* ont perdu un temps précieux à enlever les barrages, chicanes et autres barricades dressés par les Français ; enfin, les contre-attaques de la 3e DCR et de la 3e DIM ont encore apporté des perturbations au plan imposé à Guderian. Lorsque celui-ci vient au PC de Reinhardt à Sommepy, le 12 vers 20 heures, le commandant du *41e Korps* lui expose ses doléances et lui démontre que les objectifs fixés ne peuvent être atteints dans la soirée.

« Nous attaquerons donc demain au lever du jour, décide Guderian. Les deux *Korps* seront engagés en masse. Objectif à saisir : le canal de la Marne au Rhin. »

Deux heures plus tôt, Schmidt, qui commande le *39e Korps,* a été avisé par l'état-major de la *XIIe Armee* que de fortes avant-gardes d'infanterie étaient en marche sur Châlons-sur-Marne pour relever la *2e Panzer.* Schmidt a ensuite appris que l'ensemble du groupement Guderian allait se porter vers Vitry-le-François-Saint-Dizier et Bar-le-

Duc « pour regrouper son dispositif, en vue d'une avance rapide vers le sud ».

Guderian n'est pas loin de penser que le haut commandement n'a pas encore choisi la direction définitive dans laquelle il entend lancer les six divisions du groupement. Au début de l'après-midi, le *General* von Runstedt, qui commande le groupe d'armée A, lui a fait parvenir une note confidentielle dans laquelle il lui indiquait qu'une fois la Champagne traversée, deux directions peuvent lui être données : soit vers la Haute-Seine et Troyes pour donner la main au groupement Kleist, soit vers le sud-est avec pour objectif Dijon. Il est normal que Guderian soit tenu au courant de toutes les hypothèses, car son groupement — 104 000 hommes dont 2 650 officiers — n'a pas la fluidité manœuvrière d'un escadron de reconnaissance.

Le 12 à 20 heures, le dernier ordre reçu par le commandant Valleteau du 67e BCC indiquait que le bataillon restait à la disposition de la 6e DIC « pour la couvrir dans son mouvement de repli ». Le jeudi 13 à 9 heures, le lieutenant-colonel Girard, qui commande le groupe de bataillons de chars, envoie un nouvel ordre à Valleteau : « Si la 6e DIC a terminé son repli, faites mouvement sans délai sur Haironville (sud-est de Revigny-sur-Ornain) où vous serez réserve du corps colonial. »

Malheureusement, Valleteau ne sait pas où se trouve l'arrière-garde de la 6e DIC dont les fantassins à bout de forces viennent encore d'abattre plus de 45 kilomètres dans la nuit sans même avoir reçu un quignon de pain avant de partir. A la 3e compagnie du 67e BCC, le capitaine Blanc est porté disparu (il n'est pas rentré d'une reconnaissance) et le lieutenant Dèchery, avec les sept chars qui restent, marche sur La-Croix-en-Champagne d'où il compte gagner Givry-en-Argonne. A 800 mètres du village, l'ennemi qui est arrivé du nord-ouest ouvre le feu. Les sergents Henry et Pelletier lancent leurs engins à l'attaque en tirant au 47 de tourelle, ce qui permettra à la « 3 » de se replier par le sud. Sortant des bois, des *Panzers* apparaissent et la mêlée devient générale. Quatre chars D 1 disparaissent, un cinquième, en panne (le 1088), est sabordé. Dèchery rejoint l'Argonne avec deux blindés[1]. La 1re compagnie du capitaine Lapiche rejoint Laheycourt avec six D 1, tandis que la « 2 » se bat entre Auve et Herpont pour dégager le GR de la 6e DIC. En panne, le char du sergent Nicolas est laissé sur la route, l'équipage videra ses casiers à munitions et sabordera l'engin.

Retardé lui aussi par une panne, le lieutenant Dunaime marche en arrière-garde avec un engin de la section Borie et un de la section Beluet. Ils sont attaqués par des antichars et, lorsque la « 2 » atteint Givry-en-Argonne, il ne lui reste plus que quatre chars dont un en remorque. Le

1. Le 1109 et le 1106 qui achèveront leur carrière à Verrières avec le 21e RIC.

commandant Valleteau est alors persuadé d'avoir rempli sa mission : protéger la retraite de la 6e DIC. Il a perdu plus de 220 hommes — pour la plupart prisonniers — et il lui reste, outre une dizaine de D 1 en piteux état, deux motos sur 29, une Simca 5 sur six, huit camionnettes sur 26 et deux cuisines roulantes sur quatre. Les douze chenillettes *Lorraine* et leur remorque ont disparu, et il est probable qu'une partie de ce matériel a été abandonné avec quelque précipitation. De plus, dans son rôle de chien de berger, le 67e BCC a « oublié » un bataillon de la 6e DIC qui se trouve maintenant en arrière-garde et sans protection.

LE II/5e RICMS du commandant Téclet a été salué par le chef de corps, le colonel Le Bris, à l'entrée de Tilloy-Bellay, à 18 kilomètres seulement au nord-est de Châlons-sur-Marne. Le bataillon, malgré sa fatigue, est en ordre : la « 7 » du capitaine Chambion est en tête, suivie par les voiturettes de la CA 2 du capitaine Verjus. La « 5 » du capitaine Péri ferme la marche. Le colonel a fait savoir à Téclet que la 6e DIC s'installait face à l'ouest aux lisières de l'Argonne et que le II/5e RICMS devait aller à Givry, à plus de 25 kilomètres de là. Pour les hommes qui ont marché toute la nuit, une heure ou deux de repos sont nécessaires, et Téclet arrête son bataillon trois kilomètres plus loin, à hauteur de la ferme de Neuf-Bellay abandonnée par ses propriétaires. Il est 7 heures. Téclet ignore qu'avec son unité, il constitue une poche dans un dispositif allemand qui vient de s'ébranler, *8e* et *6e Panzers* au nord, *29e Motorisée* à l'ouest et *1re* et *2e Panzers* au sud. Informé de cette situation, le général Gibert trouverait sans doute une rame de camions pour aller sauver le II/5e RICMS, mais comment peut-il soupçonner le drame qui se prépare alors que les seuls avions qui tiennent l'air sont les « mouchards » du groupement Guderian ?

Dans la ferme de Neuf-Bellay, les Sénégalais plument des poules et les font griller, tandis que d'autres ramassent les œufs. Le vin de la cave est frais et personne n'en abuse, car on sait qu'il coupe les jambes. On nourrit les chevaux sans les dételer, on distribue des cartouches. Tous les officiers, sauf les capitaines, possèdent un fusil. Beaucoup de tirailleurs du bataillon — réduit à environ 400 hommes — se sont contentés de gober un œuf et dorment dans la paille.

A 8 h 15, deux automitrailleuses allemandes arrivent par la route de Châlons et ouvrent le feu. Les mitrailleuses les font reculer et Téclet organise sur-le-champ la défense face à l'ouest. Le canon de 25 de l'aspirant Aubry est à l'entrée de la ferme, le mortier de 60 et les deux mortiers de 81 sont en batterie. Le combat s'engage vers 9 heures contre l'infanterie adverse qui sort de Tilloy-Bellay et progresse dans les espaces boisés. Aux coups des mortiers répondent des *minen* qui incendient la ferme, mais Téclet a l'impression d'avoir stabilisé l'attaque. Soudain, débouchant des bosquets situés au nord de la position, une masse de *Panzers* foncent sur le bataillon. C'est la tête de la *8e Panzerdivision* qui arrive de Suippes avec le *Kampfgruppe* de l'*Oberst-leutnant* Crisolli en pointe. Les chars sont sept de front, trois dans chaque file. Leurs armes de tourelle tirent sans arrêt, ils se déploient, manœuvrent. Sur la route, les attelages de la CA 2 galopent vers Auve ou fuient à travers champs. L'incendie ronfle dans la ferme et les points d'appui encerclés se défendent avec acharnement. Le bataillon Téclet est littéralement submergé.

Le capitaine Verjus et trois officiers, Allemand, Baleyse et Nicole, rejoindront Givry-en-Argonne avec une cinquantaine de survivants. On a pu évacuer le capitaine Péri, les lieutenants Petitjean, Anthonioz et le sous-lieutenant Cogniet, tous blessés au début du combat. Le capitaine Chambion, les lieutenants Bernard, Lambert et l'aspirant Aubry ont été blessés, mais ils sont portés disparus, sans doute capturés. Des capitaines Gauthier et Le Villain, du sous-lieutenant Muylaert et de l'aspirant Charlot, on ne sait rien. Le commandant Téclet a été tué.

A Noirlieu, lorsque le sous-lieutenant Nicole s'arrête devant le colonel Le Bris, il a encore avec lui deux sergents, Lèbre et Droux, et sept tirailleurs. « Le colonel me demanda des précisions, raconte Nicole. Je ne pus qu'écarter les bras. Je pleurais. »

Entre Tilloy-Bellay et la ferme tragique, 39 morts du II/5e RICMS seront retrouvés, dont plusieurs à demi calcinés, non identifiables, aux abords des bâtiments détruits par le feu.

CHAPITRE IV

« L'ennemi sera ce soir à Saint-Dizier ! »

Le 13 juin, vers 8 heures du matin, le général Mast reçoit à son PC de Laheycourt une première information : la reconnaissance nord du lieutenant Hècre a trouvé le PC de la 6ᵉ DIC à Dampierre-le-Château et la liaison est établie. En revanche, Hècre ignore tout de l'ennemi, car le II/5ᵉ RICMS est encore en arrière-garde et n'a rien signalé d'anormal du côté de la ferme de Neuf-Bellay.

Un quart d'heure plus tard, un motocycliste envoyé par la reconnaissance sud du lieutenant Dillon fait connaître « que des blindés ennemis sont entrés à Vanault-le-Châtel ». Mast et le colonel Suffren examinent la carte : Vanault-le-Châtel est à environ trente kilomètres au nord de Vitry-le-François. Si ces *Panzers* se dirigent vers l'est, ils vont se heurter aux bouchons antichars mis en place (ou sur le point de l'être) et peut-être aux tirailleurs du 15ᵉ Algériens. Le commandant de la 3ᵉ DINA voit autre chose : la route logique des *Panzers* s'infléchit vers le sud-est : Vanault-les-dames, Sogny-en-l'Angle et Heiltz-le-Maurupt, c'est-à-dire la position que DEVRAIT tenir le 12ᵉ Zouaves du colonel Tissané. Mais personne ne sait où se trouve le régiment ni quand il arrivera. « Le 13 au matin, reconnaît Mast, il y avait un trou de huit à dix kilomètres que devait tenir le 12ᵉ Zouaves. »

Que faire ? Déplacer le IV/344ᵉ RI du commandant Poirier qui est à Revigny-sur-Ornain nullement menacé ? Retirer, à l'est de Vitry-le-François, un bataillon du 14ᵉ RTA qui se chevauche avec le III/329ᵉ RI du commandant Dubois ? On choisit finalement le II/15ᵉ RTA du commandant Roger débarqué la veille au soir à Heiltz-l'Évêque, une partie de ses éléments se trouvant encore sur les routes à bord des camions qui les transportent. Toujours à pied, les tirailleurs de Roger partent vers le nord-est, en direction de Vernancourt et de Charmont. Ils ne sont pas encore arrivés, car, sans le savoir, ils vont au-devant de l'ennemi qui, avec les automitrailleuses et des éléments portés de la

1re Panzerdivision, cherche la face la plus vulnérable du front de la 3e DINA.

Avec le recul, on est surpris par le caractère d'improvisation qui règne dans la plupart des unités. Personne ne soupçonne, semble-t-il, que l'ennemi approche avec des forces blindées considérables ! Un exemple : la 6e batterie du II/311e RA est partie de Consenvoye, dans la Meuse, le 12 juin. à 13 heures. Les premiers éléments s'arrêtent à Écriennes, à cinq kilomètres de Vitry-le-François, le 13 à 5 heures du matin. Les batteries de tir se présenteront à 14 heures, VINGT-CINQ heures après leur embarquement. Le capitaine Rungette est-il aussitôt informé de la proximité de l'ennemi, de l'urgence de son intervention ?

« Nous faisons tranquillement notre mise en batterie ! » dit-il dans son rapport.

Le « tranquillement » déconcerte autant que l'arrivée du 12e Zouaves. Certes, une partie du retard est imputable « aux routes encombrées et aux nombreux arrêts », mais trois autres causes sont mises en avant, qui engagent la responsabilité des « tringlots » : changements successifs des chantiers d'embarquement, mauvaise répartition des rames et insuffisance du nombre des véhicules. Arrivant sur la position de la 3e DINA entre 7 heures et 8 heures du matin, le 12e Zouaves pourrait se préparer au combat, mais les « tringlots » (encore eux !) débarquent le Ier bataillon du commandant Catherineau et le IIe du commandant Loustaunau-Lacau, à plus de quinze kilomètres des quartiers qui leur sont assignés. Personne ne les attend, personne ne les renseigne. La compagnie d'appui du I/12e Zouaves se retrouve vers 8 heures à l'entrée de Ponthion, au nord du canal de la Marne au Rhin. Le capitaine Chérel n'a pas le temps de s'interroger sur la conduite à tenir. « Vers 8 h 30, écrit-il, j'avais à peine terminé de regrouper ma compagnie, ignorant tout de la situation et n'ayant reçu aucun ordre, lorsque les premiers coups de feu se font entendre aux lisières du village. »

Chérel sait ce qui lui reste à faire : improviser en répartissant ses mitrailleuses dans les compagnies qui viennent d'arriver et se battre[1].

Débarquée elle aussi par erreur à Outrepont, à environ cinq kilomètres au nord-ouest de Ponthion, la 5e compagnie du capitaine Chabot attend des ordres : « Les hommes ramassent lapins et volailles et préparent le repas. » Vers 9 h 30, Chabot apprend qu'il doit aller à Jussecourt, à une douzaine de kilomètres. Il forme sa compagnie en colonne de route et part « après avoir mangé hâtivement ». Dix minutes plus tard, la « 6 » du II/329e RI qui est en place à Outrepont est attaquée par de l'infanterie et des *Panzers.* Les soldats du lieutenant

1. Une balle lui ayant traversé le poumon, le capitaine François Chérel sera évacué vers 11 heures avec l'adjudant Touzot sur l'hôpital de Brienne-le-Château. Il sera capturé le lendemain à bord de l'ambulance qui l'amenait à l'hôpital de Saint-Dizier.

Lang, bien qu'appuyés par les mitrailleuses du lieutenant Lebègue, sont trop peu nombreux sur un tel front. Ménager, Rabaux et le sergent Delaruelle sont blessés, Lalisse, Turq et le chef Chasles sont tués. Une heure plus tard, Lang reçoit une balle dans la poitrine. Accouru pour le panser, le médecin-lieutenant Jean Grégoire est tué à côté de lui. Vers midi, les derniers éléments mettront bas les armes. La « 2 » du I/12e Zouaves a quitté elle aussi Outrepont avant l'attaque et, selon les ordres reçus, le lieutenant Laurenti l'amène à Ponthion où il apprend que c'est une erreur (une de plus) et que la « 2 » doit remonter vers le nord pour aller à Heiltz-l'Évêque où la 1re compagnie du capitaine Albert serait déjà engagée.

A Villers-le-Sec où le colonel Tissané a installé le PC du 12e Zouaves, les camions transportant les canons de 25 du IIIe bataillon (commandant Moucot) s'arrêtent dans le village vers 9 heures, mais, comme on ignore où sont les véhicules qui ont chargé les chevaux et les voiturettes, les zouaves doivent mettre leurs pièces en batterie en les poussant à bras aux lisières ouest de la localité. De son côté, Loustaunau-Lacau s'est arrêté avec son IIe bataillon entre Heiltz-l'Évêque et Jussecourt, car l'ennemi tient ce dernier village et un *Panzer* embossé à l'angle d'une grange tire sur la route dès que les zouaves s'écartent de la peupleraie. Le capitaine Chardon, dont la compagnie d'engins s'est fait prendre à Jussecourt dans une embuscade, a donné l'alerte. Pare-brise éclaté, sa voiture criblée de balles, il a pu revenir sur Heiltz-le-Maurupt, d'où il était parti, prévenant le commandant Roger, du II/15e RTA, dont les compagnies vont être dispersées : la « 5 » du lieutenant Géraud à Vernancourt, derrière une zone d'étangs où il est peu probable de voir apparaître des blindés, la « 6 » du lieutenant Hibon à Villers-le-Sec en attendant l'arrivée des derniers éléments du 12e Zouaves, et la « 7 » du lieutenant Bouyris à Charmont défendu par un bouchon de trois pièces de 75 et les 47 de la batterie antichar de la 3e DINA.

Le contact avec l'ennemi est pris, mais les reconnaissances du GRDI 93 envoyées vers l'ouest par le général Mast ne sont pas en mesure de préciser sur quel axe progresse le gros des forces adverses ou si, au contraire, les Allemands cherchent à dérouter les Français en laissant escadronner leurs automitrailleuses de village en village, avec la seule mission de se montrer et non d'occuper le terrain, afin de découvrir la faille par où les gros de la *1re Panzerdivision* seront engagés pendant que la *2e Panzer* abordera Vitry-le-François. C'est en opérant de cette façon que les Allemands, signalés par la reconnaissance du lieutenant Dillon à Vanault-le-Châtel, ont obliqué à Vanault-les-Dames en direction de Rosay et Val-de-Vière, avant de s'arrêter à Jussecourt, sans doute étonnés de ne rencontrer aucune défense. A Rosay, pourtant, ils ont bien failli être accueillis à coups de 75 et même contre-attaqués par des

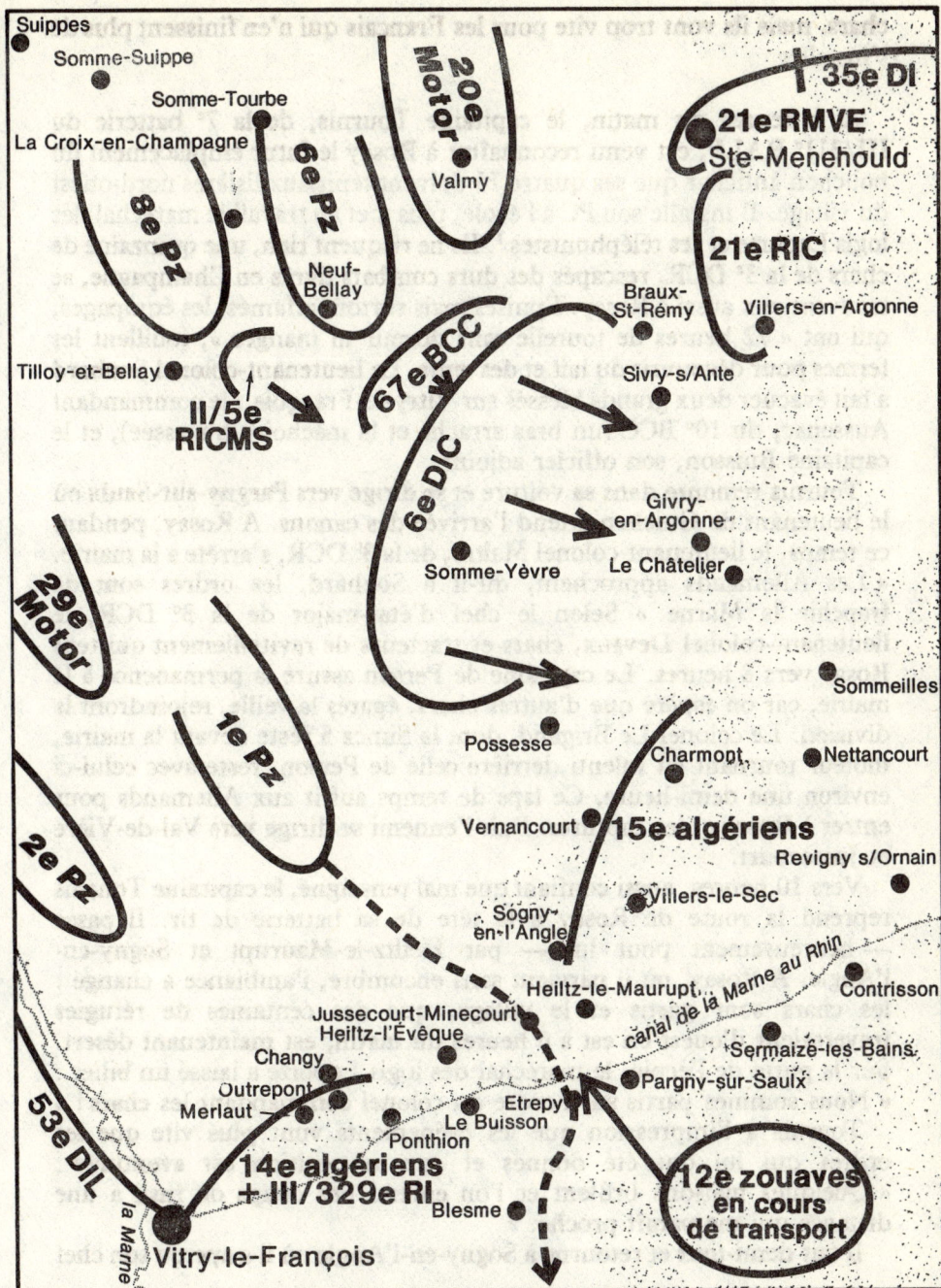

Suippes

Somme-Suippe

Somme-Tourbe

La Croix-en-Champagne

20e Motor

Valmy

8e Pz

6e Pz

Neuf-Bellay

35e DI

21e RMVE
Ste-Menehould

21e RIC

Braux-St-Rémy

Villers-en-Argonne

Tilloy-et-Bellay

II/5e RICMS

67e BCC

Sivry-s/Ante

6e DIC

Givry-en-Argonne

Somme-Yèvre

Le Châtelier

29e Motor

1e Pz

Sommeilles

Possesse

Charmont

Nettancourt

2e Pz

Vernancourt

15e algériens

Revigny s/Ornain

Villers-le-Sec

Sogny-en-l'Angle

Heiltz-le-Maurupt

canal de la Marne au Rhin

Contrisson

53e DIL

Jussecourt-Minecourt
Heiltz-l'Évêque

Changy

Outrepont
Merlaut

Le Buisson
Ponthion

Etrepy

Sermaize-les-Bains

Pargny-sur-Saulx

14e algériens
+ III/329e RI

Blesme

12e zouaves
en cours
de transport

la Marne

Vitry-le-François

Le front de la 3e DINA le 13 juin au matin

chars, mais ils vont trop vite pour les Français qui n'en finissent plus de s'installer.

A 6 heures du matin, le capitaine Tournis, de la 7e batterie du III/311e RALP, est venu reconnaître à Rosay le futur emplacement du bouchon antichar que ses quatre 75 doivent tenir aux lisières nord-ouest du village. Il installe son PC à l'école, puis met au travail le maréchal des logis Laporte et ses téléphonistes [1]. Ils ne risquent rien, une quinzaine de chars de la 3e DCR, rescapés des durs combats livrés en Champagne, se trouvent eux aussi à Rosay. Épuisés mais surtout affamés, les équipages, qui ont « 72 heures de tourelle sans dormir ni manger », fouillent les fermes pour découvrir du lait et des œufs. Le lieutenant-colonel Souhard a fait évacuer deux grands blessés sur Vitry-le-François : le commandant Aussenac, du 10e BCC (un bras arraché et la mâchoire fracassée), et le capitaine Buisson, son officier adjoint.

Tournis remonte dans sa voiture et se dirige vers Pargny-sur-Saulx où le lieutenant de Guichen attend l'arrivée des canons. A Rosay, pendant ce temps, le lieutenant-colonel Maître, de la 3e DCR, s'arrête à la mairie. « Les Allemands approchent, dit-il à Souhard, les ordres sont de franchir la Marne. » Selon le chef d'état-major de la 3e DCR, le lieutenant-colonel Devaux, chars et tracteurs de ravitaillement quittent Rosay vers 8 heures. Le capitaine de Person assure la permanence à la mairie, car on espère que d'autres chars, égarés la veille, rejoindront la division. Le colonel Le Brigand, dont la Simca 5 reste devant la mairie, moteur tournant au ralenti derrière celle de Person, reste avec celui-ci environ une demi-heure. Ce laps de temps suffit aux Allemands pour entrer à Rosay et les capturer. Puis l'ennemi se dirige vers Val-de-Vière et Jussecourt.

Vers 10 heures, aussi confiant que mal renseigné, le capitaine Tournis reprend la route de Rosay à la tête de sa batterie de tir. Il passe — heureusement pour lui — par Heiltz-le-Maurupt et Sogny-en-l'Angle. A Rosay, où il parvient sans encombre, l'ambiance a changé : les chars sont partis et le village, que des centaines de réfugiés traversaient d'ouest en est à 6 heures du matin, est maintenant désert. Sur la porte de l'école, le maréchal des logis Laporte a laissé un billet : « Nous sommes partis sur l'ordre du colonel commandant les chars ! »

Tournis a l'impression que les événements vont plus vite que les ordres qui lui ont été donnés et que sa position est aventurée : « Quelques maisons brûlent et l'on entend des coups de fusil à une distance qui me paraît proche. »

Il fait demi-tour et retourne à Sogny-en-l'Angle où il a aperçu son chef

1. Restent à Rosay les chefs Marion et Royer, les brigadiers Noël, Hanand, Fiquemo et Massard, les cuisiniers Launay et Bigot et une vingtaine de canonniers.

de groupe, le commandant Champonnois. Il le trouve sur la place, devisant avec son adjoint, le capitaine Chapuis et le lieutenant Grossard, de la 8e batterie. Il explique que ses pièces se mettent en position à Rosay, mais qu'il est complètement isolé.

« Les Allemands approchent, lui dit Chapuis, et, à l'heure qu'il est, vos canons se battent s'ils n'ont pas été surpris et détruits sur roues.

— Que dois-je faire ? » interroge Tournis en se tournant vers le commandant Champonnois.

C'est encore Chapuis qui répond : « Repliez-vous si vous en avez encore le temps et défendez soit Heiltz-le-Maurupt, soit les ponts de Pargny-sur-Saulx. »

On est décidément en pleine improvisation ! Les fantassins manquent d'artillerie, les artilleurs de fantassins, et chacun s'installe au petit bonheur, sans avoir le temps de s'occuper des liaisons latérales. Par miracle, Tournis retrouve sa batterie intacte, n'ayant même pas tiré un obus. On accroche les pièces aux tracteurs Jeffery et on repart.

« Un avion allemand décrit des cercles au-dessus de nous, observe Tournis. Il jalonne notre marche dès que nous quittons les parties boisées. »

Comment la 7e batterie parvient-elle jusqu'à la route de Heiltz-l'Évêque à Jussecourt en passant DERRIÈRE les reconnaissances allemandes, personne ne le comprend, mais, quand le commandant Loustaunau-Lacau la voit déboucher de Heiltz, il arrête Tournis et lui fait savoir que, désormais, c'est lui qui donne des ordres : « Les chars boches sont à Jussecourt et l'attaque va venir du nord. Mettez vos pièces en batterie ! »

Tournis a eu de la chance, car, avant d'entrer à Rosay, les Allemands se sont heurtés à la 9e batterie du capitaine Fessard, placée en bouchon antichar à la sortie de Vanault-les-Dames. La pièce du chef Dercourt a ouvert le feu sur une automitrailleuse, mais Dercourt a manqué son objectif et c'est le 75 qui a été neutralisé ! Fessard l'apprend vers 11 heures alors qu'il recherche le camion de munitions du canonnier Benech qui roule vers le nord-ouest sans se douter du danger. Un autre canonnier rend compte au capitaine que « Mouton a le bras arraché, le maréchal des logis Baë est prisonnier, Lucas a été tué, Kuhn peut-être aussi »...

Près de Vernancourt, le 75 de l'aspirant Lambrault engage un duel avec un char allemand dont le tireur est plus rapide — et plus précis — que les artilleurs français. Blessé, Lambrault sera évacué par un side-car du GRDI 76, Deslais est blessé et Mack aurait été tué. Les corps sans vie de Guéguen et de Roulier seront retrouvés un peu plus loin. Leblond et Betton sont prisonniers, mais le brigadier Piron, bien que blessé, réussit à se cacher. Affamé et brûlant de fièvre, il se rendra le lendemain.

Au II/313e RALP du commandant de Langavant, la prise de contact est aussi brutale, mais plus tardive. Le PC du groupe est à Nettancourt où le maire et ses administrés ont quitté le village dans la matinée. La défense française coupe l'ancienne voie romaine devenue départementale 394 entre les bois de Monthiers au nord et les bois Murées au sud. Vers 10 h 30, des *Panzers* et des motocyclistes traversent le carrefour Possesse-Saint-Mard-le-Mont ; c'est un élément de la *8e Panzerdivision* qui avance sur la limite droite du *41e Korps* et vient d'envoyer un message radio pour se plaindre de la *1re Panzer* « qui chevauche notre axe de marche ».

Dix minutes plus tard, la pièce de 75 de l'aspirant Lejoindre ouvre le feu. Un char allemand est touché et son équipage l'abandonne ; un second est immobilisé, lui aussi au sud de la route, mais sa pièce de tourelle tire toujours. Au septième obus, le canon de l'aspirant Guy Le Joindre se tait. Le cadavre de l'officier et ceux de deux artilleurs, Gaude et Seigne, seront retrouvés à côté de la pièce. Toujours à la 5e batterie du capitaine Rigaud-Monin, un autre *Panzer* est incendié à 400 mètres au quatrième obus de 75. A la « 6 » du lieutenant Carrère, les artilleurs aperçoivent une vingtaine de blindés qui se dirigent vers l'est. Une automitrailleuse tente de franchir une chicane de la route de Charmont et... tombe sous le feu d'un 75. « On aperçoit l'équipage qui l'abandonne en rampant ! » écrit le lieutenant-colonel de Langalerie. Le lieutenant Akchoté a moins de chance : il est blessé et sa pièce détruite par un *Panzer IV* embossé à 2 000 mètres. Vers Possesse, le long de la Vière, de violents combats ont lieu entre un bataillon allemand amené en camions et des éléments du 5e RICMS. Le terrain est peu propice aux chars et c'est le nombre des armes automatiques adverses (et des munitions en abondance) qui l'emportera.

« Outre le lieutenant Édouard Cosnefroy et le chef Jean Rio, écrit M. Cellier, ancien instituteur de Possesse, nous avons retrouvé 46 morts sur le territoire de la commune. 14 d'entre eux n'ont pu être identifiés et beaucoup de victimes doivent être encore dans les pâturages, car les simples tertres qui indiquaient les tombes ont été piétinés par les bovins[1]. »

Le II/5e RICMS s'est fait détruire à la ferme de Neuf-Bellay dans la matinée et, au début de l'après-midi, c'est le I/6e RICMS du commandant Cordier qui va se trouver sur l'axe de progression de la division de gauche de Guderian, la 20e *Motorisée* du *General* von Wiktorin.

« A 8 heures du matin, rapporte le capitaine Flacon, adjudant-major, nous franchissions la RN 3 à La Chapelle-Felcourt. Nous avons autorisé

1. Lettre du 27 août 1981 adressée par M. Hubert Cellier, retraité et retiré à Reims.

les tirailleurs à faire une pause, car cette nuit de marche après une journée de combat les avait très éprouvés. »

Vers 10 h 30, le commandant Cordier ayant reçu l'ordre du colonel [1] de rejoindre le bois de Belval, le bataillon reprend la route, avec la perspective d'une vingtaine de kilomètres à parcourir avant la prochaine pause. Après les orages de la nuit, le soleil est revenu et la chaleur ajoutée au poids du sac et à la fatigue ralentit la colonne que deux groupes hippomobiles du 223e RALC obligent à de fréquents arrêts. Le *Henschel* est venu à plusieurs reprises survoler la route, mais l'ennemi ne semble pas poursuivre. Vers 14 heures, Cordier et son état-major s'arrêtent à Braux-Saint-Rémy, à une douzaine de kilomètres au sud de Sainte-Menehould. Le capitaine Fohrenbach et le sous-lieutenant Borvon rejoignent avec la 3e compagnie, puis les lieutenants Dorin et Jeannin-Naltet avec la compagnie d'appui. La « 1 » du capitaine Giovansily et la « 2 » du lieutenant Charroy sont sans doute retardées par les convois d'artillerie. « Prenez la voiture, dit Cordier au capitaine Flacon, et allez jusqu'au carrefour de la route de Sainte-Menehould pour les empêcher d'aller vers le nord. Je ne tiens pas à les perdre. »

Flacon parcourt trois kilomètres et rencontre les deux compagnies manquantes. « Direction : forêt de Belval ! » rappelle-t-il à Giovansily et à Charroy. Puis il reprend la route de Braux-Saint-Rémy et... aperçoit des attelages du 223e RALC renversés dans les fossés, tandis que d'autres, traits coupés, galopent à travers champs. Une colonne motorisée allemande avance en tirant vers le carrefour de la route de Sainte-Menehould. Flacon rejoint le PC du bataillon et rend compte au commandant Cordier.

« Fohrenbach ! dit celui-ci au commandant de la 3e compagnie, venez avec moi ; nous allons reconnaître le carrefour. Le boche ne doit pas être en force, nous devons pouvoir passer ! »

L'avant-garde de la *20e Motorisée* se renforce rapidement : automitrailleuses, motocyclistes, véhicules semi-chenillés et infanterie portée arrivent de l'ouest. Et Cordier dispose d'environ 220 hommes exténués. « Passez rapidement à l'attaque ! » dit-il cependant à Fohrenbach. Celui-ci monte l'opération qui doit le rendre maître du carrefour. La section de l'aspirant Courtois démarre, à cheval sur la route ; l'aspirant Bost est à gauche, l'aspirant Moulin sur la droite. Les sections Borvon et Blanc suivent sur les flancs. Avant la crête qui précède le carrefour, la progression de la compagnie est arrêtée par des feux dont la densité surprend Fohrenbach. Tirs d'armes automatiques, tirs de *minen* qui causent des morts et des blessés, la position devient vite intenable.

1. Malade, le colonel Lelong a été évacué le 28 mai et le commandant Bédoin a assuré l'intérim jusqu'à l'arrivée du lieutenant-colonel Aubugeau qui a pris le commandement du régiment le 8 juin.

Cordier, qui est venu suivre l'attaque, en convient et donne l'ordre de repli sur Braux-Saint-Rémy qui va devenir son Bazeilles. Le mouvement s'opère sous les projectiles, car les Allemands ont maintenant déclenché un tir d'artillerie.

« Devant moi, écrit Fohrenbach, le tireur au FM Ouedraogo est coupé en deux et son arme démolie. »

Des automitrailleuses tournent autour du village et cinglent de leurs armes les fenêtres où se manifestent les tirailleurs du I/6ᵉ RICMS. Cordier et Flacon sont montés dans le grenier d'une grosse bâtisse à étage où l'adjudant Blanc a installé sa section. De là, ils aperçoivent les forces adverses, les véhicules tout terrain, les fantassins qui encerclent la localité…

« Nous ne pourrons pas contre-attaquer, dit Fohrenbach, ils sont trop nombreux.

— Il faut tenir jusqu'à la nuit, fait Cordier. Avec l'obscurité, nous filerons, même si nous devons abandonner le train de combat. »

Les forces de von Wiktorin ne laisseront pas Cordier réaliser son dessein, car, tandis qu'elles resserrent leur étreinte sur le village, le bombardement de celui-ci incendie une à une les habitations où les tirailleurs sont retranchés. Avec la section de commandement, le lieutenant Le Quéré se bat depuis le verger bordant l'école, mais les *minen* lui infligeant des pertes, il se réfugie dans les salles de classe et reprend le feu. Au poste de secours où le médecin-lieutenant Martel et l'auxiliaire Dumoulin ne savent plus où donner de la tête, les blessés affluent. Ceux qui peuvent encore marcher, car, pour les autres, il n'y a plus de brancardiers pour aller les chercher. Le « mouchard » survole Braux-Saint-Rémy où il devient impossible de traverser une rue, d'abord à cause des incendies, ensuite devant l'intensité des tirs adverses.

Des fusées blanches font cesser l'action de l'artillerie de campagne : les fantassins allemands entrent dans le village et c'est maison par maison qu'ils vont le conquérir. Le bataillon Cordier tiendra quatre heures. Les derniers tirailleurs de l'adjudant Marcel Blanc sortent de la maison en feu avec le corps de leur chef de section et se rendent. Puis ce sont ceux de l'aspirant Charles Moulin, tué lui aussi. Le caporal-chef Vavasseur est abattu d'une rafale alors qu'il déplaçait sa mitrailleuse au premier étage d'une maison. Le chef Mariani est grièvement blessé et les Allemands se jettent sur l'aspirant Courtois atteint par une balle. Le sergent Jeannin et le soldat Paltani quittent une maison, les mains en l'air, et indiquent aux Allemands qui les fouillent que des tirailleurs sont encore à l'intérieur. On leur répond par des haussements d'épaule.

« Certains blessés qui ne pouvaient se déplacer et qu'il était impossible d'aider trouvèrent une mort affreuse dans les maisons en feu ! » affirme le capitaine Fohrenbach.

Encadrés par les fermes qui brûlent, certaines rues sont infranchissables et c'est l'incendie qui aura raison des défenseurs de Braux-Saint-Rémy. Le capitaine Flacon et le lieutenant Dorin évacuent une maison, les bras en l'air, quelques minutes avant que la toiture embrasée s'effondre à l'intérieur. Les lieutenants Jeannin-Naltet et Le Quéré se rendent dans les mêmes conditions, puis Fohrenbach et le sous-lieutenant Borvon mettent eux aussi bas les armes.

« Où est le commandant ? » questionne Le Quéré.

Personne ne l'a vu. Personne ne le reverra. Le commandant Charles Cordier est tombé alors qu'il cherchait un itinéraire de repli pour le soir. Aux abords du village, dans les rues où certains se sont traînés avant de mourir, gisent des corps sans vie. Près d'une grange, le caporal Langevin, les jambes criblées de balles, et le sergent Thurière implorent qu'on les secoure. Officiellement, 54 morts seront relevés à Braux-Saint-Rémy, mais, comme le capitaine Fohrenbach, le lieutenant Le Quéré pense « que plusieurs corps sont restés dans les décombres en feu, celui de l'adjudant Alassant, par exemple ».

A Sivry-sur-Ante, à quatre kilomètres au sud de Braux-Saint-Rémy, un autre combat isolé est livré lui aussi au cours de l'après-midi. C'est encore un élément d'arrière-garde du 6e RICMS qui se sacrifie : 36 morts dont 14 tirailleurs sénégalais, ainsi que le lieutenant Jean-Marie Perrin seront retrouvés aux abords du village. Le général Gibert ne saura jamais que grâce aux combats retardateurs livrés le 13 juin et surtout à la détermination des tirailleurs et de leurs cadres, à la ferme de Neuf-Bellay, à Possesse, à Braux-Saint-Rémy et à Sivry-sur-Ante, les gros de la 6e DIC peuvent se mettre en position face à l'ouest à la lisière de la forêt d'Argonne, en liaison au nord avec le 21e RIC, au sud avec la 3e DINA. Gibert ignore aussi qu'un nouveau changement de direction vient d'être imposé au *General* Guderian et que celui-ci, contre la 6e DIC amputée d'un tiers de ses moyens et de ses effectifs, va découpler le 14 juin l'ensemble du *41e Korps* de Reinhardt.

En fin de matinée, Guderian a été avisé que la jonction envisagée à Troyes et sur la haute Seine avec les forces du *General* von Kleist n'est plus dans les intentions du haut commandement allemand.

« Je m'oriente donc vers Dijon ! » a aussitôt conclu Guderian.

Dijon est également écartée, ainsi d'ailleurs que la direction du sud. Le groupement fait maintenant une conversion est-nord-est, sur l'axe Revigny-sur-Ornain-Bar-le-Duc, avec possibilité d'exploitation jusqu'à la Meuse qui serait franchie dans la région Commercy-Saint-Mihiel.

« L'ordre vient directement du quartier général du *Führer !* » a-t-on fait savoir à Guderian.

Ancien combattant de 14-18, Hitler estime qu'il serait intéressant de s'emparer de Verdun en attaquant la ville du côté où les Français ne sont pas préparés à la défendre : par le sud. Le chancelier est persuadé que la prise de Verdun aura un grand retentissement et surtout un effet psychologique traumatisant sur l'armée française. Sur le plan tactique, l'opération aboutirait à l'encerclement et à la destruction du 21e corps de Flavigny et du corps colonial de Carles qui, malgré leur fatigue et leurs pertes, représentent encore un potentiel non négligeable. Hitler tient tellement à son idée que, dans l'après-midi du jeudi 13 juin, le *General* Keitel vient personnellement par avion, de Berlin, confirmer à von Rundstedt les ordres du *Führer.*

On a sans doute profité du passage de Keitel pour faire savoir verbalement à Guderian que la nouvelle direction qui lui est imposée a pour objectif principal la prise de Verdun, mais aucun ordre écrit n'a encore été transmis au groupement où le *General* Reinhardt sait seulement qu'il doit attaquer vers l'est et se porter vers la Meuse entre Commercy et Saint-Mihiel. Au *39e Korps* de Schmidt, les difficultés sont d'un autre ordre : de Vitry-le-François à Jussecourt, les Français se battent avec acharnement et rien ne permet de croire que le canal de la Marne au Rhin sera franchi avant la fin de la journée.

★ ★ ★

Si deux bataillons du 12e Zouaves ont été débarqués le 13 en fin de matinée à une quinzaine de kilomètres de la position qui leur a été fixée, celle-ci ne correspond ni aux ordres écrits du général Carles donnés aux divisions du corps colonial ni à la simple logique. Mal renseigné sur l'ennemi et ses axes de progression, le général Mast sait au moins une chose : il a des blindés en face de lui et le premier moyen de les arrêter consiste à se placer derrière une ligne d'eau, canal ou rivière, et à en tenir fortement les points de franchissement avec un officier responsable de la destruction à chaque pont. A l'est de Vitry-le-François, le 14e RTA et le 12e Zouaves devraient donc s'aligner derrière le canal de la Marne au Rhin et tenir les passages de Plichancourt, Brusson, Le Buisson, Bignicourt, Étrepy et Pargny-sur-Saulx. Dans son ordre n° 18442/3 daté du 13 juin à 1 heure, le général Carles situe la LPR (ligne principale de résistance) sans équivoque : « Vitry-le-François, rive sud du canal de la Marne jusqu'à Étrepy-Heiltz-le-Maurupt », etc. Cette ligne de défense comporte, en avant du canal, deux larges rivières, la Saulx et l'Ornain, et même un ruisseau, la Chée.

Aucun document connu ne permet de savoir pourquoi Mast n'a pas exécuté les ordres de Carles, portant son artillerie et son infanterie EN AVANT des coupures dont il a la chance de disposer [1]. Au début de

1. Dans son rapport, le général Mast parle du II/12e Zouaves « qui devait tenir la région de Vanault-les-Dames », c'est-à-dire à une douzaine de kilomètres EN AVANT du canal.

l'après-midi du 13 juin, sa situation devient difficile, car il a maintenant devant lui les éléments de tête des trois divisions du *39e Korps* : la *2e Panzer* a enlevé un pont au nord de Vitry avec le bataillon de chars de l'*Oberstleutnant* Rödlich — qui vient d'être blessé par éclats d'obus —, mais le pont de la Saulx et le pont de Vaux — sur le canal — sont détruits à temps et, depuis la rive sud, la défense française arrête la progression ennemie par ses feux. Vers Ponthion, la *29e Motorisée* cherche, elle aussi, à franchir les lignes d'eau, en liaison avec la *1re Panzer* qui a enfoncé son coin d'acier jusqu'à Jussecourt. Du côté allemand, personne n'ignore que l'objectif prioritaire est la conquête des ponts, et les « mouchards » observent sans trêve les défenses françaises implantées ou en voie d'organisation au voisinage des points de franchissement.

« La vallée de la Marne est très favorable à la défense, reconnaît l'*Oberst* Voigt, qui commande le *Panzer Regiment no 4 :* à l'est de Vitry-le-François, le pays est plat, mais il faut traverser quatre lignes d'eau : d'abord la Saulx, puis le canal de la Marne au Rhin, un autre canal qui, par Saint-Dizier, va de la Marne à la Saône, enfin la Marne elle-même [1]. »

Le commandant Loustaunau-Lacau a improvisé sa position entre Jussecourt où se trouve l'ennemi et Heiltz-l'Évêque où la liaison est prise avec le I/12e Zouaves de Catherineau.

« Nous avons deux chars Renault pour nous appuyer, note le lieutenant Laurenti, de la 2e compagnie, mais l'artillerie ennemie se met en place et nous bombarde. »

Les deux R 35 appartiennent au 45e BCC, un des bataillons de la 3e DCR dont cadres et équipages viennent de la gendarmerie. Suivi par le maréchal des logis Perrein, le lieutenant Pichard, comme beaucoup d'autres chefs de char, a été coupé du 45e BCC au cours de la nuit et il ignore à quel endroit les débris de la 3e DCR se sont regroupés. Il se met à la disposition de Loustaunau-Lacau qui lui donne l'ordre d'envoyer un char en reconnaissance afin d'évaluer la capacité de feu de l'ennemi. Le R 35 de Perrein s'ébranle et, dix minutes plus tard, on entend tirer ses pièces de tourelle. Atteint de plein fouet, le char ne reviendra pas : Richard Perrein et son pilote, le gendarme Potel, ont été tués. Pressé par le lieutenant Boyle, du 12e Zouaves, le second char monte au feu en tirant de toutes ses armes, mais il n'a pas plus de chance que le premier : un obus le frappe à la tourelle et l'immobilise ; le lieutenant Maurice

1. La Vière, la Chée et l'Ornain ne sont pas considérés comme négligeables, mais se trouvent dans le « couloir » de la *1re Panzer* et non dans celui des chars de Voigt qui appartient à la *2e Panzer*.

Pichard est tué, mais son pilote, le gendarme Bidot, momentanément aveugle, sera sauvé par les zouaves.

De l'autre côté de Heiltz-l'Évêque, le capitaine Tournis a obéi à Loustaunau-Lacau et ses quatre 75 sont en position sur la route de Jussecourt. L'inconvénient est que le sol de la peupleraie située au sud étant marécageux, il est impossible d'y camoufler les véhicules porte-canons, le camion-cuisine et la Citroën du capitaine. Depuis la cabine d'un tracteur Jeffery, celui-ci observe à la jumelle des voitures allemande, des motos et quelques *Panzers* qui circulent à l'orée d'un bois à environ un kilomètre.

« Je vois des officiers déplier leurs cartes, note Tournis, et des soldats descendre mitrailleuses et mortiers des camions ! »

Interrogé par le brigadier-chef Besnard, Loustaunau-Lacau transmet une réponse aussi brève que possible : « Démolissez-les ! »

La 7ᵉ batterie envoie sa première salve à 800 mètres. Trop court. Deuxième salve à 850 mètres. « Dans une gerbe de flammes et de fumée, raconte Tournis, on aperçoit une sorte de tourelle qui saute en l'air... »

Les servants rechargent et les pièces envoient salve sur salve. « Le cirque a commencé ! » confie le maréchal des logis Guengand à son ami Poulain. Les zouaves du lieutenant Balazard protègent la batterie et regardent les fusées à trois feux blancs qui montent des lignes allemandes. Lorsque l'adversaire amorce sa contre-batterie, Tournis fait allonger le tir. Vers Heiltz-l'Évêque, le crépitement d'un nombre inhabituel d'armes automatiques domine les bruits du combat. Depuis Jussecourt, un *Panzer* prend la route en enfilade, mais, en quatre coups, la pièce du maréchal des logis Queffelon l'oblige à se taire. Malheureusement, le *Henschel* est venu survoler la position et, par radio, il dirige le tir des canons allemands. Un 105 éclate derrière le bouclier de la 4ᵉ pièce : Horeau est blessé, Lemert et Lommaert [1] ont chacun un bras arraché et Pavart a les jambes brisées. Seuls, Depincé et Cosson s'en tirent avec des « égratignures », mais ils sont en état de choc et, lorsque Fraslin, l'infirmier, accourt vers les blessés, ils sont incapables de prononcer un mot.

A Jussecourt, l'ennemi s'est renforcé, tirant avec son artillerie et avec les pièces de tourelle de ses chars. Sur la route, les quatre porte-canons de la batterie sont touchés et brûlent. Des explosions communiquent le feu aux réserves d'essence, puis au caisses de projectiles entassées sur les plateaux. Il faut un sang-froid inouï aux artilleurs pour assurer le service de leurs pièces au milieu des explosions et des gerbes de flammes, sans compter les éclats et les balles qui cinglent les boucliers. Il est évident

---

1. Le cadavre de Lommaert sera retrouvé à deux kilomètres de là, près du pont du canal d'Étrepy, ce qui laisse supposer que ses camarades l'ont porté jusqu'à ce qu'il meure entre leurs bras.

que les tirs cesseront bientôt, faute de munitions, les seuls obus étant sortis des caisses descendues des camions lors de la mise en batterie.

Au nord, au milieu des blés, des fantassins allemands avancent et utilisent *minen* et mitrailleuses. Vers 15 heures, la pièce du brigadier Bertrand envoie le dernier obus. Avec l'accord du lieutenant Balazard, Tournis regroupe ses artilleurs après avoir fait saboter les culasses et, précédés de Jahier qui coupera les fils de clôture avec sa pince, ils partent à travers champs en direction de Favresse où le commandant de la 7e batterie se présentera au PC du commandant Ottenheim, du II/311e RA.

Le IIe bataillon de Loustaunau-Lacau, réduit à deux petites compagnies, est désormais isolé, coupé de tout. Sur sa gauche, Catherineau a décidé vers 13 heures de se replier derrière le canal et de faire sauter le pont de Brusson. C'est peut-être la mort du capitaine André Albert [1], de la 1re compagnie, qui l'a décidé, mais il est également vrai que la défense s'affaiblit sous les coups de la *29e Motorisée*. Fraternellement mêlés, on retrouvera dans les ruines de Ponthion les corps de vingt-cinq hommes du 14e Algériens et du 12e Zouaves, ceux-ci étant les plus nombreux. Parmi eux, Thévenet, le caporal Roux, Marsal, boulanger dans l'Ardèche, Mastri, Delmas et Lacambra qui sera enterré dans la même tombe que le lieutenant Louis Bourdet, du 14e RTA, né à Lyon en 1901.

Dans le sous-secteur sud, les canons du I/313e RALP soutiennent les tirailleurs du 14e RTA et les fantassins du 329e RI, ce qui explique pourquoi la *2e Panzer* qui a renforcé ses chars avec un bataillon motocycliste et un bataillon d'infanterie, piétine aux abords de Vitry-le-François. Le commandant Alibert n'a pas hésité à mettre la 3e batterie du capitaine Degas en position à l'intérieur de la ville où les 75 interdisent la route de Châlons-sur-Marne et celle de Vitry-en-Perthois [2]. Pour les neutraliser, les Allemands bombardent la localité depuis midi. Heureusement, la population a été évacuée le 11 juin par décision du préfet et ce sont des maisons vides que les obus incendient, quartier par quartier. Vers 15 heures, tandis que les armes automatiques se répondent de part et d'autre du canal, Alibert pénètre dans la ville en feu pour s'assurer que les sections de 75 de l'aspirant Nalin et du sous-lieutenant Costadeau tirent toujours. Il est rassuré, car, de la place centrale de la ville, deux pièces, celle du chef Lauvergeat et celle du maréchal des logis Monira, envoient leurs obus, l'un en direction de l'ouest, l'autre vers le nord. L'incendie qui ravage la localité est pour eux

1. Pasteur de l'église réformée évangélique à Marseille, le capitaine Albert sera identifié lors de son exhumation, le 19 mai 1941, par M. Core, maire de Ponthion, et M. Gruyer.
2. Quatre tués seront relevés à Vitry-en-Perthois : Carpentier et le caporal Jeannon, du 51e RI ; Thuillier et Tribout, du 329e RI.

un avantage, car le « mouchard » qui tourne au-dessus de Vitry est gêné par les flammes et la fumée. Sauvageot, un agent de liaison, et le brigadier Wagner, ce dernier à bicyclette, circulent, impertubables, entre le PC du capitaine Degas et les pièces les plus avancées. Un autre brigadier, Jean Boin, a même récupéré une camionnette ; ne sachant pas conduire, il a confié le volant à l'un de ses hommes et se tient sur le capot, le fusil contre la hanche...

En quelques lignes, l'échec allemand est souligné dans le journal du *39e Korps* : « La *2e Panzerdivision* n'a pu déboucher de Vitry-le-François et franchir la Marne. Fortes pertes dans les combats de rues contre un adversaire bien camouflé. Dans la soirée, sous un tir d'artillerie venant de la rive ouest, il faut évacuer une partie de la ville en feu [13 juin à 17 heures]. »

Que devient la 1re DIC dont le chef, le général Roucaud, a été prévenu la veille 12 juin de l'enlèvement de sa division ? Les routes défoncées de la forêt de Hesse n'ont pas été jugées utilisables par les responsables du train chargé du transport.

« Certaines unités feront près de 20 kilomètres sur de mauvais chemins pour gagner la route de Récicourt-Dombasle, écrit Roucaud. Pauvres gens que je vois passer vers midi à Avocourt et qui ont à peine la force de faire ces étapes... »

Avec les éléments motorisés de la division et deux escadrons de son GR, Roucaud rejoint Ville-sur-Saulx[1], entre Saint-Dizier et Bar-le-Duc. C'est là que vient de s'installer le PC du corps colonial, et les nouvelles que lui donne le général Carles ne sont pas faites pour réjouir Roucaud : « Les divisions du corps colonial, très étirées, de je ne sais où à Vitry-le-François, peuvent être crevées d'un moment à l'autre. »

Craignant toujours pour son flanc gauche, le général Freydenberg a prévu d'envoyer la 1re DIC établir une bretelle de Vitry à Ramerupt, sur l'Aube, car la liaison avec la IVe armée du général Requin est perdue.

« Il faut faire vite, car le danger viendra de ce côté ! dit Carles. Où est votre division ? »

Roucaud lui rend compte de l'embarquement imposé entre Récicourt et Dombasle ; il espère néanmoins que la 3e RIC arrivera dans la soirée. Les deux régiments sénégalais suivront, mais l'artillerie ne sera pas à pied d'œuvre avant le 14 juin et sans doute très tard. Ces retards bouleversent tous les plans de la IIe armée, et le chef d'état-major de celle-ci, le colonel Colomb, informé par Carles, lui transmet de nouveaux ordres : le GR de la 1re DIC couvrira la gauche de la 3e DINA à l'ouest de Vitry et cherchera le contact, soit avec la IVe armée, soit avec

---

1. Dans son rapport, Roucaud dit qu'il s'arrête d'abord à Saudrup, sur la Sambre (*sic*), et qu'il va ensuite à Ville-sur-Sambre (encore *sic*).

l'ennemi[1]. Dès que le 3e RIC se présentera, il sera poussé derrière la gauche de la division Mast. Enfin, au fur et à mesure que les régiments de la 1re DIC débarqueront, ils seront envoyés en direction de Ramerupt, soit une quarantaine de kilomètres à parcourir à pied pour les tirailleurs sénégalais, au pas fatigué de leurs chevaux pour les artilleurs. Ces ordres sont dépassés et démontrent à quel point on ignore, à l'état-major de la IIe armée, que le groupement Guderian ne se dirige plus vers le sud, mais vers l'est. Nanti de ses consignes, Roucaud quitte Ville-sur-Saulx et s'engage sur la route de Saint-Dizier avec le peloton moto du capitaine Chalès.

Toujours le 13 juin, deux heures plus tôt, le général Carles a remanié son dispositif : la 6e DIC dont le PC est à Laheycourt, à côté de celui de la 3e DINA, depuis 11 heures, va prendre la défense du front entre Sainte-Menehould et le bois communal de Charmont, le 21e RIC au nord passant sous ses ordres. Le général Mast peut donc retirer ses éléments implantés dans ce secteur et renforcer les points sensibles du sien, en particulier la ligne « tenue » par le 12e Zouaves. Le front de la 3e DINA passant d'une cinquantaine de kilomètres à trente, deux bataillons du 15e RTA et un groupe du 20e RANA seront disponibles. On peut même ajouter les deux pelotons motocyclistes du GR et l'escadron porté installé en antichars à Laheycourt puisque Mast change de PC : il va à Blaise-sous-Hauteville, à environ douze kilomètres au sud-ouest de Saint-Dizier. Avant de partir, il a appris que « l'ennemi a fait dans la position une pointe très étroite dans laquelle il a engagé des chars et des motocyclistes : il faudrait pour le rejeter une contre-attaque d'au moins un bataillon frais, appuyé par une compagnie de chars »...

A quelle heure Mast a-t-il su que les Allemands ont franchi le canal de la Marne au Rhin ? Il ne le précise pas dans son rapport. Selon les documents du GRDI 93, le commandant de La Londe reçoit vers 15 heures l'ordre de porter tous ses éléments vers le canal et de les installer en bouchons antichars à Étrepy et à Bignicourt. Les motocyclistes partent les premiers, ceux du lieutenant Vieuille par la droite, le lieutenant Hècre et l'adjudant-chef Jouhanet par la gauche. Vingt minutes plus tard, ils sont fixés. « En avant de Cheminon, on nous tire dessus et nous nous arrêtons près du château, rapporte Jouhanet. J'aperçois vingt chars allemands et des motocyclistes qui roulent dans les blés... » Étrepy est encore à huit kilomètres ! Tombé dans une embuscade, le peloton Vieuille ne sera pas récupéré. Des zouaves et des

1. Si le commandant Massacrier exécutait ces ordres, il trouverait le PC du 329e RI à Maisons-en-Champagne, à 10 kilomètres à l'ouest de Vitry. La 53e DIL est toujours sur la rive sud de la Marne.

Sénégalais du 5ᵉ RICMS coupent à travers champs : le lieutenant Hècre les incorpore et leur fait abattre des arbres en travers de la route.

Chez les artilleurs, c'est à 16 heures que le commandant Benoît, du III/20ᵉ RANA, reçoit l'ordre « de placer deux pièces en DCB à Sermaize, deux à Bignicourt et trois à Étrepy ». Consciencieux, Benoît envoie une reconnaissance d'officiers sur la future position. Trop tard ! « Dans la zone d'Étrepy, écrit-il, elle se heurte à l'ennemi qui a traversé le canal. »

De son côté, le commandant Lepeu, du I/15ᵉ RTA, fait embarquer deux compagnies dans des camionnettes de la division préalablement vidées de leur contenu. Des chenillettes tractant des canons de 25 partent avec les tirailleurs dont la mission est « d'assurer la défense des ponts de Pargny-sur-Saulx et d'Étrepy » (rapport Mast). Encore trop tard ! Les Allemands sont en force au sud du canal et le carrousel auquel se livrent les *Panzers* sur la frange de la poche conquise montre qu'ils n'ont pas l'intention de se laisser intimider.

Tenant solidement Heiltz-le-Maurupt depuis midi, l'*Oberstleutnant* Balck a d'abord fait en sorte de protéger ses flancs d'une éventuelle contre-attaque française, puis, renforcé par des *Panzers* et deux compagnies du *1ᵉʳ Schützen Regiment,* il s'est engagé non pas vers Pargny-sur-Saulx dont la route est la plus directe jusqu'au canal, mais vers Étrepy. Un message lesté envoyé par l'observateur d'un *Henschel* indiquait en effet que « les ponts de Pargny ont sauté, mais que ceux d'Étrepy sont intacts ». La 3ᵉ DINA ne s'est pas suffisamment préoccupée de la destruction des ouvrages d'art de son secteur et cette négligence va lui coûter cher. Balck a lancé des éléments légers, automitrailleuses et motocyclistes, en direction d'Étrepy, avec mission de s'emparer des deux ponts, celui de l'Ornain et celui du canal.

« Vers 13 h 45, révèle le journal du *39ᵉ Korps,* au cours d'une action rapide, un officier a réussi à enlever le cordeau de mise à feu. »

Un document de la *1ʳᵉ Panzer* indique cependant qu'un des ponts a été capturé, « légèrement endommagé ». Les dix tués retrouvés aux abords du point de franchissement, trois zouaves et sept pionniers nord-africains, montrent la faiblesse de la défense. La surprise et un feu de toutes les armes de l'avant-garde de Balck ont emporté la décision. La tête de pont a été renforcée, les ponts protégés par des pièces de *Flak* légère et le village d'Étrepy transformé en réduit avec *Panzers* et 37 *Pak* aux issues. Balck a exécuté l'ordre d'atteindre le canal et, installé à Jussecourt, il attend de nouveaux ordres, conscient cependant de la vulnérabilité du « doigt de gant » qu'il vient d'enfoncer dans le dispositif français. De part et d'autre d'Étrepy, ce ne sont que détonations, salves d'artillerie, bruits de combat et fumées s'élevant au-dessus des villages en feu.

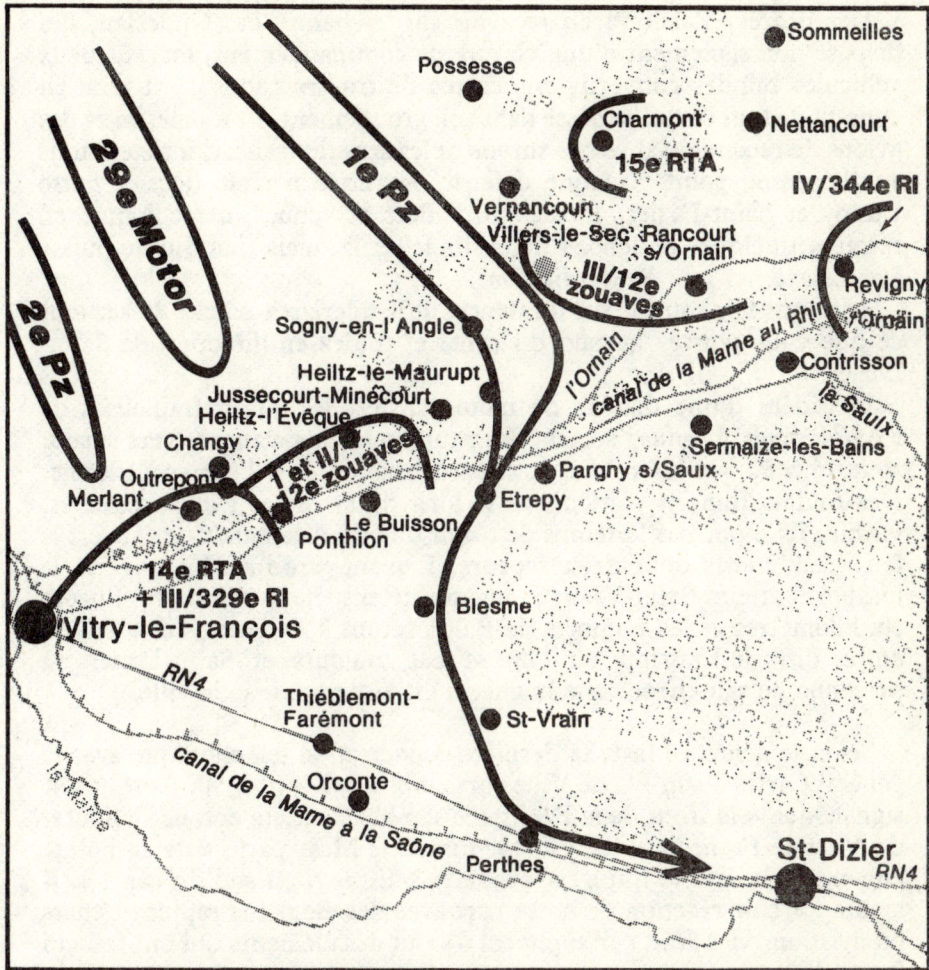

29e Motor

1e Pz

2e Pz

Possesse

Charmont

Sommeilles

Nettancourt

15e RTA

IV/344e RI

Vernancourt

Villers-le-Sec Rancourt
s/Ornain

III/12e
zouaves

Revigny

Ornain

Sogny-en-l'Angle

l'Ornain

canal de la Marne au Rhin

Contrisson

la Saulx

Heiltz-le-Maurupt

Jussecourt-Minécourt
Heiltz-l'Évêque

Changy

Sermaize-les-Bains

Pargny s/Sauix

Outrepont

I et II/
12e zouaves

Merlant

Le Buisson
Ponthion

Etrepy

14e RTA
+ III/329e RI

Saulx

Vitry-le-François

Blesme

RN4

Thiéblemont-
Farémont

St-Vrain

Orconte

canal de la Marne à la Saône

la Marne

Perthes

St-Dizier

RN4

Percée de la 1e Panzerdivision en direction de St-Dizier

Vers 14 h 30, se produit l'événement décisif : Guderian en personne, qui ne cesse de parcourir le front de son groupement, arrive au PC avancé de Balck. Un quart d'heure plus tôt, un message radio émanant du *General* Kirchner, de la *1re Panzerdivision,* a éveillé son intérêt : « Balck a pris les ponts d'Étrepy intacts. Attend des ordres. »

Des ordres, Balck va en recevoir sur-le-champ, car Guderian, qui dispose non seulement d'une voiture de commandement, mais de deux véhicules blindés convertis en centres de transmissions [1], est tenu au courant de tout ce qui se passe dans son groupement. Et les messages des avions de reconnaissance qui survolent les arrières français insistent tous sur le même point : aucune défense organisée n'a été décelée entre Étrepy et Saint-Dizier. Beaucoup d'allées et venues, des colonnes en retraite, quelques bouchons défensifs ici et là, mais rien qui ne puisse être balayé par une *Panzerdivision.*

« Je vous fais couvrir sur les flancs, dit Guderian à Balck. Passez tout ce que vous pouvez au sud du canal et roulez en direction de Saint-Dizier. »

Précédées d'une dizaine de motocyclistes, les automitrailleuses de l'*Aufklärungs Abteilung* sortent des peupleraies et s'élancent vers le sud. Vers 16 h 30, six kilomètres sont parcourus, et c'est l'entrée à Blesme. Des soldats français stationnent le long de la rue et leur surprise est visible. Ils n'ont pas le temps de réagir que les Allemands ont ouvert le feu : sept morts dont deux sapeurs. L'avant-garde a déjà traversé la localité et atteint Saint-Vrain où aucune défense ne se manifeste. Encore six kilomètres et les hommes de Balck seront à Perthes, sur la RN 4, entre Vitry-le-François où l'on se bat toujours et Saint-Dizier où personne ne sait encore que la guerre est aux portes de la ville.

Selon le général Mast, sa dernière conversation téléphonique avec le général Carles à son PC de Ville-sur-Saulx a lieu à 18 h 50. Après avoir signalé que « le front de la IVe armée semble avoir été enfoncé à l'ouest de Vitry-le-François » (ce qui est inexact), Mast parle « de la pointe ennemie très étroite qui s'est produite à Étrepy, au sud du canal ». Il ajoute : « Une réaction de notre part avec des éléments rapides : chars ou aviation, viendrait certainement à bout des éléments qui ont franchi le canal. »

Carles aurait promis de demander une intervention aérienne au PC de la IIe armée. On ignore si elle a été formulée, mais de toute façon elle ne donnera aucun résultat, l'armée de l'air, pas plus que le haut commandement, n'ayant compris qu'une bataille décisive se livre entre Vitry-le-

1. La *Staffel* (peloton d'escorte) de Guderian comprend, outre la voiture de commandement et deux véhicules de transmissions, deux automitrailleuses, quatre motocyclistes et deux officiers de liaison sur side-car.

François et Saint-Dizier. Cependant, Carles va faire un geste. Deux heures plus tôt, au cours d'une liaison téléphonique avec la IIᵉ armée, le commandant du corps colonial a été autorisé à disposer de la 3ᵉ division cuirassée, « à charge pour lui de la retrouver ». On sait en effet que la division du général Buisson a franchi la Marne dans la matinée et stationne « quelque part au sud de Saint-Dizier ».

« Si vous trouvez son PC, dit Carles à Mast, prenez ses éléments sous vos ordres. La IIᵉ armée doit prévenir directement le général Buisson [1]. »

Mast monte dans sa voiture et, une heure plus tard, apprend que le PC de la 3ᵉ DCR est à Outines, à une vingtaine de kilomètres au sud-ouest de Saint-Dizier. Il s'y rend, mais Buisson, dont les forces ont été décimées en Champagne, se prétend incapable de lui apporter le moindre appui. Il ne lui reste, dit-il, « qu'une quinzaine de chars, quelques sections de chasseurs portés et l'artillerie » (rapport Mast).

Tout de même, les chars pourraient « faire du volume » à l'entrée ouest de Saint-Dizier et, surtout, les artilleurs de la 3ᵉ DCR trufferaient la lisière de la ville de pièces de 75 placées en DCB. Cette solution permettrait de gagner quelques heures, les quelques heures nécessaires à l'arrivée et au débarquement des coloniaux de la 1ʳᵉ DIC. Toujours selon Mast, Buisson aurait ajouté que la nuit allait tomber, qu'il était préférable d'attendre le lendemain et que la seule action possible sera d'assurer, par chars embossés, la défense de quelques points de passage, sur la Marne par exemple. On est loin de « l'entrée en scène des blindés en masse profonde » dont Mast a pu rêver. Devenu pessimiste, le commandant de la 3ᵉ DINA conclut « qu'on doit tenir pour certain que l'ennemi sera ce soir à Saint-Dizier ».

Dans l'intervalle, le général Roucaud a quitté Ville-sur-Saulx et, le général Carles lui ayant indiqué que le PC de la 3ᵉ DINA se trouve maintenant à Blaise-sous-Hauteville, il décide de s'y rendre avec les motocyclistes de son GR qui lui ouvrent la route. L'entretien entre les deux généraux sera bref. Parlant de Mast, Roucaud note : « Je le trouve seul, sans moyens, les Allemands signalés déjà à Perthes : je lui laisse l'escadron motocycliste du capitaine Chalès et repart sur Saint-Dizier. »

Mast conserve le peloton Chauvet pour garder son PC et fait partir les pelotons Richard et Cornueau vers le nord, en direction de Perthes. Leur bilan sera maigre : le sous-lieutenant Richard arrête « un civil italien porteur d'une carte au 1/50 000 marquée d'indications suspectes » et le peloton Cornueau échange des coups de feu avec une avant-

---

1. Dans son rapport, le général Buisson note qu'à 20 h 30, le capitaine Gilbert Vié, du 3ᵉ Bureau de la IIᵉ armée, l'a informé qu'il passait sous les ordres du général Freydenberg.

garde allemande qui ne s'arrête même pas et poursuit sa route vers Saint-Dizier [1].

Le général Roucaud, qui s'apprête à traverser la ville du sud au nord pour retrouver le PC du corps colonial, observe que la situation se détériore : « Le flot des réfugiés, jusque-là canalisé, s'enfle et envahit tout : femmes, enfants, hommes à bicyclette, à pied, tous regardent derrière eux avec épouvante : dans la ville, l'agitation est à son comble : des Nords-Africains ont barricadé les ponts et nous laissent passer à grand-peine ; je trouve Massacrier, le commandant de mon GR, qui n'a pas pu suivre avec son escadron porté ; il me dit qu'il organise la défense intérieure. Je lui confirme cette mission. »

Sur la route de Bar-le-Duc, à la sortie nord de Saint-Dizier, le passage à niveau est fermé et, tandis que le nombre des véhicules en attente s'accroît, un train de réfugiés effectue sa manœuvre avant de partir vers Chaumont.

« Le commissaire de gare me dit qu'il est coupé de partout et me demande des instructions que je ne puis lui donner, dit encore Roucaud (...). Il me faut arrêter à bonne distance mes premiers éléments qui vont bientôt débarquer, faire un barrage et savoir où le général Carles veut avoir ma division en place et quand ? »

Si la 1re DIC connaît un retard aussi important que la 3e DINA, les coloniaux n'y sont pour rien. Ils ont marché sous la pluie une partie de la nuit à travers la forêt de Hesse, et ceux du 3e RIC ont poursuivi leur trajet durant la matinée du 13 pour atteindre la RN 3 près de Récicourt. Autocars et camions du train sont, pour une fois, arrivés les premiers, mais, sans doute mal camouflés, ils font l'objet d'une attaque aérienne qui leur cause six morts et douze blessés, dont le capitaine Génin. Dix autocars des rames du lieutenant Ribière sont incendiés par les avions.

« Quand nous sommes arrivés, rapporte le lieutenant Flamet, du 3e RIC, les cars brûlaient encore et des cadavres étaient dans les champs bordant la route. »

L' « incident » retarde encore l'embarquement du 3e RIC qui se présente avec 2 600 hommes, 98 voiturettes, 145 chevaux, 10 cuisines roulantes, 7 chenillettes et 4 canons de 25. C'est seulement à 18 heures que les premières rames s'ébranlent, emportant le 1er bataillon du capitaine Daugy vers Saint-Dizier. Au 14e Sénégalais, le bataillon Voillemin est arrivé le premier sur le chantier d'embarquement, près de Parois, à 18 heures, mais il doit prendre patience. Les tirailleurs sont

1. Les deux pelotons s'installeront pour la nuit à Sapignicourt, au sud du canal de la Marne à la Saône. A 23 heures, les cavaliers de l'escadron Chalès observeront une colonne d'environ 150 véhicules allemands dans la traversée de Perthes. L'ennemi ne reste pas passif.

épuisés par la longue marche : « Il a plu toute la nuit et ils sont trempés », écrit le capitaine Jarty, qui commande une compagnie du III/14e RTS. En attendant les camions, les chefs de bataillon font distribuer la soupe. Vers 19 heures, les rames de la 841e compagnie (capitaine Merceron) et de la 842e compagnie (capitaine Magnier) s'alignent sur la route, et le départ, rapporte le commandant Voillemin, a lieu à 22 h 30. Dans le journal de la 842e compagnie, on peut lire que les véhicules se sont arrêtés le 13 juin à 7 heures entre Parois et Brabant pour enlever le 14e RTS. Mais le même document indiquant que le départ a eu lieu à 21 h 30, il faudrait admettre que les deux compagnies du train ont stationné plus de QUATORZE heures sur le chantier. Le rapport Voillemin paraît plus crédible.

Au 1er RAC, le lieutenant-colonel Fady a été informé, le 13 à 1 heure du matin, que son régiment « serait embarqué à Dombasle-en-Argonne pour se rendre au sud-ouest de Saint-Dizier ». Seules, les batteries de tir effectueront le déplacement en camion, les échelons rejoignant par leurs propres moyens. L'opération est fixée au jeudi 13 juin à midi, mais la défaillance des éléments du train va prendre d'extraordinaires proportions. A midi, le commandant de Laguarigue, du III/1er RAC, découvre que le point de rassemblement fixé à ses batteries est à cent mètres d'un dépôt de munitions. Il en éloigne prudemment sa colonne et, inquiet de ne voir aucun camion, se rend au PC du régiment, à Récicourt. « Les rames vont arriver dans l'après-midi », le rassure le lieutenant-colonel Fady.

Le 1er groupe du commandant Lefèvre s'est mis en marche vers 5 heures du matin, mais, selon le capitaine Belly, de la 1re batterie, ordre est donné dans la matinée de se camoufler dans la forêt, « l'embarquement étant reculé à 16 heures ». Le temps passe et les artilleurs en profitent pour se restaurer, nourrir leurs chevaux et se reposer. Enfin, vers 18 h 30, tout le 1er groupe est en colonne sur la RN 3..., mais les camions ne sont pas là ! Un peu plus loin, le commandant de Laguarigue échelonne le IIIe groupe sous la pluie qui s'est remise à tomber. Lorsque le crépuscule assombrit les lisières de la forêt, les artilleurs du 1er RAC attendent toujours.

« Nous passons la nuit entière sur la route ! » rapporte Laguarigue.

Le transport et l'engagement de la 1re DIC était vital. Quelques heures de plus ou de moins pouvaient changer, momentanément, le rapport de forces entre Vitry-le-François et Saint-Dizier. En se portant lui-même au PC de Balck, Guderian a vu tout le parti qu'il pouvait tirer de la situation : il a frappé plus fort et plus vite.

Vers 18 h 15, l'état-major de von Runstedt a transmis à celui de la *XIIe Armee* (dont dépend Guderian) des détails touchant l'opération projetée sur Verdun par ordre du chancelier Hitler. Le *41e Korps* de

Reinhardt se portera vers Saint-Mihiel avec une de ses deux *Panzers* et la *20e Motorisée.* Lorsque la Meuse sera franchie, les deux divisions effectueront une rapide conversion vers le nord et attaqueront en direction de Verdun par les deux rives. Sur la droite du groupement Guderian, la mission du *39e Korps* de Schmidt n'est pas encore définie. Ses trois divisions doivent atteindre la région Bar-le-Duc - Saint-Dizier, à partir de laquelle trois hypothèses sont envisagées :

— Avancer vers Commercy et rejoindre Reinhardt sur la Meuse ;
— Percer en direction de Neufchâteau (sud-est) ;
— Reprendre la route du sud pour faire la jonction avec le groupement Kleist.

Ces hypothèses reflètent l'indécision de von Runstedt qui accepte mal de dissocier le groupement Guderian en lui retirant deux divisions pour attaquer Verdun. Les opérations qui se sont déroulées au mois de mai dans le nord de la France ont conforté les généraux allemands dans l'idée que les groupements blindés doivent conserver leur homogénéité, sous peine de perdre une partie de leur puissance. Guderian lui-même, dont le franc-parler est connu, désapprouve le projet qui l'obligera à fractionner ses forces, alors que celles de l'adversaire résistent encore avec détermination. Ainsi, lorsque les *6e* et *8e Panzers* s'engagent le 13 juin contre la 6e DIC en retraite, « elles se heurtent, dit le journal du *41e Korps,* à un ennemi sur la défensive avec armes lourdes et de nombreuses batteries qui nous infligent des pertes sensibles ».

Au fur et à mesure que les coloniaux et les tirailleurs de la division Gibert atteignent la lisière de la forêt d'Argonne, ils se placent sous la protection de l'artillerie de renforcement du corps colonial qui a également engagé l'artillerie de la 36e DI dont l'infanterie, épuisée par trois longues étapes de nuit, est en réserve.

« L'adversaire se bat avec acharnement ! » reconnaît le rédacteur du journal du *41e Korps* à la suite des combats de la ferme de Neuf-Bellay, de Possesse et de Braux-Saint-Rémy [1].

Selon le « *Gruppenbefehl no 6* » envoyé le soir du 13 à Reinhardt et à Schmidt par Guderian, il semble que deux des hypothèses qui pesaient sur le *39e Korps* soient maintenant levées, les ordres pour le vendredi 14 juin étant ainsi rédigés : « Le *39e Korps* portera ses deux *Panzerdivisionen* à l'aile droite du groupement, au-delà de Saint-Dizier, pour être prêt, en toutes circonstances, à attaquer en direction du sud-est. »

Sur les ponts d'Étrepy, une *Feldgendarmerie* impitoyable effectue la régulation des colonnes de la 1re *Panzerdivision* qui, depuis la fin de

---

1. Du 1er au 24 juin, le groupement Guderian perdra 544 tués dont 46 officiers, et 2 667 blessés dont 187 officiers (lettre du 10 avril 1978 adressée par le directeur du *Bundesarchiv* à l'auteur).

l'après-midi, empruntent à un rythme soutenu le passage conquis par l'*Oberstleutnant* Balck. Un bataillon de *Schützen* et des cavaliers nettoient la zone du canal et de l'Ornain où les peupleraies abritent des éléments français décidés à profiter de l'obscurité pour tenter de regagner leurs lignes. Parlant des prisonniers capturés ce soir-là dans les bois de Heiltz-l'Évêque et de Bignicourt, le *Haupmann* Weiz, de la *1re Panzer*, écrit : « Ceux de la 3e DCR font une impression très militaire ; les officiers se refusent à toute déclaration. Il y a aussi des prisonniers du 12e Zouaves, du 5e RIC (presque uniquement des Sénégalais) et de la 3e DIM. Les hommes n'ont pas reçu de ravitaillement depuis plusieurs jours. Ils ont souvent été jetés ici et puis là, si bien que leurs rapports de subordination étaient très incertains. »

Au nord du « couloir d'Étrepy », les rapports de subordination sont loin d'être aussi incertains que le prétendent les Allemands. Violemment bombardé par un groupe de 105 de la *8e Panzer*, Charmont où le commandant Roger, du II/15e RTA, s'est retranché avec la compagnie Bouyries et la batterie divisionnaire antichar, Charmont se défend toujours. A Villers-le-Sec, le commandant Moucot et les zouaves du IIIe bataillon ont subi, eux aussi, un bombardement qui a incendié une partie du village, et deux attaques d'infanterie. De Révigny, le commandant Poirier a envoyé son chauffeur, Scherer, porter 17 000 cartouches à Moucot, un rude Savoyard peu disposé à céder. Dans la soirée, le capitaine Fessard lui apportera l'appui de ses deux derniers 75. Il n'a plus que 18 projectiles par pièce, mais, vers 22 heures, le lieutenant Janvier lui fera parvenir 22 caisses d'obus. Dans la nuit, Moucot recevra l'ordre du colonel Tissané de se resserrer sur Rancourt, de façon à s'aligner au nord sur la 6e DIC.

Au sud du « couloir », le commandant Laustaunau-Lacau a tenu sous des feux de plus en plus violents jusqu'à 18 heures. Il a alors donné l'ordre de se replier au sud du canal et de « s'incruster » au village du Buisson. Le mouvement est difficile, car l'artillerie allemande tire sans arrêt sur l'itinéraire observé par le « mouchard ». Le capitaine René Écolivet est tué par un éclat et la 5e compagnie ne compte plus qu'une vingtaine d'hommes armés de quatre FM alimentés à 20 chargeurs chacun. Dans les bois, les zouaves du capitaine Chabot perdent de vue leur chef de bataillon. Quand Chabot le retrouve, deux heures plus tard, il est en train de constituer « une sorte de trois quarts de cercle » avec les canons de 25 mis en batterie aux issues du Buisson. Renvoyé au nord du canal par Loustaunau-Lacau afin de « récupérer les isolés », le lieutenant Esseyric revient à la nuit tombée et s'égare, lui aussi. Il trouve un médecin et quelques zouaves abrutis de fatigue dans une grange, mais ils ne savent rien : la faim et l'épuisement les plongent dans une sorte d'hébétude dont Esseyric ne parvient pas à les tirer. Il regroupera pourtant près de 70 hommes et marchera vers le sud-est, à travers champs, en s'écartant systématiquement des bouquets de fusées blanches qui montent dans le ciel et jalonnent, il l'a compris, la limite avant de la progression allemande [1].

Isolé du côté de Heiltz-l'Évêque, le lieutenant Souchet est resté en arrière-garde et, quand il tente de se diriger vers le sud pour traverser le canal, il est trop tard, les patrouilles de la cavalerie allemande menacent à deux reprises d'intercepter son groupe. Souchet fractionne alors ses hommes en petits éléments et leur rend leur liberté ; il part lui-même avec huit zouaves et deux sous-officiers, Ferrère et Dumon [2].

De Bignicourt en passant par Le Buisson et Brusson, les débris du 12ᵉ Zouaves sont en liaison avec le colonel Bosviel, du 14ᵉ RTA, et son artillerie qui défend Vitry-le-François. Un front continu est enfin constitué au sud du canal. Sur la droite du II/12ᵉ Zouaves, au-delà du Buisson, les servants des canons de 25 perçoivent distinctement le bruit des moteurs et les claquements de chenilles dont l'écho leur parvient depuis le « couloir d'Étrepy » où s'engouffre la *1ʳᵉ Panzerdivision*.

A la tombée de la nuit, depuis son PC de Francheville (sur la Moivre, à environ 15 kilomètres à l'est de Châlons-sur-Marne), le *General* Schmidt a répondu à Guderian qui venait de rentrer à son PC de Suippes et lui demandait si Balck était enfin à Saint-Dizier :

« Le bataillon du *Hauptmann* Eckinger, qui marchait en tête avec les motocyclistes, a été pris sous un feu très violent. La ville paraît bien défendue et nous avons livré un terrible (*sic*) combat.

— Mais enfin, Balck a-t-il écrasé ces résistances et pénétré dans Saint-Dizier ?

— Ce n'est pas possible pour ce soir, *Herr General,* nous allons profiter de la nuit pour investir complètement la ville. »

*
* *

Dans la matinée du 12 juin, le commandant de la IIᵉ armée a quitté le fort de Landrecourt, au sud de Verdun, pour installer son PC à Ville-sur-Saulx, à soixante kilomètres de là. Il s'est arrêté un quart d'heure à la préfecture de Bar-le-Duc, puis, arrivé à son nouveau PC, a pris connaissance des renseignements apportés par les officiers de liaison : les blindés allemands étaient entrés à Châlons-sur-Marne et lançaient des reconnaissances en direction de Vitry-le-François. Sachant que la 3ᵉ DINA du général Mast n'était pas encore en place pour barrer la

1. Eysseric, qui emmène avec lui le gendarme Bidot, aveuglé lors de la destruction de son char, sera pris avec ses hommes le 18 juin dans la région de Dijon avec des éléments du 16ᵉ BCP.
2. Georges Souchet regagnera en civil sa ferme de Saint-Denis-en-Val, près d'Orléans, et ses soldats (Lassègue, Cruzalèbes, Bille, Villedieu, Dousson, Bourret, Rogier et le caporal Cacar) échapperont à la captivité.

route à l'adversaire, Freydenberg a jugé l'emplacement de son PC beaucoup trop proche de la ligne de feu en cours d'établissement. Le temps d'une conversation avec le général Dubuisson qu'il a convoqué à Ville-sur-Saulx et il quitte la localité. Les voitures dans lesquelles ont pris place les quelques officiers qui l'accompagnent : Colomb, le chef d'état-major, Ruby, Paquin, Mommessin, prennent la direction du sud et s'arrêtent quelques heures plus tard à Châteauvillain, dans le sud de la Haute-Marne. Le PC de la IIe armée est à plus de 150 kilomètres du fort de Landrecourt. C'est beaucoup !

« L'erreur, à mon avis, écrit Ruby qui est alors sous-chef d'état-major, l'erreur a été de se diriger vers Châteauvillain. Puisqu'il ne pouvait rester à Ville-sur-Saulx, le général devait revenir sur ses pas, quelque part vers Verdun, avec un PC léger, de manière à conserver son commandement [1]. »

Les liaisons avec le général Flavigny, dont le PC est à Jouy-en-Argonne, et avec le général Carles, qui va porter le sien de Nubécourt à Ville-sur-Saulx, vont être difficiles en raison de la distance.

« Liaisons radio médiocres, témoigne Ruby, mais elles ont fonctionné. »

La médiocrité soulignée par le sous-chef d'état-major n'empêche pas les services de radiogoniométrie de l'*Oberst* Randewig, du groupe d'armées A, d'enregistrer de fructueuses écoutes. La radiogoniométrie a permis à Randewig de suivre le repli du PC de la IIe armée et de déterminer le nouvel emplacement de quelque PC de ses corps d'armée. Il en a rendu compte à von Runstedt, qui a compris que les Français pliaient sous le poids de l'offensive et décrochaient en direction du sud.

A Châteauvillain, l'état-major de la IIe armée est installé dans la maison de la famille Frossard, au 6 de la rue Amiral-Decrès. Dans ce chef-lieu de canton très éloigné des combats, la nuit du 12 au 13 juin est paisible et rien ne trouble le repos du général Freydenberg. Accepte-t-il comme une évidence le jeudi matin qu'on ne commande pas une armée qui se bat en restant à 150 kilomètres à l'arrière ? C'est possible puisqu'à bord de la voiture portant son fanion et accompagné du lieutenant Brun, officier d'ordonnance, Freydenberg entreprend de se rendre à Jouy-en-Argonne pour y rencontrer le général Flavigny. Ce long déplacement qui va s'effectuer sur des routes encombrées de réfugiés et de convois est à peine vraisemblable [2]. D'autant qu'à Châteauvillain, on doit compter sur les doigts d'une main les officiers qui ont été mis dans le secret.

Jouy-en-Argonne étant à une dizaine de kilomètres à l'ouest de

---

1. Lettre du 9 mai 1968 adressée par le général Ruby à l'auteur.
2. En 1968, le général Ruby écrit à l'auteur : « Si vous ne produisez pas un document qui prouve que ce voyage a bien été effectué, je n'y crois pas ! » QUATRE pièces ont été produites : les rapports Dubuisson, Placiard, Bonvalot et le journal du général Flavigny.

Verdun, on suppose que la voiture du commandant de la IIe armée a effectué un large crochet par Chaumont et Neufchâteau, ce qui représente un trajet de plus de 180 kilomètres effectué dans des conditions particulièrement difficiles. En réalité, on ne peut rien affirmer quant à l'itinéraire adopté ni sur des arrêts éventuels. Le général a-t-il déjeuné en cours de route ? A quel endroit ? Seul avec son officier d'ordonnance [1] ? Pourquoi cette question ? Parce que le lieutenant-colonel Bonvalot, sous-chef d'état-major du 21e corps, signale l'arrivée de Freydenberg à Jouy-en-Argonne « vers 11 heures ». De son côté, le général Flavigny la situe deux heures plus tard. « Avant de quitter mon PC pour Beauzée-sur-Aire, vers 13 heures, écrit-il, j'y reçois la visite du général Freydenberg qui m'avait fait prévenir. »

Confirmation du général Dubuisson : « Le 13 juin, je suis convoqué dans la matinée par le général Freydenberg à Jouy-en-Argonne, PC du 21e corps. » Son chef d'état-major, le colonel Placiard, nous livre un détail supplémentaire, car c'est lui qui a reçu la convocation. « Absent à ce moment-là, dit-il, le général Dubuisson ne rentre que vers 12 h 30 et repart aussitôt. » Un officier de liaison de la IIIe armée assistera à l'entretien, mais, selon Flavigny, « il n'est pas au courant de la manœuvre de son armée et ne pourra donner aucun renseignement ». Dubuisson souligne aussi cette ignorance dans son rapport.

Freydenberg fait d'abord un exposé d'ensemble : « La situation des armées françaises est mauvaise, les Allemands ont percé profondément en Champagne, la IIe armée doit battre en retraite vers le sud rapidement et sans préoccupation d'alignement. La IIe armée va s'efforcer de protéger son flanc ouest très menacé en portant des renforts, dont la 1re DIC, dans la région de Saint-Dizier. » (Rapport Bonvalot.)

Le général annonce ensuite une réorganisation du commandement : Dubuisson prend sous ses ordres la 3e DIC du général Falvy qui retraite par la rive gauche de la Meuse, et la division légère Burtaire composée de troupes de forteresse qui abandonne la position fortifiée de Montmédy. Commentaire de Bonvalot : « La division Burtaire n'est pas adaptée à la guerre de mouvement ; ses unités ne sont pas entraînées, ses cadres sont médiocres, ses moyens de transport insuffisants. » Quant au 21e corps, il s'étend vers l'ouest jusqu'à Sainte-Menehould et prend sous ses ordres la 35e DI du général Decharme. Si le général Flavigny intervient à ce moment précis, c'est pour relever une phrase qui semble l'indisposer. Comment Freydenberg peut-il donner l'ordre de « battre en retraite vers le sud rapidement et sans préoccupation d'alignement » ? Tant que les liaisons restent possibles, Flavigny estime au contraire qu'il doit lier ses

1. Interrogé par l'auteur en 1967, M. Gabriel Brun n'a pas conservé « de souvenirs précis du voyage », mais il ne le nie pas.

100

mouvements à ceux du corps colonial et de la IIIe armée. Freydenberg refuse de voir que ses directives portent en germe une débâcle qu'il faut au contraire tout faire pour éviter.

Dubuisson est aussi surpris : « Le général insiste sur la rapidité avec laquelle doit se poursuivre la retraite qui continuera sans arrêt et sans attendre la IIIe armée. »

Alors, chacun pour soi ? Très maître de lui, Flavigny intervient : « Je fis remarquer que je ne pourrai pas battre en retraite tant que la 1re DIC n'aura pas terminé ses embarquements et que je ne serai pas fixé sur la conduite à tenir pour la défense de Verdun (...). »

Bonvalot ajoute : « Devons-nous accrocher notre droite à Verdun, laisser dans cette place sa garnison actuelle, renforcer cette garnison ou bien évacuer complètement la place ? »

On mesure à quel point l'ordre rédigé la veille par Dubuisson « de défendre Verdun sans esprit de recul » était prématuré. Le jeudi 13 au début de l'après-midi, Freydenberg est incapable de trancher. Pas plus qu'il ne répond à Bonvalot lorsque celui-ci émet le souhait de voir la zone de repli délimitée ainsi que les axes routiers, « de manière à effectuer nos mouvements dans de bonnes conditions ». Le document rédigé par Bonvalot est important, car le sous-chef d'état-major du 21e corps rapporte que le général « est accablé et pleure à chaudes larmes ». Il est le seul à signaler l'état dépressif de Freydenberg, mais si le général Flavigny ne le mentionne pas, il ne dément pas Bonvalot qu'il considère comme son bras droit, son confident. Freydenberg a-t-il été victime d'un moment de faiblesse ? Cet homme de soixante-quatre ans est pourtant bâti à chaux et à sable [1].

« Il était difficile de travailler dans l'agitation créée par le général, écrit Ruby, mais personne ne peut l'accuser de faiblesse ou de lâcheté [2]. »

Dans l'après-midi du 13, Freydenberg et le lieutenant Brun regagnent Châteauvillain par un itinéraire qui reste aussi secret que celui du matin. C'est sans doute dans la maison de la famille Frossard que le commandant de la IIe armée apprendra que les Allemands ont percé en direction de Saint-Dizier par les ponts d'Etrepy. Le général Carles indique en effet qu'il a eu plusieurs entretiens téléphoniques avec son supérieur dans la soirée du 13 juin. De son côté, le général Flavigny — qui ne dit pas par quel moyen de transmission il a été avisé — note dans son journal : « La décision d'abandonner Verdun est prise dans la soirée. »

---

1. Le général Freydenberg est décédé à Paris en 1975, à l'âge de quatre-vingt-dix-neuf ans.
2. Lettre du 25 février 1970 adressée par le général Ruby à l'auteur.

CHAPITRE V

« Les Allemands sont en train
de brûler Saint-Dizier ! »

Chef-lieu de canton d'environ vingt mille habitants, Saint-Dizier est aussi la sous-préfecture la plus septentrionale du département de la Haute-Marne. Deux grands cafés, le Commerce et l'Industrie, animent de leurs terrasses la place de la mairie située au carrefour central de la cité. Depuis le début de l'après-midi du jeudi 13 juin, les clients ne manquent pas, car, après les pluies orageuses de la veille, la température reste chaude et les canettes de bière se succèdent sur les tables. Un autre élément explique l'animation des deux terrasses : rompant avec la monotonie des jours précédents, le spectacle est maintenant dans la rue. Venant du nord par la route de Bar-le-Duc et de l'ouest par l'avenue de la République, des milliers de réfugiés de la Meuse et de la Marne traversent depuis la veille le cœur de Saint-Dizier. Leur flot commence d'ailleurs à se tarir, renforcé cependant par des militaires isolés ou en groupe, plus ou moins armés, des véhicules fardés de poussière, des attelages fourbus.

Depuis le matin, gagnés par une légitime inquiétude, de nombreuses familles bragardes (ce sont les habitants de Saint-Dizier) ont commencé à quitter la ville [1]. Officiellement, ce droit leur est refusé, l'évacuation ne concernant que les populations meusiennes et marnaises « directement menacées par l'avance allemande ». On mesure ici l'ineptie de l'administration préfectorale qui, ignorant tout des axes de progression de l'ennemi, estime que Saint-Dizier et son canton, enfoncés comme un coin entre la Meuse et la Marne, ne sont pas menacés. Vers 15 heures, les conversations baissèrent d'un ton et l'on eut soudain l'impression que le grondement des tirs d'artillerie s'amplifiait, du côté de Vitry-le-François. Les « éléments militaires disparates » qui

1. Les beaux-parents de l'auteur, M. et Mme Henri Berleux, sont partis le 13 au matin avec leurs filles, Micheline et Nicole, à bord de leur 201 Peugeot qui, après maintes péripéties, les amena dans la Creuse.

traversaient la place ne prenaient plus le temps de boire une canette, comme s'il leur paraissait urgent de quitter la ville. On vit même des blessés, portant des pansements souillés, s'engouffrer dans la rue Gambetta pour gagner le pont de la Marne et emprunter la route de Chaumont. Interrogés au passage par quelques buveurs de bière, ils répondent généralement par monosyllabes, ou reconnaissent qu'ils ne savent rien, sinon « que ça se bagarre dur du côté de Vitry-le-François ».

A 18 heures, peut-être avant, un gros char B1 *bis*, monstre de 32 tonnes, débouche sur la place, venant de la direction de la gare. Après avoir traversé la forêt de Trois-Fontaines, le *Beaune* du lieutenant Adelmans s'arrête quelques instants, entouré aussitôt par les curieux. Le char appartient à la 1re compagnie du 41e BCC (capitaine Billotte) dont il a été séparé la veille au cours des combats de Champagne. L'officier souhaite retrouver son bataillon ou n'importe quel élément de la 3e DCR auquel il lierait son sort, mais personne ne peut le renseigner, les soldats qui coupent la place de la mairie ignorant tout de cette division. Adelmans réussit à persuader un pompiste de compléter son plein de carburant, ce qui constitue un souci permanent pour le chef d'un B1 *bis* isolé, car malgré le contenu des réservoirs (400 litres) les moteurs de 300 chevaux sont insatiables.

A la terrasse du Commerce et de l'Industrie, on répète de bouche à oreille que le préfet est venu spécialement de Chaumont pour annoncer, de source sûre, que « les Allemands ont reculé de vingt kilomètres » entre Vitry et Châlons-sur-Marne. Sortant de la rue Gambetta, une voiture équipée d'un haut-parleur tourne à droite vers la gare, tandis qu'une voix anonyme, amplifiée par l'appareil, répète interminablement que « la population bragarde est invitée à garder son calme et à faire confiance à la municipalité ».

Les clients des terrasses se regardent : pourquoi cette invitation alors qu'en dépit du passage des réfugiés et des soldats en retraite, la ville ne paraît pas le moins du monde menacée ? On dirait même que la présence du *Beaune* arrêté près du théâtre rassure tout le monde. Pourtant, vers 19 heures, une Citroën débouche à grande vitesse de l'avenue de la République et, freinant brutalement, se range le long du trottoir de la mairie. En descend M. Fournier, instituteur à Perthes qui, montrant du doigt l'impact d'une balle dans la carrosserie, s'écrie que les Allemands occupent sa commune depuis près d'une heure et que « trois automitrailleuses et huit motocyclistes s'apprêtent à faire route sur Saint-Dizier ».

Sur la place, le calme qui régnait fait place à la nervosité et, en quelques instants, les terrasses des cafés se vident de leurs consommateurs. Dans son bureau de maire adjoint, M. Ponsart hésite sur la conduite à tenir. Il n'a reçu aucune information de la préfecture, aucune consigne, mais, si les Allemands se dirigent vers Saint-Dizier, il doit faire quelque chose. M. Ponsart choisit de faire sonner le tocsin. La ville, en effet, il a été décidé qu'en cas d'alerte, les conseillers municipaux et les membres de la Défense passive seraient avertis par le tocsin et se rendraient sur-le-champ à la mairie pour y délibérer et prendre des décisions. Malheureusement, les Bragards ne sont pas au courant de ces subtilités et, si le carillon du tocsin n'exerce aucune influence sur les conseillers municipaux dont aucun ne rejoint M. Ponsart, il déclenche en revanche une prodigieuse réaction de frayeur au sein de la population.

« L'affolement devient général, raconte M. Albert Godard, greffier de justice, dans son journal. Les gens rentrent chez eux en rasant les murs. Puis c'est le départ de milliers de personnes prises de panique, n'ayant qu'un but : fuir à tout prix. »

Sans doute ont-ils raison, car des coups de fusil claquent aux lisières ouest de la ville, sur la route de Vitry-le-François. L'instituteur de Perthes n'a pas menti : les Allemands arrivent ! A l'intérieur du *Beaune*, le radio Chapellier vient de rendre compte au lieutenant Adelmans « qu'il n'accroche toujours personne de la 3ᵉ Cuirassée ». Depuis le rebord de la tourelle sur lequel il est assis, l'officier a assisté au mouvement de retraite qui a vidé les terrasses des cafés. Le bruit de la fusillade ne le fait pas hésiter une seconde. « Marche au canon vers l'ouest, dit-il au pilote, le sergent Thiébault, on y retourne ! »

Pivotant sur ses larges chenilles, le gros char s'enfonce dans l'avenue de la République et ne s'arrête qu'à la barricade du pont du canal où des Nord-Africains, tirailleurs et pionniers entassent du matériel agricole et des poutres tirées d'une scierie voisine. Adelmans n'a pas le temps de se demander pourquoi le pont, situé sur l'itinéraire le plus menacé, n'a pas été détruit ; à environ 1 800 mètres, il aperçoit une avant-garde allemande composée effectivement de quelques automitrailleuses et de motocyclistes. Le *Beaune* est armé d'un canon de 47, d'un 75 court et de deux mitrailleuses. Sur l'ordre du lieutenant, les chasseurs Boeglin et Euderlin ouvrent le feu. Les véhicules ennemis ne s'attendaient pas à une aussi vigoureuse réaction : ripostant avec des pièces légères, ils s'arrêtent et cherchent des abris le long de la route.

Arrivent alors du centre de Saint-Dizier le commandant Massacrier et l'escadron porté du GRDI 71 dont les hommes mettent en batterie canons de 25 et mitrailleuses. Un document portant la signature de Massacrier parle « d'une courte et vive fusillade depuis les fenêtres des maisons bordant la rue. Le brigadier Lantier est blessé ». La suite paraît moins crédible : « Cette fusillade est le fait des civils. » Le maréchal des logis Halphen, dont le rapport figure en annexe au document, ajoute : « Quelques parachutistes ennemis descendent aux abords de la ville. »

Du côté allemand, les coups de canon du *Beaune* ont sans doute impressionné l'avant-garde, car on trouve des exagérations semblables

104

dans l'historique de la *1re Panzerdivision* : « L'attaque frontale sur Saint-Dizier tombe sur un terrible (*sic*) feu défensif. » Deux paragraphes plus loin : « L'attaque qui a eu lieu à 19 heures a échoué. »

Le *Beaune,* dont les munitions sont presque épuisées — il a tiré ses derniers obus de 47, revient lentement vers la place de la mairie. Le commandant Massacrier, on ne sait pourquoi, abandonne lui aussi la lisière ouest de la ville et ramène son escadron au centre de la ville. Utilisant les tables et les chaises des cafés de l'Industrie et du Commerce, les cavaliers édifient quelques barricades derrière lesquelles ils placent leurs canons de 25 et leurs mitrailleuses, prenant ainsi sous leur feu la direction de Bar-le-Duc et celle de Vitry-le-François. Appliquant les ordres du général Roucaud qui lui a confié la défense intérieure de la ville, le commandant Massacrier va-t-il se battre dans Saint-Dizier afin de permettre au 3e RIC de le rejoindre ? La localité va-t-elle subir le sort de Vitry-le-François ? Pour l'instant, l'ambiance est au désarroi et même à l'hystérie au sein de la population abandonnée par ses élus. A l'hôpital psychiatrique, par exemple, on a libéré tous les pensionnaires, y compris les plus dangereux[1].

Vers l'ouest, le stock d'huile et d'essence du camp d'aviation de Robinson est en feu. De l'autre côté de la ville, ce sont les réservoirs de la société Pechelbronn qui viennent d'être incendiés et les énormes nuages de fumée grasse qui s'en dégagent s'aperçoivent de si loin qu'un bruit se répand : « Les Allemands sont en train de brûler Saint-Dizier », ce qui provoque l'exode immédiat de tous les villages des environs. Les cloches de l'église Notre-Dame qui n'en finissent pas de sonner le tocsin ne sont pas de nature à calmer les esprits. Les PTT ont fermé boutique et le téléphone ne fonctionne plus, l'usine électrique s'est arrêtée et le courant est coupé, les machines de l'usine des eaux ont été débrayées et l'absence de pression interdit toute arrivée d'eau potable aux robinets. Qui s'en soucie puisque la majorité de la population se jette au même instant sur la route de l'exode en direction de Chaumont ?

Vers 20 heures, la rame de camions qui transporte le I/3e RIC du capitaine Daugy s'arrête à une douzaine de kilomètres au nord de Saint-Dizier, à la sortie de Saudrupt. L'ambiance est celle d'une débâcle : des centaines de véhicules civils et militaires refluent vers le nord, en direction de Bar-le-Duc, tandis que les réfugiés, à pied ou à bicyclette, affirment que « les Allemands sont à Saint-Dizier ».

Responsable de la rame de transport, le chef d'escadron Charavel

---

1. Séparé de son oncle Gabriel Maupois, pendant une attaque aérienne, avec son frère Serge, six ans, Jean Allemann, qui avait douze ans, écrit : « Nous nous trouvions parmi les pensionnaires d'un hôpital psychiatrique qui nous effrayaient par leur comportement. » (Lettre du 4 décembre 1978 adressée à l'auteur.)

décrit la scène : « Des troupes refluent de Saint-Dizier où crépitte (*sic*) la fusillade et d'où s'élèvent d'immenses colonnes de fumée. D'après les renseignements recueillis, la ville serait aux mains d'éléments ennemis. »

Les « renseignements recueillis » lui paraissant dignes de foi, Charavel envoie son officier adjoint au PC du corps colonial, à Ville-sur-Saulx qui n'est qu'à deux kilomètres. « Le général donne l'ordre de débarquer sur place le bataillon engagé sur la route de Saint-Dizier », écrit encore le chef d'escadron. Un quart d'heure plus tard, venant de Saint-Dizier avec son état-major réduit, le général Roucaud « rencontre le bataillon Daugy qui a débarqué ». On suppose que la panique va cesser et la situation s'éclaircir puisque le commandant de la 1re DIC n'a pas vu l'ennemi dans la ville où il a laissé le commandant Massacrier et l'escadron porté du GR assurer la défense intérieure. Il suffit d'établir la liaison avec Massacrier. Mais que fait Roucaud ? Il oriente le I/3e RIC vers « une mission de barrage : on arrêtera derrière lui les autres camions du régiment ». Puis il se rend à Ville-sur-Saulx où le général Carles ne semble pas du tout inquiet.

« Il ne se rend pas un compte très exact de la situation à Saint-Dizier, écrit Roucaud. Son idée est que les Allemands ont progressé à l'ouest de la ville, qu'ils ne sont pas nombreux et qu'il suffirait de patrouilles pour les arrêter [1]. Je lui dis qu'à mon départ de Saint-Dizier, il n'y avait certes pas là encore beaucoup d'ennemis (*sic*), mais la nuit tombe, ou est tombée ; nous ne connaissons pas la ville qui n'est pas, comme il l'appelle, un village ; il importe surtout de prendre une décision quant aux débarquements et à l'emplacement ultérieur de ma division. »

Comment les hommes du 3e RIC placés dans cette ambiance ne croiraient-ils pas, eux aussi, à l'occupation de Saint-Dizier par leurs adversaires ? Les documents sont à cet égard significatifs.

« Arrivée à Saint-Dizier comme les Allemands viennent d'y entrer. » (Rapport du capitaine Eon, de la 3e compagnie.)

« A cinq kilomètres de la ville, la colonne de tête stoppe : les Allemands sont à Saint-Dizier. » (Rapport du lieutenant Peltier, officier de renseignements du 3e RIC.)

« Arrivée aux portes de Saint-Dizier vers 20 heures, campement pour la nuit le long de la route, la ville étant occupée par l'ennemi. » (Rapport du médecin-commandant Queinnec [2].)

La compagnie de commandement du 3e RIC vient de se regrouper sur

---

1. Carles a raison : le char *Beaune* et l'escadron du GRDI 71 viennent de le démontrer.

2. Ces rapports ont été rédigés peu de temps après les événements : le rapport de Peltier est du 20 septembre 1940, celui de Queinnec du 26, et celui d'Éon du 5 août 1941.

le bas-côté de la route et son chef, le lieutenant Flamet, qui se rend à pied à Saudrupt au milieu des encombrements, apprend lui aussi, par un civil, que l'ennemi serait à Saint-Dizier. Le commandant Bourdet, chef d'état-major du régiment, arrive avec voiture et chauffeur, mais « n'ayant pas plus de renseignements que moi », écrit Flamet, il s'installe dans un bosquet voisin et décide d'y attendre des ordres. A Ville-sur-Saulx, le général Carles est saisi par la contagion : « Il y a à Saint-Dizier et sur les routes à l'est un tel désordre par suite de l'afflux de la population qu'il devient impossible de tenter la reprise de la ville ! »

La reprise ? Mais voyons, elle n'a pas encore été prise ! La preuve, c'est que le commandant Massacrier en assure la défense intérieure avec son escadron porté sur l'ordre de Roucaud. Ou, plus exactement, en ASSURAIT la défense, car Massacrier a brusquement vidé les lieux pour se diriger vers le sud, à l'opposé de sa propre division.

Le capitaine Lennuyeux, du 4e Bureau de la 1re DIC, a résumé en traits vifs dans son carnet les événements de la soirée. Parti d'Avocourt avec le commandant Maury chef du 3e Bureau, il s'est arrêté deux heures à Saudrupt, puis... « on continue jusqu'à Saint-Dizier. Une heure après (vers 17-18 heures), les boches sont là aussi. Le GRD est lancé dans le coup ; on ne le reverra plus. On débarque le I/3e RIC qu'on voulait faire contre-attaquer, mais il reste en bouchon[1] ».

Tout y est : les Allemands à Saint-Dizier, le GR qui disparaît, et le I/3e RIC qui reste en bouchon au lieu d'aller occuper le terrain tenu par Massacrier.

D'une plume innocente dont il ne soupçonne pas l'impact, M. Godard, qui a refusé de suivre le flot des réfugiés avec sa famille, écrit simplement : « Vers 22 h 30, la place de la mairie est déserte, le calme semble revenu... »

Qui occupe donc Saint-Dizier ? Personne ! Ni l'*Oberstleutnant* Balck qui va procéder à l'investissement de la localité pendant la nuit, ni le capitaine Daugy qui a reçu l'ordre de constituer deux bouchons et d'attendre. Selon le général Carles, « ordre est donné à la 1re DIC d'interdire les sorties est de Saint-Dizier avec le I/3e RIC, et de terminer ses débarquements sur la Saulx ».

La voie hiérarchique étant ce qu'elle est, l'organe de transmission chargé de remettre cet ordre au chef de corps du 3e RIC est naturellement l'infanterie divisionnaire à la tête de laquelle se trouve le colonel Baudin. Où est passé celui-ci ? Vraisemblablement à Brillon, où Roucaud établira le PC de la 1re DIC quand il quittera Ville-sur-Saulx..., si les événements le permettent. A 22 heures, le général donne un ordre

1. Lettre du 29 janvier 1979 adressée par le général Lennuyeux à l'auteur.

au capitaine Chapouthier, du 3e Bureau : « Allez me chercher le colonel Baudin à Brillon ! »

L'officier part en voiture et, deux kilomètres plus loin, traverse, non sans difficulté, le carrefour de Saudrupt. Les véhicules des réfugiés se mélangent avec ceux de l'armée et la prévôté du corps colonial ne parvient pas à rétablir l'ordre. Quant au responsable du train, « il dort dans son auto », remarque Chapouthier au passage.

Encore deux kilomètres et c'est Brillon. Obscurité totale. Pas un chat. Le village est à l'écart de la nationale Saint-Dizier-Bar-le-Duc et semble ignorer que la guerre est à sa porte. Chapouthier rencontre le lieutenant Osmont qui ne peut le renseigner. Finalement, un planton lui indique la maison où le colonel Baudin a emménagé. La porte n'est pas fermée à clé et l'officier s'engage dans le couloir, craquant allumette sur allumette pour y voir clair. Il entre dans une chambre où un couple de gens âgés le contemple depuis leur lit avec des yeux ronds.

« Je cherche mon colonel », murmura Chapouthier.

L'homme indique du bras la porte d'une chambre contiguë. Le capitaine allume un bougeoir, sort de la pièce et... découvre Baudin qui, un bonnet de coton enfoncé jusqu'aux oreilles, dort paisiblement.

« Mon colonel, fait Chapouthier, je suis venu vous chercher, le général vous demande. »

Baudin ronchonne, sort du lit à édredon rouge, s'habille en maugréant et les deux hommes traversent de nouveau la chambre des deux vieillards pour aller s'engouffrer dans la voiture. Au carrefour de Saudrupt, le bouchon est tel qu'il faut renoncer à passer. « Poursuivons à pied ! » dit Baudin.

A Ville-sur-Saulx comme à Brillon, on n'y voit goutte, et Chapouthier précède le colonel pour retrouver le château où s'est établi le corps colonial. Enfin, ils atteignent leur but. Il est 2 h 30 du matin. Trop tard pour donner des ordres et veiller à leur exécution. Saint-Dizier est abandonnée, mais les coloniaux du 3e RIC ne le sont pas moins. On lit dans le journal du régiment : « Le 1er bataillon et l'état-major bivouaquent dans un bois, sans ordres ni renseignements sur l'ennemi, tandis que, jusqu'au milieu de la nuit, des files de milliers de véhicules feront demi-tour pour refluer sur Bar-le-Duc. »

En lisant les notes personnelles du général Roucaud, on se rend compte que les heures s'écoulent, absolument vides, comme si tout le monde, au château-PC du corps colonial, avait été frappé de paralysie. « La nuit se passe à attendre des nouvelles, écrit le commandant de la 1re DIC ; les abords de Ville-sur-Saulx sont bloqués par les convois de réfugiés. Nuit lourde d'incertitude et d'ignorance. »

A Blaise-sous-Hauteville, pendant ce temps, le général Mast n'a pas été long à comprendre ce qui va se produire. Que les Allemands poussent vers l'est en direction de la Meuse ou remontent la vallée de la Marne jusqu'à Chaumont, le résultat est le même : il sera bloqué au sud de la cité bragarde et coupé du PC du corps colonial. Il prend donc la décision de rallier ce dernier avant qu'il ne soit trop tard. Soucieux de passer au large de Saint-Dizier, il se dirige d'abord vers Wassy, à vingt-cinq kilomètres au sud, et repart vers l'est pour retrouver la route de Chaumont, à Rachecourt-sur-Marne, douze kilomètres plus loin. Commence alors la partie la plus difficile du voyage, la voiture de Mast roulant à contre-courant du flot de réfugiés qui déferle vers le sud.

« De Rachecourt à Chamouilley, écrit le commandant de la 3e DINA, il faut se frayer un passage dans un torrent de fuyards qui viennent de Saint-Dizier, la chaussée étant occupée par trois ou quatre files de véhicules, les piétons cheminant de part et d'autre de la route. »

A 1 h 30 du matin, Mast se présente au PC du général Carles où, bien entendu, personne ne dort. Roucaud est là, attendant les ordres qui sont en cours de rédaction. Ils seront remis aux deux généraux le 14 à 3 heures. Au fur et à mesure que son infanterie et son artillerie arriveront, la 1re DIC s'installera en mission défensive derrière la Saulx, entre Robert-Espagne et Bazincourt. Elle aura sur sa droite... tout ce que Mast pourra récupérer de la 3e DINA et, sur sa gauche, la brigade du général Gailliard, environ deux cents cavaliers épuisés par d'exténuantes chevauchées.

Dans le « torrent de fuyards » qui coule, comme l'écrit Mast, vers Chaumont, une énorme et pesante silhouette noire se déplace sans que personne ne songe à lui mesurer la place. Le char *Beaune* du lieutenant Adelmans devant lequel les réfugiés s'écartent au seul bruit de ses chenilles réussira à faire un nouveau plein de carburant à Joinville vers 1 heure du matin avant de poursuivre son chemin dans l'obscurité. L'officier passera une partie de la journée du vendredi 14 juin à Chaumont, cherchant à se procurer, mais en vain, des pièces de rechange pour ses moteurs. Dans la soirée, le gros char se traînera encore sur quelques kilomètres en direction du sud, puis son équipage l'embossera à la lisière du bois de la Vendue. C'est là que le *Beaune* achèvera sa carrière. Un moteur a chauffé et un début d'incendie a détruit les tuyauteries. Le char est désormais incapable de se déplacer, et ce ne sont pas les échelons du 41e BCC qui viendront le dépanner. Le lieutenant Adelmans fait saboter les deux canons et la mitrailleuse de tourelle est donnée à des fantassins. Puis le mastodonte est incendié.

Marchant droit devant eux, souvent à travers bois, pratiquant l'auto-stop dès qu'un camion accepte de les prendre, les membres de l'équipage du *Beaune* échapperont à la captivité et achèveront leur périple dans l'Ariège le 30 juin. Ils ne sauront jamais qu'avec leur 47 de tourelle et leur 75 sous casemate, ils ont suffisamment impressionné l'avant-garde de la *1ʳᵉ Panzerdivision* pour la faire remettre au lendemain son entrée à Saint-Dizier [1].

*
* *

La nuit du jeudi au vendredi 14 juin est d'un calme irréel. Pas un coup de fusil, pas un bruit, Saint-Dizier ressemble à une ville morte. « Le silence de cette belle nuit d'été était impressionnant ! » écrira M. Godard qui, pas plus que son épouse et sa fille Alice, n'a réussi à fermer l'œil. Étrange situation : les derniers chars et l'artillerie de la 3ᵉ DCR sont à moins de quinze kilomètres au sud de la Marne et le 3ᵉ RIC stationne à une douzaine de kilomètres au nord, vers Saudrupt. Des patrouilles sont même venues rechercher le contact aux lisières de Bettancourt-la-Ferrée, à deux ou trois kilomètres au nord-est de Saint-Dizier. Entre ces forces qui s'ignorent, le « doigt de gant » enfoncé la veille par la *1ʳᵉ Panzer,* un étroit saillant que le *General* Kirchner a renforcé durant la nuit en poussant les « gros » de la division vers la RN 4.

L'aurore a tiré du lit la famille Godard qui, ne pouvant plus supporter l'interminable attente, préfère s'informer. « Dès 5 heures, après une nuit blanche, rapporte le greffier, nous allons aux nouvelles à la mairie. Nous y trouvons quelques Bragards, restés comme nous dans la ville. L'édifice municipal est abandonné. Les Allemands ne sont pas entrés à Saint-Dizier. »

Quelle tête feraient le général Carles et le général Roucaud s'ils pouvaient prendre connaissance de cette petite phrase tellement anodine sous la plume de Godard ! Au carrefour central tenu la veille par le commandant Massacrier et son escadron porté, un lieutenant à cheval pérore et se prétend « commandant de la Place » ; il réquisitionne les habitants venus s'informer et leur ordonne de scier les arbres de l'avenue de la République pour dresser des barricades. Des tirailleurs algériens et des pionniers vont et viennent, d'autres sont postés près de l'hôtel du Soleil d'or et, aux tables et chaises des cafés entassées au milieu de la rue Gambetta, ont été ajoutées les caisses d'arbustes des terrasses. Il faut croire que le « dispositif » n'est guère impressionnant puisque Godard se rend compte que « toute idée de défense sérieuse semble abandonnée »...

Le jour est maintenant levé et le soleil qui traverse sans effort la mince couche de brume protégeant le cours de la Marne a fait disparaître le « commandant de la Place » et son cheval. Une file de réfugiés longe les grilles du Jard, le jardin public bordant la rivière, de pauvres gens

---

1. Après une longue carrière à l'EDF, Jean Adelmans a pris sa retraite à Saint-Vincent de Cosse, dans la Dordogne, où il est décédé en 1977.

poussant brouettes et voitures d'enfants sur lesquelles sont entassés leurs bagages. « Les Allemands sont à la Forge-Neuve, disent-ils, et nous obligent à rentrer chez nous ! »

La Forge-Neuve est un quartier situé à proximité de l'hôpital, sur la rive sud de la Marne. L'ennemi achève sans doute l'encerclement de la localité. Vers 6 h 30, coups de feu et rafales brèves se succèdent sans qu'on puisse soupçonner les raisons de ce déclenchement du feu. La fusillade s'allume ensuite du côté de l'avenue de Verdun, aux entrées nord de la ville. Ce n'est pas le 3e RIC qui passe à l'attaque, mais les Allemands qui, à titre d'avertissement, tirent sur les soupiraux de caves et les fenêtres dont les persiennes sont restées entrouvertes. Pendant qu'un *Henschel* observe les zones boisées de la route de Bar-le-Duc, les colonnes de la *1re Panzerdivision* convergent vers la sous-préfecture haut-marnaise.

« Il en arrive par tous les chemins, dira M. Maugery, plus connu sous le pseudonyme de " Tintin Baladin ". Au pont du canal, à la Bernardine, un convoi est prêt à passer. La rue Jeanne-d'Arc, la rue de la Tambourine déversent sur la place de la gare un flot d'engins motorisés. »

Le pont de la Marne, sur la route de Chaumont, n'a pas été détruit et des automitrailleuses le franchissent pour éclairer en direction des usines de Marnaval. Des files de camions se garent dans le Jard, à l'abri des arbres, par routine, les conducteurs sachant bien qu'ils n'ont rien à craindre de l'aviation française. Les *Schützen* visitent immeubles et villas.

« Les portes fermées sont fracturées, témoigne M. Godard, les vitres cassées, toutes les maisons abandonnées seront ainsi traitées. »

En quelques heures, la cité change de visage. Devant la mairie, le sol est jonché de débris et de bouteilles vides, le bâtiment municipal, le théâtre et le café du Commerce présentent des impacts de balles sur leur façade. Des portes ont été enfoncées, des fusils à la crosse cassée traînent ici et là. Onze soldats, pour la plupart des tirailleurs algériens venus du secteur de Vitry-le-François, ont été tués dans les rues de Saint-Dizier[1]. Rue du Docteur-Mougeot, une artère très commerçante, les magasins ont leurs vitrines brisées et les marchandises qui n'ont pas été emportées par les pillards de la dernière heure s'amoncellent sur les trottoirs.

A l'angle de l'impasse du Général-Maistre, les Allemands ouvrent un atelier de réparation dans le garage Minet-Diler et réquisitionnent les autocars qui s'y trouvent. Pharmacies, boucheries, boulangeries ont été

---

1. Les hommes et la *1re Panzer* ont la détente facile : à Villiers-en-Lieu, l'adjudant Bladner et le canonnier Quillier, du I/311e RALP, ont été tués hors de tout combat. De même les soldats Peroche et Boudin, abattus à Moeslains, à côté de leur camion-citerne d'essence incendié.

vidées par les soldats en retraite, puis par les réfugiés, et les quelques centaines de Bragards qui n'ont pas voulu prendre la route de l'exode se demandent comment ils vont s'alimenter dans les jours qui viennent [1]. Pour l'instant, ils sont partagés entre la crainte et l'admiration devant la formidable machine de guerre allemande.

Succédant aux véhicules hétéroclites de l'armée française et à ses convois hippomobiles de la dernière guerre, les chars, les voitures tout terrain et l'armada de camions qui emplissent les rues de la ville impressionnent les Français. Insensibles au va-et-vient, nombreux sont les soldats allemands qui dorment à côté de leurs véhicules ou dans leur cabine. L'adversaire a, lui aussi, du sommeil en retard. Dans les échelons d'entretien, en revanche, l'animation est grande : chenilles et moteurs sont révisés, on refait les pleins de carburant et les casiers à munitions sont recomplétés. D'une heure à l'autre, les hommes de la *1re Panzerdivision* vont reprendre la poursuite interrompue. Ils le savent, ils le sentent, mais toute la matinée du vendredi s'écoule dans l'attente et, si l'*Oberstleutnant* Balck a l'impression de perdre son temps, ses soldats commencent à se poser des questions. Craignent-ils d'être frustrés d'une victoire qu'ils devinent maintenant à leur portée ?

Le général Guderian est rassuré : ses éléments de pointe tiennent maintenant Saint-Dizier en force et, au nord de la ville, le « mouchard » a signalé que les troupes françaises envoyées en renfort (la 1re DIC) conservent une attitude défensive. La *29e Motorisée* de von Langerman a lancé un pont provisoire sur le canal près de Ponthion et seule la *2e Panzer* piétine encore devant Vitry-le-François. Une petite contre-attaque avec appui de chars a été contenue au sud de Perthes et il apparaît comme certain que les Français n'ont plus les moyens de procéder à des opérations de grande envergure [2]. Vers 9 heures, l'*Oberst* Nehring, chef d'état-major de Guderian, téléphone au PC du *41e Korps*, à Somme-Yèvre :

« La *1re Panzer* se regroupe à Saint-Dizier en vue d'attaquer dans la

1. Le 16 juin, les Allemands autoriseront la constitution d'un conseil municipal provisoire présidé par M. Darcémont avec MM. Say, Nicaise, Godard, Gigandet, Stor, Vidot, Didelot, Dodo, Roehrig et Maugery. Sa première tâche sera d'assurer le ravitaillement de la population et celui des 7 000 prisonniers français enfermés dans les usines Champenois.

2. A la 3e DCR, le général Buisson a décidé « de tenir ferme la Marne de Vitry à Perthes le 14 juin ». Le lieutenant-colonel Salanié a constitué trois sections mixtes avec les 16 chars restants et les chasseurs du 16e BCP, et c'est une de ces sections, celle du lieutenant Géminel, qui a été accrochée à Perthes où elle a perdu un char et son pilote, d'Andréa, ce qui n'explique pas pourquoi les Allemands ont incendié le village où 35 maisons furent détruites. Pourquoi ces « représailles » ?

direction de Ligny-en-Barrois selon les ordres reçus hier ! dit-il à l'*Oberst* Reutinger, qui a pris le combiné.

— Rien de changé pour nous ? demande Reutinger. Verdun reste l'objectif du jour ?

— Non, rien de changé ; vous demeurez comme prévu sur la gauche du groupement et poursuivez votre attaque vers la Meuse de Commercy et Saint-Mihiel. »

Rien n'est changé si ce n'est que la 6ᵉ DIC du général Gibert oppose toujours une vigoureuse résistance au *41ᵉ Korps* et freine toutes forces réunies la « course à la Meuse ». A 6 heures du matin, la *8ᵉ Panzer* est passée à l'attaque, la *6ᵉ Panzer* « gênée par le brouillard qui empêche toute observation aérienne » démarrant une heure plus tard. A 8 heures, Guderian est venu confirmer au PC de Reinhardt qu'une fois la Meuse atteinte (elle est encore à 60 kilomètres), les deux *Panzers* obliqueront vers le nord, l'une par la rive gauche, l'autre par la rive droite, et s'empareront de Verdun. Mais il faut d'abord crever le front de la 6ᵉ DIC, et les trois régiments d'infanterie de cette division, bien soutenus par l'artillerie, s'accrochent farouchement au terrain alors que le déséquilibre des forces en présence est tel qu'on pouvait prévoir une percée allemande dès le début de la matinée du vendredi. Non seulement Reinhardt a engagé ses trois divisions, dont deux blindées, dans la bataille, mais il reçoit l'appui de la *21ᵉ ID* et d'un régiment de la *17ᵉ ID,* celle-ci ne pouvant faire mieux, faute de place pour introduire ses autres unités. C'est donc un ensemble de 13 régiments marchant avec plus de 400 chars qui ont attaqué le 14 au matin la lisière ouest de la forêt d'Argonne.

Au sud, vers Nettancourt-Charmont, la 6ᵉ DIC est en liaison avec trois bataillons de tirailleurs algériens de la 3ᵉ DINA et au nord, à Villers-en-Argonne, avec le 21ᵉ RIC retiré trois jours plus tôt à la 3ᵉ DIC de Falvy. Une fois de plus, les Français se battent à un contre cinq, sans chars et sans avions.

La veille, l'observation aérienne allemande s'est montrée déficiente. Le régiment de la 35ᵉ DI qui se trouvait à droite du 21ᵉ RIC et tenait Sainte-Menehould, s'est en partie débandé et l'adversaire n'a pas su exploiter une chance qu'il n'a pas décelée.

On a toujours su que le 21ᵉ RMVE (régiment de marche de volontaires étrangers) n'était pas brillant, mais de là à craquer et à tourner bride... Arrivés dans la matinée du 13 à Sainte-Menehould, les bataillons harassés par trois nuits de marche avaient pris leur dispositif de combat : le I/21ᵉ RMVE du commandant Mirabail aux lisières nord de la ville, le IIᵉ bataillon du commandant Fagard au cœur de la cité, et le IIIᵉ bataillon avec le PC du lieutenant-colonel Debuissy à Verrières. Les Allemands ont pris le contact dans l'après-midi et, très rapidement, un ordre de repli a été envoyé au bataillon Mirabail qui se battait dans le faubourg de Sainte-Menehould. Lorsque la nuit tomba, on apprit qu'une partie du IIIe bataillon s'était débandée et que le colonel avait décroché de justesse vers Passavant pour ne pas être capturé. Dans les archives du 21e RMVE, pas un mot sur l'affaire. Dans le rapport du général Decharme, de la 35e DI, aucune allusion, si ce n'est que « le 21e RMVE est obligé (*sic*) de se replier ».

Chez les coloniaux du 21e RIC, indignés par ce « repli » qui découvre leur flanc, le capitaine Barat écrit : « Il a suffi de quelques coups de feu d'éclaireurs ennemis pour mettre en déroute le 21e RMVE. Lâchant ses positions, ce régiment s'est débandé ; les hommes, fuyant à travers la forêt d'Argonne, ont jeté pour la plupart leur armement et leur équipement. Leur horde (*sic*) sera, en partie seulement, ralliée à Passavant vers la fin de l'après-midi. »

Selon un autre officier, le lieutenant Cabrol, du 11e RI, tout n'est pas rentré dans l'ordre aussi vite : « Toute la nuit et principalement à l'aube du 14 juin, nous avons vu défiler sans arrêt des isolés du 21e Étranger[1]. »

Le vendredi matin, au moment de l'attaque allemande, le bataillon Mirabail se bat entre Sainte-Menehould et La Grange-aux-Bois où le capitaine Bénac, le lieutenant Calix et le sous-lieutenant Obolensky, pour ne citer qu'eux, sont blessés. On apprend à la même heure que le lieutenant-colonel Debuissy, âgé de cinquante-trois ans, a été frappé de congestion. « Il est évacué, note le général Decharme, et le lieutenant-colonel Martyn est chargé de reformer le régiment hors de cause pour plusieurs jours. »

Martyn ne pourra d'ailleurs pas récupérer tout le monde. Le commandant Le Guillard, chef d'état-major du 21e RMVE, a disparu. Avec lui le médecin-capitaine Vidal, Boutrou le pharmacien, Didier le vétérinaire, le capitaine Boroo de la compagnie de pionniers, le lieutenant Masselot, deux sous-lieutenants, Ponomarew et de Medem, avec environ 150 hommes. On les croit prisonniers, mais ils ont seulement « manqué la correspondance » à Passavant et continué vers le sud-est, « recueillant » en chemin le train de combat. Se croyant talonnés par l'ennemi, ils ont brûlé les étapes : Bar-le-Duc — Neufchâteau — Chaumont — Langres — Chagny — Autun. Fin juin, ils se présenteront au dépôt du régiment, à Septfonds, dans le Tarn-et-Garonne. N'accablons pas le 21e RMVE, il a laissé une trentaine de tués à Sainte-Menehould, dont 26 ont pu être identifiés. Parmi eux, le lieutenant Borovky et le sous-lieutenant Blonstein.

---

1. Bien que le lieutenant-colonel Bonvalot, sous-chef d'état-major du 21e corps, le juge « indigne de porter l'écusson de la Légion », le 21e RMVE n'appartient pas à la Légion étrangère ; il est seulement administré par elle.

A Villers-en-Argonne, la prise de contact tourne à l'avantage des Français. Renforcé par les « Joyeux » de la compagnie Marchenoir, le II/21e RIC du commandant Varrier a eu deux jours pour aménager sa position et, lorsque la première automitrailleuse allemande s'avance, aucun coup de fusil ne trahit la présence des coloniaux. Le lieutenant Graveaud s'est porté en avant de la barricade dressée à l'entrée du village et, se laissant dépasser par le véhicule, jaillit du fossé où il était allongé, puis attaque l'équipage au pistolet. Un instant plus tard, le blindé est incendié au canon de 25. Les Allemands n'ont plus qu'à bombarder la position du 21e RIC avec leur artillerie pour ouvrir le passage à leur infanterie. C'est ce qu'ils vont tenter de faire.

Au 6e RICMS du lieutenant-colonel Aubugeau, les hommes ne sont pas encore remis des marches forcées ni des pertes subies, en particulier la veille entre Braux-Saint-Rémy et Sivry-sur-Ante. Le 14 juin, il apparaît vite que l'infanterie adverse est très étoffée et particulièrement mordante. Grâce aux 75 qui tiennent les routes sous leur feu, les *Panzers* ne réussissent pas à percer, mais les tirailleurs sénégalais doivent contre-attaquer à plusieurs reprises pour ne pas être submergés. Et, à chaque fois, les effectifs sont amputés de nouveaux morts et de nouveaux blessés.

Les Allemands s'emparent de Bournonville après un bombardement qui ne laisse pas une ferme debout. Ils en sont chassés par la 10e compagnie du capitaine Larroque et la « 11 » du lieutenant Blaineau qui chargent, baïonnette haute, au milieu des bâtiments en feu. Ce type d'action est toujours payant, mais les rangs des défenseurs s'éclaircissent au fil des heures. Appuyé par des blindés, les Allemands reprendront Bournonville en fin d'après-midi. Voulant poursuivre en direction du Chemin, ils tomberont sous le feu du PA tenu par le sous-lieutenant Delaunay et un nouveau combat « à l'usure » s'engagera. Lorsque Delaunay sera abattu par une rafale, le chef Louap prendra le commandement et défendra la position jusqu'à l'ordre de repli du soir.

Au centre du dispositif de la division Gibert, le 43e RIC du colonel Ditte se défend avec vigueur, mais les pertes sont telles qu'on assiste à une usure sans précédent des effectifs. A Belval-en-Argonne, à Givry où le médecin-capitaine Pruvost a été tué, au Châtelier, les coloniaux tiennent jusqu'à midi. C'est ensuite que les premières failles se manifestent. Au sud, le 5e RICMS du colonel Le Bris est à deux doigts d'être débordé entre Sommeilles et Nettancourt. Dans la matinée, la menace devient si sérieuse que le PC du régiment peut être enlevé d'un instant à l'autre. Les tirailleurs mettent baïonnette au canon et lancent une contre-attaque qui « redonne de l'air » au PC.

Renseignés par les side-cars du GRDI 76 qui jalonnent l'avance allemande, les artilleurs du II/313e RA causent des pertes sensibles aux blindés sur lesquels les 75 placés en DCB à toutes les issues tirent à vue.

Malheureusement, ils sont repérés dès qu'ils ont ouvert le feu et les gros *Panzers IV* les neutralisent les uns après les autres. Cela prend du temps, bien sûr, mais, dès qu'une pièce est réduite au silence, les Allemands avancent de quatre à cinq cents mètres, l'infanterie seule étant incapable de les arrêter. Vers 13 heures, les *Panzers* atteignent Sommeilles et s'emparent d'une pièce de 75 que les tirailleurs, prétend le canonnier Chavaroc, « ont abandonné à son sort ». Alors que la bataille s'étend à toute la lisière de la forêt d'Argonne, la perte d'un canon n'est pas un drame. Ce qui va se produire à Sommeilles est plus important.

Les *Panzers* qui viennent d'entrer dans le village se retirent une demi-heure plus tard, comme s'ils renonçaient à percer le front de la 6e DIC en direction de la Meuse. Sommeilles devient *no man's land*. Vers 15 heures, le canonnier Demique traverse la localité au volant de sa Peugeot de liaison sans rencontrer âme qui vive. La ligne de feu est d'une telle fluidité qu'il ne s'en étonne pas. Le capitaine Rigaud-Monin, du II/313e RA, stationne à Sommeilles une partie de l'après-midi et c'est seulement à 18 heures que son chauffeur, qu'il a laissé à l'extérieur, commence à s'inquiéter. Il embraye et se dirige vers l'église près de laquelle il aperçoit une patrouille allemande. Écrasant l'accélérateur, il essuie des coups de feu, mais parvient à rejoindre Laheycourt où il rend compte au colonel de Langalerie. Celui-ci s'interroge : pourquoi les Allemands ont-ils abandonné Sommeilles après l'avoir pris puisque les Français n'ont ni les moyens ni l'intention de s'y réinstaller ? Le chef de corps du 313e RA ne peut savoir que l'unité allemande qui s'est emparée de la localité appartient à la *6e Panzerdivision,* laquelle a reçu l'ordre de « rompre le contact et de décrocher après relève par une division d'infanterie ». L'avant-garde s'est donc retirée de Sommeilles, mais sans attendre les fantassins, ce qui explique pourquoi le village est resté *no man's land* pendant quelques heures.

A son PC de Somme-Yèvre, le général Reinhard n'en sait pas plus. Un message radio lui est parvenu, indiquant que le *41e Korps* « doit interrompre l'attaque en direction de la Meuse et se préparer à faire mouvement vers le sud ». Seule, la *20e Motorisée* poursuit son action en direction de Triaucourt-en-Argonne, mais l'ordre de rompre le combat « peut lui être adressé sans préavis ». Que s'est-il passé pour que Guderian brise l'élan des *6e* et *8e Panzerdivisionen,* fer de lance de l'opération montée contre Verdun ? Le chancelier Hitler a-t-il changé d'avis ?

★
★ ★

Tout a été remis en question à l'état-major du groupe d'armées A dans la matinée. Tout, c'est-à-dire la direction est-nord-est imposée au groupement Guderian et le projet d'attaque contre Verdun par le sud.

116

Un autre plan a été conçu par le *General* von Soderstern, chef d'état-major de von Runstedt, dont le raisonnement se résume de la façon suivante : la mission confiée la veille à Guderian permettrait un bouclage court entre Meuse et Moselle qui n'affecterait en rien les grandes unités françaises retraitant depuis la ligne Maginot.

La IIIᵉ armée du général Condé et la Vᵉ de Bourret se dirigent pour l'instant vers le sud-ouest, et Soderstern propose de leur couper la route en lançant la *1ʳᵉ Panzerdivision,* non pas vers Ligny-en-Barrois, mais sur Chaumont et Langres où l'aviation ne signale aucune ligne de défense. De Langres, Guderian, dont les divisions marcheraient sur une même direction, avancerait vers la Saône et la franchirait, amorçant ainsi l'encerclement de TOUTES les armées françaises de l'est de la France, c'est-à-dire les cinq cent mille hommes du groupe d'armées nº 2. La perspective est autrement plus séduisante que le bouclage de la région de Verdun avec cinq ou six divisions pour tout butin ! Et, cette fois, les Français n'auront pas la mer pour tenter de s'échapper comme ils l'ont fait avec les Britanniques à Dunkerque !

Von Runstedt a approuvé le plan de son chef d'état-major et, à 9 heures du matin, alors que le groupement Guderian est engagé devant la forêt d'Argonne, il demande par radio à von Brauchitsch, chef de l'*OKH*[1], l'autorisation de le retirer de la bataille en cours pour le lancer vers le plateau de Langres. Un message identique est adressé à Keitel qui doit en référer à Hitler, dont la décision sera la plus attendue puisque c'est lui qui a exigé l'opération prévue contre Verdun. Si le plan Soderstern est rejeté, la *1ʳᵉ Panzer* de Kirchner montera vers Ligny-en-Barrois, à une trentaine de kilomètres de Saint-Dizier, et affrontera la 1ʳᵉ DIC de Roucaud installée sur la Saulx. Or, à l'*OKH* comme à la chancellerie, tout le monde semble avoir saisi l'ampleur et l'intérêt du nouveau plan. Vers 11 heures, le *General* Halder, chef d'état-major de von Brauchitsch, téléphone directement à Soderstern : « C'est entendu, Guderian prend la direction générale du sud-est, le *41ᵉ Korps* de Reinhardt axé sur Neufchâteau. »

Une autre décision importante est prise : le groupement blindé de Kleist, dont l'avant-garde vient d'entrer à Troyes, passe sous les ordres de von Runstedt et se dirige vers Dijon. Le mouvement de conversion n'est pas simple à exécuter, surtout pour Guderian dont les divisions doivent se désengager en Argonne et s'orienter ensuite vers le sud-est. Mais, avec Kleist, c'est une force d'environ dix-huit cents chars qui, roulant vers la Saône et la vallée du Rhône, va tenter d'encercler les armées françaises de Lorraine et d'Alsace. Ainsi s'ébauche le second « coup de faux » (*Sichelschnitt*) de la campagne, le premier ayant conduit les blindés de Kleist de Sedan à la mer pour enfermer le GA 1 du général

1. *Oberkommando des Heeres :* haut commandement de l'armée.

117

Billotte et le corps expéditionnaire britannique dans la poche de Dunkerque.

En fin de matinée, les nouvelles directives sont transmises au PC du *General* List (*XIIe Armee*) auquel Guderian est toujours subordonné : « Le groupement Guderian sera retiré du front d'Argonne et obliquera sur Chaumont, Langres, Neufchâteau et le sud-est. Modalités d'exécution suivent. »

L'*Oberst* Kübler, de l'état-major de la *XIIe Armee,* a reçu le message et transmet les ordres par radio au PC du groupement blindé où l'*Oberst* Nehring accuse réception. Selon son habitude, Guderian est en déplacement, mais sa voiture radio est en écoute permanente et Nehring peut le joindre à Contault, au PC de la *6e Panzer* de Kempf. Sitôt informé, Guderian commence par grogner — c'est le quatrième changement de direction en deux jours —, puis il prend contact, toujours par radio, avec Reinhardt à Somme-Yèvre.

« L'attaque vers la Meuse est arrêtée pour nous, dit-il en substance, l'infanterie de la *XIIe Armee* prend la relève.

— Que se passe-t-il ? s'inquiète Reinhardt qui n'a reçu aucune information depuis l'ordre de rompre le combat.

— Ces messieurs ont encore changé d'avis. Nous laissons Verdun à d'autres et nous partons vers le sud-est avec Kleist sur notre droite. »

Guderian ne commente pas davantage les nouvelles directives. Il sait que tout doit aller très vite et monte dans sa voiture. Les moteurs de l'escorte grondent.

« A Saint-Dizier ! » ordonne-t-il à son chauffeur.

C'est en effet dans cette petite sous-préfecture que va se jouer le 14 juin le destin des cinq cent mille hommes des armées françaises de l'Est qui, à la même heure, battent en retraite vers le sud, à l'exception du 20e corps du général Hubert engagé depuis l'aube dans la bataille de la Sarre.

Une heure plus tard, Guderian s'arrête sur la pelouse du château Viry [1] d'où le *General* Kirchner et l'*Oberstleutnant* Balck, prévenus par radio, viennent de lancer les premières automitrailleuses en découverte sur la route de Chaumont. Guderian leur explique devant une carte les grandes lignes du mouvement qui se prépare et termine avec une formule lapidaire qui fait sourire ses subordonnés : « *Los auf Langres !* »

En bon français : « Foncez sur Langres ! »

La décision est d'autant plus audacieuse qu'au moment où la tête de la *1re Panzer* atteindra Chaumont, elle sera toujours en saillant, suivie de très loin sur sa droite par la *2e Panzer* et la *29e Motorisée,* tandis que, sur sa gauche, le *41e Korps* de Reinhardt n'aura même pas gagné sa base de

1. Situé rue Gambetta, au centre de Saint-Dizier, le château Viry abrite aujourd'hui la sous-préfecture.

départ. Comment en serait-il autrement alors qu'il lui faut se dégager du front d'Argonne et pivoter vers Sermaize et Contrisson pour y franchir le canal de la Marne au Rhin, dont malheureusement les ponts sont détruits. Combien de temps faudra-t-il aux *Pionniers* pour rétablir le passage ?

Entre-temps, Keitel a téléphoné à von Runstedt pour faire savoir que « le *Führer* approuvait la nouvelle direction proposée ». Hitler ne renonce pas à Verdun, mais l'observation aérienne ayant signalé que le mouvement de retraite est général dans le nord meusien, on estime que les Français ne défendront pas plus la ville qu'ils n'ont défendu Paris où la *Wehrmacht* a fait son entrée dans la matinée. Dans la confirmation des ordres reçus par von Runstedt vers 12 h 30, il est d'ailleurs fait mention de Verdun : « La *XIIe Armée* avancera vers Chaumont derrière le groupement Guderian, en liaison à gauche avec la *XVIe Armée* qui attaquera Verdun par le nord... »

Dans les directives, figure également une petite phrase qui éclaire von Runstedt sur les intentions profondes de l'*OKH :* « Les groupements Guderian et Kleist devanceront dans la région Dijon-frontière suisse l'ennemi en retraite. »

La frontière suisse ! C'est la première fois que les deux mots apparaissent dans un document officiel. L'idée de Soderstern a été étudiée, travaillée, élargie à d'autres hypothèses, et il ne s'agit plus seulement de devancer les armées françaises en retraite dans la région de Langres, mais de pousser à travers le Jura jusqu'à la frontière. Quand les *Panzers* s'arrêteront devant la barrière de la douane helvétique, le large encerclement imaginé par Soderstern sera réalisé. « Les Français, comme l'écrira le général Halder avec une pointe de mépris, seront enfermés dans le *Kraal*[1] de Lorraine. »

★★

Le 14, à l'heure où les colonnes de la *1re Panzer* prennent possession de Saint-Dizier, le général Carles, qui a quitté Ville-sur-Saulx à la pointe du jour[2], installe son nouveau PC à Pierrefitte-sur-Aire, 38 kilomètres au nord. Saint-Dizier constitue toujours son premier sujet d'inquiétude, car il ne pense visiblement qu'en termes de « bouclage court », ce qui était d'abord envisagé par les Allemands : attaque à l'ouest sur la 6e DIC et les débris de la 3e DINA et attaque montant du sud contre la 1re DIC

---

1. Terme employé au Transvaal pour désigner l'enclos où sont enfermés les bestiaux.
2. Le départ semble avoir été décidé très vite. « J'essaie d'avoir quelques clartés supplémentaires sur la situation, écrit le général Roucaud, d'obtenir même des cartes que l'on me promet mais qu'on ne me donne pas, et le corps colonial me laisse seul à Ville-sur-Saulx avec un officier... Désarroi évident. »

en position défensive sur la Saulx. Aussi, Carles a-t-il envoyé un officier de liaison à Châteauvillain pour signaler au PC de la IIe armée « la menace d'enroulement de son corps d'armée par le sud, menace qui s'accroît d'heure en heure et à laquelle on ne pourra échapper qu'en se repliant sans retard vers le sud, en liaison avec le 21e corps ».

Carles exagère : la menace ne s'accroît pas d'heure en heure puisque l'ennemi s'installe seulement à Saint-Dizier d'où il ne bougera pas de la matinée. Et, pour se replier « sans retard vers le sud », il faut à nouveau envisager l'opération que le commandant du corps colonial, sans doute influencé par le général Roucaud, n'a pas voulu lancer dans la soirée du 13 juin : attaquer à partir de la région de Bar-le-Duc en direction de Saint-Dizier. Malheureusement, les données ne sont plus les mêmes : à gauche, la 6e DIC et les derniers bataillons de la 3e DINA sont engagés dans une violente bataille et la *1re Panzer* est maintenant en force à Saint-Dizier. Cela n'empêche pas Freydenberg d'envoyer l'ordre d'attaquer en direction de Chaumont, c'est-à-dire sur l'itinéraire qui vient d'être fixé à la *1re Panzer* à partir de Saint-Dizier. Pour cette opération, Carles pourrait disposer des deux régiments de la 1re DIC en position sur la Saulx (le 12e Sénégalais n'est pas encore arrivé) et on lui promet deux compagnies de chars[1] ainsi que le GRCA 14 du colonel Gallini. Ce dernier, comme beaucoup de chefs de corps, ignore les transmissions radio et parcourt jour et nuit les routes pour retrouver ses escadrons qui ne seront regroupés que le 15 juin. Trop tard !

Le commandant Glain, chef d'état-major de la 6e DIC, est envoyé au PC du 21e RIC pour informer le colonel Cazeilles que son régiment va être retiré du front d'Argonne en vue d'une attaque vers le sud. Des camions lui seront envoyés le 14 au soir. Le 21e RIC est en plein combat entre Verrières et Villers-en-Argonne et, lorsque Glain se présente au PC, les balles sifflent de toutes parts. « Vous voyez la situation, lui dit Cazeilles, mes hommes sont pratiquement au corps à corps et je ne pourrai décrocher avant la nuit. Si je reçois les camions, d'accord, sinon je partirai quand et comme je pourrai[2]. »

Cazeilles ne verra pas plus les camions qu'on ne verra les chars. Le plus étonné par l'ordre d'attaquer en direction de Saint-Dizier-Chaumont reste le général Flavigny dont les divisions livrent bataille à l'ouest de Verdun. « Cela n'a pas de sens, dit-il. Je suis à cent vingt kilomètres de Chaumont et il me faudrait traverser tout le corps colonial. »

Le lieutenant-colonel Paquin, chef du 3e Bureau de la IIe armée, est

1. Leur origine n'est pas précisée et de toute façon personne ne les verra. Dans ses notes, le général Roucaud parle « d'une action de dégagement comportant un coup de poing sur Saint-Dizier mené par un GRCA appuyé de deux bataillons (?) de chars ». Mais Roucaud n'a reçu aucun ordre pour une participation de la 1re DIC.
2. Lettre du 6 mai 1979 adressée par le colonel Glain à l'auteur.

120

aussi mal renseigné que le général Freydenberg. Il prescrit au général Flavigny de se couvrir au nord « par de simples arrière-gardes, aucune pression réelle de l'ennemi ne s'y exerçant ».

Vue de Châteauvillain, la situation peut être jugée avantageuse, mais les coloniaux de la 3ᵉ DIC qui barrent la route à trois divisions allemandes entre la cote 304 et le Mort-Homme seraient surpris d'apprendre que l'ennemi n'exerce sur eux « aucune pression réelle ». L'opération envisagée témoigne de la confusion des esprits qui règne au PC de la IIᵉ armée et le général Carles lui-même finit par admettre qu'une « offensive sur Saint-Dizier est devenue impossible. Il faut se borner à se garder dans cette direction ».

★ ★ ★

Le convoi auto du 15ᵉ RTA placé sous les ordres du lieutenant Béziat stationne toute la matinée du 14 juin à une douzaine de kilomètres de Saint-Dizier, sur la route de Chaumont. Béziat n'imagine pas un seul instant que la *1ʳᵉ Panzerdivision* se regroupe dans la ville et que RIEN, pas le moindre nid de mitrailleuses, ne le sépare de la division de pointe du groupement Guderian. Rien, si ce n'est l'hésitation manifestée par le commandement allemand sur la direction à prendre. Deux lieutenants du 14ᵉ RTA, Tramini et Leroy, ont rejoint Béziat avec une partie de leur train régimentaire. Ils se posent tous les mêmes questions : où est le colonel Bosviel ? Où est le PC de la 3ᵉ DINA ? Faut-il prendre la direction du nord, de l'est ou du sud ? Vers 10 heures, Tramini et Leroy ont remonté le flot de réfugiés et de convois roulant vers Chaumont, mais à leur retour, deux heures plus tard, ils n'étaient pas plus avancés : personne n'a pu les renseigner. Avec Béziat et le sous-lieutenant Cortès, ils décident de « suivre la foule » et de descendre, eux aussi, sur Chaumont. Ils ne sauront jamais qu'au moment de leur départ, vers 13 h 30, les automitrailleuses de l'*Oberstleutnant* Balck quittent Saint-Dizier et s'engagent sur la même route. Derrière eux !

Les véhicules des 14ᵉ et 15ᵉ RTA ne s'attarderont pas à Chaumont et poursuivront en direction de Langres et Dijon. A Valence, ils retrouveront l'intendant Bérard, de la 3ᵉ DINA, qui a regroupé des éléments isolés du GR et des transmissions. Quelques jours plus tard, le lieutenant Béziat s'arrêtera à Périgueux avec ses camionnettes. Il aura sauvé la caisse, le drapeau du 15ᵉ RTA et même deux enfants de Sainte-Menehould, Jean et Serge Allemann, recueillis sur la route de Saint-Dizier et que Béziat confiera à la famille du sergent Bouyssou.

A une quinzaine de kilomètres au nord-ouest de Saint-Dizier, le lieutenant Hècre, qui est toujours à la lisière de Cheminon avec une partie de l'escadron moto du GR de la 3ᵉ DINA, a les mêmes soucis que

Béziat puisqu'il est coupé de tout organe de commandement. A l'aube du 14 juin, Cassou et Malitte, deux sous-officiers restés en pointe du dispositif, ont signalé des « grondements de moteurs assourdissants » vers Pargny-sur-Saulx et Etrepy. Ce sont les colonnes de la *1re Panzer* qui passent dans la brèche ouverte la veille par l'*Oberstleutnant* Balck. Dans la matinée, le contact est pris avec une compagnie allemande qui, déployée en tirailleurs, avance sur Cheminon. Hècre donne l'ordre de décrocher et les cavaliers du GR s'enfoncent dans la forêt de Trois-Fontaines. La terre meuble révèle que des engins chenillés sont passés là. Amis ou ennemis ? Plus loin, des véhicules divers, des chevaux encordés aux arbres et même, raconte l'adjudant-chef Jouhanet, « un parc d'ambulances intact » ont été abandonnés par une unité française prise de panique. Hècre envoie un motocycliste vers Saint-Dizier, un autre par un itinéraire différent, et enfin un troisième qui fera demi-tour sous les balles. Leurs trois rapports se recoupent : les Allemands tiennent la ville en force. Pourquoi Hècre ne se dirige-t-il pas vers le nord-est ? Il est à quelques kilomètres seulement du 3e RIC installé sur la Saulx. Suppose-t-il que l'ennemi l'attend aussi au nord ? Il donne l'ordre de saborder les véhicules et le canon de 37 afin de partir vers l'est, à pied et à travers bois. Trois jours plus tard, le 17 juin, mourant de faim et leurs chaussures percées, les cavaliers détruiront leurs armes et laisse-ront sur place les plus épuisés d'entre eux, avant de poursuivre, ce qui ne les empêchera pas d'être capturés dans la région de Vaucouleurs sans avoir pu rejoindre une unité française.

La *Blitzkrieg* a ceci de déconcertant qu'au moment où la *1re Panzerdi-vision* s'ébranle en direction de la frontière suisse, on se bat toujours à trente kilomètres derrière elle. Les tirailleurs algériens et les éléments isolés du 12e Zouaves ne savent pas où est passé le général Mast et le PC de la division, mais ils se font tuer courageusement sur leurs positions. La percée de la *1re Panzer* en direction de Saint-Dizier a compromis la plupart des liaisons latérales, et des compagnies entières, quand ce ne sont pas des bataillons, sont coupés de tout, menacés sur leurs flancs, parfois sur leurs arrières. A Reims-la-Brûlée, à l'est de Vitry-le-François, le lieutenant-colonel Bosviel a maintenu le PC du 14e Algé-riens dans le village, à côté de celui du 311e RA du lieutenant-colonel Merlin. Les deux chefs de corps n'ignorent pas que sur leur droite, dans la matinée du 14 juin, la situation est loin d'être claire : il semble que les zouaves se battent sur le canal, vers Brusson et Le Buisson, mais, à quelques kilomètres derrière eux, vers Blesme, les patrouilles ont aperçu « des quantités de *Panzer* ». Sur le flanc gauche, Bosviel et Merlin savaient la liaison assurée avec le 329e RI du lieutenant-colonel Elichondo et n'entretenaient aucune inquiétude de ce côté.

A l'aube du 14 juin, le sous-lieutenant Crinon est allé en reconnaissance au sud de la Marne et, quand il est rentré à Reims-la-Brûlée, il a rendu compte à Bosviel « que les troupes amies qui défendaient la gauche de Vitry-le-François ont disparu ». Les débris des divisions de Lattre et Bertin-Boussu ayant franchi la Marne, le général Etcheberriga-ray a fait replier la 53ᵉ DIL. L'ordre a été envoyé vers minuit et Elichondo a quitté son PC de Maisons-en-Champagne à 2 h 30 du matin. Le 329ᵉ RI est parti sans les éléments qui, à l'est de Vitry-le-François, sont mélangés aux zouaves et aux tirailleurs algériens. L'un des derniers, le lieutenant Aubé, a quitté le secteur de La Chaussée-sur-Marne avec trois blessés (Broussin, le chef Leleydour et le clairon Ropper) vers 3 h 30. Jusqu'aux ponts de l'Aube, il avait plus de 60 kilomètres à parcourir !

Dans la matinée du 14 juin, Bosviel et Merlin réunissent leurs officiers, leur exposent que les flancs sont découverts et les liaisons coupées avec la division comme avec les régiments voisins. Tous les cadres sont du même avis : les Allemands ayant percé en direction de Saint-Dizier, il faut traverser la Marne et filer vers le sud-est pour rejoindre les lignes françaises. Bosviel rassemble les débris du II/14ᵉ RTA et tous les véhicules disponibles dont le capitaine Béharelle est allé faire le plein de carburant à la petite base aérienne de Vauclers où les aviateurs ont « oublié » 30 000 litres d'essence et 10 000 litres d'huile. Une fois servi, Béharelle a incendié le dépôt.

Pendant trois jours, Bosviel et ses tirailleurs se déplaceront entre les groupements Kleist et Guderian qui, eux aussi, marchent en direction du sud-est. Le 17 juin, la tenaille des *Panzers* se refermera et tous les itinéraires seront fermés. Le chef de corps du 14ᵉ Algériens gagnera encore vingt-quatre heures en se réfugiant dans les bois avec quelques officiers (commandant Bugat, médecin-commandant Luiggi, capitaines Amade et Béharelle, lieutenants Guillon, Allais, Pan et Marais), mais une patrouille allemande les prendra au gîte le 18 vers 16 heures.

Placée sous les ordres du capitaine Dejouas, la colonne auto du II/14ᵉ RTA se trouvera « piégée » dans la reddition du général Bertin-Boussu, reddition qui prévoit la livraison des armes et des véhicules à l'ennemi. Dejouas versera quatre camions, douze camionnettes, sept chenillettes, quatre pièces de 25, neuf mitrailleuses, des munitions et du matériel divers.

Les artilleurs qui évacuent la zone de Vitry-le-François vont tirer leur épingle du jeu en choisissant un axe de repli situé au sud de celui de Bosviel. Le 14 au soir, à Brienne-le-Château, le commandant Alibert, du I/313ᵉ RA, dresse l'inventaire de ce qui a été sauvé : quatre pièces et leurs tracteurs à la 1ʳᵉ batterie, aucune à la 2ᵉ batterie du lieutenant Gazeau qui signale la disparition du sous-lieutenant Monange, sans doute fait prisonnier. Le capitaine Degas a pu retirer trois canons des ruines de Vitry-le-François, mais lui aussi a un officier disparu : le lieutenant Costadeau. Au 311e RA, les batteries sont mieux pourvues puisqu'elles emportent dix-huit pièces de 75. La colonne roulera toute la nuit, ce qui lui fera gagner du terrain sur l'adversaire. Le 16 juin, pourtant, les artilleurs du lieutenant-colonel Merlin seront surpris par une avant-garde allemande à Arnay-le-Duc, mais, après un bref combat au cours duquel sera tué le lieutenant Teissonnière, la colonne parviendra à se reformer et à rompre le contact, cette fois définitivement. Quelques jours plus tard, elle s'arrêtera dans les environs de Castres (Ariège).

Parmi les oubliés, le lieutenant de Montmarin et la compagnie d'appui du I/14e RTA. Ses tirailleurs tiennent la rive sud du canal du côté de Brusson durant toute la journée du 14 juin avec la 14e compagnie du 344e RI commandée par le lieutenant Peteau. Aux abords du village incendié par le bombardement, on retrouvera les corps sans vie de plusieurs zouaves : Picou, Bonnefous, Coutadeur, le caporal Fraysse, Moreau et le chef Jean-Jean, du 344e RI, le sergent Pioch, du 14e RTA, dix-huit en tout, qui seront inhumés pour la plupart dans les jardins de MM. Jacquinot et Roussel. Le vendredi soir, Montmarin décide de se replier.

« Nous sommes complètement isolés, dit-il à Peteau, et les fusées blanches montrent que les boches se promènent sur nos arrières. Essayons de traverser leurs lignes !

— Nous partons avec vous ! » décide le commandant de la 14e compagnie du 344e RI.

Fort d'environ cent cinquante hommes épuisés par la tension du combat, l'absence de sommeil et de nourriture, le détachement marche une partie de la nuit au sud de la Marne. Le samedi 15 vers 7 heures, Montmarin commet une erreur d'appréciation : il veut remonter vers le nord, franchir le canal de la Marne à la Saône et s'arrêter dans le village qu'il aperçoit, tout proche, pour s'y ravitailler et tenter d'obtenir des renseignements sur le 14e RTA ou sur la 3e DINA. Obéissant aux ordres, les fantassins changent de direction et montent sur Orconte où un feu nourri les accueille, avec appui de *Pak* et les obus traceurs des 20 mm *Flak*. Montmarin ne pouvait pas plus mal choisir : il vient de se heurter au PC du *General* Schmidt, qui commande le *Korps* de droite du groupement Guderian.

« Vers 7 heures, relate le journal du *39e Korps,* le PC est attaqué par un ennemi de la force de deux ou trois compagnies venant du sud du canal. Énergique résistance de la compagnie de garde et de la batterie de *Flak.* L'ennemi est battu avec de fortes pertes. »

Le document allemand parle de vingt-trois tués et soixante-dix blessés. Dans son rapport, le lieutenant Peteau donne, sans autre précision : dix-sept hommes hors de combat[1]. Plus sérieuses, les archives de la rue de Bercy portent l'identité de neuf morts inhumés à Orconte.

Ces absences de liaison, ces compagnies isolées, ces détachements coupés de leur bataillon, de leur régiment, expliquent pourquoi la 3e DINA du général Mast, percée au centre de sa potition par la 1re Panzer, est désormais incapable de se reconstituer. A Charmont, au nord du « couloir d'Etrepy » les Allemands ont pratiquement détruit le village avec un groupe d'artillerie de la 8e Panzerdivision, puis les chars ont attaqué... La batterie antichar déployée devant le village a perdu treize tués en moins d'une heure ; parmi eux, l'aspirant Duchazeaubeneix, l'adjudant Millon, le chef Liège, les maréchaux des logis Amy, Villain et Robin. La compagnie Bouyries, du II/15e RTA, laisse une vingtaine de morts à Charmont dont quatorze tirailleurs indigènes. Lorsque le sous-lieutenant Avignon se rendra (blessé à la main, au bras et à la jambe), sa section se composera de... deux hommes, blessés eux aussi. Pineau, le sergent Le Corre et huit tirailleurs sénégalais du 5e RICMS, seront également tués aux abords de Charmont où le bilan est un des plus élevés de la bataille : cinquante et un morts. Dans la nuit, le III/12e Zouaves du commandant Moucot a évacué Villers-le-Sec où il laisse sept morts[2] et, renforcé par la compagnie du capitaine Lejeune, du 67e RI, reprend le combat le 14 au matin à Rancourt-sur-Ornain. Appuyé par les deux 75 du capitaine Fessard, le « bataillon[3] » résiste jusqu'au début de l'après-midi et, laissant encore dix-neuf tués dans le village en flammes, tente de rejoindre Revigny. Il est trop tard et Moucot encerclé devra se rendre, le médecin-lieutenant Sarran étant autorisé à évacuer ses nombreux blessés sur l'hôpital de Revigny.

A la même heure, les derniers combattants du 12e Zouaves, survivants des bataillons Catherineau et Loustaunau-Lacau, commencent à lâcher pied. La compagnie Chabot a mis bas les armes vers midi, celle du lieutenant Laurenti — une quarantaine de soldats — tente de trouver un itinéraire de repli, mais elle se fait prendre vers 14 heures par une patrouille d'automitrailleuses.

Pour la 2e Panzerdivision qui avait cru enlever Le Buisson avec un bataillon d'infanterie et des chars légers, la matinée s'est soldée par un échec et, outre de nombreux tués et blessés, cinq Panzers ont été détruits par les 75 et les pièces de 25 disposés en quart de cercle devant le

1. Retrouvé par l'auteur à Orléans, M. Gérard de Montmarin n'a pas conservé en mémoire le chiffre exact de ses pertes.
2. Ancelet, Laborel, Repain, Lamagnère, Picard, Marmion et Arrouays, un artilleur.
3. Selon Fessard, le III/12e Zouaves est réduit à deux petites compagnies (lieutenants Camille et Berdeguer, sous-lieutenants Allaix et Patureau), les mitrailleuses du lieutenant Yéni, un canon de 25 et deux mortiers.

II/12e Zouaves. Vers midi, l'*Oberstleutnant* Decker, qui conduisait l'attaque, a demandé au « *Kommandeur* » du *Panzer Regiment n° 3*, l'*Oberst* Gabler, l'intervention des *Panzers IV*. Gabler en a envoyé quatre dont les 75 ont d'abord achevé la destruction du Buisson au canon. Il ne restera pas pierre sur pierre de la localité, ravagée par les obus et les incendies. Selon le rapport Decker, le butin, à la fin du combat, se monta à près de cinq cents prisonniers, trois canons de 75 et douze de 25, deux chenillettes et douze voitures hippomobiles. Outre le matraquage de l'artillerie allemande et l'intervention des *Panzers IV*, les zouaves épuisés ont été démoralisés par la disparition de celui qui fut l'âme de la résistance, le commandant Loustaunau-Lacau. La poitrine traversée par une balle, il a été capturé et emmené au PS de Heiltz-le-Maurupt [1]. Dans les rues du Buisson et aux abords, les corps sans vie des zouaves sont les plus nombreux : Mapis, Maillet, Lembezat, Laloubère, Lahaille, Guichesseux, Boudin, Binet, le chef Betbeye, les caporaux Alric et Guillemain, les sergents Allier et Lavigne... Des hommes du 344e RI sont tombés avec eux : Benoist, Coussy, Griffon, Vache... Les tirailleurs du 14e Algériens ont laissé quelques-uns des leurs tués dans leurs trous individuels, reconnaissables au croissant de leur casque : Peteul, Nozis, Morpain, Moreau, les sergents Lespés et Mitifiot, à deux pas du lieutenant Jean Plichon qui a le crâne fracassé. Encore des zouaves : Placette, Salcedo, Guilhou, Gardère et le caporal Planchand. Cinquante-six morts seront dénombrés sur le territoire de la commune du Buisson. Les groupes isolés qui tentent de rejoindre les lignes françaises à travers bois et champs, titubant de fatigue et de faim, seraient stupéfaits d'apprendre qu'à plus de quarante kilomètres derrière eux, la *1re Panzer* roule vers Chaumont !

Les tombes qui jalonnent le front de la 3e DINA constituent d'ailleurs la preuve que, face au *39e Korps* du *General* Schmidt et en dépit des retards qui ont marqué son arrivée sur la position, la division Mast n'a pas cédé facilement le terrain qui lui était confié : 19 tués à Rancourt, 26 à Ponthion, 56 au Buisson, 11 à Etrepy, 51 à Charmont, 18 à Brusson, etc. Un recensement effectué sur dix villages donne en première estimation un total de 220 morts auxquels il convient d'ajouter les victimes des combats isolés : 7 à Villers-le-Sec, 4 à Heiltz-l'Évêque, 5 à Vitry-en-Perthois, 9 à Orconte, 6 à Outrepont, etc. Le chiffre des 250 tués est dépassé, auquel s'ajoutera celui des dizaines de blessés graves qui succomberont dans les jours, les semaines qui viennent, aussi bien dans les hôpitaux tombés entre les mains des Allemands que dans les ambulances et formations sanitaires françaises.

---

1. Loustaunau-Lacau sera envoyé à l'hôpital de Châlons-sur-Marne d'où il s'évadera deux mois plus tard, malgré sa plaie à peine cicatrisée. Il créera le réseau de résistance *Alliance* à la tête duquel lui succédera plus tard Marie-Madeleine Fourcade.

Adossée à la forêt d'Argonne, la 6ᵉ DIC commence à fléchir dans l'après-midi du 14 juin. Cela n'a rien d'étonnant quand on connaît le rapport des forces en présence. La *20ᵉ Motorisée* exerce une forte pression en direction de Triaucourt et les deux divisions d'infanterie qui ont relevé les *6ᵉ* et *8ᵉ Panzers* ont repris l'attaque à leur compte. Le seul avantage de la 6ᵉ DIC est de se battre dans une zone boisée et surtout marécageuse, ce qui oblige les blindés et les véhicules allemands à porter leur effort sur les routes. C'est là que les canons français les attendent, mais ils sont repérés et les *Panzers IV* commencent leurs tirs de destruction. En outre, la protection de l'infanterie se désarticule au fil des heures.

On a trop exigé de la 6ᵉ DIC, et les tirailleurs sénégalais des 6ᵉ et 5ᵉ RICMS comme les coloniaux du 43ᵉ RIC, à bout de forces, peuvent craquer d'un instant à l'autre. Marcher des nuits entières, se battre, attendre en vain le ravitaillement, marcher encore, reprendre le combat, compter chaque jour les pertes, de plus en plus lourdes, tout cela explique que, dans l'après-midi du vendredi 14 juin, le front tient toujours, mais... par miracle. Les Allemands ne percent pas comme ils l'ont fait la veille à Etrepy, mais ils gagnent insensiblement du terrain. A cinq contre un, avec l'appui de trois artilleries divisionnaires, c'est le contraire qui serait étonnant !

Autour des étangs de Belval, les coloniaux du 43ᵉ RIC résistent avec des effectifs dérisoires. « On se bat les pieds dans les marécages, raconte le lieutenant Boillon, mais on meurt de soif. Les Allemands nous délogent et l'on reforme une ligne plus en arrière. A 18 heures, nous n'étions plus que deux officiers à la compagnie réduite à une quarantaine d'hommes. On se mitraillait à moins de trente mètres. Soudain, mon bras droit n'exista plus, j'avais l'impression qu'il était coupé. Mon ordonnance m'aida à enlever ma capote et il repéra le trou minuscule fait dans la chemise. Pour moi, la bataille était finie. »

Pour le commandant André Magne, du III/43ᵉ RIC, également. Celui que ses hommes surnommaient affectueusement « Fil de fer » (en raison de sa minceur et de sa frêle apparence) vient d'être tué par une rafale de mitrailleuse. Téclet, Cordier, Magne : trois chefs de bataillon tués en deux jours. Magne sera inhumé à Belval, à côté de l'adjudant Jeanmaire et de sept tirailleurs. Parmi les cadres, l'hémorragie ne cessera qu'avec le repli du soir : le lieutenant Caperan a pu être évacué après sa blessure, mais les brancardiers n'ont pas retrouvé les aspirants Baylou et Bouyssel. Au 5ᵉ RICMS, le capitaine Joseph Grimaud est porté disparu ; il vient d'être tué au nord de Nettancourt où le régiment a de nombreux morts : Grenaud, Guimba, Piedanna, le caporal Chauveau, les caporaux-chefs Neveux et Clévenot... [1].

Au 6e RICMS, le sous-lieutenant Maurice Chaintreau, a été tué en défendant avec sa section le chemin d'accès au PC du lieutenant-colonel Aubugeau [2]. La facture payée par les sous-lieutenants est d'ailleurs très lourde : Delaunay et Troestler ont été mortellement blessés, Dangles a été fauché en contre-attaquant à la tête de ses tirailleurs, Thoribe et Pasturel sont portés disparus. Le décrochage sera rendu difficile par le contact étroit avec l'ennemi. Au 6e RICMS, après que deux agents de liaison ont été tués, c'est le lieutenant Demarcq qui portera volontairement l'ordre de repli et reviendra au PC du régiment, d'autant plus étonné d'être en vie qu'une demi-douzaine de balles ont troué sa capote.

Chez les artilleurs, la disparition progressive de l'infanterie aggrave la situation. Au II/313e RA, le lieutenant Moreau et sa 4e batterie ont détruit plusieurs véhicules adverses sur la route du Châtelier et, vers 19 h 30, les artilleurs s'aperçoivent que les seuls fantassins de la 6e DIC placés devant eux sont les morts. Moreau fait immerger ses derniers obus dans un étang et se replie avec tracteurs et canons. Près de Sommeilles, la colonne tombe sous le feu d'un Oerlikon de 20 mm : la Peugeot de liaison et le camion à vivres sont abandonnés en flammes. Un kilomètre plus loin, Moreau retrouve de l'infanterie, mais elle est en embuscade et ne tient pas à être repérée.

« Coupez les moteurs de vos tracteurs ! » ordonne le commandant de Saizieu, du I/3e RIC, qui se réjouissait de ce renfort, mais fulmine en apprenant que les munitions ont été jetées dans un étang. Moreau obéit et, sabotant véhicules et canons, rejoint la ferme des Merchines, PC de son régiment.

Au 23e RAC, certaines sorties de batterie sont dramatiques. Au IIe groupe, le brigadier Bossus réussit à amener les chevaux survivants et les avant-trains, alors que l'ennemi est à moins de cent mètres. Chabredier est tué, Matrat et le maréchal des logis Gallois blessés, mais les pièces sont sauvées. Au IIIe groupe, les capitaines Treguer et Benaut font récupérer les canons encore utilisables sous les tirs d'une reconnaissance motorisée. Avec trois tués, onze blessés et deux pièces détruites par l'artillerie allemande, la batterie Barret parvient à sortir ses deux derniers 75. Blessé, le lieutenant Poujade refuse de partir et vide le coffre de sa pièce avant d'être submergé par une compagnie en *feldgrau*.

1. Le sergent Lapray a sans doute été le premier tué de la journée : l'abbé Marsin l'a assisté. Le 10 décembre 1940, M. Lignot, maire de Nettancourt, et M. Theiss, garde champêtre, retrouveront encore huit tombes non indentifiées entre Le Bourbier, La-Côte-des-Noyers et La Corotte.
2. Refusant de laisser le corps de leur chef à l'ennemi, ses Sénégalais ont enveloppé l'officier dans une toile de tente et l'ont chargé sur une chenillette. Il a été inhumé à Nicey-sur-Aire (Meuse).

La 5e batterie perd douze morts dont le capitaine Pérarnaud et le maréchal des logis Teyssedre[1]. Le décrochage artillerie-infanterie s'opère dans de telles conditions que, vers 20 heures, le commandant Jung, du II/23e RAC, fait tirer à obus à balles sur les fantassins ennemis qui apparaissent à moins de 800 mètres et vident chargeur sur chargeur.

« Il y eut de nombreux blessés à l'état-major du groupe, reconnaît Jung et, en un clin d'œil, toutes les voitures quittèrent leurs emplacements. Je n'ai pu savoir si cette débandade était due à un ordre donné par mon adjoint où si elle avait été provoquée par la panique. »

Au nord de la 6e DIC, le 21e RIC du colonel Cazeilles, plus reposé et installé sur une position qu'il a eu le temps d'aménager, a supporté attaques et bombardements avec un minimum de pertes. Pendant quelques heures, les compagnies Paganel et Charvet se sont trouvées en mauvaise posture et l'on a cru que les sections Tabary et Larotte allaient être emportées. L'appui des canons du III/313e RA a été déterminant et les Allemands ont lâché prise[2]. Le 21e RIC décrochera de nuit et le mouvement sera exemplaire. A la 6e compagnie du capitaine Paganel, pour ne citer qu'elle, le lieutenant Pechberty a apporté l'ordre de repli à 22 h 30. La situation est alors telle que, la lassitude aidant, on peut imaginer la compagnie pliant bagages et se hâtant d'abandonner ses emplacements. Il n'en est rien, la notion d'ordre et de discipline reste la plus forte.

« On enterre d'abord les morts, raconte le commandant Varrier, du II/21e RIC, puis la " 6 " se replie en portant à bras ses vingt-deux blessés sur plus de trente kilomètres qui seront parcourus de nuit à travers champs. »

Le bilan des pertes de la 6e DIC est lourd pour les journées des 13 et 14 juin. Vers Chatrices, au lieu dit « Le Terrible », onze tirailleurs sénégalais seront inhumés à cent mètres de dix-neuf artilleurs du 309e RA tués un mois plus tôt lors d'un bombardement aérien[3]. A Givry-en-Argonne, seize morts, en majorité du 43e RIC, douze à Villers-en-Argonne avec le lieutenant Jean Pottier ; six au Chemin dont Bisson et Magnier, vingt-quatre à Nettancourt, vingt-trois à Sommeilles, cinq au Châtelier où un message enfermé dans une bouteille retrouvée dans la tombe du lieutenant Jean Coulon indique qu'il a été tué à 9 h 45.

Triste bilan qui égale, en si peu de temps, les hécatombes de 14-18

1. Le capitaine Roger Pérarnaud sera inhumé dans une fosse commune du parc Defontaine à Sommeilles, avec trois soldats non identifiés et quatre artilleurs du 313e RA : Neufint, Portier, Guillon et Guignard.

2. Dans son rapport, le lieutenant-colonel de Langalerie rend hommage au 21e RIC qui, dit-il, « n'a jamais abandonné le groupe Chénesseau, l'a toujours soutenu et protégé ».

3. Voir *Juin 1940, le mois maudit* (Fayard, 1980).

puisque, dans treize villages du front de la 6ᵉ DIC, on relève plus de 307 morts inhumés sur place. N'oublions pas le lieutenant Eloi Bordes, du 11ᵉ RI, tombé dans la même bataille du 14 juin et enterré avec vingt-trois soldats au village des Islettes, à l'est de Sainte-Menehould, ni les nombreux isolés disparus à jamais dans les marécages entre Givry-en-Argonne et Belval ainsi que ceux qui ne survivront pas à leurs blessures ou à la gangrène.

DEUXIÈME PARTIE

La retraite

CHAPITRE VI

« Nous n'avons pas compris pourquoi les Français détruisaient la forteresse. »

Le général Doyen commande le 18ᵉ corps, c'est-à-dire la droite de la IIᵉ armée qui présente l'avantage de s'appuyer sur le secteur fortifié de Montmédy (SFM). Or, le dimanche 9 juin, le jour où quatre divisions de la IIᵉ armée subissent les feux de la puissante offensive lancée sur l'Aisne par von Runstedt, le sigle SFM disparaît et cède la place à DLB, division légère Burtaire, du nom du général qui la commande.

Quelle conclusion en tirer ? Que les troupes de forteresse, voire les équipages d'ouvrages et de casemates vont faire mouvement en rase campagne dans les mêmes conditions qu'une division d'infanterie de type nord-est ? Il faudrait pour cela que la DLB ait perçu des véhicules, ait été recomplétée en chevaux de trait et surtout que les hommes soient entraînés à la marche, ce qui n'est pas le cas. Le général Freydenberg envisagerait-il le 9 juin un repli de toute son armée ? Sinon pourquoi constituer les unités de forteresse en division de marche ? Ce changement d'appellation ne semble pas affecter le général Burtaire qui, après avoir déjeuné ce jour-là à Montmédy avec le préfet de la Meuse, écrit dans ses notes personnelles : « Journée très calme. »

Exact dans la mesure où l'offensive allemande, à la même heure, atteint son paroxysme à l'ouest de la Meuse. Mais peut-on supposer que l'ennemi ne bougera pas à l'est de la rivière, devant la forteresse au front dégarni ? La veille, la 3ᵉ DIC du général Falvy a été retirée de la boucle de la Chiers et le 155ᵉ RIF du colonel Culot a repris la responsabilité du secteur, en liaison à gauche avec la 6ᵉ DINA. Le 10 juin, nouveau retrait, cette fois sur la droite du 18ᵉ corps : celui de la 3ᵉ DINA du général Mast qui, deux jours plus tard, embarquera, avec les retards que l'on sait, pour la région de Vitry-le-François. Le 132ᵉ RIF du lieutenant-colonel Blanchet passe sous les ordres de Burtaire dont la « division légère » comprend maintenant trois régiments d'infanterie de forteresse, un régiment d'artillerie aux munitions limitées (calibre 105), mais pas de groupe de reconnaissance et un déficit important en moyens de transport. En dépit de ces lacunes, il est probable que Burtaire ne pourra pas écrire de sitôt dans son petit carnet : « Journée très calme. »

Le mécanisme de l'abandon du secteur fortifié s'enclenche le mardi 11 juin, le général Doyen venant à la citadelle de Montmédy faire savoir à Burtaire « que l'évacuation des ouvrages et casemates est décidée pour le 13 au soir ». Informe-t-il Burtaire de la situation sur la gauche de l'armée et du mouvement de retraite entamé dans cette nuit du 10 au 11 juin ? C'est probable, mais Doyen a-t-il reçu des ordres pour brûler les étapes ? Burtaire en retire l'impression lorsque son supérieur lui expose la manœuvre envisagée : « Je pense que le départ pourra s'effectuer en deux temps. La nuit prochaine, nous abandonnerons le gros ouvrage du *Chesnois* et les casemates situées à l'ouest du secteur. Dans la nuit du 12 au 13, ce sera le tour des ouvrages de *Velosnes* et de *Thonnelle* avec leurs casemates. »

Burtaire souhaite une modification qui s'appuie sur des considérations tactiques.

« Il serait bon, dit-il, de laisser *Le Chesnois* en l'état jusqu'au dernier moment, car sa tourelle de 75 permet une protection de tout le terrain jusqu'à la casemate de *Margut*.

— C'est entendu ! Pour les munitions en stock, je vous envoie une vingtaine de camions. C'est tout ce que je peux faire. Il faut vider au maximum les magasins des ouvrages et casemates avant d'évacuer.

— Je vais mettre le capitaine Cossard, de mon 4e Bureau, sur l'affaire ! » répond Burtaire.

L'intention est bonne, mais croit-on vraiment sauver les réserves de munitions de la forteresse en moins de deux jours avec une vingtaine de camions ? Les seuls gros ouvrages du *Chesnois* et de *Velosnes* ont une dotation de 1 889 000 cartouches et *Thonnelle* en possède à peine 100 000 de moins. S'y ajoutent, bien entendu, les caisses de projectiles de 75, de 47 et de 25. En outre, des munitions laissées sur le terrain par les divisions d'intervalles lors de leur départ ont été récupérées par les équipages et sont allées grossir les stocks [1]. Le problème le plus urgent est celui des délais. Burtaire a-t-il réuni ses chefs de corps et leur a-t-il souligné l'urgence du mouvement à opérer ? Lui-même doit quitter son PC de Montmédy et s'installer à Louppy-sur-Loison, à une douzaine de kilomètres au sud.

Comment réagissent les colonels ? Les réactions de leurs subordonnés montrent qu'ils ne sont pas encore sortis de l'ambiance paralysante de la « drôle de guerre ». Le lieutenant Guilmin, officier de renseignements du 132e RIF, écrit le 11 juin que « le colonel a reçu une note aussi vague

1. Lors du départ du 21e RIC le 9 juin, l'ouvrage de *Thonnelle* a pris en compte 30 000 cartouches et des caisses de grenades abandonnées par les coloniaux.

qu'inquiétante, prescrivant d'envisager le cas où le régime aurait l'ordre de se replier ».

Guilmin fait sans doute allusion à l'ordre particulier n° 28 (2436S/3) adressé aux régiments de la DL Burtaire[1]. Il est « aussi vague qu'inquiétant » dans la mesure où il n'évoque le repli que sous forme d'une hypothèse. En effet, chaque colonel :

« 1° Commencera à alléger les ouvrages par le repli sur l'arrière d'une partie du matériel transportable de ces ouvrages.

2° Prendra toutes dispositions utiles en vue de préparer, dans le cas où il recevrait l'ordre de se replier :

a) Le repli du maximum de matériel transportable ;

b) Le sabotage du matériel qui ne pourrait être récupéré. »

Dans chaque sous-secteur, les commandants de compagnie comme les chefs de casemate devront « accuser réception et rendre compte des dispositions prises pour le 12 juin 1940 à 9 heures ». L'ordre n° 28 est-il lu avec attention par les subordonnés ? On a plutôt l'impression qu'il s'ajoute, dans les archives, aux piles de notes plus confidentielles les unes que les autres reçues depuis le début de la guerre. Une de plus ou de moins... D'ailleurs, que lit-on à la date du 11 juin dans le journal du I/132ᵉ RIF ?

« Aucun événement à signaler. »

Vers minuit, après quelques échanges téléphoniques assez vifs, l'état-major du 132ᵉ RIF, pour ne citer que lui, est sorti de sa léthargie, admettant enfin que « l'abandon possible de la position » dépassait la simple hypothèse.

Dans les ouvrages, c'est la même chose : ou les délais de transmissions des ordres sont exagérément longs, ou le commandement, c'est-à-dire l'état-major du général Burtaire, rechigne à annoncer l'évacuation après sabotage de l'ensemble du secteur. De toute façon, on sait déjà que l'opération va se dérouler sous le signe de l'improvisation. A 19 heures, à son PC souterrain de l'ouvrage du *Chesnois,* le capitaine Aubert reçoit communication de l'ordre d'évacuation des casemates situées à l'ouest du secteur : *Margut, Moiry, Sainte-Marie* et *Sapogne.* L'artillerie d'intervalle participera à l'opération, en particulier pour faciliter le départ de l'équipage de *Margut* où le lieutenant Labyt a signalé « qu'il était serré de près par l'ennemi ». D'exécution délicate dans l'obscurité, le mouvement s'échelonnera entre minuit et 3 heures du matin. Le 12 juin à l'aube, les casematiers passeront devant le bloc d'entrée du *Chesnois* et se dirigeront, à pied naturellement, vers Louppy-sur-Loison.

Pour le capitaine Aubert, réduit lui aussi aux hypothèses, l'abandon

1. Le lieutenant Tykoczinski, de la casemate de *La Higny,* a conservé la copie des ordres reçus à l'époque et les a communiqués à l'auteur en 1967.

des casemates implantées sur sa gauche correspond à un raccourcisse-ment du front. Rien d'autre! Toutefois, vers 10 heures du matin, il reçoit la visite du colonel Culot, du 155e RIF.

« Il me parle, à titre privé, d'un ordre d'abandon du secteur reçu de l'armée, rapporte Aubert, mais sans me préciser s'il serait partiel ou total. »

Toujours la notion de secret et les hypothèses. Qui partira? Qui restera? Aubert n'en sait rien, et cette ignorance est d'autant plus grave que l'ennemi ne reste pas inactif. Le lieutenant de la casemate de *Sapogne* ayant malgré les ordres incendié sa réserve de gaz-oil[1], les flammes ont attiré l'attention des Allemands qui ont envoyé des patrouilles en direction de la position fortifiée. Le 12 au lever du jour, le sergent Contamine a rendu compte depuis le bloc d'entrée du *Chesnois* que « les boches s'infiltrent dans le bois[2] ». Aubert a envoyé l'adjudant-chef Étienne et deux groupes entre Montlibert et le bloc d'entrée, mais il est probable que l'ennemi subodore l'évacuation prochaine de l'ouvrage. Dans l'après-midi, l'équipage du *Chesnois* enregistre un tué : le caporal Millet qui sortait par la poterne du bloc 1 avec le sergent Loup. Les Allemands se sont rapprochés des barbelés, mais auront-ils l'audace et la possibilité de poser des embuscades sur l'axe de repli de l'équipage en cas d'évacuation? Combien sont-ils qui se sont infiltrés dans le bois et harcèlent les deux groupes de l'adjudant-chef Étienne au PA du Mamelon encagé à plusieurs reprises par la tourelle de 75 du lieutenant Turpault? La question inquiète le capitaine Aubert qui ne se voit pas livrant un combat de nuit en sortant de l'ouvrage.

Le mercredi 12 juin, le général Burtaire déjeune à la popote du 132e RIF avec le lieutenant-colonel Blanchet, puis il se rend à Damvillers où le général Doyen l'a convoqué au PC du 18e corps. Dans l'attente du transport de sa division sur la gauche de la IIe armée, le général de Verdilhac, de la 6e DINA, assiste à l'entretien. D'entrée de jeu, Doyen fait savoir à Burtaire « que le retrait des troupes d'infanterie de la DLB doit se faire à un rythme accéléré ».

Si le commandant de l'ex-secteur fortifié de Montmédy s'imaginait venir chercher un contrordre au repli de la forteresse, il est déçu. Plus de « note aussi vague qu'inquiétante », mais une nécessité, celle d'accélérer un mouvement... qui n'est pas encore entamé. Doyen explique à Burtaire que la situation virant à la catastrophe en Champagne (la

1. On fera de même la nuit suivante au *Chesnois* et à *Velosnes*.
2. Les cinq blocs actifs du *Chesnois* sont au nord du village de Montlibert traversé d'est en ouest par la route Carignan-Longuyon, le bloc 7 (entrée mixte) étant dans un bois, au sud de la route.

Évacuation du Secteur fortifié de Montmédy

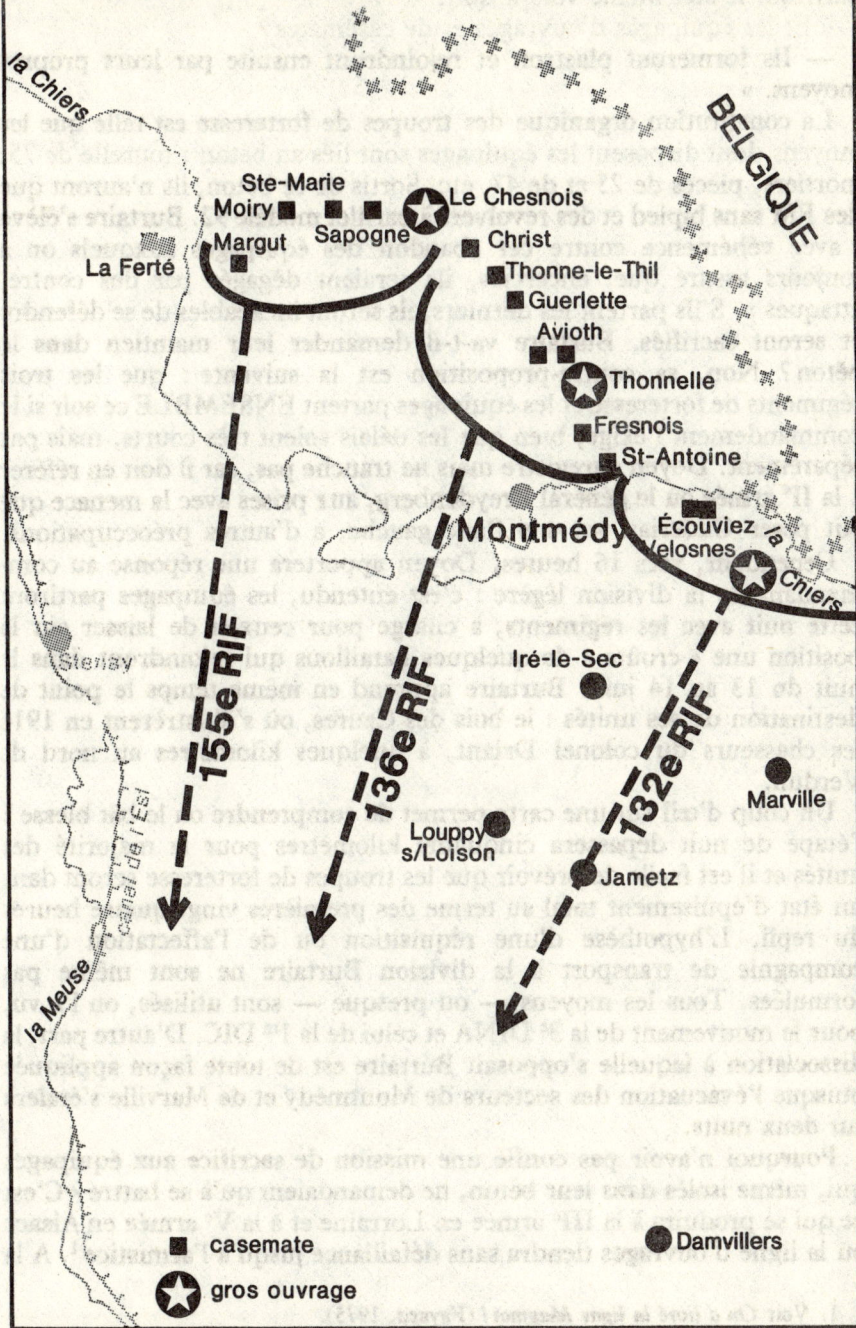

la Chiers

BELGIQUE

Ste-Marie
Moiry
Margut
Sapogne
Le Chesnois
Christ
Thonne-le-Thil
Guerlette
Avioth
Thonnelle
Fresnois
St-Antoine
Écouviez
Velosnes
la Chiers

La Ferté

Montmédy

Stenay

155e RIF

136e RIF

132e RIF

canal de l'Est

Iré-le-Sec

Marville

la Meuse

Louppy
s/Loison
Jametz

Damvillers

■ casemate

★ gros ouvrage

2ᵉ Panzer est entrée à Châlons-sur-Marne), les régiments de forteresse partiront le soir même vers le sud.

« Et les équipages d'ouvrages et de casemates ?

— Ils formeront plastron et rejoindront ensuite par leurs propres moyens. »

La constitution organique des troupes de forteresse est telle que les moyens dont disposent les équipages sont liés au béton : tourelle de 75, mortiers, pièces de 25 et de 47, etc. Sortis de ce béton, ils n'auront que des FM sans bipied et des revolvers à barillet modèle 92. Burtaire s'élève « avec véhémence contre cet abandon des équipages auxquels on a toujours assuré que, encerclés, ils seraient dégagés par des contre-attaques ». S'ils partent les derniers, ils seront incapables de se défendre et seront sacrifiés. Burtaire va-t-il demander leur maintien dans le béton ? Non, sa contre-proposition est la suivante : que les trois régiments de forteresse et les équipages partent ENSEMBLE ce soir si le commandement l'exige, bien que les délais soient très courts, mais pas séparément. Doyen enregistre mais ne tranche pas, car il doit en référer à la IIᵉ armée où le général Freydenberg, aux prises avec la menace que fait peser Guderian sur son flanc gauche, a d'autres préoccupations.

Cependant, vers 16 heures, Doyen apportera une réponse au commandant de la division légère : c'est entendu, les équipages partiront cette nuit avec les régiments, à charge pour ceux-ci de laisser sur la position une « croûte » de quelques bataillons qui rejoindront dans la nuit du 13 au 14 juin. Burtaire apprend en même temps le point de destination de ses unités : le bois des Caures, où s'illustrèrent en 1916 les chasseurs du colonel Driant, à quelques kilomètres au nord de Verdun.

Un coup d'œil sur une carte permet de comprendre où le bât blesse : l'étape de nuit dépassera cinquante kilomètres pour la majorité des unités et il est facile de prévoir que les troupes de forteresse seront dans un état d'épuisement total au terme des premières vingt-quatre heures du repli. L'hypothèse d'une réquisition ou de l'affectation d'une compagnie de transport à la division Burtaire ne sont même pas formulées. Tous les moyens — ou presque — sont utilisés, on l'a vu, pour le mouvement de la 3ᵉ DINA et celui de la 1ʳᵉ DIC. D'autre part, la dissociation à laquelle s'opposait Burtaire est de toute façon appliquée puisque l'évacuation des secteurs de Montmédy et de Marville s'étalera sur deux nuits.

Pourquoi n'avoir pas confié une mission de sacrifice aux équipages qui, même isolés dans leur béton, ne demandaient qu'à se battre ? C'est ce qui se produira à la IIIᵉ armée en Lorraine et à la Vᵉ armée en Alsace où la ligne d'ouvrages tiendra sans défaillance jusqu'à l'armistice [1]. A la

1. Voir *On a livré la ligne Maginot !* (Fayard, 1975).

IIe armée, en dépit des ordres de Georges et de Weygand, Freydenberg décide le sabordage, c'est-à-dire la plus mauvaise solution. L'adversaire lui-même sera surpris. « Nous n'avons pas compris, dira l'*Oberst* Pretzell, pourquoi les Français détruisaient leur forteresse. Nous aurions perdu un temps précieux à la réduire avant de nous lancer à la poursuite des régiments en retraite [1]. »

Dans le sous-secteur du 132e RIF, les chefs de casemate ne comprennent plus : le lieutenant-colonel Blanchet leur adresse une note sur l'évacuation de la position qui les oblige à fractionner leur équipage en deux.

« Dans la nuit du 12 au 13 juin, écrit le lieutenant Tykoczinski, de la casemate de *La Higny,* je devais faire sortir le maximum de personnel et de matériel. Je ne gardais que les hommes de service aux pièces avec lesquels je partais la nuit suivante après sabotage. »

A l'ouvrage de *Thonnelle,* le capitaine de Gatellier reçoit vers 17 heures un télégramme chiffré dont le contenu doit être transmis aux casemates qui lui sont rattachées sur le plan tactique : *Avioth, Fresnois* et *Saint-Antoine.*

« Dans un premier temps, note le lieutenant Stabler, officier adjoint, la moitié de l'équipage part le 13 juin à 1 heure du matin, mais l'autre moitié évacuera en plein jour, le 14 juin à 13 heures, après avoir détruit les installations. »

Le télégramme précise également que des camions viendront enlever les munitions le soir même à 21 heures. Le point de destination où s'effectuera le regroupement est fixé : Marville, à douze kilomètres au sud-est de Montmédy. Réunissant officiers et responsables des blocs, le capitaine de Gatellier leur apprend la nouvelle. « Cela m'a fait l'effet d'un coup de poing ! » dira le sergent Lecocq, chef du bloc 2. L'heure n'est pas aux états d'âme, mais au travail. Composé des hommes chargés de famille et du personnel non indispensable, le premier détachement est confié au lieutenant Arnould qui devra attendre le second à Marville. Au *Chesnois,* le capitaine Aubert reçoit le télégramme chiffré à 19 heures. Décodé par le lieutenant Dumont, il surprend tous les cadres par son contenu : évacuation des deux tiers du personnel le 13 à 2 heures du matin et le reste de l'équipage la nuit suivante. A *Velosnes,* le capitaine de Sachy reçoit les mêmes instructions et fait aussitôt constituer le premier détachement pendant que des corvées commencent à sortir les caisses de munitions qui vont s'accumuler devant le bloc d'entrée où elles attendront les camions annoncés par le général Burtaire. La même opération se déroule à *Thonnelle* où « l'activité est

---

1. L'*Oberst* Pretzell appartenait à l'état-major de la *71e ID,* et l'auteur l'a rencontré chez lui, à Cologne, en 1968.

fébrile, dit le lieutenant Stabler. Les caisses de cartouches s'entassent dans la galerie, près de l'ascenseur du bloc d'entrée, et on commence à les monter à l'extérieur ».

A 21 heures, au PC souterrain du *Chesnois*, le capitaine Aubert prend connaissance d'un message téléphoné qui change les données du problème : l'équipage part bien en deux détachements, mais dans la même nuit du 12 au 13 juin. La forme inusitée de la transmission incite Aubert à la méfiance. « Je réclame une confirmation écrite, rapporte-t-il. Réponse : impossible, les routes de l'arrière ne sont pas sûres. Le général Burtaire vient personnellement à l'appareil. Je connais sa voix. Il me confirme l'ordre d'abandon et me promet un ordre écrit plus tard. »

Le lieutenant Naulet, qui conduira le premier détachement à Marville, recommande aux hommes de ne pas se charger de choses inutiles ; les étapes risquent d'être longues... Si Naulet savait à quel point elles vont être longues ! A *Thonnelle,* le même message téléphoné est confirmé depuis Montmédy par le commandant Georgin, chef d'état-major de la division Burtaire. Le départ du premier groupe est fixé à minuit. Avec les délais de transmission, les chefs de casemates ne seront pas en possession des ordres avant 23 heures, il leur restera une heure pour effacer neuf mois de « drôle de guerre », saboter armes et matériel et plier bagages. Ces délais ridicules laissent prévoir de sérieux retards.

Dans les régiments, les préparatifs traînent en longueur, mais la force d'inertie de certains cadres s'ajoute aux délais trop courts imposés par Burtaire, qui a pourtant été informé dans l'après-midi « que le retrait des troupes devait s'effectuer à un rythme accéléré ». Au 132ᵉ RIF, par exemple, le lieutenant-colonel Blanchet a reçu l'ordre de départ à 11 heures, mais son état-major n'a pas compris que le temps presse puisque le capitaine Babault, du 1ᵉʳ bataillon, recevra copie de l'ordre à 18 heures, soit SEPT heures après sa réception au PC du régiment... où Burtaire, rappelons-le, est venu déjeuner à midi. Au III/132ᵉ RIF, le lieutenant Babin rapporte que, « vers 18 h 30, le capitaine Petit, de la 2ᵉ compagnie, est venu le prendre pour aller à Villers-le-Rond recevoir les ordres du commandant Cazal ». Au IIᵉ bataillon, le commandant Rigaud croit bien faire en téléphonant, en termes prudents, à ses compagnies étalées sur la position. « C'est pour cette nuit, les détails figurent sur l'ordre écrit qui va vous parvenir ! » dit-il au capitaine Davrainville, de la CM 6.

Ce dernier qualifie cette manière d'agir de « désinvolte ». Il doit en effet commander le détachement d'arrière-garde, mais Rigaud ne lui laisse ni secrétaire, ni observateur, ni agent de liaison. « Il n'accepte même pas de me rédiger un ordre écrit définissant cette mission particulière ! » proteste Davrainville.

Au II/155ᵉ RIF, le commandant de Saint-Méloir apprend qu'il doit replier son bataillon par le lieutenant-colonel Henry qui a été convoqué au PC Burtaire pour 18 heures[1]. Comme il est 23 heures, on remarque que Henry a mis CINQ heures pour se rendre à Montmédy, recevoir ses ordres et venir les transmettre à ses bataillons.

« Ordre de repli général. Exécution immédiate. Voilà les dernières nouvelles ! » note Saint-Méloir dans ses carnets avant de faire rédiger l'ordre nº 2150 qui est envoyé aux compagnies à 23 h 50[2]. Pour l'essentiel, il se résume à ceci : emporter tout l'armement et le maximum de munitions, exécuter le mouvement en silence et sans lumière, se camoufler des avions, penser aux chars (sic) et enterrer les munitions qui ne peuvent être emportées. Le départ aura lieu entre 2 et 3 heures du matin.

On remarque que l'obsession des *Panzers* (« Penser au chars ») reste enracinée dans l'esprit des cadres supérieurs, alors que la division Burtaire n'a jamais eu d'unité blindée devant elle sur la position fortifiée et n'en aura pas davantage derrière elle durant la retraite. Quant à supposer qu'avec deux heures devant eux, les hommes vont prendre le temps de creuser des fosses pour enterrer le surplus des munitions, il ne faut pas y songer. Les caisses de cartouches, de grenades, d'obus de 25 et de mortiers iront s'engloutir dans la Chiers, la Loison et l'Othain. Il en restera même un certain nombre dans les abris et tranchées du secteur.

« Point de première destination, écrit Saint-Méloir : Damvillers. »

Avec les voiturettes chargées à refus et leur barda sur le dos, les hommes vont s'offrir une première étape d'une cinquantaine de kilomètres. Il est même probable qu'ils en feront dix ou quinze de plus pour s'aligner sur le bois des Caures, devant Verdun, puisque le général Burtaire doit y constituer un front de combat. Comment Freydenberg a-t-il pu supposer que des soldats ne sachant pas marcher couvriraient soixante à soixante-dix kilomètres d'une seule étape et seraient aptes à creuser leurs emplacements puis à se battre en arrivant ? L'attention des officiers n'est même pas attirée sur l'effort exceptionel qui va être exigé de la troupe, d'où nécessité pour eux de veiller à l'ordre et à la discipline. Dans certains bataillons, on se croit aux grandes manœuvres de l'avant-guerre ! Au I/132e RIF, le lieutenant Babin quitte son point d'appui à 3 heures du matin et rejoint le point de regroupement fixé par le capitaine Babault vers 7 heures.

« Là, écrit Babin, les hommes se reposent le reste de la matinée et prennent leur repas de midi. Vers 14 heures, le bataillon se met en route. »

1. Henry vient de succéder au colonel Culot qui commandera pendant la retraite l'infanterie de la division.
2. Le lieutenant-colonel de Saint-Méloir a conservé les ordres originaux de cette période et il a bien voulu les communiquer à l'auteur.

Alors que les ordres, maintes fois répétés, préconisent les déplacements de nuit en raison des attaques aériennes de jour, voilà un bataillon qui, après avoir parcouru une douzaine de kilomètres, s'octroie une sieste de SEPT heures avant de repartir vers le sud. Burtaire ne sera pas satisfait. « La position qui devait être occupée au lever du jour, écrit-il, ne le sera en réalité que dans l'après-midi. Les hommes arriveront exténués. »

A Louppy-sur-Loison, son nouveau PC, le général s'est fait réveiller à 2 heures du matin. « Nous quitterons Louppy à 4 heures pour nous arrêter à Iré-le-Sec et voir passer les colonnes ! » a-t-il confié au capitaine Nicollet, du 3ᵉ Bureau.

Le pont de la Loison doit sauter à 3 h 50 et Tapin, le chauffeur du général, est déjà au volant de sa voiture. Le temps est lourd, orageux et la pluie menace. Dans leur capote, les hommes vont transpirer...

« Des nouvelles de l'évacuation des ouvrages ? demande Burtaire.

— Les premiers détachements sont partis dans les conditions prévues ! » répond Nicollet sans autre commentaire.

Les équipages des ouvrages et casemates ne pourront jamais oublier la nuit du 12 au 13 juin 1940. Parce qu'ils n'ont jamais compris — ni admis — le bien-fondé des ordres exécutés cette nuit-là ! Saborder, casser, broyer, noyer, incendier ce qui était, depuis le début de la guerre, leur cadre de vie. A *Thonnelle,* le sergent Lecoq parle d'un « véritable sacrilège ». Chaque arme, mitrailleuse ou canon, était entretenue avec passion, dans l'attente du jour où l'ennemi attaquerait. « Le bon ouvrier a toujours de bons outils ! » se plaisait à dire le capitaine de Gatellier. Maintenant, pour Lecoq, c'est le « sacrilège ».

« Clé à molette et marteau en mains, raconte-t-il, chacun brise quelque chose, les lunettes de pointage, les épiscopes ; les pièces essentielles des mitrailleuses sont retirées et jetées dans le puits. Le canon de 25 est faussé et l'on piège des grenades dégoupillées un peu partout. »

Lorsque l'intérieur du bloc est dévasté et ressemble à un chantier de démolition, les hommes s'engagent dans l'escalier. Sans dire un mot. « Je sors le dernier, ajoute Lecoq, le cœur gros, et quand je me retourne sur ce désastre les yeux me piquent, bêtement... »

Au bloc 4, le lieutenant Tayot ne peut se résoudre à saboter son canon de 47 flambant neuf. Il n'a jamais utilisé un seul des cinq cents projectiles en stock. C'est le moment ou jamais ! Les servants sont à leur poste et, sur l'ordre de Tayot, ils tirent une dizaine d'obus dans l'obscurité. Lorsque le canon se tait, on procède au « sacrilège » : les filetages de la culasse sont martelés et on la jette dans l'égout principal. Les servants de la Reibel ne veulent pas être en reste et ils brûlent quelques boîtes-chargeurs, ne s'arrêtant qu'au moment où les tubes passent du rouge au blanc. Le fait d'appuyer sur la détente apaise au fond d'eux-mêmes le sentiment de révolte qui leur a fait serrer les poings lorsqu'ils ont reçu l'ordre de sabotage.

« Armés de masses et de haches, note Stabler, l'officier adjoint, les sapeurs détruisent les installations électromécaniques. C'est une frénésie générale ! Les appareils d'optique sont pulvérisés et les culasses faussées vont à l'égout. »

L'atelier, où chaque dimanche un sapeur, l'abbé Martinet, célébrait la messe, est méconnaissable : un ouragan ou une avalanche le traversant n'auraient pas causé plus de dégâts. Le point final sera mis aux destructions par l'obturation du collecteur des eaux usées. La source qui alimente l'ouvrage débitant 16 000 litres/heure, l'inondation achèvera l'œuvre des hommes. A 23 h 30, empruntant la route stratégique dite « route des Espagnols », le détachement précurseur du lieutenant Arnould quitte l'ouvrage. Il est entendu que l'officier jalonnera l'itinéraire en laissant un soldat à chaque carrefour.

« Et les munitions ? » demande le lieutenant Calvi au capitaine de Gatellier.

La question en masque une autre, la vraie : et les camions promis, quand vont-ils arriver ? Près d'une centaine de caisses de cartouches et d'obus ont été montées au bloc 3 et sont empilées sur l'esplanade, devant l'entrée. Dans deux jours, les Allemands n'auront que le mal de les enlever ainsi que devant les autres ouvrages et casemates, car aucun camion ne se présentera au cours de la nuit. En tenant compte des cartouches consommées, il en reste plus de SIX MILLIONS pour l'ensemble du secteur auxquels s'ajoutent des milliers d'obus, les canons de 25 et de 47 disposant chacun d'une dotation de cinq cents projectiles. Tout ce qui n'a pas été sorti des ouvrages sera englouti au moment de l'inondation finale.

Au *Chesnois,* vingt-deux mitrailleuses dont quatre sous tourelle, quatre pièces de 47 et cinq de 25 ont été sabotées. On entend encore les départs de 75 de la tourelle du bloc 5 dont les servants ont reçu l'ordre de tirer « jusqu'à l'achèvement des destructions ». Trop sollicité, un des tubes du jumelage se taira définitivement vers minuit[1]. La galerie principale est faiblement éclairée, et, depuis que les organes de ventilation ont été brisés, les hommes portent le masque à gaz, en se déplaçant, les mains en avant, comme des aveugles. Placé sous les ordres du lieutenant Naulet, le premier détachement a quitté *Le Chesnois* sans être inquiété. Dans un sens, les tirs de la tourelle de 75 rassurent les Allemands : leur adversaire est toujours là !

1. Les deux tubes ont été changés le 20 mai, deux jours après la chute de l'ouvrage de *La Ferté,* au profit duquel ils avaient tiré plus de 6 000 coups... avant qu'il ne fût attaqué.

« Rendez-vous à Marville ! » a répété le capitaine Aubert à Naulet qui a environ vingt-cinq kilomètres à parcourir.

Aubert prévoit de sortir le dernier, avec les hommes du bloc d'entrée et le piquet de destruction du lieutenant Busch. Celui-ci portera le dernier coup à l'ouvrage lorsque les 300 hommes d'équipage l'auront quitté ; il vidangera les diesels de l'usine et les fera tourner sans huile à plein régime avant de mettre le feu aux réservoirs de gazoil dont les robinets seront laissés ouverts. Mais, vers 1 heure du matin, le lieutenant Ackermann alerte le capitaine Aubert : « Il y a des boches dans le réseau de rails et leur artillerie cherche à les masquer avec des fumigènes. »

Aubert s'interroge : l'ennemi soupçonne-t-il l'abandon prochain de la position fortifiée ? Au bloc 5, le lieutenant Turpault fait tirer le dernier 75 à boîte à mitraille à deux cents mètres. Des FM vident des chargeurs dans les barbelés et, pendant que l'adjudant-chef Étienne évacue discrètement le « Mamelon », un deuxième détachement franchit la grille du bloc d'entrée avec le lieutenant de Looz. Pas un coup de feu ne le salue. Ackermann a-t-il été victime d'une hallucination ? Dans le climat de nervosité qui règne au *Chesnois* ce n'est pas impossible ! Maintenant, l'ouvrage agonise : la tourelle de 75 se tait. A jamais ! Lorsque les moteurs s'arrêtent, les ampoules de la galerie s'éteignent et les coups de lampe de l'équipe du lieutenant Busch se rapprochent de la sortie. L'officier a occulté la grille de l'égout collecteur avec des sacs de ciment et l'eau se répand dans l'ouvrage. Le capitaine Aubert a fait éventrer les soutes de gasoil à la hache, ce qui décuple le débit des robinets. Busch dégoupille une grenade incendiaire et la jette dans la nappe visqueuse. *Le Chesnois* va mourir.

A *Velosnes*, l'équipage de 326 hommes est amputé d'un bon tiers depuis le départ du premier détachement placé sous les ordres du lieutenant Hennequin. Le capitaine de Sachy, qui dissimule mal son émotion, a décidé de procéder à une destruction de l'ouvrage par explosion en employant le stock de projectiles de 75. C'est le lieutenant Pradoura, du génie, qui va mettre au point l'opération. « J'ai fait bourrer les fourneaux des galeries, dit-il dans son rapport, rassembler 10 000 coups de 75, les ai fait empiler autour d'un pétard de 10 kilos pendant que le personnel détruisait les armes, les moteurs, la ventilation, le téléphone, etc. Après sabotage des canons de 75, tourelle en batterie, le contrepoids a été coupé au chalumeau. »

Vers 1 heure du matin, *Velosnes* est une épave à laquelle on va porter le coup mortel. Le capitaine de Sachy fait vérifier l'état d'effectif par les officiers et les chefs de bloc. Alors que Pradoura s'apprête à faire sauter l'ouvrage, le moment serait mal choisi de signaler un manquant. Tous les hommes répondent à l'appel de leur nom et, dans un ordre relatif, se regroupent pour se former en colonne. Derrière eux, le peloton de destruction ouvre les vannes des cuves de gasoil et un sapeur vide un bidon de pétrole sur l'épais liquide pour qu'il s'enflamme plus rapidement. L'équipe du lieutenant Pradoura se hâte vers la sortie, mais l'officier se demande comment les choses vont se passer, car il dispose seulement d'une dizaine de mètres de fil pour enclencher l'exploseur. Il les tire au maximum et éloigne ses sapeurs. Resté seul, les yeux fixés sur la grille d'entrée, il presse le contact. D'une extrême violence, l'explosion semble se prolonger sous terre par une série d'éclatements sourds qui font vibrer le sol sous ses pieds. Au moment où Pradoura s'éloigne en courant, une énorme torche de gaz enflammé est projetée au-dehors par l'effet de souffle. *Velosnes* a vécu.

A *Thonnelle,* des coups de feu se succèdent entre les parois de béton. Lorsque le capitaine de Gatellier demande des explications, on lui répond que « l'adjudant Canavaggio fait percer au fusil les conserves et les réserves de vin ». Les fûts laissent échapper le « gros rouge » qui se mêle dans les rigoles aux médicaments jetés par le médecin-lieutenant Cauet. A 23 h 45, l'équipage reçoit l'ordre de se diriger, bloc après bloc, service par service, vers la sortie où s'effectuera le regroupement. Traversant l'ouvrage, évitant de regarder le matériel brisé dont le sol est jonché, les hommes marchent vers l'extérieur. Soudain...

« Ça sent le brûlé » ! affirme le caporal-chef Gazonnois qui s'arrête.

Une fumée qui s'épaissit rapidement se répand dans le PC et la caserne souterraine. Le feu ! Devant la perspective d'un incendie et songeant aux nombreuses munitions restées dans les blocs, les hommes refluent. Le mouvement va-t-il dégénérer en panique ? De Gatellier et le lieutenant Stabler courent jusqu'à l'usine où ils constatent que le personnel du PC chargé de détruire les archives accumulées pendant les neuf mois de « drôle de guerre » a enfourné les documents dans la chaudière qui s'est révélée de capacité insuffisante. Comme le temps pressait, les secrétaires ont allumé un grand feu, à même le sol, à côté de la réserve de douze tonnes de charbon... auxquelles les flammes viennent de se communiquer.

« Faites passer l'ordre de mettre les masques ! » commande Stabler pendant que les sapeurs de l'ouvrage accourent à la rescousse. Ils élèvent une murette de sacs à terre devant la chaufferie, mais l'incendie, puisant toute sa force dans le charbon, prend de l'extension et oblige les « sauveteurs » à reculer.

« Pour comble de malheur, écrit Stabler, l'ascenseur est bloqué, portes ouvertes, à mi-course. Il est chargé des cantines et des caisses de comptabilité. »

Les soldats qui louchent vers l'ascenseur à travers les hublots de leur masque regrettent surtout les 5 000 francs de boni du foyer dont le commandant d'ouvrage a remis la répartition à plus tard. Ils brûleront avec le contenu des caisses. Quelques téméraires ont essayé d'emprunter l'escalier en colimaçon qui double l'ascenseur, mais la cage de celui-ci fait cheminée et l'épaisse fumée est infranchissable.

« On évacue par la poterne du bloc 1 ! » décide Gatellier.

C'est le bloc le plus proche, mais dans la galerie enfumée, l'encombrement est indescriptible. Chargés de paquets mal ficelés, de valises et certains poussant leur bicyclette, les hommes se bousculent. La crainte du feu est plus forte que la discipline.

« Pressez-vous, leur recommande le lieutenant Calvi, il n'y a plus qu'un diesel qui tourne et, comme il est vidangé, il peut s'arrêter d'une minute à l'autre. »

Ce qui signifie que les ampoules de la galerie s'éteindront. Chaque soldat a perçu une lampe de poche, mais il est tout de même préférable d'atteindre le bloc 1 au plus vite. D'autant qu'un nouveau danger apparaît : l'adjudant Boulanger a tenté de faire sauter la chambre de tir et les flammes commencent à lécher les caisses de cartouches. On s'écrase dans l'escalier, on abandonne bicyclettes et ballots tandis que les premiers lots de cartouches explosent. Comment l'équipage s'est retrouvé dehors, sans un mort, sans un blessé, personne ne pourra jamais le dire.

Dernier obstacle à franchir : la nappe de barbelés, avec ses pointes d'acier qui émergent de vingt centimètres au-dessus du sol. En pleine nuit, c'est un exploit ! On ne compte plus les capotes et les pantalons déchirés par le fil ronce ni les bagages perdus ou abandonnés dans le réseau, mais une nouvelle fois, l'équipage se tire indemne de ce mauvais pas et, sur l'esplanade, le capitaine de Gatellier rétablit un semblant d'ordre. Au loin, vers *Le Chesnois,* des rafales se succèdent et des fusées éclairantes montent dans la nuit. La pluie ruisselle sur les caisses de munitions que les camions du capitaine Cossard devaient emporter. Tandis que les hommes se rassemblent, on entasse dans une camionnette du 155e RIF des émetteurs radio et les cantines des officiers. Il est un peu plus de 1 heure, le 13 juin, lorsque la colonne s'ébranle.

« Pour régler l'allure et empêcher les fuites intempestives, dit Stabler, je prends la tête. Calvi, qui est resté pour faire sauter les galeries, fermera la marche. »

Le capitaine de Gatellier chemine en silence, sombre, préoccupé. Que doit-il éprouver à cet instant, lui qui écrivait quinze jours plus tôt à son épouse : « Les ouvrages doivent résister à tout prix, jusqu'au bout, à outrance et au-delà... » Le projet de résistance « à outrance » se brise sur un abandon sans gloire, sous une pluie tiède qui traverse lentement les uniformes de drap.

Au sud du village de Montlibert, le détachement du *Chesnois* conduit par le capitaine Aubert a traversé le secteur boisé sans faire de mauvaise rencontre. Le peloton de tourelle de l'adjudant-chef Planchon a tourné en rond pendant une heure, mais il a finalement rejoint la colonne qui a pris la direction de Marville sous la pluie. Vers 3 heures du matin, quelque part vers l'arrière, de grandes lueurs accompagnées d'explosions sourdes ont éclairé le ciel. Sans doute les blocs du *Chesnois* qui sautaient ! Quelques hommes ont tourné la tête, mais ils n'ont fait aucun commentaire.

Vers 6 heures, en plein jour, la Chiers est traversée au pont de Montmédy où deux sapeurs qui se plaignent des tirs de harcèlement de l'artillerie allemande attendent avec impatience l'ordre de mise à feu. Un peu plus loin, à l'entrée d'Iré-le-Sec, une voiture s'arrête à la hauteur du capitaine Aubert : c'est le lieutenant-colonel Henry, du 155e RIF.

« Naulet et de Looz vous précèdent d'environ une heure, dit-il au chef du détachement. En forçant un peu l'allure, vous les rattraperez facilement. »

Aubert fait accélérer la cadence et, malgré la charge qui leur scie les épaules, les soldats — une cinquantaine — tiennent le rythme jusqu'à Marville... où ils ne sont pas fâchés de marquer une pause. Le capitaine Aubert apprend que Naulet a poursuivi sa route en direction de Damvillers, à vingt-deux kilomètres. Pourquoi n'a-t-il pas attendu le dernier détachement comme il en avait reçu l'ordre ? Dans son rapport, Naulet affirme « qu'il a été doublé par un camion d'éclopés parmi lesquels il a reconnu son capitaine ».

Disposant de deux camionnettes, le lieutenant Dumont recueille effectivement les hommes à bout de forces ou blessés aux pieds, restés le long de la route. Aubert n'est pas parmi eux et il se dirige vers Damvillers, entraînant sa colonne que les lieutenants Borel et Mabille du Chesne sont venus grossir avec les casematiers du *Christ* et de *Guerlette*. Ceux de la casemate de *Thonne-le-Thil* sont encore dans la nature, traînant la semelle derrière leur « chef », le lieutenant Guiard.

Lorsque l'équipage de *Thonnelle* entre dans la ville basse de Montmédy, la pluie n'a pas cessé de tomber et, sur les rives de la Chiers, une succession d'éclairs blancs indique que l'artillerie allemande tient les points de franchissement sous son feu. La colonne est guidée par le sergent Salmon, originaire de Montmédy, qui marche en tête avec le lieutenant Stabler. Au pont de la rivière, les sapeurs confirment au capitaine de Gatellier, qui arrive avec Grosbie, un autre Meusien, que le détachement du lieutenant Arnould est passé une heure plus tôt, se dirigeant vers Marville.

« Soudain, raconte Stabler, nous sommes au milieu des éclatements d'obus. On ne peut pas reculer ni aller à droite ou à gauche. Il faut suivre la voie ferrée qui enjambe la Chiers. »

A travers la pluie, les éclairs des explosions et les coups de lampe donnés — malgré les ordres — par les hommes, éblouissent ceux qui cherchent leur chemin d'un pied prudent sur le tablier endommagé par les projectiles. On perçoit des cris, des appels à l'aide : des soldats sont tombés à l'eau, des bagages et même deux FM disparaissent dans la Chiers. Lamothe est tué et plusieurs blessés, dont le chef Hermann, sont transportés sur l'autre rive. Le pont est à peine franchi que les salves éclatent dans la tranchée du chemin de fer, comme si les artilleurs allemands connaissaient l'itinéraire suivi par l'équipage. A chaque sifflement, c'est la débandade et tout le monde se jette à terre. Puis on repart aussi vite que possible. Au carrefour de Ratentout, deux cadavres déjà raidis sont allongés au bord de la route : deux casematiers tués par le même obus.

Lorsque le jour se lève, les séquelles de la nuit apparaissent : capotes déchirées, boueuses, mains et visages égratignés, blessures légères... Au regroupement de Marville, le capitaine de Gatellier apprend, lui aussi, que le premier détachement commandé par le lieutenant Arnould ne l'a pas attendu.

« Que fait-on des mitrailleuses ? » demande le lieutenant Calvi avec insistance.

De Gatellier a fait emporter plusieurs jumelages Reibel, mais, sans affût ni chargeurs, ils alourdissent la colonne déjà marquée par la fatigue et les émotions de la nuit.

« Démontez-les et dispersez les pièces ! » décide le capitaine à qui des sapeurs rendent compte que l'équipage de *Velosnes* est déjà passé ainsi que le capitaine Olivié avec les casematiers d'*Écouviez*. D'autres se présentent et se joignent à la colonne de *Thonnelle :* le lieutenant Dupire (*Saint-Antoine*), le lieutenant Cantineaux (*Fresnois*) et le lieutenant André (*Avioth*). Maintenant que le jour est levé, des vestiges d'attaques aériennes récentes apparaissent le long de la route : véhicules calcinés, cadavres de chevaux au ventre gonflé, entonnoirs de bombes... Rendus nerveux par ce spectacle, les hommes se ruent vers le bosquet le plus proche au moindre ronronnement dans le ciel, ce qui retarde la colonne. En outre, ils récupèrent dans les villages traversés des brouettes, des voitures d'enfants ou des charrettes à bras sur lesquelles ils empilent barda, armes et munitions.

« Nous atteignons Damvillers harassés, avoue le lieutenant Stabler. Ravitaillement : nul. Ordres : néant. »

Pour accompagner les biscuits tirés des sacs, un caporal découvre dans une épicerie, pourtant vidée de ses marchandises, un cornet de dragées et un bocal de cerises. Des éléments du 136e RIF font aussi la pause dans la localité pendant que des artilleurs chargent des caisses d'obus sur leurs camions. Passe une colonne du 11e Étranger qui se dirige sur Verdun. Cela fait beaucoup de monde dans la traversée de Damvillers.

Si les *Stukas* tombaient du ciel, le service de santé ne manquerait pas de travail. Aussi, le capitaine de Gatellier conduit-il son équipage à la sortie de la localité, dans un petit bois traversé par un ruisseau où la grand-halte se prolonge jusqu'à 15 heures. Il faut ensuite repartir, toujours à pied, toujours sans ordres. Le soleil est revenu, séchant les capotes alourdies par la pluie. Épuisés, les hommes échappent à leurs cadres : ils se hissent sur des attelages d'artillerie, montent dans des voitures de passage, se laissent tirer par des charrettes paysannes. La colonne se désagrège, la discipline de marche ne peut plus être respectée. Une Citroën s'arrête à la hauteur du capitaine de Gatellier ; c'est le capitaine Courrèges, du centre d'instruction. « La résistance se prépare devant Verdun, annonce-t-il, et vous recevrez des ordres à Ornes ou à Maucourt. »

Il est déjà reparti quand les officiers de *Thonnelle* trouvent Maucourt sur la carte : vingt kilomètres au sud de Damvillers. A l'entrée de Grémilly, le lieutenant Hiegel, de l'ouvrage de *Velosnes*, fait savoir que le regroupement s'opère à Ornes. Le désordre s'étend, car une partie du détachement a continué sur Maucourt et l'on ne compte plus les soldats qui ont disparu avec le véhicule sur lequel ils se sont hissés.

« Aucun contrôle n'est plus possible, reconnaît le lieutenant Stabler, les hommes exténués s'arrêtant partout ou sautant sur n'importe quoi, pourvu que ça roule ! »

Dans la soirée du jeudi 13 juin, la 2ᵉ compagnie d'équipages d'ouvrages, dont les effectifs accusent une forte baisse, fait enfin son entrée à Ornes où elle doit cantonner. Détruit en 1916, le village se compose de baraquements « provisoires » édifiés une vingtaine d'années auparavant, et de l'église qui porte encore les cicatrices de la dernière guerre. Grâce au lieutenant Ferrero, officier d'approvisionnement du II/155ᵉ RIF, les équipages percevront des vivres qui leur permettront de prendre un repas décent. Puis chacun s'enroulera dans sa toile de tente ou sa capote et, hormis quelques débrouillards qui ont trouvé de la paille, tout le monde dormira sur le sol détrempé, les baraquements d'Ornes étant occupés par un état-major d'artillerie et les « tringlots » d'un parc automobile.

Vers midi, le détachement du capitaine Aubert n'était encore qu'à Delut, à neuf kilomètres au sud de Marville. Alors qu'ils approchent de Vittarville, les sapeurs font sauter le pont de la Loison et il faut traverser la rivière sur les débris de l'ouvrage. Les hommes traînent la jambe et, au fil des kilomètres, ils s'allègent du superflu, quand ce n'est pas de l'indispensable, dans les fossés de la route. L'absence d'ordres les démoralise autant que la longueur d'une étape dont ils ignorent encore le point terminal. Vers 17 h, en arrivant à Damvillers, l'équipage du

Chesnois a plus de quarante kilomètres dans les jambes, et... le lieutenant Naulet n'a pas été rejoint. Avec les autres officiers du détachement, de Looz, Turpault, Ackermann, Busch et Vandeputte, « ils feront 180 kilomètres en 52 heures pour retrouver des éléments amis », écrit Naulet [1].

Des casematiers épuisés se sont arrêtés en chemin et lieront leur sort à des unités rencontrées en chemin ; ce sera le cas du lieutenant Mabille du Chesne, de la casemate de *Guerlette,* qui entraînera le lieutenant Guiard ainsi que ses hommes et se battra à Frouard avec le III/167e RI. Le lieutenant Borel et ses casematiers se trompent de route entre Marville et Damvillers ; marchant le jour comme la nuit, ils traverseront Toul, se dirigeront sur Neufchâteau, reviendront vers Épinal avant de se faire prendre le 23 juin, « déguenillés, hébétés, abrutis par cette fuite incompréhensible » (rapport Borel). Il est évident que l'évacuation des ouvrages et casemates, improvisée dans des délais trop courts, est un échec complet. Les équipages n'ont pas été commandés avec fermeté, ils ne se sont pas sentis intégrés à un mouvement d'ensemble, personne ne s'est soucié de les ravitailler et surtout de réduire leur fatigue. Pris en pitié par des cavaliers, le détachement Aubert sera transporté en camions de Damvillers à Romagne-sous-les-Côtes. Dans cette localité, le capitaine Cossard, de l'état-major Burtaire, leur fait délivrer un repas froid et annonce à Aubert... qu'il faut repartir sur Bezonvaux où l'on regroupe les équipages. De Romagne-sous-les-Côtes à Bezonvaux : encore dix-huit kilomètres. Atteignant lui-même la limite de la résistance humaine, le commandant du *Chesnois* trouve encore la volonté de fouetter les énergies. « C'est dur, mais je reste avec vous et nous y arriverons ! » dit-il à ses hommes.

Son visage creusé et la façon dont il boite démentent ses paroles. Ceux qui ne tomberont pas d'épuisement dans l'herbe du bas-côté, ceux qui réussiront à vaincre leur fatigue s'arrêteront à Bezonvaux le vendredi 14 à 1 h 30 du matin. Leur capitaine est toujours avec eux, mais il ne marche pas, il se traîne. « Je suis gravement blessé par mes chaussures dont le cuir est raidi par la pluie et la boue des chemins », écrit-il dans son rapport.

Depuis qu'ils ont quitté *Le Chesnois,* la nuit précédente, les rescapés de cette marche infernale ont parcouru plus de soixante-dix kilomètres. Leurs pieds en sang sont gonflés et la plupart ne peuvent même plus retirer leurs brodequins. Le capitaine Aubert sera incapable de marcher pendant trois jours et il faudra lui trouver une place dans une voiture.

---

1. Capturé le 22 juin à Dolcourt, près de Colombey-les-Belles (Meurthe-et-Moselle), Naulet s'évadera de la Chartreuse de Bosserville, près de Nancy, le 5 août 1940.

Le général Burtaire a passé l'après-midi du 13 juin à Maucourt-sur-Orne et, vers 20 heures, il a reçu l'ordre de porter son PC à Bras-sur-Meuse, à la hauteur de Douaumont. Les troupes de forteresse de la DLB vont-elles se battre pour Verdun alors qu'on vient de leur faire abandonner la position fortifiée ? Les officiers de l'état-major Burtaire en sont persuadés. D'autant qu'un remaniement vient de se produire dans le commandement : le général Doyen a été envoyé sur la gauche de l'armée pour reconstituer le 18e corps avec les divisions de Mast et de Roucaud, mais il arrivera, lui aussi, trop tard et n'aura que le temps de se replier sur la vallée du Rhône pour échapper aux « pinces » de Guderian et de Kleist.

La division Burtaire et la 3e DIC de Falvy qui retraite de son côté sur la rive gauche de la Meuse sont désormais sous les ordres du général Dubuisson qui commandait, la veille encore, la Région fortifiée de Verdun. Avec ce corps d'armée de circonstance à deux divisions, Dubuisson constitue maintenant la droite de la IIe armée, mais il reste subordonné au général Flavigny dont le 21e corps est au centre. Quant à la 6e DINA qui attend toujours son départ pour le front de Champagne, les jeux étant faits, personne ne la réclame. Avec son régiment de Légion et ses deux régiments de tirailleurs, elle est solide et bien encadrée ; aussi, Dubuisson demande-t-il à son chef, le général de Verdilhac, de la tenir prête à intervenir sur la rive droite de la Meuse où, le 13 au soir, la division Burtaire n'a pas encore occupé ses emplacements. De toute façon, les régiments de forteresse sont dans un tel état de fatigue « qu'ils seraient incapables d'offrir une résistance en cas d'attaque », avance le capitaine Latounette, du 2e Bureau de la 6e DINA.

La première étape du repli de la DLB montre que son état-major a été incapable de s'adapter en moins de vingt-quatre heures aux conditions de la guerre de mouvement. Des compagnies entières vont être perdues. A l'heure où le PC Burtaire s'installe à Bras-sur-Meuse, les éléments d'arrière-garde de la division se trouvent encore à plus de soixante kilomètres au nord. A Grand-Failly, par exemple, le capitaine Davrainville, du II/132e RIF, stationne à minuit au pont de l'Othain où il tient à voir passer les sections qui décrochent les dernières avant de donner l'ordre de mise à feu aux sapeurs. Le capitaine Bodenan est passé à motocyclette, annonçant « que le téléphoniste de la boîte de coupure 85 prétend que les boches sont à Marville ». Le lieutenant Smorienski et sa section sont suivis par le sergent Oestreicher qui signale trois manquants « restés en complet état d'ébriété à Villers-le-Rond ». Des isolés de la CM 7 émergent de la nuit, et le soldat Ackermann rend compte « qu'il est inutile d'attendre le détachement du lieutenant Lucas qui a franchi l'Othain plus en aval ».

Vers 1 heure du matin, le lieutenant Malon et une cinquantaine de soldats du 132e RIF se présentent à l'entrée du pont ; Malon se contient difficilement : il n'a reçu aucun ordre depuis le 12 juin à 22 heures et, s'il n'avait pas été prévenu du repli par ses voisins, il serait encore sur la position, au milieu des barbelés. D'autres sections ont été ainsi « oubliées » ou prévenues trop tard. Le lieutenant Perdriau ne rejoindra pas. Ni les sections Bacchus et Recouvreur, du 155e RIF. Pris de scrupules, le capitaine Davrainville laisse le lieutenant Camonin au pont de Grand-Failly avant de se replier.

« A 2 heures du matin, lui dit-il, vous n'attendez plus : faites sauter le pont et partez ! »

Après la destruction, le détachement Camonin aura encore plus de trente-cinq kilomètres à parcourir avant de rejoindre le régiment. Il est inévitable que ces sections isolées, ces petits paquets d'hommes épuisés qui marchent en direction du sud, se fassent capturer dans la matinée du 14 juin. Les Allemands ne restent pas inactifs et la bataille pour Verdun sera engagée avant que tous les éléments d'arrière-garde de la division Burtaire aient pu rejoindre la nouvelle position.

CHAPITRE VII

« Fier et fort, grogne et mord ! »

Dans la soirée du 13 juin, le général Burtaire reçoit en renfort un bataillon de « Joyeux », ce qui permet d'estimer ses effectifs à douze bataillons sur un front d'environ quinze kilomètres si la bataille prévue s'engage le vendredi 14. En théorie car les pertes subies, la fatigue des cadres et des hommes et le nombre important de traînards ne permettent pas d'espérer une haute valeur combative de leur part. Heureusement pour la DLB, une seule division allemande, la *71ᵉ ID* du *General* Weisenberger, a entamé la poursuite de ses régiments, mais elle perd du temps à vérifier que les ouvrages et casemates sont bien abandonnés. Ses éléments de reconnaissance se heurtent ensuite à une succession de ponts détruits et de carrefours éventrés à l'explosif qui les ralentissent et ne permettent pas d'envisager la prise de contact avant le 14 au matin.

Du fait de l'état d'épuisement des troupes de la division Burtaire, un commandement réaliste les eût envoyés au repos derrière la 6ᵉ DINA qui, plus solide, aurait tenu la rive droite de la Meuse à l'aube du 14 juin. Mais l'état-major de la IIᵉ armée n'a pas renoncé à transporter la 6ᵉ DINA de la droite à la gauche du front, et cette division demeure inemployée pendant que s'accentue la désorganisation des transports.

Sur la rive gauche, la situation est différente et la 3ᵉ DIC du général Falvy alignera, le 14 juin, six bataillons seulement sur un front d'une douzaine de kilomètres. Le 21ᵉ RIC du colonel Cazeille lui ayant été retiré pour barrer les accès de la forêt d'Argonne entre le 6ᵉ DIC et la 35ᵉ DI, Falvy n'a plus que le 23ᵉ RIC du lieutenant-colonel Rousseau et le 1ᵉʳ RIC de Fauchon, soutenus par l'artillerie divisionnaire. Les coloniaux vont se battre sur un terrain que leurs aînés, vingt ans plus tôt, ont perdu et reconquis au prix du sang : la cote 304 et le Mort-Homme. Rousseau a son PC à Esnes-en-Argonne, au pied des pentes sud de la première colline citée, et Fauchon à Chattancourt, derrière la seconde. Les populations des villages ont été évacuées deux jours plus tôt.

« Bien exposé aux vues de l'ennemi, écrit le colonel Fauchon, le terrain est un désert à l'abandon ; les trous d'obus de la bataille de 1916 sont jointifs, là-dessus une sorte de brousse a poussé. La circulation est pénible en dehors des rares chemins et les champs de tir insignifiants : c'est le terrain rêvé pour l'infiltration. »

Il reste deux itinéraires possibles pour les éléments motorisés allemands : la route Malancourt-Esnes-en-Argonne et le chemin Béthincourt-Chattancourt qui serpente entre la cote 304 et le Mort-Homme. Rousseau reste optimiste, car, dans la soirée du 13 juin, se présente à lui le capitaine Genevès qui a reçu l'ordre de se mettre à la disposition du 23e RIC avec les chars R 35 de la 1re compagnie du 43e BCC [1]. Rousseau a téléphoné à ses chefs de bataillon, Bret et Montalti. « Nous avons des roulettes à notre disposition ! » leur explique-t-il en termes voilés.

Genevès ne dissimule pas son émotion : il va conduire ses chars au feu sur la cote 304 où, simple fantassin en 1916, il a été blessé et évacué sur le PS d'Esnes-en-Argonne. Sa connaissance du secteur lui permet de dire à Rousseau « que le terrain ne favorisera pas la progression des chars » !

Le chef de corps du 23e RIC le regarde droit dans les yeux : « Personne ne choisit son champ de bataille ! »

Genevès se le tient pour dit et il éprouve d'autant plus la sensation que ses chars vont être sacrifiés que le général Falvy lui a dit, lorsqu'il s'est arrêté à Montzéville, au PC de l'infanterie divisionnaire : « Attendez-vous à être engagé demain 14 au lever du jour (...). Je ne vous cache pas que l'ordre est de tenir coûte que coûte sur la ligne d'arrêt de la dernière guerre et que le commandement veut conserver à tout prix les hauteurs de Mort-Homme et de la cote 304. »

Dans son rapport, Genevès a peut-être déformé, ou mal interprété, les paroles de Falvy, car l'ordre de repli donné le 10 au soir par la IIe armée n'a pas été rapporté. A-t-on vraiment parlé de conserver « à tout prix » et « coûte que coûte » la ligne d'arrêt de 1916 ? Il convient d'ajouter que Rousseau ne doit pas être d'excellente humeur, car lui non plus n'a pas choisi son champ de bataille. « Nous n'avons pas assez d'effectifs pour occuper un pareil terrain et tenir un tel front ! » écrit-il. Aussi n'a-t-il aucun scrupule à obliger le II/444e Pionniers du commandant Perrot à se maintenir entre le 23e RIC et le 1er RIC, à hauteur du Rucher.

Perrot, qui a soixante et un ans, est furieux, car la plupart de ses hommes appartiennent au service auxiliaire et travaillent depuis le 7 juin, jour et nuit, à aménager des emplacements de tir que la 3e DIC ignore superbement pour s'installer à sa convenance. Non seulement les

1. Les deux autres compagnies du 43e BCC ont été envoyées à la 6e DI du général Lucien. Venant de la IIIe armée, le bataillon, qui n'a pas tiré un obus depuis le début de la guerre, va subir son baptême du feu le 14 juin. Onze jours avant l'armistice !

154

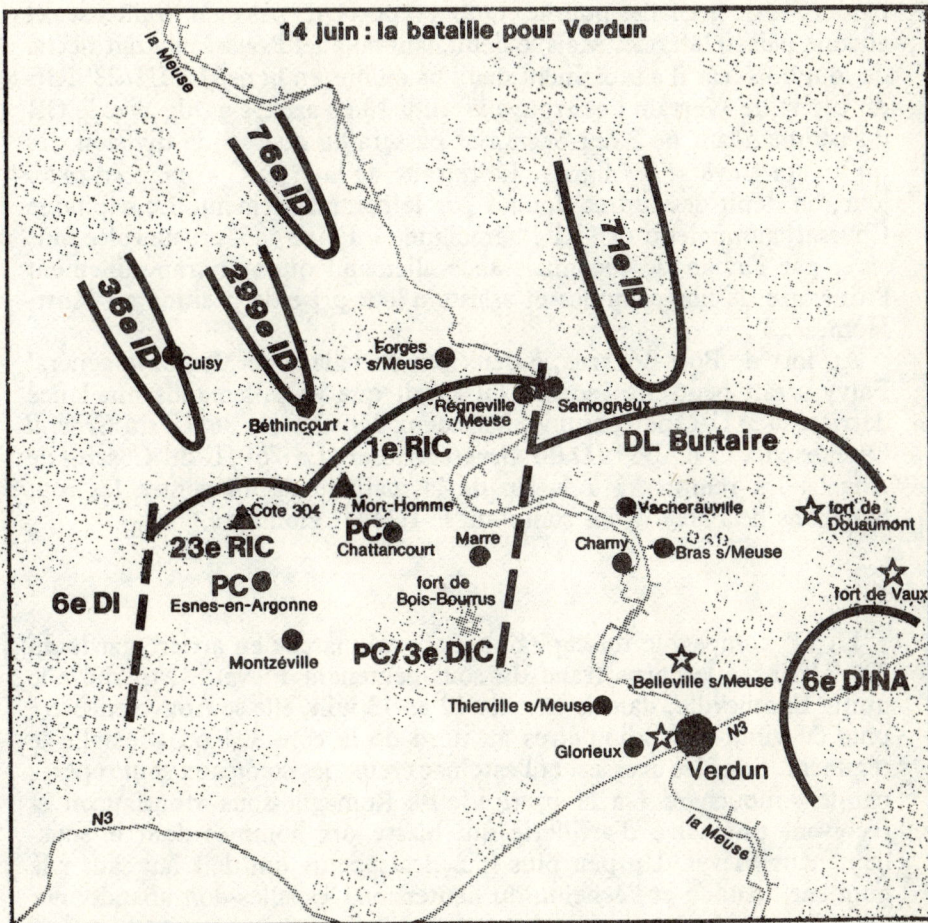

14 juin : la bataille pour Verdun

travaux des pionniers ont été inutiles, mais les voilà maintenant en première ligne entre deux régiments de coloniaux.

« Notre installation se fit dans des conditions très critiques, pour ne pas dire plus »..., observe Perrot.

Chacune de ses trois compagnies possède seulement deux FM modèle 15 avec deux chargeurs en demi-lune. Pas de fusées pour demander de l'aide, pas de grenades pour le combat rapproché, pas de mitrailleuses et aucune liaison latérale. Mais le lieutenant-colonel Rousseau a fait flèche de tout bois, car il a seulement deux bataillons en ligne. Le III/23e RIC du capitaine Warrant [1] se trouve le jeudi 13 en arrière-garde avec le GR du commandant de Saint-Sernin et passera en réserve de division dès qu'il aura traversé les lignes. La retraite de la 3e DIC s'opère en plein jour, en dépit des ordres donnés par le commandement. Le capitaine Goursat, aumônier du 1er RIC, témoigne : « Étape de jour, survolée sans arrêt par l'avion de reconnaissance allemand qui suit tranquillement l'itinéraire de nos colonnes et assiste à leur prise de position au Mort-Homme. »

Au fort de Bois-Bourrus, à deux pas du village de Marre, le général Falvy serait peut-être inquiet s'il savait que les Allemands ont lancé derrière la 3e DIC non pas une, mais deux divisions, la *36e ID* du *General* Ottenbacher et la *299e ID* du *General* Moser. La *76e ID* du *General* de Angelis les renforcera à la fin de la matinée du 14 contre les sept bataillons de Falvy..., en comptant le II/444e Pionniers.

★
★ ★

La 11e compagnie du capitaine Daboval marche en arrière-garde du 23e RIC avec le corps franc du sous-lieutenant Fiévet et, quand elle quitte Bantheville, dans la nuit du 12 au 13 juin, elle se trouve encore à plus de vingt-cinq kilomètres au nord de la cote 304 où s'installe le régiment. Sous les averses, et l'estomac creux, les coloniaux sont repérés par le « mouchard » à la barricade de Romagne-sous-Montfaucon et reçoivent une salve d'artillerie qui blesse dix hommes dont le sous-lieutenant Fiévet. Un peu plus loin, les sapeurs ont déjà fait sauter le pont sur l'Audon et l'échelon du lieutenant Despalles doit abandonner ses voiturettes sur la rive nord. Les hommes porteront les mitrailleuses à dos.

Près de Cierges-sous-Montfaucon, Daboval est rejoint par le capitaine Souriac, adjudant-major du III/23e RIC, qui lui apporte l'ordre de défendre le village où se trouve déjà le capitaine Piganeau et l'escadron moto du GRDI 73. En fait, après un bref accrochage avec une

---

1. Warrant a succédé le 9 juin au commandant Bourgeois qui, gravement malade, lui a cédé le bataillon avant d'être évacué sur l'ordre du colonel.

reconnaissance allemande, Daboval recevra le contrordre et reprendra la route en direction de Malancourt où il rejoint le gros de son bataillon.

« Mes hommes sont exténués, écrit-il, et ils n'ont reçu aucun ravitaillement depuis la veille ! »

Au 1er RIC, la 9e compagnie du capitaine Legrand[1] est en arrière-garde, mais… contre son gré. Un retard dans la transmission de l'ordre de repli l'a obligée à rester sur sa position ONZE heures d'affilée dans le bois où elle s'était camouflée le 13 à 2 heures du matin, à plus de vingt kilomètres au nord du Mort-Homme. Lorsque Legrand reçoit enfin l'ordre de reprendre la route, il envoie chercher les voiturettes, la cuisine roulante et la camionnette, mais il les attendra en vain, le pont que les véhicules doivent emprunter ayant été détruit entre-temps par les sapeurs. Finalement, la « 9 » se met en marche, mais Legrand n'imagine pas qu'il est seul en arrière-garde. Rejoint par une patrouille motorisée allemande, près de Cuisy, il se défend et la compagnie a deux blessés, Ganselin et Biard. Harcelé par l'adversaire, Legrand se rend compte qu'il ne peut plus se replier.

« Je vais faire volte-face et essayer de décrocher, section par section vers le Mort-Homme ! » dit-il dans son rapport.

Des *minen* éclatent à l'entrée de Cuisy. La section Galavielle se place autour du monument aux morts et l'adjudant Cranois à la sortie du village où les *minen* incendient quelques maisons. Legrand est encore à six kilomètres de Béthincourt, au pied des pentes du Mort-Homme. La « 9 » a bientôt trois morts (Papin, Janot, et Valin) et l'ennemi la déborde. Reboux est capturé, puis Van Haecke avec une dizaine d'hommes. Les blessés restent sur place : Loiseau, Delarue, Jarrosay… Les derniers soldats de la « 9 » succomberont vers 18 heures. Seule, la section Galavielle atteindra le Mort-Homme et renforcera la « 10 » du capitaine Prévost.

Sitôt le bouchon de Cuisy enlevé, les Allemands descendent vers Béthincourt avec deux automitrailleuses, des motocyclistes et quelques camions chargés de fantassins. A l'entrée de l'ancien village détruit en 1916, une partie de l'escadron à cheval du GRDI 73 qui se repliait avec le capitaine de Montuel abandonne ses chevaux pour s'échapper à travers le secteur marécageux du ruisseau des Forges dont les barrages édifiés par les pionniers du commandant Perrot ont fait monter le niveau[2]. L'automitrailleuse de tête accélère en direction du pont, mais les sapeurs actionnent la mise à feu et l'ouvrage explose devant le véhicule blindé.

1. Les quatre sections de la « 9 » sont commandées par le lieutenant Van Haecke, le sous-lieutenant Le Bars, les adjudants Cranois et Galavielle. Elle est renforcée par la section de mitrailleuses du lieutenant Reboux.
2. Portant un tube de mortier sur l'épaule, le sergent Adrien Dranguet réussit à franchir le ruisseau piégé et monte jusqu'au Mort-Homme.

A Béthincourt, les Allemands rassemblent leurs prisonniers quand les artilleurs du 3e RAC qui viennent de prendre position derrière les deux régiments d'infanterie de la 3e DIC ouvrent le feu. Les tirs causent des victimes dans les fantassins en *feldgrau,* mais également parmi les prisonniers [1].

La bataille se présente mal pour les Français : à peine la 3e DIC est-elle installée sur les crêtes que son adversaire est déjà à leur pied et prépare son attaque. Il fait tirer une batterie en position à Cuisy ; les salves obligent les soldats du 1er RIC à se hâter d'achever leurs trous individuels et à relier entre eux les cratères d'obus de 14-18 pour établir des tranchées. Le lieutenant Godefroy, qui a installé les sections [2] de sa 11e compagnie à cheval sur le chemin Béthincourt-Esnes-en-Argonne, a plusieurs blessés dont l'adjudant Milard. A la « 10 », Ségal a la tête à demi emportée par un éclat et le lieutenant Cayard se souvient « de ce cerveau bien propre, au milieu d'une flaque de sang, sur le parapet de la tranchée, à côté d'un FM écrasé ».

Durant toute la soirée, malgré l'obscurité, des groupes et des soldats isolés continueront de gravir les pentes nord du Mort-Homme et rejoindront leur bataillon. L'un des derniers sera le sous-lieutenant Montagne que le commandant Tailland, de passage au PC du III/1er RIC, rencontrera vers une heure du matin avec sa section et une quinzaine de rescapés de la « 9 ». Pris pour un fuyard, le jeune officier se fera d'abord « savonner les oreilles » par Tailland avant de pouvoir expliquer qu'il a perdu du temps à tuer les vaches dans les prés à coups de fusil [3], comme il en a reçu l'ordre. Montagne estime qu'il a eu beaucoup de chance d'avoir pu, sans carte et en pleine nuit, retrouver les siens sur le Mort-Homme.

A la 11e compagnie de Godefroy, la soirée est vécue dans une atmosphère tendue. Située sur la gauche du 1er RIC, la « 11 » ne parvient pas à établir de liaison avec ses voisins du 23e RIC. L'ennemi, infiltré entre le Mort-Homme et la cote 304, tiraille pour sonder la détermination des Français. La première, celle des pionniers du commandant Perrot, est mise à l'épreuve ; vers 22 heures, le capitaine Jolly, le Dr Monlun et vingt-cinq hommes sont faits prisonniers. La compagnie Chauveau tient encore une heure la crête du Rucher, puis se replie sur les pentes sud. Perrot se fait alors porter à Esnes-en-Argonne par un

1. Seront inhumés à Béthincourt : Robbes, Maudult, Trossail, Bierry, Bultel, Catel Desanglois, le chef Guyot et les sapeurs Blais, Balle et Bellonet. Certains ont été tués par les obus français, d'autres au cours de la bataille du 14 juin.

2. Sections commandées par les lieutenants Péan et Leclercq, le sous-lieutenant Ferry et l'adjudant Milard.

3. Cette histoire paraît invraisemblable mais le lieutenant Cayard est formel : c'est le capitaine Prévost, de la 10e compagnie, qui a donné cet ordre.

motocycliste et rend compte au lieutenant-colonel Rousseau « qu'il ne peut plus tenir avec un armement aussi dérisoire et des hommes épuisés par les travaux et le manque de sommeil ».

Imperturbable, caressant d'un doigt sa petite moustache, Rousseau lui répond « qu'il n'a aucun renfort à envoyer au Rucher et que le 23e RIC est lui-même engagé dans un combat très dur à Malancourt ».

Depuis la fin de l'après-midi du 13 juin, le II/23e RIC du commandant Montalti est en première ligne, la « 6 » du lieutenant Boussard devant Malancourt où se regroupe le IIIe bataillon qui passe en réserve, la « 7 » du lieutenant Marchand creusant ses trous sur le flanc nord de la cote 304. Selon le capitaine Le Porz, de la CA 2, la 5e compagnie du lieutenant May, qui devait rester à la disposition de Montalti sur la cote 304, a poursuivi sa route jusqu'à Esnes, d'où fatigue supplémentaire pour les hommes et temps perdu lorsqu'il faudra la ramener sur la crête. Le lieutenant Boussard est en avant de Malancourt avec la section du lieutenant Midan et celle de l'adjudant-chef Cardoni. Sa mission : « Installer un PA fermé et tenir, même encerclé, jusqu'à minuit. »

Venant de Cuisy et de Montfaucon, des centaines de silhouettes apparaissent au loin, se déplaçant à travers champs.

« C'est l'ennemi ! » affirme le chef Bernhard qui sera tué une demi-heure plus tard.

Vers 20 heures, l'artillerie allemande envoie sur le point d'appui deux salves auxquelles succèdent des feux d'infanterie.

« Qu'attendent nos 75 pour les écraser ? demande le lieutenant Midan.

— Je vais à Malancourt téléphoner au 3e RAC ! » décide Boussard [1].

Pendant que la fusillade se fait plus nourrie et gagne de proche en proche, Boussard arrive au PC du III/23e RIC où le capitaine Warrant s'apprête à gagner Montzéville comme il en a reçu l'ordre. « Les appareils téléphoniques sont débranchés, dit-il au commandant de la 6e compagnie, et dans une demi-heure nous partons ; je ne peux rien pour vous. »

Boussard retourne à son poste. Que peut-il faire avec ses deux sections ? Se battre ? Il ne va pas s'en priver, car le PA est pris sous des feux d'une extrême violence. Les deux chefs de section sont hors de combat : Cardoni blessé d'une balle dans l'épaule, Paul Midan tué. Dans l'obscurité, les appels des blessés sont couverts par les hurlements des fantassins allemands qui donnent l'assaut. Le chef Plauson a le poumon traversé, d'autres gradés tombent : les sergents Latouche et

1. Le 1/3e RAC du commandant Bénard est à 400 mètres au sud d'Esnes, le groupe Pédrazzi appuie le 1er RIC et le IIIe groupe du commandant Hantz est au sud-ouest de Montzéville pour l'action d'ensemble.

Crozon, les caporaux-chefs Bœuf et Beghin, le caporal Lapaire...
L'adversaire est en force. Boussard distingue des ombres qui le
dépassent et marchent vers Malancourt. Il déchire son ordre de mission,
dégaine son pistolet et, aux appels à la reddition qui lui sont lancés,
répond en vidant son chargeur. Une balle lui traverse la jambe et le
couche à terre.

À Malancourt, le combat est vif, car le bataillon Warrant s'est trouvé
au contact avant d'avoir pu décrocher en totalité. C'est encore la « 11 »
du capitaine Daboval qui est en arrière-garde et, tandis qu'un canon de
25 crache ses obus sur deux automitrailleuses embossées chacune de part
et d'autre de la route, le décrochage s'organise.

« Les sections Pérennes et Despointes par la lisière est ! » hurle
Daboval.

Les sections commandées par les lieutenants de Poli et Burgaud
protègent le repli. Le pont de la rivière est détruit ; une fois de plus, le
passage des mitrailleuses d'une rive à l'autre s'effectue dans des
conditions difficiles et sous un feu d'armes automatiques. Le repli du
III/23e RIC ne s'effectue pas sans pertes. A la 9e compagnie du capitaine
Vesinne-Larue, les sections des lieutenants Riche et de la Baume ont
disparu. Vesinne-Larue lui-même est atteint d'une balle dans le ventre [1].

Lorsque le capitaine Souriac traverse les points d'appui du IIe bataillon, le lieutenant Marchand, de la 7e compagnie, l'interpelle : « Si vous
pouviez me faire envoyer des munitions et du ravitaillement. Et
éventuellement des ordres... »

Cette demande insolite montre à quel point les coloniaux sont
démunis et, se trouvant en première ligne en « enfants perdus »,
ignorent la plupart du temps leur mission précise. Suivi par la
compagnie Daboval, le IIIe bataillon a entamé les huit kilomètres qui le
séparent de Montzéville où les hommes auront droit, dit-on, à une nuit
de repos. Daboval s'est relativement bien tiré de Malancourt ; il a perdu
huit hommes dont deux tués. Pour la soirée du 13 juin, les soldats du
23e RIC ont fait honneur à la devise du régiment : « Fier et fort, grogne
et mord ! » Mais la bataille pour Verdun ne fait que commencer [2].

Aux abords de Malancourt, les derniers coups de fusil s'éteignent vers
minuit et, sur la route d'Esnes-en-Argonne, le lieutenant Marchand
profite de l'obscurité pour inspecter ses deux points d'appui. Il
s'entretient à voix basse avec ses chefs de section : l'aspirant Charles, le
lieutenant de Marande, le sous-lieutenant Lefeuvre et l'adjudant Savelli.

1. Évacué sur Moulins, il y meurt le 15 juin. Son père avait déjà trouvé la mort à
Malancourt en 14-18.
2. C'est au cours de cette bataille que le sergent François Mitterrand aurait été blessé.

Dans quelques heures, après cette veillée d'armes, trois d'entre eux seront morts. Sur la droite de la route, les hommes des sections Requi et Dengreville achèvent de creuser leurs emplacements.

De Malancourt, parviennent des grondements de moteurs, des grincements d'essieux, des cliquetis et même des ordres lancés à pleine gorge. Les coloniaux du 23ᵉ RIC savent qu'à l'aube du vendredi 14 juin, Malancourt constituera la base de départ de l'attaque allemande.

De la crête du Mort-Homme, les soldats du 1ᵉʳ RIC entendent leurs adversaires clouer et scier les madriers avec lesquels ils réparent le pont de Béthincourt. Des tirs du 3ᵉ RAC les obligent parfois à se réfugier dans leurs abris, mais, dès que le calme est rétabli, ils reprennent leur travail. Dispersés sur l'ancien champ de bataille de 14-18, les officiers des points d'appui sont aussi isolés et démunis que l'est Marchand sur la route de Malancourt. A la 10ᵉ compagnie, le lieutenant Cayard envoie le chef Fouquet à la recherche du PC de la compagnie pour obtenir des renseignements qui lui paraissent vitaux : où se trouve le poste de secours ? *Quid* du ravitaillement en munitions ? Un code de signaux par fusées est-il prévu ? Cayard ne recevra aucune réponse, car Fouquet, de retour à 2 heures du matin, lui rend compte « qu'il n'a pu découvrir le PC de la 10ᵉ compagnie ».

★
★ ★

A la citadelle de Verdun, le général Dubuisson a été informé de la prise de Béthincourt et de Malancourt et, vers minuit, il donne l'ordre à son artilleur, le colonel Boudet, de tirer sur les deux villages. Boudet envoie un officier de liaison auprès du capitaine Dessagne, du II/185ᵉ RAL, dont le PC est à Thierville, à cinq kilomètres à l'ouest de Verdun. Le rapport Dessagne nous livre un étonnant dialogue :

« Pouvez-vous ouvrir le feu immédiatement ? demande l'officier de liaison vers 2 heures du matin.

— Cela ne me paraît guère possible. Et sur quoi d'abord ? fait Dessagne.

— Sur Béthincourt et Malancourt.

— Impossible ! Ces villages sont trop proches des positions de batterie qui m'ont été assignées. Il faudrait aller plus au sud, refaire tous mes calculs.

— Le général Dubuisson exige que le feu soit ouvert de suite.

— Bon ! Puis-je me mettre en batterie ici, en plein village ?

— Si vous voulez !

— Alors nous allons essayer. »

Dessagne pense certainement que Dubuisson ignore tout de la préparation d'un tir de 155 long. Cela ne s'improvise pas. Il avait reçu l'ordre de placer ses pièces derrière la ferme de Choisel, à l'exception de la 4e batterie du lieutenant Bernard qui devait aller près du fort de Bois-Bourrus, PC de la 3e DIC. Tout est changé et il faut préparer une nouvelle position en pleine nuit ! Les toitures et les vitres de Thierville vont souffrir ! Dessagne reste à la brasserie, la 6e batterie du capitaine Dubarry de La Salle prend position dans une rue, la 4e batterie se rend à Glorieux, à trois kilomètres au sud. Dessagne tire ses premiers obus à 5 h 15. Le brigadier-chef Couderc et ses téléphonistes, Celarier et Rognat, n'ayant pas encore tendu la ligne reliant le PC du II/185e RAL à l'observatoire du fort de Bois-Bourrus, le tir est déclenché « à l'aveuglette ». Ce ne sera pas le dernier du genre.

Sur le flanc droit de la 3e DIC, le I/1er RIC du commandant Fouquet est lové dans la boucle de la Meuse, avec une compagnie à Régnéville, au bord de la rivière. Vers 5 heures du matin, des patrouilles allemandes ont sondé les défenses de Régnéville : sous le feu de la section Colombier, elles n'ont pas insisté. Une heure plus tard, amenée à bord de camions, l'infanterie ennemie attaque Samogneux, sur la rive droite, défendu par le 16e BILA. Les canons du fort de Marre interviennent, mais le tir, mal réglé, s'abat sur le 1er RIC. « Ces artilleurs sont heureusement très maladroits[1] ! » affirme Fouquet qui se montre sévère pour les défenseurs de Samogneux : « Les " Joyeux " possèdent un esprit de recul assez développé ; plus ardents au pillage des caves qu'au combat, ils ne font qu'un simulacre de résistance. »

A 9 heures, Samogneux est entre les mains des Allemands, mais le « simulacre » dont parle Fouquet a tout de même fait quinze morts, dont les sergents Allais et Gourhand, du 16e BILA. L'ennemi glisse vers Vacherauville où le 21/155e RIF du commandant Hélouis se « défend âprement » (notes du général Burtaire) avant de céder et de se replier[2]. Plus loin, vers Azannes, à vingt kilomètres au nord de Verdun, le III/136e RIF du commandant Langlet qui fait face au nord a été tourné par une avant-garde de la *71e Division* qui a attaqué la compagnie Baudelot et les trains du régiment. Les lieutenants Huguet et Poreaux ont été capturés et le PC du bataillon s'est dispersé. En voulant récupérer des chenillettes, le sous-lieutenant Léon Roynette est tué, puis, dans les combats livrés par le capitaine Noulot, qui tente de regrouper le bataillon, on enregistrera une dizaine de morts dont le lieutenant Victor Hugotte. Cependant, comparés à ce qui se passe devant le 23e RIC, ces engagements sont moins violents.

1. Ce n'est pas l'avis du commandant Levé, du I/155e RIF, qui aura deux morts et trois blessés du fait de l'artillerie des forts.
2. Six soldats sont tués à Vacherauville : Bultel, du 4e BM, et Bois, Mouroux, Borniche, Nobili et Savatier, du 21/155e RIF.

« A 3 heures du matin, rapporte le lieutenant Marchand, tout le front de la 7e compagnie est attaqué. On entend les Allemands s'appeler par leurs noms ; ils sont vraiment très proches. »

L'affaire a commencé par une brève préparation d'artillerie dont les tirs se sont vite allongés pour faire de la contre-batterie. Puis la marée verte a déferlé de Malancourt. « L'attaque n'a plus le caractère décousu de la veille où il s'agissait d'une prise de contact vigoureuse, observe le capitaine Le Porz. Elle est maintenant coordonnée, puissante, bien réglée. »

Les *minen* écrasent la position du II/23e RIC et les défenseurs ont à peine le temps de relever la tête que des tirs d'armes automatiques cisaillent tout ce qui dépasse du sol. Marchand a l'impression que l'assaut est donné en même temps. Dans la poussière et la fumée, il entend des cris et des rafales sur sa gauche, vers le PA du lieutenant de Marande. Est-ce déjà le corps à corps pour la possession de la route ?

« Cours au PC du bataillon demander le tir d'arrêt des 75 ! » ordonne le commandant de la « 7 » au soldat Barbé.

Depuis une demi-heure déjà, le 3e RAC tire avec tous ses tubes, mais, dans le fracas du combat, les fantassins n'entendent que les coups de l'adversaire. Le capitaine Laval, officier adjoint du III/3e RAC, aperçoit « des éléments du 23e RIC en pleine action sur le plateau. Après avoir reflué, ils se portent en avant, à l'arme blanche... »

Les hurlements de l'ennemi et ses coups de sifflet parviennent au lieutenant Larrive, de la « 5 », mais, dans la poussière, il ne voit rien ; il est cependant persuadé qu'au PA du lieutenant de Marande comme à la section Lefeuvre, Français et Allemands se battent au corps à corps. A chaque minute, un homme tombe, frappé à mort : Peineau, Gros, Goudard, Cuillière, David, Thiébaut, Cretzé, Albertini... L'adjudant Savelli est tué en contre-attaquant, puis c'est le sous-lieutenant Jean Lefeuvre et enfin le lieutenant Jean de Marande avec Mouton, Houp, Darneix, Hubin et Bonniquet. Les tranchées et les trous individuels regorgent de blessés qui appellent à l'aide, mais les Allemands passent à côté d'eux sans les voir : leurs pertes sont élevées et la route d'Esnes-en-Argonne n'est toujours pas dégagée. En outre, les Français ont compris la tactique employée par leurs adversaires : forte densité d'armes automatiques qui oblige les défenseurs à se camoufler, signalement des points de résistance par fusées, ce qui déclenche le tir des *minen* avant que l'assaut ne soit donné.

A 6 h 45, le lieutenant-colonel Rousseau reçoit un message du commandant Perrot, du II/444e Pionniers : « Demande contre-attaque immédiate sur flanc droit pour nous dégager. Risquons d'être tournés et encerclés, c'est une question de minutes ! »

Rousseau hésite. Il peut faire donner la compagnie de chars du capitaine Genevès, mais, sans infanterie d'accompagnement, les blindés risquent la destruction et la journée ne fait que commencer. Une demi-heure plus tôt, il a obtenu au téléphone le colonel Cuzin, à son PC de Montzéville. « Je vais vous envoyer votre III⁰ bataillon que je tenais en réserve, lui a dit le commandant de l'infanterie divisionnaire. D'autre part, j'ai demandé au 1er RIC de vous passer une compagnie avec laquelle vous pourrez faire contre-attaquer les chars. »

Malheureusement, la situation évolue plus vite que les mouvements des renforts s'effectuant, comme il se doit, à pied. A quelle heure le III/23e RIC sera-t-il à Esnes-en-Argonne ? A quelle heure la « 5 » du capitaine Bertrand envoyée par le colonel Fauchon pourra-t-elle contre-attaquer ? Pendant ce temps, le II/23e RIC se fait détruire sur la route de Malancourt et le commandant Perrot appelle au secours.

« Si vous croyez que cela peut vous donner de l'air, propose le capitaine Genevès, je veux bien donner un coup de boutoir avec mes chars pour amener l'ennemi à se replier derrière le ruisseau de Forges. »

Rousseau accepte la proposition[1]. La 1re compagnie du 43e BCC est articulée en deux groupes de six chars. Le lieutenant Jabart et le lieutenant Faux attaqueront à gauche et chercheront à dépasser la ligne de crête ; le lieutenant Lardans et le sous-lieutenant Raud avanceront sur le flanc droit ; Genevès leur rappelle « qu'en aucun cas il ne faut quitter les routes ou les pistes afin de ne pas risquer d'accident de conduite dans le terrain bouleversé ».

A bord de son side-car, le capitaine accompagne les R 35 jusqu'au carrefour de la route de Malancourt. « Attention au retour, dit-il aux servants de deux canons de 25 pointés vers le nord, ne les prenez pas pour des boches ! »

Il revient au PC du 23e RIC pendant que les coloniaux, blottis contre le talus, écoutent les chars tirer au 37 et à la mitrailleuse. C'est la première fois depuis le début de la guerre qu'ils sont appuyés par des blindés.

« Vers 6 h 30, note le commandant Perrot, une contre-attaque de chars me permet de réoccuper la crête du Rucher. »

Le PC du II/23e RIC, où le capitaine Sasias n'a plus de liaison téléphonique, est également dégagé, mais le sommet de la cote 304 est un objectif que les Allemands ne renoncent pas à enlever et, une heure plus tard, le PC du commandant Montalti sera de nouveau encerclé.

Vers 7 heures, le capitaine Genevès voit arriver — à pied — le sergent Lafont, un chef de char de la section Lardans. Blessé à la tête et à l'épaule, Lafont parvient à raconter que, passée la crête, les R 35 ont été tirés par des pièces de *Pak*. Son char a été incendié ainsi que celui du

---

1. Dans son rapport, Rousseau affirme que deux sections de son PC et une du III/23e RIC ont accompagné les chars.

lieutenant Lardans qui a pu sauter de la tourelle, mais a été tué d'une rafale. Le mécanicien Dumont sera retrouvé à demi carbonisé au fond du char. Tournet, celui de Lafont, regagne lui aussi Esnes-en-Argonne à pied. Atteint au train de roulement, le char du caporal Gaspard rejoint sa base de départ où le sergent Leroux et le caporal Brisset entreprennent de le réparer. Deux volontaires, le sergent Hamelin et le mécanicien Belhomme, sont prêts à partir au feu à son bord.

Vers 8 heures, les deux sections du lieutenant Jabart rentrent à Esnes. Elles ont poussé jusqu'à l'entrée de Malancourt, mais, le pont du ruisseau des Aunes étant détruit, elles ne l'ont pas dépassé. Jabart, dont le visage et les mains sont noircis, explique « que sa mitrailleuse de tourelle a eu des ratés et qu'il a été obligé de la démonter pendant l'attaque ». Le sous-lieutenant Raud reviendra vers 9 heures : il a vu les chars de Lardans brûler devant lui, ce qui l'a incité à faire reculer les siens derrière la crête, « à défilement de tourelle [1] ».

En position vers Hautomont, les coloniaux du II/23e RIC sont exposés aux vues de l'ennemi et, n'ayant pas la possibilité de se placer « à défilement de tourelle », ils sont nombreux qui meurent dans les trous d'obus de 14-18 : Boulanger, Vadrot, Méraud, Rabaux, Lebreton, Dupierre, Lucas, Brétecher, Jouaillec. Les survivants ont vu les chars détruire les 37 *Pak* de Béthincourt, puis, tandis que les pionniers de Perrot se réinstallaient au Rucher, ils ont attendu les prochains tirs de *minen*.

Une nouvelle attaque part de Malancourt, mais, cette fois, la 7e compagnie du lieutenant Marchand ne peut plus tenir. Ses effectifs ont fondu, alors que ceux de l'ennemi se renforcent d'heure en heure. Deux divisions à trois régiments d'infanterie largement pourvus de vivres, de munitions et de matériel, contre DEUX régiments français tombés depuis longtemps au-dessous de leur effectif théorique et renforcés d'une compagnie de chars dont c'est le baptême du feu. Le mortier de 60 du caporal-chef Chabat tire ses derniers obus sous un angle très aigu, l'ennemi apparaissant à moins de trois cents mètres.

« Repliez-vous avec le tube ! » hurle Marchand en direction de Chabat et du caporal Belaud.

Ils emportent aussi le sergent Jachim, atteint d'une vilaine blessure. La fumée et la poussière masquent en partie la visibilité, et l'absence de ravitaillement en munitions oblige les armes automatiques du lieutenant Dingreville à tirer au coup par coup. Derrière son FM, Meissner aperçoit un Allemand à une dizaine de mètres. L'homme crie une courte phrase en français, quelque chose qui ressemble à : « Bas les armes ! »

1. Assourdi par trois heures de tourelle, Raud crie à tue-tête et il est très étonné lorsque Genevès le prie « de parler moins fort ».

« Tire ! » lance le lieutenant Marchand allongé à côté de Meissner qui appuie aussitôt sur la détente.

La défense est de plus en plus décousue et c'est parfois l'épuisement qui a raison des coloniaux. Le lieutenant Larrive a vu à la 5ᵉ compagnie « des hommes à bout de résistance qui se laissaient choir dans les trous d'obus ». A droite, à la 6ᵉ compagnie réduite de moitié, un mouvement de reflux est enregistré. Avec Cherouvrier qui tient son FM à la hanche et tire en marchant, le caporal-chef Groux suit le sous-lieutenant Achard qui arrête les fuyards et les relance vers l'avant, la baïonnette haute. Les Allemands s'enterrent et leurs mitrailleuses vident bande sur bande. Un nouveau tir de *minen* s'abat sur la « 6 ». Achard rejoint son PA « jonché de blessés et de morts ». Il apprend que le médecin auxiliaire Matheron a été tué. Tués aussi les caporaux-chefs Tréhin et Saint-Charles. Achard a l'impression que la « 7 » de Marchand a décroché, à moins qu'elle n'ait été submergée ! Il se dresse pour mieux voir et retombe, l'épaule traversée par une balle.

« Groux, dit-il au fidèle caporal-chef, fais partir les blessés vers l'arrière. Que les plus résistants portent les plus gravement atteints ! »

Cherouvrier, qui a tiré sa dernière cartouche, démonte son FM dont il disperse les pièces. Devant eux, les Allemands regroupent des prisonniers qui sortent de leurs abris, bras en l'air. Sentant la perte de sang l'affaiblir, Achard s'appuie sur Groux et Cherouvrier. « Je suis à bout, avoue-t-il, et mes deux compagnons sont trop épuisés pour essayer de fuir. »

Les fantassins ennemis les entourent ; ils ont eux aussi le visage creusé par la fatigue et l'inévitable usure nerveuse d'un combat qui se prolonge. Un infirmier donne des soins aux blessés français et partage avec eux son bidon d'eau. Il essaie ensuite de leur expliquer qu'ils doivent se rendre au poste de secours avancé de Malancourt par leurs propres moyens. S'appuyant sur ses deux hommes, Achard y parviendra et sera évacué sur l'hôpital d'Arlon (Belgique) où il retrouvera le lieutenant Boussard[1].

A la « liaison » entre le 23ᵉ RIC et le 1ᵉʳ RIC, le commandant Perrot se plaint toujours d'être isolé. A 7 h 55, il fait parvenir au lieutenant-colonel Rousseau un nouveau message dans lequel il rend compte qu'il occupe avec ses cent cinquante pionniers une tranchée située à deux cents mètres au sud-est du Rucher, mais n'a de liaison ni à droite ni à gauche. A 8 h 30, un coureur lui apporte la réponse de Rousseau : « Nouvelle contre-attaque de notre part sur 304 en partie réoccupée par nous. Tenir et vous relier à 304. »

1. Le 7 septembre 1940, Achard s'évadera de l'hôpital de Francfort en sautant par une fenêtre. Il volera une bicyclette et, vêtu seulement d'un short et d'une chemise, il pédalera jusqu'à la frontière suisse qu'il franchira cinq jours plus tard.

Le chef de corps du 23ᵉ RIC veut rassurer Perrot, car, à 8 h 30, aucune nouvelle contre-attaque n'a été lancée, les chars du sous-lieutenant Raud n'étant pas encore rentrés de leur première intervention. Quant à se relier aux défenseurs de la cote 304, Perrot le souhaite, mais, avec ses vieux FM, il est incapable de faire taire les mitrailleuses adverses. « Nous sommes cloués au sol, dans l'impossibilité de lever la tête pour riposter ! » écrit-il dans son rapport.

Les morts sont nombreux (Bourtayre, Cogute, Body, Petiteau, Loriou) et, comme ils restent dans la tranchée au milieu des blessés que l'intensité des tirs adverses ne permet pas d'évacuer, le moral est en baisse. Harcelés par les *minen,* une quinzaine de coloniaux ont même abandonné la cote 304 pour se réfugier chez Perrot. L'officier qui les commande, le capitaine Paul Crosson, sera tué une heure plus tard.

Au PC d'Esnes-en-Argonne, le lieutenant-colonel Rousseau attend les renforts promis par le colonel Cuzin : son IIIᵉ bataillon et la compagnie du 1ᵉʳ RIC avec laquelle il doit lancer une nouvelle contre-attaque. Dix fois il a téléphoné au PC du 1ᵉʳ RIC à Chattancourt et dix fois on lui a répondu : « La " 5 " du capitaine Bertrand est en route pour Esnes ! »

Selon le rapport Rousseau, elle arrive à 10 h 30[1]. L'opération est montée : il s'agit une fois encore de dégager le sommet de la cote 304. Les sections de la « 5 », placées sous les ordres du lieutenant Bellier, du sous-lieutenant Rabillard, de l'aspirant Sterbecq et de l'adjudant Denis, seront toutes engagées, ainsi que la section de commandement de l'adjudant Bertaux. De son côté, Genevès va lancer six chars avec les lieutenants Jabart et Faux ; ceux du sous-lieutenant Raud demeurent prêts à intervenir à l'entrée d'Esnes-en-Argonne.

Après une brève reconnaissance en side-car avec Genevès, le capitaine Bertrand, un Bordelais, lance ses hommes sur la route de Malancourt. Dans le rassurant claquement de leurs chenilles, les chars suivent. Ils ne vont pas loin, s'arrêtant au carrefour du chemin qui conduit au monument de 14-18 afin d'assurer « la protection du flanc nord de la contre-attaque ». Genevès ne veut toujours pas engager ses blindés à travers les tranchées et les trous d'obus de 14-18 et il craint, à juste titre, une action lancée par l'ennemi à partir de Malancourt. Les chars mitraillent à l'aveuglette les buissons suspects, et le lieutenant Naudinat, dont les canons de 25 sont à gauche de la route, se plaint de recevoir des projectiles : « J'ai quelques blessés et l'effet moral est déplorable ! »

Les coloniaux de Bertrand avancent de part et d'autre du chemin, au milieu d'une brousse épineuse qui dissimule barbelés rouillés et boyaux

---

1. Le PC du 1ᵉʳ RIC a reçu l'ordre d'envoyer une compagnie au 23ᵉ RIC à 2 heures du matin. Le capitaine Bertrand a été prévenu à 6 heures, quatre heures plus tard. Il lui faudra encore quatre heures pour regrouper ses sections et se rendre à Esnes.

éventrés. Des blessés du 23ᵉ RIC attendent d'être relevés par les brancardiers et leur espoir d'être secourus renaît lorsqu'ils voient passer leurs camarades du 1ᵉʳ RIC[1]. A trois cents mètres du monument, entraînant ses hommes qui ont mis baïonnette au canon, le sous-lieutenant Rabillard attaque à la grenade. La section Bellier avance sur la gauche du chemin. Des Allemands surpris se rendent, un *Oberleutnant* lève les bras... Les premiers blessés légers les conduisent vers les chars. Rapidement, l'adversaire évalue la force des effectifs français engagés et réagit par le feu, mais le capitaine Bertrand, qui marche avec la section Sterbecq, se retourne : « En avant les enfants ! »

Donnant l'exemple, il se met à courir. Devant les baïonnettes françaises, l'ennemi reflue, laissant de nouveaux prisonniers et des armes entre les mains des attaquants qui subissent leurs premières pertes : Coriton et Morin sont blessés, le caporal-chef Quémerais est tué d'une balle dans la tête ; tués aussi Agius, Frograin, Maurit, Lebœuf, Foucaud ; Dupire agonise au bord du chemin. Le capitaine sait que la contre-attaque va coûter cher. Si seulement les chars avaient accepté de pousser jusqu'au monument ! A la tête d'un groupe, Rabillard n'en est plus qu'à deux cents mètres. La fusillade est vive, mais de nombreux Allemands traversent la piste pour remonter vers le nord.

Un FM engage un duel avec une mitrailleuse sur laquelle se fait tuer un jeune *Leutnant*. On entend aussi tirer de l'autre côté du monument où des éléments du 23ᵉ RIC se battent encore sur la cote 304. Les forces de la « 5 » déclinent. L'aspirant André Sterbecq est tué et le sergent Brunelles regroupe la section dont une douzaine d'hommes sont relancés à l'assaut par le caporal Deschamps et le soldat Fabisch. Le mortier de 60 envoie une vingtaine de projectiles au nord du chemin et, dans l'accalmie qui suit, Rabillard se porte encore en avant : le monument de la cote 304 est à quarante mètres.

L'accalmie n'était qu'apparente, les Allemands ayant reconstitué une force de contre-attaque font volte-face et reprennent leur élan en direction du sud ; ils traversent le chemin, manœuvrent, cherchent les points faibles, dissocient... L'adjudant Denis tient bon, mais, à la section Bellier qui subit des pertes, le caporal Trompat remplace le sergent Jorion blessé. Pérès et Minaux sont tués, Criton, Vergniaud et Bonhomme tombent... Le combat tourne à la mêlée. Le capitaine Bertrand, qui a ramassé un fusil, tente de reconstituer ses sections, mais la pression ennemie est trop forte. L'adjudant Bertaux est tué, puis le chef Tréguier ainsi que le caporal Agens, les soldats Durand et Louvet. Les Allemands grenadent les buissons, puis s'élancent en hurlant,

1. Peu d'entre eux seront sauvés ; le soldat Versillé, atteint d'abord d'une balle dans l'épaule, puis le bras arraché par une grenade allemande qu'il relançait, passera deux nuits dans un trou d'obus avant d'être « ramassé » par les Allemands le 16 au matin.

168

pistolet-mitrailleur à la hanche. Les chars ne s'engageront pas en direction du monument. Mortellement atteint, le capitaine Bertrand s'écroule, à la même seconde que le sergent Merle. Pour la « 5 », c'est le coup de grâce. Les coloniaux n'atteindront pas le monument.

Quand il apprend la mort du capitaine, le lieutenant Bellier arrête la contre-attaque. Il donne l'ordre de se jeter dans la broussaille et les trous d'obus afin de décrocher par le ravin sud. Le caporal Séraline est tué et les sergents Bruneilles et Androuard blessés, mais, vers 14 heures, Bellier et Rabillard parviennent au PC du 23e RIC avec une quarantaine de soldats épuisés qui portent deux FM sans cartouches. Ferré, un fin tireur, marche en queue avec Bazire et Lamache, répétant comme s'il voulait se faire pardonner de n'avoir pu faire mieux : « Nous avons ramené nos armes. »

Sur les 120 hommes lancés à la contre-attaque, la compagnie Bertrand accuse 29 tués, une quarantaine de blessés et de nombreux disparus présumés prisonniers. L'opération a-t-elle au moins donné quelque répit aux défenseurs de la cote 304 ? Le capitaine Genevès, dont les chars n'ont pas été inquiétés et viennent de regagner leur base de départ, estime vers 13 h 15 « que l'ennemi ayant repris son action offensive, le travail de la matinée est réduit à néant ». L'action de la compagnie Bertrand a tout de même permis au II/23e RIC de se dégager de la cote 304.

« Les survivants refluent vers Esnes où se rassemblent les débris du IIe bataillon, une centaine d'hommes épuisés et affamés », écrit le capitaine Le Porz[1].

***

Dans la boucle de la Meuse, le I/1er RIC se trouve maintenant en flèche. Une troisième division allemande, la *76e ID* du *General* de Angelis, vient prendre un créneau sur la rive gauche. Un *Henschel* rase le bois des Corbeaux, revient vers Régnéville, explore la vallée jusqu'à Champneuville et recommence son manège. « Cette présence continuelle contre laquelle nous ne pouvons rien d'efficace est obsédante », fulmine le commandant Fouquet.

Au centre du dispositif, le II/1er RIC du commandant Le Puloch, trente-six ans, n'est pas inquiété mais, à gauche, au III/1er RIC du capitaine Denimal, le lieutenant Godefroy se plaint des infiltrations qui menacent son flanc et de l'absence de liaison avec le 23e RIC. Quand il envoie un agent de liaison au PC pour demander une contre-attaque,

1. Les derniers tués identifiés sur la cote 304 sont : Vitré, Le Roux, Bayle, Savry, Guyomard, Galy, Hérault et Voisin.

Denimal lui répond : « Tenez coûte que coûte, soyez calme, on pense à vous ! » Paroles rassurantes qui ne servent qu'à gagner du temps.

De son côté, le colonel Fauchon craint plus pour le secteur de la Meuse que pour son flanc gauche où le 23e RIC se bat farouchement. Sur la rive droite, au contraire, l'avant-garde de la *71e ID* a conquis la côte de Talou et menace Champneuville, dans la boucle sud de la Meuse. Le commandant Fouquet est renforcé du I/468e Pionniers du commandant Champy[1], mais la position, prise en tenaille, est devenue très vulnérable. De son PC de Chattancourt, Fauchon demande au colonel Cuzin l'autorisation de replier le bataillon Fouquet vers la côte de l'Oie.

Après la chute de Vacherauville, certains éléments de la division Burtaire ont cru que les forces allemandes allaient déferler en direction de Verdun et le mouvement qu'elles ont amorcé ne traduisait pas une ferme volonté de les arrêter. A Bras-sur-Meuse, situé à moins de trois kilomètres des combats, deux officiers de l'état-major de la 6e DINA — qui attend toujours son départ pour la Champagne — ont assisté à des scènes dont ils font état dans leur rapport. « Vers midi, écrit le commandant Audibert, une panique inexplicable fit refluer vers l'arrière et dans un tel désordre, que ce n'est qu'en fin d'après-midi que leurs éléments regroupés purent remonter en ligne, les 136e et 155e RIF. »

Le capitaine Latounette indique de son côté que, « d'après le PC de la division Burtaire, les Allemands sont à deux kilomètres au nord avec des blindés ». L'état-major de Burtaire ne semble pas maîtriser la situation et, de son PC de Verdun, le général Dubuisson exige l'engagement du 9e Marocains, un des régiments de la 6e DINA. Le IIIe bataillon, où des officiers ont vu « des éléments du 155e RIF se replier en désordre », s'installe sur la crête entre le fort de Froideterre et l'ossuaire de Douaumont. Les deux autres bataillons constituent une bretelle jusqu'à la Meuse. « Enfin, écrit le lieutenant Aveline, on va pouvoir en découdre avec ceux d'en face que l'on a l'impression de fuir depuis plusieurs jours. »

Le 11e REI, le régiment de Légion de la division de Verdilhac est lui aussi mis en ligne. Il devait partir pour Chaumont à bord de camions du train (qui n'étaient pas arrivés) lorsque le contrordre fut apporté au commandant Clément : les légionnaires doivent constituer des bouchons sur les voies de communication et empêcher les infiltrations. Au nord-est de Douaumont, le 132e RIF du lieutenant-colonel Blanchet se bat vers Bezonvaux où il laisse vingt-cinq tués[2], ce qui n'empêche pas des

1. Selon le lieutenant-colonel Cohade, le bataillon Champy aurait eu 14 tués et 47 blessés dans la journée.
2. Outre le sergent Bruyant, de nombreux caporaux-chefs : Bizart, Dewaele, Gillet, Guiot, Moncomble, Schneider et Soiron. Dans ce terrain bouleversé en 14-18, les corps de Blaison et de Robin seront retrouvés seulement le 23 septembre.

abandons de poste de se produire sous les coups de l'artillerie allemande, en particulier à la CM 6 du capitaine Davrainville où trois mitrailleuses sur quatre sont désertées. La quatrième se tait lorsque le caporal Robinet qui la servait est tué sur la pièce.

Le *General* Weisenberger surestime les forces qui lui sont opposées et ne tente aucune action de force en direction de Verdun, si bien que l'avant-garde de la *71e ID* n'aura pas à affronter les tirailleurs marocains du colonel Lançon ou les légionnaires du commandant Clément[1]. Le mouvement le plus délicat va s'opérer sur la rive gauche où le lieutenant-colonel Fauchon a obtenu l'autorisation de ramener le bataillon Fouquet dans le bois des Corbeaux, à l'est du Mort-Homme. « Ce sera très long, écrit Fauchon, car le décrochage va s'opérer à vue et parfois au contact de l'ennemi, avec une grande distance à parcourir. »

On abandonne Régnéville où le sous-lieutenant Fernand Galy, Rouvières et Tubeuf viennent d'être tués. Sur la gauche du I/1er RIC, la compagnie Delteil décroche la première, mais, comme le craignait le colonel, une section, celle de l'adjudant Guidicelli, est « accrochée et dissociée » ; Guidicelli parvient à se dégager avec quelques hommes. La « 2 » du capitaine Chalnot s'en tire avec des blessés, puis la « 3 » du lieutenant Gombaud-Saintonge, qui reçoit des feux de mitrailleuses du nord et du sud de la rive droite de la Meuse, rejoint par petits groupes la côte de l'Oie. « Un vrai tour de force ! » commente le commandant Fouquet[2] qui reçoit l'ordre d'effectuer un second repli pour se resserrer sur le Mort-Homme.

Il faut décrocher alors que les fantassins allemands, opérant en formation diluée, cherchent les brèches du dispositif. A la compagnie Chalnot, qui n'a pas reçu le deuxième ordre de repli, les sections Moussé et Galy sont attaquées à revers, mais le capitaine engage sa section de commandement et la situation se rétablit grâce à la ferme attitude des cadres. Un cyrard de la dernière promotion, le sous-lieutenant Cléry, fait face au nord et tire avec toutes ses armes sur l'ennemi « qui accourait à la curée et s'arrête pile ». Il y a aussi des fausses manœuvres et le colonel Fauchon s'étonne « de l'ordre de repli donné par le commandant Le Puloch à son bataillon », ce qui ne fait pas l'affaire du III/1er RIC, lequel est en plein combat. A la 11e compagnie, le lieutenant Péan est grièvement blessé et le lieutenant Leclercq va s'assurer que la section Péan ne lâche pas pied pour autant. Le soldat Robbes a remplacé son lieutenant au FM où il se fera tuer vers 15 heures. Le chef Guyot sert

1. Des avant-gardes motorisées prendront le contact avec la Légion vers 19 heures, mais feront demi-tour aux premières rafales.
2. Le 16 juin à Tilly-sur-Meuse, le lieutenant Gombaud-Saintonge aura la mâchoire fracassée par un éclat et sera remplacé par le lieutenant Coomans qui sera tué cinq jours plus tard.

une mitrailleuse et Leclercq se dit impressionné par le caporal Wroblensky qui, « tireur d'élite, abat son boche à chaque coup de fusil ».

Le lieutenant Cayard voit la section Maillol se replier avec le capitaine Prévost et se pose la question : l'a-t-on oublié ou veut-on sacrifier sa section pour permettre le repli du bataillon ? Accroupi derrière un sapin « gros comme un manche à balai », il a l'impression que « l'arrière c'est maintenant le front ».

A Esnes-en-Argonne où crépitent les incendies, le lieutenant-colonel Rousseau est persuadé que, s'il reste sur la défensive, les Allemands, quatre fois plus nombreux, vont balayer sa position.

« Combien avez-vous de chars disponibles ? demande-t-il au capitaine Genevès.

— J'en ai encore sept en ordre de marche. »

Genevès a d'ailleurs remanié son dispositif : quatre blindés avec le sous-lieutenant Raud, trois avec le lieutenant Faux et les derniers, trois chars-mitrailleuses, embossés à la sortie d'Esnes-en-Argonne avec le lieutenant Jabart.

« Nous allons encore contre-attaquer ! » décide Rousseau qui ne peut supporter de voir ses coloniaux se faire tuer sur la cote 304.

De la tranchée du Rucher, le commandant Perrot lui a fait parvenir un dernier message vers midi. Il signale qu'il a recueilli le lieutenant Poirier et quatre coloniaux, et que ses pionniers, à bout de forces, ne peuvent plus tenir.

Réponse de Rousseau portée par un volontaire : « Pris bonne note, il est envisagé quelque chose. Tenez bon ! »

Les pionniers ont fait le maximum. Quatre d'entre eux viennent encore d'être tués : Dubrous, Guégau, Voisine et Bernard[1]. Ils gisent avec les autres, tandis que les blessés n'en finissent plus d'appeler les brancardiers.

Perrot : « Vers 15 h 15, pour éviter le massacre des restes du bataillon, je décide la reddition du point d'appui du Rucher. »

Bras levés, les officiers sortent de la tranchée les premiers : le capitaine Chauveau, le lieutenant Mano et enfin Perrot avec le médecin-lieutenant Gerbet-Bourguine. Une cinquantaine d'hommes hébétés, titubants, les joues noires de barbe, les suivent avec l'impression de sortir d'un cauchemar.

Le III/23e RIC du capitaine Warrant est arrivé à Esnes vers 11 h 30 et, en attendant d'être engagés, les hommes se sont camouflés dans les ruines ou dans des trous creusés à la hâte. Sous les tirs de l'artillerie

1. Deux Bernard ont été tués le 14 juin : Marcel et Victorin.

172

allemande, la 11ᵉ compagnie du capitaine Daboval enregistre douze blessés et trois morts.

« Si on reste longtemps ici, confie Daboval au sous-lieutenant Burgaud, toute la compagnie va y passer ! »

Enfin, convoqué à 15 heures au PC du régiment, Daboval reçoit l'ordre « de contre-attaquer et de s'installer défensivement sur la croupe, à l'est d'Esnes, et à cheval sur la route de Béthincourt, de façon à éviter un débordement de ce côté ».

Les chars du sous-lieutenant Raud vont appuyer l'opération et Daboval articule sa compagnie : de Poli à gauche, Burgaud au centre et Despointes à droite. La section de l'adjudant Pérennes reste en soutien. Les moteurs des chars tournent déjà lorsqu'un motocycliste s'arrête devant le PC, porteur d'un message pour le capitaine Genevès. Le commandant Delacommune, du 43ᵉ BCC, lui ordonne de gagner le bois de Pierrefitte-sur-Aire, à près de cinquante kilomètres au sud, où le bataillon doit se regrouper. Genevès tend l'ordre au lieutenant-colonel Rousseau.

« Tant pis pour nous, fait celui-ci, nous contre-attaquerons sans les chars.

— Non ! dit spontanément le capitaine. Nous partirons APRÈS la contre-attaque. »

Touché par le geste, Rousseau lui donne l'accolade pendant qu'au-dessus de leurs têtes se déchaîne le tir du 3ᵉ RAC dont les obus éclatent sur les pentes de la cote 304. « Certains débouchages ont eu lieu à 2 000 mètres et même à 1 600 mètres ! » rapporte le capitaine Laurent, de la 3ᵉ batterie.

Suivant les éclatements, les chars de Raud et la compagnie Daboval gravissent le chemin de Béthincourt. Avec de faibles pertes, les coloniaux neutralisent plusieurs mitrailleuses et font des prisonniers qui, manifestement, ne s'attendaient pas à une nouvelle contre-attaque. Selon Daboval, « les chars se sont arrêtés presque immédiatement, sans raison, les conducteurs prétendant manquer d'essence et de munitions ». Dans son rapport, le capitaine assure qu'il a dû « les menacer pour les faire avancer ».

De son côté, Genevès prétend que Daboval — qu'il ne nomme pas — voulait que les chars restent sur place avec la compagnie et « aurait menacé le mécanicien Charge par le volet ouvert ». Il a montré son ordre de repli au commandant de la 11ᵉ compagnie, lui disant « qu'il ne goûte pas sa manière d'agir à l'égard de gens faisant un " rabiot " que rien n'obligeait ».

Les R 35 se replient vers le sud [1] pendant que les hommes de la « 11 »,

1. Maurice Genevès deviendra en 1943 le capitaine « Gérard » et formera dans le Mâconnais un corps franc appelé *Les Ravageurs*. Ancien gad'zart de l'école d'Aix, Genevès sera tué au combat le 24 août 1944 près de Charbonnières (Rhône).

qui ne se posent pas la question de savoir s'ils font du « rabiot », se hâtent de s'enterrer, car le tir des *minen* devient de plus en plus précis. On leur a dit de tenir, ils vont tenir, ravitaillés une seule fois en munitions vers 17 heures par une chenillette. Dans son rapport, Daboval admet que « le combat est très dur. La compagnie subit de fortes pertes ».

A la limite entre les deux régiments de la 3e DIC, la situation s'aggrave. A la jumelle, le lieutenant Cayard observe l'infanterie allemande qui progresse à travers le champ de bataille de 14-18. Si personne ne réagit, la 10e compagnie va être encerclée. Au PC du III/1er RIC, près du monument de Mort-Homme, le capitaine Denimal a saisi un fusil et, entouré du personnel non combattant, s'apprête à se battre. Il n'aura pas à le faire, car le sous-lieutenant Montagne vient de persuader le capitaine Prévost que le meilleur moyen de donner de l'air à la compagnie serait « de rassembler les disponibles et de lancer l'assaut à la baïonnette » !

Sous le feu de l'ennemi, les effectifs de la compagnie Prévost se mettent en place. « En tout, écrit Montagne, quatre-vingts fusils environ et trois FM. » Ils partent et prennent l'avantage, car, au terme de cette dure journée, les Allemands ne supposent pas les Français capables d'une telle réaction. Derrière son sapin « gros comme un manche à balai », le lieutenant Cayard est stupéfait. « Nous entendons une grande clameur, dit-il, des cris, des rafales, et voyons arriver toute la compagnie, baïonnette au canon et capitaine en tête. Montagne me crie en passant : " Nous contre-attaquons ! Venez avec nous ! ". »

L'héroïsme est contagieux et Cayard ne se le fait pas répéter. Il rameute ses groupes et les voilà lancés « dans un désordre parfait, tirant en l'air et gueulant comme des ânes » ! Le résultat est inattendu : les Allemands se replient. La section Maillol les poursuit et on assiste à d'étonnants combats singuliers, tel celui qui oppose le soldat Varin à un cavalier. Varin abat d'abord le cheval pour faire tomber l'homme et transperce celui-ci de sa baïonnette [1].

Lorsque la « 10 » revient sur ses pas, le capitaine Denimal, qui a toujours son fusil à la main, félicite soldats et gradés. Leur action a dégagé le PC du bataillon et accordé une ou deux heures de répit aux autres combattants. Mais Denimal voit aussi que ses hommes n'en peuvent plus : teint de cendre, regards brillants enfoncés au fond de l'orbite, tremblement des maxillaires. Beaucoup titubent d'épuisement et ils sont mal assurés sur leurs jambes. La tension du combat ne les soutient plus, il faut qu'ils mangent, qu'ils dorment, mais qui va les relever sur le Mort-Homme ?

1. Varin sera tué dans la soirée, Lambert et Legrand blessés à côté de lui.

Les chars de la compagnie Genevès sont partis, mais l'artillerie lourde les a précédés. Sur la rive droite de la Meuse, le II/185ᵉ RAL a consommé 950 projectiles depuis le matin et, à 14 heures, le colonel Vincens-Bouguereau a téléphoné au capitaine Dessagne pour l'informer de la menace qui planait sur le PC du général Burtaire à Bras-sur-Meuse. Ne pouvant tirer à moins de sept kilomètres, les pièces devaient prendre du champ vers le sud. Repli également au IV/185ᵉ RAL du commandant Japriot où la 10ᵉ batterie du lieutenant Chalin a tiré 198 obus, réussissant, avant son départ, à neutraliser les canons allemands qui s'acharnaient sur le fort de Regret. Sur la rive gauche, le décrochage du 3ᵉ RAC est plus difficile parce que plus tardif.

« A 17 heures, rapporte le lieutenant-colonel Rousseau, les 75 d'appui direct n'ont plus de munitions et n'en recevront plus sur leur position actuelle. Les artilleurs ont l'ordre d'en chercher de nouvelles plus au sud ! »

Surveillée par l'avion allemand qui survole en permanence le champ de bataille, la sortie de batterie du 3ᵉ RAC s'effectue sous le feu. Le capitaine Laurent abandonne trois caissons. Depuis le matin, il a eu huit blessés, un mort (Lemma) et une quinzaine de chevaux tués. A la 1ʳᵉ batterie, le lieutenant Garret espère, lui aussi, sortir au galop, mais une salve de 105 brise son élan et il ne reste sur le terrain qu'un amas de voitures démantelées, des animaux morts, un tué, Gerrot, et quatre blessés : Paget, Leloup, Bolet et Lefort. Avec douze chevaux en moins, Garret sauve trois pièces. La 5ᵉ batterie, qui a consommé 320 coups, essaie à son tour de partir. « J'avais perdu trois chevaux depuis le matin, cinq autres sont tués lors du départ, rapporte le capitaine Morain. Revel est mortellement touché et Prioux blessé. »

A la 2ᵉ batterie, le lieutenant Brenier préfère « laisser passer l'orage ». Depuis le matin il compte un mort, Olivier, et quatre blessés[1]. Vers 18 h 30, il lance ses attelages vers Montzéville avec le lieutenant Delvalez en tête. A Esnes-en-Argonne, les barricades sont fermées et la batterie est prise sous le feu. « Tirés de plein fouet, écrit Brenier, deux caissons sautent, un autre et deux pièces ont leurs roues brisées. Une seule pièce est récupérée et elle est inutilisable. »

La 7ᵉ batterie du lieutenant Clarac a deux blessés : Brandstetter et Koenig. La « 6 » du lieutenant Culmann perd dix chevaux. Lancé au galop, le fourgon à vivres se casse en deux dans un trou d'obus, mais les quatre 75 sont sauvés.

A l'observatoire du I/3ᵉ RAC, personne ne répond plus aux appels radio. A 19 heures, le capitaine Laval monte dans la voiture du

1. Fressard, Olagnier, Faivre et Souquet.

175

commandant Hantz qui croise sur la route la 7ᵉ batterie du capitaine Bablon. Affaissé au fond du véhicule, Laval ne prête même pas attention aux salves qui encadrent l'itinéraire. « Nous n'avons rien mangé depuis plus de quarante heures et nous sommes harassés », reconnaît-il [1].

Les fantassins restent seuls sous les coups de l'artillerie de trois divisions allemandes. Sur la pente de la cote 304, le capitaine Daboval resserre son dispositif. Il a maintenant l'espoir de ramener les survivants de sa compagnie, car le lieutenant-colonel Rousseau lui a fait porter le message suivant : « Des ordres de repli vont être donnés. Décrochage prévu pour la fin du jour. En conséquence, tenir mais éviter l'encerclement. Reculer si nécessaire en assurant la couverture de la route Esnes-Montzéville. »

Depuis le PC du II/23ᵉ RIC, le commandant Montalti a l'impression que, vers la droite, le repli est déjà amorcé. Envoyés en reconnaissance, le lieutenant Marchand et le sous-lieutenant Riche passeront derrière la compagnie Daboval accrochée au terrain et reviendront indemnes au PC du IIᵉ bataillon : le dispositif tient toujours, mais les pertes sont de plus en plus sensibles, diront-ils dans leur compte rendu. Le sous-lieutenant Victor Requi, vingt-six ans, vient d'être mortellement blessé et le II/23ᵉ RIC ne représente plus qu'une compagnie dont Marchand prend le commandement. Il a encore 55 soldats avec lui, la 5ᵉ compagnie n'en a que cinq et la « 6 »... un de plus.

Lorsque Daboval décroche en direction d'Esnes, ses pertes sont aussi élevées : 10 morts, 36 blessés et 26 disparus, ces derniers tombés lors du repli.

A Esnes vers 20 h 30, après une courte préparation d'artillerie, deux bataillons allemands sortent du « ravin » qui sépare la cote 304 du Mort-Homme et donnent l'assaut. « Des nuées de boches dévalent vers le village, s'efforcent de le déborder ! » note le lieutenant Leclère à qui le lieutenant-colonel Rousseau vient de donner l'ordre de replier ses quatre mitrailleuses de 20.

Leclère fait venir l'échelon pour atteler, mais, en quelques minutes, deux chevaux sont tués et les deux autres, blessés, se tordent sur le sol. « Il faut abandonner les pièces », dit Leclère qui part vers le sud avec ses hommes « sous les balles qui tombent comme grêle dans le verger où nous étions ».

La fusillade crépite aux lisières du village et l'on se bat aux barricades. « Mon PC est en train de flamber ! » rapporte Rousseau. Au milieu des

1. Manque de nourriture et curieusement... de brodequins. Comment expliquer le nombre élevé de morts du 14 juin retrouvés avec des chaussures civiles aux pieds ? Cochou, Loiseau, Picq, Iltis, Balossier, Bonniquet, le caporal Agius, Pelé, Razaret, Lolivret, l'adjudant Bardy et même le sous-lieutenant Requi.

176

incendies, les coloniaux se battent et tombent dans d'obscurs corps à corps dont personne ne viendra révéler la violence[1].

Sur la route de Montzéville, les dernières chenillettes conduites par d'Aoust, Le Coq, Poussange et le caporal Vanderbauck traversent à plein régime les premiers éléments ennemis qui parviennent à arrêter une sanitaire dans laquelle ils capturent le lieutenant Naudinat, blessé une heure plus tôt. Un peu plus loin, le lieutenant-colonel Rousseau recueille lui-même des blessés allongés sur le bas-côté, mais il doit les laisser à Montzéville, car ils sont intransportables sur un long parcours. A Montzéville même, les balles traceuses semblent poursuivre les coloniaux. Le capitaine Le Porz est le dernier officier blessé de la journée : une balle l'atteint à la jambe et, tibia et péroné fracturés, il est évacué sur l'arrière[2]. Dans les caves du château d'Esnes, le 23ᵉ RIC abandonne plus de quatre-vingts blessés que la violence du combat d'arrière-garde et le manque de voitures sanitaires interdit d'évacuer. Ils ne sont pas seuls ; le médecin-capitaine Vennac, le caporal-chef Féjean, aumônier, et les infirmiers Pecourt, Thierry, Sécura, Parisi et Boucon, sont restés volontairement au poste de secours afin d'assurer les soins jusqu'à l'arrivée des Allemands.

Avant le repli du 1ᵉʳ RIC qui va s'opérer, lui aussi, sous la pression de l'ennemi, le lieutenant Gaston Béglin est tué. Sur leurs épaules, les coloniaux descendent leurs mitrailleuses du Mort-Homme, mais deux canons de 25 « poussés à bras sur le terrain chaotique » sont abandonnés. La section Le Duc couvre le repli de la compagnie Delteil, et la section Le Bihan, sa retraite coupée, file à travers champs et distance l'adversaire. Le II/1ᵉʳ RIC de Le Puloch joue le rôle le plus important, car, pendant que la « 7 » du capitaine Léoni contient les Allemands qui menacent de couper la route du IIIᵉ bataillon, la « 6 » du capitaine Le Jan reste en position à la lisière nord de Chattancourt. Le commandant Laugier et le CID (centre d'instruction divisionnaire) assurent le recueil à la ferme *La Claire* où le capitaine Léoni se présentera vers minuit. La 11ᵉ compagnie du lieutenant Godefroy ne peut être touchée par les agents de liaison porteurs de l'ordre de repli. Malgré plus de 50 % de pertes, elle résistera toute la nuit et mettra bas les armes à l'aube du 15, cartouches épuisées.

Le colonel Fauchon quitte Chattancourt peu après minuit, disant au commandant Tailland qui l'accompagne : « Un vendredi qui nous a-

1. Morel, Bardoul, Gilbert, Lhommet sont parmi les morts du « dernier quart d'heure ». Dans le seul parc Ribon, une quinzaine de cadavres seront retrouvés dont ceux de Pocaud, Drouet, Paget, Fartzi, Buffart, Monange, Landa, Moinet, Gonzaga.
2. Du groupe sanitaire de la 3ᵉ DIC, Le Porz sera évacué sur Vittel où l'afflux de blessés nécessitera son transfert dans une clinique civile de Vesoul. Là, sa jambe sera enfin plâtrée... deux jours après sa blessure.

coûté cher ! » Le IIe bataillon a perdu la majorité de la « 5 » dans la contre-attaque lancée sur la cote 304 et, au III/1er RIC, la « 9 » de Legrand a disparu la veille en arrière-garde et la « 11 » de Godefroy est restée sur la position. Seul le bataillon Fouquet ressemble encore à une unité combattante. Au milieu des incendies qui éclairent la rue principale de Chattancourt, un simple conducteur de sanitaire, Jean Couard — il ne mérite pas son nom —, accomplit le dernier exploit de la journée. Il revient dans le village évacué où il sait que des blessés sont abandonnés, embarque tous ceux que sa voiture peut contenir et... disparaît dans la nuit au milieu des coups de fusil et des hurlements d'intimidation poussés par les Allemands qui, au même instant, pénétraient dans Chattancourt par le nord.

★
★ ★

Sur la rive droite de la Meuse, le repli a commencé plus tôt qu'à la 3e DIC et, au 9e Marocains, le lieutenant Aveline a l'impression d'avoir été dupé. « Nous sommes furieux, dit-il, découragés. La même mission de reculer se répète chaque jour sans qu'il nous soit donné de nous trouver face à face avec l'adversaire, de nous mesurer à lui. »

Au 11e REI, les légionnaires ne sont pas plus satisfaits. « Les pieds des hommes sont en mauvais état, les miens également, mais je ne suis pas blessé, note le sous-lieutenant Collin, du I/11e REI. Les munitions semblent de plus en plus lourdes à porter et nous allégeons nos légionnaires au maximum. Et nous partons, traversant les lieux où nos pères se sont battus avec acharnement. Aujourd'hui, nous reculons... »

Mêlés aux colonnes de la division Burtaire, tirailleurs et légionnaires de la 6e DINA subissent les à-coups de l'encombrement provoqué par trois divisions qui refluent vers Saint-Mihiel.

« Fréquemment, note encore Aveline, nous dépassons de petits détachements du 155e RIF, commandés, ou en général suivis par un sous-officier ou un caporal ; les uns poussent de petites voitures d'enfant, chargées de valises, de couvertures, d'autres se traînent, plusieurs musettes bien gonflées en bandoulière, d'où sortent des goulots de bouteilles. »

L'indiscipline règne dans les bataillons de forteresse de la DLB. La fatigue et la longueur des étapes n'expliquent pas tout. Le capitaine Latounette, de l'état-major de la 6e DINA, est révolté par le pillage des magasins et des débits de boisson par des soldats qui prétendent, lorsqu'on les interroge, avoir perdu leur régiment. Le général Burtaire n'entretient lui-même aucune illusion sur les capacités de ses troupes. Il sait que leur moral ne se remettra jamais de l'abandon du béton et, le 15 au matin, il écrira, après avoir lu les comptes rendus de la nuit : « Les effectifs ont fortement diminué, moins par les pertes occasionnées par l'ennemi que par les déchets (*sic*) abandonnés exténués dans les fossés de la route. »

A Verdun, l'atmosphère de la soirée est celle d'une défaite. Comment peut-on abandonner la ville sans la défendre ? La question est sur toutes les lèvres, mais le réflexe d'obéissance est le plus fort.

« Les approvisionnements sont détruits, indique le général Lesourd, adjoint de Dubuisson. Le commandant du parc d'artillerie a déjà évacué son personnel et incendie ses dépôts. De même à la manutention, mais l'intendant Ladroitte reste avec nous jusqu'à la dernière minute. »

Des explosions secouent la ville et brisent des milliers de vitres, les sapeurs font sauter les ponts : Thierville, Belleville, La Galavaude... Le tunnel de Tavannes est détruit au moment où le sergent Buiron et ses hommes sont déjà sous le feu de l'ennemi. Selon le commandant Roux, le pont de chemin de fer de Belleville est encore utilisable et il faudra placer de nouvelles charges dans la nuit.

Le général Dubuisson a quitté la citadelle pour Lacroix-sur-Meuse à 20 heures. Le capitaine Morane assure la permanence jusqu'à minuit. « De nombreux incendies illuminent le ciel, raconte le colonel Placiard, chef d'état-major de Dubuisson. Les munitions du parc d'artillerie explosent sans arrêt. Je quitte Verdun vers 23 h 30. Les troupes qui retraitent par la rive droite n'ont pas encore atteint la ville qui est déserte. Les casernes Bevaux ne sont qu'un immense brasier ! »

Les derniers à sortir de la citadelle sont le lieutenant-colonel Mauduit, du génie, les capitaines Picquart, Philippe, Ullmo et le lieutenant Delprat. Ils partent au moment où un puissant grondement annonce la destruction de la centrale électrique. Autour de Verdun, les maigres garnisons des forts doivent résister jusqu'au 15 juin à midi, de façon à couvrir la retraite du groupement Dubuisson.

Le vendredi 14 juin, les trois divisions allemandes de la rive gauche de la Meuse et la *71e ID* sur la rive droite n'avaient toutes qu'un objectif : Verdun. Malgré les importants moyens déployés face aux deux régiments de la 3e DIC, les divisions des *Generaux* Ottenbacher, Moser et de Angelis ont passé l'essentiel de la journée à grignoter les pentes de la cote 304 et celles du Mort-Homme. Les chiffres des pertes sont élevés dans les deux camps. Le 23e RIC a le plus souffert et aux 134 tombes du cimetière d'Esnes-en-Argonne il faut en ajouter 14 à Malancourt, autant à Cumières, 3 à Montzéville et 18 à Béthincourt, ce qui donne un total de 183 tués laissés sur place [1].

1. Le 14 juin 1925, quinze ans plus tôt, le sous-lieutenant Pol Lapeyre, de l'infanterie coloniale, se faisait sauter avec le poste de Beni-Derkoul plutôt que de se rendre aux Rifains. Le sacrifice de Lapeyre est devenu un symbole et une promotion de Saint-Cyr porte son nom. A Esnes-en-Argonne, il n'y a ni plaque ni monument pour rappeler les 183 morts du 23e RIC.

N'oublions pas les 10 morts du 74e RI retrouvés dans le bois d'Avocourt, et ceux de la rive droite : 5 à Forges, 3 à Régnéville, 6 à Vacherauville, 12 à Azannes, autant à Samogneux et 25 à Bezonvaux, ce qui porte le total à 252 tués dans la journée. Le nombre des blessés décédés dans les hôpitaux de l'arrière ne peut être évalué.

Les trois divisions allemandes lancées contre la 3e DIC accusent, pour le 14 juin, 163 tués dont 11 officiers et 698 blessés. Sous les contre-attaques lancées par le lieutenant-colonel Rousseau, la *76e ID* a le plus souffert : 85 tués dont 2 officiers et 265 blessés et disparus. Sur la rive droite, la *71e ID* de Weisenberger a été moins éprouvée : 16 tués dont un officier et 99 blessés.

A l'aube du samedi 15 juin, le général Falvy et son chef d'état-major, le commandant Rénucci, assistent au regroupement du 23e RIC : 7 officiers et 270 hommes avec chenillettes et cuisines roulantes. Vers 11 heures du matin, le lieutenant-colonel Rousseau se présentera avec près de 300 coloniaux exténués. Le journal de la division résume la situation : « En dépit des durs combats, de la fatigue, des marches, de l'absence de vivres, ils ont réussi à rejoindre. Le 23e RIC est réduit à moins de 600 hommes qui n'ont rien mangé depuis 36 heures. »

Si le 1er RIC du colonel Fauchon a des effectifs plus étoffés, l'état d'épuisement est le même. A l'aube du 15, sous une petite pluie fine, le lieutenant Cayard, de la 10e compagnie, admet qu'il vient d'atteindre ses limites : « Je suis littéralement anéanti, sans force, mes nerfs tendus depuis vingt-quatre heures, sans une minute de répit, lâchent sans prévenir. Je me laisse tomber dans un trou et, à la première parole que m'adresse Montagne, je me mets à pleurer comme une fontaine. »

Le sous-lieutenant Montagne, qui, la veille, suppliait le capitaine Prévost de contre-attaquer à la baïonnette, lance soudain : « Nous allons perdre la guerre ! »

Cayard le regarde comme si son ami venait de prononcer une incongruité. « C'est la première fois, dira-t-il, que cette pensée nous venait à l'esprit. »

CHAPITRE VIII

« Faites votre trou vers le sud... »

Le vendredi 14 juin sera plus serein à l'état-major de la IIIᵉ armée du général Condé que sur les différents fronts de l'armée Freydenberg. Condé a quitté la veille le fort Jeanne-d'Arc, sur les hauteurs de Metz, pour s'installer au prieuré de Flavigny-sur-Moselle, à environ quinze kilomètres au sud de Nancy. Depuis le début de la guerre, le prieuré abritait un hôpital et le détachement précurseur a enlevé les briques qui composaient une croix rouge au milieu de la cour.

Vers 6 heures, le commandant Basteau gare sa voiture le long des bâtiments silencieux. Officier de liaison du GA 2 à la IIIᵉ armée, il a voulu passer une nuit calme, dormant dans son auto arrêtée à l'orée d'un bois, sur une hauteur dominant la vallée de la Moselle.

« Au loin, écrit-il dans son journal, on entend par intervalle le roulement du canon. De nombreux passages d'avions, très haut dans le ciel, rompent le silence. Pas de bombes sur Flavigny. Le déplacement du PC de la IIIᵉ armée a dû passer inaperçu dans la cohue des réfugiés qui encombrent les routes. »

Le général Condé, qui a dormi dans le pavillon proche de l'entrée, n'a pas encore fait son apparition, mais Jeudy, son ordonnance, vient d'aller à la cuisine, sans doute pour y prendre un pot de café. Le colonel Tessier, chef d'état-major, a déployé une carte en couleurs et l'examine, lorsque Basteau vient le saluer.

« Avez-vous les renseignements de la nuit ? demande l'officier de liaison.

— Toujours l'incertitude pour Saint-Dizier. Il semble que la ville soit tombée, mais je n'ai aucune confirmation. »

Tessier l'aura dans peu de temps puisque le général Condé écrit dans son journal à sept heures : « La situation est toujours plus mauvaise ; les Allemands de Saint-Dizier paraissent faire tache d'huile. On parle d'éléments ennemis vers Ligny-en-Barrois. » Condé est mal renseigné, car l'ennemi ne fait pas « tache d'huile », il fait seulement son entrée à Saint-Dizier.

« Comment s'est passée la première étape de la retraite ? questionne encore Basteau.

— Plutôt mal ! dit Tessier. Je sais par Debeugny[1] qui est encore au fort Jeanne-d'Arc que les chefs de corps se plaignent de cisaillements d'itinéraires, du manque de véhicules, de gros retards et de la fatigue, surtout de la fatigue... »

Appliquant l'ordre de décrochage signé par Weygand le 12 juin, le général Prételat, du GA 2, a transmis à ses commandants d'armée le plan de manœuvre n° 8930/3 qui doit permettre un repli sinon rapide, du moins en ordre. Les armées, en particulier la IIIᵉ de Condé et la Vᵉ de Bourret, battent en retraite vers le sud-ouest, et l'idée de Prételat est la suivante : « Pour laisser l'ennemi le plus longtemps possible dans l'ignorance du repli, les mouvements seront effectués en principe (sic) de nuit. Ceux qui doivent se faire de jour s'exécuteront par véhicules très espacés. »

Les Allemands ne sont pas restés longtemps « dans l'ignorance du repli », car, dès la soirée du 13, les reconnaissances aériennes adverses signalaient « des mouvements importants en direction du sud sur l'axe Metz-Nancy ». L'infanterie et les convois hippomobiles se déplaceront la nuit et le plan de manœuvre du général Prételat fixe les lignes de retraite successives que les régiments doivent atteindre chaque matin, en théorie avant le lever du soleil : R.1, R.2, R.3, etc. En fin d'étape de la troisième nuit de marche, R.3 épouse sensiblement le tracé du canal de la Marne au Rhin entre Toul à l'ouest, et Saverne.

Pour des hommes d'un âge proche de la trentaine, n'ayant jamais subi d'entraînement à la marche, les étapes vont être difficiles à supporter. Pas plus dans les bataillons d'intervalles que dans les ouvrages et casemates, l'abandon de la position fortifiée n'avait été envisagé et les soldats sont encore sous l'effet du choc moral produit par l'ordre de repli. Les commandants d'armée eux-mêmes étaient persuadés qu'ils livreraient bataille sur la ligne Maginot et pas ailleurs. A la suite d'un incident qui s'était produit à la casemate de *Seltz,* sur le Rhin, le général Bourret rappelait le 19 mai que la « seule attitude à tenir, sans aucune exception, est la résistance jusqu'au bout ». Et il concluait : « Il n'y a donc pas lieu de prévoir la destruction des armes et des approvisionnements devant précéder un repli qui ne sera jamais ordonné et qu'on ne doit pas envisager. » Un mois ne s'est pas écoulé que le repli qui ne devait jamais être ordonné est à effectuer d'urgence.

Quand il s'interroge sur ce qui se passera après R.3, Condé lui-même note dans son journal : « Après on verra ! » Tessier, son chef d'état-

---

1. Le lieutenant-colonel Debeugny est chef du 3ᵉ Bureau de la IIIᵉ armée.

major, emploie une autre formule : « A partir du canal, on passera à la retraite pure et simple. »

Étonnant, bien sûr, car, du 14 au 17 juin, les soldats n'auront pas l'impression de faire autre chose. Tessier ajoute cependant : « L'armée rompra d'un bloc vers le sud et marchera jour et nuit. »

Selon le plan du GA 2, les régiments atteindront d'abord R.4, entre Châtillon-sur-Seine et Pontarlier, puis R.5, entre Clamecy, dans la Nièvre et le col des Rousses, dans le Jura. Et après ? « Après on verra ! » dirait Condé. D'autant que ce plan de manœuvre ne tient pas compte des réactions ni des mouvements d'un adversaire précédé par deux groupements entièrement motorisés, ceux de Guderian et de Kleist.

Le général Prételat, qui a compris à quel point le facteur « vitesse » est important, a prévu dans son plan de manœuvre d'autoriser ses subordonnés à « faire appel à toutes les ressources que peut donner la réquisition ». Dans l'après-midi du 14 juin, il obtiendra l'accord du général Georges qui ordonne de « presser la manœuvre autant que cela est compatible avec l'ordre ». Georges ajoute *in fine* que « la réquisition de tous les véhicules automobiles est autorisée ». Cette autorisation est bien parvenue à la IIIe armée puisqu'on trouve sous la plume du colonel Tessier cette petite phrase : « Le 3e Bureau (...) réglera le mouvement de repli avec tous les moyens en son pouvoir (organiques et réquisitionnés). »

Pourquoi le général Condé a-t-il refusé d'employer ces moyens ? M. Bourrat, préfet de la Moselle, ne lui a-t-il pas demandé de lever la réquisition des camions et autobus ? Au 6e corps, qui retraite sur l'axe Thionville-Metz-Nancy, le général Loizeau se plaint d'avoir abandonné des quantités de vivres et de munitions, par suite « de l'impossibilité de recourir à la réquisition qui ne fut jamais autorisée ». Un de ses subordonnés, le général Poisot, qui commande la division de marche formée avec les troupes du secteur de Thionville, précise de son côté : « Les réquisitions étant interdites sans une autorisation de l'armée, j'ai demandé à celle-ci de réquisitionner des camions existant en grand nombre dans les usines de la rive gauche de la Moselle. A ma stupéfaction, cette autorisation me fut refusée et j'éprouvai par la suite le regret d'avoir posé la question[1], car, trois jours plus tard, ces véhicules étaient entre les mains des Allemands. »

L'*Oberstleutnant* Boeckh-Behrens écrit en effet dans le journal de la *XVIe Armée* du *General* Busch : « L'ennemi ayant évacué la région de Metz de façon méthodique, on ne trouve aucun camion militaire et il

1. A Lunéville, le commandant de Magnienville, du Bureau de la Place, ne pose pas de questions ; il prépare une liste de 59 voitures à réquisitionner pour évacuer le dépôt de cavalerie nº 20 du colonel d'Hausen. 17 voitures seulement se présenteront, les autres étant déjà parties vers le sud avec leur propriétaire.

faut réquisitionner les véhicules civils [1]. » La situation est d'autant plus sérieuse que routes et voies ferrées se trouvent engorgées par le secteur civil. Par le canal du GA 2, le général Georges a prescrit à Condé de « faire évacuer les ouvriers des usines lorraines, les mineurs de fer et de charbon, les affectés spéciaux sans emploi (?) et les hommes de 15 à 55 ans ». L'ordre recommandait aussi de « restreindre l'évacuation des autres éléments civils de la population », consigne irréaliste, les familles qui avaient décidé de partir ne jugeant pas utile d'en demander la permission au maire de leur commune.

Prévoyant que les réfugiés allaient envahir les routes par dizaines de milliers et apporter une gêne considérable aux armées en retraite, le général Prételat a recommandé de « réserver des itinéraires spéciaux aux évacués, en conservant les grands itinéraires pour les mouvements de troupes et les convois militaires (...). Interdire en particulier l'arrêt des évacués civils hors des parcs à prévoir dans les villages ». Dans le même ordre téléphoné aux armées le 14 au soir, Prételat recommande de prendre des « mesures TRÈS STRICTES pour faire respecter les consignes de marche des convois et interdire le panachage de convois civils et militaires ».

Le général Weygand lui-même adressera un télégramme aux organes régionaux, aux subdivisions, aux gendarmeries, pour les inciter à rester à leur poste, « même s'ils doivent tomber entre les mains de l'ennemi ». Mais le télégramme sera daté du 16 juin [2]. Trois jours plus tard ! Dans la plupart des localités lorraines, pompiers, gendarmes et fonctionnaires sont partis par ordre du gouvernement. Souvent, l'eau et l'électricité sont coupés, on ne ramasse plus les ordures ni les cadavres d'animaux et, si un décès survient, le corps est inhumé dans le cimetière le plus proche, ou le long de la route, quand il n'est pas, lui aussi, abandonné. Les grands chefs donnent des ordres, mais ils se montrent incapables de veiller à leur exécution. On a vu les conditions dans lesquelles la 3e DINA de Mast, puis la 1re DIC de Roucaud sont transportées. Au fur et à mesure que le torrent des réfugiés va grossir, le désordre ira s'amplifiant et personne ne saura comment y mettre fin. Un chef de bataillon du 201e RI, le commandant Martinié, qui retraite avec le 42e corps, est écœuré par ce qu'il découvre. « Pendant la retraite, dit-il, aucune prévôté, aucune régulation routière, même improvisée, n'a permis d'ordonner le flot des réfugiés, de canaliser les colonnes d'artillerie, de contrôler les désertions, de regrouper les fuyards... »

1. Fait prisonnier sur le front russe en octobre 1944, le général Hans Boeckh-Behrens mourra le 13 février 1955 à l'âge de cinquante-six ans, après onze années de captivité.
2. « J'étais révolté de voir la façon dont on f... le camp, dira Weygand en 1947 devant la Commission d'enquête parlementaire. Les mouvements de l'armée étaient empêchés et la résistance a souvent été gênée par ce flot de cinq à six millions de réfugiés ! »

Nous sommes loin de l'ordre rédigé par Joffre le 2 septembre 1914. Pas de laxisme chez le généralissime, mais une profonde détermination, à la limite de l'inhumain, qui lui permettra d'amener ses troupes jusqu'à la Marne, épuisées mais en ordre, et de retourner la situation : « Les précautions les plus minutieuses comme les mesures les plus draconiennes seront prises pour que le mouvement de repli s'effectue avec un ordre complet... Les fuyards, s'il s'en trouve, seront poursuivis et passés par les armes. »

* *
*

Le 14 au matin, avant de quitter son ancien PC de Villers-lès-Nancy pour s'installer à Pont-de-Pany, à quinze kilomètres de Dijon, le général Prételat signe trois ordres « ayant pour objet la protection des arrières du groupe d'armées » (journal du GA 2). Comment ne pas s'interroger sur ses mobiles lorsqu'on s'aperçoit que ces ordres, s'ils étaient appliqués, désorganiseraient complètement les armées Bourret et Condé et provoqueraient des cisaillements d'itinéraires dont le moindre mal serait de provoquer un désordre accru.

Ils sont inexécutables et il est IMPOSSIBLE que Prételat ne l'ait pas su. Les a-t-il signés pour ne pas être taxé d'immobilisme ou pour l'Histoire ? L'ordre d'opérations n° 17 prévoit que le 43e corps du général Lescanne sera transporté en partie sur la Saône et le reste « dans la région de Besançon pour barrer les vallées du Doubs et de l'Ognon ». Prételat sait-il que les régiments du 43e corps qui descendent à pied, par des routes impossibles, de la région de Bitche et de la basse Alsace, ont encore trois étapes de nuit devant eux avant d'atteindre la gare de Sarrebourg où l'embarquement aura lieu... si les trains nécessaires peuvent être rassemblés ?

Dans l'ordre particulier n° 148, Prételat fait mieux : pour protéger les armées au sud-ouest, il décide d'envoyer des troupes entre Chaumont et Nuits-sous-Ravières. Quelles troupes choisit-il ? Les plus éloignées, celles du secteur fortifié de Haguenau constituées elles aussi en division de marche. La 103e DIF du général Vallée, la « division de Strasbourg », complétera le dispositif. Prételat ayant l'intention de déplacer ces milliers d'hommes et leur artillerie par voie ferrée, où espère-t-il trouver les wagons, alors que le général Condé crie déjà misère ?

« Les chemins de fer me lâchent, note le commandant de la IIIe armée le 14 juin. Par ordre supérieur, la direction des transports de Nancy est partie pour Dijon (...). Il n'y a plus de trains, je vais avoir en tout, pour mon armée, quatre rames ce soir : autant dire rien ! »

La 103e DIF attendra en vain dans les gares alsaciennes où ses régiments ont été regroupés. La division de marche du secteur de Haguenau réussira à partir et, roulant devant ou derrière des convois sanitaires, ou de réfugiés, tentera de traverser la zone des armées en direction de Langres, ce qui se révélera impossible. Toujours dans l'ordre n° 148, Prételat décide de retirer les troupes des secteurs fortifiés de la Sarre et de Faulquemont, puis de les porter « sur Langres dans la nuit du 15 au 16 juin ». Il n'y aura pas l'ombre d'un commencement d'exécution, et ce pour une raison que Prételat connaît bien puisqu'elle figure au journal de marche du GA 2 : depuis l'aube, deux régiments du secteur de Faulquemont, les 69ᵉ et 82ᵉ RIF, et tous ceux du secteur de la Sarre, sont sous le feu des canons et des avions du *General* von Witzleben qui a déclenché l'offensive *Tiger* entre Biding et Sarralbe.

Prételat ne pouvait pas ignorer qu'une puissante attaque se « mijotait » contre le 20ᵉ corps du général Hubert puisque des préparatifs ont été observés quelques jours plus tôt. Condé n'en fait pas mystère. « Hubert a devant lui des éléments de six divisions... Il se monte une attaque », écrit-il dans son journal le 10 juin.

Le lendemain à 11 h 30 : « Hubert me téléphone pour me dire que la menace d'attaque sur le saillant de Puttelange paraît se préciser. Une soixantaine d'emplacements de batterie sont signalés. »

Le même jour à 17 heures : « Des officiers de chez moi sont allés en liaison au 20ᵉ corps. Il est certain qu'il y a entre Cappel et Puttelange des préparatifs d'attaque. »

Ce que personne ne soupçonne, pas plus Condé que Prételat, c'est l'importance des moyens mis à la disposition de Witzleben, moyens dont une faible partie a été décelée par les Français. L'offensive *Tiger* engagera le premier jour neuf divisions de la *Iʳᵉ Armée* dont six en premier échelon. Quant à l'artillerie, on est loin de la « soixantaine d'emplacements signalés » puisque 229 batteries ont été rassemblées, soit plus d'un millier de canons, autant que les Alliés en aligneront plus tard devant El-Alamein, puis devant Cassino. Witzleben aura aussi l'appui d'un *Fliegerkorps* dont les *Heinkel 111* écraseront les arrières de la position française pendant que les *Junkers 87* attaqueront les casemates.

A l'aube du 14 juin, le bombardement de *Tiger* s'abat sur le 20ᵉ corps, en particulier sur les six régiments de forteresse qui vont s'opposer à six divisions allemandes. A 10 h 15, Condé note : « Hubert me téléphone qu'il est attaqué sur Cappel-Holving. La *Stuka* (*sic*) intervient. Il me demande si je puis faire intervenir la chasse. Je lui réponds que je vais essayer, qu'il tâche de ne pas trop se faire plumer jusqu'à ce soir. »

Condé n'obtiendra pas l'appui d'une armée de l'air dont le commandement a renoncé à défendre autre chose que ses propres terrains. Les 27 Curtiss du groupe *La Fayette* stationneront toute la journée sur la base de Longvic-lès-Dijon sans recevoir d'ordres. De même, à Orléans, les avions d'assaut des GB I/54 et II/54 restent en alerte « sans obtenir de mission[1] ». Malgré ces carences, les régiments du général Hubert résisteront jusqu'au soir et, si 550 tués seront dénombrés sur la position, les pertes allemandes dépasseront 1 200 morts, l'offensive *Tiger* se soldant par un échec[2].

Rassuré pour sa droite où le 20ᵉ corps tient tête aux assauts lancés par Witzleben, Condé l'est moins pour son flanc gauche. L'officier de son état-major — non identifié —, qui a assisté la veille à Jouy-en-Argonne à la rencontre Freydenberg-Flavigny-Dubuisson, lui a certainement répété mot pour mot les propos du chef de la IIᵉ armée (« la retraite continuera sans arrêt, sans souci d'alignement et sans attendre la IIIᵉ armée »), et la méfiance éprouvée par Condé envers son voisin est justifiée. Au général Prételat qui fait un crochet par Flavigny-sur-Moselle avant de gagner Dijon, Condé confie ses craintes de voir la IIᵉ armée « le serrer à gauche et peut-être même le traverser et le bousculer ». Le général Renondeau, dont le 42ᵉ corps retraite en liaison avec la division légère Burtaire, apporte sans le savoir de l'eau au moulin de Condé en téléphonant que « des éléments de la IIᵉ armée semblent se diriger non plus vers le sud, mais vers l'est et s'apprêtent à franchir la Meuse ».

Commentaire du colonel Tessier : « Le général Condé saisit le danger de la situation. Ces troupes cisailleraient celles de notre armée, ce qui créerait un embouteillage monstre. Il donne l'ordre à Renondeau de faire sauter les ponts de la Meuse plutôt que de se laisser envahir. »

Condé ne parle pas de cette mesure radicale — qui ne sera pas appliquée — et il est probable que Tessier a dramatisé ! Examinant la situation avec le commandant de la IIIᵉ armée, Prételat semble d'ailleurs comprendre les difficultés rencontrées par Freydenberg dont les divisions livrent de durs combats et, plutôt que d'aller dans le sens d'une destruction préventive des ponts de la Meuse, il estime « qu'il convient d'infléchir le repli en direction du sud et non plus du sud-ouest ». Sage mesure qui retarde sans doute de vingt-quatre heures des cisaillements d'itinéraires devenus inévitables sur les arrières de la IIIᵉ armée.

Dans l'après-midi, Prételat téléphonera à Condé depuis le château de la Chassagne, son nouveau PC : « En accord avec le général Huntziger, tous les éléments de la IIᵉ armée qui entreront dans votre zone passeront sous vos ordres. »

« Joli cadeau ! » confie Condé à son journal.

Dans la soirée du vendredi 14, un planton annonce au colonel Tessier que le capitaine Dupont, envoyé par le général Flavigny, demande à être

---

1. Revue *Icare*, nº 10, consacrée à la bataille de France.
2. Voir *Faites sauter la ligne Maginot !* (Fayard, 1973).

reçu. Officier du 4e Bureau au 21e corps, Dupont a quitté vers 16 heures le PC qui, venant de Beauzée-sur-Aire, s'installait à l'abbaye de Benoîte-Vaux. Sur un parcours qui, dans des conditions normales, s'effectue en moins de deux heures, Dupont en a passé six. Les avatars ne lui ont pas manqué : attaque aérienne à Kœur-la-Petite, une seconde à Lérouville, encombrement infranchissable au sud de Toul et, pour finir, rupture de la courroie de ventilateur de la voiture dans le bois d'Allain. Réparation provisoire et arrivée nocturne au PC de la IIIe armée. « Triste ambiance, gens désemparés. J'ai l'impression que, cette fois, la débâcle est complète ! » relate Dupont [1] qui ajoute, précisant l'objet de sa mission : « Demander à la IIIe armée de nous prendre sous son commandement, ne pas faire sauter les ponts de la Meuse pour permettre notre repli, les lignes de retraite successives prévues par la IIIe armée, horaires, ainsi que les dépôts de vivres, armes, munitions, essence, où nous pourrions nous ravitailler. »

Dans ses carnets, le colonel Tessier décrit la mission Dupont en termes qui, une fois encore, inclinent à la dramatisation : « Le général Flavigny a perdu tout contact depuis quarante-huit heures avec la IIe armée. Aucun ordre. Aucun ravitaillement (...). Il demande au général Condé de lui donner des directives et à la IIIe armée de le ravitailler. »

Flavigny n'a pas perdu contact avec Freydenberg depuis quarante-huit heures puisqu'il l'a vu la veille à Jouy-en-Argonne. C'est Tessier qui est coupé de la IIe armée. Le 13 juin, il s'en plaint à deux reprises : « On est toujours sans nouvelles de la IIe armée dont le PC est ignoré. » Dans la soirée : « Savoir à tout prix où est la IIe armée et ce qu'elle compte faire demain. »

Il présente Dupont au général Condé qui explique à l'officier de liaison que le général Flavigny « doit se replier à notre rythme, sa droite à la Meuse dont je lui abandonne la rive gauche, et en laissant un peu de place pour la partie nord du corps d'armée colonial entre lui et Saint-Dizier ».

On ne parle plus de faire sauter les ponts et, après avoir réussi, « non sans mal », à se faire donner une voiture en échange de la sienne, le capitaine Dupont reprend la direction de Benoîte-Vaux où il arrivera le 15 juin à 5 heures du matin après avoir affronté puis traversé, à Toul, Void et Commercy, les vagues déferlantes de la retraite, réfugiés et militaires confondus.

Ce qui surprend chez Condé, c'est de voir avec quelle lucidité il a jaugé la menace qui plane sur les armées du GA 2 depuis que les Allemands bordent la Marne de Châlons à Saint-Dizier. « On se rend

1. Retiré à Saint-Avold (Moselle), le colonel Jean Dupont a bien voulu communiquer ses notes personnelles à l'auteur.

compte, commente-t-il, qu'un débouché puissant de blindés adverses en direction générale Châlons-Besançon ou Châlons-Dijon-Genève serait susceptible de provoquer la destruction ou le rejet en Suisse de la majeure partie du groupe d'armée nº 2. »

Cette analyse reflète exactement les intentions du haut commandement allemand qui a découplé quelques heures plus tôt les groupements Kleist et Gudérian en direction du sud-est. Condé ajoute, témoignant cette fois d'une profonde candeur : « En conséquence, je demande l'intervention massive de l'aviation franco-britannique sur les blindés ennemis susceptibles de faire cette manœuvre. »

Le vendredi 14 juin, Condé a pris une décision plus réaliste que son appel à l'aviation franco-britannique. Devant la carence de la IIᵉ armée, il a entrepris de constituer son propre barrage face à l'ouest sur une ligne qui, partant de Commercy, va s'étirer vers le sud en direction de Chaumont. Le 29ᵉ BCC équipé de Renault FT 17, le 51ᵉ BCC avec ses gros chars 2 C de 70 tonnes, et le 149ᵉ RIF du lieutenant-colonel Beaupuis vont aller se placer en couverture sur le flanc gauche de l'armée. Le 70ᵉ RA du colonel Droneau est enlevé à la division Poisot et deux autres régiments de forteresse, le 168ᵉ RIF du lieutenant-colonel Ferroni[1] et le 164ᵉ RIF du commandant Orgebin sont dirigés sur la gare de Metz où des trains sont prévus pour les conduire vers le sud-ouest.

Pour étoffer sa gauche, Condé ne puise pas dans des réserves qu'il ne possède pas, il se contente de déshabiller Pierre pour habiller Paul ; et le général Poisot, à qui l'on enlève le même jour son seul régiment d'artillerie motorisé et le 168ᵉ RIF, son meilleur régiment d'infanterie, apprécie peu cet affaiblissement brutal de son potentiel de combat. D'autant que les événements s'accélérant, une partie des unités envoyées en couverture se heurteront à l'ennemi avant d'être en place et se battront, sans lien tactique, à l'endroit où elles se trouvent, ce qui sera le cas du 149ᵉ RIF, ou devront saboter leur matériel, comme au 51ᵉ BCC. Plus regrettable est la nomination par Condé d'un chef peu énergique, le général Fournier, de la XXᵉ Région militaire (Nancy), à la tête des troupes de couverture fractionnées en deux sous-groupements confiés l'un au colonel Miserey, l'autre au général Brusseaux, ancien commandant de la place de Metz.

Dans l'après-midi du 14 juin, le général Flavigny décide de mettre les choses au point avec le général Carles dont le PC de Pierrefitte-sur-Aire est à une douzaine de kilomètres au sud de Benoîte-Vaux. Il est accompagné du lieutenant-colonel Bonvalot et du commandant Valluy,

---

1. Le I/168ᵉ RIF sera transporté en camions au sud de Nancy où il prendra position sur la Moselle de Pont-Saint-Vincent..., face au sud.

chef du 3ᵉ Bureau. A la mairie de Pierrefitte, Flavigny explique au commandant du corps colonial que la IIᵉ armée ne donnant plus signe de vie, ou donnant des ordres inexécutables (l'attaque sur Saint-Dizier-Chaumont), il est nécessaire de lier les mouvements des deux corps d'armée, mettre en commun leurs moyens, et retraiter de concert afin de ne jamais présenter la moindre brèche par où s'engouffrerait l'ennemi. Et Flavigny ajoute qu'étant le plus ancien, il assumera désormais le commandement des deux corps d'armée.

« Carles avait déjà l'idée fixe de se replier à marches forcées vers le sud », écrira Bonvalot [1].

Dans son rapport, Carles ne parle pas de cette subordination à Flavigny. Elle a pourtant existé puisque le colonel Tessier, chef d'état-major de la IIIᵉ armée, évoque « le groupement 21ᵉ corps — corps colonial placé sous les ordres de Flavigny ». Tessier, plutôt discret lorsqu'il s'agit de conflits internes, révèle aussi dans ses carnets que, le 16 juin, le général Condé sera obligé d'écrire une lettre à Carles, celui-ci s'étant désolidarisé du 21ᵉ corps. Pour l'instant, Carles semble admettre les arguments de Flavigny et Valluy commence à rédiger des ordres sur un coin de table. « Livré à lui-même, dit-il, le 21ᵉ corps s'efforce " d'organiser le désordre " et de donner un peu de dignité aux derniers comportements d'une armée dont le chef a abdiqué. »

A Châteauvillain, l'atmosphère s'est encore alourdie et, une fois donné l'ordre d'attaquer sur l'axe Saint-Dizier-Chaumont, personne ne s'est occupé de veiller à son exécution. Lorsque le capitaine Tingry vient en liaison du PC du 21ᵉ corps (il a mis NEUF heures pour parcourir 148 kilomètres au milieu des encombrements), que lui dit-on ? « Faites votre trou vers le sud, le plus rapidement possible, sans esprit de liaison avec vos voisins [2]. »

Depuis la veille, le refrain n'a pas varié. Le lieutenant-colonel Paquin aurait même été jusqu'à faire ses adieux à Tingry : « Au revoir, cher ami, j'espère que nous nous reverrons dans des circonstances meilleures, après la guerre. » (Rapport Méjan.) Adressé à un officier qui s'apprête à remonter vers le nord, là où l'on se bat, le « après la guerre » est particulièrement désagréable. Mais pourquoi ces adieux ? Paquin est-il sûr de ne pas revoir Tingry ? C'est que l'état-major de la IIᵉ armée déménage une nouvelle fois. Il pourrait se diriger vers le nord et planter sa tente du côté de Commercy, mais Freydenberg ne manifeste aucune envie de revoir ses corps d'armée et il choisit de se replier vers l'est avec point de chute à... Bourbonne-les-Bains, sur les arrières de la IIIᵉ armée. Lorsque le général Condé apprendra cette présence insolite

1. Lettre du 21 juillet 1945 adressée au général Flavigny.
2. Rapport du lieutenant Méjan, du 2ᵉ Bureau du 21ᵉ corps.

190

dans sa zone, il ne mâchera pas ses mots à l'endroit de Freydenberg : « C'est renoncer à exercer son commandement ! »

Plus désabusé, Flavigny confie à son journal : « Je ne compte plus recevoir d'instruction de la IIe armée, sa radio ne répond plus et son PC a été transporté à Bourbonne-les-Bains. »

Dans un rapport qui fera grand bruit, le commandant Valluy se place au niveau de l'éthique militaire. « Les officiers de l'état-major de la IIe armée, écrit-il, étaient sans doute persuadés, en pliant bagages, qu'ils étaient des réalistes. D'abord en ce qui les concernait, ensuite en ce qui concernait la collectivité militaire et la patrie, ils agissaient en destructeurs ; ils gâtaient irrémédiablement leur réputation individuelle et surtout ils apportaient des arguments supplémentaires — et de quel poids — à tous ceux qui n'aiment pas l'Armée, aux officiers de complément qui ne sont pas tendres pour les officiers de l'active, aux officiers de troupe qui ont la défiance des officiers d'état-major... Quel beau travail de démolition ! »

Le vendredi 14 juin en fin d'après-midi, le général Carles fait envoyer ses ordres pour le lendemain : la 6e DIC se rétablira après un repli de faible amplitude entre Triaucourt au nord et Nettancourt au sud : le général Mast laissera une ou deux compagnies de tirailleurs formant « croûte » avec le IV/344e RI du commandant Poirier à Revigny-sur-Ornain et retraitera avec le reste de la 3e DINA, de manière à prolonger la gauche de la 1re DIC entre Lavincourt et Ménil-sur-Saulx. Les cavaliers de la brigade Gailliard pousseront jusqu'à Pansey, à quarante kilomètres du front tenu par la division Roucaud. Carles étendra ainsi la position de la Saulx et les reconnaissances effectuées par les cavaliers du général Gailliard permettront, il l'espère, « de gagner déjà une étape vers le sud ».

Dès la tombée de la nuit, la 3e DINA entame son repli. L'artillerie est au complet, le 15e RTA du colonel Buisson compte encore un millier d'hommes, mais, pour le reste, le commandant Serre dispose d'environ deux cents tirailleurs du 14e Algériens et le colonel Tissané rassemble une cinquantaine d'hommes du 12e Zouaves. Le capitaine Alliot et trois sections du 14e RTA resteront sur place jusqu'à 3 heures du matin et, selon Mast, des camions les ramèneront à la division [1].

Le bataillon Poirier, auquel s'est rattaché un élément de la compagnie divisionnaire antichar de la 14e DI avec cinq pièces, reçoit une mission de sacrifice : tenir Revigny sans esprit de recul [2]. La 1re DIC faisant face

---

1. On ne les verra pas et, comme d'habitude, le repli s'effectuera à pied.
2. Selon Poirier, le colonel Buisson lui aurait dit avant de partir : « Une autre division doit tenir la ville et vous intégrera. »

au sud, son régiment de droite est-il en liaison avec le bataillon Poirier ? Pas du tout ! Avec les trois sections de « croûte » du capitaine Alliot ? Pas davantage ! Il existe donc UNE BRÈCHE sur le flanc ouest de la 1ʳᵉ DIC, une brèche dont on connaît l'existence. Dans la nuit, le général Cruciani, de l'artillerie de la division Roucaud, recommandera au colonel Fady, du 1ᵉʳ RAC, « de bien se garder à droite avec la défense antichar ». Fady est beaucoup plus net. « Nous savions que la droite n'était pas couverte et qu'un trou de huit kilomètres existait de ce côté », écrit-il dans son rapport.

Au PC du général Carles, on s'est rendu compte du danger. Le commandant Glain, qui a été envoyé au 21ᵉ RIC pour annoncer au colonel Cazeilles son enlèvement par camions, repasse au PC de la 6ᵉ DIC rendre compte au général Gibert et repart avec le capitaine Partiot pour Pierrefitte-sur-Aire. A la mairie, il est 21 heures lorsque les deux officiers arrivent. L'état-major du corps colonial est en train de dîner. Glain commence à parler des difficultés que rencontrera le 21ᵉ RIC lorsqu'il décrochera, mais le chef d'état-major, le colonel Laffitte, l'interrompt d'un geste.

« Vous allez passer au PC du général Mast, et lui dire que sa mission est changée ; il doit rester sur place barrer la vallée de l'Ornain[1]. »

Glain et Partiot repartent dans l'obscurité. La décision de Carles exprimée par Laffitte est judicieuse, mais n'est-il pas trop tard ? Les gros de la 3ᵉ DINA marchent depuis plusieurs heures et, en pleine nuit, sur les routes de l'exode, il n'est pas facile d'effectuer un demi-tour. Lorsque Glain et Partiot se présentent au général Mast, il est presque minuit. Selon le rapport Mast, Glain lui aurait seulement parlé des difficultés éprouvées par la 6ᵉ DIC pour se décrocher et demander que la « croûte » du capitaine Alliot laissée en arrière-garde ne parte pas à 3 heures du matin comme prévu. Mast aurait répondu « qu'il semble difficile de toucher par un contrordre des éléments très dispersés », mais que « l'impossible va être tenté pour arrêter le mouvement de l'arrière-garde[2] ».

Le témoignage de Glain est différent : selon lui, il ne s'agit pas de la « croûte », mais des gros de la 3ᵉ DINA : « Le général Mast enfin réveillé me reçoit en pyjama. Lorsque je lui communique l'ordre verbal du CAC, il explose. Il me fait part avec une verdeur toute militaire de son opinion sur le commandant du corps colonial et son état-major, puis me dit : " Mes hommes sont en route depuis plus de trois heures ; je ne

1. Lettre du 6 mai 1979 adressée par le colonel Glain à l'auteur. Selon l'ancien chef d'état-major de la 6ᵉ DIC, le colonel Laffitte a refusé de lui remettre un ordre écrit.
2. Le commandant Poirier, du IV/344ᵉ RI, rapporte en effet que le capitaine Alliot a reçu l'ordre, par officier de liaison, de ne pas se replier comme prévu, mais de se joindre à la défense de Revigny-sur-Ornain.

192

leur ferai pas faire demi-tour, ils iront jusqu'où ils doivent aller ; quant à vous, vous boucherez le trou comme vous pourrez, je n'y peux plus rien. " »

Vers 5 heures du matin, le général Gibert lui-même vient réveiller, Roucaud à son PC de Seigneulles. Il lui explique que la 6e DIC, après les durs combats et les pertes enregistrées les 13 et 14 juin, a reculé vers l'est plus que prévu, d'une douzaine de kilomètres environ. Il espère tenir Louppy-le-Château, Villotte et au nord en direction de Vaubécourt. N'ayant aucune liaison au sud, Gibert est venu signaler le « trou » et le danger qui menace les arrières de la 1re DIC à Roucaud.

« Je n'avais pas attendu cet avis, note celui-ci, pour ramener vers l'est mes éléments auto et hippo. De même, rester à Seigneulles ne me souriait pas et j'ai décidé de me rapprocher de mes unités en allant à Resson. »

Lorsque l'aube du 15 juin blanchit le ciel, le problème n'a pas été résolu et le « trou de huit kilomètres » dont parlait le colonel Fady n'est toujours pas défendu.

A Revigny-sur-Ornain, le commandant Poirier, du IV/344e RI, est maintenant coupé de tout et, à 22 h 15, il a fait sauter le pont de l'Ornain. Il a confiance dans ses hommes, mais leur moyenne d'âge est de trente-trois ans et un tiers d'entre eux, originaires de La Rochelle, de l'île de Ré et de l'île d'Oléron, sont plus marins que fantassins. Quant à l'instruction pour le combat, « elle laisse à désirer », affirme Poirier qui a demandé à plusieurs reprises « de rassembler le bataillon dans un camp pendant deux mois pour le mettre en condition ». On ne lui a jamais répondu. A 23 heures, l'adjudant Salaün et le soldat Chalupt viennent à son PC situé à cent mètres de la mairie.

« Mon commandant, dit Salaün, nous sommes volontaires pour établir la liaison avec la section du sous-lieutenant Domec qui est à la caserne des gardes mobiles, de l'autre côté de l'Ornain.

— Comment traverserez-vous ?

— Chalupt connaît un passage à gué.

— D'accord ! Venez me rendre compte au retour. »

La section Domec a-t-elle été « oubliée » lors de la destruction du pont ? Poirier ne fait pas de commentaire à ce sujet. Le silence règne dans les rues de Revigny, mais le canon gronde vers le nord et, semble-t-il, vers le sud-est. A minuit, mouillés jusqu'aux cuisses, Salaün et Chalupt sont de retour. « Mon commandant, fait l'adjudant tout essoufflé, les boches sont là. On a compté cinq gros chars au carrefour près de la gare. Mais il y en a d'autres... Ils ne bougent pas. On dirait qu'ils attendent le jour... »

A une quinzaine de kilomètres à l'ouest de Bar-le-Duc, les *Pionniers* du *41ᵉ Korps* ont travaillé d'arrache-pied sur le canal de la Marne au Rhin et un pont provisoire a été achevé à Sermaize-les-Bains le 14 avant minuit. Une heure plus tard, le *General* Reinhardt apprenait qu'un second pont, lancé à Contrisson, était également ouvert à la circulation. Dans cette soirée du vendredi, les *8ᵉ* et *6ᵉ Panzers,* retirées du front d'Argonne dans l'après-midi, ont été regroupées au sud-ouest de Revigny ; opération difficile, car les colonnes des divisions d'infanterie de la *XIIᵉ Armee* affluent dans la zone du *41ᵉ Korps* et, sans une discipline de marche sévèrement contrôlée et des liaisons radio constantes — en clair, pour ne pas perdre de temps —, le secteur aurait sans doute connu un prodigieux embouteillage, d'autant que la *20ᵉ Motorisée* du *General* von Wiktorin a été retirée du front à la tombée de la nuit pour se regrouper à l'ouest de la route Givry-Sainte-Menehould. Elle a reçu pour mission d'avancer le 15 juin en deux colonnes derrière les *8ᵉ* et *6ᵉ Panzers.*

A 22 heures, un ordre a été transmis depuis le PC de von Runstedt : « Les divisions d'infanterie arrêteront tout mouvement le 15 juin à 1 heure du matin et libéreront les routes au profit du *41ᵉ Korps* qui aura la priorité absolue sur les itinéraires fixés. »

La *Feldgendarmerie* est mise en place aux premières heures de la nuit dans la zone des ponts où un officier ayant tous les pouvoirs est affecté. Ce luxe de précautions n'est pas inutile puisque chaque *Panzerdivision* ne dispose que d'un SEUL pont pour franchir le canal et entamer la « course à la frontière suisse » à la gauche du groupement Guderian. Il suffirait d'une panne, d'un accident ou d'une collision qui endommagerait le pont, et toute l'opération serait compromise.

Le pont de Sermaize est affecté à la *8ᵉ Panzer* et son chef, le *General* Kuntzen, passe une grande partie de la nuit sur la rive nord où se rassemble le *Kampfgruppe* de l'*Oberstleutnant* Crisolli. Derrière lui, passera le *Kampfgruppe* de l'*Oberst* Neumann-Silkov et, après le canal, les deux groupements avanceront côte à côte, suivis par le *Kampfgruppe* Sieberg.

La *6ᵉ Panzer* du *General* Kempf traversera le cours d'eau à Contrisson et le *Krampfgruppe* de l'*Oberstleutnant* Freiherr von Esebeck, un ancien *Uhlan* de 14-18, prendra la tête de la division sur l'itinéraire nord, par Vassincourt, Mussey, Combles-en-Barrois et Stainville. La *8ᵉ Panzer* effectuera elle aussi un court trajet en direction de l'est avant de s'orienter vers le sud-est par Couvonges, Robert-Espagne, Ville-sur-Saulx et Cousances-les-Forges.

Avec plus de quatre cents chars, automitrailleuses et autocanons, les deux divisions de tête du *General* Reinhardt constituent une force redoutable qui, ce n'est pas un hasard, va s'engouffrer le 15 juin au matin dans le « trou » signalé par le colonel Fady, dont le PC est, avec celui de l'infanterie divisionnaire du colonel Baudin, sur l'itinéraire de la *6ᵉ Panzerdivision*. En retirant la 3ᵉ DINA du flanc ouest de la 1ʳᵉ DIC pour la faire passer à l'est et « gagner déjà une étape vers le sud », le général Carles s'est de lui-même découvert à l'ouest. Il ne suffisait pas d'envoyer le commandant Glain auprès du général Mast pour lui demander de revenir barrer la vallée de l'Ornain[1]. Il fallait que cet ordre fût impératif et surtout veiller à son exécution. Maintenant la *8ᵉ Panzer* va tomber sur le flanc du 3ᵉ RIC qui, en application des ordres reçus, a tous ses moyens tournés vers le sud, vers Saint-Dizier, et la *6ᵉ Panzer* va percuter les arrières de la 1ʳᵉ DIC et se heurter au 12ᵉ Sénégalais débarqué le 14 au soir et placé en réserve derrière le front de la Saulx. Les soldats du général Roucaud vont payer de leur sang les insuffisances du commandement.

A Revigny-sur-Ornain, personne ne songe à dormir cette nuit-là ; en effet, la présence des chars signalés par l'adjudant Salaün sur la rive nord de la rivière suscite des craintes, car le commandant Poirier est découvert au nord comme au sud. Certes, devant la petite ville, aucun passage ne permet aux *Panzers* de traverser l'Ornain, mais d'autres points de franchissement ont sans doute été établis puisque, vers 4 h 30, le lieutenant Gatiniol, de son observatoire dans un arbre, signale deux chars venant de l'ouest, sur la route de Rancourt, « avec au moins un bataillon d'infanterie qui se déploie derrière eux ». Un bref engagement se produit devant le point d'appui du lieutenant Raffin d'où l'on évacue trois blessés.

Un *Henschel* vient survoler Revigny et ses abords, et l'artillerie allemande prend le relais des *minen*. Derrière son arbre, Gatiniol règle le tir des mortiers du lieutenant Bloch, mais, celui de l'ennemi devenant plus précis, l'observateur se porte dans les combles de la mairie. Par Nettancourt et Brabant-le-Roi, les colonnes de la *20ᵉ Motorisée* font mouvement vers le sud afin de se placer derrière les *6ᵉ* et *8ᵉ Panzers*.

Le capitaine Rivière rend compte que les mitrailleuses du PA Bourdonneau ont ouvert le feu sur de l'infanterie qui occupe Brabant, puis les tirs d'armes automatiques s'étendent au PA de l'adjudant-chef Rouchaud et à celui du lieutenant Larrat-Renon. L'ennemi a-t-il l'intention d'attaquer Révigny ? Poirier a plutôt l'impression qu'il assiste au déplacement parfaitement réglé de nombreuses unités blindées et

1. La 13ᵉ compagnie du IV/344ᵉ RI a évacué Sermaize dans l'après-midi du 14, mais la 10 du III/15ᵉ RTA (capitaine Perrin) aurait défendu les abords du pont de Contrisson. Six tués seront relevés sur place : Craysson du 12ᵉ Zouaves, Hénault un sapeur et quatre tirailleurs du 15ᵉ RTA. Un seul à Sermaize, le zouave Vailland.

motorisées dont les intentions lui échappent. Pour tenter d'être renseigné et de rompre son isolement, il fait partir Gilly, un agent de liaison motocycliste, vers l'arrière, avec mission de « trouver à tout prix un organe de commandement ». Gilly ne reviendra pas [1].

Sur la route de Brabant, plusieurs chars évoluent, masquant des fantassins qui tentent de se rapprocher du cimetière sous le feu des canons de 25. « Ils ont dix fois plus de moyens que nous ! » dit le capitaine Ligier à Poirier qui pense la même chose.

Le III/432ᵉ Pionniers du commandant Videcoq qui bivouaque dans le bois de Veel, à trois kilomètres au sud de Bar-le-Duc, est en alerte. Le bataillon a quitté la zone du canal la veille et Videcoq a réuni ses commandants de compagnie, les capitaines Fleury, Munier, Mauger et le lieutenant Dubernet, pour leur dire que le repli se poursuivrait sans doute le 15, mais qu'il tenterait d'abord de se placer sous les ordres d'une autorité quelconque. Videcoq n'aura pas le temps de mettre son projet à exécution, car, vers 5 heures, des coups de fusil claquent aux lisières de bois et des soldats affolés courent dans les layons. « Les voilà ! Les boches arrivent ! » hurlent-ils en jetant leurs armes et leurs cartouchières pour fuir plus vite. L'un d'eux assure qu'il a vu « une nuée de chars » à Veel, à moins de deux kilomètres du bivouac. Persuadé que le danger vient du sud, et non de l'ouest, le commandant Maurice Videcoq donne l'ordre de repli sur Bar-le-Duc. Emportant la caisse de son unité, il monte dans sa voiture avec l'intention de précéder le III/432ᵉ Pionniers et de lui trouver un cantonnement. Personne ne le reverra. Il sera tué après avoir parcouru quelques kilomètres.

A Combles-en-Barrois, vers 6 heures, le bruit du canon réveille les hommes endormis dans les granges. Avec leurs pièces de tourelle, les chars de la *6ᵉ Panzer* tirent sur les lisières boisées. Formant des grappes verdâtres sur la poussière blanche qui macule les blindés, les fantassins se font véhiculer de village en village, prêts à sauter à terre. A Combles-en-Barrois, un motocycliste de la 1ʳᵉ DIC descend de sa machine en voltige et court jusqu'à la villa proche du cimetière où le colonel Fady, du 1ᵉʳ RAC, et le colonel Baudin, de l'ID/1ʳᵉ DIC, ont installé leur PC commun. « Les Allemands arrivent du nord, par Veel, avec des chars en quantité », rend compte le motocycliste.

Du nord ? Fady hésite, puis il se rend à l'évidence : des coups de canon de petit calibre se font entendre du côté de Veel, à une distance que le colonel évalue à quinze cents mètres environ. Son premier réflexe est un geste de solidarité : il saisit le téléphone pour alerter le lieutenant-

---

1. Poirier sait pourtant que l'ennemi est sur ses arrières. La veille, le lieutenant Senusson, traversant vers 14 heures la forêt de Trois-Fontaines, au nord de Saint-Dizier, a rencontré deux automitrailleuses allemandes et en a rendu compte.

colonel Michel, du 314e RA, dont le PC est dans une carrière, à deux kilomètres. La ligne est déjà coupée. Baudin a un réflexe plus personnel ; il fait signe à son chauffeur, monte dans sa voiture et disparaît en direction du sud.

Dix minutes plus tard, fusils, mitrailleuses et pièces de 37 *Pak* se donnent la réplique aux abords de Combles, puis on entend les chenilles des chars en mouvement. Dans sa villa, Fady organise la résistance. La porte est barricadée et les officiers déplacent buffet, armoires et matelas de façon à occulter les fenêtres. « Ce ne peut être qu'une simple reconnaissance ! » dit le lieutenant Benou, officier adjoint. Dans le village, la 13e compagnie du IV/344e RI repliée de Sermaize se bat, non contre une « simple reconnaissance », mais contre le *Kampfgruppe* Esebeck qui ouvre la route à la *6e Panzerdivision*. Un char léger s'arrête devant la villa et, à bout portant, lâche plusieurs coups de 37 dans la porte. Les fantassins donnent l'assaut : le lieutenant Benou est mortellement blessé[1] et, après quelques éclatements de grenades, le colonel Fady décide de se rendre. Suivi du capitaine Blondeau et de ses officiers, il sort, les bras levés. A la « 13 » du IV/344e RI, le combat s'achève également ; le lieutenant Marcel Audry est grièvement blessé et trois de ses hommes sont morts : Pinaud, Bernard et Redeuilh.

De la carrière où se trouve son PC, le lieutenant-colonel Michel a lui aussi essayé de téléphoner, mais en vain, au colonel Fady. Supposant qu'on se bat aux abords de Combles, il envoie le sous-lieutenant Godin en liaison avec la 202 Peugeot. A l'entrée du village, Godin est attaqué à la grenade et fait prisonnier, un bras criblé d'éclats. Le capitaine Landron a fait placer un 75 de la 7e batterie près de la carrière où sont dissimulés les véhicules du 314e RA et un second sur la route, tube pointé sur Combles-en-Barrois. Le chef de corps aimerait récupérer le IIe groupe du capitaine de La Goutte, mais il devait faire mouvement à l'aube et personne, au PC, ne sait où le joindre[2].

Depuis le début de la campagne, le lieutenant-colonel Michel joue de malchance[3]. Le 13 juin au soir, il avait reçu l'ordre de mettre ses deux groupes de 75 à la disposition du général Mast, mais il a passé la nuit à chercher le PC de la 3e DINA qui s'était porté de Laheycourt à Blaise-sous-Hauteville avant de remonter en direction de Ville-sur-Saulx, puis de Tronville-en-Barrois le 14 au matin. Michel avait peu de chance de joindre le général Mast et, à l'aube du vendredi, il s'arrêtait à Brillon.

1. Né le 10 juillet 1903, Pierre Benou est mort de ses blessures le 29 juin à l'hôpital de Charleville-Mézières. Il repose aujourd'hui au cimetière de La Chartreuse, à Bordeaux.
2. Le groupe du capitaine de La Goutte sera encerclé et sabotera ses pièces avant de se rendre.
3. De Belgique où il avait été engagé le 10 mai avec le 361e RA, Michel avait ramené 4 canons sur les 24 qu'il possédait et 53 véhicules sur 220.

« Là, rapporte-t-il, j'appris une nouvelle effarante : mon régiment a été accaparé (sic) par la 1re DIC ! »

Sachant dans la nuit du 13 au 14 juin que les batteries du 1er RAC étaient « quelque part sur les routes meusiennes » avec les camions du train, le général Cruciani avait « réquisitionné » les deux groupes du 314e RA qui se trouvaient alors sans commandement, ce en quoi il avait raison, car sa division allait en avoir beaucoup plus besoin que la 3e DINA. On peut estimer aussi que les deux groupes auraient été plus utiles à la 6e DIC le 14 juin, mais c'était au général Rinck, de l'artillerie du corps colonial, d'en décider.

A Combles-en-Barrois, le combat ne s'est pas éteint depuis dix minutes que trois automitrailleuses se profilent à la sortie sud de la localité. Le 75 en position sur la route ouvre le feu et… manque les trois « cibles » qui, sans se presser, font marche arrière et disparaissent. Leur radio fonctionne, car, peu de temps après, un « mouchard » survole les batteries du III/314e RA et repère les véhicules du PC abrités dans la carrière. On devine des mouvements dans les bois voisins et l'on perçoit le craquement des jeunes arbres qui se couchent sous le poids des chars gagnant la lisière. Vers 6 h 30, des tirs nourris s'abattent sur les artilleurs. A différentes reprises, les jours suivants, on remarquera des tirs semblables correspondant à un procédé d'attaque qui implique un ravitaillement abondant en munitions : paralyser l'adversaire sous un déluge de projectiles. En quelques instants, les artilleurs éprouvent des pertes sérieuses : le chef d'escadron Tariel reçoit une balle dans la cuisse, le lieutenant Charles Segrétain est atteint de blessures auxquelles il ne survivra pas. Parmi les morts, deux sous-officiers, Joliet et Filaux, et puis Beauventre, Kapp, Salle qui seront inhumés à Combles avec les douze autres victimes des premiers combats.

A l'entrée de la carrière, le capitaine Jacq fait porter le commandant Tariel dans une voiture et recommande au chauffeur, Vaissoire, de gagner l'hôpital de Saint-Dizier [1] « avant que la route ne soit coupée ». Vaissoire démarre en trombe, mais, vers Brillon, il tombe sous le feu d'une patrouille de la 8e Panzer et le véhicule, criblé de balles, se renverse. Le commandant Tariel est fait prisonnier et Vaissoire, grièvement touché, sera amputé du bras.

A son PC, le lieutenant-colonel Michel apprend que les capitaines Lorcet et Boulle, des 8e et 9e batteries, « ont perdu la tête prématurément (sic) » et, après avoir fait déclaveter leurs pièces, se sont repliés à pied, le lieutenant de Tourtier marchant au milieu de ses hommes avec une balle dans la poitrine. Michel, qui dispose encore de cinq pièces de 75, reçoit un renfort inattendu : un détachement de la 3e DIM qui, marchant vers l'est depuis la Champagne, se trouve sans le savoir,

1. Le capitaine Jacq semble ignorer que Saint-Dizier est aux mains des Allemands.

198

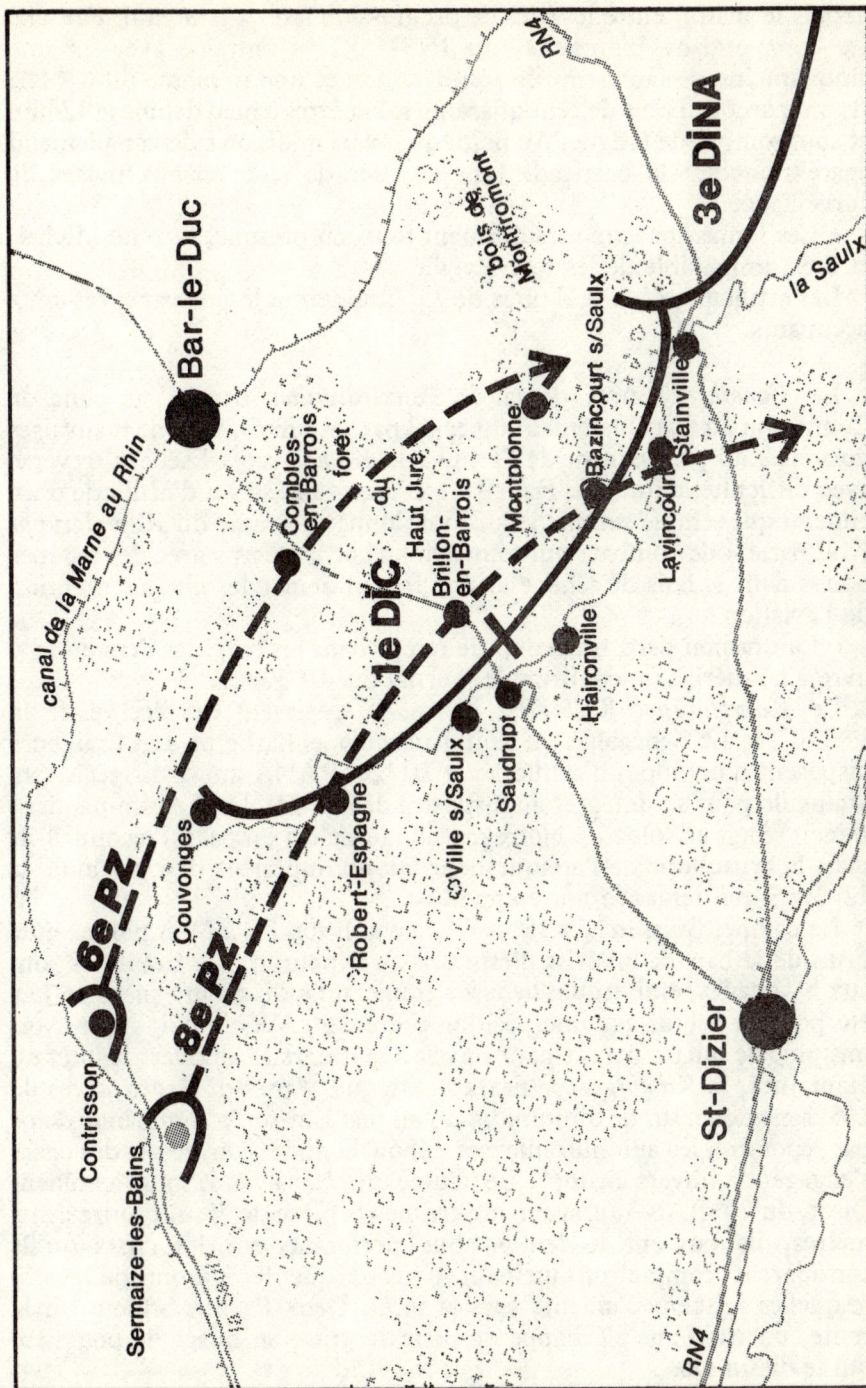

Les 6e et 8e Panzers attaquent la 1e DIC

depuis le matin, entre les axes de progression fixés aux *8ᵉ* et *6ᵉ Panzers.*
Le commandant Lignereux, du II/91ᵉ RI, a entraîné avec lui une
cinquantaine de fantassins de son bataillon et une trentaine du 67ᵉ RI.
Ils ont parcouru plus de cent quarante kilomètres à pied depuis le 12 juin
et sont rompus de fatigue. Au point que, vers midi, un side-car allemand
égaré franchira la barricade sans susciter de réaction aux postes de
surveillance.

« Les fantassins exténués dorment tous, ou presque, raconte Michel,
et il est impossible de les tenir éveillés. »

Les artilleurs, d'un seul obus de 75, liquideront le side-car et ses deux
occupants.

Le *General* Kempf, de la *6ᵉ Panzerdivision,* assiste au pont de
Contrisson au franchissement du canal par ses unités, mais de mauvaises
nouvelles lui parviennent de l'avant : le *Kampfgruppe* Esebeck traverse
avec difficulté la forêt du Haut-Juré et reçoit des salves d'artillerie d'un
ennemi qui semble retranché à Montplonne. La radio du *Kampfgruppe*
Koll parle « de combats qui tournent au corps à corps avec des troupes
noires dans le bois du Chêne ». Faudra-t-il demander une intervention
de l'aviation ?

« La division perd beaucoup de temps dans les bois, car l'ennemi s'y
livre à la guérilla ! » confirme le journal du *41ᵉ Korps.*

Le *Kampfgruppe* Koll s'est heurté au régiment de réserve de la
1ʳᵉ DIC, le 12ᵉ Sénégalais du lieutenant-colonel Barberot. Les tirailleurs
disposent d'un appui d'artillerie, le III/20ᵉ RANA qui se dirigeait vers
Stainville pour s'y intégrer au dispositif de la 3ᵉ DINA. Le commandant
Benoît réagit en soldat. « Notre mission initiale n'est pas là, reconnaît-il,
mais la brusquerie de l'attaque nous fait un impérieux devoir d'aider le
12ᵉ RTS qui demande notre appui. »

Le colonel Buisson, du 15ᵉ RTA, a établi son PC à Montplonne et le
bruit de la bataille lui évite d'être pris au dépourvu. Les tirailleurs sont
aux barricades, embusqués dans les greniers, tandis qu'une pièce de 75 a
été poussée à bras sur une position dominante. Vers midi, après avoir
mis plus de quatre heures pour ouvrir son itinéraire à travers la forêt du
Haut-Juré, le *Kampfgruppe* Esebeck attaque. Après quelques salves de
105, sans doute un tir d'intimidation auquel Buisson a commandé de ne
pas répondre, les automitrailleuses débouchent des couverts et des chars
s'engagent à travers champs. Le lieutenant Marsaly et le sous-lieutenant
Girot, du 20ᵉ RANA, servent eux-mêmes la pièce de 75. A quinze cents
mètres, ils ouvrent le feu à obus perforants sur les chars qu'ils
considèrent comme un meilleur objectif que les automitrailleuses,
lesquelles refluent d'ailleurs vers la forêt. Deux *Panzers* brûlent sur la
route, un troisième s'échappe de justesse grâce au nuage de poussière
qui le dissimule.

La radio de la voiture-PC de von Esebeck grésille pour demander « l'intervention immédiate de l'artillerie ». Après le bombardement, l'infanterie allemande tentera une approche de Montplonne en formation diluée, mais ce sera un échec et l'avant-garde de la *6ᵉ Panzerdivision* piétinera une grande partie de l'après-midi devant le village où les blessés affluent au poste de secours. Les capitaines Lupersi et de Raffin sont parmi eux. On relèvera seize morts aux lisières de la localité dont le maréchal des logis Crouzit, le sergent Muchonnet et le caporal Putcrabey.

« Les troupes noires et les artilleurs se battent bien », reconnaît le rédacteur du journal du *41ᵉ Korps*.

Au sud, sur l'itinéraire fixé à la *8ᵉ Panzerdivision,* le *Kampfgruppe* Crisolli qui marche de front avec le *Kampfgruppe* Neumann-Silkov s'est heurté à la position du 3ᵉ RIC où, malgré l'effet de surprise, canons de 25 et mitrailleuses ont rapidement changé d'axe de tir et ouvrent le feu. Le I/3ᵉ RIC du capitaine Daugy est accroché et le chef de bataillon est lui-même blessé, mais refuse de se faire évacuer. Dans l'impossibilité de se procurer des munitions — on ne distingue plus l'arrière de l'avant —, la 1ʳᵉ compagnie du lieutenant Nicolas mettra bas les armes vers 15 heures près de l'Isle-en-Rigault, tandis qu'à Saudrupt une autre compagnie arrête Neumann-Silkov pendant près de trois heures et laisse sept morts sur le terrain, dont le chef Rosanne. A Haironville, les coloniaux brisent encore l'avance des *Panzers* et perdent douze tués[1] avant de se replier sur Bazincourt où le commandant Cariou, du II/14ᵉ RTS, attend l'ennemi de pied ferme.

Sur la route Saint-Dizier-Bar-le-Duc, le capitaine Battude, de la 6ᵉ batterie du 1ᵉʳ RAC, est en position face au nord avec deux pièces, la troisième, celle de l'aspirant Streissel, étant allée se poster en antichar à la ferme Saint-Michel. Retranchés dans le village, des éléments disparates appartenant en grande partie au 12ᵉ et 14ᵉ Sénégalais ont été renforcés par une vingtaine de coloniaux du 3ᵉ RIC échappés de Ville-sur-Saulx. Le commandant de Laguarigue a pris le commandement du 1ᵉʳ RAC lorsque la disparition du lieutenant-colonel Fady à Combles-en-Barrois a été confirmée et il a communiqué ses ordres au capitaine de Raucourt : « Rester sur place sans esprit de recul. » Il aurait pu ajouter : « Se garder sur toutes les faces ! » Le capitaine Battude, qui attendait en effet les Allemands face au nord, les voit déboucher du sud, comme s'ils arrivaient de Saint-Dizier. Ce sont les chars du *Kampfgruppe* Neumann-Silkov qui viennent de faire sauter le verrou de Saudrupt. Battude a le temps de faire pivoter une pièce qui tire ses obus à la cadence maximale. Au premier coup de canon, les conducteurs indigènes ont pris la fuite et

1. Bodin, Bouteille, Dufrèche, Telleria, Derveaux, Hayet, Nouaille, Foi, Rousseau et trois autres non identifiés lors de leur exhumation en 1941.

Battude ne peut plus récupérer ses avant-trains pour changer de position. A moins de deux mille mètres, les *Panzers* paraissent se multiplier : cinq, dix, vingt, trente [1], il est impossible de les compter. Les tourelles concentrent leur feu sur le 75 du 1er RAC. Celui-ci incendie un char et trois autres, atteints aux chenilles, sont immobilisés, mais la pièce française se tait sous les coups. Derrière elles, gisent les corps sans vie de plusieurs artilleurs : Prigent, Calède, Meyrignac, Delarue, Tartarin, Giraudot, Dauguette, le brigadier-chef Guérin et le maréchal des logis Plantier.

Encadrés par des motocyclistes qui entament une sorte de carrousel autour de Brillon-en-Barrois, les chars peuvent désormais avancer droit sur la localité. Pendant que Battude se replie avec sept canonniers, les Sénégalais et les coloniaux accueillent l'ennemi à la mitrailleuse. Pendant une heure encore, le combat va se prolonger et dix-huit combattants, en majorité sénégalais, y perdront la vie.

« Il y eut là toute la journée et jusque dans la région de Montplonne, écrit le général Roucaud, une série de combats sous bois et dans les villages, combats très confus, avec pertes sérieuses de part et d'autre. »

Une division moins aguerrie que la 1re DIC, ou une division de série B, aurait été emportée, disloquée par le coup de bélier lancée dans son flanc par deux *Panzerdivisionen* dont les éléments surgissaient de directions où on ne les attendait pas. L'incertitude règne une grande partie de la journée dans les arrières et le général Roucaud changera trois fois de PC : à Resson le matin, à l'est de Bar-le-Duc, puis à Tannois au sud-est et enfin à Salmagne. Le PC du corps colonial subira les mêmes fluctuations : de Pierrefitte-sur-Aire, le général Carles est allé à Dagonville, à environ 20 kilomètres à l'est de Bar-le-Duc, puis à Saint-Aubin-sur-Aire sur la RN 4, en fin d'après-midi, avant de se retirer dans la soirée à Maxey-sur-Meuse, à plus de 80 kilomètres au sud-est de ses divisions. Carles ne saura jamais à quel point les combats désespérés livrés par la 1re DIC ont freiné et exaspéré le *General* Reinhardt. Honnête jusqu'au bout, le rédacteur du journal du *41e Korps* écrit au début de l'après-midi : « Il faut reconnaître à l'adversaire que son combat retardateur a parfaitement réussi. »

A Revigny, les canons de 25 et les mortiers Stokes du commandant Poirier gênent l'avance ennemie, mais les Allemands ne cherchent pas à donner un assaut inutile. Leur artillerie envoie des salves sporadiques et la pression de l'infanterie s'exerce sur le cimetière qui est pris en fin de matinée. Vers midi, les *Panzers* avancent de part et d'autre de la route

---

1. Neumann-Silkov dispose d'un bataillon d'infanterie portée, d'un bataillon motocycliste, du IIe bataillon du *Panzer Regiment 10* et deux groupes d'artillerie, le *II/AR 80* (105 mm) et le *Schwer Artillerie Abteilung 645* (150 mm).

de Brabant-le-Roi et prennent pour cible la barricade tenue par le lieutenant Larrat-Renon. Celui-ci a fait entasser en avant de l'obstacle des poutres et des bottes de paille compressées, arrosées d'essence, auxquelles il met le feu. Les chars continuent de tirer, mais s'arrêtent à distance respectueuse des flammes. A la barricade, les servants du mortier se replient, bientôt suivis d'un groupe de combat... Les officiers doivent « exercer leur autorité » pour les ramener à leurs emplacements.

Vers 12 h 30, le commandant Poirier prend une décision que rien ne justifie : il fait porter à ses officiers l'ordre de décrocher, « point d'appui après point d'appui, en suivant les bords couverts de l'Ornain ». Regroupement à Laimont, à cinq kilomètres à l'est de Revigny. Les appareils téléphoniques sont brisés, la voiture de liaison incendiée et les départs s'effectuent sans que les Allemands ne s'y opposent. Le « bataillon » Poirier va à sa perte.

Le capitaine Rivière et ses soldats n'atteignent même pas Laimont et se rendront vers 16 heures. Les lieutenants Bourdonneau et Larrat-Renon s'échappent avec quelques hommes et seront pris le lendemain. Le médecin-lieutenant Métais qui suivait le même itinéraire que Rivière avec les blessés légers est capturé lui aussi. Le petit groupe du commandant Poirier est fait prisonnier devant la gare de Mussey. Le capitaine Ligier décroche le dernier, rejoint le lieutenant Bloch et ses mortiers, mais tombe dans une embuscade vers 19 heures. Seul, le capitaine de Laage acceptera le combat, à deux kilomètres de Laimont ; blessé à la gorge et au genou, il sera amputé d'une jambe. Dubourg, tireur au FM, et le sergent Charbonnier sont tués, le sous-lieutenant Olivier a reçu une balle dans la cuisse. Les autres ont levé les bras.

A 15 h 30, les radios des *6e* et *8e Panzers* grésillent : le *General* Reinhardt ne peut plus supporter de perdre sa journée à réduire les résistances de la 1re DIC. Il donne l'ordre d'attaquer en force et d'engager « toute l'artillerie sans regarder à la dépense en munitions ». Il ajoute que « les véhicules de combat, chars et automitrailleuses, ne doivent pas craindre d'avancer sur tout le terrain en laissant en arrière les convois dont on peut se passer ».

Reinhardt admet implicitement qu'il renonce à faire rouler ses colonnes sur les itinéraires prévus et que, dans chaque *Kampfgruppe,* on doit se déployer pour manœuvrer et tourner l'adversaire lorsque c'est nécessaire. Les prisonniers français ont parlé et Reinhardt sait maintenant qu'il n'a pas en face de lui des débris d'unités repliés de Champagne, mais une division coloniale avec tous ses moyens.

La carrière proche de Combles-en-Barrois où s'est retranché le dernier noyau du 314e RA a été signalée par le « mouchard » et, en application des ordres de Reinhardt, l'artillerie allemande bombarde la position « sans regarder à la dépense ». Les trois dernières pièces de 75 sont détruites, des caisses d'obus explosent, le PC et les véhicules sont incendiés. Le capitaine Mothiron croit bien faire en évacuant dans une voiture les capitaines Landron et Marion, atteints par des éclats. Les routes étant désormais entre les mains de l'ennemi, ils seront faits prisonniers une demi-heure plus tard.

Pour échapper au tir de destruction, le lieutenant-colonel Michel décide de se replier. Avec Mothiron, un aspirant blessé et une vingtaine d'artilleurs, ils profitent d'un petit ravin abrité qui leur permet d'échapper aux vues et s'enfoncent dans la forêt. Évitant les layons d'où montent les fusées blanches jalonnant l'avance allemande, ils marcheront toute la nuit, à la boussole, et une partie de la journée du dimanche. Près de Nançois-le-Grand, Michel et Mothiron rendront leur liberté à leurs hommes, plus jeunes et plus vigoureux. Les deux officiers sont à bout de forces ; ils tiendront encore deux jours et deux nuits dans la forêt, sans nourriture, transis de froid, et se rendront à une patrouille le 18 juin.

La surprise joue parfois dans l'autre sens et un message de la *6e Panzer* rend compte « de fortes pertes, du fait de l'artillerie ennemie qui tire à l'improviste sur les bois ». Le message déforme la vérité, il ne s'agit pas de tirs à l'improviste, mais de réactions plus rapides.

Au 1er RAC, le capitaine de Raucourt s'est engagé à travers champs avec sa 402 Peugeot et conduit les 4e et 5e batterie vers l'est avec l'espoir de rencontrer une position du 14e ou du 12e Sénégalais. A travers des bosquets, de Raucourt aperçoit soudain à la lisière du bois du Chêne une trentaine de véhicules de combat ennemis dont plusieurs chars. Les Allemands se gardent mal et le capitaine Sauer reçoit l'ordre de mettre en position trois pièces de la 4e batterie. De Raucourt dirige lui-même le tir de la première, Sauer celui de la deuxième et l'adjudant Misery à la troisième. Sous les ordres de ces trois « professionnels », les obus vont droit au but et, en moins de dix minutes, une douzaine de véhicules brûlent avant d'avoir pu se dégager, tandis que les autres prennent le large sans même essayer de riposter. La réaction « à l'improviste » du capitaine de Raucourt a été payante et lui ouvre la route.

En fin de journée, la 1re DIC a beaucoup souffert et certains bataillons ont tellement fondu qu'ils ne sont plus opérationnels : le I/3e RIC du capitaine Daugy, le III/12e RTS du capitaine Souverain et le I/12e RTS du capitaine Lépine qui, encerclé dans le bois du Chêne, se rendra, les cartouchières vides. A Bazincourt-sur-Saulx, les tirailleurs du II/14e RTS accueillent l'avant-garde de la *8e Panzer* par un feu d'une telle violence que chars et automitrailleuses reculent et demandent l'intervention de l'artillerie. Par deux fois, le commandant Cariou fait contre-attaquer à la baïonnette pour desserrer l'étreinte des fantassins allemands qui s'approchent du village. Le combat se prolongera jusqu'au soir et Cariou enregistre de fortes pertes : Poque, Soletti, Lecuona, Borde, Cardeneau, Anchol, le caporal-chef Riquier, l'adjudant Blanchi sont parmi les quarante-quatre tués qui seront retrouvés dans les rues et les fermes de Bazincourt où plus d'une centaine de blessés ne pourront pas être évacués.

Vers 19 heures, à son PC de Salmagne, le général Roucaud reçoit l'ordre du corps colonial « de se replier de nuit, les troupes devant se retirer le plus loin possible ». La situation est telle qu'il est difficile de prévenir toutes les unités, certaines d'entre elles étant d'ailleurs encerclées.

« Il ne reste qu'une chose à faire, note Roucaud : gagner au plus tôt la route de Stainville-Ligny-en-Barrois, fixer la composition des colonnes et les itinéraires, faire comprendre aux troupes que le salut ne peut résider que dans la vitesse avec laquelle sera effectuée la dérobade. »

Le commandant de la 1re DIC ne veut pas regarder derrière lui ; il pressent que, dans la journée du samedi 15 juin, les pertes de sa division ont dépassé celles qui ont été enregistrées les 9 et 10 juin, lors de l'offensive de von Runstedt. Aux six points chauds de la bataille : Saudrupt, Combles-en-Barrois, Haironville, Brillon et Montplonne, on totalise déjà 114 tués. S'y ajoutent bien entendu les isolés abattus dans les embuscades, tombés aux barricades, et les tirailleurs sénégalais du 12e RTS littéralement « exécutés » dans le bois du Chêne. La liste n'est pas exhaustive et la 1re DIC qui se prépare à « effectuer sa dérobade » laisse plus de 150 morts derrière elle.

Vers 19 heures, le colonel Montangerand, du 14e RTS, s'arrête au PC du 1er bataillon du commandant Voillemin. A quelques centaines de mètres derrière eux, les maisons de Stainville, étirées de chaque côté de la RN 4, sont dévorées par les flammes.

« Repli immédiat en direction du sud par la vallée de la Saulx ! » dit Montangerand qui ajoute, en regardant Stainville brûler : « Vous avez encore du monde là-bas ?

— La 1re compagnie tient le cimetière.

— Regroupez vos hommes et partez. Les étapes vont être très longues, donc très dures ! »

Le colonel ne pourra pas transmettre l'ordre de décrocher au commandant Cariou et à son IIe bataillon. Cariou parviendra à quitter Bazincourt avec environ 250 hommes, mais il lui faudra se battre encore à Stainville où la tombée de la nuit le sauvera de la destruction. Le 16 au matin, le II/14e Sénégalais sera accroché à la sortie de Ligny-en-Barrois où le pont du canal et le pont de l'Ornain sont détruits. Les tirailleurs lanceront une passerelle près d'une écluse et parviendront à échapper à leurs poursuivants [1].

Au 20e RANA, le lieutenant-colonel Malmary a appris au PC de la 3e DINA « qu'une marche en retraite de plus de 100 kilomètres va être entreprise ». En réalité, les artilleurs et leurs attelages fourbus couvriront plus de 120 kilomètres en trente heures. « Sans ravitaillement ni pour les hommes ni pour les chevaux ! » précise le commandant Benoît, du IIIe groupe.

L'infanterie n'est pas plus épargnée. Au 15e RTA, le commandant Servant explique de quelle façon va s'opérer la retraite : « Après l'ordre de " marcher sans arrêt ", on change de formule. C'est maintenant : six heures de marches, trois heures de pause, et ainsi de suite, jour et nuit. »

On comprend la surprise des tirailleurs du 14e Sénégalais qui, s'affalant le dimanche matin sur le bas-côté de la route après une étape de nuit de 45 kilomètres jusqu'à Pansey, entendent leurs officiers passer dans les rangs en criant : « Une heure de repos et on repart ! »

---

1. Le bataillon Cariou rejoindra le 14e RTS le 20 juin.

CHAPITRE IX

« La IIe armée n'est pas commandée ! »

Pendant que la 1re DIC du général Roucaud subit les coups de boutoir des *8e* et *6e Panzerdivisionen* sur son flanc droit, le général Freydenberg a passé une excellente nuit au Grand Hôtel de Bourbonne-les-Bains. La petite ville est si éloignée du front que les échos de la bataille en cours ne peuvent lui parvenir. C'est certainement au début de cette matinée du 15 juin que des mouvements se manifestent au sein de l'état-major où plusieurs officiers commencent à trouver anormal de stationner à plus de 160 kilomètres des troupes qui se battent. Cette situation ne peut plus durer.

« Le lieutenant-colonel Ruby, sous-chef d'état-major, qui me l'a raconté quelque trente ans plus tard, écrit le capitaine de Lombarès, venait de faire observer au général Freydenberg que, si les dirigeants de la IIe armée continuaient à s'éloigner de leurs troupes, ils seraient traduits devant un conseil de guerre à la fin de la campagne[1]. »

Cette perspective ne doit pas impressionner le commandant de la IIe armée puisque la seule décision qu'il prend ce matin-là consiste à faire partir deux officiers de liaison en direction du front. Pour annoncer son retour ? Il n'en est pas question, et Lombarès, désigné pour se rendre au PC du corps colonial, rappelle que sa mission était de porter au général Carles un ordre lui confirmant qu'il doit « bourrer le plus rapidement possible vers le sud sans souci de liaison avec ses voisins, de faire marcher la radio (*sic*), de rendre compte de la situation, et de rester là-bas jusqu'à ce qu'on le fasse relever ».

Choisi par le colonel Paquin, du 3e Bureau, le capitaine de Cacqueray effectuera une mission semblable auprès du général Flavigny. Les deux officiers vont connaître des difficultés, d'abord en circulant à contre-courant sur les routes encombrées, puis en cherchant les PC des corps

---

1. Note adressée par M. de Lombarès au Service historique de l'armée, à la suite de la publication par l'auteur de *Juin 1940, le mois maudit* (Fayard, 1980).

d'armée. Lombarès s'arrêtera en premier lieu à celui de la 6e DIC où le capitaine Partiot l'informe que le PC du corps colonial est à Dagonville. Cacqueray passe au PC de la 36e DI où, croyant bien faire, il s'efforce de « soutenir le moral ».

« Il ne sait rien, raconte le capitaine de La Rochebrochard, mais il a manifestement l'ordre de nous rassurer, et il le fait avec sa maladresse habituelle ; il a le culot de me dire que " tout va bien " et que " les Allemands sont foutus comme deux et deux font quatre ". Je l'engueule copieusement en lui retraçant toutes les souffrances de nos troupes... [1]. »

Lorsque Cacqueray transmet au général Flavigny les ordres de la IIe armée (« bourrer le plus rapidement possible vers le sud sans souci de liaison avec ses voisins »), le commandant du 21e corps admet que Freydenberg a de la suite dans ses idées :

« Le général Carles a reçu des ordres semblables ? demande-t-il à l'officier de liaison.

— Oui, mon général ; c'est le capitaine de Lombarès qui les lui a portés. »

Flavigny voit immédiatement le danger : les Allemands étant à Saint-Dizier, le corps colonial ne peut pas retraiter vers le sud ; il choisira donc le sud-est, ou la direction de l'est..., et tout le flanc sud du 21e corps sera découvert. Flavigny décide d'envoyer le colonel Tassin, son chef d'état-major, au PC de Carles, afin de rappeler à celui-ci que les accords de la veille tiennent toujours, que les deux corps d'armée retraiteront en liaison étroite et qu'il en assume le commandement. Deux heures plus tard, Tassin est à Dagonville où il se fait l'interprète de Flavigny auprès de Carles. Celui-ci ne se réfère plus aux accords de la veille, car il était, dit-il, coupé de la IIe armée qui vient de lui envoyer un officier de liaison avec des ordres précis (« bourrer vers le sud », etc.).

« Le commandant du corps colonial indique au colonel Tassin que l'ordre est impératif, qu'il est obligé de l'exécuter, que les ordres sont déjà donnés et en cours d'exécution. » (Journal Flavigny.)

Carles rédige d'ailleurs une lettre destinée au chef du 21e corps, lettre qu'il remet à Tassin. « Je vous confirme que les ordres reçus hier et renouvelés ce matin, dit-il notamment, m'imposent de bourrer le plus rapidement vers le sud. Dans ces conditions, je tente l'impossible pour me dégager à partir de 18 heures. » Et il ajoute à l'adresse de Tassin que « l'ordre de la IIe armée est impératif, pressant et réitéré » (rapport Carles).

A-t-il vraiment fait savoir à Tassin « que les ordres sont déjà donnés et en cours d'exécution » ? Il extrapole peut-être, car il écrit que, « dès le matin, un ordre préparatoire en vue du décrochage et du repli à effectuer

---

1. A un détail près, les propos tenus par le capitaine de Cacqueray sont confirmés dans son rapport par le général Aublet, commandant la 36e DI.

en fin de journée en direction générale de Doulevant-le-Château[1] » a été transmis aux divisions. Ordre préparatoire, certes, mais à quelle heure a été remis l'ordre d'exécution ? Vers 12 heures, selon Carles qui donne cette fois comme direction générale le sud-est, vers Neufchâteau-Lamarche (Vosges).

« Je suis convoqué d'urgence à Dagonville [PC du CAC], écrit de son côté le général Roucaud. A mon arrivée, vers 14 heures, j'y apprenais que le 21ᵉ corps et le corps colonial, fortement pressés, devaient se dégager. » Le général Mast, de la 3ᵉ DINA, a reçu cet ordre vers 16 heures. Selon lui, deux axes de marche sont fixés : à l'ouest, la 1ʳᵉ et la 6ᵉ DIC ; à l'est, la 36ᵉ DI derrière la 3ᵉ DINA. « Le but du mouvement, explique Mast toujours prudent dans ses propos, est de tenter d'échapper par un repli rapide à l'action débordante de l'ennemi. » L'opération est difficile, surtout pour les tirailleurs algériens « engagés dans un combat à bout portant » sur le plateau de Montplonne. Mast demandera néanmoins à ses unités « de faire l'effort nécessaire pour atteindre au minimum d'un seul bond le village de Mauvages tenu par des troupes amies ».

Situé à 25 kilomètres au sud de Commercy, Mauvages est en effet tenu, mais par les troupes de la IIIᵉ armée envoyées en couverture sur le flanc gauche de celle-ci où elles se substituent à la IIᵉ armée défaillante. D'après le journal de la 36ᵉ DI, c'est « à 16 heures que le général Aublet est convoqué à Dagonville où il reçoit vers 18 heures communication de l'ordre de retraite vers le sud-sud-est ». La division n'aura bénéficié que d'une nuit de repos, alors que c'est elle qui a le plus souffert les 9 et 10 juin, avant de couvrir la distance la plus longue. Le capitaine de La Rochebrochard décrit sans complaisance l'état des troupes : « Elles sont épuisées et tous ces montagnards, pourtant d'une vigueur physique peu commune, marchent comme des somnambules et semblent avoir perdu toute notion du monde extérieur. » Dans quelles conditions la 36ᵉ DI atteindra-t-elle la région de Neufchâteau à la cadence imposée : six heures de marche, trois heures de pause ?

A la 6ᵉ DIC, qui reste très pressée par l'ennemi, le général Gibert reçoit l'ordre de repli vers 14 heures. Rompre le contact sera l'opération la plus difficile, car les trois divisions allemandes qui repoussent les coloniaux vers l'est n'attendent qu'un signe de faiblesse pour dissocier la 6ᵉ DIC. Les unités sont dans un état pitoyable et peuvent disparaître d'une heure à l'autre. Au 43ᵉ RIC qui ne compte plus guère que cinq cents hommes en état de combattre, la situation apparaît si critique au colonel Ditte qu'il donne l'ordre à son chef d'état-major, le commandant

1. Doulevant-le-Château est à plus de 30 kilomètres au sud de Saint-Dizier et la *29ᵉ Motorisée* l'a dépassé, sur le flanc de la *1ʳᵉ Panzer* qui, elle, est déjà à Langres. Carles n'a aucune idée de la situation.

Raynier, de rassembler les trains hippo et auto, et de faire son trou vers le sud en sauvant le drapeau, les archives, et « en doublant les étapes, si nécessaire [1] ».

Dans la soirée, tandis que ses régiments à bout de forces entament une nouvelle étape de nuit, le général Gibert apprend que les sapeurs ont fait sauter le pont de Ligny-en-Barrois sur lequel il comptait faire passer ses colonnes. « La retraite vers le sud est impossible, écrit-il. Un seul moyen d'échapper à l'étreinte ennemie : marcher vers l'est en direction de la Meuse, si je ne peux la franchir, je m'enfermerai dans la forêt de Commercy. »

La 6e DIC va être coupée de la 1re DIC de Roucaud avec laquelle elle doit prendre la direction de Neufchâteau et sera rejetée dans la zone du 21e corps auquel elle se rattachera. Carles possède encore trois divisions, mais une retraite de 80 à 90 kilomètres au rythme de six heures de marche et trois heures de pause les amènera sur la Meuse complètement épuisées.

*
* *

Tous les régiments, sans exception, signalent des traînards, des hommes qui tombent d'épuisement, tous les chefs de corps donnent l'alerte et prophétisent que le moment approche où leurs soldats seront incapables de combattre. Le lieutenant-colonel Bléger, du 36e RI, place le général Lucien devant une évidence : « Le moral lâche, sans aucune mauvaise volonté, mais par extrême fatigue... »

Il serait temps de mobiliser les camions disponibles, civils et militaires, et de les répartir entre les divisions. Le commandement n'a-t-il pas compris qu'en imposant des étapes exagérées à des hommes qui ne dorment pas depuis plusieurs nuits, il va vers une débâcle inévitable. Chez le général Huntziger, commandant le GA 4, la carence est manifeste. L'historique du 4e Bureau (état-major de l'armée) indique que l'activité du Régulateur général du GA 4 a été contrariée par la fréquence des déplacements, des liaisons et des transmissions, ainsi que « par l'absence de demandes de transport de la part du commandement ». Il est vrai que si le général Freydenberg n'a aucune demande de transport à formuler c'est qu'il ignore complètement ce qui se passe dans ses corps d'armée. Comment le saurait-il depuis Bourbonne-les-Bains, à plus de 160 kilomètres de ses fantassins peinant sur les routes ?

Les compagnies de transport de la IIe armée ne sont même pas utilisées à plein. Le 14 juin, la 514 du lieutenant Auribault a traversé

1. Parti avec 31 autos et camionnettes, Raynier n'en aura plus que 16 lorsqu'il atteindra Lyon le 17 juin au soir. Le 27 juin, il remettra le drapeau du 43e RIC au colonel Klepper, du dépôt colonial 59, stationné près de Mazères (Tarn-et-Garonne).

Ligny-en-Barrois qui venait d'être bombardée par l'aviation allemande. Quelques camions ont été employés pour l'évacuation des blessés et la compagnie a reçu l'ordre de gagner Châteauvillain où elle est arrivée à 22 heures. Après cinq heures d'arrêt, les rames ont pris le départ pour… Châlon-sur-Saône où elles s'arrêteront le samedi 15 juin à 23 heures. Quelques jours plus tard, la 514ᵉ compagnie stationnera à Villefranche-de-Rouergue, dans l'Aveyron. Le 15 juin, la 515 du capitaine Lefèvre est du côté de Bar-le-Duc. Pour transporter les fantassins de la 36ᵉ DI ? Pas du tout ! « La plupart de nos camions sont chargés de réfugiés que les conducteurs ont pris en cours de route ! » raconte le lieutenant Dieudonné, officier mécanicien. Dans l'après-midi, à l'heure où le général Carles donne l'ordre de retraite en direction de Neufchâteau, la 515 roule vers Chaumont, où la *1ʳᵉ Panzer* a fait son entrée le 14 vers minuit, mais un motocycliste le rejoint à temps et lui transmet l'ordre de repartir vers le nord, en direction de Pierrefitte-sur-Aire. Le capitaine Lefèvre s'arrêtera dans ce chef-lieu de canton meusien vers 22 heures, mais le général Carles l'a quitté le matin même et personne ne peut donner d'ordres aux « tringlots ». Pendant trois jours, jusqu'au 17 juin, la 515ᵉ compagnie n'exécutera aucune mission de transport de personnel, faute de connaître l'emplacement du PC du général Carles. Seule, la 516 du lieutenant Daliphard a apporté son aide à la 6ᵉ DI et à la 3ᵉ DIC dont elle a pris en charge « les éléments les plus fatigués ».

Après avoir amené le 15ᵉ RTA au nord de Vitry-le-François et le 14ᵉ RTS sur la position de la Saulx, le groupe de transport 145 du chef d'escadron Lesourd a fait mouvement sur le massif vosgien où il stationne vers Lamarche le samedi 15 juin au matin. Lesourd prétend avoir reçu l'ordre de se porter avec ses camions vides en direction d'Is-sur-Tille, par le sud de la Haute-Marne. Les rames s'écartent de la zone des combats et vont manifestement chercher à se réfugier dans le midi de la France. Vers 13 heures, Lesourd est à la mairie de Champlitte, à 30 kilomètres au sud-est de Langres, et il contrôle le passage de la 840ᵉ compagnie du capitaine Chancerelle qui se trouve en tête des colonnes. Deux heures plus tard, après une attaque aérienne sur un convoi d'artillerie, l'avant-garde de la 1ʳᵉ *Panzerdivision* fait son entrée à Champlitte. Lesourd n'a pas le temps de rejoindre sa voiture, il se dissimule dans un jardin où il sera fait prisonnier vers 16 heures.

Les camions du groupe 145 parviendront néanmoins à traverser la zone dangereuse et s'arrêteront, dix jours plus tard, dans la région de Cahors. Le groupe 142 du chef d'escadron Charavel — qui a transporté le 12ᵉ Zouaves et le 3ᵉ RIC — a moins de chance et quelques camions sont capturés par les Allemands à Champlitte, d'autres le lendemain du côté de Gray, dans la Haute-Saône. Plusieurs véhicules seront abandonnés plus loin, faute de carburant, mais la majorité des rames du groupe

142 gagneront le sud de la France. Le lieutenant Wargnier, par exemple, sera le 25 juin à Eauze, dans le Gers, avec une cinquantaine de camions.

Le groupe 121/24 du chef d'escadron Papillon échappe également à l'encerclement, mais dans des circonstances tout à fait particulières. Le vendredi 14 juin, il a reçu mission de transporter un régiment de la 56e DI, le 294e RI du colonel Bussienne, qui rejoint sa division à Soulaines, à la limite de l'Aube et de la Haute-Marne[1]. Depuis le départ de la région de Thionville, les rapports entre Papillon et Bussienne sont tendus, le « tringlot » manifestant sans la dissimuler une vive répugnance à l'idée de se diriger vers l'ouest, en direction d'un front que l'on dit incertain et mouvant. Vers midi, à Toul, Papillon s'arrête et demande à Bussienne de débarquer le régiment. Le colonel refuse, puis, après une altercation, Papillon se soumet et le convoi repart. Il parcourt exactement neuf kilomètres et s'arrête à Blénod-lès-Toul. Le chef d'escadron explique au chef de corps du 294e RI qu'il vient d'obtenir des renseignements selon lesquels les Allemands ont pris Saint-Dizier — ce qui est vrai — et que le pont de Joinville sur lequel le convoi doit traverser la Marne peut sauter d'un instant à l'autre.

« Raison de plus pour se hâter de franchir la rivière ! » fait observer Bussienne.

Papillon n'est pas de cet avis et refuse de prendre des risques qui lui paraissent démesurés. Bussienne compose et envoie une reconnaissance qui trouve le pont de Joinville intact et pousse jusqu'à Soulaines où le général de Mierry, qui attend avec impatience le régiment, réitère l'ordre de l'amener à son point de destination. Plus de deux heures ont encore été perdues et, vers 16 heures, la première rame vient de traverser la Marne lorsque le pont de Joinville saute. Au nord de la ville, des armes automatiques répondent à des fusils : la *1re Panzer* qui est partie une heure plus tôt de Saint-Dizier remonte la vallée de la Marne. Le 294e RI est coupé en deux et le colonel Bussienne ne peut s'empêcher de souligner que « la responsabilité du chef d'escadron du train est grande, car s'il n'avait pas eu peur — et je ne crains pas de l'écrire — le transport de mon régiment eût pu gagner quatre heures au moins et j'eusse pu disposer de un ou deux bataillons ».

La 56e DI a récupéré le 306e RI, son groupe de reconnaissance et une partie de ses transmissions[2]. Le 294e RI est « en panne » à Thonnance-lès-Joinville, sur la rive droite de la Marne, où se sont arrêtés les camions

1. Le général Huntziger prétend n'avoir plus de réserve et a obtenu du général Condé, sur l'insistance du général Prételat, qu'il lui cède la 56e DI. Pendant ce temps, la 6e DINA du général de Verdilhac attend en vain son embarquement dans le nord meusien, mais... Huntziger connaît-il seulement son existence ?
2. Tous ces éléments retraiteront vers le sud-est, entre les groupements Kleist et Guderian. Le colonel Bussienne sera fait prisonnier le 20 juin près de Montromble, au nord du Creusot, avec le général de Mierry et quelques officiers.

et les autocars du groupe Papillon. Le bruit de la fusillade provoque une réaction brutale des « tringlots » qui, sans attendre que les soldats du régiment Bussienne aient récupéré leur matériel et leur armement, font demi-tour et s'enfuient en direction de l'est.

« Les conducteurs n'écoutent plus rien, raconte le capitaine Noirot et, très affolés, refluent à toute vitesse vers l'arrière. »

Noirot envoie une patrouille de reconnaissance sur Joinville et, au retour de celle-ci, il apprendra que les Allemands sont bien sur la rive gauche et qu'il est impossible de franchir la Marne. De violentes explosions se font entendre à la périphérie nord d'où montent de grasses fumées : un train de munitions est en train de brûler ; les wagons sautent, les uns après les autres, et retardent l'avance de la *1re Panzer*. Des soldats du 294e RI trouvent un autobus abandonné par le groupe 121/24 ; il n'est même pas en panne et le sous-lieutenant Croisé se met au volant. Le détachement, environ deux cents hommes, rebrousse chemin vers Neufchâteau et récupère une partie de son matériel le long de la route.

« Nos voiturettes de mortier sont dans les fossés, roues cassées, sans les pièces, rapporte le capitaine Noirot. On retrouve une seule mitrailleuse. Le ravitaillement en vivres est aussi dans le fossé. (...) Plus loin, nos chenillettes brûlent sur la route. A Montreuil, ce sont les deux canons de 37, inutilisables. »

Une camionnette Citroën est restée sur le bas-côté ; elle a seulement une roue crevée et les fantassins du 294e RI ne laissent pas passer cette aubaine. « On dirait qu'une grande bataille s'est livrée, dit encore Noirot. C'est simplement l'ouvrage du Train ! »

Le groupe 121/24 disparaît de la zone des armées et roule vers le midi de la France. Le 25 juin, ses camions et ses autobus seront dans le Lot, près de Figeac, où le chef d'escadron Papillon rédigera des textes de citation destinés à ses vaillantes troupes... et à lui-même.

*
* *

Au prieuré de Flavigny-sur-Moselle, le général Condé note à la date du samedi 15 juin : « 7 heures. La situation est de plus en plus mauvaise. Masse de blindés vers la forêt d'Othe et Troyes ; blindés vers Saint-Dizier, bref, un déboulé probable en direction de Langres-Dijon et sans doute Besançon, ce qui coupera et adossera au Rhin et à la Suisse tout ce qui reste par ici de forces françaises organisées. »

Condé a presque vingt-quatre heures de retard sur l'événement : Troyes et Saint-Dizier sont entre les mains des Allemands depuis la veille et, comme le prévoit le chef de la IIIe armée, la *1re Panzer* « déboule » en direction de Langres. Le GA 2 ne pourra même pas s'adosser au Rhin, car, dans deux heures, après avoir réduit la plupart des casemates de berge au canon de 88 *Flak,* les premières vagues d'assaut de la *VIIe Armée* allemande traverseront le Rhin entre Schoenau et Neuf-Brisach et ouvriront ainsi un troisième front dans l'est de la France [1].

L'inquiétude de Condé se manifeste toujours pour son flanc gauche qui demeure son souci dominant. « La IIe armée n'est pas commandée », écrit-il une fois de plus [2]. Que se passera-t-il lorsque l'état-major de sa propre armée ira s'installer à Montigny-le-Roi, dans le sud-est de la Haute-Marne, où le PC doit fonctionner dans l'après-midi du 15 juin ? Où seront alors les *Panzers* qui « déboulent vers Langres » ? La veille, le lieutenant-colonel de Périer, sous-chef d'état-major, est allé sur place en précurseur avec le capitaine Louis. Deux officiers du 3e Bureau, les capitaines Etlin et Lohéac, les ont rejoints et de Périer vient de se décider à réquisitionner les locaux de la mairie. Il n'a pas le temps de s'y installer. « En arrivant, écrit-il, le QG tombe sur des éléments de toute nature refluant de l'ouest et du nord-ouest, en particulier des blessés du 74e régiment régional (…). Langres ne répond plus au téléphone et des civils qui arrivent de cette ville annoncent que les Allemands viennent d'y entrer [3]. »

De Périer hésite. Une vingtaine de camions du QG de la IIIe armée attendent devant la mairie et d'autres vont suivre, venant de Flavigny-sur-Moselle. Se présente soudain le capitaine Lucas, des Forces aériennes 103, dont le PC avait été fixé à Nogent-en-Bassigny. « J'allais en précurseur avec le lieutenant Cobast, explique Lucas, lorsque, peu après Montigny-le-Roi, les occupants des voitures civiles et militaires nous ont fait signe de ne pas aller plus loin. Il paraît que les Allemands sont à Chaumont et menacent Nogent-en-Bassigny. »

Lucas ignore que deux officiers des FA 103 sont déjà partis pour Nogent. Le lieutenant-colonel de Verchère et le commandant Tramond trouveront la ville déserte, le téléphone coupé et, méfiants, reviendront vers Montigny-le-Roi [4]. Estimant qu'il n'est plus possible de prévoir l'installation du PC de la IIIe armée à Montigny, de Périer donne l'ordre à la colonne du QG de se diriger sur Bourbonne-les-Bains, à vingt et un kilomètres vers l'est. Les Forces aériennes 103 s'arrêteront à Jussey, dans la Haute-Saône.

La distance est vite parcourue par de Périer à bord de sa voiture et il éprouve une vive surprise en découvrant à Bourbonne que le PC avancé

1. Voir *Offensive sur le Rhin* (Fayard, 1978).
2. Condé avait d'abord écrit : « La IIe armée n'est toujours pas commandée. » Puis il a rayé le mot « toujours ».
3. Notes personnelles du général de Périer communiquées à l'auteur en 1967.
4. Quatre officiers des FA 103, le colonel Colas, le capitaine Adam, les lieutenants Boinet et Schuck, disparaîtront le 15 juin, sans doute faits prisonniers avec les six véhicules de leur convoi.

de la IIe armée se trouve au Grand Hôtel, à deux pas de l'établissement thermal. Par chance, le téléphone fonctionne et le sous-chef d'état-major parvient à obtenir le Prieuré où les centralistes lui passent le colonel Tessier à qui il rend compte de la situation.

« Continuez jusqu'à Vauvillers, ordonne Tessier. Cela doit faire vingt à vingt-cinq kilomètres à l'est de Bourbonne. Reprenez contact dès que vous serez sur place. »

A Flavigny-sur-Moselle, le général Condé, à qui Tessier fait part de l'impossibilité dans laquelle l'état-major se trouve d'aller à Montigny-le-Roi, hésite sur la conduite à tenir. A 9 h 15, le général Bérard, chef d'état-major du GA 2, parvient à téléphoner depuis le château de la Chassagne, à Pont-de-Pany (Côte-d'Or). Tessier lui rend compte : la 56e DI coupée en deux à Joinville, les Allemands à Langres et Montigny-le-Roi menacée.

« Allez à Épinal où les transmissions sont bonnes ! » conseille Bérard.

Tessier souligne aussi que les unités destinées à couvrir le flanc ouest de la IIIe armée sont en cours de transport, mais qu'il ne dispose d'aucune réserve à envoyer au sud de Neufchâteau. Selon Tessier, le général Condé lui aurait alors pris l'appareil des mains pour faire savoir à Bérard « qu'il n'est plus possible d'exécuter les mouvements prescrits ». Il suggère de faire filer l'une derrière l'autre, et non plus l'une à côté de l'autre, les IIIe et V[e] armées, sous le couvert de la flanc-garde qu'il essaiera de constituer avec ce qui reste de la IIe armée. Condé voit clairement que l'avance allemande en direction de la frontière suisse réduit à un goulot étroit le passage où les armées du GA 2 doivent s'engouffrer au plus vite, sous peine de se trouver encerclées. L'une derrière l'autre et en accélérant l'allure[1], les armées, estime Condé, ont une chance de passer.

« Après quoi, dit-il, moi-même je tâcherai de filer par Bourg-en-Bresse ou serai rejeté en Suisse. »

A 9 h 50, nouvel événement dont l'importance, dès l'abord, ne saute pas aux yeux. Se présente en effet le général Jean Arnould, du génie du 21e corps. Il est envoyé au PC de la IIIe armée par le général Flavigny pour demander trois choses qu'il expose à Condé : donner délégation à Flavigny pour faire sauter les ponts de la Meuse, l'autoriser à emprunter les itinéraires de la rive droite et, surtout, régler les mouvements du 21e corps et du corps colonial[2].

1. Comment « accélérer l'allure », alors que Condé interdit la réquisition des camions et autocars civils et laisse s'échapper les groupes de transport en direction du sud ?
2. A la même heure, rappelons-le, la 1re DIC et la 6e DIC livrent bataille, et le général Carles n'a pas encore reçu le nouvel ordre de repli impératif que lui apporte le capitaine de Lombarès.

Condé : « Je décide de prendre le commandement des éléments de la IIe armée au nord du parallèle de Neufchâteau. » Pour les ponts de la Meuse, Flavigny reçoit la délégation sollicitée et, pour les itinéraires de la rive droite, il doit s'entendre avec le général Renondeau, du 42e corps. Les trois points sont réglés verbalement, lorsque le colonel Tessier intervient et manifeste son désaccord. Il indique qu'un document doit être rédigé, précisant que le général Condé commande la IIe armée à titre provisoire. Méfiant, Tessier explique en effet que « tout ordre donné à la IIe armée par le général Condé peut être par la suite discuté par le général Freydenberg et invoqué par lui comme cause de non-réussite d'une manœuvre qu'il aurait conçue, mais non dirigée ». La confiance règne. On rédige donc un texte qui comporte les réserves exposées par le chef d'état-major et Arnould l'emporte pour le remettre au général Flavigny à son PC d'Ailly-sur-Meuse.

Vers 10 h 30, nouvel appel téléphonique du GA 2 depuis Pont-de-Pany. Lecture est faite à Tessier de l'ordre général n° 19 signé par le général Prételat et approuvé par Georges. Premier point : l'axe de la retraite, qui était passé la veille du sud-ouest au sud, est maintenant fixé au sud-est, vers Belfort. Deuxième point : le général Condé doit constituer un front sur le canal de l'Est et un autre sur la Moselle, entre Épinal et Toul, afin d'arrêter toute incursion allemande venant du sud-ouest. L'ordre n° 19 ne précise pas avec quelles troupes ce barrage sera établi. Enfin, troisième point : le chef de la IIIe armée prend sous ses ordres les éléments de la IIe armée qui se trouveront au nord de la ligne Bar-le-Duc-Neufchâteau.

Condé a devancé le général Prételat puisqu'il vient de remettre au général Arnould le document dans lequel il donne son accord pour prendre en charge, à titre provisoire, les unités de la IIe armée qui seront au nord du parallèle de Neufchâteau. Il est cependant probable que le caractère provisoire de ce commandement va devenir définitif. Une heure plus tôt, à la fin de sa conversation téléphonique avec le général Bérard, Condé a demandé de nouveau que le général Freydenberg repasse à sa gauche et reprenne le commandement de son armée, ce qui était légitime. Il ne sera pas exaucé, car l'ordre n° 19 indique dans un autre paragraphe que le GA 2 va s'efforcer de constituer un front sur la Saône, front à l'abri duquel les IIIe et V^e armées pourront s'écouler vers le sud. Or, Condé apprend avec surprise que la responsabilité du front de la Saône — qui est tout juste ébauché — est donnée à Freydenberg.

On attendait de Prételat qu'il renvoyât le chef de la IIe armée vers ses grandes unités en difficulté, et voilà qu'il lui confie au contraire une mission qui s'ajuste parfaitement à une idée maintes fois exprimée depuis le 13 juin par Freydenberg : « Bourrer vers le sud. » En effet, le PC du futur front de la Saône est fixé à Besançon. Une aubaine pour l'état-major de la IIe armée qui, de Bourbonne-les-Bains, va pouvoir gagner ainsi plus de quatre-vingts kilomètres en direction du sud.

Pendant cette matinée du samedi 15 juin, les officiers qui se trouvent avec Freydenberg au Grand Hôtel de Bourbonne-les-Bains deviennent nerveux. Il y a ceux qui approuvent le comportement de leur commandant d'armée et les autres, qui ont conscience d'avoir « lâché » le corps colonial et le 21e corps de Flavigny. Ces derniers posent une question : combien de temps va-t-on rester à Bourbonne où les transmissions sont nulles et l'isolement total ? La colonne du QG étant partie pour le PC arrière (Saulieu), Freydenberg compte-t-il la rejoindre ? On ne sait rien, le général ne dit rien et cette incertitude explique le trouble de l'état-major. Quelques officiers ont d'abord cru que le « chef », le colonel Colomb, parlerait au commandant de la IIe armée et l'inciterait à prendre une décision. Le PC ne peut pas rester à Bourbonne jusqu'à la fin de la guerre ! Mais, entre Freydenberg et Colomb, le courant ne passe pas et les deux hommes ne seraient d'accord que sur un point : repartir en direction du sud le plus vite possible. Colomb a été imposé comme chef d'état-major par le GQG et, dans trois jours, à la suite d'une série de conflits, il sera remplacé par le lieutenant-colonel Ruby, actuel sous-chef d'état-major. C'est d'ailleurs Ruby qui, à la fin de la matinée de ce samedi, accepte d'effectuer une démarche personnelle auprès du général. Il est accompagné de Paquin, du 3e Bureau, et la conversation a eu lieu dans la chambre de Freydenberg. Les termes exacts de l'entretien n'ont jamais été divulgués, mais, selon le témoignage du général Ruby, la ligne directrice était celle-ci : « Nous sommes en train de nous déshonorer, nous devons rejoindre les troupes de la IIe armée et rester avec elles jusqu'à la fin. C'est notre devoir[1]. »

Freydenberg a encaissé sans broncher la dure leçon que ses deux colonels, avec déférence, viennent de lui infliger. Il accepte de quitter Bourbonne, mais, puisque Lombarès et Cacqueray ne seront pas de retour avant le soir, il décide de passer à Flavigny-sur-Moselle afin de reprendre contact avec le général Condé. On verra ensuite vers quel secteur se diriger. Le départ étant décidé, le Grand Hôtel est abandonné en moins d'une demi-heure[2] et, par Lamarche, Vittel et Mirecourt, les voitures remontent d'environ quatre-vingt-dix kilomètres vers le nord. Il est à peu près midi lorsqu'elles s'arrêtent dans la cour du prieuré. Freydenberg se rend au pavillon du général Condé, mais nous ne saurons rien de leur entretien. Condé, qui commente parfois dans son

1. Comment ne pas penser à cette phrase du rapport Valluy : « On n'abandonne pas les siens dans l'adversité ! »
2. Rentrant de sa liaison au corps colonial vers 19 heures, le capitaine de Lombarès voit que le PC a été abandonné « manifestement très vite ». Le central téléphonique mobile a été détruit, le désordre règne dans les chambres et des cartes renseignées sont restées sur les murs du 3e Bureau.

journal des événements tout à fait dénués d'intérêt, ne consacre pas une ligne à la rencontre. C'est d'autant plus regrettable qu'un doute subsiste : le commandant de la II⁰ armée avait-il vraiment décidé de rejoindre ses troupes ? C'est en effet Condé qui lui apprend la constitution d'un front sur la Saône, front dont le commandement lui est confié, comme le précise l'ordre n⁰ 19.

« Je suis formel, dira Ruby, personne, à l'état-major n'avait connaissance de cette décision avant qu'elle ne nous fût communiquée par le général Condé[1]. »

Nous en savons un peu plus sur l'entretien entre les deux généraux grâce à Tessier, le chef d'état-major de la III⁰ armée, qui en fait mention dans ses carnets : « A midi, arrive à Flavigny le général Freydenberg avec le premier échelon de son état-major. Il est reçu très fraîchement par le général Condé qui lui reproche d'avoir laissé son armée sans ordres. Connaissance lui est donnée du nouvel ordre du GA 2. Il repart aussitôt sur Besançon sans en demander plus long. »

Chef du 3⁰ Bureau, le lieutenant-colonel Debeugny ne s'étend pas davantage : « Visite de Freydenberg et de son 3⁰ Bureau (Paquin, Mommessin). Ils ne paraissent pas autrement étonnés que ce soit nous qui leur donnions des nouvelles de leurs corps d'armée. »

Il ne reste plus à Freydenberg qu'à constituer le front de la Saône dont il assume désormais le commandement.

*
* *

On a vu que le 14 au matin, avant de quitter Villers-lès-Nancy, le général Prételat a signé des ordres que nous avons qualifiés d'inexécutables. Il reste que l'un d'eux, le transport des troupes d'intervalles du secteur fortifié de Haguenau vers Chaumont et Nuits-sous-Ravières, est en cours d'exécution. Le point de destination de ces unités étant entre les mains des Allemands, quelqu'un, Freydenberg par exemple, aura peut-être l'idée de les diriger vers la Saône et de les faire prendre position sur la rive est de la rivière ? Officiellement, c'est le colonel Regard qui commande la future division de marche dont les premiers trains sont partis de Walbourg, dans le nord de l'Alsace, le 14 juin à partir de midi. Le II⁰ groupe du 156⁰ RAP a quitté le quai le premier, suivi à 14 heures par le II/23⁰ RIF du commandant Nexon. Les trains sont dirigés vers la vallée de la Marne, à l'heure même où Guderian fait remonter le cours de celle-ci à la *1ʳᵉ Panzerdivision*. Le colonel Regard a perdu d'avance la course rail-chenille qui s'engage. Pendant plus de vingt-huit heures, les cheminots alsaciens feront partir, rame après rame, les neuf bataillons et les deux régiments d'artillerie qui ont pour

1. Lettre du 25 février 1970 adressée par le général Ruby à l'auteur.

218

mission d'arrêter Guderian. Le dernier train partira le 15 à 20 h 30 avec le capitaine Dolmaire et deux compagnies du 70e RIF dont les voiturettes et les chevaux, comme ceux des autres unités, ont emprunté la route.

Le hasard veut que le samedi 15 à 7 heures du matin, le 156e RAP, bientôt rejoint par le 69e RA du commandant Cruse, débarquent à Bourbonne-les-Bains. Toujours par hasard, le colonel Malgras apprend que le PC avancé de la IIe armée se trouve au Grand Hôtel. Il s'y rend sur-le-champ, mais trouve un état-major en plein désarroi qui ignore tout de la situation de ses propres troupes et ne sait quoi faire de ces deux régiments d'artillerie qui viennent s'offrir à lui. Le 156e RAP et le 69e RA stationneront TOUTE la journée aux environs de Bourbonne sans recevoir d'ordres et c'est seulement à 18 heures qu'on décidera enfin de les utiliser et de les porter « dans la région de Gray ». Dans le même temps, les trains des neuf bataillons d'infanterie de forteresse, auxquels le commandement n'a pas su accorder la priorité sur les autres convois, traversent le Bas-Rhin, les Vosges et une partie de la Haute-Saône au milieu de rames de matériel, de réfugiés, voire de trains sanitaires. L'accumulation de tous ces convois ferroviaires va engendrer un gigantesque encombrement « organisé » par les Allemands dont l'aviation attaque les triages, les gares et les ponts situés en aval, de façon à bloquer les trains et à paralyser sur place leurs voyageurs en uniforme. On ne sait même pas où est passé le colonel Regard dont le PC était fixé à Pesmes. On le retrouvera deux jours plus tard au PC du général Prételat qu'il rejoindra à Bourg-en-Bresse. Son chef d'état-major, le commandant Laherre, rejoint Luxeuil-les-Bains et se place sous les ordres du général Oehmichen, de la Direction des étapes. Toutefois, lorsque celui-ci recevra l'ordre de se replier, Laherre lui demandera l'autorisation de rester pour essayer de rejoindre les troupes du secteur de Haguenau.

Il était facile de le prévoir : la division Regard est dispersée avant même d'avoir existé. Les quatre convois du 79e RIF du colonel Réthoré ne se rejoindront pas ; le train qui transporte l'état-major du régiment avec 350 hommes, 11 canons de 25 et 9 chenillettes s'arrêtera près de Luxeuil où il engagera le combat. La rame du IIe bataillon (commandant Macker) ne dépassera pas la vallée de la Bruche et liera son sort à celui du 43e corps du général Lescanne. Le train du capitaine Carribou sera bloqué à Remiremont où ses 450 soldats débarqueront le 19 juin après quatre jours d'un voyage insensé. Quant à la colonne automobile, partie par la route avec les vivres et les munitions, elle brûlera les étapes et coupera ses moteurs... dans le Lot-et-Garonne. Le II/23e RIF du commandant de Nexon se retrouvera à Vesoul en pleine bataille, de même que le I/68e RIF du commandant Chevalier rejoint par son chef de corps, le colonel Blanlœil. Le II/70e RIF et le II/68e RIF du commandant Chanzy seront récupérés par les divisions engagées en

Alsace et le I/70ᵉ RIF du commandant Pichon se fera détruire à Raincourt, dans la Haute-Saône.

La division Regard ne défendra donc pas les passages de la Saône. Cependant, le général Laure, dont la VIIIᵉ armée doit faire face à l'offensive *Kleiner Bär* lancée le matin même sur le Rhin, vient de confier une mission particulière au colonel Duluc, commandant les chars de l'armée. Duluc doit établir des barrages sur la Saône, car Laure a compris que l'avance allemande peut menacer ses arrières. Quelques unités ont été retirées au 45ᵉ corps du général Daille et données à Duluc qui dispose ainsi du GR et du 5ᵉ régiment de chasseurs de la 2ᵉ division polonaise du général Prugar-Ketlin, du 6ᵉ bataillon de chasseurs pyrénéens du commandant Marty et des chars R 35 du 16ᵉ BCC (commandant Bellanger). Dans la nuit du 14 au 15 juin, Duluc a porté son PC à Vesoul et a bousculé son monde pour que les troupes soient en place dans l'après-midi du 15, ce en quoi il avait raison, les reconnaissances de la *1ʳᵉ Panzerdivision* étant alors à moins de quarante kilomètres de la Saône.

Duluc : « De nombreux combats se livrèrent au cours de la soirée et dans la nuit du 15 au 16, notamment vers Gray. Les Pyrénéens furent attaqués le 16 en fin de matinée en même temps que le 5ᵉ RC Pol. qui tenait la Saône à leur droite. Cette attaque fut menée par une infanterie nombreuse, appuyée par de l'artillerie et des chars[1]. »

Duluc donnera l'ordre de décrocher le 16 juin à 11 h 15 et perdra le contact avec les Pyrénéens de Marty. Aucun bataillon, aucune batterie de la « division Regard » ne lui ont été envoyés en renfort[2]. Seul le rejoindra le commandant Laherre qui fera désormais partie de son état-major.

Plus au sud, entre Saint-Jean-de-Losne et Pontailler-sur-Saône, les escadrons motorisés du GRCA 23 du colonel Prévost et le GRDI 56 du chef d'escadron Méhu arrêteront eux aussi les Allemands dans la soirée du 15 juin et se battront toute la journée du 16, pour décrocher, sur l'ordre, à la tombée de la nuit, sans avoir reçu les renforts promis.

Le général Freydenberg a-t-il commandé le front de la Saône comme il en avait reçu l'ordre ? A-t-il cherché à envoyer à Duluc quelques bataillons de la « division Regard ». Non, il est resté égal à lui-même. Prenant contact, par téléphone, avec le colonel Duluc, il explique à celui-ci qu'en application de l'ordre nº 19 du général Prételat, le front de la Saône passe sous les ordres de la IIᵉ armée et que lui, Duluc, est désormais son subordonné.

1. Lettre du 24 avril 1970 adressée par le général Duluc à l'auteur.
2. Le 5ᵉ RC Pol. et le GR se battront jusqu'au 17 juin et rejoindront alors leur division en marche vers la Suisse, à l'arrière-garde du 45ᵉ corps.

« Je précise, écrit Duluc, qu'étant en contact direct avec le PC de la VIIIe armée, il ne saurait être question pour moi d'être rattaché à la IIe armée sans en recevoir l'ordre du général Laure. » Il ajoute, ce qui ne manque pas de sel : « Le général Freydenberg se rangea aussitôt à cet avis et la communication en resta là[1]. »

Il est quasi certain que Laure a reçu copie de l'ordre n° 19 puisque celui-ci indique que Freydenberg disposera « de la couverture déjà poussée sur la Saône par les soins de la VIIIe armée ». A quel niveau la transmission ne s'est-elle pas effectuée ? Celui de Prételat ou celui de Laure ? Freydenberg ne cherche pas non plus à mettre la main sur les autres unités qui lui sont accordées par l'ordre n° 19 : les bataillons de « la " division Regard " dont les débarquements sont variantés sur la ligne Gray-Saint-Jean-de-Losne », les éléments de la 56e DI du général de Mierry et les troupes du secteur fortifié des Vosges dont le mouvement doit, en théorie, commencer dans la nuit du 15 au 16 juin. Les blindés de Guderian vont plus vite que les transmissions françaises et, entre les ordres inexécutables donnés par Prételat et la passivité observée par Freydenberg, il n'existe pas de place pour l'organisation d'un front sur la Saône.

Prételat en prendra conscience dans la soirée en signant à 23 heures l'ordre d'opérations n° 21 dans lequel il admet que « les avant-gardes blindées ennemies ont forcé dans l'après-midi le barrage établi sur la Saône aux points suivants : Pontailler, Gray, Port d'Atelier, Jussey ». Dans ce document, le commandant du GA 2 donne pour consigne aux généraux Condé et Bourret de se couvrir le plus tôt possible sur la Meurthe, « et, si le temps leur en est laissé, sur la Moselle, résister face au nord, face à l'est sur les Vosges (...) et face au sud-ouest ».

C'est un constat d'encerclement à brève échéance qui est dressé par Prételat, lequel confie à Freydenberg une nouvelle mission : « IIe armée : avec les forces qu'elle pourra récupérer, notamment sur la [division] Regard, assurer la défense de Besançon et du Doubs en aval de cette ville. »

Freydenberg n'a pas plus l'intention de défendre Besançon qu'il n'a manifesté de hâte à constituer un front sur la Saône. Comme en témoigne la fiche téléphonique de 23 h 30 retrouvée dans les archives du général Prételat, le commandant de la IIe armée appelle le PC du GA 2 auprès duquel « il insiste sur sa position aventurée à Besançon ». Les Allemands ayant franchi la Saône à Gray ne sont plus qu'à 43 kilomètres de la ville et il n'apprécie pas cette situation. Mais la requête qu'il présente ensuite à Prételat indigne tellement ce dernier qu'il « est obligé de souligner avec fermeté au général Freydenberg que sa place est à Besançon et non en réserve de commandement, comme il le demande ».

1. Lettre du 4 décembre 1969 adressée par le général Duluc à l'auteur.

Le commandant de la IIe armée a manifesté son intention d'en finir avec cette guerre. Placé en réserve de commandement, et ainsi dégagé de toute responsabilité, il pourrait s'éloigner de cette « position aventurée » qu'il brûle d'abandonner. La « fermeté » dont Prételat fait preuve n'est qu'un feu de paille : il autorise en effet Freydenberg à porter son PC à Arbois, à une quarantaine de kilomètres au sud de Besançon, mais son intervention s'arrête là, comme si le comportement du chef de la IIe armée n'était pas de son ressort. Le considère-t-il encore comme le subordonné du général Huntziger, commandant le GA 4 ?

Le dimanche 16 juin, Prételat recevra le télégramme n° 2079/3/OP qui lui est envoyé par Georges. Le document porte, *in fine,* cette phrase dont le général Freydenberg n'a sans doute pas eu connaissance : « Plus que jamais, à tous les échelons, les cadres doivent vivre au milieu de leur troupe pour les animer par leur exemple pour le dernier effort. »

La notion de « dernier effort » n'est pas assimilée par tous de la même façon. Le lundi 17 juin, le PC de Freydenberg se portera à Louhans. Encore près de quarante kilomètres de gagnés en direction du sud ! Le 18, il sera à la mairie de Saint-Galmier, le 19 à l'école de filles de Tournon, dans l'Ardèche, d'où il gagnera le séminaire d'Aubenas afin d'y attendre l'armistice. *Exit* Freydenberg !

*
* *

Jamais la petite ville de Darney, à 38 kilomètres au sud-ouest d'Épinal, n'a connu une animation aussi exceptionnelle que dans la matinée de ce samedi 15 juin. Le PC de la Ve armée du général Bourret y stationne depuis la veille et les conducteurs de camions du QG ont reçu dans la nuit l'ordre de se préparer à partir à l'aube pour Digoin, dans la Saône-et-Loire. L'échelon lourd, le génie, l'artillerie, l'intendance, le service de santé, tout le monde doit partir. L'ordre n° 19 de Prételat prévoit que le général Bourret passera en réserve de commandement le 17 juin à 0 heure. Le général Condé prendra en charge la Ve armée, ce qui fera un total de huit corps d'armée sous ses ordres. Son chef d'état-major, le colonel Tessier, explique ainsi la logique de la décision prise par Prételat : « Cette mesure s'imposait, car la forme du front, en entonnoir de part et d'autre des Vosges, rendait délicate, sinon impossible, la retraite vers le sud, alors que les blindés allemands avançaient vers Besançon. Pour en tenter la réussite, l'ensemble devait être commandé par une seule autorité, la superposition des armées à commandement séparé ne pouvant qu'engendrer le désordre[1]. »

A Darney, les convois ont pris le départ, se succédant à dix minutes

1. Lettre du 27 avril 1966 adressée par le général Tessier à l'auteur.

d'intervalle, et la plupart d'entre eux atteindront le midi de la France, parfois de justesse. La voiture du trésorier-payeur sera incendiée par des automitrailleuses allemandes près de Gray et l'intendant Le Quintrec échappera de peu à la capture en traversant Champlitte. Quant aux camions du génie, « ils ont roulé toute la nuit, dira le général Dumontier, ce qui leur a permis d'atteindre la Loire. Une semaine plus tard, ils seront regroupés au camp du Larzac ».

Aux premières heures du matin, le général Nicolet, de la prévôté de l'armée, s'est installé dans sa voiture. Le grondement des moteurs lui fait supposer qu'un départ est imminent et il attend des ordres. Apercevant le lieutenant-colonel Préti, du 4e Bureau, il lui fait signe d'approcher :

« Dois-je attendre le général ou partir avec l'échelon lourd ?

— Le mouvement ne concerne pas la prévôté, vous restez avec nous... »

Préti s'éloigne de quelques pas, puis, traversé par une idée, revient vers la voiture de Nicolet :

« A propos, mon général, il faut vous débarrasser des prisonniers de Saverne, nous avons besoin des autocars.

— Le capitaine Limouzin a essayé de les placer à la maison d'arrêt d'Épinal, mais elle est déjà surpeuplée. Nous allons voir un peu plus loin. »

Tandis que l'infanterie française marche à pied chaque nuit, cinq autocars ont été mis à la disposition des quatre-vingt-treize détenus de la prison de Saverne (parmi lesquels onze civils dont deux femmes) qui seront finalement casés « à titre provisoire » dans les locaux du fort d'Arches, à quinze kilomètres d'Épinal. Vers 10 h 30, Nicolet, qui est descendu de voiture et « tourne en rond », dans la rue, rencontre le sous-chef d'état-major, le lieutenant-colonel Marchal, qui lui apprend « que le général Bourret n'est plus à Darney, mais au fort de Girancourt, à une douzaine de kilomètres à l'ouest d'Épinal ».

Nicolet ne manifeste aucun étonnement : « on a oublié de me prévenir, tout simplement ! » dira-t-il dans ses carnets. On a tout de même l'impression que la prévôté ne jouit pas d'une grande considération au sein de l'état-major de la Ve armée, car ne n'est pas le premier « oubli » dont elle est victime. D'ailleurs, lorsqu'il rejoint le nouveau PC, Nicolet note en termes édulcorés : « Réception habituelle, c'est-à-dire sans égard, au fort de Girancourt. »

La sécurité du vieil ouvrage est assurée par les gardes mobiles du capitaine Didiot, lequel est subordonné au commandant Le Guennec arrivé la veille de Strasbourg. Lui aussi doit être jugé « encombrant », car, lorsqu'il s'est présenté au chef d'état-major, le colonel Fortin, celui-ci lui a confié une mission... délicate : veiller sur sa voiture personnelle. Dans la matinée du 15, un autre officier de l'état-major Bourret, le capitaine Robelin, a demandé à Le Guennec « de mettre de l'ordre dans les véhicules qui encombrent les accès du PC. » Le général Bourret n'aimerait-il pas les gendarmes ? Ce serait un comble pour cet ancien enfant de troupe, fils de gendarme, qui était encore au début de l'année 1939 inspecteur général de la Gendarmerie !

Un PC à Montigny-le-Roi étant désormais à éviter en raison de la proximité de l'ennemi, le général Condé souscrit au conseil du général Bérard d'aller à Épinal « où les transmissions sont bonnes ». En fait, il quitte le prieuré de Flavigny-sur-Moselle vers 14 heures pour le fort de Girancourt où il vient d'apprendre la présence de Bourret. Tessier, le chef d'état-major, et Debeugny, du 3e Bureau, assurent la permanence au prieuré et se débattent comme ils peuvent pour répondre aux appels téléphoniques. L'itinéraire suivi par Condé n'est pas exempt d'incidents. « Chemin faisant, a-t-il noté, je me fais marmiter par avion à Bayon... » La *Luftwaffe* procède à de nombreuses attaques aériennes et, si elle vise particulièrement les ponts et les carrefours ferroviaires de manière à interdire le passage des trains vers le sud-ouest, elle bombarde aussi les colonnes d'artillerie qu'elle surprend sur roues en plein jour. Condé parvient cependant sans dommage au fort de Girancourt où il trouve Bourret « très surexcité, qui s'emballe contre le haut commandement qui a mis les armées dans une situation impossible, le gouvernement qui fait l'indomptable et laisse ravager la France », etc.

Doit-on comprendre que Bourret, à la place du président du Conseil, se hâterait de solliciter un armistice ? Il semble pressé de « passer les consignes » à Condé afin de rejoindre son QG et ses grands services dont les colonnes roulent en directions du sud.

« Il rage d'autant plus, témoigne Condé, que son armée doit être retirée et mise en réserve à Digoin. Au moment de mon arrivée, il est prêt à me passer de suite le commandement, mais je refuse net. »

Le commandant de la IIIe armée explique à Bourret, qui l'ignorait, que les corps d'armée Carles et Flavigny viennent de passer sous ses ordres, ce qui lui cause un souci supplémentaire, et que, sur son propre front, le 20e corps livre de durs combats d'arrière-garde. Dans ces conditions, il ne lui paraît pas possible d'anticiper et de prendre en charge la Ve armée avant le 17 juin à 0 heure, comme le prévoit l'ordre n° 19 du général Prételat.

« Bourret ne pensait jouer pendant ces deux jours que le rôle d'un organe livrancier de ses divisions pour lequel son 4e Bureau devait suffire », dira Cogny, officier d'ordonnance de Condé[1].

Connaissant la situation de la IIe et de la IIIe armée, Bourret se calme

---

1. Correspondance de 1967 entre le général Cogny et l'auteur.

et les deux généraux vont tenter d'obtenir des renseignements sur les progrès de l'avance allemande. Ce n'est pas facile en raison du nombre important de lignes téléphoniques coupées, de bureaux de postes abandonnés ou contrôlés par l'ennemi, et de la précarité des liaisons radio. Il est par exemple impossible d'établir une communication quelconque avec le PC du général Prételat qui serait en cours de déplacement vers Lons-le-Saunier. Restent les officiers de liaison dont l'épuisant ballet se poursuit jour et nuit, en voiture souvent, à moto parfois, ce qui ne les empêche pas de rapporter des informations dépassées en raison des heures perdues dans les encombrements. Ceux d'entre eux qui se présentent au fort de Girancourt dans l'après-midi du 15 juin prétendent que, depuis Langres, les *Panzers* ont obliqué vers le nord-est, menaçant Bourbonne-les-Bains et, à brève échéance, Vittel. C'est faux, Guderian pousse toujours son monde vers la frontière suisse, mais l'information jette un froid.

A 20 h 30, arrive le colonel Tessier parti deux heures plus tôt de Flavigny-sur-Moselle où il a laissé Debeugny, tandis que l'état-major pliait bagages pour le suivre. Accompagné du lieutenant-colonel Eyraud, du 1er Bureau, Tessier pénètre dans la casemate humide où Condé, Bourret et Fortin, son chef d'état-major, le commandant Bailloux, officier de liaison du GA 2, et quelques officiers examinent les cartes coupées de longs trains de fusain.

« Quoi de neuf ? » interroge Bourret dont la mauvaise humeur réapparaît.

Ostensiblement, Tessier se tourne vers son supérieur hiérarchique, le général Condé, et lui rend compte des renseignements qu'il a pu obtenir sur les opérations en cours au 20e corps et à la IIe armée.

« J'ajoute, écrit Tessier, qu'on signale des reconnaissances blindées allemandes vers Vittel, mais que je les considère comme des éléments légers et non inquiétants. »

Comment de tels renseignements non contrôlés peuvent-ils être colportés ? Les éléments de Guderian les plus proches de Vittel roulent à environ cinquante kilomètres au sud de la célèbre ville d'eaux et ne songent pas à remonter vers le nord pour s'en emparer, mais poursuivent leur route vers la Suisse. Ce qui n'empêche pas le général Bourret d'en rajouter.

« Il éclate de colère, raconte Tessier dans ses carnets, me traite de tous les noms, m'assimile à " ces crétins du GQG ", me parle de Dunkerque, et me dit que l'ennemi est à Vittel et à Mirecourt, qu'il est à Vesoul après avoir franchi la Saône et qu'il a également passé le Rhin à hauteur de Colmar et de Sélestat. »

Dans ce salmigondis, une seule chose est exacte : le franchissement du Rhin. Mais Tessier dramatise peut-être ? La « soupe au lait » Bourret retombe aussi vite qu'elle est montée et le commandant de la Ve armée suggère d'envoyer deux radiogrammes, l'un au PC du général Georges, l'autre au général Prételat dont l'émetteur-récepteur ne répond toujours pas. Après une brève discussion sur les termes à employer, les deux généraux se mettent d'accord sur le texte suivant qui est remis à l'officier de transmissions.

« Vous signalons situation extrêmement critique de vingt-trois grandes unités en partie disloquées, sept EOCA[1] et deux QG d'armée menacés d'encerclement avec manœuvres repli et rétablissement impossibles. Masse réfugiés. Bombardements avions partout. Toutes transmissions téléphoniques impossibles. Vous conjurons appeler immédiatement attention commandant en chef et gouvernement. »

Le radiogramme est peut-être exagéré à dessein, mais on remarque qu'il ne porte sur aucune mesure concrète, telle une demande d'appui aérien permanent. Connaissant la fatigue de leurs troupes, les deux généraux pourraient aussi se décider à faire jouer la réquisition et à donner un coup d'arrêt à la fuite des centaines de camions du train qui, à vide la plupart du temps, roulent vers le midi de la France. Le lieutenant-colonel Duval, chef du 4e Bureau de la IIIe armée, et Préti, son homologue de la Ve armée, ne reçoivent aucun ordre dans ce sens et n'en prennent pas l'initiative.

Dans la soirée, de nouveaux renseignements sont apportés par des officiers de liaison exténués : les Allemands auraient franchi la Saône à Gray (exact) et leurs avant-gardes seraient à Neufchâteau (faux). A 23 heures, le service des transmissions annonce à Condé qu'il est relié — par téléphone — au général Bérard, chef d'état-major du GA 2. Celui-ci fait savoir que le radiogramme envoyé au PC de Georges a bien été capté par la radio du GA 2. Il n'a, semble-t-il, servi à rien, car aucune décision nouvelle, aucun ordre, aucune aide ne sont portés à la connaissance des deux commandants d'armée enfermés à Girancourt. Ils apprennent tout de même que le PC du général Prételat est au château de Montmorot, près de Lons-le-Saunier, et il est probable qu'ils mesurent par la pensée la distance qui les sépare maintenant du groupe d'armées[2]. Comment Prételat pourrait-il donner des ordres alors qu'il se trouve désormais à 225 kilomètres au sud d'Épinal et ne connaît rien de la situation des armées menacées d'encerclement ? Pour Condé et Bourret, l'heure est venue de choisir et le commandant de la IIIe armée exprime dans son journal combien ce choix lui paraît cornélien : « L'avance allemande nous pose un grave problème personnel. Dès

1. EOCA : éléments organiques de corps d'armée. Le texte du télégramme est celui qui figure dans le journal du GA 2 (archives du général Prételat).
2. Selon le commandant Brisac, sous-chef du 4e Bureau de la Ve armée, Condé aurait dit à Bourret en reposant le combiné : « J'ai dit au revoir à ce monsieur et je ne sais pas quand je le reverrai. »

demain, l'ennemi peut arriver à Épinal. Il faut donc déplacer notre PC. Vers le sud, nous resterions en liaison avec le GA 2 et pourrions ramener des éléments rescapés, mais nous serions coupés du gros de nos forces. Vers le nord ou vers l'est ? Cela revient à décider que nous serons probablement faits prisonniers avec nos états-majors. »

La tentation, à laquelle beaucoup succomberont[1], est forte de choisir la route du sud et de passer avant qu'il ne soit trop tard entre la tête du groupement Guderian et la frontière suisse. Le couloir devient d'heure en heure plus étroit et on a vu qu'il ne fallait pas compter sur le général Freydenberg pour le maintenir ouvert. Dans quarante-huit heures, le 17 juin à 0 heures, son armée étant alors passée sous les ordres de Condé, Bourret ne commandera plus rien. Pour deux jours, doit-il rester dans la nasse qui menace de se fermer ?

« Après examen, témoigne Condé, nous décidons, Bourret et moi, que nous ne pouvons séparer notre sort du gros de nos armées qui ont d'ailleurs besoin d'ordres pour ne pas tourbillonner dans une affreuse confusion, vu la situation qui se dessine. »

Les deux généraux ont choisi. Après le débat intérieur que l'on imagine, ils resteront, quoi qu'il arrive, avec leurs soldats, et partageront leur sort. Devant le tribunal de l'Histoire, Bourret et Condé sont maintenant inattaquables. Cette nuit-là, personne ne dort au fort de Girancourt, sauf peut-être le général Nicolet, de la prévôté. Les voitures des états-majors Bourret et Condé ont pris la route de Gérardmer à 3 heures du matin et, une heure plus tard...

« Je suis réveillé par des appels de trompe, se plaint Nicolet. Le lieutenant-colonel Lamotte m'annonce que le PC Bourret est parti pour Gérardmer. Une fois encore, nous avons été oubliés ! »

*
* *

Dans le camp allemand, l'événement du samedi 15 juin n'est pas la percée profonde du goupement Guderian en direction de la Suisse, ni même le franchissement du Rhin par les unités de la *VIIe Armee*, c'est l'entrée à Verdun. Abandonnée sur ordre dans la soirée du vendredi par le général Dubuisson, la ville, pendant quelques heures, n'appartiendra à personne. Les Français sont partis et les Allemands — la *71e ID* du général Weisenberger — avancent prudemment, car ils sont sous le feu

1. Le 15 juin à Vauvillers, le capitaine Belliot, du 4e Bureau de la IIIe armée, arrête la voiture du médecin-général Sch..., directeur du service de santé de l'armée. « Mon général, lui dit Belliot, il y a de nouveaux ordres : le QG remonte vers Gérardmer. » Sch... le fixe droit dans les yeux. « Je ne vous ai pas entendu ! » fait-il. Et sa voiture repart vers le midi de la France.

des forts de la ceinture dont les garnisons ont pour consigne de résister jusqu'au 15 juin à midi.

Malgré les tirs de Froideterre et de Vacherauville, une compagnie du *Panzerjäger* et une du *Regiment 194* progressent au sud de Bras-sur-Meuse. Encore sept kilomètres et elles abordent le faubourg nord de Verdun où le « mouchard » n'a signalé aucune défense visible. Les barricades paraissent abandonnées et la ville est comme morte. Vers 9 heures, le général Weisenberger, qui ne veut pas être le dernier dans la cité, installe son PC à la sortie sud de Bras.

« Poussez droit sur Verdun et ne vous laissez pas arrêter par les tirs des forts », recommande le *Kommandeur* de la *71ᵉ ID* au *Major* Zacharias, du *III/IR 194* venu lui rendre compte qu'un *Stosstrupp* et un groupe de *Pionniers* d'assaut « ont franchi la Meuse à Belleville où le pont de chemin de fer est détruit ».

Weisenberger envoie l'*Oberleutnant* Burmeister rejoindre le *Stosstrupp* qui ouvre la route de Verdun à la division et lui fait porter un ordre complémentaire : hisser le plus vite possible le drapeau allemand sur la citadelle. Le général espère que la vue de la croix gammée flottant sur la ville démoralisera les garnisons des forts et les incitera à se rendre. Une heure plus tard, Burmeister a rejoint le *Stosstrupp* de l'*Oberleutnant* Ochterbeck auquel s'est joint le *Hauptmann* Grothe, du *171ᵉ Pionnier Bataillon*. Sans heurt, sans un coup de feu, dans un silence que le bruit de leurs bottes fait paraître plus pesant, ils pénètrent dans la ville où les dépôts de carburant et ceux de l'intendance brûlent encore. Une patrouille oblique vers la gare pendant que le gros se dirige vers la citadelle. Vers midi, le drapeau allemand claque au sommet de la tour et le *Panzerjäger Abteilung* de l'*Oberstleutnant* Meyer a maintenant toutes ses unités dans les rues de Verdun où les blockhaus des carrefours sont explorés les uns après les autres, sans qu'un seul coup de feu soit tiré. Il faut se rendre à l'évidence : les Français n'ont même pas laissé une arrière-garde pour exécuter un baroud d'honneur. Informé par radio, Weisenberger se hâte de transmettre la nouvelle à son supérieur, le *General* Feige, du *Höhere Kommando 36*, ainsi qu'au *General* Busch, de la *XVIᵉ Armée*. Certes, Verdun est tombée sans résistance, mais, comme Paris la veille, la prise est belle, car la cité pour laquelle tant de sang coula en 1916 est un symbole. A Bras-sur-Meuse, on sable le champagne au PC de la *71ᵉ Division*, sans même prêter attention aux tirs d'artillerie qui se répondent sur la ligne des forts.

Au fort de Vaux, le lieutenant Francastel a pris la veille le commandement des artilleurs et le lieutenant Fromentin a reçu cinq jours de vivres, quatre FM et un stock de cartouches. Il n'est plus temps de faire l'instruction des hommes et on mesure à quel point elle serait nécessaire quand on sait que même les petits gradés n'ont JAMAIS tiré au fusil-mitrailleur. De plus, Fromentin a su par un agent de liaison qu'il ne doit pas compter sur les tirs d'appui du fort de Douaumont : le capitaine D... a fait savoir qu'il se repliait avec les bataillons de forteresse de la division Burtaire. Mis au courant de cette défection, les hommes du fort de Vaux se posèrent la question : pourquoi devraient-ils rester et se battre alors que leurs camarades de Douaumont étaient partis ? Un caporal proposa de « prendre l'avis de tous et de se rallier à la majorité ».

« Je rétablis l'ordre en sortant mon revolver, rapporte Fromentin, et en leur faisant savoir que je n'hésiterai pas à tirer sur tout fuyard. Cette attitude empêcha la débandade. »

L'officier fait pourtant une concession : dans la nuit, il envoie un sous-officier à Verdun avec mission de demander confirmation de l'ordre de résistance. Peut-être a-t-on oublié le fort de Vaux ? A son retour, le sous-officier annonce — bruyamment — que « la citadelle a été évacuée et Verdun abandonnée ». Fromentin dégaine une seconde fois son revolver. « La panique s'empare des soldats, écrit-il, et j'ai beaucoup de mal à rétablir l'ordre et à les empêcher de fuir. »

Il est évident que des hommes dont l'armée a fait des comptables, des tailleurs, des cordonniers et des bourreliers, ne peuvent pas devenir combattants en quelques heures sans avoir reçu d'instruction. A l'aube du 15 juin, l'artillerie allemande procède à quelques tirs de harcèlement et, vers 7 heures, Fromentin et Francastel montent sur les dessus du fort de Vaux. Ils envisagent de sortir une pièce de 75 qui, tirant à mitraille, empêcherait l'infanterie allemande de s'approcher. Ils jouent de malchance, car celle-ci est déjà là. Pourquoi les observateurs n'ont-ils rien signalé ? Dormaient-ils à leur poste ? Les deux officiers n'ont pas le temps de s'interroger et, sans répondre aux sommations lancées par un grand *Oberleutnant,* ils regagnent à toutes jambes les casemates. L'obscurité qui règne à l'intérieur du fort n'est pas faite pour raffermir le moral de la garnison. Des milliers de litres de carburant ont brûlé dans les dépôts toute la nuit, mais la livraison du gazoil, promise depuis une semaine à Fromentin, n'a pas été effectuée et le moteur qui fournit l'électricité ne peut fonctionner. Vers 8 h 30, des grenades éclatent devant les créneaux et plusieurs artilleurs refluent dans la galerie centrale : « Ne tirez pas, fait une voix, c'est moi, Mignot ! »

Le dénommé Mignot ne précise pas que les Allemands lui collent aux talons et, dix minutes plus tard, la « défense » du fort de Vaux s'achève par la sortie des hommes de la garnison, bras en l'air, mais réjouis à l'idée d'avoir « sauvé leur peau ».

Du côté allemand, on prétend que c'est la menace du lance-flammes qui a convaincu la garnison de Vaux de l'inutilité d'un combat perdu d'avance. Le bataillon du *Major* Corduan se serait heurté à une vive résistance devant Douaumont où il aurait perdu huit tués et vingt-cinq blessés. La garnison ayant évacué le fort, il est possible que des éléments d'arrière-garde de la division Burtaire s'y soient réfugiés, mais il est peu vraisemblable qu'ils aient opposé une « vive résistance » au *Major* Corduan.

Au fort de Froideterre où le capitaine Marchand a installé le PC du bataillon de marche de la région fortifiée de Verdun, les mitrailleuses font du tir rasant et obligent les fantassins de la *71e ID* à se maintenir à distance. Les 75 du lieutenant Maire prennent sous leur feu les convois qui circulent le long de la Meuse et plusieurs camions sont incendiés. Sur la rive gauche, les batteries des forts de Marre et de Vacherauville harcèlent l'avant-garde de la *76e Division* qui avance en direction du fort de Bois-Bourrus où se trouvait la veille le PC de la 3e DIC. Le commandant Pavec, qui commande les « Joyeux » du 19e BILA, a confié la garnison au lieutenant Noël qui fait tirer sur les fantassins allemands. Utilisant le terrain bouleversé de 14-18, ceux-ci bondissent de trou d'obus en boyau à demi effondré et se rapprochent des forts. Vacherauville et Belle-Épine où se sont enfermés les « Joyeux » du lieutenant Aubron se rendent à la fin de la matinée. Commandé par le capitaine David, le fort de Marre a cessé de tirer à 9 heures. Bois-Bourrus est encerclé et l'adversaire est devant les barbelés. Vers 10 heures, les artilleurs allemands qui sont en position à deux mille mètres obtiennent un coup au but sur la tourelle nord : un servant est tué, le caporal Rapin mortellement blessé.

Plus à l'ouest, la *229e ID,* qui a fait évacuer les blessés du 23e RIC restés dans la cave du château d'Esnes-en-Argonne, avance en direction de Fromereville et prend possession des forts du Chana, des Sartelles et de la Chaume depuis longtemps désarmés. Les reconnaissances de la *36e Division* sont arrêtées devant le fort de Choisel et commencent à le contourner, tandis que des éléments de la *76e ID* piétinent devant Bois-Bourrus. C'est d'ailleurs cette résistance qui empêche le *General* de Angelis de précéder à Verdun la division Weisenberger [1]. Sur l'autre rive, au fort de Froideterre, la résistance touche à sa fin. A 13 heures, le lieutenant Maire rend compte au capitaine Marchand « que le stock d'obus est épuisé [2] ». Les fantassins allemands profitent du silence des pièces pour attaquer à la grenade les mitrailleuses sous tourelle.

« Faites saboter les canons ! » ordonne Marchand à Maire.

Un quart d'heure plus tard, une violente explosion se fait entendre vers l'entrée. Le *Major* Mülbe, du *II/IR 191* vient de faire sauter les

1. Le journal du *VIIe Korps* indique que, le 15 juin, la *76e ID* enregistre des pertes qui se montent à 26 tués et 45 blessés.

2. L'approvisionnement des forts devait être ridiculement bas, alors que des milliers d'obus sont abandonnés dans les dépôts des environs.

portes avec des charges sphériques. La garnison met bas les armes et, par petits groupes, les hommes quittent le fort, bras levés. Le capitaine Marchand sort le dernier. Au fort de Bois-Bourrus, les Allemands ont lancé l'assaut et les « Joyeux » du sergent Le Lain défendent l'entrée au fusil. Sur la face nord, l'adjudant Angibaud vide sa musette de grenades dans les barbelés que les soldats en *feldgrau* attaquent à la cisaille. Vers 15 heures, Mongel, le dernier tireur au FM, est tué sur son arme. Celle du sergent Rampont s'est tue dix minutes plus tôt, percuteur usé. A 16 heures, jugeant la résistance inutile, le commandant Pavec fait cesser le feu. Selon le lieutenant Cussenot, la garnison a perdu sept tués et trente-cinq blessés auprès desquels le médecin-lieutenant Atlan est autorisé à rester avec ses infirmiers pendant que les « Joyeux », après une fouille sommaire, sont conduits à l'extérieur de l'ouvrage.

Le fort de Regret est pris à 15 heures, celui de Choisel deux heures plus tard. Sur la rive droite, les reconnaissances de la *71e ID* prennent le fort de Souville à 13 heures, le fort Saint-Michel un quart d'heure plus tard, et les *Stosstrupps* vont explorer la caserne Marceau et le fort de Tavannes où ils font quelques prisonniers désarmés, sans doute des déserteurs. Dans la soirée, l'ouvrage de La Laufée sera occupé sans un coup de feu, mais un court engagement, au cours duquel le lieutenant Henri Barré sera mortellement blessé, se produira devant le fort de Moulainville. La résistance des forts de Verdun s'apparente plus à un baroud d'honneur qu'à une véritable bataille et les Allemands en ont tellement conscience que leurs services de propagande « gonfleront » les événements de la journée et parleront sans vergogne de « corps à corps sanglants » et de « combats acharnés », ce qui aura pour corollaire une augmentation inhabituelle du nombre de croix de fer délivrées pour « faits de guerre ». Il reste que le commandant français n'a pas su utiliser les forts de Verdun et qu'il sera tout aussi incapable, nous le verrons, de renforcer son potentiel défensif avec la ceinture fortifiée de Toul et celle d'Épinal.

Après la défense dérisoire qui lui a été opposée par les forts de la rive droite, la *71e ID* lance des éléments motorisés en direction du sud dès le début de l'après-midi du 15 juin. Si les troupes françaises ont effectué un repli profond dans la nuit du 14 au 15 juin, le général Weisenberger se dit qu'il a intérêt à prolonger une poursuite qui ressemble de plus en plus à une promenade. La tête de la division se « promènera » jusqu'aux abords de Dugny-sur-Meuse, à huit kilomètres au sud de Verdun où elle tombera sous le feu des mitrailleuses du 155e RIF. Le général Burtaire a en effet établi sa ligne de résistance entre Dugny et le fort du Rozelier, et la *71e ID* doit s'arrêter lorsque le canon de 25 du sous-lieutenant Deschars incendie les deux premiers camions transportant les fantassins. Burtaire n'ayant plus d'artillerie, celle du général Weisenberger tirera jusqu'au soir sur la position française où de nombreux blessés seront dénombrés, en particulier au I/155e RIF du commandant Levé où le médecin-lieutenant Balteaux fera l'admiration de tous en procédant, imperturbable sous le feu, à l'évacuation des plus atteints sur le poste de secours de Dieue. Lorsque les bataillons de la DLB recevront l'ordre de décrocher, une fois la nuit tombée, ce n'est pas dans l'enthousiasme que les hommes s'apprêteront à vivre leur troisième nuit sans dormir. Trois de leurs officiers ont été tués dans la soirée : le capitaine Philippe Masure et le lieutenant Marcel Chery appartenant tous les deux au 132e RIF, et le lieutenant Pierre Le Chalony, vingt-huit ans, du 155e RIF.

Après deux jours de combat et trois nuits de marche, la division Burtaire pourrait être relevée par la 6e DINA du général de Verdilhac qui est beaucoup plus solide. Le général Dubuisson n'a donc pas compris que les troupes de forteresse sont à bout de forces ?

CHAPITRE X

« A ma droite, dit Blanchard, le colonel s'effondre... »

Durant les premiers jours de la retraite, il est difficile de respecter les consignes du commandement qui exige de circuler de nuit pour éviter les attaques aériennes. Rapidement, ces ordres deviennent inexécutables, car les itinéraires sont trop encombrés pour que les horaires soient respectés. La pression de l'adversaire s'accentuant, surtout sur le flanc du 21e corps, les colonnes se déplacent désormais de jour comme de nuit. La chasse française ayant disparu et la DCA étant dérisoire, les avions allemands choisissent leurs objectifs.

Lorsque le 118e RAL du colonel Lentz est repéré par un « mouchard » à la sortie des bois, au sud-est de Verdun, le 1er groupe du commandant Derouet subit un bombardement qui lui coûte 23 morts, 28 blessés et 60 chevaux tués. Le lendemain, le colonel Lentz fait désigner une équipe qui transporte les corps au cimetière de Vaux-les-Palameix où ils seront inhumés[1]. Les batteries Saldou et Godet, qui ont enregistré les pertes les plus élevées, n'ont pas de chance, car, lorsque la colonne traverse Vaux-les-Palameix, les avions allemands réapparaissent et se placent en formation d'attaque au moment où les corps des artilleurs tués la veille viennent d'être alignés devant le petit cimetière. La plupart des hommes ont le temps de fuir ou de se réfugier dans les caves avant l'explosion des bombes, mais l'attaque cause encore 7 tués et une douzaine de blessés. A 17 heures, en présence du colonel Lentz, les artilleurs du 118e RAL procéderont à l'inhumation de 30 de leurs camarades... avant de reprendre la route à la tombée de la nuit.

Dans l'infanterie, c'est surtout l'épuisement qui ressort des rapports d'officiers. « La fatigue est extrême, écrit le lieutenant Etcheverry, du

---

1. Parmi les tués : Allaire, Bouillon, Altuno, Duluc, Corbari, Féron, Jourdren, Viseur, Ranque, Lamon, Bitton, les brigadiers Bonafos, Corbeau et deux sous-officiers, Aguerre et Verge.

123ᵉ RI. Depuis plus de vingt jours, les cadres n'ont pas dormi plus de trois à quatre heures par nuit, les hommes à peine davantage : tous ont les pieds blessés par les marches ; ils espéraient une relève qui ne s'est jamais produite. »

C'est toute la différence entre 14-18 et le mois de juin 1940. Aux pires moments de la bataille de Verdun, en 1916, les relèves empêchaient la destruction complète des unités et le « poilu » reprenait son souffle à l'arrière. Au mois de juin 1940, les hommes se battent et marchent jusqu'à ce qu'ils tombent. Le 123ᵉ RI appartient à la 35ᵉ DI qui, découverte sur son flanc sud par la retraite à marche forcée du corps colonial, est menacée d'extinction avant d'avoir atteint les ponts de la Meuse. En deux nuits, les soldats de la division ont parcouru plus de soixante-dix kilomètres. Sans nourriture ! Ils vivent sur le pays, grappillant dans les villages ce que les réfugiés et les troupes qui les ont précédés ont bien voulu laisser. Ceux qui disparaissent dans les combats d'arrière-garde, ceux qui se laissent choir, épuisés, dans les fossés, ne seront jamais remplacés et les effectifs des régiments fondent à une vitesse inquiétante. Encore un témoignage, celui du commandant Jouandet, du II/123ᵉ RI : « Les hommes n'ont pas mangé un repas convenable depuis le 20 mai, et pas une nuit de repos depuis un mois. Les cadres, par un prodige de volonté, tiennent encore, mais tous sont exténués, la résistance atteint ses limites... »

Pour échapper aux éléments motorisés ennemis qui les poursuivent, les fantassins coupent parfois à travers champs, au hasard, car les cartes de la région font défaut. Ils espèrent que cette longue marche les conduit vers un front tenu par des troupes fraîches à l'abri desquelles ils pourront enfin s'arrêter, manger et dormir, surtout dormir. Ils ignorent que Verdun a été abandonnée sans combat et que la *Werhrmacht* est entrée dans Paris déclarée ville ouverte. Pourtant, il faut parfois peu de chose pour les « regonfler ».

Le lieutenant-colonel Jobin, chef d'état-major de la 35ᵉ DI, raconte que le 16 juin vers 10 heures, « le I/123ᵉ RI du commandant Coudrin arrive à Nicey-sur-Aire où il est ravitaillé en munitions. Les hommes sont exténués ; pendant la courte halte qui leur est accordée, ils se laissent tomber à terre sur le bord de la route. Le général Decharme, qui, depuis la mairie, s'est rendu compte de leur état de fatigue, va dans les rangs, cause avec les fantassins et leur demande encore un effort. L'effet est magique : ils se redressent et affirment au général qu'ils iront « jusqu'au bout ».

Malheureusement, le « bout » n'est plus loin pour la 35ᵉ DI qui vit un calvaire dans la traversée du département de la Meuse. Le commandant Jean de Lalande d'Olce, du 123ᵉ RI, est tué avec le capitaine Kressmann et le lieutenant Féty par un tir d'artillerie, devant l'église de Gimecourt. Presque à la même heure, à Baudremont, un autre chef de corps, le

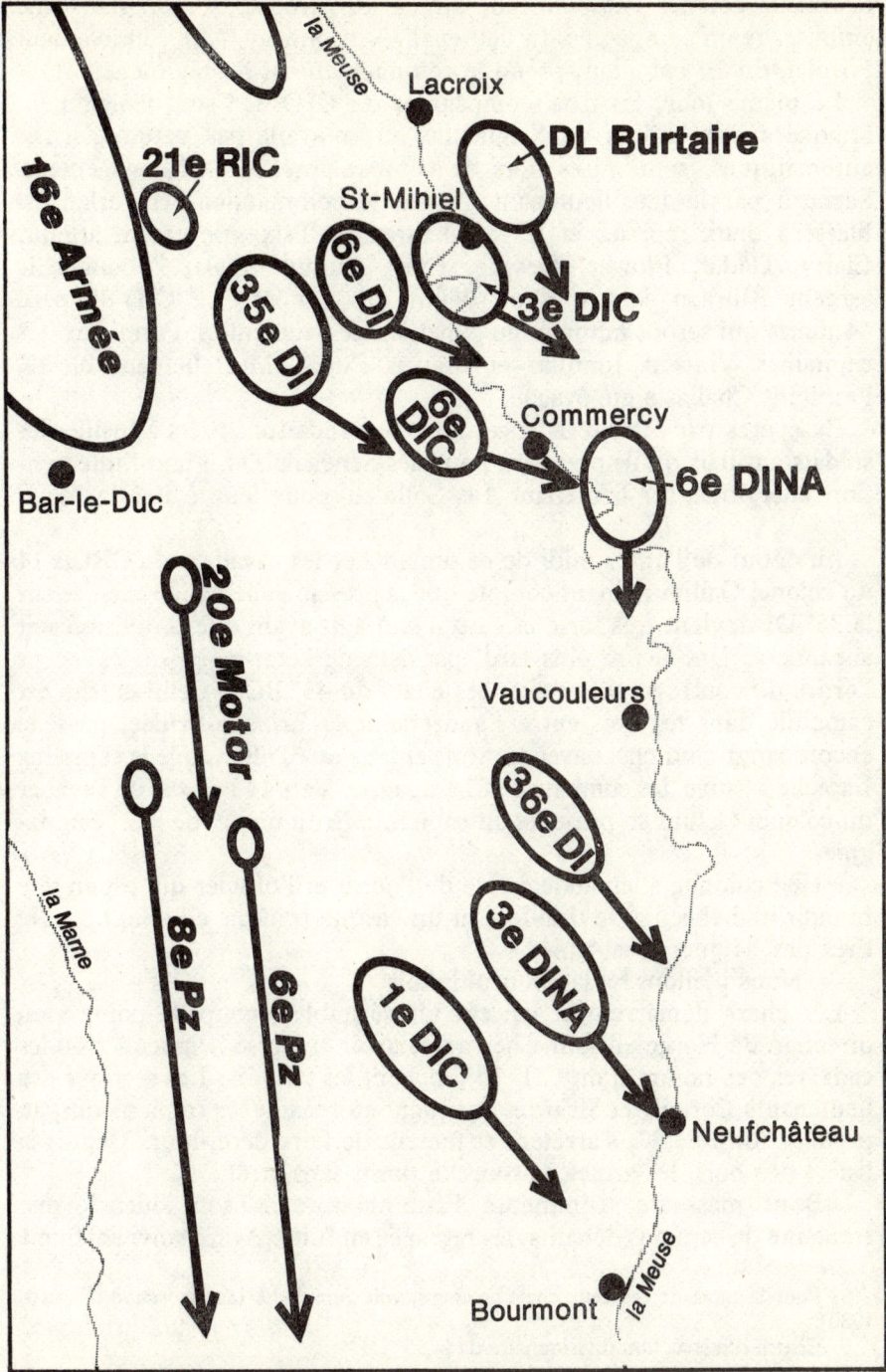

la Meuse

Lacroix

DL Burtaire

21e RIC

16e Armée

St-Mihiel

6e DI

35e DI

3e DIC

6e DIC

Commercy

6e DINA

Bar-le-Duc

20e Motor

Vaucouleurs

36e DI

la Marne

8e Pz

6e Pz

3e DINA

1e DIC

Neufchâteau

la Meuse

Bourmont

16 juin : repli de la IIe Armée vers la Meuse

lieutenant-colonel Pamponneau, du 11ᵉ RI, trouve la mort dans une embuscade en compagnie du lieutenant Vinsonneau [1]. Le commandant Nicolaï, du 1ᵉʳ bataillon, prend le commandement du régiment.

Le même jour, les trois compagnies du CID 35 [2] sont violemment attaquées aux abords de Seigneulles et, n'ayant pas perçu d'armes automatiques, sont mises hors de combat après un vif engagement. Secouru par le sous-lieutenant Orsini, le commandant Huverlan est blessé à deux reprises et le sous-lieutenant Taix grièvement atteint. Clairy, Dadat, Flower, Deville, Frey, Giraud, Viala, Zabourel, le sergent Albraan sont tués au début du combat. Le CID 35 perd 44 morts qui seront inhumés au cimetière de Seigneulles. Parmi eux, les capitaines Vincent Junquas et Marius Pujos. Mortellement blessé, l'aspirant Challas a été évacué.

Exaspérés par cette résistance, les Allemands sont prêts à fusiller les soldats antillais qu'ils prennent pour des Sénégalais et il faut l'intervention énergique du lieutenant Le Gallo'ch pour leur éviter la mort.

Au début de l'après-midi de ce dimanche, les cavaliers du GRCA 14 du colonel Gallini rendent compte que la pression allemande exercée sur la 35ᵉ DI devient très forte et « qu'il faut agir avant que la division soit anéantie ». Une heure plus tard, parvient de l'état-major du 21ᵉ corps l'ordre de contre-attaquer avec les chars du 43ᵉ BCC. Celui-ci, qui est camouflé dans les bois entre Baudremont et Erize-la-Brûlée, possède encore vingt-cinq chars avec les trois engins du 67ᵉ BCC que le capitaine Lapiche a sauvé des combats de Champagne. Vers 14 heures, un cavalier du colonel Gallini se présente au capitaine Fruhinholz, de la 2ᵉ compagnie :

« Une colonne allemande arrive de l'ouest et l'officier qui est en tête brandit une chéchia de tirailleur et un casque français en criant : « Ne tirez pas, la guerre est finie !

— Nous y allons ! » lance Fruhinholz.

Les chars démarrent et lancent un véritable « coup de poing » en direction de Hargeville-sur-Chée après avoir traversé Seigneulles où les cadavres des hommes du CID 35 jonchent les pâtures. Les sections des lieutenants Cornély et Sicardet attaquent en tenaille les camions qui, au premier coup de 37, s'arrêtent et tentent de faire demi-tour. Depuis la lisière des bois, les armes de tourelle tirent sans arrêt.

« Beau massacre, commente Fruhinholz dans son journal, une trentaine de camions détruits, les rescapés en fuite. Ayant suivi l'action à

1. Pour la mort de ces deux chefs de corps, voir *Juin 1940, le mois maudit* (Fayard, 1980).
2. Centre d'instruction divisionnaire de la 35ᵉ DI.

pied avec Perrin, mon motard, je saute dans la Mercedes de tête avec l'espoir de la ramener, mais elle refuse de démarrer... »

Le capitaine ne revient pas les mains vides, car les occupants de la voiture se sont enfuis sans rien emporter. Perrin récupère une carte tachée de sang, la fameuse chéchia, un appareil photo, une radio et une serviette pleine de cigares et de bouteilles de cognac. Le commandant de la 2e compagnie envoie alors le lieutenant Bigard au PC du 43e BCC, à Baudremont, demander un ravitaillement en carburant par chenillette. Lorsque Bigard revient, l'enthousiasme tombe. On lui a dit « de mettre le feu aux chars qui seront en panne sèche ». Fruhinholz hausse les épaules, mais, dans son for intérieur, il est déçu de ne pas pouvoir exploiter une situation aussi favorable. Ravitaillés en essence, les chars porteraient certainement des coups très durs à l'ennemi. La compagnie regagne sa base de départ et, les Allemands se ressaisissant, le secteur de Villotte-sur-Aire-Gimécourt est pris sous le feu de leur atillerie.

La section du lieutenant Denise est envoyée vers l'avant pour impressionner les fantassins allemands, mais Fruhinholz lui interdit « de s'éloigner au-delà de cinq cents mètres ». Le jeune officier dépasse sans doute la limite autorisée et tombe sous le feu d'une pièce antichar. Grièvement blessé, Emile Denise sera amputé d'une jambe, mais Burg, son mécanicien, le croit mort et regagne la compagnie à pied. Un autre char, celui du sergent de Gouzillon, est également immobilisé par un obus et l'équipage l'abandonne. Les autres engins manœuvrent, s'arrêtent pour tirer, repartent et gênent l'adversaire qui ne peut déboucher de Villotte sous les feux du caporal-chef Maire et du sergent Wiel. Le sergent Colin incendie même une automitrailleuse, mais l'artillerie allemande se déchaîne et de nombreux blessés sont évacués sur l'arrière. Le capitaine Fruhinholz est atteint par un éclat et transporté en side-car jusqu'au poste de secours.

Malgré l'intervention des chars, la 35e DI est mal en point. « L'infanterie, reconnaît le lieutenant-colonel Jobin, est à l'extrême limite de la résistance physique. » Le 11e RI et le 123e RI ont perdu 50 % de leurs effectifs, le 18e BILA n'a plus que 300 « Joyeux » et, seul, le 21e RMVE du lieutenant-colonel Martyn peut encore aligner plus de 1 200 fantassins. Seulement, depuis l'affaire de Sainte-Menehould, le commandement de la division n'a plus confiance en lui. Le lundi 17 juin, la division franchira la Meuse et passera en réserve.

« Nous percevons enfin des vivres : nous n'avions rien reçu depuis Clermont-en-Argonne, c'est-à-dire depuis quatre jours », dira le capitaine Heugas, du 123e RI.

Coupée du corps colonial, la 6e DIC du général Gibert éprouve, elle aussi, de vives difficultés à rompre le contact et parfois les artilleurs se sacrifient pour que l'infanterie puisse prendre du champ. Au

I/23e RAC, le capitaine Morel, de la 3e batterie, écrit dans son rapport : « Les fantassins ont fini de défiler sur la route et l'ennemi, qui est à 250 mètres de nous, sur la crête, nous tire dessus. »

Pour faciliter le décrochage, le commandant du groupe donne l'ordre de tirer les derniers projectiles et d'abandonner les pièces après sabotage. La colonne se reconstitue, mais, le dimanche 16 juin, elle est attaquée à Chaumont-sur-Aire par l'aviation allemande. Dans la fumée des explosions, les chevaux blessés ruent dans leurs traits pour se dégager. D'autres attelages fuient à travers champs. L'aspirant Weimann et le maréchal des logis Hiemann jugulent avec difficulté un début de panique. Le capitaine Grosjean est blessé et, lorsqu'un avion revient mitrailler la colonne désorganisée, le lieutenant Reboullet est touché par deux balles. Le colonel Laprun, de l'ID/6e DIC, qui se trouvait là, est mortellement atteint [1]. On retrouvera quatorze morts dans le village et dix à la ferme Laurent [2]. Le 23e RAC ne rejoindra jamais sa division ; seul le IIe groupe du commandant Jung se mettra à la disposition de la 1re DIC à l'est de la Meuse.

Le lieutenant-colonel Berthaut, qui se déplace en voiture avec le capitaine Andriot, officier adjoint, et le lieutenant Digard, cherche en vain à regrouper ses batteries, mais, dans cette partie du département de la Meuse, le front est inexistant. Les Français peuvent être dans un village, les Allemands dans un autre, DERRIÈRE eux. Sachant cela, l'ennemi organise des embuscades : des batteries d'artillerie, des véhicules isolés, des compagnies entières trop éreintées pour réagir viennent se jeter dans les filets ainsi tendus. Chenu, le chauffeur du lieutenant-colonel Berthaut, se méfie et ne dépasse pas les 40 kilomètres/heure, prêt à freiner et faire demi-tour au premier coup de feu. Le chef de corps du 23e RAC n'a aucune idée de l'itinéraire qu'il doit emprunter et se dirige vers le sud, passant à quelques kilomètres à l'est de Bar-le-Duc. A moins de cent mètres des premières maisons de Loisey, Chenu freine : des hommes sont allongés dans le fossé et des armes automatiques se dévoilent.

« Fonce ! Nous passerons ! » ordonne le colonel.

Le capitaine Andriot dégaine son pistolet et le lieutenant Digard s'empare du mousqueton du chauffeur. Ils tirent par la portière en passant à hauteur de l'embuscade et le feu ennemi devient moins précis. La voiture traverse la première chicane et débouche sur la place de l'église. Pour les artilleurs, c'est le bout de la route, car des automitrail-

1. Le colonel Henri Laprun mourra dans un train sanitaire trois jours plus tard et sera inhumé à Ronchamps (Haute-Saône).
2. Parmi ceux qui ont été identifiés : Breton, Viceriat, Chevalier, Deschamps, Glatigny, Godard (GRCA 14), Miat, T'Joen, le caporal Quere et le chef Mercier. Six tirailleurs sénégalais seront inhumés près de la ferme Laurent.

leuses allemandes stationnent dans une zone d'ombre et les équipages sont à leur poste. Une grêle de balles s'abat sur l'automobile qui, après une embardée, s'arrête en travers de la rue : la tête sur le volant, Chenu a été tué sur le coup et le lieutenant Digard, mort lui aussi, s'est affaissé sur la banquette arrière. Le capitaine Andriot a une balle dans la jambe, mais, soutenu par son colonel, il sort de la voiture et, l'un soutenant l'autre, les deux hommes se dirigent vers une grange, sous le feu des mitrailleuses dont les balles ouvrent leurs impacts dans les murs, devant eux.

« Ils vont nous tuer comme des lapins, laissez-moi et partez ! murmure Andriot.

— Vous avez raison, admet Berthaut, tout cela est idiot ! »

Les deux officiers s'arrêtent, se retournent et lèvent les bras, tandis que les Allemands accourent [1].

Commandant le Ier groupe, le chef d'escadron Maurin succédera au lieutenant-colonel Berthaut et regroupera les quelques batteries sauvées de la bataille.

Sur le flanc sud de la 35e DI, le 21e RIC du colonel Cazeilles est resté en arrière-garde et c'est grâce en particulier au sacrifice du IIe bataillon que la division du général Decharme n'a pas été complètement détruite.

Le samedi 15 juin, le PC du 21er RIC est à la ferme des Merchines où se trouvait la veille celui du 313e RA. Les artilleurs se sont repliés et les coloniaux sont seuls, au milieu de l'ennemi qui les déborde par le nord et par le sud. Cazeilles attend le IIe bataillon du commandant Varrier pour évacuer Les Merchines, mais la 5e compagnie du capitaine Charvet est accrochée aux Charmontois et les deux autres, de Paganel et d'Allegrini, se replient en craignant de tomber dans une embuscade, car les fusées blanches jalonnant l'avance allemande, éclatent vers l'est, loin derrière elles. Il existe certainement des brèches, mais comment les trouver ?

Isolé de son bataillon, le capitaine Paganel va lier son sort à celui du I/21e RIC ; il sera grièvement blessé dans la soirée. De leur côté, le commandant Varrier et le capitaine Blond retrouvent Allegrini dont la compagnie est réduite à une section. Au cours de l'étape de nuit, de nombreux soldats n'ont pas résisté davantage et se sont couchés pour dormir, le besoin de sommeil étant devenu irrépressible. A quelques kilomètres, sur la route, une colonne grise roule vers l'est et, à la jumelle, on distingue des pavillons rouges à croix gammée tendus sur le capot des camions.

« Si nous restons groupés, prédit le commandant Varrier, nous ne

1. Hospitalisé à Charleville, le capitaine Andriot s'évadera le 28 novembre 1940 et rejoindra la zone libre.

passerons pas. Nous ne sommes plus assez nombreux et les munitions seront épuisées au premier engagement. »

Le chef de bataillon explique à ses officiers qu'il faut adopter la politique des « petits paquets », chaque groupe essayant de percer en direction de la Meuse et de rejoindre le régiment. Varrier est persuadé que le 21e RIC a fait mouvement avec les unités de la 6e DIC et il ne sait pas que le colonel Cazeilles l'attend à la ferme des Merchines. Chaque détachement du IIe bataillon vivra sa propre aventure. Avec Musset, Deleberghe, le sergent Levet et le caporal Bessou, le capitaine Charvet traversera l'Aire, puis la Meuse à la nage, mais ils ne retrouveront pas les lignes françaises. Ils seront faits prisonniers le 28 juin près de Raulecourt (Meuse)[1]. Le groupe du sous-lieutenant Tabary marchera jusqu'au 24 juin et tombera dans une embuscade près de Vaucouleurs. Celui du capitaine Allegrini errera jusqu'au 2 juillet et sera capturé à l'entrée de Menaucourt (Meuse).

A la ferme des Merchines, le colonel Cazeilles a déjà fait partir le IIIe bataillon du commandant Lepeley vers Commercy, mais il refuse de s'en aller avant d'avoir récupéré le gros du régiment. Au capitaine Barat qui se présente, à bout de forces, le chef de corps montre la voiture du commandant Monbrun, son chef d'état-major :

« Le capitaine Meugny et le sous-lieutenant Thelliez sont déjà installés. Montez avec eux et filez !

— Et vous, mon colonel, vous ne pensez pas que...

— Filez, vous dis-je ! J'attends le bataillon de Vest ! » coupe Cazeilles.

La voiture du chef d'état-major du 21e RIC démarre et remonte des colonnes qui se dirigent vers l'est. Monbrun n'a pas confiance, il est persuadé qu'au premier village ils tomberont dans une embuscade : « Nous sommes certainement sur les arrières de l'ennemi ! » dit-il à Barat. Et il donne l'ordre au chauffeur de rouler à travers champs. Le véhicule parcourt un kilomètre et se fait mitrailler depuis la lisière d'un bois.

« Ils sont donc partout ! » grogne Meugny.

Derrière eux et vers Rembercourt-aux-Pots, un combat paraît être engagé. Sous les tirs de l'ennemi, les quatre officiers abandonnent la voiture et se dissimulent dans un bosquet où ils attendent la tombée de la nuit, puis, marchant à la boussole en direction du sud-est, ils parcourent une quinzaine de kilomètres avant de rencontrer, le 16 à 3 heures du matin, le premier poste du GRCA 14 à Rumont. Les cavaliers les enverront à Lignières où le Dr Castarède, médecin-chef du 21e RIC, les

---

1. Le capitaine Charvet s'évadera le 22 août de l'école normale de Bar-le-Duc avec les sous-lieutenants Maurette et François. Quinze jours plus tard, ils seront en zone libre.

confiera à une sanitaire avant de les diriger sur le PC du commandant Lepeley.

Lorsque le bataillon du commandant Vest s'est arrêté à la ferme des Merchines, les hommes ont eu droit à une demi-heure de repos. Seulement les premiers arrivés, car, sitôt la 3ᵉ compagnie du lieutenant Rodier [1] regroupée devant la « 2 » du capitaine de Fritsch, le colonel Cazeilles est monté dans sa voiture et n'a eu qu'un mot : « On y va ! » Le soldat Balavoine vient tout juste de rejoindre. Il est le dernier. Fait prisonnier devant Vaubécourt, il s'est échappé, a ramassé un fusil et s'est dégagé en tirant.

La compagnie de Fritsch qui ferme la marche n'a pas parcouru deux kilomètres en direction de Rembercourt-aux-Pots qu'elle est prise à partie par des armes automatiques. A 1 500 mètres, des fantassins allemands tentent de couper la route au 21ᵉ RIC. Mousqueton à la main, le colonel est descendu de sa voiture et mesure du regard le danger de la situation : « Vous allez contre-attaquer pour dégager la voie ! » dit-il au capitaine de Fritsch.

La compagnie de commandement participe à l'action et son chef, le capitaine Durand-Gasselin, sert lui-même un FM sur le bord du fossé.

« Donnons-leur l'assaut ! » dit encore Cazeilles qui marche au feu avec ses coloniaux. Il a peut-être sous-estimé la force de l'adversaire, car celui-ci ne se laisse pas impressionner. La fusillade est vive, et il n'est pas étonnant que le commandant Monbrun et ses trois compagnons de route l'ait entendue. Sous la protection des mitrailleuses de la section Durand, les coloniaux avancent dans les prés et les tireurs des FM, arme à la hanche, lâchent des rafales courtes pour économiser les cartouches. L'adjudant Blondé, un chef de section, s'écroule. Le sergent Montaron le remplace. Largement approvisionné, l'adversaire tire sans arrêt. A quelques minutes d'intervalles, le lieutenant Paul Gout et le lieutenant Adrien Vochelles sont tués. Le sergent Delaporte est touché, puis le chef Vacher, blessé alors qu'il chargeait à la tête de sa section. Sur le sol, des soldats crient leur souffrance. Des FM se taisent, munitions épuisées, alors que le feu adverse ne faiblit pas. La jambe traversée par une balle, le capitaine de Fritsch tombe. « Je me trouvais près du colonel, rapporte le lieutenant Blanchard. Toujours debout, il tirait au mousqueton sur les servants des mitrailleuses adverses. »

Personne n'avance plus ; les pertes sont élevées et les cartouches manquent. « A ma droite, dit encore Blanchard, le colonel s'effondre, atteint d'une balle en pleine tête. »

Les survivants s'éparpillent et, isolément ou par petits groupes,

---

1. Le commandant Robert Rodier sera tué à Alger lors de l'attentat au bazooka commis contre le général Salan.

tentent d'échapper aux Allemands. Heureusement, la nuit assombrit le champ de bataille. Le commandant Vest, les capitaines Cayrol et Durand-Gasselin se dégagent avec le lieutenant Tourriol. A l'entrée du village des Marats, l'ennemi a tendu une embuscade dans laquelle ils se jetteront le dimanche 16 juin à 3 heures du matin.

Sur les lieux du combat de Rembercourt-aux-Pots, le feu a cessé avec le crépuscule. « Une traction brutale sur ma gorge me sort de ma torpeur, raconte le capitaine de Fritsch. Je lève la tête : c'est un soldat allemand qui ramasse mon pistolet attaché autour de mon cou par un cordonnet. »

Les hommes de la *Wehrmacht* parlent haut et fort, triant les blessés et les morts, récupérant pistolets et jumelles. Le bilan de la « dernière charge » du 21e RIC est lourd. Outre le colonel Léon Cazeilles et les lieutenants Gout et Vochelles, deux sous-lieutenants ont été tués : Maurice Martin et Baptiste Galliano. Avec eux, 46 sous-officiers et soldats seront inhumés à Rembercourt-aux-Pots.

Harassés par une étape de nuit d'environ 35 kilomètres, les hommes du bataillon Lepeley s'arrêtent à Gimecourt le 16 à 5 heures[1]. Les rejoignent deux heures plus tard le commandant Monbrun avec Barat, Meugny et Thelliez. Dans la matinée, les lieutenants Beillard et Flory arrivent avec une trentaine de soldats. Les lieutenants Périnne et Lethiais feront une entrée remarquée à Gimecourt. Ils ont sauvé les chenillettes, les canons de 25 et les mitrailleuses de 20. Seuls les mortiers ont été perdus lors du décrochage. Le lendemain, quatre lieutenants du I/21e RIC, Rodier, Vignes, Moulin et Thibault, grossiront les rangs du bataillon Lepeley avec 48 sous-officiers et soldats. Le lieutenant Nozaire et les 8 coloniaux qui l'ont suivi seront les derniers à rejoindre. Lorsqu'on fera le compte des effectifs du 21e RIC, le lundi 17 juin, ils s'élèveront à moins de 400 hommes. Ils seront reconstitués en un seul bataillon placé sous les ordres du capitaine Robinet de Plas, le commandant Lepeley remplaçant le colonel Cazeilles à la tête du « régiment ».

Convoqué au PC de la 3e DIC à Vertuzey, Lepeley sera informé qu'il reprend sa place au sein de la division Falvy, dans un groupement 21e RIC-23e RIC placé sous les ordres du lieutenant-colonel Rousseau. Cette fusion est devenue nécessaire, car le 23e RIC, sacrifié en partie le 14 juin sur la cote 304, a encore fondu.

Le dimanche 16 juin, au lever du jour, le 23e RIC se regroupe à Thillombois, à 15 kilomètres au nord-ouest de Saint-Mihiel. Les

---

1. C'est là que le commandant de Lalande d'Olce, du 123e RI, sera tué dans l'après-midi.

coloniaux ont effectué une étape nocturne de 42 kilomètres à travers champs et bois. Ils sont en état de prostration, incapables de bouger. A la 11ᵉ compagnie, le capitaine Daboval se plaint « de rester à nouveau sans ravitaillement » alors que, la veille, ses hommes n'ont perçu qu'un casse-croûte pour la journée [1]. En vertu du vieil adage « Qui dort dîne », le 23ᵉ RIC se repose. Pas longtemps car, à 10 heures, le lieutenant-colonel Rousseau fait partir un premier détachement vers le sud pour s'assurer des ponts de la Meuse. Trois heures plus tard, le gros du régiment s'ébranle...

Rien à manger, pas de camions pour transporter les éclopés, la retraite continue. A bord d'une chenillette armée de deux FM, le capitaine Souriac est allé en reconnaissance jusqu'au pont de Dompcevrin, mais, lorsqu'il remonte vers Thillombois, un soldat du IIIᵉ bataillon l'arrête : « N'allez pas plus loin, mon capitaine, les boches sont dans le bois et presque tout le bataillon est prisonnier. »

Le capitaine Daboval, qui assure la protection en arrière-garde, raconte : « Dans un layon étroit, la colonne s'est arrêtée et des coups de feu ont éclaté. J'ai entendu des cris : " Nous sommes cernés ! ". »

Daboval n'est pas spécialement impressionnable et, apercevant une automitrailleuse allemande au débouché du layon, il se dit que l'adversaire a peut-être envoyé quelques véhicules de reconnaissance, mais qu'il n'est pas en force. Il regroupe une centaine de coloniaux et s'élance avec eux vers le sud en coupant à travers le taillis. Le lieutenant de Poli aperçoit devant l'automitrailleuse des hommes qui sortent du bois, bras en l'air. « Les éléments de tête se rendent sans combattre, dit-il. Ils sont mélangés à l'ennemi et tout tir est impossible. » Avec une vingtaine de soldats, il fait comme Daboval et court à travers le bois, mais les Allemands sont plus nombreux que le supposait le commandant de la « 11 » et, lorsque de Poli sort des couverts avec son petit groupe, une colonne motorisée à l'arrêt semble l'attendre. « Nous sommes pris », écrit-il dans son rapport.

Daboval marche à la boussole en évitant les routes. Dans la soirée, il atteindra la Meuse, mais les ponts ont été détruits et des side-cars allemands patrouillent le long de la rivière. « Nous passerons plus au sud ! » dit-il au lieutenant Burgaud. Ils repartent, le ventre creux, « nourris » de l'eau des sources découvertes sous bois. Tous les hommes ne suivent pas, certains d'entre eux s'abattant d'un seul coup, comme foudroyés. Ils le sont, mais par l'épuisement. Le reste du détachement se traîne, sans un mot, car parler constitue aussi une perte d'énergie. En

1. A Saint-Mihiel, le commandant Brin, du III/413ᵉ Pionniers, rapporte que, deux jours plus tôt, l'intendance a « abandonné des milliers de rations de pain et de conserves de viande qui furent en partie distribuées aux officiers de ravitaillement des corps en quête de nourriture et ensuite aux civils ».

pleine nuit, Daboval découvrira un bord de Meuse désert et une barque providentielle permettra de monter un va-et-vient avec du fil de fer enlevé aux clôtures.

Le lieutenant Despointes ayant reconnu un autre cours d'eau à franchir, le canal de l'Est, les soldats épuisés trouveront encore la force de porter la barque sur leurs épaules afin de traverser ce nouvel obstacle. Le lundi 17 juin à 5 heures du matin, la compagnie Daboval fera son entrée à Mécrin, à dix kilomètres au sud de Saint-Mihiel. Quinze hommes sont portés manquants. Les rescapés n'ont même pas la force de s'enrouler dans leur toile de tente : ils dorment déjà, à l'endroit où ils se sont arrêtés. Le IIIe bataillon ne compte plus que la « 11 » de Daboval et la moitié de la « 9 » avec le lieutenant Millet. La « 10 » avec les lieutenants Pierre et Lious a disparu ; la compagnie d'appui également avec les lieutenants Despalles et Dubois de Prisque.

A une vingtaine de kilomètres au sud de Verdun, le 1er RIC du colonel Fauchon est victime du même effet de surprise. Les combats d'arrière-garde sont inévitables puisque les Français sont à pied avec leurs attelages et les Allemands qui les poursuivent équipés de matériel automobile.

« La tête de colonne qui a dépassé Senoncourt souffre peu des tirs lointains, raconte Fauchon ; elle peut faire face à l'attaque et, avec ses mitrailleuses et ses mortiers, repousser l'ennemi. Mais le convoi qui s'allonge en terrain découvert est massacré, la plupart des chevaux tués ou emballés, les voitures démolies, renversées. »

Le III/1er RIC du capitaine Denimal qui sortait des bois pour doubler les attelages jugés trop lents (les chevaux sont plus fourbus que les hommes) regagne les couverts sans comprendre que les Allemands attaquent sa propre arrière-garde. Denimal croit à une méprise, appelle son clairon et lui fait sonner le refrain de la Coloniale avant d'enchaîner sur le cessez-le-feu, ce qui suscite une incompréhension totale chez les hommes et aggrave le désordre. Comment croire au cessez-le-feu alors qu'à la lisière est de la forêt de Souilly, les éclatements de *minen* et les tirs d'armes automatiques redoublent d'intensité ? D'accord avec le capitaine Léoni, Denimal décide de contourner Senoncourt avec les deux compagnies. L'opération réussit pour la « 7 » de Léoni qui prend la tête, mais pour la « 10 » du capitaine Prévost et la section Mollin, il est trop tard.

« Dans le bois, écrit le lieutenant Cayard, il y a des coloniaux, des pionniers, des « Joyeux », des tringlots, de tout... »

A la lisière, les projectiles allemands ont tué le capitaine Louis Prévost, qui, reconnaissable à son imperméable clair, gît dans l'herbe humide, abattu d'une balle dans la poitrine. Près de lui, Miretti, un brancardier, a été décapité par un éclat[1]. Houssey a la bouche arrachée, Jouin est blessé aux reins, Duker est mort.

« Formons le carré ! » décide Cayard après avoir consulté les autres officiers : Mollin et Montagne, l'aspirant Lépine, et les deux adjudants-chefs, Maillol et Villeneuve. La situation est grave, aucun gradé ne possède de carte et personne ne connaît l'étendue du bois. Peu de munitions, pas de vivres et plusieurs blessés à soigner. A la tombée de la nuit, le lieutenant Mollin demande à partir seul, pour essayer de traverser la Meuse. Cayard l'autorise et, au lieu de profiter de l'obscurité comme l'a fait le capitaine Daboval, laisse ses hommes se reposer. A l'aube du 17 juin, le calme est revenu. Montagne et Cayard attellent deux chevaux errants à une voiture abandonnée dans laquelle ils font installer les blessés. Tout le monde a mangé, car des vivres ont été trouvés dans des véhicules. Un soldat du bataillon a même rapporté deux bouteilles de champagne.

Au moment où le détachement sort du bois, une patrouille motorisée allemande s'arrête sur la route et braque ses armes sur les coloniaux. La résistance est impossible. Cayard demande à emporter le corps du capitaine Prévost avec les blessés. Refus très sec d'un *Leutnant* qui ordonne de se former en colonne sur la route après avoir jeté armes et munitions. Cent mètres plus loin, les prisonniers passeront devant le cadavre de l'adjudant Aubriot. Deux canons de 25 du III/1er RIC sont dans le fossé.

*

Le général Condé ayant autorisé le commandant du 21e corps à passer sur la rive droite de la Meuse sous la pression de l'ennemi, la 3e DIC du général Falvy est la première à bénéficier de cette mesure. Le franchissement de la rivière a été prévu à Saint-Mihiel. Falvy, qui se méfie des initiatives des sapeurs, a envoyé sur les lieux un de ses officiers, le capitaine Fieschi. Deux pièces de 47 et deux pelotons du GRDI 73 assurent la défense du pont.

Durant l'après-midi du dimanche, les premières unités de la division se présentent à Saint-Mihiel. Les artilleurs, malgré les pertes enregistrées lors de la sortie de batterie du 14 juin, sont toujours très en ordre. L'infanterie représente à peine un bataillon par régiment, et les hommes sont dans un tel état d'épuisement que certains d'entre eux zigzaguent sur la route, comme s'ils étaient pris de boisson. D'autres dorment en marchant et, lors des arrêts, vont se heurter à celui qui les précède.

Le général Falvy a fait décharger toutes les camionnettes disponibles

---

1. Selon les brancardiers Vilette et Valo, Miretti a été tué alors qu'il tentait de ramener le corps du capitaine Prévost.

pour les envoyer à Saint-Mihiel recueillir les coloniaux au fur et à mesure de leur arrivée. Du III/23ᵉ RIC « retardé » près de Thillombois, seule la compagnie Daboval rejoindra la division. Du 1ᵉʳ RIC, les sections Pauly et Boulard seront également récupérées, mais elles arriveront trop tard au pont de Saint-Mihiel et poursuivront courageusement leur route vers le sud-est, toujours à pied. A bout de forces, les hommes de ces sections retrouveront la 3ᵉ DIC le 19 juin.

Vers 21 heures, le lieutenant-colonel Rousseau, du 23ᵉ RIC, est lui-même à l'entrée du pont de Saint-Mihiel où il espère voir apparaître les rescapés de son IIIᵉ bataillon. Lorsque la nuit approche, des coups de fusil claquent à la lisière nord de la ville déserte : l'ennemi approche. « Je donne l'ordre de faire jouer la destruction, écrit Rousseau, les Allemands sont à cent mètres de la Meuse. »

Le tablier du pont éclate et s'écrase dans la rivière, les débris retombent en pluie sur les deux rives. Rousseau, Fieschi et les officiers qui les accompagnent rejoignent le PC du général Falvy, à Vertuzey, près de Commercy. Ils ignorent qu'ils ne sont pas les derniers à traverser Saint-Mihiel. En franchissant la Meuse, la 3ᵉ DIC est entrée dans le secteur de la DL Burtaire qui retraite, elle aussi en combattant puisque le général Dubuisson ne s'est pas décidé à la faire relever par la 6ᵉ DINA.

Si les 132ᵉ et 136ᵉ RIF poursuivent sans difficulté leur repli en direction du sud, ils le doivent au 155ᵉ RIF du lieutenant-colonel Henry et au 4ᵉ bataillon de mitrailleurs du commandant Bonneau. Ces unités sont à l'arrière-garde de la division et, dans l'après-midi, le IV/155ᵉ RIF du commandant Levillain et le II/155ᵉ RIF du commandant de Saint-Méloir ont assuré la protection du mouvement, manœuvrant en tiroirs, pour ne pas se faire surprendre en colonne sur la route. A Lacroix-sur-Meuse, les officiers d'approvisionnement ont puisé largement dans les stocks de la fromagerie Hutin et, lorsque l'avant-garde de la 71ᵉ ID s'est présentée, le combat s'est rallumé, car le commandant Levillain avait laissé un gros bouchon à l'entrée du village. Le lieutenant Jacquard, de la compagnie d'engins, a été blessé, ainsi que deux médecins, James et Denis. Parmi les tués, Cantais, Malable, Achain, Lavergne, Deloffre et le lieutenant Pierre Salez. Le lieutenant Cayeux fera procéder à l'inhumation de trois autres morts : Garnier, Sury et le caporal-chef Raguet.

Avant de décrocher « en douceur », Levillain envoie le lieutenant Dionnet reconnaître l'itinéraire du repli. Il est 18 heures. A son retour, l'officier rend compte à Levillain qu'il n'a pas pu « remplir entièrement sa mission, faute de carte et en l'absence de tout habitant à Saint-Mihiel ». Il n'a donc pas poussé jusqu'au pont de la Meuse où il aurait vu le lieutenant-colonel Rousseau et le capitaine Fieschi puisqu'il revient au PC du IV/155e RIF à 19 h 30 (rapport Levillain).

« Nous partons les premiers pour jalonner le chemin ! » fait le chef de bataillon avec l'accord du lieutenant-colonel Dupeux, resté avec l'arrière-garde[1].

Prennent place dans la première voiture : Levillain et les lieutenants Dionnet et du Pontavice ; dans la seconde, Dupeux, le capitaine de Sachy et le lieutenant Brasseur. Trois motocyclistes ouvrent la route. Dupeux et Levillain ne sont pas partis sur-le-champ puisque, Dionnet étant revenu à 19 h 30, les deux voitures, qui n'avaient qu'une dizaine de kilomètres à parcourir, pénètrent dans Saint-Mihiel à l'approche de la nuit, donc vers 21 h 30. Aucun des officiers ne signale avoir perçu la déflagration annonçant la destruction du pont de la Meuse. La ville semble morte, les vitrines des magasins sont brisées, des véhicules abandonnés dans les rues, des caisses et des valises pillées et leur contenu éparpillé. Une « ambiance sinistre », dira le capitaine de Sachy. Au premier carrefour, Levillain et ses deux officiers descendent pour s'orienter.

« Les boches ! » dit soudain du Pontavice à voix basse.

Fusil à la main, baïonnette engagée, des silhouettes furtives glissent le long des façades obscures. Un motocycliste a déjà fait demi-tour pour prévenir le lieutenant-colonel Dupeux dont l'automobile effectue une marche arrière rapide avant de repartir. Elle essuie plusieurs coups de feu et de Sachy est blessé au poignet par un éclat de vitre. Le chauffeur du commandant Levillain, Belert, éprouve plus de difficultés, car sa voiture est plus engagée que la seconde.

« Accélère à fond et passe sur ceux qui nous barrent le passage ! » ordonne Levillain qui a sorti son pistolet.

Persuadés qu'ils vont capturer le véhicule et ses occupants, les Allemands ne tirent pas et font de grands gestes au milieu de la rue. Belert lance la voiture sur eux et, après qu'un soldat a été renversé et projeté contre le trottoir, les autres se décident à appuyer sur la détente de leur arme. Légèrement atteint, Belert perd le contrôle du véhicule qui fait une embardée, mais il le reprend en main et disparaît dans la nuit. Derrière le commandant Levillain, le lieutenant Gaston Dionnet s'affaisse doucement sur la banquette, tué d'une balle dans l'oreille. Coviaux, le dernier motocycliste, charge un fantassin allemand et le renverse avant de rejoindre les voitures.

1. Dans les documents du 155e RIF consultés par l'auteur, le lieutenant-colonel Henry a succédé au colonel Culot le 12 juin, mais, pendant la retraite, Dupeux est parfois désigné comme étant le chef de corps. Henry et Dupeux n'ayant rédigé aucun rapport connu, l'énigme n'est pas résolue.

Vers 22 h 30, Dupeux, Levillain, Saint-Méloir, Levé et Bonneau tiennent conseil : plus de trois mille hommes avec voiturettes porte-mitrailleuses, chenillettes, cuisines roulantes et camionnettes doivent retraiter en pleine nuit dans une direction sud ou sud-est, mais en zone d'insécurité puisque les Allemands sont à Saint-Mihiel, DERRIÈRE le 155e RIF et le 4e BM. Les Allemands étant motorisés et empruntant les grands itinéraires, il faut choisir une petite route à travers la forêt de Gobesard d'où les colonnes gagneront la forêt d'Apremont. Tout le monde adopte cette idée et le départ est donné. Le 155e RIF et le 4e BM vont vivre la plus folle nuit qui se puisse imaginer.

Vers 2 heures du matin, l'escadron à cheval du GRRF 44 du capitaine Trevelot de Trévalot coupe l'itinéraire des colonnes emmenées par le lieutenant-colonel Dupeux[1]. Celui-ci poursuit sa route, tandis que les « gros » obliquent derrière les cavaliers. Les chevaux de Trévalot trottant plus vite que les attelages du 155e RIF, ceux-ci perdent la piste et s'engagent dans des chemins en mauvais état : des voiturettes s'embourbent, des essieux cassent, des chevaux épuisés se couchent et refusent de se relever. A chaque arrêt, des hommes terrassés par le manque de sommeil s'endorment à l'écart, sous les arbres.

Pour la tête de colonne, tout se passe bien. Au petit jour, « nous arrivons à Woinville avec le colonel, écrit le capitaine de Sachy. Nous retrouvons des éléments perdus la veille et recevons l'ordre d'aller à Gironville-sous-les-Côtes ». La 14e compagnie du capitaine Houdemont sort de la forêt, bientôt suivie du lieutenant Lévêque avec une section.

« La CM 15 arrive aussi, mais sans ses mitrailleuses, car, les voiturettes du bataillon ayant été groupées, elles sont encore avec le gros de la colonne qui n'a pas rejoint. » (Rapport du lieutenant Leclet.)

Dans la forêt de Gobesart, les bataillons perdus tentent de retrouver un semblant d'homogénéité, mais, aux premières heures de la matinée du lundi 17 juin, le commandant Levillain se rend compte qu'il est impossible de savoir qui a disparu et qui est présent.

« Il faut traverser en force la nationale 407 entre Saint-Mihiel et Apremont et se réfugier sous les couverts du bois d'Ailly », suggère le capitaine Eymard, du 4e BM.

Son idée est retenue, car le « mouchard » survole les bois et la colonne ne doit être repérée à aucun prix, sous peine d'être bombardée. Une fois la nationale franchie, on avisera. Et ce n'est pas une patrouille allemande qui arrêtera plus de deux mille hommes en armes ! C'est du moins ce que pense le commandant Levillain qui commence par faire alléger ses troupes.

---

1. GRRF : groupe de reconnaissance de région fortifiée. Dans son rapport, Trévalot affirme qu'avec l'aide de trois sous-officiers, les chefs Porvian, Lafeuillade et Rathue-ville, il a « rejoint les lignes françaises à 6 heures du matin, complètement épuisé ».

« Nous recevons l'ordre d'abandonner tout le matériel, témoigne le lieutenant Cayeux, y compris roulantes, voitures à vivres et à bagages, tout sauf les armes. Nous étions encerclés et nous allions tenter une percée. »

L'ordre d'abandonner le matériel est appliqué au sens le plus large puisque les archives du 155ᵉ RIF sont laissées sur place, intactes, sans que personne n'ait envisagé de les détruire[1]. Les éléments les plus aguerris prennent la tête et sortent de la forêt. Une route à franchir ne constitue pas un obstacle en soi, mais il faut la tenir pendant plusieurs heures avant que le dernier soldat des quatre bataillons encerclés ne soit passé. Or, une colonne allemande arrive de Saint-Mihiel et, tandis que les fantassins sautent des camions, les 37 *Pak* sont mis en batterie en quelques minutes par des servants bien entraînés. Après un bref duel avec le canon de 25 du sous-lieutenant Deschars, l'officier est tué. La chenillette armée du sergent Husson sort du bois et une pièce antichar la prend pour cible. Husson, et le caporal Jacquet sont tués, Baudiot a la jambe broyée à son poste de conduite. Le capitaine Court lance les hommes du II/155ᵉ RIF à l'assaut pendant que, derrière eux, la colonne franchit la route. Deux camions allemands brûlent et plusieurs soldats jettent leur *Mauser* et se rendent. Ils ne croyaient pas les Français si nombreux ! Alertés par le bruit du combat, des renforts accourent de Saint-Mihiel. Des hommes tombent dans les deux camps et les chefs Lesure et Candelier sont tués, le lieutenant Caplet entraîne de la voix les hésitants.

« Nous forçons le passage ! » écrit le commandant Levé, du I/155ᵉ RIF, qui a pris la tête du régiment.

Le lieutenant Bernier reçoit l'ordre d'entrer sous bois avec ses quarante soldats et de contre-attaquer sur le flanc de l'adversaire. Il s'égare et sera fait prisonnier le lendemain. Sur la route, les FM lâchent rafale sur rafale en direction des Allemands qui se contentent de se défendre. Du côté français, la liste des tués s'allonge[2].

Lorsque la queue de colonne disparaît dans la forêt d'Apremont, elle emporte avec elle, une trentaine de blessés et quatorze prisonniers allemands. Elle laisse vingt morts derrière elle, beaucoup de disparus sans doute prisonniers, des canons de 25 et des chenillettes qui brûlent sur la nationale.

1. Travaillant comme prisonnier à la sous-préfecture de Verdun, le lieutenant Jean Cayeux sera autorisé en octobre 1940 à se rendre dans la forêt de Gobesart où il retrouvera les livrets des officiers, un carnet de chiffrement, une chemise de notes secrètes et divers documents.

2. Ont été identifiés parmi les hommes de troupe : Soria, Parmentier, Laurent, Dewilde, Mortin, Sinagra, Charlier, Carpentier, Cognet, Chilard, Combrousse, Neel, Pacot, Millet et Paille.

Sous les arbres, la marche a repris et les hommes, une fois le combat éteint, titubent de fatigue. Le dernier repas servi date du 16 au matin, trente-six heures plus tôt. Ils marcheront cependant jusqu'au soir et le commandant Levillain arrêtera la colonne à l'écart de Marbotte. Les blessés qui ralentissent le mouvement seront transportés dans une ferme où les trois médecins, Balteaux, Gonfroy et Rousset, s'engageront à rester auprès d'eux jusqu'à l'apparition des premiers Allemands.

Le 18 juin à la pointe du jour, vers 3 h 30, la colonne, dont les hommes n'ont pas encore récupéré leur retard de sommeil, reprend la route en direction de Boncourt-sur-Meuse où les éléments de tête appartenant au 4e BM tombent dans une embuscade. A l'arrière, après un flottement, l'ordre se rétablit et tout le monde disparaît dans la forêt.

« Notre marche était arrêtée à chaque instant, déclare le lieutenant Gasser, de la CM 5. Au cours d'un de ces arrêts, ivre de sommeil, je me suis assoupi. En me réveillant, j'ai aperçu un soldat allemand entouré par nos fantassins. Il leur racontait que l'armistice était signé... »

Dans l'après-midi, le 155e RIF compte encore près de douze cents soldats. Le commandant Levillain les a installés dans une dépression de terrain et tout le monde se repose, car l'épuisement interdit de repartir. Le « mouchard » a sans doute signalé la présence du vaste campement, car une voiture portant un drapeau blanc s'arrête à la limite du bivouac. Un officier allemand se disant parlementaire est conduit au commandant Levillain. « L'armistice est signé, lui dit-il, et nous avons l'ordre de ne plus tirer depuis minuit. »

L'opération d'intoxication est rondement menée, car Levillain n'a aucune idée de la situation des armées françaises et il peut supposer que l'Allemand dit la vérité. Cependant, il tient à avoir une confirmation. « Conduisez-moi auprès de votre général, dit-il à l'officier, il doit pouvoir me prouver la véracité de vos dires. »

Son interlocuteur accepte, le fait monter dans sa voiture et le conduit directement dans un camp de prisonniers. Vers 15 heures, un *Hauptmann* viendra exiger la reddition du « régiment » rassemblé au fond de la dépression. Incapable de se défendre, le 155e RIF met bas les armes. Le lieutenant Romans fait saboter ses mitrailleuses, le lieutenant Jouenne brûle le fanion de la CM 7 et les hommes se rassemblent en colonne pour repartir, cette fois vers le nord. Seul, le capitaine Court, terrassé par la fatigue, obtient d'effectuer le trajet dans sa voiture.

Le 21 juin au soir, les soldats du 155e RIF coucheront à la caserne Chanzy, de Stenay, leur casernement du temps de paix. Comme prisonniers de guerre.

CHAPITRE XI

« C'est ce jour-là que se produisit la catastrophe ! »

Une note historique rédigée par les officiers de l'état-major du 21e corps [1] dépeint la retraite sous des couleurs sombres qui restent au-dessous de la vérité : « L'infanterie est à bout. Les chevaux en très mauvais état. On rencontre fréquemment trois files de voitures marchant de front sur la route à des vitesses qui tombent à un kilomètre ou cinq cents mètres à l'heure. Des convois attendent parfois six heures à un carrefour pour pouvoir s'engager. Les postes de circulation routière et les gendarmes sont débordés et impuissants devant le flot à écouler. »

La dernière phrase prête à sourire, la grande majorité des rapports d'officiers et des journaux de marche soulignant, non pas l'impuissance des gendarmes et des postes de circulation routière, mais leur absence. Ainsi lorsque la retraite se transforme en débâcle à la hauteur de Gironville-sous-les-Côtes, c'est précisément parce que personne ne s'est inquiété de régler le mouvement des colonnes à un carrefour dont l'importance ne devait pourtant pas échapper au plus myope des officiers d'état-major.

Édifié au pied d'une falaise boisée qui domine la plaine de la Woëvre, Gironville est en effet le carrefour où passeront obligatoirement les colonnes en retraite entre le dimanche 16 juin et le lundi. Trois itinéraires venant de la vallée de la Meuse, de Saint-Mihiel et de Pont-à-Mousson se noient au carrefour central de la localité et gravissent ensuite la pente par deux routes conduisant, l'une vers Commercy, l'autre vers Toul. C'est cette dernière que choisissent les colonnes, le dimanche 16 juin, pare-chocs contre pare-chocs, attelage contre voiture, et personne ne semble voir que leur longueur s'accroît au fur et à mesure que le mouvement de retraite s'amplifie. Le commandement n'a

---

1. Note de trente-cinq pages dactylographiées, rédigée sous la direction du commandant Valluy, chef du 3e Bureau, en juillet et août 1940, au camp de prisonniers de La Malgrange, près de Nancy.

certainement pas prévu le phénomène qui va se produire : les trois interminables convois qui convergent vers Gironville vont se couper, se mêler pour devenir sur la route de Toul une SEULE colonne. Avec de la discipline l'opération présenterait déjà de grosses difficultés, mais, dans ce goulot d'étranglement, dans ce véritable entonnoir, la retraite va se muer en débâcle.

Le premier peut-être, le général Lucien, de la 6e DI, a pris conscience du coup de frein imposé aux colonnes à l'entrée du village. Ses régiments qui marchent à étapes forcées vont franchir la Meuse dans une zone comprise entre Saint-Mihiel et Commercy, puis aborder avec leurs trains de combat et leurs impedimenta le carrefour saturé. Quittant sa voiture, Lucien fait quelques pas et s'arrête, sidéré. « Les colonnes, dit-il, se croisent dans tous les sens et même y tourbillonnent. »

Pendant trois heures, avec quelques officiers de son état-major, il va faire la police et tenter de mettre de l'ordre dans les convois. C'est vouloir vider l'océan avec une cuillère, car, dès qu'une dizaine de véhicules sont placés les uns derrière les autres et lancés sur la route de Toul, le bouchon se reconstitue en raison de la longueur des colonnes et aussi, souligne Lucien, « de l'apathie invraisemblable des cadres qui dorment sur leurs chevaux ou dans leurs voitures ».

Au nord, il est impossible d'apercevoir la queue du convoi. A plus de douze kilomètres de Gironville, la CHR du 204e RI qui stationne [1] dans la région d'Apremont ne parvient même pas à monter sur la chaussée. « Sur trois colonnes de front, raconte le capitaine Jousseau, un défilé interminable de réfugiés, d'artillerie, de chariots et d'autos encombre tout (...). Force nous est d'attendre et ce n'est qu'à l'aube du 17 juin que nous pourrons nous engager sur la route. »

Emporté par le flot ininterrompu qui déferle sur Gironville, Jousseau aboutit néanmoins au carrefour. Inévitablement, il s'y trouve bloqué. « Pas de service d'ordre, se plaint-il, l'inertie et la mauvaise volonté de jeunes officiers d'artillerie font que la colonne est immobilisée pendant deux heures. Après de nombreuses altercations qui faillirent tourner à la bagarre (sic), aidé des lieutenants Cochard et Godot, je parviens à passer. »

Sa voiture ayant été détruite par un obus, le colonel Tisnès, de l'artillerie de la 6e DI, arrive à pied au carrefour avec trois de ses officiers. Il aperçoit le colonel Cobert, artilleur du 21e corps, qui « est en train d'arrêter le débâcle de convois de toutes sortes venus de trois directions différentes ». Avec ses officiers, il se joint à Cobert et s'efforce

1. Le 204e RI appartient à la 58e DI du général Perraud, division de gauche de la IIIe armée. Cette CHR est sortie de son secteur et ne devrait pas se trouver sur cet itinéraire.

de canaliser les véhicules qui embouteillent Gironville. Cobert et Tisnès favorisent-ils leur chapelle ? Le lieutenant Gilles, qui se présente avec les adjudants Vieux, Lanconneur et six camionnettes de la CHR du 1ᵉʳ RIC, constate « qu'on ne laisse passer que l'artillerie ».

A quelques kilomètres de Gironville, le lieutenant Grojean, du GRDI 73, aperçoit de loin les convois immobilisés et préfère s'arrêter plutôt que d'aller se jeter dans l'énorme bouchon. Depuis deux jours et deux nuits, l'officier qui se trouve à la tête d'une vingtaine de cavaliers et de soixante chevaux haut-le-pied bat la campagne pour retrouver le GR de la 3ᵉ DIC. Pour l'instant, il fait débrider les animaux qui mangent leur foin sur le bord de la route, puis, enfourchant sa propre monture, il se rend sur place pour essayer de comprendre ce qui se passe. « Il s'agit d'un nœud routier vers lequel affluent les convois qui se disputent la priorité », constate-t-il.

Les Allemands qui vont entrer le dimanche soir à Saint-Mihiel ne sont qu'à une trentaine de kilomètres des convois qui « tourbillonnent », comme dit le général Lucien, à l'entrée de Gironville. Si l'aviation ennemie attaque à la bombe, ou si l'artillerie réglée par le « mouchard » ouvre le feu, il est probable que le goulot d'étranglement sera définitivement obstrué. Lucien est hanté par cette idée et, quittant la localité sur une moto dont il a réveillé le conducteur qui dormait dans le fossé, il s'efforce de gagner Frémeréville-sous-les-Côtes où serait le général Dubuisson. En remontant les convois qui circulent à trois de front, Lucien met exactement une heure trente pour parcourir les DEUX kilomètres du trajet. Le chef de la 6ᵉ DI trouve assez vite Dubuisson, mais celui-ci ignore le désordre qui règne à Gironville et, de toute manière, il ne dispose pas des moyens pour y mettre fin. Lucien lui explique que sa division franchira la Meuse dans la nuit ou le 17 au matin et qu'elle risque de se heurter au bouchon puisque son axe de retraite est orienté vers le sud-est.

« Vous n'avez rien à craindre, lui dit Dubuisson, la division Burtaire assure la couverture au nord[1]. »

Dubuisson est un théoricien, mais le rythme des opérations lui échappe. Les régiments de Lucien sont pressés par l'ennemi depuis le début de la retraite et l'état dans lequel ils vont se trouver après avoir franchi la Meuse ne laisse présager rien de bon. Le 74ᵉ RI du lieutenant-colonel Maistre traverse la rivière au pont de Brasseitte (six kilomètres au sud de Saint-Mihiel) dans la nuit du 16 au 17 juin, et le capitaine Montintin, du IIᵉ bataillon, considère que, « par suite des privations et lourdes fatigues, les hommes sont exténués ». Le PC du régiment

1. Dans ses notes, le général Burtaire confirme que les ordres pour le 17 juin sont de « couvrir face au nord le repli de la 6ᵉ DI en liaison avec elle à Saint-Julien-sous-les-Côtes ».

s'installe à Girauvoisin, à cinq kilomètres de Gironville. Le PC du lieutenant-colonel Perdijon, du 119e RI, est à Saint-Julien-sous-les-Côtes, à deux kilomètres. Perdijon est lui aussi persuadé que ses fantassins vont maintenant se reposer.

On ignore encore si le 74e RI pourra souffler, mais, pour beaucoup de soldats, il est déjà trop tard. « Outre les pertes dues au combat, écrit le sous-lieutenant Lalande, beaucoup d'hommes sont tombés de fatigue sur la route. » Il en est de même pour le matériel, en particulier au I/74e RI qui se heurte au feu adverse avant d'avoir pu franchir la Meuse et s'engage dans la forêt « en abandonnant tous ses équipages ». Deux jours plus tard, le sous-lieutenant Pagès rejoindra le bataillon « réduit à 200 hommes et ne possédant plus ni mortiers ni mitrailleuses ». Le capitaine Gardiès, qui a marché toute la nuit avec le III/74e RI, se présente au lieutenant-colonel Maistre et rend compte « que les hommes harassés n'en peuvent plus ». Maistre leur confie la défense des lisières est de Girauvoisin, ce qui revient à dire : « Reposez-vous, on verra plus tard... »

Dans la matinée du lundi 17 juin, le général Lucien aperçoit des petits détachements et des isolés appartenant à des régiments de forteresse qui, parfois à travers les pâtures, rejoignent la zone Saint-Julien-sous-les-Côtes-Gironville. « Dans le désordre général, reconnaît Lucien, je n'y ai pas attaché d'importance. »

Cependant, le capitaine de Maintenant, puis le capitaine Vessereau, attirant son attention sur le nombre croissant de ces éléments, le commandant de la 6e DI comprend « qu'il s'agit de la division Burtaire qui devait théoriquement nous couvrir au nord et s'était repliée dans la nuit sans que nous en fussions prévenus ». Lucien ignore que cette division a perdu la majorité du 155e RIF et le 4e BM laissés en arrière-garde. Des petits groupes ont certainement pu passer entre les patrouilles allemandes et ce sont eux que Lucien aperçoit, ainsi que les équipages d'ouvrages qui, armés de leur revolver à barillet, marchent vers le sud.

Pourquoi Dubuisson s'obstine-t-il à laisser en arrière-garde la division Burtaire qui est de loin la moins manœuvrière et la plus fatiguée ? Le 16 juin, elle a couvert la 3e DIC qui franchissait la Meuse à Saint-Mihiel et, le 17, on prétend lui faire couvrir la 6e DI, alors que ses quatre bataillons d'arrière-garde sont coupés de la division et cherchent en vain à se dégager de la forêt d'Apremont ! Quant aux compagnies d'équipages, on pourrait les réarmer qu'elles ne seraient pas opérationnelles pour autant.

« Sous nos capotes et nos harnachements, raconte le lieutenant Stabler, qui a quitté l'ouvrage de *Thonnelle* le 13 juin, nous souffrons cruellement de la soif, inondés de sueur, couverts de poussière. Mes lèvres desséchées se crevassent, le sang coule sur mon menton. »

Stabler marche avec d'autres détachements placés sous les ordres des

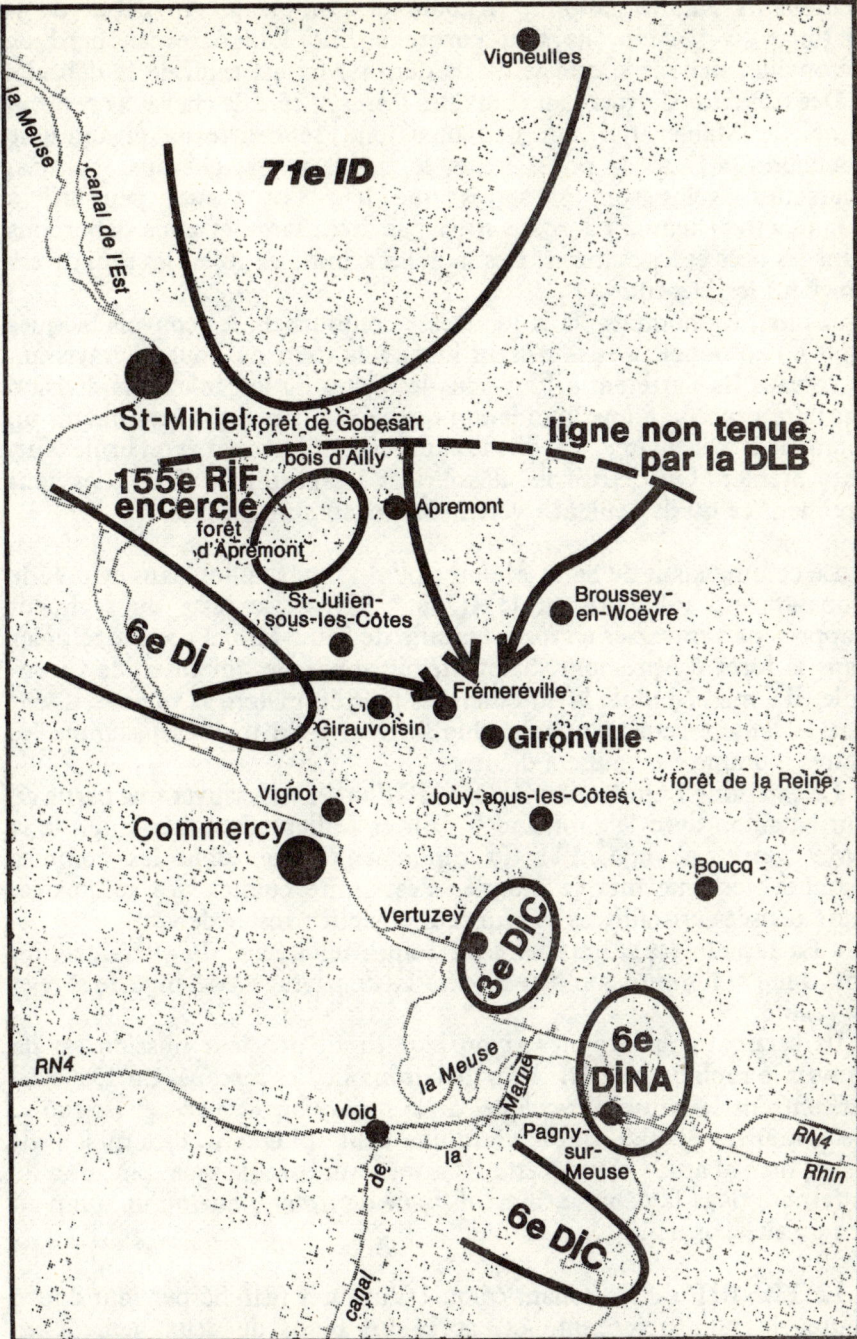

17 juin : "l'entonnoir" de Gironville

lieutenants André, Dupire, Arnould et Cantineau. Au début de la matinée du 17 juin, ils sont encore à cinq kilomètres au nord de Gironville, mais le spectacle qu'ils découvrent est celui de la débâcle. « Des traînards dorment au creux des fossés, à côté de chevaux crevés », témoigne Stabler qui, un peu plus loin, se heurte au gigantesque bouchon : « Dans la poussière et le soleil, autos, chevaux, piétons, charrettes, vélos sont si serrés que leur flot avance peut-être à 2 kilomètres/heure. La route n'est pas assez large et nous débordons dans les prés et les cultures. Les sacs, les armes, les objets les plus divers jonchent les bas-côtés. »

A pied, les hommes de la forteresse contournent les convois bloqués dans « l'entonnoir » et se hissent jusqu'à la route de Toul en gravissant le coteau. Ils s'arrêtent à Jouy-sous-les-Côtes où le génie de la division Burtaire procède à une liquidation qui ne contribue pas à maintenir un moral déjà très entamé. « On vide autos et camionnettes et on brûle tout, note Stabler. On détruit les dossiers et les postes de TSF. Les gens prennent ce qu'ils veulent : vêtements, chaussures, etc. »

Le commandant de Saint-Méloir a perdu son bataillon dans la forêt de Gobesart et, à l'heure où le II/155e RIF et le reste du régiment s'apprêtent à traverser en force la route de Saint-Mihiel pour se réfugier dans la forêt d'Apremont, Saint-Méloir approche, lui aussi, de Gironville. Il a marché toute la nuit dans les prés et, malgré sa volonté, il sent que la fatigue sera bientôt la plus forte et qu'il tombera, comme les autres, comme des milliers d'autres.

Le capitaine Lomont, du III/155e RIF, a réussi à sauver une partie de son bataillon avec le capitaine Voisin et le lieutenant Lévêque, de la CM 9 ainsi que la CM 11 du capitaine Wagner dont les hommes marchent comme tout le monde, c'est-à-dire comme des automates, leurs pensées cristallisées sur un seul objectif : rester debout.

« La fatigue est si grande, écrit Saint-Méloir, âgé de quarante-cinq ans, que j'ai l'impression d'avoir déjà vu ce paysage. Mélange de rêve et de réalité... »

Ils seraient tous étonnés si on leur disait que leur mission est de couvrir le repli de la 6e DI. Près de Gironville, les rescapés du 155e RIF rencontrent le lieutenant-colonel Dupeux, « l'air absorbé et fatigué ». Le lieutenant Stabler, qui le verra une heure plus tard, dira qu'il avait « l'air bien abattu ». Dans cette IIe armée qui bascule sans transition de la retraite dans la débâcle, il est difficile de trouver quelqu'un qui n'ait pas « l'air abattu ».

La 136e RIF du lieutenant-colonel Vinson a marché pendant douze heures la nuit précédente et, après un repos de deux heures, les bataillons sont repartis en direction de Gironville. Avec les encombrements qui prennent toute la largeur de la route, le régiment éclate. Combien d'hommes atteindront le village ?

« Les compagnies arrivent par petits paquets, rapporte le capitaine Labriot, du IIe bataillon. Tout n'a pas encore rejoint à l'aube du 17 juin. »

Le 136e RIF va établir une ligne de défense entre Frémereville, où s'est installé le PC du 74e RI, et Gironville. La seule ébauche de couverture est constituée par le commandant Cazal qui a envoyé deux compagnies du III/132e RIF de part et d'autre de la route d'Apremont, à quinze cents mètres au bord du carrefour — entonnoir qui ne désemplit pas.

Si l'on fait le bilan des troupes qui stationnent dans la matinée du 17 entre Girauvoisin et Jouy-sous-les-Côtes, on trouve deux petits bataillons du 74e RI, des éléments du 119e RI et du 36e RI, qui appartiennent tous à la 6e DI de Lucien et se reposent, persuadés d'être couverts par la division Burtaire. Celle-ci aligne le 136e RIF dont les soldats dorment et deux compagnies du III/132e RIF dont les hommes dorment aussi, mais couchés sur leurs emplacements de combat. De toute façon, on ne les voit pas se **batt**re au milieu du torrent de véhicules et d'attelages qui s'obstinent à vouloir franchir le carrefour de Gironville.

Dans la zone boisée proche de Jouy-sous-les-Côtes, le lieutenant Stabler et ses hommes se sont allongés dans l'herbe et dorment à poings fermés. Le PC du général Burtaire est dans le village, et Stabler ayant retrouvé les siens a demandé au capitaine Olivié et au lieutenant Moisy de le réveiller en cas de départ. A la fin de cette matinée du 17 juin, ce sont des coups de feu qui le tirent de son sommeil. Il constate d'abord que les autres unités de forteresse sont parties et qu'il est seul avec ses hommes.

« J'alerte ma compagnie, écrit-il, et, en sortant du bois, nous voyons des gens filer dans toutes les directions. Des artilleurs dételent leurs chevaux et se lancent dans la nature, des chevaux sans cavalier sèment la panique, l'embouteillage est à son comble. »

Le lieutenant pense que l'ennemi a surpris les convois bloqués au carrefour de Gironville et s'engage sur la route de Jouy-sous-les-Côtes. Il rassemble ses soldats et prend la direction de Toul. Au centre du village, le général Burtaire et le colonel Culot ont dégainé leur revolver et tentent de réprimer la panique qui s'est emparée des hommes. Artilleurs, coloniaux, sapeurs et tringlots n'écoutent plus personne et accélèrent l'allure. Seuls, des détachements de forteresse qui reconnaissent leur général consentent à s'arrêter.

« Essayez de rattraper les compagnies d'équipages, dit Burtaire au capitaine Aubert, regroupez-les et donnez-leur des armes de récupération. »

Le réarmement ne devrait pas présenter de difficulté puisque, selon Aubert, « il traîne des fusils et même des FM dans les fossés ». Pendant ce temps, sur les routes conduisant au carrefour-entonnoir, la situation devient dramatique. Le lieutenant Gilles, dont les six camionnettes de la CHR du 1er RIC sont toujours immobilisées dans la colonne, entend lui aussi des coups de feu, à plus de quinze cents mètres en arrière, sur la route d'Apremont. « C'est un affolement général », dit-il.

Gilles et l'adjudant Lanconneur récupèrent chacun un FM « oublié » dans le fossé de la route poudreuse et le mettent en batterie dans l'attente de l'apparition de l'ennemi[1]. Le lieutenant Grojean qui attendait au milieu de ses soixante chevaux que le bouchon fût résorbé, enregistre les mêmes réactions que Gilles lorsque la fusillade se fait entendre : « Ces coups de feu déclenchent une panique générale. Les autres convois convergeant vers Gironville subissent la contagion de la crainte ; des soldats des troupes de forteresse fuient à la débandade. Je vais essayer d'enrayer cette déroute... »

Le commandant de Saint-Méloir, qui espère toujours revoir son bataillon, le II/155e RIF, entend les détonations en même temps que le capitaine Wagner qui se trouve à quelques pas.

« Dois-je faire déployer la compagnie, demande Wagner, ne serait-ce que pour donner l'exemple à cette cohue ?

— Bien sûr, et sans perdre de temps ! »

Les sections du capitaine Wagner se placent de part et d'autre de la chaussée, mitrailleuses en batterie. Des balles et des petits obus traceurs sont tirés depuis la queue de la colonne, mais celle-ci est si longue que personne n'en voit la fin ; il est impossible de savoir si l'ennemi est en force. « Nous arrêtons des fuyards, témoigne Saint-Méloir, faisons ramener les chevaux et, petit à petit, le convoi se désenchevêtre. »

Soudain, les mitrailleurs du 155e RIF se lèvent pour mieux voir la troupe qui apparaît, donnant sans en avoir conscience le spectacle d'un combat digne du passé. Ne manque que le trompette sonnant la charge !

Saint-Méloir : « Des cavaliers à pied arrivent au pas de gymnastique, l'arme à la main, entraînés par un officier à cheval au petit galop. Nos hommes admirent cette crânerie... »

Le lieutenant Grojean n'a trouvé qu'un moyen pour « enrayer cette déroute » : rassembler une douzaine de cavaliers du GRDI 73 et, leur ayant commandé : « Combat à pied ! », les conduire en direction de l'ennemi dont les véhicules sont, eux aussi, bloqués en queue de colonne. Encouragés de la voix et du geste par Grojean qui caracole autour d'eux, les cavaliers avancent par bonds, tirant sur les side-cars allemands. Les fantassins ennemis sont peu nombreux et la charge

1. Dans l'après-midi, le lieutenant Gilles parviendra à sauver deux camionnettes sur six et à s'engager sur la route de Toul.

lancée par Grojean les impressionne. Celui-ci donne l'ordre de courir sus à l'ennemi, « ce que font mes gars, dit-il, en poussant des cris de sauvages ! ».

Immobilisée à quelques centaines de mètres derrière les side-cars, une automitrailleuse ouvre le feu au canon et cherche à s'ouvrir un passage. « Continuez ! fait Grojean à ses cavaliers, je vais m'occuper d'elle. »

Il revient au galop sur ses pas et, dans la colonne à l'arrêt, repère une pièce de 25. Avec l'aide d'un pharmacien-lieutenant et d'un sergent du 155e RIF, il la met en batterie sur la route, la pointant sur l'automitrailleuse qui avance en poussant dans le fossé les véhicules qui la gênent. Des camions sont derrière elle, roulant au pas, encadrés de quelques fantassins. Pour édifier un rempart devant son 25, Grojean n'a d'autre ressource que d'amener des chevaux et deux mulets qu'il abat au revolver.

« Ces malheureux animaux se débattent encore, observe-t-il, lorsque je tire le premier coup pour asseoir la pièce. Je parviens à caler les flèches contre les roues d'un chariot de parc et j'envoie un deuxième coup d'essai sur un cheval qui traverse la route. Il tombe comme une masse. »

Les Allemands qui ont compris le danger arrêtent l'automitrailleuse pour obtenir plus de précision dans leur tir. Derrière Grojean, les obus fracassent les ridelles du chariot du parc. « Un peu haut », pense-t-il avant d'entamer le duel. A moins de trois cents mètres, il place trois coups dans la cible, deux dans la tourelle et un dans le moteur. Le blindé n'ira pas plus loin. L'adjudant Estanguet, du 155e RIF, fait ouvrir une caisse de munitions de 25 par le soldat Fordrinier pendant que le cavalier L'Hostis vérifie l'assise de la pièce. Un peu plus loin, les mitrailleuses du capitaine Wagner ont ouvert le feu sur les camions ennemis. La résistance s'organise autour des convois bloqués, mais les Allemands — qui appartiennent à la *71e ID* — vont recevoir des renforts et tous les véhicules à l'arrêt peuvent être considérés comme perdus[1].

Le commandant de Saint-Méloir s'est dirigé vers Jouy-sous-les-Côtes. Il y a rencontré le capitaine de Sachy et le lieutenant Lhomme embusqués dans les fossés avec une douzaine de soldats du 155e RIF. Vers 13 heures, de Sachy est atteint d'une balle dans la poitrine et évacué sur Nancy. Un peu plus loin, Saint-Méloir aperçoit le commandant Fanon, chef d'état-major du 155e RIF, qui, pistolet au poing, oblige les artilleurs qui montent de Gironville à dégager la route en ordre.

« Je vais à Jouy voir si mon bataillon a pu passer, lui dit Saint-Méloir.

— Vous verrez là-bas le colonel Culot. Dites-lui que l'ordre se rétablit. »

1. C'est seulement vers 18 heures que le lieutenant Grojean, l'aspirant de Mérode, l'adjudant Pascal et leurs cavaliers quitteront Gironville pour rejoindre la 3e DIC à Vertuzey.

Fanon est optimiste, car les Allemands ont amené une batterie qui prend sous son feu les hauteurs de Gironville et la route de Jouy-sous-les-Côtes. Le 3ᵉ RAC, régiment d'artillerie légère de la 3ᵉ DIC, a plusieurs batteries prisonnières de l'embouteillage. Le lieutenant Garret parvient à tirer ses pièces de l'enchevêtrement de véhicules et part vers le sud à travers bois. La 8ᵉ batterie du capitaine Bablon tente de suivre, mais les conducteurs s'égarent dans l'épais taillis, les chevaux fourbus achevant la retraite dans un chemin-frondrière où les caissons s'enfoncent jusqu'à l'essieu. Les pièces sont déclavetées et abandonnées. A la 7ᵉ batterie, le lieutenant Clarac et ses artilleurs doivent saboter les pièces qu'ils ne parviennent pas à sortir du convoi. Le I/3ᵉ RAC a plus de chance, car il a franchi la Meuse dans le secteur de la 6ᵉ DI et arrive par Girauvoisin. Il met six heures pour parcourir les huit kilomètres qui le séparent de Frémereville-sous-les-Côtes. C'est ensuite que l'aventure commence.

« Malgré l'embouteillage, rapporte le capitaine Laurent, de la 3ᵉ batterie, les attelages essaient de faire demi-tour pour gagner les hauteurs à travers bois. Seules quelques voitures parviennent, une fois déchargées, à grimper et à s'échapper. »

La pente est rude et les chevaux « sont parfois dans un tel état d'énervement que les conducteurs ne les maîtrisent plus » (rapport Laurent). La 3ᵉ batterie va connaître le sort de celle du capitaine Bablon. Enlisée, la pièce du maréchal des logis Boucheron est sabotée avec celle de l'aspirant Jolivalt. Les deux dernières avanceront de quelques centaines de mètres, puis seront, elles aussi, déclavetées et laissées dans la boue [1].

Le lieutenant Altenbach rejoint Jouy-sous-les-Côtes avec la 9ᵉ batterie, stationne deux heures dans le village et reprend la route jusqu'à... Colombey-les-Belles où il sera retrouvé le 18 juin. Trois pièces de la batterie antichar de la 3ᵉ DIC ont également disparu au milieu des centaines de véhicules immobilisés au nord de Gironville.

A Jouy, la route qui conduit à Toul devient semblable aux itinéraires convergeant vers Gironville et il suffit qu'un attelage ou un camion cherche à se garer pour bloquer la colonne. Aucun arrêt ne peut être toléré, il faut avancer, et le capitaine Laval, du III/3ᵉ RAC, est frappé de voir le général Burtaire, tête nue devant l'église, « faisant lui-même le service d'ordre avec ses officiers ». Burtaire a donné l'ordre à Saint-Méloir de regrouper les isolés du 155ᵉ RIF et de les ramener, avec l'aide du lieutenant Tarin, à Gironville. Après un rapide casse-croûte chez le chef d'escadron Bellut, au PC de l'artillerie divisionnaire (une artillerie sans canons), Saint-Méloir et une cinquantaine de soldats — peu

---

1. Le capitaine Bablon aurait fait tirer un 75 de la 3ᵉ batterie avant de le saboter, mais nous n'avons aucune confirmation du fait.

enthousiastes — descendent vers le carrefour-entonnoir. Ils s'arrêtent à une centaine de mètres des premières maisons, à hauteur d'un bouchon constitué par une mitrailleuse derrière laquelle discutent gravement le colonel Culot, le lieutenant-colonel Dupeux, le commandant Fanon et le capitaine Lomont. Le « renfort » est déployé en tirailleurs à l'orée de la zone boisée qui s'étend jusqu'au sommet du coteau. « Je me place au milieu, raconte Saint-Méloir, et m'assoupis, arrosé par la pluie qui s'est mise à tomber. »

Au 132e RIF dont l'action ce jour-là demeure assez confuse, le capitaine Babault aurait reçu pour mission de conduire son 1er bataillon dans le bois de Corniéville, à six kilomètres au sud de Jouy. A bord de sa voiture, Babault se laisse sans doute emporter par son ardeur, car il s'arrêtera, le soir venu, à Vézelise, en Meurthe-et-Moselle, à plus de soixante kilomètres de ses compagnies.

Au début de l'après-midi, le lieutenant-colonel Blanchet donne l'ordre au commandant Cazal, du III/132e RIF, de monter une contre-attaque pour « dégager les abords de Gironville ». Cazal objecte qu'il n'a plus que soixante-dix hommes. Où sont les autres ? Que sont devenues les deux compagnies placées en couverture au nord du village ? Certes, on a vu passer beaucoup de fuyards, mais, à l'entrée de Gironville, le lieutenant-colonel Dupeux les obligeait à faire demi-tour.

« La plupart d'entre eux se couchaient un peu plus loin dans les fossés et dormaient », dira le lieutenant Grojean, du GRDI 73.

Les soldats de la division Burtaire sont trop épuisés pour établir une défense solide. Le commandant Cazal assure qu'il lui est impossible de contre-attaquer, mais il envoie trois patrouilles en reconnaissance. Une heure plus tard, commandées par l'adjudant-chef Henri et les aspirants Havard et Joublin, elles se font accrocher aux lisières nord de Gironville et se dégagent avec cinq blessés. Le lieutenant-colonel Blanchet renonce à la contre-attaque. Il a d'ailleurs l'impression que son régiment s'est désagrégé. Le mardi 18 juin, après un nouveau repli d'une quarantaine de kilomètres, il parviendra à reformer sept sections. Trois d'entre elles seront confiées au commandant Rigaud, les quatre autres au capitaine Babault. Elles ne seront plus engagées.

Laissant Gironville et son extraordinaire entassement de véhicules et d'attelages, le général Lucien s'est arrêté à Aulnois, à quelques kilomètres au sud de Jouy-sous-les-Côtes. Il voit bien que ses régiments, pressés entre la Meuse et les avant-gardes allemandes marchant d'Apremont sur Gironville, sont en mauvaise posture. L'arrivée du colonel Blanc, de l'infanterie divisionnaire, confirme cette impression. « Nous avons été canardés par l'ennemi près de Girauvoisin et je me suis jeté dans les bois avec mon personnel, raconte Blanc. Nous avons abandonné les voitures et tous les bagages, mais comment aurait-on pu faire autrement ? »

Le colonel Tisnès, de l'artillerie de la 6ᵉ DI, rejoint lui aussi Aulnois. Il a pu quitter Gironville de justesse. Le lieutenant-colonel Bléger, du 36ᵉ RI, a failli se faire prendre près de Boncourt-sur-Meuse.

« Avez-vous rencontré les autres chefs de corps, Perdijon et Maistre ? » lui demande Lucien.

Bléger exprime son ignorance ; il a réussi à filtrer dans le dispositif allemand et ne peut rien dire d'autre. Que va-t-il rester de la 6ᵉ DI ?

« C'est ce jour-là, écrit Lucien, que se produisit la catastrophe qui fit une " foule " de ma division jusqu'alors splendide. »

Chef de bataillon au 36ᵉ RI, le capitaine Lasserre rend compte que « les compagnies se replient comme elles peuvent, mais qu'il leur faudrait un point de destination ». Après avoir consulté Tisnès et Blanc, le général Lucien donne une consigne verbale : « Direction Pagny-sur-Meuse où se regroupera la division. »

Après avoir quitté Aulnois, Lucien s'arrête à Vertuzey où le général Falvy a établi le PC de la 3ᵉ DIC. Il lui expose la situation difficile de la 6ᵉ DI, la disparition de deux de ses chefs de corps d'infanterie et la décision qu'il vient de prendre de replier tout son monde sur Pagny.

Lucien : « D'une façon assez désobligeante que je lui pardonne aussitôt en raison des circonstances, le général Falvy me dit sèchement que, lui, il reste. Je réplique que dans ces conditions, moi aussi, du moins de ma personne et avec mes officiers, car l'ordre de repli est en cours d'exécution. »

S'il manque deux colonels au général Lucien, c'est parce que l'un d'entre eux, au moins, ne cherche pas à s'écarter de la zone dangereuse. Enfermé dans Girauvoisin, le lieutenant-colonel Maistre estime sans doute que le 74ᵉ RI est devenu lui aussi « une foule », mais il semble qu'à son état-major la volonté de se tirer de ce mauvais pas fait défaut. « Nous sommes dans un étau et sans munitions. C'est la fin », rapporte le capitaine Gardiès.

C'est une erreur : le sud est libre, mais il faut gravir des pentes boisées, circuler sur des chemins boueux, et personne n'a le courage de repartir. On se contente d'attendre les Allemands. Le capitaine Courtellemont, qui vit ses derniers instants de liberté avec les officiers de l'état-major du 74ᵉ RI, explique : « En raison de l'épuisement des hommes, le commandement (sic) décide d'abandonner le combat. »

L'Oberleutnant qui s'empare du PC du 74ᵉ RI appartient à la 71ᵉ ID. Bon prince, il autorise le lieutenant-colonel Maistre et ses officiers à prendre le chemin de la captivité à bord de leurs voitures : direction Saint-Mihiel, puis Verdun.

A Saint-Julien-sous-les-Côtes, à trois kilomètres au nord de Girauvoisin, le lieutenant-colonel Perdijon ne se doute de rien. Aucune fusillade, aucun bruit de combat n'a mis en alerte le PC du 119e RI installé à la mairie-école. Perdijon a reçu l'ordre de repartir vers le sud-est à 10 heures, et sa surprise a été d'autant plus vive qu'il se croyait protégé par la division Burtaire.

« Je me demande si les hommes vont tenir le coup ! » confie-t-il à son chef d'état-major, le commandant Rolland. Puis il envoie le lieutenant Dury à la recherche du PC du général Lucien pour y demander un lot de cartes de la région. Dury revient vers 11 h 30, très agité et... les mains vides : « Mon colonel, les boches sont à deux kilomètres et, à Girauvoisin, le 74e RI a hissé le drapeau blanc. »

Perdijon ne perd pas son sang-froid ; après avoir examiné avec ses officiers la seule carte en leur possession, celle d'un calendrier des PTT, il décide de revenir vers la Meuse qui est à moins de six kilomètres et d'emprunter la route de la rive droite en direction du sud.

« Le colonel fait brûler chiffres et codes, rapporte le capitaine Baratte, officier adjoint. Nous allons partir à la boussole vers le sud-sud-est, et à travers bois s'il le faut. »

Dans sa voiture, Perdijon prend le commandant Deleval, du I/119e RI, tandis que Baratte et Dury montent dans une seconde avec le commandant Rolland. Trajet sans difficulté jusqu'à Boncourt-sur-Meuse, mais, deux kilomètres plus loin, l'ennemi qui tient en force la rive gauche de la rivière ouvre le feu sur les deux voitures, un feu nourri avec armes automatiques et *Flak* légère qui contraint les officiers à évacuer les véhicules pour se jeter dans un chemin de terre au talus protecteur. Couchés dans l'herbe, ils observent, quand soudain apparaît sur la route, lancée au galop de ses six chevaux, une fourragère du 243e RAL. Les Allemands la laissent avancer en pleine vue, puis leurs tirs reprennent. Fauchés en pleine course, les animaux s'abattent à l'entrée du chemin, à quelques mètres de Perdijon et de ses officiers. Un quart d'heure plus tard, leurs moteurs tournant à plein régime, les chenillettes du capitaine Benoît [1] franchissent le passage dangereux avec leurs canons de 25. Les tireurs allemands s'acharnent sur ces cibles mobiles, mais les projectiles ricochent sur les capots et le convoi disparaît en direction de Vignot. « On a envie d'applaudir ! » écrit le commandant Deleval.

Dans la position inconfortable qui est la leur, les officiers du 119e RI se concertent : le mieux serait de s'enfoncer dans le bois de Vignot, mais, pour l'atteindre, il faut traverser à découvert un pré dont la longueur est d'au moins cinq cents mètres. « De toute façon, nous ne

1. Le capitaine Augustin Benoît commande la CRE (compagnie régimentaire d'engins) du 119e RI.

pouvons pas rester ici jusqu'au moment où les boches nous cueilleront ! » tranche Perdijon.

Par bonds et en mutipliant les « plat-ventre », ils progressent d'une centaine de mètres avant de s'arrêter, le souffle court. « Maintenant que nous sommes repérés, fait Baratte, ils ne vont plus nous lâcher ! » Depuis la rive gauche, les tireurs allemands ont en effet compris quel était l'objectif des Français et, dès que ceux-ci tentent de se lever, ou trahissent leur présence en rampant dans l'herbe, les mitrailleuses cinglent le sol devant eux. « Il faut attendre la nuit, sinon ils vont nous massacrer ! » dit Perdijon.

Pendant SIX heures, ils resteront couchés dans le pré, surveillés par l'ennemi qui, régulièrement, lâche une ou deux rafales pour rappeler sa présence. Vers 22 heures, enfin, le petit groupe quittera sa position et, passant par Vignot [1] et Vertuzey, rejoindra Pagny-sur-Meuse où le général Lucien, très ému, avouera à Perdijon « qu'il ne comptait plus le revoir ».

★ ★ ★

Dans cette soirée du lundi 17 juin, c'est toujours la division Burtaire qui se trouve en arrière-garde. Connaissant l'épuisement des cadres et des hommes, on s'étonne de trouver sous la plume du lieutenant Stabler, de l'ouvrage de *Thonnelle,* cette phrase pleine d'espoir : « Mon idée de manœuvre est simple : amener sains et saufs le plus possible de mes soldats derrière une solide ligne de résistance que le commandement finira bien par établir quelque part, et là, j'espère, on nous laissera souffler un peu, dormir, manger. On nous armera et nous nous battrons. »

De son côté, le capitaine Aubert a obéi aux ordres du général Burtaire : il a regroupé cent soixante hommes, les a armés avec des fusils et des FM « ramassés dans les fossés » et stationne à Boucq jusqu'à 21 heures. Le capitaine de Sèze lui apporte alors l'ordre de se replier sur Vaucouleurs « où se reconstitue la division ». Aubert et sa troupe marcheront toute la nuit dans une cohue invraisemblable et, à l'aube du 18 juin, apprendront à Vaucouleurs « que la DL Burtaire se reforme dans la forêt de Meine, à douze kilomètres à l'est de la Meuse ».

Les soldats de la division ne sont pas tous en marche vers la forêt de Meine puisque le 18 à 9 heures du matin, le capitaine Redon, de l'état-major de la 3e DIC, observe que « les fossés de la route de Vaucouleurs à

1. Traversant le village dans l'après-midi, les fantassins du 119e RI ont été bombardés à la sortie et ont laissé 18 morts dont le sergent-chef Dorey et les soldats Lemelletier, Bénard, Delamare, Friess, Barbançon, Brault, Heroin, Guillemart et le caporal Fontaine.

264

Ugny-sur-Meuse sont bordés de plusieurs centaines de fantassins de la division Burtaire qui ont l'air parfaitement exténués ».

Un rayon de soleil pourtant sur l'itinéraire du capitaine Aubert : la cuisine roulante du III/155e RIF qui répand un agréable fumet et l'adjudant Estanguet proposant « du singe et des nouilles au jus ».

Le 17 au soir, le général Burtaire a reçu l'ordre de décrocher à 22 heures. Il devrait gagner la région de Vaucouleurs où sa division passera en réserve. Sa division ? Le 155e RIF est perdu avec le 4e bataillon de mitrailleurs dans la forêt d'Apremont, le 132e RIF du lieutenant-colonel Blanchet marche en direction de la Meuse où il sera reformé à... sept sections, et le 136e RIF du lieutenant-colonel Vinson qui est le seul à se battre en arrière-garde sur la ligne de crête « sous les Côtes », n'est pas touché par l'ordre de repli.

« C'est seulement le 18 juin vers 5 heures du matin, écrit Burtaire, que le colonel, s'apercevant de son isolement, se repliera sans être inquiété en direction du sud. »

Sans être inquiété ? Etirés sur les crêtes entre Frémeréville et Jouy-sous-les-Côtes, les trois bataillons ont résisté à l'infanterie allemande qui ne cherchait pas à enlever les hauteurs, mais à s'assurer des itinéraires. Ceux-ci conquis et ouverts aux convois, l'ennemi ne s'inquiète pas du 136e RIF qui ne manifeste aucune intention offensive. Sur la route de Commercy, puis sur celle de Toul, les colonnes se succédèrent et, accrochés à leur position défensive, les hommes du lieutenant-colonel Vinson n'en bougèrent pas de la nuit. Les combats avaient coûté cher. Le capitaine Momberger, chef d'état-major de Vinson, parle de cent cinquante blessés le 17 au soir. Le lieutenant Vignon cite parmi eux le commandant Féron, du I/136e RIF, les lieutenants Poli, Emery et de Torquat. Les tués sont au nombre d'une soixantaine, dont huit à Jouy et trente-six à Gironville où sera inhumé le lieutenant Robert Bonhomme.

Ignorés par les Allemands, oubliés par le commandement, les soldats du 136e RIF s'allongent sous les arbres ruisselants de pluie et dans les casemates du fort de Gironville où se dissimulent traînards et déserteurs. « Mes gars sont morts de fatigue et ne pensent qu'à dormir », admet le capitaine Noulot.

Lorsque le lieutenant-colonel Vinson donnera l'ordre de prendre la direction du sud-est en passant à travers bois, les bataillons rapidement regroupés au lever du jour seront arrêtés par la route Jouy-sous-les-Côtes-Vertuzey sillonnée par les convois allemands. Pour la traverser entre deux colonnes, le régiment abandonnera chevaux et voiturettes, canons de 25 et mitrailleuses, et ce sont des hommes à peu près désarmés qui se présenteront dans la soirée du 18 juin à Foug, aux avants-postes de la 58e DI.

TROISIÈME PARTIE

Le front

CHAPITRE XII

« Metz a mis son voile de deuil ! »

A part le 20e corps du général Hubert qui retraite en livrant de durs combats d'arrière-garde, les quatre autres corps des armées Bourret et Condé se replient avec, pour seul handicap, le manque de véhicules de transport qui allonge les étapes, accentue la fatigue et prolonge l'absence de sommeil. Dans chaque état-major de division, les officiers eux-mêmes sont mis à rude épreuve, car ce mouvement auquel ils n'étaient pas préparés leur impose un surcroît de travail par la multiplicité des problèmes qu'ils doivent régler. Au troisième, quand ce n'est pas au deuxième jour de la retraite, l'épuisement fait son apparition dans les états-majors au même titre que dans les régiments.

« Le 15 juin, écrit le capitaine Renauld, du 3e Bureau de la division Poisot, je suis allé me reposer dans la chambre que le capitaine Le Diraison avait occupée la nuit précédente. Depuis plus de cinquante heures, je n'avais pas fermé l'œil, mais il me fut impossible de m'assoupir, même pour quelques instants : chaleur, énervement, fatigue extrême, je ne sais, mais rien à faire pour dormir. »

Le « patron » du capitaine Renauld, le général Poisot, aimerait accorder du repos à ses officiers et à ses troupes, mais il souhaite d'abord que son supérieur, le général Loizeau, commandant le 6e corps, le tienne informé de la situation sur l'ensemble du front. Il n'en est rien et l'ancien gouverneur militaire de Metz, quand il s'arrête au PC de la division, se contente de donner quelques ordres verbaux, refusant tout témoin à ses entretiens avec Poisot et repartant aussi vite : « Il est permis de regretter que le général Loizeau se soit toujours montré aussi réservé — et même aussi réticent — sur tous les événements qui n'étaient pas intérieurs au 6e corps, écrit Poisot. L'interdiction d'utiliser la radio pour recevoir le communiqué — à laquelle je me suis conformé — ne me permettait d'être orienté sur la situation générale que d'une façon plus ou moins incertaine par la population civile (...). Sans y mettre aucun esprit critique, il est certain que j'aurais souhaité être plus éclairé. »

269

Pour savoir ce qui se passe sur son flanc gauche, Poisot envoie des officiers de liaison à la 51e DI qui retraite, elle aussi, vers le sud. Mais, reconnaît-il, « j'ignorais tout de ses stationnements, de ses mouvements, de même que je ne savais rien des forces françaises qui se trouvaient plus à l'ouest ».

Ce ne serait pas une consolation pour Poisot d'apprendre que le général Boell, de la 51e DI, adresse les mêmes reproches à son supérieur, le général Renondeau, du 42e corps, mais il serait surpris de la vigueur avec laquelle Boell réagit. Excédé par « l'inertie du 42e corps », Boell menace en effet de constituer avec le général Perraud, de la 58e DI, « un syndicat des généraux de division ». Sans doute s'agit-il d'une réaction due à la fatigue, mais sans le savoir Boell rejoint Poisot en écrivant : « Il serait non moins urgent que nous connaissions les intentions de nos chefs. Depuis que nous avons quitté la ligne Maginot, nous ignorons absolument où nous allons et pourquoi ! »

Boell est d'autant plus inquiet que, dès le 15 juin, les reconnaissances allemandes prennent le contact avec ses arrière-gardes. Près de Boinville-en-Woëvre, le 201e RI du lieutenant-colonel Rougier est accroché après l'étape de nuit, alors que tous les hommes espéraient dormir dans les granges. Les mitrailleuses du capitaine Cauchy interviennent et obligent l'adversaire à faire demi-tour, mais les Allemands emmènent quatre prisonniers, dont deux « cuistots » qui puisaient de l'eau dans la rivière. La 1re compagnie du capitaine Huyghe doit également ouvrir le feu à Aucourt et le corps franc du lieutenant Manuel à Buzy. Le chef du 1er bataillon, le commandant Martinié, rend compte à son colonel « qu'il n'a plus de liaison ni à gauche ni à droite ». Rougier comprend les raisons de ce vide en recevant dans la matinée un ordre lui prescrivant « d'augmenter l'amplitude du repli ». Signé la veille à 23 heures, le document a été reçu et exécuté dans la nuit par les régiments encadrants, et le 201e RI traîne, solitaire, à l'arrière de la 51e DI.

« Repli immédiat ! transmet Rougier à ses chefs de bataillon, nous avons presque une étape de retard ! »

Mais les reconnaissances allemandes sont agressives et, à Boinville où l'aspirant Kuznick rompt le combat sous le feu, elles capturent un groupe de mitrailleuses. A Buzy où le soldat Balet est tué, trente-trois prisonniers restent entre les mains de l'ennemi au moment du décrochage. Le commandant Martinié est d'autant plus amer que le général Renondeau dispose d'un bataillon de chars R 35, le 5e BCC du commandant Godderis, mais qu'il l'économise. « Ce que l'on comprend difficilement, commente Martinié, c'est que toutes les sections de chars n'aient pas été regroupées pour effectuer des contre-attaques et donner de l'air aux unités en retraite. »

L'idée est bonne, mais le char reste subordonné à l'infanterie et on l'emploie par « petits paquets » de deux ou trois, pour constituer des bouchons défensifs au lieu de le lancer en reconnaissance offensive sur les arrières des régiments dont la retraite subit chaque jour d'inévitables ralentissements. « La marche est très lente, se plaint le lieutenant-colonel Rougier, les routes sont encombrées de réfugiés à pied, à bicyclette, ou sur de grands chariots lorrains surchargés. Ils s'arrêtent n'importe où, sans même ranger leurs voitures au bord de la route et occasionnent sans cesse des embouteillages. »

Les ordres du général Prételat qui prescrivaient de réserver les grands itinéraires à l'armée ne sont pas appliqués. De leur côté, toujours selon Rougier, les colonnes de la division se métamorphosent : « Les trains se sont enrichis de voitures et de chevaux trouvés à l'abandon dans les villages, mais aussi de charrettes à bras, brouettes, voitures d'enfants sur lesquelles les sacs s'accumulent. Tout cela donne à la colonne un aspect insolite qu'elle n'a pas réellement ; chaque unité est à sa place, cohérente, et l'on sent chez tous le désir de surmonter la fatigue et le manque de sommeil ; toutes les énergies se tendent vers le bivouac encore lointain. »

Lorsque le général Boell voit passer les soldats des 128 et 139e RIF qui constituent le groupement du colonel de Fleurian, il n'a pas l'impression qu'ils éprouvent « le désir de surmonter leur fatigue », mais seront au contraire très vite incapables de se mouvoir. « Ils sont très fatigués, note-t-il. J'en ai croisé qui marchaient avec deux cannes et donnaient l'impression d'être au bout de leurs forces. »

Autre facteur démoralisant : le vide administratif rencontré au fil de la retraite. Lorsque le médecin-capitaine Dumont, du 128e RIF, se rend le 15 juin à la poste de Mancieulles (Meurthe-et-Moselle) afin de téléphoner à l'hôpital de Briey, il trouve porte close : le receveur et son personnel sont partis. Dumont se rend directement à Briey à bord d'une sanitaire, mais il n'a pas plus de chance : à l'exception d'une religieuse très âgée et tourmentée par ses rhumatismes, le personnel de l'hôpital a pris la route de l'exode. Dumont laisse tout de même ses malades à la vieille religieuse et repart en s'interrogeant : sur quel hôpital pourra-t-il évacuer ses premiers blessés ? Ceux-ci seront d'abord des éclopés, des hommes dont les pieds en sang ne peuvent plus les porter, car la retraite devient un calvaire. « La chaleur est accablante, dit le capitaine Quemard, du 1/128e RIF, et la fatigue se fait de plus en plus sentir. »

Dans son rapport, le lieutenant-colonel Roulin donne un raccourci saisissant des trois premières étapes :

« 14 juin : les bataillons ont marché toute la nuit sur une route encombrée de populations apeurées, de convois et de colonnes d'artillerie.

15 juin : marche pénible et lente en raison de l'encombrement des routes.

16 juin : marche nocturne ralentie sur un itinéraire encombré de troupes et de convois.

L'épuisement des troupes de forteresse est tel que le colonel de Fleurian craint le pire d'un combat d'arrière-garde, mais, à cet égard, ses deux régiments ont de la chance. « Seules, des patrouilles du 139e RIF se sont heurtées à des reconnaissances, écrit-il, et un motocycliste fait prisonnier a été amené à mon officier de renseignements, le lieutenant Basdevant[1]. »

Toutes les nuits, dans l'obscurité percée par de brefs éclairs de lampes électriques, les arrêts sans cause apparente, les cisaillements des colonnes, les à-coups provoqués par des changements de rythme sont monnaie courante, mais la présence des réfugiés est ressentie comme un facteur de gêne aggravant. « Les routes et les villages sont encombrés par les civils, dit le lieutenant Debeyre, officier de renseignements du 100e RI. Ils sont partis malgré les ordres donnés et vont à l'aventure, retardant la marche des convois et gênant le ravitaillement et l'organisation des cantonnements. »

Au 227e RI du lieutenant-colonel Marcouire, un des régiments de la 58e DI, le capitaine Péretti, du Ier bataillon, fait le compte des kilomètres parcourus : neuf kilomètres le 11 juin, vingt-deux le 13, vingt-quatre le lendemain, dix kilomètres à la première étape le 15 juin, puis dix-huit à la seconde, vingt-neuf le 16 et enfin, la dernière nuit de marche, une étape de quarante kilomètres. Au total : cent cinquante-deux kilomètres à pied. « Même en colonne par un, raconte Péretti, l'infanterie ne peut avancer qu'au prix d'une discipline sévère. Les carrefours sont le théâtre de scènes lamentables. Tout le monde veut passer le premier et le service d'ordre est inexistant. »

Lorsqu'il s'est trouvé à une vingtaine de kilomètres à l'est de Verdun, Péretti a rencontré pour la première fois des isolés sans armes, des groupes sans chef, appartenant sans doute à la division Burtaire. « J'ai deviné ce qui allait suivre, écrit-il. Il me paraissait impossible d'arrêter ce flot, d'en sortir des unités combattantes capables de faire front. »

Son bataillon parcourt les derniers quarante kilomètres en douze heures, mais, lorsque le 227e RI fait son entrée à Toul, la ville « présente un aspect qui serre le cœur » : magasins pillés, rues parcourues par des hommes « qui ressemblent à des soldats, mais n'en sont pas », véhicules qui se croisent et se doublent comme s'ils ne savaient où aller, militaires dormant à même le sol sous des arbres des promenades, « non vraiment, le spectacle n'est pas gai ». « On fait manger les fantassins du 227e RI avec les vivres de route, sans pain ni vin », puis, ajoute Péretti, « l'après-midi et la nuit suivante sont consacrés au repos. Cette mesure est

_____
1. Lettre du 23 novembre 1969 adressée par le colonel de Fleurian à l'auteur.

nécessaire, la troupe est à bout, elle a donné tout ce qu'elle pouvait ».

Au 201e RI, le lieutenant-colonel Rougier n'apprécie pas, lui non plus, la longueur de la dernière étape : « Notre colonne double de nombreux traînards et nous trouvons le long du chemin des quantités invraisemblables de matériel abandonné. Il y a même, près de Toul, l'armement complet d'une section de 13,2. Les hommes sont exténués et il en manque une vingtaine par bataillon. Les chevaux aussi donnent des signes de lassitude... »

Le général Boell, de la 51e DI, mesure l'état d'épuisement dans lequel se trouvent hommes et animaux, et il dresse le bilan de quatre nuits de retraite dans une lettre qu'il fait porter au général Renondeau par le capitaine Bouvet, chef de son 3e Bureau. « Il ne faut pas se faire d'illusions, conclut Boell, si l'on repart cette nuit, on laissera du tiers à la moitié des effectifs sur la route. »

Deux heures plus tard, un officier de liaison du 42e corps apportera la réponse de Renondeau : la retraite est terminée, les 51e et 58e DI ainsi que le groupement de Fleurian s'arrêtent à la hauteur de Toul. Une ligne de défense va être organisée face au nord sur la Moselle à l'est de la ville et sur le canal de la Marne au Rhin à l'ouest, entre Foug et Sexey-aux-Forges. Boell est plutôt satisfait de cette décision, mais il connaît néanmoins sa première déconvenue lorsqu'il se rend au fort du Chanot qui lui a été fixé comme PC. « Les casemates sont tellement humides, critique le chef de la 51e DI, qu'on ne peut y rester. Et l'on ne peut s'y éclairer qu'à la bougie. »

Les forts de la ceinture de Toul, comme ceux de Verdun, ont été laissés à l'abandon et il est impossible de travailler entre les murs ruisselants d'eau. La voiture-PC de la 51e DI stationnera dans la cour, risquant d'être détruite par une salve d'artillerie, mais tous les officiers de l'état-major préfèrent ce risque à l'idée de s'installer dans le fort qu'ils qualifient « de vieil ossuaire désaffecté ».

A la 58e DI, le général Perraud doit assumer la défense de Toul et son premier acte de commandement consiste à faire cesser « les bruits d'armistice qui courent la ville ». Les habitants qui n'ont pas voulu prendre la route de l'exode et les milliers de réfugiés qui se sont arrêtés là ont vaguement entendu parler « d'une demande d'armistice qui aurait été formulée par le maréchal Pétain », et l'arrivée des troupes du 42e corps les inquiète. Ils voient une contradiction entre les paroles du chef de l'État, qui a dit de cesser le combat, et les travaux de défense entrepris par les soldats. Le général Perraud tient à mettre les choses au point et convoque le colonel Beaumont, commandant d'armes de Toul : « Je lui donne l'ordre de sommer le maire de couper court aux bruits d'armistice qui se répandent et risquent de porter atteinte au moral de la troupe[1]. »

Il est regrettable que le fort qui couronne le mont Saint-Michel, au nord de Toul, soit désaffecté, car ses vues s'étendent par beau temps à près de trente kilomètres. Enfin, le décor est dressé et la bataille de Toul promet d'être particulièrement meurtrière puisque les ordres sont de se battre « sans esprit de recul ». On peut même supposer que les civils compteront des victimes, car nombreux sont les réfugiés qui s'entassent dans les vieilles casemates de l'enceinte fortifiée, dans les alvéoles des remparts et au plus profond des caves de la ville dont certaines sont déjà surpeuplées. Au 227e RI, le capitaine Péretti doit défendre avec son bataillon le faubourg Saint-Evre et la croupe de la Justice. Effectuant une liaison au bataillon Pfister avec le lieutenant-colonel Marcouire, Péretti lui confie ses craintes d'avoir à se battre au milieu des femmes et des enfants réfugiés à Toul. Le chef de corps ne peut rien faire, il obéit.

« Nous sommes attristés par tout ce que nous voyons, avoue Péretti ; nous jugeons la situation sainement, mais nous savons, sans nous le dire, que nous exécuterons les ordres. Il appartient à ceux qui les donnent d'en prendre la responsabilité. »

***

Sur la droite du 42e corps, le 6e corps du général Loizeau retraite sur l'axe Metz-Nancy. Avec quelques variantes, on retrouve, dans chaque régiment, les mêmes difficultés, les mêmes plaintes, parfois le même désordre qu'au 42e corps. Pour sa première étape, le II/167e RIF du commandant Chertier a bien marché et, à 7 heures du matin, il atteignait le terme de l'étape, Talange, cité industrielle située à mi-chemin entre Thionville et Metz. Deux compagnies sont dirigées sur le groupe scolaire, la troisième est au café *Métropole,* et les trains alignés près de l'ancienne église. « Il apparaît bientôt, note le capitaine Leyrat, adjudant-major, que les hommes, malgré leur fatigue, se répandent dans les cafés et que le risque est grand de voir se multiplier les cas d'ivresse. »

A partir de 11 heures, les débits de boisson sont consignés à la troupe. Malgré de nombreuses explosions (le génie détruit les ponts et les dépôts de munitions du bois de Saint-Hubert), l'après-midi est consacré au repos et, à 20 h 30, le bataillon est rassemblé pour une deuxième étape de nuit qui le conduira à Ars-sur-Moselle, à vingt-huit kilomètres plus au sud. Huit hommes manquent à l'appel : quatre pour blessures aux pieds et quatre en état d'ivresse qu'un sous-officier énergique ramènera au bataillon, au pas cadencé, dès qu'ils seront dégrisés. Quelques « gueules de bois » sont observées à la CM 5 du lieutenant Maous, mais

---

1. Lettre du 18 juin 1966 adressée par le général Perraud à l'auteur.

celui-ci, qui, malgré ses quarante-sept ans, fera toute la retraite avec ses soldats, a vite fait de rétablir la discipline.

Une colonne du 168e RIF du lieutenant-colonel Ferroni a déjà pris la route de Metz. Au IIe bataillon, le capitaine Grellou marche avec le lieutenant Lecoq-Vallon en tête de la CM 6. « La fatigue de la nuit précédente se fait sentir, écrit Grellou. Nos soldats commencent à peiner et l'on voit déjà quelques sacs et caisses abandonnés le long de la route par les troupes qui nous ont précédés : on a déjà une impression de déroute. Raison de plus pour rester près des hommes et accepter les mêmes fatigues qu'eux. »

Au I/160e RIF du commandant Barlam, la colonne s'arrête le 15 juin à Vallières, dans la banlieue de Metz. Le capitaine Jouandet, de la CM 3, a lui aussi la hantise de l'alcool, et lorsqu'il apprend qu'une coopérative militaire a été abandonnée à quelques centaines de mètres du cantonnement et qu'elle abrite des milliers de litres de vin et d'alcools divers, il place des sentinelles aux issues « pour interdire toute envie d'aller chaparder des bouteilles ». Il envoie aussi un de ses officiers acheter des produits gras à étaler sur les pieds, de manière à éviter les blessures causées par les longues marches. Le soir, à 20 h 30, lorsque le bataillon se rassemble pour l'étape de nuit, Jouandet observe que certains de ses soldats ont... un excès de chargement. « Passez dans les rangs, dit-il à son ordonnance, et balancez toutes les bouteilles dans le fossé. »

La nuit est étoilée et les quartiers nord de Metz sont éclairés par un gigantesque incendie, celui des dépôts de carburant de Woippy. Après plus de huit heures de marche, les hommes du I/160e RIF, qui ont pourtant dépassé Metz depuis longtemps, n'ont qu'à lever la tête pour retrouver la trace de l'incendie. « Un immense nuage de fumée noire passe au-dessus de nous et se perd à l'horizon vers l'ouest », témoigne Jouandet.

La destruction du dépôt de Sainte-Agathe semble avoir impressionné les troupes qui battent en retraite, car de nombreux rapports d'officiers en font mention. Il est vrai que le carburant brûlera pendant trois jours : « Je note le mot du curé de Moulins-lès-Metz chez qui j'ai reposé trois heures, écrit le lieutenant Haag, du I/167e RIF : " Metz a mis son voile de deuil ! " Il faisait allusion au nuage de flammes et de fumée que le vent rabattait sur la ville. »

La colonne du 167e RIF du lieutenant-colonel Planet chemine sur une route proche du dépôt en feu et le capitaine Leyrat conserve un souvenir tenace de ce spectacle. « L'impression est à son comble à la sortie de Metz-Devant-les-Ponts, dit-il dans ses carnets. Bordée de grands arbres, la route est plongée dans une obscurité totale par la fumée épaisse que le vent rabat. Devant nous, stationne une colonne d'artillerie hippomobile dont les conducteurs sommeillent sur leur siège. Des canons tiennent la gauche et des éléments d'infanterie égarés ajoutent à la confusion. A coups de canne, je fais appuyer à droite les chevaux des artilleurs pour que notre bataillon puisse passer. La traversée de ce couloir dantesque dure une demi-heure qui semble interminable... »

Chef de corps du 164ᵉ RIF, le commandant Orgebin est plus lyrique : « Sur ce fond rougeoyant de lueurs sinistres, se découpe une fresque fantastique de chevaux et de canons qui défilent sur la route plate. On entend le pas des chevaux, le roulement des caissons et des canons, le spectacle est apocalyptique : un défilé de fantômes ! »

Orgebin, qui s'est reposé chez M. Martini, instituteur de La Maxe, reçoit ses consignes de marche pour la deuxième étape et rejoint la banlieue nord de Metz pour assister au départ de son régiment. Deux heures plus tard, alors que les colonnes sont en marche, de nouveaux ordres lui parviennent : deux bataillons iront à la gare de marchandises de Metz où un train les attend. Le troisième bataillon les rejoindra par la route. Les rejoindra à quel endroit ? L'ordre ne précise pas le point de destination [1]. Remontant dans sa voiture. Orgebin rattrape ses bataillons. « Quelle complication ! écrit-il. Il faut décharger les voitures des vivres et des munitions pour les entasser sur les chenillettes, laisser les voitures hippos au IIIᵉ bataillon qui va se trouver alourdi d'un immense convoi, et nous abandonnons sur la route des caisses de vivres qui feront défaut les jours prochains. »

Lorsque le regroupement des éléments qui prennent le train et de ceux qui partent par la route est achevé, un autre contrordre est apporté à Orgebin : le train destiné au 164ᵉ RIF n'est pas à Metz-marchandises, mais à la gare centrale, trois kilomètres plus au nord. Que pensent les hommes que l'on fait partir, s'arrêter, repartir vers le nord, se dissocier ; deux bataillons par ci et le troisième par là, partir encore ? Tout finit cependant par s'organiser. Lorsque les vivres et munitions des chenillettes ont été déchargées et rangées dans les wagons, tous les véhicules auto du régiment sont dirigés sur le stade de Ban-Saint-Martin, dans la banlieue de Metz [2], et confiés au capitaine Berthomieu — le cinéaste bien connu — qui les conduira au point de destination fixé au 164ᵉ RIF. Quant aux hommes, « dès qu'ils arrivent à la gare de Metz, dit Orgebin, ils se couchent dans les couloirs déserts où ils s'endorment ».

Le 168ᵉ RIF, qui doit, lui aussi, prendre le train à Metz, a été victime de la même série d'ordres et de contrordres, et, lorsque le lieutenant-colonel Ferroni découvre « son » train, il se rend compte que la rame, qui ne compte aucun wagon plate-forme, est insuffisante pour deux bataillons de forteresse, leur matériel et leurs véhicules. Ferroni fait

1. Le 164ᵉ RIF et le 168ᵉ RIF sont envoyés avec les artilleurs du 70ᵉ RA sur le flanc gauche de l'armée, par ordre du général Condé.
2. Bazaine y avait son quartier général lorsqu'il se rendit, le 29 août 1870, au prince Frédéric-Charles.

appeler le lieutenant Velain : « Vous allez prendre le commandement d'une colonne qui, avec les chenillettes et les canons de 25, les voitures de munitions et de vivres, effectuera le trajet par la route. » Le colonel précise, bien entendu, à Velain qu'il ne devra pas dépasser le train ou emprunter une autre direction. Lorsque le 168e RIF s'arrêtera pour se battre, il lui faudra ses vivres et ses munitions. En somme, Velain reçoit une mission identique à celle de Berthomieu au 164e RIF.

« Mes effectifs étant d'environ deux mille hommes, écrit Ferroni, il fallut loger quarante hommes par wagon avec les mitrailleuses et les munitions, ce qui ne laissait guère de place pour se reposer. »

Le train du 164e RIF quittera la gare de Metz avec trois heures de retard. Lorsque le commissaire de gare, excédé, donnera le départ de la rame du 168e RIF, avec huit heures de retard sur l'horaire prévu, des mitrailleuses et des caisses de cartouches seront encore sur le quai. Le lieutenant Velain les rechargera dans ses voitures, avec l'intention de rejoindre le train vers Pont-à-Mousson ou Nancy pour les placer dans les wagons. Une compagnie entière, celle du capitaine Wurtz, a été prévenue trop tard et elle a manqué le départ. Elle sera adoptée par le I/168e RIF du commandant Juillaguet qui va être porté sur la Moselle, au sud de Nancy.

Les artilleurs à pied du 165e RAP n'ont plus de canons. Les dix pièces de 75 de la 7e batterie, les vingt-quatre tubes de 220 et trois affûts ont été hissés sur des wagons plats et envoyés quelque part vers le sud. Les culasses des quatre pièces de 370 [1] et de celles de 280 ont été retirées, et seront jetées dans la Moselle. Les artilleurs ont été informés qu'un train les attend à Ars-sur-Moselle, à une dizaine de kilomètres de Metz. Le capitaine Waline, officier adjoint du 165e RAP, a conservé un mauvais souvenir de son passage à Metz. « Nous traversons la ville, dit-il, devant des hommes, des femmes, des enfants qui pleurent, à moins — et cela est plus terrible encore — qu'ils ne restent silencieux, figés sur le pas de leurs portes, avec dans le regard un reproche muet qui nous brise. »

A la tombée de la nuit, le régiment se regroupe à Ars-sur-Moselle. Le train n'est pas là. A 22 heures, à 23 heures : rien. A minuit : toujours rien. Au loin, les lueurs des dépôts de carburant de Woippy illuminent le ciel. Le génie a ouvert ses portes, et militaires et civils puisent sans vergogne dans cette manne. Les lampes électriques ont beaucoup de succès, mais les artilleurs de la 5e batterie sont scandalisés par « l'incroyable richesse en outils de tous genres » qui vont être raflés par les Allemands, alors que, durant tout l'hiver 39-40, ils devaient littéralement se battre avec la bureaucratie pour obtenir quelques

1. Le 165e RAP avait reçu en octobre 1939 deux mortiers de 370 Filloux pesant chacun 30 tonnes en batterie. Il fut impossible de les emporter.

pioches de plus. Le dépôt regorge de clous à glace, et le capitaine Maurice ne peut s'empêcher de penser « au verglas sur lequel les chevaux se brisaient les jambes, faute d'avoir été ferrés à glace, le génie n'ayant pas livré les fameux clous ».

Venant de Thionville et de Metz, des locomotives haut le pied passent sans même s'arrêter. Aucun train n'est encore annoncé lorsque le chef de gare d'Ars-sur-Moselle fait savoir que le trafic cessera à six heures du matin. Cette fois, les artilleurs ont compris. Les officiers rassemblent les douze cents hommes du 165e RAP sur la route de Pont-à-Mousson et le départ est donné. « Bientôt, témoigne le capitaine Waline, il faut multiplier les pauses pour regrouper les hommes harassés. Quelques-uns, affalés sur le bord de la route, ne peuvent plus mettre un pied l'un devant l'autre. »

Si, dans quelques régiments, les colonels ferment les yeux sur les voitures d'enfants et brouettes « réquisitionnées » par leurs soldats qui ont ainsi les épaules allégées, d'autres n'acceptent pas ce qu'ils considèrent comme un manquement à la discipline. Au 153e RAF, par exemple, beaucoup d'artilleurs ont entassé leurs paquetages sur des chariots lorrains à quatre roues « trouvés » dans les villages, et cela n'est pas du goût du colonel Charly qui le fait savoir avec fermeté et donne l'ordre d'abandonner les chariots. Comme des protestations s'élèvent des rangs — il est deux heures du matin —, il commande à ses officiers « de redonner leur sac aux hommes, ceux de la colonne à pied et ceux des batteries ». Matés, les artilleurs reprennent les sacs rangés sur les avant-trains et les véhicules de la colonne.

« Je ne comprends pas cette décision, écrit le lieutenant Boulet, du IVe groupe. Comment peut-on croire que des hommes non entraînés, ni à la marche ni au port du sac, vont fournir des étapes de vingt-cinq à trente kilomètres et se montrer aptes à participer, à tout moment, à un combat de rencontre ? » Boulet interprète les ordres du colonel à sa manière : il redonne un sac pour trois hommes, ceux-ci le portant à tour de rôle, et « oublie » les sacs de la batterie entassés sur les avant-trains et le chariot du parc.

Le colonel Carbonnier, qui commande l'artillerie de la division de Girval, pense de son côté aux stocks de munitions qui ont été abandonnés sur la position par manque de véhicules et de chevaux. Les bombardements de la bataille du 14 juin ont causé des pertes dans les moyens de transport, et le colonel Fèvre, de l'artillerie du 20e corps, a diffusé un ordre dans lequel il indiquait : « La conduite à tenir est simple. Faire tout ce qui est humainement possible pour sauver le maximum de ce qui nous est nécessaire pour combattre demain, détruire tout le reste. »

Carbonnier a appliqué les ordres : les charges ont été brûlées ou noyées, les ceintures martelées (lorsque les artilleurs ont disposé du temps nécessaire), mais les fusées et le fil téléphonique ont été emportés. Le chef d'escadron Besnard a pu faire partir dix-huit pièces de 155 par le train, d'autres ont été sabotées, puis, avec les sept tracteurs dont il dispose, il a pris la route du sud avec onze pièces de 155 modèle 16 et cinq modèle 77, ce qui obligeait presque chaque tracteur à tirer DEUX pièces. Sur les routes vosgiennes, Besnard fera la noria entre le bas et le sommet des côtes, surtout pour hisser les 155 modèle 16 dont le poids est de treize tonnes et nécessite deux tracteurs dès qu'une pente se présente. Tous ces efforts en pure perte, car les seize canons n'ouvriront jamais le feu et seront basculés dans des ravins lorsque le cessez-le-feu interviendra.

A la troisième étape, la fatigue commence à devenir un facteur d'indiscipline. Les hommes n'imaginaient pas que la retraite serait si difficile à supporter. Au 162e RIF du lieutenant-colonel Sohier, le bruit s'est répandu que, dans la nuit du samedi au dimanche 16 juin, les bataillons ne s'arrêteraient qu'à Millery, au sud de Pont-à-Mousson, soit une étape de plus de quarante kilomètres !

« Certains hommes à bout de forces se laissent aller au découragement, raconte le lieutenant Thiriot, ils jettent leur sac ou leurs munitions dans le fossé. Il faut rechercher l'épave à la lueur d'une lampe électrique, l'arrimer à nouveau et rejoindre la section. J'aide les plus fatigués à porter leur matériel, tantôt le sac de l'un, tantôt le FM de l'autre. »

Au 167e RIF, la colonne s'est arrêtée à Ancy-sur-Moselle à 4 h 45 du matin, et le maire, M. Mondon, s'est mis en quatre pour fournir des cantonnements acceptables[1]. L'ordinaire de la troupe est amélioré par les fraises dont la cueillette bat son plein, et tout le monde reprend des forces, car la prochaine étape de quarante kilomètres doit amener le régiment à Pompey, aux portes de Nancy. Le capitaine Murey a « emprunté » un grand chariot sur lequel on empile les havresacs, mais le soir, à une heure du départ, des difficultés imprévues se manifestent. Attelé à une voiture, le cheval de selle du médecin-lieutenant Arnal refuse d'avancer et finit par casser ses brancards. Des hommes ont volé des bicyclettes et les officiers perdent du temps à les retrouver, puis à les restituer. Enfin, au moment où la colonne se regroupe, on s'aperçoit que les volontaires du corps franc sont tous en état d'ivresse. Avec deux heures de retard, le 167e RIF prend la route et la nuit tombe lorsqu'il passe, à peu près en ordre, devant le lieutenant-colonel Planet..., qui pique une colère en apercevant des sacs et même des hommes sur les

1. M. Mondon était le père de Raymond Mondon, futur député-maire de Metz et ministre des Transports, qui servait comme lieutenant au 161e RIF (voir *On a livré la ligne Maginot !*, Fayard, 1975).

avant-trains et sur les canons de 25 alors que les chevaux écument déjà sous la charge. Une rapide enquête permet de savoir que les coupables appartiennent au 169e RIF du commandant Toussaint dont un bataillon vient de cisailler la colonne du 167e RIF. D'ailleurs, la discipline de marche du 169e RIF est assez fantaisiste, car les plaintes abondent sur ce régiment. Le chef d'escadrons Chavet, du 160e RAP, a rendu compte au colonel de Maquillé, de l'artillerie de la division Poisot, « que le commandant Toussaint n'a pas fait effectuer ses reconnaissances d'itinéraires, d'où retard dans les colonnes ». Lorsque les artilleurs ont traversé le plateau de Vernéville, la brume était levée et des avions allemands en maraude ont attaqué : le groupe Chavet a eu des morts[1], des blessés et huit chevaux tués, ce qui l'a obligé à laisser trois pièces de 105 dans le fossé. Cet abandon n'est pas important en soi, Chavet ne possédant que trente-cinq projectiles pour les neuf pièces qui lui restent. On lui a donné l'assurance qu'il trouverait des munitions à Metz, puis on lui a parlé de Toul… De promesse en promesse, Chavet ne verra jamais les projectiles de 105 qu'il recherche.

La colonne du 167e RIF traverse Frouard au moment où les *Stukas* piquent sur le pont de la Moselle. En l'absence de DCA, les avions opèrent comme à l'exercice… et trouvent le moyen de manquer le pont qui se trouve à peine ébranlé par les explosions. Pas un soldat du 167e RIF n'est touché, mais le bombardement a causé la mort de treize civils[2]. Perturbant les autres colonnes, le commandant Toussaint fait prendre des raccourcis au 169e RIF afin de gagner du temps. « Après avoir parcouru soixante-dix kilomètres en trente-deux heures, le Ier bataillon prend des chemins de terre plus courts », témoigne le capitaine Charmet. Le lieutenant Bérain, officier de renseignements, est allé reconnaître l'itinéraire, mais « des chars l'ont coupé et, lorsque la colonne s'est présentée, elle a suivi les traces des chars en croyant qu'il s'agissait des chenillettes du régiment[3] ». Charmet le reconnaît : « Le chemin devient impraticable aux voiturettes et les chevaux refusent d'escalader les pentes trop raides. Il faut pousser à la roue. » Le 169e RIF prend un tel retard que le général Poisot lui fait envoyer les camionnettes du train divisionnaire. Que fait le commandant Toussaint ? Il n'embarque pas le bataillon qui est en queue de colonne, mais celui qui a la plus courte distance à parcourir, obligeant en outre les camionnettes à suivre les fantassins et à calquer leur vitesse sur eux.

Dans tous les régiments, c'est à partir de la troisième étape que les

1. L'attaque a fait quatre morts, deux artilleurs, Ast et Thirriard, et deux sous-officiers du 169e RIF, le sergent-chef Cochaut et le sergent Martin.
2. Dont quatre enfants et adolescents : Jean Colin et Cécile Tritz, tous deux âgés de seize ans, Georges Lemard, quinze ans et Gisèle Arend, neuf ans.
3. Témoignage verbal donné à l'auteur qui a rencontré l'abbé Bérain à Metz en 1967.

plaintes s'élèvent, transmises par les commandants de compagnie, puis par les chefs de bataillon. « Qu'on imagine l'épuisement de ces hommes qui ont déjà connu trois nuits sans dormir après des étapes de quarante à quarante-cinq kilomètres, écrit le commandant Juillaguet, du I/168e RIF. Le sommeil les gagne et beaucoup tombent de fatigue au bord de la route ou dans les fossés... »

La bonne humeur réapparaît au 162e RIF lorsqu'on annonce que « la quatrième étape sera la plus courte ». De Millery à Nancy, la distance est en effet d'une quinzaine de kilomètres. Une promenade, si l'on pense aux quarante kilomètres de la nuit précédente !

« Le ciel est d'encre, note le lieutenant Thiriot, et il ne tarde pas à pleuvoir. Nous marchons tout de même, trempés, pareils à des automates. »

Au coup de sifflet qui annonce la pause, les hommes se laissent choir et s'étendent. Peu leur importe l'herbe mouillée et le sol boueux : ils s'endorment à peine couchés. Lorsque la pause s'achève, les officiers doivent secouer leurs soldats pour les réveiller et les obliger à repartir. Sans se débarrasser complètement de l'espèce de torpeur qui embrume leur regard, d'une démarche mécanique, ils reprennent la direction du sud. Après cinq heures de route, un panneau indicateur apparaît : « Nancy : 2 kilomètres. » Au II/162e RIF, le commandant Jehanno descend de sa voiture et lance : « Plus que deux kilomètres pour Nancy. Faites passer ! »

Une heure se passe et un nouveau panneau semble sortir de la nuit : « Nancy : 1,700 kilomètre. » Les officiers s'interrogent : depuis une heure, la colonne a tout de même parcouru plus de trois cents mètres ! On marche toujours et les semelles à clous des brodequins raclent le sol de plus en plus fort. A la septième heure, un troisième panneau indique à nouveau : « Nancy : 2 kilomètres. » Les officiers orienteurs sont-ils en train de faire tourner en rond les trois bataillons ? Il n'en est rien, mais les lieutenants Dezavelle et Bentz se heurtent à une difficulté imprévue : tous les ponts de la Moselle et du canal de la Marne au Rhin peuvent être détruits d'un instant à l'autre et des gendarmes en interdisent l'accès, ce qui oblige les deux officiers à « faire tourner » le 162e RIF autour de Nancy. Lorsque le jour se lève, la colonne qui circule au milieu de réfugiés et de soldats égarés traverse enfin le canal et la Meurthe à Tomblaine, dans la banlieue est de Nancy. « Un bon cantonnement vous attend ! » a promis le lieutenant-colonel Sohier pour encourager ses soldats à en finir avec cette « plus courte étape » qui comptera finalement quarante-cinq kilomètres au lieu des quinze prévus. Vers 9 heures du matin, le 162e RIF découvre le « bon cantonnement » : le bois de Richardménil, tout ruisselet de la dernière averse. Trop épuisés pour protester, les hommes se couchent sur le sol mouillé et s'endorment.

Au I/167ᵉ RIF, le capitaine Heurtault additionne les kilomètres parcourus depuis la ligne Maginot : vingt-deux kilomètres la première nuit, vingt-quatre la deuxième avant d'aborder la troisième, la plus éprouvante, avec quarante et un kilomètres. Un contrordre oblige les hommes à effectuer la quatrième étape en deux fois : dix-huit kilomètres de nuit, et, après deux heures d'arrêt, quatorze kilomètres en plein jour. Après un repos de quatre heures, le bataillon repartira « en renfort du 98ᵉ RI », ce qui se traduira par une nouvelle étape de trente-cinq kilomètres. Lorsque les soldats du I/167ᵉ RIF atteindront la position qui leur a été fixée, à l'ouest de Lunéville, ils seront considérés comme... troupes fraîches.

Chez les artilleurs, la fatigue est surtout perceptible dans les attelages où les chevaux, qui tirent depuis le départ des charges excessives, donnent des signes d'épuisement manifeste. « Je les sens fourbus, écrit le lieutenant Boulet, du IV/153ᵉ RAP, et je les fais marcher avec prudence, de crainte de les voir s'abattre, exténués... »

Le dimanche soir, à l'étape de Sivry, les artilleurs prennent foin et avoine dans les greniers et les granges, puis distribuent leur ration aux chevaux qui viennent d'être dételés. « Ils sont si fatigués, note encore Boulet, qu'ils ne cherchent pas à manger et se couchent. »

Au III/164ᵉ RIF du commandant B..., les hommes ne peuvent s'empêcher de penser avec une pointe d'envie à leurs camarades des deux autres bataillons qui ont pris le train en gare de Metz. Après la troisième étape, le bataillon semble zigzaguer sur la route et une trentaine d'hommes à bout de forces se sont laissés choir dans l'herbe du bas-côté. Les officiers sont logés à la même enseigne, et le sous-lieutenant Mougin, Lorrain de Lunéville, a l'impression qu'il est au terme de sa résistance. « J'ai ma première défaillance et je ne m'occupe plus de mes soldats comme je le devrais, avoue-t-il. Je marche en tête de ma colonne, n'ayant qu'un but : arriver-boire-dormir. »

CHAPITRE XIII

« Enfin, nous allons être utiles ! »

Pas plus sur les routes que sur les voies ferrées, la IIIe armée ne se montre capable d'accorder la priorité aux convois militaires et aux bataillons des 164e et 168e RIF embarqués en gare de Metz. Ces derniers sont encadrés par des rames transportant des réfugiés ou du matériel que l'on cherche à sauver. Au 164e RIF, le commandant Orgebin et ses soldats, qui sont partis de Metz à trois heures du matin, se réveillent six heures plus tard, arrêtés à l'entrée de Pont-à-Mousson. Leur train a parcouru vingt-cinq kilomètres, ce qui représente une moyenne de 4 kilomètres/heure. Un bon fantassin peut faire mieux ! Vers 11 heures, la rame du 168e RIF, qui a quitté Metz avec huit heures de retard, double le convoi du 164e RIF qui, à midi, grignote encore douze kilomètres... et s'arrête une nouvelle fois. « Les hommes ont mangé ce qu'ils avaient et ils ont déjà faim, écrit Orgebin. Certains pillent les jardins bordant la voie ferrée et mangent des petits pois crus et des fruits verts. J'essaie de transformer le pillage en réquisition. »

La discipline se relâche et les officiers semblent avoir quelque peine à tenir leurs soldats. Heureusement, le train repart, traverse Nancy et oblique vers le sud-est pour s'immobiliser à Blainville-sur-l'Eau, important nœud ferroviaire situé à dix kilomètres de Lunéville. Le commandant Orgebin ne comprend plus, car on lui avait parlé de Neufchâteau, dans les Vosges, et ses convois routiers se sont portés dans cette direction. Le chef de gare de Blainville pense que le train va aller à Épinal, peut-être plus loin. En réquisitionnant une voiture, un officier de liaison pourrait sans doute rejoindre le capitaine Berthomieu qui transporte dans ses camionnettes les trente tonnes de munitions du régiment. Il faudrait également récupérer les mitrailleuses, parties elles aussi par la route. Orgebin ne fait rien dans ce sens parce qu'il est aux prises avec l'indiscipline. « Il y a en gare de Blainville, raconte-t-il, des wagons avec du pain, des conserves, et un employé de la SNCF signale un chargement de vins fins destinés à l'exportation. Les hommes s'y portent en foule et les officiers ont toutes les peines du monde à conserver à ce rush alimentaire un semblant d'ordre. Les soldats sont joyeux et reviennent, chargés de boules de pain, de conserves, de caisses de vin et de tabac. Tout cela est entassé dans les wagons et les appétits commencent à se satisfaire. »

Si une avant-garde allemande se présentait à Blainville, le 164ᵉ RIF serait incapable d'opposer la moindre résistance. Dans les wagons où retentissent les classiques chansons de corps de garde, on mange et on boit. On boit même beaucoup !

« Les privations et aussi la fâcheuse tendance à boire sans frein engendrent l'abus chez des hommes énervés ! » reconnaît Orgebin.

Le train repart, mais les arrêts sont toujours aussi fréquents. Le 17 juin, lorsqu'ils apprendront que le maréchal Pétain a demandé l'armistice, les « soldats » du 164ᵉ RIF envisageront de se démobiliser. Le commandant Orgebin écrit dans ses carnets que ce voyage « restera toute sa vie comme un cauchemar ». C'est également le 17 juin qu'il reçoit enfin des ordres : il rejoint le groupement du colonel Duluc, près de Remiremont. La rame est encore à Chavelot, à douze kilomètres au nord d'Épinal. Sans se douter que le destin lui a donné rendez-vous dans cette dernière ville, Orgebin descend sur le ballast et se rend à pied jusqu'au poste d'aiguillage pour « supplier » qu'on accorde enfin la priorité à son régiment. « Je ne veux pas continuer à promener deux mille touristes militaires sans armes ou à peu près ! » écrit-il[1].

Au 168ᵉ RIF, le lieutenant-colonel Ferroni ne connaît pas les mêmes difficultés, et le train qui est parti à 8 heures de Metz s'est arrêté trois heures plus tard à Pompey, douze kilomètres au nord de Nancy. Contrairement au capitaine Berthomieu qui a perdu volontairement le contact avec la rame du 164ᵉ RIF, le lieutenant Velain rejoint le convoi, puis fait monter dans les wagons les mitrailleuses et les munitions restées sur le quai de la gare de Metz. La voie ferrée constitue une cible parfaite pour l'aviation allemande, car les trains y roulent quasiment l'un derrière l'autre, à environ cinquante mètres d'intervalle. Les arrêts sont nombreux, durent parfois trois ou quatre heures, mais la *Luftwaffe* n'attaque pas, car, dans le camp adverse, on sait déjà que tous les trains qui se dirigent vers le sud seront arrêtés par l'avance du groupement Guderian.

Le dimanche 16 juin, le convoi du 168ᵉ RIF est à l'arrêt en rase campagne, entre Nancy et Lunéville. Les hommes commencent à se plaindre de la faim, mais au « régiment de la Moselle » la discipline reste stricte et il est hors de question de descendre des wagons pour aller piller

1. Orgebin n'a pas son armement lourd (canons de 25, mortiers et mitrailleuses), mais il dispose tout de même des armes individuelles et de 66 fusils-mitrailleurs.

les jardins et les vergers. Le lieutenant-colonel Ferroni fait constituer trois détachements par bataillon et chacun d'eux, commandé par un officier, « cherchera à se procurer du ravitaillement — pain et conserves — dans les villages les plus proches, à condition de ne pas s'éloigner à plus de cinq cent mètres ». Les deux chefs de bataillon, Collillieux et de La Fournière, approuvent ces dispositions.

« J'espère que le train ne partira pas pendant la corvée de ravitaillement ! s'inquiète le commandant de La Fournière.

— Allez dire au mécanicien que, même si la voie est libre, il ne doit partir que sur mon ordre. »

L'opération « casse-croûte » se déroule dans de bonnes conditions et les vivres sont achetés avec les fonds de l'ordinaire. Ils ne suffisent pourtant pas à calmer la faim de tous les rationnaires, et Ferroni n'est pas mécontent d'apprendre qu'un stock de pain l'attend à Blainville-sur-l'Eau. Pour éviter un éventuel pillage du dépôt, il délègue sur place le lieutenant Bourlart et huit soldats en armes. Le détachement prend la route à bicyclette et, malgré l'archaïsme du mode de locomotion, arrive à Blainville avant le train, toujours bloqué sur la voie. Le lundi 17, le colonel apprend par un officier de liaison que sa destination sera Épinal ou Remiremont. Ferroni fait partir le lieutenant de Silly, avec mission de trouver le PC du général Poisot pour lui rendre compte de la nouvelle direction imposée au 168e RIF et lui demander d'orienter ses trains de combat partis par la route vers Épinal. En dépit des difficultés de circulation et des encombrements massifs, de Silly remplira sa mission, et c'est un officier de l'état-major Poisot, le lieutenant Jamet, qui rejoindra la colonne du 168e RIF avec ses canons de 25 et ses mortiers, au sud de Toul. Chenillettes et camionnettes se dirigeront alors vers la haute Moselle pour reprendre leur place au sein du régiment [1].

**

Au 6e corps, le général Loizeau a une méthode de commandement très personnelle : il se déplace en permanence, répugnant, semble-t-il, à employer les transmissions radio, voit ses trois divisionnaires en tête à tête, leur donne des ordres verbaux, n'hésitant pas à modifier sur le terrain les directives envoyées quelques heures plus tôt par le capitaine Delacour, de son 3e Bureau, directives que celui-ci avait rédigées sous la dictée du général. Un décalage se produit dans les ordres, entraînant parfois de graves perturbations dans les mouvements et plus tard dans les opérations. « La confusion ainsi créée, écrit le capitaine Renauld, du 3e Bureau de la division Poisot, ne peut disparaître que par des coups de

---

1. Lorsque le combat s'engagera, le 168e RIF disposera de tous ses moyens, tandis que le 164e RIF n'aura que ses armes individuelles et ses FM.

téléphone imprudents sur les lignes civiles, ou l'envoi d'officiers de liaison pour dénouer l'imbroglio, ce qui se traduit par des retards dont souffrira la troupe recevant des contrordres ou des ordres trop tardifs. »

Le dimanche 16 juin à 9 h 30, le général Loizeau annonce à ses trois divisionnaires, Poisot [1], Besse et Bonnassieux, que la retraite s'achève et que les unités vont s'installer sur une position comprise entre Maixe, sur le canal de la Marne au Rhin, et Maron, sur la Moselle, où le I/168e RIF du commandant Juillaguet va être transporté le jour même en camions. Le front devait passer initialement au nord de Nancy, sur la boucle de la Moselle, mais Loizeau, après une reconnaissance sur le terrain, a mesuré les difficultés « que présente une défense le dos à la forêt de Haye, sur une ligne d'eau encombrée et aveuglée par toute la région industrielle de Pompey-Frouard et Champigneulles et exposant Nancy ». Le commandant du 6e corps est allé trouver le général Condé à qui il a proposé de reporter la ligne de front en arrière de la forêt de Haye et de Nancy en utilisant la Moselle de Pont-Saint-Vincent et le canal de jonction avec la Meurthe.

« Et Nancy ? a dit le commandant de la IIIe armée.

— Nancy ne peut être défendue dans ces conditions. »

Comme il l'a fait pour Metz, Condé envisage de déclarer Nancy ville ouverte. Il écrit dans son journal : « Pour empêcher la destruction de Nancy qui va se trouver sur la ligne de feu, je décide qu'en temps utile, la ville sera évacuée par tout militaire et un parlementaire envoyé aux Allemands pour déclarer que j'évacue une zone à déterminer avec précision englobant largement la ville. »

Le 16, à son PC de Villers-lès-Nancy, Loizeau décide malgré tout de se couvrir au nord de la forêt de Haye, et deux bataillons du 167e RIF vont être portés dans la boucle de la Moselle, face à Pompey et à Liverdun. Le 160e RIF du lieutenant-colonel Bouet se mettra en position au nord-est de Nancy, sur la rive droite de la Meurthe, et protégera l'écoulement des colonnes. Mais ce qui surprend la plupart des cadres, c'est l'ordre de se défendre sans esprit de recul. Mille fois répétée, la question reviendra sur toutes les lèvres : pourquoi avoir quitté la ligne Maginot avec ses ouvrages, ses casemates, son artillerie lourde qu'il a fallu saboter sur place, ses stocks de vivres et de munitions, pour venir se battre, quatre ou cinq jours plus tard, sur un canal, une rivière, où tranchées et trous individuels doivent être creusés

---

1. Le général Poisot écrit dans son rapport : « Du 17 au 20 juin, période de crise au cours de laquelle toute méthode de commandement aurait eu ses inconvénients : procédé classique des ordres écrits entraînant des retards ou procédé rapide des ordres verbaux comportant des risques d'erreurs ou d'oubli, le général Loizeau a adopté la deuxième solution. »

par des hommes épuisés qui auraient besoin d'un long sommeil réparateur ? Et creuser ne serait rien si le commandement montrait qu'il a de la suite dans les idées. Il s'en faut de beaucoup ! Le 17 juin à l'aube, les bataillons Barlam et Pacaud, du 160e RIF, sont au nord de Nancy, et « l'organisation de la position est entreprise aussitôt, rapporte le lieutenant-colonel Bouet. On travaille toute la journée, sans repos et avec ardeur, chacun étant convaincu que c'est enfin là qu'on va se battre et qu'on ne reculera plus ».

A 20 heures, les soldats du 160e RIF, rompus de fatigue après une nuit de marche et une journée de terrassement, posent leurs outils et se rendent avec leur gamelle à la cuisine roulante. A la même heure, le lieutenant d'Espel apporte au lieutenant-colonel Bouet un contrordre du général Besse : les deux bataillons doivent se rapprocher de Nancy et s'installer aux abords nord-est de la ville où, bien entendu, ils creuseront de nouveaux emplacements de combat.

« A chaque étape, dira le capitaine Fourestier, du II/128e RIF, on s'apprêtait " à résister sans esprit de recul ", mais, régulièrement, à la nuit tombante, nous recevions l'ordre d'un nouveau repli, si bien que les hommes, s'activant au début à creuser tranchées et emplacements de combat, en arrivèrent à la fin, éreintés par la retraite, à se contenter des obstacles naturels que leur offrait le terrain. »

Dès le 16 au soir, le général Poisot et vraisemblablement les autres généraux du 6e corps ont fait savoir que « le contact avec l'ennemi est imminent ». Apparemment, la troupe n'y croit pas plus qu'à la défense « sans esprit de recul ». Lorsque le capitaine d'Huart, de l'état-major du 6e corps, s'arrête, au retour d'une mission, le long de la Meurthe, à l'est de Nancy, il est stupéfait de constater l'incrédulité avec laquelle la troupe a accueilli l'annonce « du contact imminent avec l'ennemi ».

D'Huart voit en effet « que la Meurthe n'est pratiquement pas tenue alors que, sur la rive nord, on peut voir paraître les Allemands d'un instant à l'autre. A l'un des ponts de Dombasle, quelques sapeurs sont là depuis un mois pour préparer la destruction : aucun élément d'infanterie n'a encore pris contact avec eux pour la défense du pont. A Saint-Nicolas-de-Port, des soldats envahissent les cafés… Des officiers causent sur le pas des portes. Personne ne se doute de la présence proche de l'ennemi ».

Si les hommes ne croient plus aux décisions du commandement, c'est que les ordres et les contrordres sont quotidiens et n'apportent qu'un surcroît de fatigue et… aucune explication pouvant justifier tel ou tel mouvement inutile. A l'aube du 17 juin, le lieutenant-colonel Viret, dont le 161e RIF stationne après une nuit de marche au sud de Nancy, reçoit l'ordre du général Besse de porter les bataillons Nault et de Tarragon sur la Moselle, entre Maron et Méréville. Sans trop rechigner, les hommes reprennent leur barda et entament une nouvelle étape qui, Viret en donne sa parole, sera « celle du dernier effort ». En fait, les bataillons n'ont pas parcouru cinq kilomètres qu'un motocycliste apporte le premier contrordre : le bataillon Nault doit regagner son emplacement du matin et s'étendre jusqu'au bois de Flavigny-sur-Moselle. Le second bataillon poursuit son chemin, mais, à Pont-Saint-Vincent, le capitaine de Tarragon voit que SA position est déjà tenue par le I/168e RIF du commandant Juillaguet.

« Vous défendez la Moselle face au nord ? demande Tarragon.

— Non, face au sud ! répond Juillaguet.

— Mais j'ai reçu l'ordre de m'y installer face au nord ! »

Pour démêler l'imbroglio, on envoie un officier de liaison au PC du général Besse. Ce dernier commande au capitaine de Tarragon « de regagner au plus vite son emplacement initial dans le bois de Flavigny ». L'étape du « dernier effort » n'a fait qu'accentuer la fatigue, et la colonne du III/161e RIF revient à l'endroit d'où elle est partie le matin. Ni le général Loizeau ni le général Besse ne semblent comprendre que des « erreurs » de ce genre finissent par tuer la confiance que le soldat place dans ses chefs.

*
* *

Selon les ordres donnés le 14 juin par le général Prételat, le 43e corps du général Lescanne doit être transporté « dans la région de Besançon ». L'embarquement aura lieu à Sarrebourg dès que les trains nécessaires y seront rassemblés, mais, de la région de Bitche à Sarrebourg, les divisions Senselme et Chastanet, composées de troupes de forteresse, et la 30e division d'infanterie alpine du général Duron ont trois étapes de nuit à couvrir, la plupart du temps par des itinéraires montagneux, ce qui accentue la fatigue et les accidents dus à la vétusté du matériel.

A l'état-major du 43e corps installé depuis le 14 juin dans une école de Sarrebourg, les officiers de liaison apportent chaque soir des informations qui inquiètent le colonel Vidal, chef d'état-major : colonnes étirées, pieds blessés, chevaux fourbus, essieux cassés, camionnettes en panne, etc. Selon la route empruntée, les dégâts sont plus ou moins importants. Le 166e RIF du lieutenant-colonel Subervie, qui dispose du meilleur itinéraire, est plus favorisé que le 37e RIF du lieutenant-colonel Combet qui retraite par une route « très accidentée et, par endroits, de viabilité médiocre » (journal de la division Chastanet). Les hommes et les animaux de trait souffrent davantage, ce qui n'empêche pas les erreurs de parcours de se produire, comme cela s'est vu au 162e RIF au nord de Nancy.

« Très mauvais pour le moral, ces erreurs-là ! » affirme l'adjudant Brives, du II/37e RIF, qui s'aperçoit, pendant la deuxième étape de nuit, que le bataillon, après avoir parcouru une quinzaine de kilomètres, repasse à l'endroit d'où il est parti trois heures plus tôt. De son côté, le lieutenant-colonel Combet reconnaît que « la marche à travers bois est pénible, les chemins étroits et encombrés, les côtes nombreuses et dures. Les jambes retrouvent la fatigue de la veille et les pieds deviennent de plus en plus douloureux »...

Les étapes paraissent si longues que la moindre amélioration, la moindre promesse devient château en Espagne. Au II/37ᵉ RIF, le commandant Laender ayant promis que la cuisine roulante serait à la prochaine pause, la perspective d'une soupe chaude fait accélérer l'allure. Las, à l'heure de la pause, il faut se contenter du casse-croûte tiré de la musette : les cuisiniers se sont trompés de chemin. Les soldats, qui ont voulu s'alléger en jetant leur boule de pain jugée trop lourde, tirent la langue. Au coup de sifflet, la colonne repart. Dans un village, une dizaine de soldats sont allongés près de la fontaine. Sac au dos et fusil entre les jambes. L'adjudant Brives les appelle des « lâcheurs ».

« Allez, debout ! leur lance-t-il. L'étape est bientôt finie, nous n'allons pas très loin. »

Un caporal ouvre un œil, dévisage le sous-officier et dit d'une voix lasse : « Depuis le départ, on nous dit que ce n'est pas très loin. On ne peut plus marcher, nous sommes crevés, laissez-nous souffler... »

Ils repartiront une ou deux heures plus tard, essayant même de rattraper la colonne. Le cas cité par l'adjudant Brives n'est pas une exception ; le sergent Magnin, du I/37ᵉ RIF, a noté sur son carnet qu'il a « quitté le bataillon avec le caporal Masson quelques kilomètres avant l'étape. A bout de forces, nous avons dormi sous la pluie, le long de la route... »

Dans tous les régiments du 43ᵉ corps, les difficultés sont les mêmes et les témoignages abondent. Voici celui du lieutenant Santoni, officier de renseignement du I/165ᵉ RIF : « Il y eut des hiatus, puis, à partir de Niederbronn, des mélanges avec d'autres unités, des embouteillages, des piétinements, des fractionnements de plus en plus lâches et, partant, une fatigue accrue pour les hommes. » Santoni estime que la deuxième étape de nuit fut la plus dure, en raison « du prodigieux désordre d'un bataillon de pionniers qui mêla à notre colonne ses éléments disloqués ».

Au 154ᵉ RIF du colonel Bourgeois, on se plaint de la surcharge imposée aux animaux de trait. « Le manque de moyens obligeait chaque cheval à tirer deux ou trois voiturettes », rapporte le capitaine Pradal, de la CM 9. Même situation désastreuse à la CM 3 du bataillon Saint-Hillier : malgré leur chargement, chacune des douze voiturettes porte-mitrailleuses a reçu, en sus, une caisse de cartouches ou de grenades. Un chariot lorrain réquisitionné ferme la marche avec neuf caisses de vivres et de munitions. Les mulets tirent deux voiturettes et les chevaux trois. On a même attelé le bel alezan du capitaine Marchal. Les compagnies s'arrêtent au bas des côtes et l'on choisit la solution qui paraît la meilleure : soit alléger le chargement, soit doubler les attelages pendant que les hommes poussent à la roue. Dans les deux cas, la côte est gravie en deux, trois ou quatre fois. « Ce fut une cause de lenteur et de fatigue supplémentaire ! » admet le capitaine Marchal.

Au 153e RIF du colonel Mauvin, le lieutenant Battestini, de la CM 7, se plaint aussi du manque de chevaux et du déficit en voiturettes. Chacune d'elles porte le double de la dotation prévue : deux mitrailleuses et leurs munitions. Pas étonnant que des chevaux épuisés s'effondrent entre les brancards ! Battestini met l'accent sur « les arrêts fréquents, irréguliers, parfois longs [1], les démarrages trop rapides ». Il conclut par un aphorisme qui peut s'appliquer à chaque régiment : « Le bataillon ne sait pas marcher ! »

C'est évident, mais le capitaine Le Troquer, adjudant-major du III/153e RIF, rappelle les raisons de cette ignorance : « Le manque d'entraînement des hommes employés depuis neuf mois à des travaux de fortification. »

Si la retraite s'effectue dans de mauvaises conditions, on peut mettre en accusation les carences du commandement, le manque de chevaux, de véhicules, la fatigue, les routes montagneuses. Mais les hommes ont aussi leurs faiblesses, et le journal du 154e RIF nous apprend que la journée qui suivit la première étape de nuit fut employée « à faire la police dans les cafés qui attiraient la troupe. Les soldats étaient débraillés et, quand l'ordre d'évacuer les débits de boisson était donné, ils obéissaient difficilement ».

Dans son rapport, le lieutenant Battestini ne parle pas d'alcoolisme, mais d'une fatigue intense qui ne fait que croître au fil des étapes. « La nuit, dit-il, au moment de la reprise de la marche, les hommes restent couchés sur le bord de la route et il faut les secouer avec vigueur. » Même réflexion lors de l'étape du lendemain : « Les hommes sont mous, je dois intervenir brutalement pour faire suivre un caporal. »

Au II/153e RIF du capitaine La Néelle, le lieutenant Weber s'aperçoit que, pendant la deuxième marche de nuit, ses soldats ont vidé une partie de leur havresac dans les fossés. Parfois, la faute est plus grave. « A Berg, écrit Weber, G... abandonne son mousqueton et raconte au capitaine de Gassart qu'il l'a perdu. » Au 21/153e RIF du commandant Rouveure, les hommes qui traînent la semelle envient les conducteurs de chenillettes qui les doublent sans effort et profitent de leur avance pour faire des « arrêts-bistro » dans les villages. La présence rassurante de la forêt qui protège des vues aériennes permet heureusement d'achever les étapes en plein jour. « Nous dépassons le 166e RIF, note le lieutenant

_____

1. Le général Chastanet parle « d'un embouteillage de plusieurs heures à Sarraltroff dans la soirée du 15 juin ».

Lethielleux. Dans les fossés, sont éparpillées des quantités d'objets abandonnés. Cela fait partie de la retraite. »

Pour alléger sa voiture de section, Lethielleux a lui-même fait jeter des cuirs d'équipement et un seau de vingt-cinq kilogrammes de moutarde. Après deux nuits de marche, personne ne songe à se rendre dans les débits de boisson. La fatigue est la plus forte.

« L'arrivée de l'étape est pénible, relate le sous-lieutenant Duchêne, officier de renseignements du II/37e RIF. La colonne est très étirée, les hommes épuisés. Les roulantes sont arrêtées sur la route, mais la plupart des premiers arrivants n'attendent même pas le café ; ils s'allongent sur le sol et s'endorment. »

Ce qui engendre l'épuisement, c'est moins l'étape de nuit que l'impossibilité de récupérer le sommeil en retard pendant la journée. « Il y a toujours quelque chose à faire, explique le lieutenant-colonel Combet : les sentinelles, les corvées, le service aux mitrailleuses et aux canons de 25 qui protègent chaque bivouac contre une attaque possible. » Le dimanche 16 juin les Allemands seront signalés à Fénétrange, à une vingtaine de kilomètres de l'itinéraire du 166e RIF [1]. Les précautions prises par les chefs de corps sont donc justifiées ! Pas de repos non plus pour les conducteurs de camionnettes qui, une fois leurs véhicules déchargés, « remontent » vers le nord pour prendre vivres et munitions laissés la veille, faute de moyens de transport suffisants. Des équipes spéciales sont même constituées pour dépanner les voiturettes accidentées ou essayer de récupérer leur chargement. Les chefs de corps restent cependant optimistes, car le moral est, semble-t-il, intact. Selon le lieutenant-colonel Combet, « un grand nombre d'hommes sont blessés aux pieds, les animaux ont souffert et sont très éprouvés. Pourtant, le moral ne fléchit pas ».

Le colonel Bourgeois : « La fatigue est évidente, mais dans l'ensemble, l'esprit est bon. »

Le lieutenant-colonel Subervie : « Malgré les étapes éreintantes, le moral tient le coup et c'est peut-être ce qui m'étonne le plus. »

Subervie peut s'étonner, car le 166e RIF, comme les autres régiments, est fortement marqué par l'épreuve. « Nous sommes en queue de colonne et neuf mois de terrassement ont fortifié les bras, mais rouillé les jambes, écrit le lieutenant Boyer-Chammard, du II/166e RIF. La colonne se disloque, s'éparpille. Le grand Graef, un Alsacien dur et honnête, marche péniblement. Je le presse, mais il n'en peut plus. Aux haltes, les hommes tombent comme des masses. »

1. Apprenant cela, le lieutenant-colonel R..., du 168e RAP, qui se trouve pourtant à Brouderdorff, à dix kilomètres au sud de Sarrebourg, est pris de panique et fait incendier ses tracteurs et les bagages sur la route de Troisfontaines. Le colonel Jocard, commandant l'artillerie du 43e corps, relèvera R... de son commandement le 17 juin.

Les cuisines roulantes distribuent la plupart du temps un repas chaud à la première pause. Après, il faut marcher jusqu'au matin et les trois ou quatre camions réquisitionnés par le général Chastanet pour transporter les éclopés multiplient les norias sur les arrières des colonnes. A l'aube du dimanche 16 juin, le 37e RIF est en vue de Hoff, un village de la périphérie nord de Sarrebourg. Le lieutenant-colonel Combet est lyrique : « La campagne resplendit sous le soleil, l'air est léger, c'est un beau dimanche qui s'annonce... »

Combet a effectué le trajet en voiture, et, dans la troupe, le ton est différent. « Il est quatre heures du matin, note l'adjudant Brives, et nous nous affalons plutôt que nous nous couchons. Nous sommes exténués. J'ai des crampes dans les cuisses, les nerfs sont tendus. Je me déplace avec de grosses difficultés pour boire un quart de « jus ». Je pensais que le café allait me faire du bien, mais, pas plutôt avalé, je suis obligé de le rejeter. L'estomac refuse, lui aussi (...). Le capitaine Longuet fait comme moi, mais son quart de café subit le même sort que le mien. Les hommes sont allongés et n'ont pas le courage de se déséquiper. Ils ont des figures de chiens battus. »

Les chefs de corps apprennent qu'ils ne dépasseront pas Sarrebourg où leurs régiments vont embarquer dans les trains qui doivent arriver d'une heure à l'autre. Après quelques heures de sommeil, les soldats font pour la plupart une grande toilette et une petite lessive avant de percevoir un repas chaud et d'aller se recoucher sous les arbres. « Il y a heureusement la perspective d'un long parcours en chemin de fer qui permettra de récupérer », écrit Combet avec une confiance désarmante.

A la même heure, en effet, le colonel Vidal et le capitaine Chrétiennot, qui ont passé une partie de la nuit à la gare de Sarrebourg, reviennent à l'école où l'état-major du 43e corps a pris ses quartiers. Ils apportent une mauvaise nouvelle au général Lescanne : le capitaine Lecomte, de la Régulatrice des chemins de fer, vient de les informer que « la circulation ferroviaire est interrompue à hauteur d'Épinal et les voies obstruées par des dizaines de trains bloqués sur place[1] ».

Le général Lescanne se mettra en liaison avec le PC de la Ve armée, arrivé quelques heures plus tôt à Gérardmer, et le général Bourret lui donnera l'ordre de prendre position sur la rive sud du canal de la Marne au Rhin et de s'y battre « sans esprit de recul ». La liaison à gauche devra être établie avec le 20e corps du général Hubert. A droite, c'est le vide, mais le relief montagneux ne se prête pas à l'irruption de forces

1. Ce sont les capitaines Robida et Lebel qui confirmeront le 16 juin à 14 h 20, au PC de la Ve armée replié à Gérardmer, « la cessation du trafic ferroviaire » (lettre du 22 novembre 1975 adressée par M. Robida à l'auteur).

mécanisées, et Lescanne estime que des bouchons retardateurs placés dans la direction de Phalsbourg et de Wangenbourg devraient suffire. On essaiera aussi d'entrer en contact avec la 103e DIF, mais, comme le précise le capitaine Bouchon, chef d'état-major de la division Senselme, « elle se trouve encore à trente ou quarante kilomètres dans la plaine d'Alsace ».

La nouvelle mission confiée au 43e corps est communiquée au général Chastanet et au colonel Senselme qui la transmettent à leurs chefs de corps. « C'est d'une éloquente simplicité, persifle le lieutenant-colonel Combet. Le 37e RIF retrouve sur le canal sa mission de la ligne Maginot : tenir sans esprit de recul. Mais il faut maintenant se battre à découvert, sans l'appui des ouvrages et des casemates, et sans les bonnes sections de voltigeurs laissés à Bitche [1]. »

Pour les hommes, c'est une déception ; ils s'étaient habitués à l'idée des wagons garnis de paille dans lesquels il ferait bon dormir au fil des kilomètres. Et voilà qu'il faut réendosser la capote, boucler le ceinturon, reprendre le havresac et le fusil. Quand les colonnes se remettent en marche en direction du sud, les pieds sont toujours aussi douloureux. Des patrouilles motorisées allemandes ayant été signalées « du côté de Phalsbourg et de Saverne », les officiers reçoivent l'ordre de faire respecter les intervalles : huit cents mètres entre les compagnies, cinq mètres entre les soldats. La plupart de ceux-ci ignorent la nouvelle mission du 43e corps et demeurent persuadés qu'ils marchent sur Sarrebourg pour y prendre le train. Lorsque le 37e RIF passe près de la gare, l'adjudant Brives commence à comprendre : « Les yeux se portent instinctivement vers les quais. Pas un wagon, les voies sont mortes. A la coopérative militaire, on distribue les marchandises gratuitement. Plus de doute, les Allemands ne sont pas loin. »

Un quart d'heure plus tard, on ne sait par quelle filière, la vérité se transmet de compagnie en compagnie : la division se porte sur le canal de la Marne au Rhin. Chose curieuse, alors qu'on pouvait s'attendre à des mouvements d'humeur et à des réactions du type : « On nous promet un voyage en chemin de fer et à l'arrivée, on nous envoie au casse-pipe sur le canal ! », c'est le contraire qui se produit. Le témoignage de l'adjudant Brives ne symbolise certes pas l'état d'esprit général, mais il n'en reste pas moins édifiant. « Voilà, écrit le sous-officier, nous allons entrer dans la fournaise et c'est ce qu'il nous fallait. Nous reprenons courage, nous sentons moins la fatigue. Enfin, nous allons être utiles ! »

1. Les régiments ont laissé sur la position une « croûte formée de sections de voltigeurs. Certaines d'entre elles rejoindront leur régiment, les autres seront capturées avant (voir *On a livré la ligne Maginot !*, Fayard, 1975).

Dans la soirée de ce dimanche 16 juin, le PC du 43ᵉ corps quitte Sarrebourg pour la Verrerie de Saint-Quirin, un couvent situé à une quinzaine de kilomètres au sud du canal. « La route est encombrée de troupes isolées et de civils qui fuient, lit-on dans le journal du colonel Vidal. La Verrerie est au fond d'une gorge encaissée et boisée. Une grande bâtisse, c'est le couvent des religieuses. Le chemin est embouteillé, et une police sévère doit le faire évacuer et régler la circulation. »

Par ses transmissions radio, le général Lescanne est informé qu'on lui retire la 30ᵉ DIA du général Duron qui passe au 12ᵉ corps de Champon pour aller sur la Moselle, au sud d'Épinal. En compensation, on lui laisse « les queues de colonne de la 70ᵉ DI », c'est-à-dire le 279ᵉ RI du lieutenant-colonel Magne, amputé de son IIIᵉ bataillon. Le général François, de la 70ᵉ DI, qui connaît les usages, laissera à Magne le III/68ᵉ RA du chef d'escadron Hinzelin, afin, dit-il, qu'on ne puisse pas lui faire le coup de l'invité et le laisser sans artillerie ». Un bataillon du 55ᵉ RIA qui est aussi en arrière-garde restera au 43ᵉ corps.

La nuit n'est pas tombée lorsque les batteries des 59ᵉ et 60ᵉ RAF franchissent le canal pour aller prendre position aux lisières des bois afin d'échapper le lendemain aux vues du « mouchard ». Quant aux fantassins, Lescanne se fait des illusions sur leurs capacités : dans un ordre d'opérations transmis à tous les chefs de corps, il exige que « les troupes soient installées et prêtes à combattre à 21 heures. » Le commandant du 43ᵉ corps oublie-t-il que chaque soldat, malgré sa fatigue, doit d'abord redevenir terrassier ? Sur la rive sud du canal, tout est à faire : trous individuels, emplacements de tir, épaulements, boyaux de communication, abris pour les PC de compagnie, pour les transmissions, pour les postes de secours, etc. Du 153ᵉ RIF du colonel Mauvin qui prend position à l'aile gauche du corps d'armée, au 279ᵉ RI qui s'installe à l'aile droite, la nuit du 16 au 17 juin sera encore une nuit sans sommeil, et les « débrouillards » qui réussiront à s'isoler pendant quelques heures pour dormir se comptent sur les doigts de la main. Persuadés que l'ennemi abordera le canal le lundi 17 juin, les hommes ne ménagent pas leur peine, mais ils ne peuvent s'empêcher de penser à la position fortifiée abandonnée trois jours plus tôt. Maintenant, dira le lieutenant de Boissieu, officier de renseignements au I/37ᵉ RIF, « il faut préparer la bataille de demain et oublier le reste ».

C'est l'avis du colonel Bourgeois, du 154ᵉ RIF, puisque, dans la soirée du dimanche, il donne déjà ses consignes pour l'ouverture du feu : « L'approche de l'ennemi sera signalée dans chaque unité par quelques rafales courtes. La bataille ne commencera véritablement qu'à proximité immédiate, c'est-à-dire moins de quatre cents mètres, en raison de l'économie de munitions qui nous est imposée. »

Au 42e corps à Toul, au 6e corps au sud de Nancy et au 43e corps, la retraite s'achève et le général Condé accepte la bataille sur les lignes d'eau. Personne ne parle plus de « marquer un temps d'arrêt sur le canal et de passer ensuite à la retraite pure et simple ».

CHAPITRE XIV

CHAPITRE XIV

« Je me suis senti au-dessus
des événements... »

Au 20ᵉ corps du général Hubert, la retraite s'effectue dans des conditions beaucoup plus difficiles que dans les corps d'armée encadrants, celui de Loizeau, à gauche, ou celui de Lescanne. Avant de quitter leur position dans la soirée du 14 juin, les troupes du général Hubert ont livré toute la journée une bataille très dure. Si elles ont victorieusement résisté, le bombardement de la ligne principale de résistance et des arrières par un millier de canons de tous calibres et des vagues successives de *Stukas* et de *Heinkel 111* a transformé le paysage en terrain chaotique dans lequel les bataillons éprouvent de vives difficultés à se regrouper sur les routes défoncées et à se mettre en colonne pour emprunter la direction du sud.

« Des trous de bombes coupaient la circulation et le désordre était indescriptible, se souvient l'aspirant Jude, du 110ᵉ BCP. Toutes les armes étaient mélangées : artilleurs, fantassins, chevaux, camions, tout cela marchant dans un piétinement de fin du monde. »

L'horizon ressemble à un décor de Noël sur lequel des bougies géantes auraient été allumées, mais ces grandes lueurs mouvantes montent des villages lorrains qui continuent de brûler. On se presse, on se bouscule dans l'obscurité sur les itinéraires qui ont été reconnus (presque) praticables, le bombardement ayant fait disparaître les autres. Au I/174ᵉ RIF, le capitaine Schouler a eu la chance de trouver place dans la voiture de son chef de bataillon, le commandant Argenta. « Nous ne roulons même pas à l'allure des fantassins qui nous dépassent, dit-il, et il faut toute l'habileté de Juste Wolf, notre chauffeur, pour éviter à l'auto de verser ou d'être coincée entre d'autres véhicules. »

Au 5ᵉ bataillon de mitrailleurs du commandant Berger, l'ordre de repli a failli ne pas être transmis aux compagnies, une bombe ayant écrasé le centre de transmissions où quatre soldats ont été tués (Loisy, Harand, Beaudoin et Chauvenet) et tous les autres blessés. Un prêtre, le lieutenant Ernest Noël, a finalement accepté de porter l'ordre de décrocher aux compagnies, et ce, sous les tirs d'artillerie allemands. S'étant emparé d'un message semblable sur un agent de liaison du

II/174e RIF[1], l'ennemi bombarde en effet les itinéraires empruntés par les Français et se prépare à entamer la poursuite. Le capitaine Chevrier réussit à quitter la position du 5e BM, mais au prix de quelles souffrances ! Il est en effet blessé à la jambe et porté par quatre brancardiers qui se relaient. « Par des détours innombrables à travers champs, écrira-t-il au lieutenant Bernardet, nous avons gagné la route de Hellimer où la cohue était épouvantable. Nous avons erré ainsi jusqu'à deux heures du matin (quelle épreuve pour mes brancardiers qui m'ont porté pendant cinq heures consécutives !) avant de trouver une voiture qui me conduisit à l'ambulance. »

Chez les coloniaux de la division Dagnan[2] qui se sont trouvés en première ligne le vendredi, la première partie du repli est épuisante. « Pour éviter de donner l'alerte, écrit le lieutenant Seilles, du III/41e RMIC, les canons de 25 et les voiturettes porte-mitrailleuses ont été tractés à la main sur huit à dix kilomètres, puis, après maints détours, nous avons marché jusqu'à Saint-Jean-de-Bassel où nous sommes arrivés, fourbus, le samedi 15, vers midi, après une randonnée d'environ quarante kilomètres. »

Personne, au 20e corps, n'avait imaginé quitter la position dans des conditions aussi catastrophiques, surtout après une bataille qui avait incontestablement tourné à l'avantage des Français. Le 133e RIF du lieutenant-colonel Bertrand est soumis au même régime que les coloniaux du colonel Tristani, et les chevaux, blancs d'écume, tirent deux, voire trois voiturettes. A la CM 3 du capitaine Favaron, un cheval s'est emballé lors de la traversée d'un village qui brûlait encore et l'animal a brisé ses deux voiturettes. Un autre cheval qui transportait les sacs de la compagnie s'est couché à terre, épuisé, et personne n'a pu le faire lever. Que faire, sinon décharger en partie la voiturette pour en surcharger d'autres et abandonner le reste dans le fossé ?

« Après une étape de trente-cinq kilomètres, raconte le sous-lieutenant Karr, du III/133e RIF, le bataillon est arrivé à Burbach. Pas habitués à des épreuves de si longue haleine, les hommes étaient exténués. » Le médecin-lieutenant Hirsch, du même bataillon, rapporte que « beaucoup de pieds sont en mauvais état et, dès le 15 juin, nous faisons des pansements toute la journée. Avec la sanitaire, nous ramassons les traînards, les malades et quelques ivrognes[3] ».

1. Voir *Faites sauter la ligne Maginot !* (Fayard, 1973).
2. Le 20e corps comprend, de gauche à droite : la division de Girval (ex-secteur fortifié de Faulquemont), la 52e DI du général Echard, la 1re DGP (division de grenadiers polonais) du général Duch, et la division du colonel Dagnan (ex-secteur fortifié de la Sarre).
3. Selon le lieutenant Leclercq, le soldat D..., qui était en état d'ivresse, s'est couché au bord de la route. Il sera retrouvé, mort, quelques heures plus tard, et le lieutenant Missonnier fera transporter le corps à l'hôpital de Sarrebourg.

Au terme de cette première et cruelle étape de nuit, il s'avère que les régiments où l'ordre et la discipline sont maintenus ont mieux résisté que les autres. Lorsque le lieutenant Buchoud et les volontaires de son corps franc voient passer le 69e RIF du lieutenant-colonel Pinta à Destry, ils n'en croient pas leurs yeux. « La route est encombrée d'une horde dans le plus grand désordre et dans un grand état de fatigue, écrit Buchoud. Les hommes marchent, un par un, deux par deux, dix par dix, par bandes, sans chef. Beaucoup n'ont plus d'équipements, d'autres n'ont même plus d'armes... [1]. »

Dans le camp adverse, le *General* von Witzleben ne le sait pas encore, mais le problème posé par les routes défoncées et leur encombrement va se trouver multiplié par quatre. En effet, les Allemands affichent la prétention de lancer dans la trouée de la Sarre une douzaine de divisions. Quatre d'entre elles vont se rabattre derrière les ouvrages de la ligne Maginot pendant que les autres se lanceront à la poursuite des unités françaises en retraite. Les généraux de corps d'armée (chacun à trois divisions) connaissent leurs axes de marche : le *30e Korps* de Hartmann se dirige vers Nancy, le *12e Korps* de Schroth vers Lunéville, et le *24e Korps* de von Schweppenburg s'oriente vers la Meurthe de Baccarat. Le seul inconvénient : toutes les divisions veulent passer en tête par l'étroit couloir abandonné dans la nuit par les troupes du général Hubert. « Sur les routes coupées d'entonnoirs, lit-on dans le journal du *30e Korps,* la poussée d'éléments de la *258e ID* sur la droite et du *12e Korps* sur la gauche forme des embouteillages considérables. » Un peu plus loin : « Dans l'étroit goulet près de Grostenquin, doivent se glisser trois divisions et leur artillerie de renforcement. Il faut tout mettre en œuvre pour vaincre ces embouteillages. »

Dans la nuit du vendredi au samedi 15 juin, il devient évident que certaines divisions doivent s'effacer devant d'autres si l'on ne veut pas risquer une paralysie totale des itinéraires. « Les mouvements sont difficiles, car la *79e ID* avance juste derrière la *93 ID*. Pour éviter l'embouteillage des ravitaillements de celle-ci, il faut se décider à faire évacuer la route par la *79e ID* et la mettre au repos. » (Journal du *30e Korps.*)

Comme si la pression exercée par une douzaine de divisions dans un « couloir » d'une vingtaine de kilomètres de large ne suffisait pas, deux messages — qui figurent au journal de la division — vont être transmis à l'état-major de la *258e ID* du *General* Wollmann.

---

1. Est-ce la raison pour laquelle le lieutenant-colonel Pinta n'a pas cru devoir apporter son témoignage à l'auteur ?

« 21 h 50 : l'avant-garde rend compte qu'il y a des chars ennemis.
— 21 h 54 : attaque de chars ennemis. »

Le 20e corps du général Hubert, qui bat en retraite vers le sud, n'a jamais eu l'intention de revenir vers la ligne Maginot ni de contre-attaquer avec des chars. Qui a pu voir, dans le camp allemand, des chars français passer à l'offensive ? Personne, bien entendu, et l'explication de la méprise est portée sur le journal du *30e Korps* : « La troupe, très fatiguée et massée sur les routes, a confondu, dans la nuit qui tombait, des chars avec les tracteurs d'une batterie d'artillerie lourde qui rejoignait son itinéraire en coupant à travers champs. »

La suite est plus intéressante et met en évidence les conséquences de cette confusion : « Dès que le cri " Les chars français attaquent " eut retenti, les chevaux et véhicules des colonnes en stationnement furent abandonnés, les hommes fuyant, se dispersant et courant vers l'arrière. Les positions de batterie étaient également abandonnées, de nombreux camions étaient laissés sur la route sans chauffeur, si bien que la reprise du mouvement en avant exigea plusieurs heures. On a même signalé une automitrailleuse qui rejoignait l'avant-garde et rebroussa chemin sur-le-champ. »

Le rédacteur du journal ajoute : « La panique s'étant propagée dans la division, des officiers de liaison furent envoyés sur place pour ramener le calme et l'ordre avec une énergie sans restriction (*sic*). »

Outre les encombrements dans « l'étroit goulet de Grostenquin » et le mouvement de panique enregistré au *30e Korps,* d'autres facteurs interviennent qui ralentissent les divisions allemandes. Derrière les troupes françaises en retraite, les sapeurs du 20e corps ont miné tous les carrefours et détruits tous les ponts[1]. Au *24e Korps* où les *Pionniers* auront plus de quatre-vingts passages à rétablir entre le 15 et le 18 juin, le *General* von Schweppenburg reconnaît que « l'avance a été très ralentie par le nombre de coupures opérées par les Français au cours de leur repli ». Second obstacle dressé devant les forces allemandes : les unités de la 52e DI et de la 1re DGP chargées de les arrêter sur la « ligne intermédiaire » située à une quinzaine de kilomètres en arrière de la position principale ; à droite, quatre bataillons de grenadiers polonais avec le GR de la division et un détachement d'artillerie ; à gauche, barrant la route Château-Salins-Nancy à hauteur de Grostenquin, le 291e RI du lieutenant-Colonel Modot avec deux groupes d'artillerie et la batterie antichar de la 1re DGP. Ces unités ont pour mission de tendre un simple rideau défensif à l'abri duquel les fantassins qui se sont battus le 14 juin doivent retraiter en sécurité. Malheureusement, en dépit des

1. Sauf sur l'axe Sarre-Union-Fénétrange qui matérialisait la limite entre les IIIe et IVe armées. Aucun détachement du génie ne s'est cru responsable des destructions sur cet itinéraire.

neuf mois de « drôle de guerre », la ligne intermédiaire est à peine ébauchée. « Les gros travaux sont inachevés, rapporte le commandant Charles, du III/291e RI, les blockhaus sont dans leurs coffrages, pas de créneaux, pas de portes, pas d'obstacles. »

Renforcée par les sections de mitrailleuses Gravellier et Commas, la compagnie du capitaine Azéma défend Grostenquin où des maisons brûlent encore, et c'est elle qui va subir le gros d'une attaque qui s'étend jusqu'à l'étang du Bischwald où se trouve le 1/291e RI du commandant Hureaux. Les combats durent toute la journée du samedi et si les Polonais, malgré leurs pertes, conservent leur position, le 291e RI, sous la pression d'une division disposant d'une artillerie renforcée, finit par céder. La compagnie Azéma disparaît, perdant « onze tués dont les sergents Vaucher et Cunin et trente-huit blessés qui ont pu être évacués », témoigne l'adjudant Commas[1]. De plus, le PC du régiment a été repéré et, vers 16 h 30, écrit l'officier adjoint, le capitaine François, « le lieutenant-colonel André Modot est mortellement blessé par un éclat d'obus à son PC de Vallerange. Le commandant Berck est légèrement touché à la joue et au cuir chevelu ».

Malgré la commotion dont il est victime, Berck, chef d'état-major, prend le commandement du 291e RI qu'il remettra le lendemain au commandant Malgorn, un ancien du 23e RIC, envoyé par le général Hubert. Le samedi soir, lorsque le 291e RI se replie sous la protection des corps francs Breuvard et Faucon, il est amputé de trois compagnies tombées avec leurs morts[2] et une partie de leurs blessés entre les mains de l'ennemi. Le régiment va couvrir une quinzaine de kilomètres dans la nuit et prendre position derrière la voie ferrée qui court d'est en ouest au sud de Morhange, avec la même mission que la veille : ralentir l'ennemi afin de protéger la retraite du gros des troupes. La liaison devrait être prise à gauche avec le GRCA 15 du colonel Azaïs qui escadronne sur les arrières de la division de Girval, mais aucun cavalier n'est aperçu de ce côté. A droite, la compagnie cycliste du 348e RI et trois bataillons polonais sous les ordres du colonel Kocur.

Le commandement (la 52e DI ?) a eu tort d'exiger du 291e RI la défense d'un front aussi étendu (plus de vingt kilomètres entre Burthécourt et Bénestroff), alors que la tactique à employer était la constitution de puissants barrages routiers. Les Allemands ne se soucient nullement de « nettoyer » les forêts et les villages isolés ; leur objectif est de s'emparer des itinéraires principaux, ce qui explique pourquoi ils lancent en avant des détachements motorisés avec automi-

1. Lettre du 22 juin 1978 adressée par M. Commas à l'auteur.
2. Parmi les tués identifiés : Dumont, Gourdain, Cunier, Damas, Lalbat, Villain ; et, près de Linstroff : Barau, Coussin et Eschbach. Populus et Antoniotti seront tués près de Francaltroff et inhumés avec cinq Polonais.

trailleuses, motocyclistes, canons d'assaut et pièces de *Flak* légère suivis par des camions chargés de fantassins.

Le 16 juin, une formation semblable donne l'assaut à la compagnie cycliste du 348ᵉ RI qui interdit la route de Dieuze. Elle résiste quelques heures, mais commence à plier lorsque le capitaine Fourcaud, le lieutenant Robinet et l'aspirant Bouchez sont blessés. A droite, le III/2ᵉ RGP du commandant Brzozowski est rejeté sur Guebling avec des pertes. A gauche, malgré l'appui des 75 du groupe de Vismes, « grâce au dévouement et à la technique de l'officier adjoint, le capitaine Missenard » (rapport du commandant Charles), le III/291ᵉ RI éclate et les infiltrations allemandes isolent les compagnies. La « 10 » du capitaine Harleux se replie à travers la campagne et rejoindra les forces françaises trois jours plus tard, au sud du canal de la Marne au Rhin. La « 9 » du capitaine Panetrat se trouve entraînée vers Dieuze où le lieutenant Bouleau arrive vers midi. « Je suis à l'entrée de la ville avec cinq hommes et un FM, écrit-il dans ses carnets. Nous nous installons derrière deux charrettes à foin. »

Des isolés du 348ᵉ RI se réfugient dans les maisons et les chasseurs du 88ᵉ BCP du commandant Le Maguère commencent à prendre position malgré les bruits de combat qui leur parviennent de la région de Bénestroff, à une douzaine de kilomètres au nord. Ils ont raison, car l'avant-garde de la *268ᵉ ID* roule vers Dieuze, laissant le soin à l'infanterie de régler leur compte aux Polonais et aux éléments du 291ᵉ RI qui se battent encore. Depuis la cote 254, au sud de la ville, les artilleurs français et polonais, qui disposent d'un superbe observatoire, réagissent les premiers. « Les zones d'action étaient assez floues, admet le capitaine Missenard, officier adjoint du I/17ᵉ RA, et nous répartissant les tirs avec les Polonais, nous avons démoli des camions de fantassins sur la route de Vergaville à Dieuze[1]. »

A l'entrée de la ville, écrit le *Hauptmann* Spitzer, « l'avant-garde de la *268ᵉ ID* rencontre des éléments de la *75ᵉ ID* qui sont arrêtés par un combat de rues... Les hommes du *II/IR 499* sont obligés d'avancer par bonds et de se jeter dans les fossés à chaque salve d'artillerie, ce qui ne les empêche pas de subir des pertes sévères. Le *Major* Hutterer qui commande le bataillon et le *Feldwebel* Maier sont tués par le même obus ».

Les chasseurs du 88ᵉ BCP se battent dans les rues, mais les Allemands, qui appartiennent à deux divisions, sont très agressifs, peut-être à cause des pertes que leur fait subir l'artillerie franco-polonaise. « Sur une centaine de mètres, dit encore Spitzer, gisaient de nombreux morts et blessés, et nous devions les enjamber pour avancer. Il faudra

1. Lettre du 3 juillet 1979 adressée par M. Missenard à l'auteur.

l'intervention personnelle du chef de corps, l'*Oberst* von Bothmer, pour relancer l'attaque du *II/IR 499*[1]. »

Le 88e BCP doit se replier. La compagnie du capitaine Chirat sera encerclée dans le bois du Sorbier et celle du capitaine Marc, après une tentative de repli sur Guéblange-lès-Dieuze, mettra bas les armes. Les deux compagnies polonaises des capitaines Sosniak et Domitr se battent encore, mais les forces allemandes augmentent et la couverture laissée en arrière-garde par la 52e DI et par la 1re DGP risque d'être sacrifiée[2]. Le III/2e RGP parvient à se dégager dans l'après-midi et, marchant toute la soirée et toute la nuit, rejoindra sa division sur la rive sud du canal de la Marne au Rhin. Le II/1er RGP du commandant Szydlowiskis se bat à Guinzeling jusqu'à 11 heures, puis, sur le point d'être tourné, se replie sur Cutting où il est assailli sur trois faces, réussissant une nouvelle fois à se dégager malgré d'inévitables pertes en hommes et en armement. A travers la forêt de Romersberg, les Polonais approchent de Guermange, mais les Allemands sont arrivés avant eux et le combat reprend. Quinze morts aux abords de Guermange, sans compter l'officier de liaison français, le lieutenant Robert Dinet, et sept inhumés plus tard dans une fosse commune à Desseling sont les victimes recensées de ce dernier engagement. Une seule compagnie parviendra à s'ouvrir la route en direction du canal.

Le I/1er RGP du commandant Szozerbo-Rawiez résiste jusqu'à 14 heures à Loudrefing, puis, sur l'ordre du colonel Kocur, entame son repli en évitant les routes. Vers Angviller, à la sortie de la forêt, le bataillon se heurte aux Allemands disposés en embuscade. Malgré leur fatigue, les Polonais se défendent avec vigueur, puis, laissant encore une quinzaine de morts derrière eux, parviennent à glisser vers l'est. Réduit au tiers de son effectif, le I/1er RGP retrouvera la division au sud du canal le lundi 17 juin. Dans un état d'épuisement complet.

Le commentaire du colonel Skrzydlewski, chef d'état-major de la 1re/DGP, montre bien que le sacrifice des unités laissées en arrière-garde est discutable : « Les combats du 16 juin prouvent que la manœuvre retardatrice, exécutée par des unités à pied contre un ennemi motorisé, dans des conditions où l'espace empêche l'appui du gros de l'artillerie et où les troupes sont obligées de marcher la nuit et de se battre le jour, sans repos, conduit à l'usure rapide des bataillons engagés[3]. »

---

1. Coïncidence : von Bothmer est né en 1890 à Dieuze, alors que la Moselle était annexée et, en 1914, il était *Leutnant* au régiment 138 en garnison à Dieuze, régiment que commandait son père.

2. Le combat de Dieuze coûte dix-sept morts aux Polonais, cinq au 88e BCP, dont le caporal-chef Chansard, et deux au 620e Pionniers.

3. Le 20e corps disposant du 21e BCC, on ne comprend pas pourquoi il ne l'a pas utilisé « pour donner de l'air aux unités en retraite », comme l'écrit le commandant

★ ★

L'aile gauche du 20ᵉ corps, c'est-à-dire la division du général de Girval, connaît des difficultés identiques. Des bataillons de forteresse, lourds et incapables de manœuvrer, marchent en arrière-garde, et la seule chose que l'on puisse leur demander est de se mettre sur la défensive. C'est ce qu'ils vont faire.

Le dimanche vers 9 heures, le capitaine L'Hotte, qui jalonne l'avance allemande avec ses cavaliers du GRCA 15, rend compte au lieutenant-colonel Prat, du 146ᵉ RIF, « qu'une colonne motorisée ennemie a traversé Morhange et roule en direction de Château-Salins ». Le commandant Helfer, qui barre cet itinéraire avec le I/146ᵉ RIF, est alerté, ainsi que le I/156ᵉ RIF du commandant Dupas qui surveille la route de Metz à hauteur de Delme.

Le premier accrochage a lieu en fin de matinée vers Viviers et Fontenoy, entre des automitrailleuses et la compagnie Bastard. A Vaxy, à quatre kilomètres au nord de Château-Salins, le bataillon Helfer arrête deux colonnes avec ses canons de 25. L'adversaire se replie à bonne distance et envoie un « mouchard » survoler la position française pour en évaluer la force. Se déclenche ensuite la préparation d'artillerie suivie de l'apparition des fantassins allemands qui manœuvrent sur les flancs du bataillon Helfer, rivé au terrain avec ses armes lourdes. Deux heures s'écoulent et, lorsque le lieutenant-colonel Prat est autorisé par le PC de Girval à ramener le I/146ᵉ RIF sur Château-Salins, la marge de manœuvre dont disposait Helfer n'existe plus. Prat lui-même reconnaît « que le décrochage est impossible en raison du contact étroit avec l'ennemi et du violent tir d'artillerie contrôlé par avion ».

Le PC du bataillon n'est pas épargné : le capitaine Mascle a la cheville arrachée par un éclat et le lieutenant Dupuis la rotule brisée. De nombreux tués sont signalés : Bourzy, Mériaux, Le Gall, Pothier, Bedagne, le chef Thomas. « A 17 h 30, écrit encore le lieutenant-colonel Prat, on a l'impression que l'ennemi « grouille ». L'assaut devient général, tandis que l'artillerie pilonne toujours le bataillon. » Les sections Mariotte et Kugler se préparent au combat rapproché, mais les Allemands font en sorte de fractionner la défense. Un *Stosstrupp,* qui a fait un large détour, attaque le PC par l'arrière et capture le commandant Helfer. La compagnie du lieutenant Boyer est désarticulée et, avec le capitaine Lavallée, Boyer se cache dans un champ de blé où il espère attendre la nuit. Les deux officiers seront faits prisonniers vers 20 heures. Le lieutenant André Ronez est tué et d'autres morts jonchent la position du I/146ᵉ RIF : Leteurtre, Brichelin, Pfister, Lemunier,

Martinié, du I/201ᵉ RI, à propos du 5ᵉ BCC affecté au 42ᵉ corps. On le verra maintes fois : les généraux français ne savent pas employer leurs chars.

Hentard, Vital. Les sergents Roux et Kissel, du 460ᵉ Pionniers, trouvent aussi la mort près de Vaxy. La compagnie du lieutenant Malherbe se dégage, mais elle s'égare, tourne en rond et se fait prendre vers 19 heures. Du bataillon Helfer, on récupérera les effectifs d'une compagnie dont le capitaine Nadal prendra le commandement. Le gros du régiment a pu décrocher, laissant derrière lui, à moins d'un kilomètre au sud de Château-Salins, le corps franc du lieutenant Buchoud disposé en bouchon autour du canon de 25 du sergent Westendorp.

« A 19 h 30, raconte Buchoud, un side-car monté par trois hommes apparaît et s'arrête à deux cents mètres. Je regarde à la jumelle : les uniformes sont verts. Westendorp ouvre le feu, puis ce sont les FM, et le side est détruit. Ceux qui le suivent ont compris : ils refluent sur la ville. »

A quelques kilomètres plus à l'est, le commandant Malgorn a reformé le 291ᵉ RI dans la forêt de Bride, mais il est coupé du PC de la 52ᵉ DI et ne reçoit aucun ordre. Le commandant Charles, du IIIᵉ bataillon, l'a rejoint avec le capitaine Renard et une trentaine de soldats. Malgorn est sans nouvelles du commandant Hureaux, du I/291ᵉ RI, qui, ayant reçu directement un ordre de repli vers 15 heures, a cru que son chef de corps en était informé et s'est dirigé vers Moyenvic où il s'arrête à 21 heures. « Les ponts sont détruits, observe-t-il, et seuls les hommes peuvent traverser la Seille sur des planches ; les voiturettes des mortiers et des mitrailleuses ne passeront pas sur la rive sud. »

A l'abri de la rivière, Hureaux attend en vain les compagnies Leulier et Collin, puis, devant l'évidence, reconstitue trois sections avec les cent cinquante soldats qu'il a pu regrouper. Il en confiera le commandement au lieutenant Nouviant et aux sous-lieutenants Robert et Breuvard, le capitaine Baffeleuf coiffant l'ensemble.

Si le commandant Hureaux se sent en sécurité derrière la Seille, au point de reconstituer son « bataillon » sans craindre de mauvaise surprise, il le doit au I/348ᵉ RI du commandant Valette installé en recueil de Moyenvic à Vic-sur-Seille, avec l'appui du groupe Bordereaux, du 17ᵉ RA. Les forces de Valette ont peut-être un trop grand front à surveiller, mais elles permettront à beaucoup d'unités dissociées vers Dieuze de traverser la Seille. Parti en tête avec les lieutenants Quevat et Perrin, le commandant Malgorn se présente sur la rive nord peu avant le crépuscule. « La passerelle est étroite, note-t-il dans son rapport, faite de quelques planches jetées sur de vieux pilots. En aval, le pont de pierre de Moyenvic, détruit, obstrue la rivière dont l'eau monte. »

Vers 22 h 30, apparaît le capitaine Izaure qui a récupéré quelques mitrailleuses. Malgorn lui prescrit de les mettre en position, de manière à protéger la passerelle. Le chef de corps ignore où est l'ennemi et aucun agent de liaison du I/348e RI n'est venu l'accueillir sur la rive nord. « Au moment où la première voiturette s'engage sur la passerelle, écrit le sous-lieutenant Lévêque, du II/291e RI, l'ennemi déclenche un tir nourri sur les deux rives. Sous les balles, voiturettes et matériel sont abandonnés ! »

Qui tire sur qui ? L'ennemi n'est pas sur les deux rives et l'obscurité n'est pas plus sa complice que celle des Français. Il est 23 h 30 et les Allemands impressionnent leurs adversaires par des gerbes de balles traceuses qui semblent filer dans tous les sens. « Tué sur la passerelle, un cheval traînant un canon de 25 barre le passage », raconte Malgorn. Des soldats tentent de faire basculer l'attelage dans l'eau, mais plusieurs d'entre eux sont blessés et les autres renoncent. Finalement, un gué est découvert et tout le monde traverse la rivière avec de l'eau jusqu'à la poitrine.

Le calme est revenu lorsque, après minuit, la 7e compagnie du lieutenant Arnould atteint la Seille « sous un feu meurtrier de balles traceuses ». Arnould, qui a l'intention de franchir le cours d'eau avec tous ses hommes, décide d'abord de « se donner de l'air » et se prépare à contre-attaquer. En pleine nuit !

« Mes voltigeurs progressent par les fossés et les champs, écrit-il. De gauche à droite, les sections Courtois, Mera et Roynette. N'ayant plus de munitions, les soldats de Courtois mettent baïonnette au canon et chargent ! »

Le détachement allemand qui s'était placé en embuscade a compris : les fantassins remontent dans leurs camions qui repartent vers le nord, tous feux éteints. Ils laissent des bicyclettes, des motos et... quelques cadavres. Il est quatre heures du matin et le jour est levé lorsque la « 7 » du lieutenant Arnould traverse la Seille. Les voiturettes de la section Gravellier sont abandonnées sur la rive nord. « J'ai encore une centaine d'hommes, dit Arnould, mais ils n'ont rien mangé depuis plus de vingt-quatre heures et sont à bout de forces[1]. »

A cinq kilomètres de là, derrière la Seille de Burthécourt, les soldats du 146e RIF, souffrent, eux aussi, de la faim, mais la responsabilité en incombe au général de Girval qui a fait partir les trains de vivres et de munitions vers l'arrière. « La troupe est dans un état de fatigue extrême et n'a toujours pas été ravitaillée ! » rend compte le lieutenant-colonel Prat au colonel Vogel, de l'infanterie divisionnaire. Protestations du commandant Dupas qui apprend par le sous-lieutenant Berlaud que les trains du I/156e RIF ont été envoyés à Serres, à quinze kilomètres au sud du canal de la Marne au Rhin. « Mes hommes n'ont rien mangé

1. Le 291e RI laisse une dizaine de tués dont les sergents Ragot et Marouard dans le secteur de la Seille où le sous-lieutenant Maurice Plat sera tué le 17 juin.

depuis le 16 au matin, si ce n'est à l'aide du système D ! » affirme Dupas.

Combien de temps pourra-t-on exiger de la troupe de marcher la nuit et se battre le jour, en profitant des heures creuses pour cueillir des fraises dans les jardins, dérober des œufs dans les poulaillers ou se gaver de cerises dans les vergers ?

Durant la nuit du 16 au 17 juin, le I/348ᵉ RI se maintient sur la rive sud de la Seille, entre Moyenvic et Vic. Son repli n'a pas été synchronisé avec celui du groupe Bordereaux, du 17ᵉ RA, si bien qu'au moment où les canons allemands ouvrent le feu sur la position du bataillon, dans la matinée du lundi, l'appui direct du III/17ᵉ RA fait défaut. « Son aide a été précieuse, reconnaît le commandant Valette. Elle l'aurait été davantage s'il n'avait pas décroché avant le dernier tir d'appui promis pour permettre notre repli. »

A dix heures, avec cinq officiers et environ cent cinquante soldats dépourvus d'armes lourdes, Valette prendra la direction du canal. Les combats de la Seille lui ont coûté une douzaine de tués identifiés : Tocqueville, Biville, Fournier, Denis, Frahy, Palastrelli, Lefevre, Boury et d'autres dont les corps seront retrouvés les jours suivants. Au moment du départ, deux capitaines sont allongés dans la voiture de Valette : Maurice Hénon, tué à Vic-sur-Seille, et Roger Georgin, trente-six ans, qui va mourir de ses blessures le 26 juin à l'hôpital Dessirier, de Sarrebourg[1].

« Faute d'ambulance, précise l'aspirant Barant, nous avons laissé tous nos blessés dans la cave transformée en poste de secours... »

A la division Dagnan, le lieutenant-colonel Bertrand veut assurer le repli de son régiment, le 133ᵉ RIF, et laisse la CM 1 du capitaine Jennepin à Berthelming, à quatre kilomètres au sud de Fénétrange. Jennepin fait dresser des barricades sur la route avec des chariots renversés et du matériel agricole ; son observatoire est, bien entendu, dans le clocher. Un motocycliste assure la liaison avec le colonel et la matinée du dimanche est parfaitement calme. « Je demande au maire d'envoyer la population dans les caves au moment de l'action, rapporte Jennepin. Il est très coopératif et plusieurs jeunes Mosellans du village demandent des armes pour se battre. Je leur conseille d'aller à Sarrebourg pour y être incorporés et ils partent en chantant... »

A 16 h 30, le motocycliste apporte un ordre : la section Rebours doit rejoindre le régiment. Une demi-heure plus tard, des motocyclistes allemands prennent le contact et se replient sous le tir des mitrailleuses.

---

1. Dans son rapport, le commandant Malgorn assure qu'il a vu les deux capitaines dans la voiture, le 17 juin à 13 heures, à Réchicourt-la-Petite.

Une batterie ennemie qui marche avec l'avant-garde ouvre le feu : le caporal Canneaux est blessé, le sergent Deshayes tué et plusieurs armes automatiques détruites. Un peu plus tard, alors que l'infanterie adverse déborde Berthelming, le motocycliste apporte l'ordre de repli. Il est bien temps ! Jennepin sait qu'il ne peut pas sauver tout le monde. Il fait partir deux sections, celles des lieutenants Teitgen et Lallemand, gardant avec lui les sections Vat et Flamand. Le combat va durer jusqu'à la nuit, Jennepin faisant lui-même le coup de feu avec le mousqueton de Lemonnier, tué à côté de lui. Trois autres soldats, Denis, Bertram et Niederlander, trouveront la mort avant que le capitaine, blessé par un éclat de grenade, n'accepte de cesser le feu.

*
* *

Dans l'après-midi du dimanche 16 juin, le général Hubert reçoit l'ordre qui a déjà été communiqué aux autres commandants de corps d'armée : la retraite s'achève sur le canal de la Marne au Rhin où les troupes se battront « sans esprit de recul ». De la région de Toul à celle de Phalsbourg, on voit maintenant se dessiner le futur front de combat sur lequel les quatre corps d'armée « descendus » de la ligne Maginot vont livrer bataille. Chose curieuse, les réactions enregistrées dans les unités rappellent celle de l'adjudant Brives, du 37e RIF, qui s'écriait : « Enfin, nous allons être utiles ! » Une retraite est en effet l'opération la plus déprimante qui puisse être exigée d'une armée. Chaque soldat en ressent la perversité au plus profond de lui-même et tout change si l'on parle de s'arrêter et de se battre. Voici la réaction d'un chef de bataillon, le commandant Le Cunff, du I/82e RIF : « Après une étape de trente-cinq kilomètres qui accentua encore la fatigue, je reçus l'ordre d'aller prendre position derrière Bauzemont, sur le canal que nous devions défendre sans idée de repli. Je fis alléger ma troupe en confiant les sacs au lieutenant Parisot et le départ se fit dans de bonnes conditions parce que nous savions enfin où nous allions. »

Parfois, une hypothèse s'échafaude : on pense à 1914, au « miracle de la Marne », et l'on espère que des divisions fraîches vont être envoyées en renfort sur le canal où l'ennemi sera définitivement arrêté. Au 5e bataillon de mitrailleurs qui vient de traverser Mouacourt dans un état d'épuisement complet, le commandant Berger annonce qu'on va se battre. « Comme nous ignorons tout de la situation générale, écrit le lieutenant Aufauvre, nous accueillons la nouvelle avec satisfaction, dans l'espoir qu'un redressement peut encore s'opérer. »

Même réaction au III/146e RIF qui franchira le canal à Hénaménil dans la nuit du 16 au 17 juin. « Harassés, fourbus, mes hommes se reposèrent une partie de la journée, puis ils commencèrent à s'enterrer, raconte le commandant Grange. Je crois qu'ils préféraient se battre plutôt que reprendre la route dans la soirée. Une retraite sape toujours le moral et celui-ci remontait en flèche avec la perspective d'arrêter le boche sur le canal. »

Chez les coloniaux du 41e RMIC qui sont prévenus qu'on ne reculera plus et qu'on résistera sur place, le capitaine Haultcœur-Thibaudet note qu'à la CM 10 « le moral devient aussitôt meilleur et les hommes attendent l'attaque de pied ferme ». Le colonel Dagnan, qui commande la division de marche formée le 14 juin avec les 41e et 51e RMIC et le 133e RIF, voit naturellement les choses de plus haut. « Mes coloniaux n'avaient pas quitté la ligne Maginot en vaincus, rappelle-t-il, mais au soir d'une incontestable victoire défensive. Or, depuis le 14 juin, ils avaient l'impression de fuir l'ennemi, ce qui est toujours désagréable pour des soldats qui ont fait leurs preuves au combat. Leur attitude a changé en apprenant qu'on allait se battre sur le canal et les plus fatigués ont redressé la tête. Pour moi, ce n'était pas un front idéal, mais je préférais n'importe quelle situation à cette retraite qui usait mes régiments sans aucun profit. »

N'importe quelle situation ? Dagnan va être exaucé. Le général Hubert lui enlève d'abord le lieutenant-colonel de Mauny et l'état-major du 51e RMIC qui va tenir des bouchons sur la Moselle de Charmes avec un bataillon, le meilleur, celui du commandant Dousset. Des camions vont venir embarquer le I/51e RMIC[1]. Les méthodes ne varient pas : on prend un bataillon à droite pour combler un intervalle à gauche, et personne ne s'inquiète de la rupture des liens tactiques qui en découle. Les deux autres bataillons du 51e RMIC sont confiés au commandant Gigon, et le colonel Dagnan décide qu'ils resteront en couverture au nord du canal pendant que le 41e RMIC de Tristani et le 133e RIF de Bertrand s'installeront sur la rive sud. Gigon doit prendre liaison avec le commandant Karolus, qui commande les Polonais du I/3e RGP, mais le terrain n'est guère favorable à ce genre d'opération, étangs et marécages alternant avec la forêt qui se prolonge vers le sud, coupée d'est en ouest par le canal de la Marne au Rhin. Lorsqu'il découvrira cette position, le capitaine Favaron, du I/133e RIF, ne pourra s'empêcher d'exprimer son étonnement : « C'est inouï ! Un bataillon de mitrailleurs réduit de près de moitié, dans une forêt presque impénétrable ! »

Une route traverse le canal par le pont du col des Français et permet d'accéder à Réchicourt-le-Château. C'est le seul itinéraire possible pour une patrouille motorisée allemande venant du nord, et le colonel Dagnan a décidé que le pont ferait l'objet d'une surveillance particulière. Le 16 juin à 19 heures, la compagnie Courdavault, du III/41e RMIC, est

1. Les camions sont en nombre insuffisant et Dousset doit laisser la CM 2 du lieutenant Vives, ce qui le prive de 160 hommes avec 14 mitrailleuses, 13 FM et 21 000 cartouches (journal du 51e RMIC).

désignée pour interdire le franchissement avec ses onze mitrailleuses et ses sept FM. Le sous-lieutenant Michelix la renforce avec deux canons de 25.

« Nuit calme, repos relatif ! » note le capitaine Courdavault dans son journal.

Sachant que le III/51e RMIC du capitaine de Nazelle et le IIe bataillon du commandant Bruel ont tendu un écran défensif à quelques kilomètres au nord, Coudavault est rassuré. Sur les routes, le trafic est intense durant la nuit et des milliers de réfugiés ralentissent les colonnes qui se dirigent vers la rive sud du canal[1]. Les coloniaux qui atteignent Réchicourt n'en peuvent plus. « Nous sommes affamés et harassés, témoigne le radio Donneaud. Le lieutenant Dunoyer de Lalande distribue des côtelettes de porc, mais, couchés dans les granges, les hommes étaient incapables de manger. Ils voulaient dormir, seulement dormir. »

Les sections d'arrière-garde sont encore plus à plaindre, car elles se replient en tout-terrain dans l'obscurité et sans autre carte que celle du calendrier des PTT. Elles doivent franchir le canal des Houillères[2] et traverser la forêt de Réchicourt. La section de l'aspirant Gaillard, par exemple, ne rejoindra le régiment que le lundi vers midi et tous les hommes passent aussitôt entre les mains du médecin-lieutenant Furet, du II/41e RMIC. « Ils sont exténués, témoigne Furet, et sont hébergés au poste de secours installé dans la salle des fêtes et pansés, car ils ont tous les pieds en sang. »

**

Entre les Polonais du général Duch et la division de Girval, la 52e DI du général Echard a des éléments en place sur le canal, dans la soirée du samedi 15 juin. Une partie du 174e RIF du commandant Caye a été transportée jusqu'à la forêt de Parroy par les camions d'un groupe d'aérostiers. Le choix du 174e RIF s'explique par le fait que le régiment s'est trouvé le 14 juin au cœur de la bataille de la Sarre et qu'il a subi les pertes les plus élevées. Le IIe bataillon du commandant Gouilleux a été le plus éprouvé et ses effectifs ont baissé des deux tiers : la CM 7 du lieutenant Meyrous a encore deux sections, la CM 5 avec le lieutenant Cuny rassemble une quarantaine d'hommes, le lieutenant Chardin a lui aussi deux sections réduites et la CM 6 du capitaine Daubenton, qui a

---

1. Le lieutenant Perny, de la prévôté, arrêtera à Cirey-sur-Vezouze un motocycliste en uniforme français qui portait de faux ordres d'évacuation aux maires, dans le but d'encombrer les routes (journal de la division Dagnan).

2. Paul Schmidt, vingt-cinq ans, a la tête écrasée le 16 vers 22 heures, lors de l'explosion qui détruit le pont de Alberschaux où un groupe du 41e RMIC allait s'engager. Les sapeurs ont-ils pris les coloniaux pour des Allemands ?

disparu avec son chef dans le bois du Kalmérich après une journée de combat le 14 juin, est représentée par le sous-lieutenant Bernard et... quatre soldats. Au I/174e RIF qui a effectué la plus grande partie de la retraite à pied, le capitaine Schouler réussit à monter dans la voiture de liaison avec l'aspirant Marret. Les quarante kilomètres qu'il vient de parcourir à pied l'ont plongé dans un état second. « J'ai le sentiment d'avoir franchi le canal un certain nombre de fois, écrit-il, si bien qu'au pont de Parroy j'ai eu du mal à m'y reconnaître, tant le manque de sommeil m'avait abruti... »

Son chef de bataillon, le commandant Argenta, s'inquiète surtout du manque d'armement lourd. Les canons de 25 sont restés ensevelis sous les blockhaus écrasés par le bombardement et les mortiers de 81 sont inutilisables parce que, seuls, les tubes et les bipieds ont été emportés. « Ils ont tellement tiré le 14 juin, explique Schouler, que les plaques de base, enfouies dans la glaise, n'ont pu être dégagées. »

Le dimanche à 22 heures, le commandant Caye, qui a reçu l'ordre de constituer un front sur le canal, répartit ses unités en fonction de leurs effectifs : le Ier et le III/174e RIF seront en premier échelon et le IIe bataillon en réserve à la cote 281, au cœur de la forêt de Parroy. Sur une carte, tout paraît simple, mais, dans les bois et en pleine nuit, le « bataillon » Gouilleux marchera jusqu'à une heure du matin sans découvrir la fameuse cote 281. Les hommes se reposeront trois heures et, sitôt le jour levé, la colonne repartira et s'arrêtera à Emberménil, après avoir traversé du nord au sud toute la forêt de Parroy. « Nous avons encore fait quatre kilomètres jusqu'à Laneuveville-aux-Bois, raconte le capitaine Pirat, avant de découvrir enfin le layon qui conduisait à la cote 281 où nous sommes arrivés le 17 juin vers 10 heures, fatigués à en mourir. »

En voyant ses hommes avancer sur les chemins forestiers, le commandant Gouilleux ne peut masquer sa surprise : « Quand on les regarde marcher en se dandinant sur leurs pieds blessés, on croirait voir un bataillon de boiteux envoyé en renfort ! » Les malheureux ont les pieds blessés et il leur est interdit de se déchausser, car ils ne pourraient pas remettre leurs brodequins. Les étapes ont été trop dures, même pour des chasseurs à pied, et ceux du 110e BCP du commandant Pâté atteignent le canal le dimanche soir. « Hénaménil, vision inoubliable ! note l'aspirant Jude. Des centaines de soldats encombrent les rues du village ; tout cela discute comme si c'était jour de foire. Fait plus extraordinaire : la roulante de la compagnie est arrêtée sur un côté de la route et fume délicieusement. »

Une heure plus tard, lorsque les chasseurs ont mangé — ils n'avaient rien dans l'estomac depuis l'avant-veille —, le bataillon s'enfonce dans la forêt de Parroy où il est placé en réserve. D'un seul coup, les effets de la digestion et de la fatigue se manifestent. « Les hommes sont épuisés-

jusqu'à l'écœurement d'avoir tant marché, dit encore Jude. A peine arrêtés, ils s'effondrent dans un sommeil de mort. »

Pour le 110ᵉ BCP qui n'a pas de travaux défensifs à effectuer, le sommeil est réparateur, mais, pour les unités qui vont se trouver en première ligne, au sud du canal, la fatigue est un gros handicap. « Les hommes se couchent aussitôt arrivés, rapporte le commandant Talmon, du 96ᵉ BCP. Les efforts des cadres ne parviennent que difficilement à obtenir des corvées de ravitaillement. Épuisés, ils s'endorment au lieu de creuser leurs emplacements de combat. »

A droite du bataillon, les soldats du 5ᵉ BM du commandant Berger observent la même attitude. « L'herbe haute assure une certaine protection au personnel qui organise sommairement la position ! » admet le capitaine Mercier de la CM 1. Personne ne songe que les obus allemands ne feront pas la différence entre des abris à l'épreuve et des emplacements « sommairement » aménagés. Entre le canal et la lisière de la forêt, on utilise même « les vestiges des anciennes tranchées de 14-18 » et les hommes jugent superfétatoire de manier la pelle et la pioche !

A la division de Girval qui a des éléments des 146ᵉ et 156ᵉ RIF en arrière-garde, la mise en place s'opère dans des délais raisonnables. Le commandant Vergoz, chef d'état-major, admet « qu'il faut laisser souffler les hommes avant de les préparer au combat ». C'est la solution la plus sage, car la dernière étape a brisé les ressorts. « Nous avons marché toute la nuit pour arriver au canal à 5 heures du matin, écrit le capitaine de Boisbourdin, de la CM 3 du 82ᵉ RIF. Le capitaine Vicaire, qui était resté avec un élément retardateur sur la position, rejoint à marches forcées, avec le lieutenant Lefebvre, le sergent-chef Chassaing et quelques soldats. Ils sont à bout de forces, car ils ont le plus souvent coupé à travers champs. »

Vicaire reconnaît qu'il est à la limite de l'épuisement : « Je fais mon rapport au commandant Cazabat, puis je dors toute la journée dans une cabane de bûcheron avec le lieutenant Radius. »

Tous les documents insistent sur la fatigue insurmontable qui tétanise les muscles. Le manque de sommeil est tel qu'au moment où les sous-officiers tentent de les remettre debout et de distribuer les outils, la plupart des soldats retombent sur le sol, comme inanimés, ou, s'ils restent en position verticale, c'est dans une sorte de léthargie qui les éloigne du monde extérieur. Au II/82ᵉ RIF, le capitaine Husson explique qu'il a lui-même ressenti cette étrange impression due à l'excès de fatigue : « J'ai vécu dans un extraordinaire état de sérénité. Je me suis senti au-dessus des événements et rien ne paraissait devoir m'atteindre [1]. »

1. Lettre du 8 octobre 1974 adressée par M. Julien Husson à l'auteur.

Pendant que les soldats dorment, la future ligne de défense reste embryonnaire et, à l'état-major de la 52e DI, on commence à s'inquiéter de cette situation. Lorsque le capitaine Erulin [1], chef du 3e Bureau, vient sur place inspecter la position, il est consterné : dans certains bataillons, le plan de feu n'est même pas établi et l'on aperçoit des mitrailleuses en position couchée dans les prés, sans épaulement, à la merci d'une salve d'artillerie. Au 58e BM du commandant Meygret, on retrouve l'ambiance des cantonnements de temps de paix et les sections vont prendre leur repas à la cuisine roulante de Hénaménil, par roulement, laissant un effectif réduit aux pièces, alors que l'ennemi — Erulin le rappelle sèchement au capitaine Tillier — peut déboucher brusquement au nord du canal.

Les péniches amarrées entre Hénaménil et Xures ont été incendiées, mais, pour éviter de voir certains biefs se vider, les écluses n'ont pas été détruites et le cours d'eau n'est pas infranchissable. Au début de l'après-midi du 17 juin, des éléments restés en arrière-garde passent encore sur le pont de Hénaménil. « Une voiture arrive, écrit le capitaine Erulin. C'est le commandant Charles, du III/291e RI. Il est épuisé et veut dormir. Ses hommes tombent sur place et s'endorment dans la rue, le long des maisons. » Des artilleurs du 17e RA suivent. Les conducteurs dorment sur leurs sièges et les chevaux ont la robe blanche d'écume. Les tracteurs du I/49e RAMF du commandant Schoeller s'arrêtent devant la mairie de Hénaménil. Le groupe doit assurer l'appui direct du 58e BM et le lieutenant Henrion et son équipe radio gagnent la ferme Bonneval où le commandant Meygret a établi son PC. Au 17e RA, les lieutenants de Kergaradec et Petot cherchent le commandant Caye, du 174e RIF, pour assurer la liaison artillerie. Au 217e RA, les lieutenants Hémar, Laurent et Bittebière prennent contact, eux aussi, avec les fantassins.

Au pont du canal, Erulin regarde passer les rescapés du 291e RI. « Il y a d'abord les fuyards, dit-il, sans armes, déséquipés, que l'on regroupe dans des granges. Puis des échelons de mitrailleuses, très en ordre. Épuisés, les chefs de bataillon dorment au fond d'une voiture de liaison. Enfin les unités, solides, se repliant sous la protection d'un élément aux ordres directs du commandant Malgorn. Celui-ci est rasé de frais, impeccable, calme et serein. »

1. Le colonel Érulin sera tué en Indochine en 1950. Il était le père du lieutenant-colonel Philippe Érulin qui sauta le 19 mai 1978 sur Kolwezi (Zaïre) avec ses légionnaires et succomba à un malaise cardiaque en septembre 1979.

CHAPITRE XV

« La vraie bataille est pour demain ! »

A la division du général de Girval, sur la gauche du 20ᵉ corps, le colonel Vogel, de l'infanterie divisionnaire, a porté tous ses efforts sur l'organisation défensive de la rive sud du canal, et, dans la nuit du 16 au 17 juin, le 69ᵉ RIF du lieutenant-colonel Pinta, le 82ᵉ RIF du lieutenant-colonel Matheux et le III/146ᵉ RIF du commandant Grange sont installés derrière la ligne d'eau. Vogel a même un bataillon de forteresse en réserve, le III/156ᵉ RIF du commandant Cochinaire, mais il va faire en sorte, maintenant, de récupérer les éléments qui se trouvent en arrière-garde au nord du canal : les deux autres bataillons du 156ᵉ RIF avec le lieutenant-colonel Milon, le II/146ᵉ RIF du capitaine Beaumier et les rescapés du Iᵉʳ bataillon avec le lieutenant-colonel Prat. Ils sont à la hauteur de la Seille qu'ils n'ont pas tous franchie et le corps franc du lieutenant Buchoud barre la route au nord du pont de Burthecourt, derrière lequel stationnent des cavaliers du GRCA 15.

Vers une heure du matin, ceux-ci perdent leur sang-froid lorsqu'une voiture approche de la rivière, tous feux éteints. Ils font actionner la mise à feu par les sapeurs et l'ouvrage est détruit dans une violente explosion qui illumine la nuit. La lueur permet aux hommes du GRCA 15 de voir que la voiture a eu le temps de traverser la Seille. En descendent le lieutenant-colonel Prat et son chef d'état-major, le commandant Leixelard. Le chef de corps du 146ᵉ RIF est furieux et, après avoir dit leur fait aux cavaliers, il leur signale que son corps franc est en embuscade sur la rive nord, à moins de deux kilomètres de la Seille et « qu'il aimerait qu'il ne fût pas tiré comme un vol de perdreaux lorsqu'il se repliera ».

Lorsque Buchoud a entendu le pont de Burthecourt sauter derrière lui, il s'est interrogé : une patrouille allemande se serait-elle approchée de la rivière par une autre voie ? Estimant la chose peu probable, il n'a pas modifié son dispositif : le groupe du sergent Hébert est embusqué sur la gauche de la route, le canon de 25 du sergent Westendorp prenant celle-ci en enfilade à une centaine de mètres en arrière. L'explosion qui a détruit le pont n'est pas passée inaperçue et les forces allemandes de Château-Salins en ont peut-être tiré la conclusion que les Français s'étaient retirés derrière la Seille et que la voie est libre. A peine audible, un bruit de moteurs est perçu par les soldats du corps franc ; il s'amplifie, se rapproche...

« Mon lieutenant, dit Westendorp à l'oreille de Buchoud, les moteurs tournent au ralenti, mais je suis sûr que c'est toute une colonne qui rapplique !

— Ne tire pas encore. Laisse-les approcher ! »

Dans l'obscurité, il est difficile d'évaluer la distance à laquelle se trouve l'ennemi. Des raclements de chenilles font craindre la présence de chars. Buchoud imagine aussi que le convoi est précédé par des fantassins marchant sans bruit sur le bas-côté. Il faut prendre une décision.

« Feu ! dit-il à Westendorp. Lâche tout ce que tu peux ! »

Les servants ont compris et, entre leurs mains, les petits obus de 25 vont de leur caisse à la culasse avec une rare célérité. Au troisième coup, Westendorp marque un point : un projectile percute un réservoir d'essence qui s'enflamme, puis explose, éclairant la colonne que Buchoud découvre, immobilisée à moins de huit cents mètres. Se dessinant en sombre sur le fond lumineux, des soldats ennemis sautent des camions et courent à travers champs pour retrouver la nuit et s'y fondre. D'autres engagent le combat avec le groupe Hébert dont le FM fait entendre de longues rafales. Quatre blessés sont évacués : Bodet, Schmitt, le caporal Busières et le caporal-chef Collin. Sur la route, les Allemands déconcertés cherchent à regagner Château-Salins, sous les coups de la pièce de 25 qui conserve l'avantage. Des voitures font demi-tour sur la route, un gros véhicule semi-chenillé s'engage dans les prés, des camions tentent de partir en marche arrière, tout cela au milieu des incendies [1].

Quand le silence revient, à peine troublé par le crépitement des flammes, il semble que les rafales, les coups de fusil et le tir du canon de 25 n'ont duré que quelques minutes. Sans doute capturés au cours de l'action, Valentin, Roch et Liviou ont disparu. Supposant que les Allemands ne tenteront plus rien avant le lever du jour, Buchoud fait accrocher le 25 à sa chenillette, et le corps franc se replie vers le pont détruit. Avec sa lampe électrique, Westendorp traverse la rivière à pas prudents sur les débris de l'ouvrage. « On peut essayer de porter la pièce, dit-il au retour, mais, pour la chenillette, ce sera plus risqué. »

1. Quatre camions et deux side-cars ont été détruits par le 25 de Westendorp, qui se fera un nom dans le journalisme après la guerre sous le pseudonyme de Pierre West.

Des volontaires placent le canon de 25 sur leurs épaules et réussissent à le déposer sur la rive sud. Puis c'est le tour de la chenillette qui parcourt deux mètres, puis trois…, mais les pierres arrachées lors de l'explosion se dérobent sous son poids et elle bascule dans la Seille, laissant tout juste au conducteur le temps de se dégager de l'habitacle.

Dans la matinée du 17 juin, le lieutenant-colonel Prat autorise le I/146e RIF a évacuer la rive sud de la Seille. En plein jour ! Pourquoi n'avoir pas profité de la nuit pour gagner la forêt de Bezange-la-Grande ?

« Le décrochage est difficile, long et meurtrier, reconnaît Prat. L'ennemi voit tous nos mouvements et ses tirs suivent les unités jusqu'à leur disparition dans la forêt. Des blessés et des tués sont laissés sur le terrain, par manque de temps et de moyens. »

Le repli coûte cher. Rien qu'aux abords du pont de Salonnes, on retrouvera une dizaine de morts. Parmi eux, l'aspirant Delfosse, Pinguet, tué à côté du sergent Fontaine, Cambu, Bermont et le sergent Huberty. Le lieutenant Buchoud autorise le soldat Wacogne, qui a récupéré une vieille 302 Peugeot, à procéder aux évacuations sanitaires. Wacogne conduira vingt-cinq blessés au poste de secours de Bezange où un brave Lorrain lui offrira sa 201 Peugeot « plutôt que de la laisser aux boches ». Puis le lieutenant-colonel Prat fait dire au corps franc de le rejoindre à Athienville, son nouveau PC.

« Trajet sous une belle averse, note le lieutenant Buchoud, mais nous arrivons à 15 heures. Mes hommes n'ont rien mangé depuis vingt-quatre heures ni dormi une minute depuis deux nuits. »

Le corps franc se repose un peu et repart en direction de Valhey, sur les traces du colonel. A l'arrivée, la fatigue et la faim sont telles que Buchoud décide de calmer au moins la seconde. Pendant qu'une fermière confectionne une gigantesque omelette à ses soldats, il voit passer le commandant Bilbaut et le capitaine Milhan, du II/156e RIF, tous les deux à pied avec leurs hommes. Ils traversaient Sornéville à cheval, lorsqu'une salve d'artillerie a brusquement affolé leurs animaux qui les ont désarçonnés avant de s'enfuir au galop à travers la campagne. Les volontaires du corps franc achèvent tout juste leur omelette lorsque des coups de fusil éclatent à l'entrée du village. Le lieutenant Lévy et une trentaine de soldats du I/146e RIF sont aux prises avec une patrouille allemande.

« Il faut repartir, dit Buchoud, et en vitesse ! »

Le canal de la Marne au Rhin est encore à quatre kilomètres. L'atteindront-ils jamais ?

***

A Réchicourt-le-Château où il « s'est décrassé de sa fatigue » durant la nuit, le sous-lieutenant Constant emprunte une bicyclette et pédale en direction du pont des Français dont l'accès est surveillé par les canons de 25 de son ami Michelix. Lorsqu'il met pied à terre, Constant aperçoit les coloniaux de la compagnie Courdavault, toujours en position derrière leurs mitrailleuses, et les sergents Rousse et Lambert avec les servants des deux pièces de 25. Sur la rive sud du canal, chacun est à son poste, mais les hommes qui arrivent de la zone boisée, au nord du pont, surprennent Constant par leur comportement. « Des éléments du 51e RMIC refluent en désordre, écrit-il. Des soldats nous crient au passage que les blindés allemands les suivent... »

Barrant la route qui traverse la forêt de Réchicourt, le III/51e RMIC du capitaine de Nazelle a-t-il été bousculé ? Réparti en points d'appui dont les liaisons sont fragiles, voire inexistantes, le bataillon est attaqué depuis le milieu de la matinée par des éléments allemands qui se révèlent très fluides et manœuvrent pour encercler les îlots de résistance. Le lieutenant Arrighi abandonne la ferme Menicker incendiée par des 37 *Pak* et se replie par Azoudange — où se battent les Polonais [1] — avec sept hommes de sa section. Les compagnies Mosser et Le Bot résistent, mais les engagements sont meurtriers. « On se bat sous bois, dans un taillis épais et à très courte distance ! » lit-on dans le journal du 51e RMIC.

L'adjudant Messmer est tué et sa section se disperse. Le chef Bellot et les rescapés se rendent. Au corps franc du lieutenant Aerts, le sergent Heiser est tué, Marq et Barbier blessés. La section L... est prise de panique et se replie, découvrant le flanc de la CM 9 du capitaine Mosser. De Nazelle, qui voit déjà son bataillon massacré ou prisonnier, donne l'ordre de rompre et de retraiter vers le canal. Il ne se doute pas de la réception qui l'attend au pont du col des Français. Intrigués de voir passer de nombreux isolés du III/51e RMIC, le colonel Rousset, de l'infanterie divisionnaire, et le commandant Gigon, qui a succédé au lieutenant-colonel de Mauny à la tête du 51e RMIC, se sont rendus au bord du canal. Dès qu'ils aperçoivent de Nazelle, ils le somment « de regagner sur-le-champ ses emplacements au nord du canal ». Interloqué, le commandant du III/51e RMIC hésite ; dans son esprit, il se trouvait en arrière-garde de façon à couvrir la mise en place du 41e RMIC sur la rive sud. Celle-ci n'est donc pas terminée ? Obéissant, il donne l'ordre « de remonter dans la forêt ».

Furieux d'être considéré comme un fuyard, le capitaine Durupt, de la

1. Une fosse commune renfermant les corps de seize grenadiers polonais sera retrouvée par le groupe Robardet en bordure de la route conduisant à la gare. Les Allemands qui ont capturé vers Azoudange cent douze Polonais admettent que ceux-ci « se sont défendus avec acharnement, souvent jusqu'à la dernière cartouche » (journal de la *60e ID*).

CM 10, ne masque pas son indignation : « Je n'ai fait qu'obéir aux ordres ! » dit-il. Il laisse sur place ses mitrailleuses inutiles dans la futaie et repart avec sa compagnie armée de quatorze FM. La pluie commence à tomber et, à moins d'un kilomètre du canal, dans le bois des Enfants, le combat se rallume, tournant à la confusion. Des corps à corps s'ébauchent, on se fusille à bout portant et, très vite, les coloniaux ne savent plus où sont les leurs et où se trouve l'ennemi. Celui-ci n'est pas plus avantagé, et la lecture du journal de la *60e ID* nous apprend que le régiment 244 de l'*Oberst* von Groddeck, qui avance vers Réchicourt, « livre dans un bois épais un violent combat qui amène de fortes pertes en officiers ».

Le sous-lieutenant Cropier rend compte que « le IIe bataillon a décroché en direction du canal par Bataville ». Bacot, un autre sous-lieutenant, signale au capitaine de Nazelle qu'il a deux FM enrayés et que la section Madeuf a disparu. Le capitaine Durupt est persuadé que si le commandant du bataillon attend un ordre de repli, il ne le recevra pas et ils seront tous capturés dans le bois des Enfants où les armes automatiques allemandes, reconnaissables à leur débit rapide, semblent tirer à la fois de l'arrière et de l'avant.

« Que pouvons-nous faire ? murmure de Nazelle qui est au bord de l'épuisement.

— Essayons de gagner une écluse à l'ouest du pont des Français ; nous retrouverons le IIe bataillon ou bien nous serons recueillis par le 41e RMIC », suggère Durupt.

De Nazelle approuve et, avec les quelques sections rameutées dans un rayon de moins de cent mètres, une colonne est constituée et s'engage dans un layon. L'itinéraire semble calme et les coloniaux marchent sans précautions. La sécurité dans laquelle ils se croient est trompeuse, car l'ennemi a monté une embuscade et, sans sommation, ouvre le feu à bout portant, après avoir laissé s'éloigner le lieutenant Lenoble qui marche en tête avec l'équipe d'un FM. Le sous-lieutenant Cropier est tué, le lieutenant Croisé, prêtre du diocèse de Nancy, grièvement blessé, des soldats tombent... [1]. Pour ne pas être abattus, les autres lèvent les bras. Durupt, qui est en queue avec une dizaine d'hommes, parvient à s'échapper, mais il se fera prendre une heure plus tard. Le lieutenant Fabre atteindra l'écluse 2 avec les débris de la CM 10 et un groupe plus important avec le lieutenant Potoine, le sous-lieutenant Bacot et l'aspirant Lallement, traversera le canal à l'écluse 6. Près de 300 cadres

1. Le sous-lieutenant Joseph Cropier et l'adjudant Paul Messmer seront inhumés à Réchicourt avec six soldats tués dans l'embuscade. Onze autres du 51e RMIC, victimes des combats de la matinée, seront inhumés à Azoudange : Benoît, Muller, Barthélemy, Gambard, Satti, Nahan, Poulain, Manois, Stoquert et le caporal-chef Lahir. Le corps de Rouyer, de Bar-le-Duc, ne sera retrouvé que le 17 novembre 1942.

et hommes de troupe du III/51e RMIC pourront être regroupés sur la position, mais le colonel Dagnan, à qui le colonel Rousset a parlé de « défaillances », décide que « tous les cadres, y compris les officiers, déficients moralement ou physiquement, seront relevés de leur commandement et remplacés par les gradés ou mêmes hommes de troupe les plus énergiques. Le commandant Gigon et le capitaine Niox sont chargés de ce travail [1] ».

Peu avant 13 heures, quelques fantassins en *Feldgrau* apparaissent à la lisière des bois, au nord du pont des Français.

« Mise à feu tout de suite ! » dit le commandant Gigon à l'adjudant Kaser qui vient d'abattre un Allemand au mousqueton.

Trois minutes plus tard, une sonnerie de clairon ayant éloigné tout le monde, une puissante déflagration soulève le pont qui semble éclater avant de retomber en fragments dans le lit du canal. Du côté adverse, on lit dans le journal du *IR 244 :* « Un franchissement par surprise est désormais exclu ! » Le canal n'est tout de même pas un obstacle pour des fantassins aguerris, d'autant que certains biefs vont se vider à la suite de la destruction hâtive de quelques écluses. Toutefois, en dépit de l'explosion qui a isolé les deux rives au col des Français, les Allemands veulent, semble-t-il, mesurer les capacités défensives des coloniaux. Une automitrailleuse apparaît sur la route, venant du nord, sans même un motocycliste pour éclairer son chemin. Le sous-lieutenant Michelix se tourne vers le sergent Rousse et, d'un signe, l'autorise à ouvrir le feu. En trois coups de 25, le blindé est immobilisé, hors de combat.

Depuis la lisière des bois, les premiers *minen* partent en direction de la compagnie Courdavault qui doit être relevée par le 133e RIF, le pont des Français se trouvant dans le sous-secteur de celui-ci. Une heure plus tard, des réglages d'artillerie éclatent devant Réchicourt. « C'est la mise en place du décor, dit placidement le capitaine Courdavault, la vraie bataille est pour demain. »

**

Au 43e corps du général Lescanne, la prise de contact a lieu aussi le 17 juin, comme le prévoyait le lieutenant-colonel Combet, du 37e RIF. Et ce sont les unités restées au nord du canal qui subissent les premières pertes. Au 153e RIF, régiment de gauche de la division Chastanet, une section de la CM 7 du capitaine Périn stationne à Hertzing, mais, vers midi, lorsque l'ennemi est signalé, elle rejoint sa compagnie sans avoir été repérée. Plus difficile est le décrochage de la CM 5 du capitaine de Gassart qui a été envoyée la veille tenir un bouchon à Diane-Capelle, à

---

1. Dans le journal du 51e RMIC, le lieutenant-colonel de Mauny ne dit pas un mot de cette décision prise par le colonel Dagnan.

six kilomètres au nord du canal. Gassart a reçu l'ordre de se replier dans la matinée du 17, mais des patrouilles motorisées adverses sont déjà dans les parages alors qu'on attelle seulement les chevaux. Lorsque la compagnie s'éloigne de Diane-Capelle, des motocyclistes allemands entrent dans le village.

« Forcez l'allure ou nous allons tous être prisonniers ! » commande de Gassart.

Les attelages ne supportent pas la cadence imposée : un harnais se brise, des brancards cassent, un cheval épuisé se couche, et la moitié de la section Renner est capturée pendant que le reste de la colonne retraite vers le canal. Lorsque la CM 5 traverse le pont de Héming, vers midi, elle a perdu, selon le lieutenant Weber, « neuf voiturettes, huit mitrailleuses et quatre FM ».

A cinq kilomètres plus à l'ouest, le pont-route et le pont du chemin de fer de Gondrexange sautent vers 13 heures, mais la destruction du premier est insuffisante et les sapeurs devront placer de nouvelles charges dans l'après-midi, cette fois sous les tirs de l'ennemi. A peine le bruit de la double explosion s'est-il apaisé devant Gondrexange que l'artillerie française prend le relais et « laboure » la lisière des bois situés au nord du canal. Le 59e RAMF tire en effet au profit de la division Chastanet, et le lieutenant-colonel Souben note que, dans la matinée du 17, ses batteries effectuent « des tirs d'arrêt au nord de Gondrexange et de Hertzing, des concentrations à la lisière des bois, sur les hauteurs au nord de Hesse et au nord de Xouaxange ».

Le régiment 243 de l'*Oberst* Zellner, qui s'apprêtait à lancer un bataillon en direction du canal, en est pour ses frais : « Le régiment est arrêté vers 12 h 30 au nord de Gondrexange par un feu violent d'armes automatiques et des tirs d'artillerie. Nous subissons de fortes pertes. » (Journal de la *60e ID*[1].)

Au 37e RIF étalé entre Héming et Xouaxange, le chef Guedet, de la section Marietti, a traversé le canal en fin de matinée et effectue une reconnaissance jusqu'à Bebing, sur la route de Sarrebourg, quand il se heurte à l'avant-garde de la *60e ID* qui roule vers Héming. « Guédet a le plus grand mal à décrocher, note le capitaine Joyet. Il laisse un groupe aux mains de l'adversaire. »

Visiblement, l'ennemi a reçu l'ordre de pousser rapidement en direction du canal et de s'emparer d'un pont avant qu'il ne soit détruit par les Français. A Héming, l'affaire est manquée, car, peu avant 13 heures, les sapeurs procèdent à la mise à feu du pont-route et de la passerelle de la cimenterie.

« Les Allemands descendent les pentes vers le canal en formation très

_____

1. Au cours des différentes phases de la prise de contact du 17 juin, la *60e ID* du *General* Eberhardt perd 14 tués et plus de 60 blessés.

serrée, relate le lieutenant-colonel Combet. Les mitrailleuses du bataillon Laender ouvrent le feu et stoppent l'attaque. »

Dans le camp adverse, le journal de la *60e ID* reconnaît l'échec : « L'avant-garde ne réussit pas à progresser sur la route de Héming ni à créer une tête de pont à cet endroit comme il était prévu de le faire. » Le *General* Eberhardt fait mettre son artillerie en place et donne l'ordre de harceler les positions françaises et de contrebattre les 75. Un des premiers projectiles allemands éclate sur le PC de la CM 5, tuant le capitaine Lafonta et trois de ses soldats. C'est le premier officier du 37e RIF tué à l'ennemi. « Le sort a choisi le meilleur ! » écrit le lieutenant-colonel Combet [1].

Depuis le début de la matinée, un gros nuage de fumée noire monte vers le ciel et prend du volume d'heure en heure. C'est le dépôt d'essence de La Forge — plusieurs millions de litres — que son responsable, le lieutenant V..., a incendié à 7 heures du matin. « A plusieurs reprises, écrit le rédacteur du journal de la division Chastenet, cet officier qui " suait " littéralement la peur a essayé d'obtenir un ordre prématuré de mise à feu. Il a finalement passé outre aux ordres reçus. Le dépôt brûlera pendant plus de quatre jours et des quantités énormes de carburant que le commandant Létia, du 166e RIF, était en train de sauver seront anéanties. »

Nous ne savons pas si le lieutenant V... suait vraiment la peur, mais en sabotant son dépôt à 7 heures du matin, il a déjà pris un risque considérable que le général Chastenet n'a pas mesuré. Un bataillon du *IR 452,* de la division du *General* Boehm-Bezing, est entré à 6 heures à Sarrebourg qui n'est qu'à trois kilomètres de La Forge. Des patrouilles sont parties aussitôt vers le canal et, à une demi-heure près, le dépôt de carburant tombait intact entre les mains de la *252e ID* [2].

Plus à l'est, devant le 166e RIF du lieutenant-colonel Subervie, la CM 5 du lieutenant Pillon passe la matinée de ce lundi dans le village de Hesse, sur la rive nord du canal. Pillon a son PC au centre de la localité et les sections Vernier et Boyer-Chammard sont embusquées dans les jardins et les maisons de la lisière nord, armes automatiques braquées sur la route de Sarrebourg. Des camions arrêtés à moins de deux kilomètres, plusieurs compagnies d'infanterie ont débarqué et, prenant leurs intervalles, ont engagé le combat avec les défenseurs de Hesse.

1. Professeur de mathématiques, Pierre Lafonta s'était engagé à dix-sept ans en 14-18. Dans une des dernières lettres envoyées à son épouse, il écrivait : « Je ne pense pas du tout à mourir, je pense, comme tous ici, beaucoup à tuer ! »
2. A Calais, une unité allemande opérant par surprise, s'est emparée de six millions de litres de carburant. Il eût été préférable que son responsable suât la peur !

320

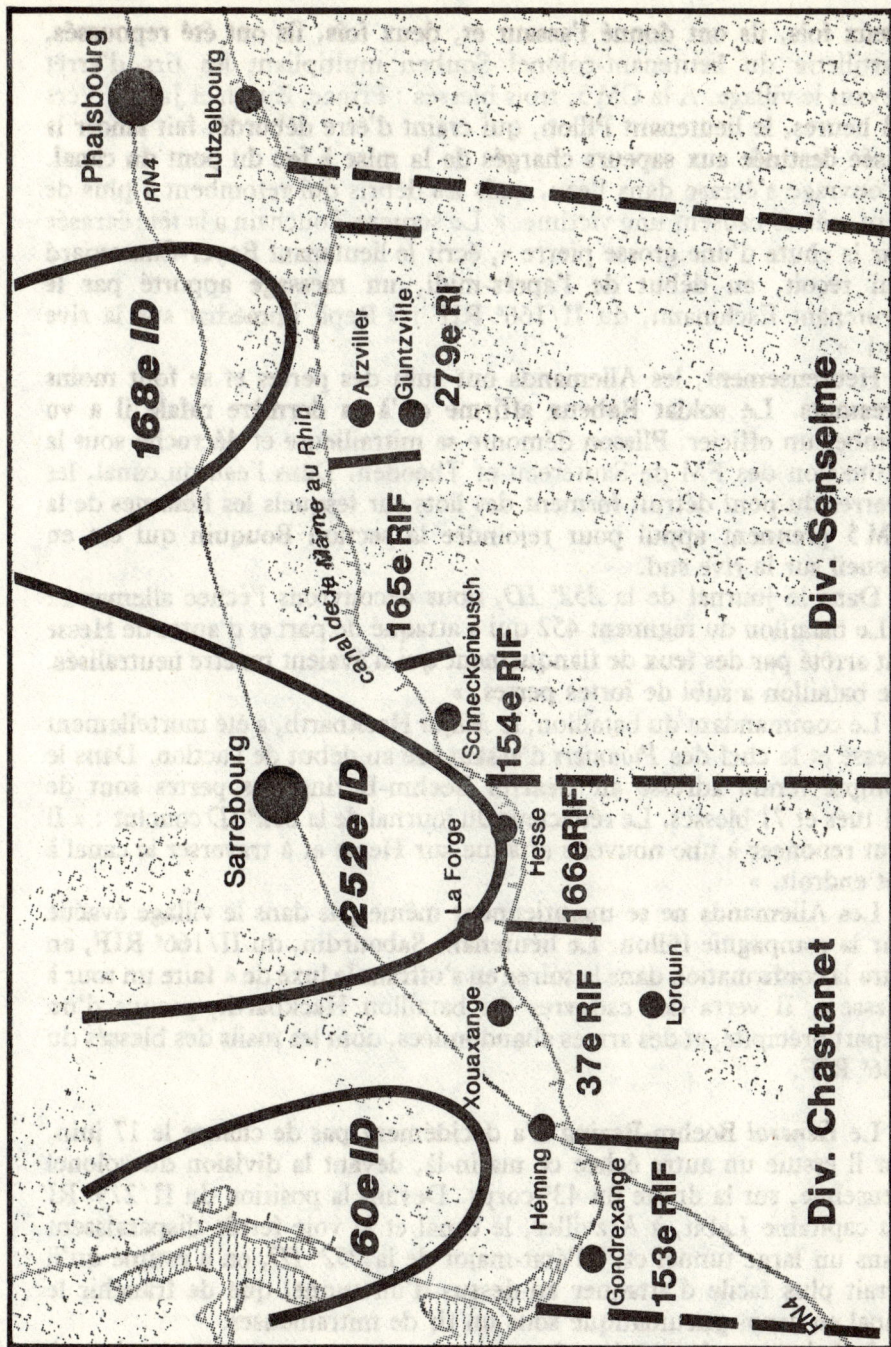

Phalsbourg

Lutzelbourg

RN4

168e ID

Arzviller

Guntzville

279e RI

canal de la Marne au Rhin

165e RIF

Schneckenbusch

154e RIF

Sarrebourg

252e ID

La Forge

Hesse

166eRIF

Div. Senselme

Le 43e CA sur le canal

Xouaxange

37e RIF

Lorquin

60e ID

Héming

Gondrexange

153e RIF

RN4

Div. Chastanet

Deux fois, ils ont donné l'assaut et, deux fois, ils ont été repoussés, l'artillerie du lieutenant-colonel Souben multipliant les tirs d'arrêt devant le village. A la CM 5, trois blessés : Prince, Bitsch et Jacob. Vers 13 heures, le lieutenant Pillon, qui craint d'être débordé, fait lancer la fusée destinée aux sapeurs chargés de la mise à feu du pont du canal. L'ouvrage s'écrase dans l'eau, mais les débris qui retombent à plus de cent mètres causent une victime. « Le sergent Touchain a la tête écrasée par la chute d'une grosse pierre », écrit le lieutenant Boyer-Chammard qui reçoit, au début de l'après-midi, un message apporté par le lieutenant Eschmann, du II/166ᵉ RIF : « Repli immédiat sur la rive sud. »

Heureusement, les Allemands ont subi des pertes et se font moins pressants. Le soldat Rabeux affirme qu'à sa dernière rafale il a vu tomber un officier. Plisson démonte sa mitrailleuse et décroche sous la protection des FM de Sautereau et Théoden. Dans l'eau du canal, les pierres du pont détruit forment des îlots sur lesquels les hommes de la CM 5 prennent appui pour rejoindre la section Bouquin qui est en recueil sur la rive sud.

Dans le journal de la *252ᵉ ID,* nous découvrons l'échec allemand : « Le bataillon du régiment 452 qui a attaqué de part et d'autre de Hesse fut arrêté par des feux de flanquement qui n'avaient pu être neutralisés. Le bataillon a subi de fortes pertes. »

Le commandant du bataillon, le *Major* Hackbarth, a été mortellement blessé et le chef des *Pionniers* d'assaut tué au début de l'action. Dans le compte rendu adressé au *General* Boehm-Bezing, les pertes sont de 11 tués et 71 blessés. Le rédacteur du journal de la *252ᵉ ID* conclut : « Il faut renoncer à une nouvelle attaque sur Hesse et à traverser le canal à cet endroit. »

Les Allemands ne se maintiennent même pas dans le village évacué par la compagnie Pillon. Le lieutenant Sabourdin, du II/166ᵉ RIF, en aura la confirmation dans la soirée en s'offrant le luxe de « faire un tour à Hesse ». Il verra des cadavres du bataillon Hackbarth, preuve d'un départ précipité, et des armes abandonnées, dont les fusils des blessés du 166ᵉ RIF.

Le *General* Boehm-Bezing n'a décidément pas de chance le 17 juin, car il essuie un autre échec ce matin-là, devant la division du colonel Senselme, sur la droite du 43ᵉ corps. Devant la position du II/279ᵉ RI du capitaine Labit, à Arzviller, le canal et la voie ferrée disparaissent dans un large tunnel et, à l'état-major de la *252ᵉ ID,* on a estimé qu'il serait plus facile d'attaquer au-dessus d'un tunnel que de franchir le canal en canot pneumatique sous un tir de mitrailleuses.

A 6 heures du matin, deux compagnies amenées en camions à Hommarting, à quatre kilomètres du canal, s'élancent en direction dugrand tunnel d'Arzviller. Elles tombent d'abord sous le feu des canons du 60ᵉ RAMF du lieutenant-colonel Rouhier, puis, à l'approche du canal, se heurtent aux armes automatiques de la 5ᵉ compagnie du lieutenant Libraire, du II/279ᵉ RI. Directement menacées, les sections des lieutenants Allard et Bontemps brisent la tentative ennemie. A la liaison avec le 165ᵉ RIF, les mitrailleuses du capitaine Lesourd participent à l'affaire qui dure près de trois heures avant que l'assaillant ne se décide à rompre et à regagner Hommarting où l'avant-garde d'une autre division, la *168ᵉ ID*, vient d'arriver. Le lieutenant Libraire a perdu deux tués (sergent Charpentrat et chef Boutillot) et six blessés (Mulot, Mansion, Schoubrenner, Tessier, Thièblemont et le sergent Bichler).

Au 154ᵉ RIF du colonel Bourgeois, le lieutenant Coffe et l'adjudant Hermann ont passé la nuit du 16 au 17 en embuscade avec leurs sections à trois kilomètres au nord du canal. Opération inutile puisque l'ordre de repli leur parvient dans la matinée du 17 sans qu'ils aient pris le contact. L'ennemi est pourtant proche puisque les soldats en position au sud du canal entendent la fusillade devant le 166ᵉ RIF à leur gauche et devant le 279ᵉ RI à leur droite. Par prudence, Bourgeois fait détruire les ponts et les chutes de pierres causent encore deux blessés : Riedinger et le sergent Berthelet. En outre, les dégâts causés à celui de Schneckenbusch sont insuffisants. « Une deuxième tentative échoue, note le capitaine Marchal, du I/154ᵉ RIF. Il faudra poser des chevaux de frise confectionnés avec des barbelés retirés aux clôtures des parcs à bestiaux. »

Vers 9 h 30, une patrouille allemande, qui ne manque pas d'audace, s'introduit dans le tunnel de la rivière la Bièvre qui passe sous le canal. Accueilli à la grenade, l'ennemi regagne sa base de départ. Il n'aura pas plus de chance devant le III/154ᵉ RIF du capitaine Lloret. « Il cherche à créer des têtes de pont au sud du canal, mais il est à chaque fois repoussé par nos armes automatiques », écrit Lloret.

Au II/154ᵉ RIF du capitaine Noguès, une autre tentative de franchissement est repoussée devant la CM 5 et, à partir de midi, les Allemands se contenteront de tirs de *minen*[1] sur la position du 154ᵉ RIF. Ils attendent leur artillerie et le « mouchard » survole déjà les bois pour essayer de repérer les emplacements des batteries françaises.

*

C'est peut-être devant la 52ᵉ DI du général Echard que la prise de contact est la plus tardive. Au 5ᵉ bataillon de mitrailleurs, le lieutenant Chapuis a disposé ses FM sur la rive sud du canal et les tireurs ont tous

1. Ces tirs causent ses premières pertes au 154ᵉ RIF : Fenrich et Jung sont tués, le caporal Kasier, les sergents Aeschlimann et Blum blessés.

les yeux fixés sur le pont et le village de Parroy situé sur la rive nord. Lorsque les patrouilles allemandes sont aperçues sur les pentes du coteau qui domine la localité, Chapuis donne l'ordre aux sapeurs de faire sauter le pont. Il est 15 h 30. L'explosion est impressionnante, mais, écrit le capitaine Mercier, « l'ouvrage s'affaisse d'une vingtaine de centimètres seulement sur son tablier, sans être détruit« .

Les voltigeurs de Chapuis doivent s'en contenter, car l'ennemi est entré dans Parroy. Depuis les fenêtres des maisons proches du canal, il déclenche des tirs d'armes automatiques qui ont pour objet d'inciter les Français à riposter, révélant ainsi leurs emplacements. Au bataillon Berger, la discipline de feu n'est pas rigoureuse et les soldats du 5e BM tombent dans le panneau. Le capitaine Mercier le confirme dans son rapport : « Malgré l'ordre formel de n'ouvrir le feu que sur un objectif déterminé et qu'en cas de nécessité, et cela afin de ne pas se faire repérer, beaucoup d'armes automatiques entrent en action. »

Même processus incontrôlé à la CM 2 où le capitaine Arcouet constate que « les FM du canal tirent, puis les mitrailleuses ». Trois quarts d'heure se passent, puis, sachant ce qu'ils voulaient savoir, les Allemands se retirent [1].

Au I/174e RIF du commandant Argenta en position de part et d'autre du pont de Mouacourt, des chasseurs du 88e BCP, qui ont pu éviter d'être faits prisonniers dans le secteur de Dieuze, franchissent le canal et annoncent « que les boches ne vont pas tarder ». Vers 15 heures, le sous-lieutenant Bendel, dont le corps franc se tient dans la partie nord de Mouacourt, reçoit l'ordre de faire sauter le pont du canal. Les résultats sont aussi médiocres qu'à Parroy.

« Première explosion ratée, note le lieutenant Le Granché, de la CM 2. A la seconde, le tablier s'affaisse, mais le passage reste possible. »

Un quart d'heure plus tard, comme ils l'ont fait à Parroy, les fantassins allemands ouvrent le feu depuis la rive nord. Une automitrailleuse se hisse sur le chemin de halage tout en tirant. Bendel, qui n'a aucun canon de 25, se retire dans le centre de Mouacourt et demande une intervention de l'artillerie. Il faut du temps pour établir la liaison, car le lieutenant Cocural, officier de transmissions du I/174e RIF, a manqué de fil téléphonique pour relier le PC du commandant Argenta à celui du régiment. C'est le capitaine Schouler qui, à travers la forêt, va trouver le commandant Caye pour obtenir l'appui de l'artillerie. A 15 h 45, « le tir se déclenche, trop court d'abord, dit le lieutenant Le Granché, puis sur le canal et le pont. L'automitrailleuse se retire et des maisons flambent ».

---

1. Une fois la nuit tombée, Mme Lucie François, qui gère le café du village, viendra prévenir le lieutenant Chapuis « que les boches sont partis ».

324

Le général Reinhardt, commandant le 41ᵉ Korps du groupement Gudérian. Le 13 juin, il devait percer en direction de la Meuse de Commercy et attaquer Verdun par le sud. *(coll. Staedke.)*

Le général Kempf, de la 6ᵉ Panzerdivision, avec des officiers et soldats de son état-major le 17 juin. *(coll. Staedke.)*

Le général Freydenberg, commandant la IIᵉ armée; il effectua un repli d'une telle amplitude que ses grands subordonnés ne furent pas commandés pendant les journées cruciales des 13 et 14 juin.

Abandonné dans le bois de la Vendue, au sud de Chaumont, le char "Beaune" du lieutenant Adelmans (41ᵉ BCC) arrêta la tête de la 1ʳᵉ Panzerdivision le 13 juin au soir devant Saint-Dizier. *(photo Nallier)*

Le général Falvy avait installé le PC de la 3ᵉ DIC dans le vieux fort de "Bois Bourrus" pendant la bataille pour Verdun livrée le 14 juin.

En haut : le premier pont provisoire lancé par les Allemands sur la Meuse de Verdun est presque achevé. Il pourra supporter seize tonnes. *(coll. Nölke.)*

En bas : sur la "ligne intermédiaire" du 20e corps défendue le 15 juin par le 291e RI et les grenadiers polonais, des tourelles démontables modèle 35 avaient été intégrées au dispositif. Après les combats, des officiers allemands examinent l'une de ces tourelles. *(coll. Martin Albert.)*

Le face-à-face entre le lieutenant-colonel Béchet, commandant d'armes de Nancy et l'Oberst von Scheele qui vient de s'emparer de la ville. La scène a lieu le 18 juin vers 14 h devant l'hôtel de ville.

Officiers en tête, les prisonniers du 160e RIF passent devant l'hôtel de ville de Nancy *(photo Bundesarchiv.) En médaillon :* l'Oberst von Scheele.

Dans l'après-midi du 18 juin, le pont lourd de la Moselle est en construction entre Villey-Saint-Etienne et Aingeray. On aperçoit à droite les camions qui s'engagent sur le pont de bateaux.

Quelques jours plus tard, le pont lourd est achevé et trois divisions allemandes ont déjà traversé la rivière. *(coll. Nölke.)*

30 avril 1940: le 11e Étranger célèbre Camerone par une prise d'armes dans les environs de Boulay (Moselle). *En haut:* le lieutenant Pierre, porte-drapeau, et sa garde. Au centre, le lieutenant-colonel Robert, chef de corps. *En bas,* la musique du régiment. Malgré des pertes élevées, la Légion ne permettra pas aux Allemands de traverser la Meuse le 18 juin *(coll. Virenque.)*

Dans la zone du canal de la Marne au Rhin, quelques jours après la bataille du 18 juin, les Allemands procèdent eux-mêmes au transport des cadavres français et à leur inhumation. Descendus du camion *(en haut)* les corps sont portés *(en bas)* sur des branches. *(coll. Martin Albert.)*

Automitrailleuse allemande détruite par une pièce antichar française lors des combats sur le canal de la Marne au Rhin. *(photo Bundesarchiv.)*

Des pièces d'artillerie ont été abandonnées dans cette caserne de Nancy où les Allemands viennent d'entrer le 18 juin. *(coll. Nölke.)*

La bataille de Toul s'achève et les prisonniers du 227e RI et du 100e RI sont rassemblés par les Allemands de la 58e Infanterie Division.

Vue partielle de Toul après la bataille des 19 et 20 juin.

Les prisonniers du III/227e RI traversent Dommartin-les-Toul.

D'autres prisonniers du même bataillon viennent d'être capturés. Au premier plan, un Allemand défonce à coups de crosse la porte de la maison qui se trouve aujourd'hui au 30 de l'avenue Maréchal-Leclerc.

La cathédrale de Toul a subi de sérieux dégâts sous les coups de l'artillerie française.

Le général Heunert *(au centre)* qui s'empara de Toul avec la 58e ID après deux jours de combats meurtriers *(coll. du Dr Heunert.)*

En haut : une pièce de 37 Pak tire le 18 juin sur le carrefour du Petit Bernon, au nord de Toul, pour réduire la résistance de la compagnie Mercier, du I/100ᵉ RI.
En bas : une rue de Toul après la bataille.
A droite : mitrailleuse Hotchkiss en batterie.

A peine le dernier projectile a-t-il éclaté que le corps franc Bendel et la section de renfort du chef Henri remontent vers le pont et, à la grenade, obligent les quelques Allemands qui étaient déjà sur la rive sud à retraverser le canal. Contrairement à ce qui s'est passé à Parroy, l'ennemi se maintient face au I/174ᵉ RIF et, jusqu'au soir, à coups de *minen* et avec ses armes automatiques, il entretiendra un feu constant, sans autre but que d'augmenter la tension dans le camp français. Vers 22 heures, la compagnie Le Granché sera relevée à Mouacourt par la CM 3 du lieutenant Jeannel, le corps franc Bendel demeurant embusqué entre l'église et le canal.

« Le boche n'a pas encore son artillerie, dira le capitaine Schouler à Jeannel, mais quand elle sera en place, sans doute demain 18 juin, la vraie bataille commencera ! »

Au bataillon voisin, le III/174ᵉ RIF, le commandant Lelay est beaucoup plus inquiet et il se demande si « la vraie bataille » n'est pas déjà commencée. Le bataillon tient un créneau d'environ trois kilomètres sur le canal, avec un seul passage, le pont de Xures, ce village étant lui aussi sur la rive nord. Les difficultés ne viennent pas de ce côté, mais de l'est où, dans la soirée du 16, le corps franc de l'adjudant Mettetal a pris la liaison avec la division polonaise au Moulin-du-Gué, à quelques centaines de mètres de la lisière de la forêt de Parroy. Au début de la matinée du 17, Mettetal rend compte par coureur au capitaine Bauvit, de la CM 9, « qu'il n'y a plus personne à droite ». Non seulement les Polonais ont disparu, mais à trois ou quatre kilomètres de là, vers Lagarde, un violent combat est en cours. Le bruit de l'intense fusillade que le vent apporte ne trompe pas. Informé par Bauvit, le commandant Lelay s'interroge : les Allemands sont-ils en train de percer le front de la division polonaise sur sa droite ?

« Vous allez prendre la compagnie de réserve du lieutenant Courbères, dit-il à son adjudant-major, le capitaine Courneil, et l'installer à la lisière de la forêt, face à l'est. »

Une heure plus tard, précédées par une patrouille conduite par le sergent Mauvais, les sections Richard, Bausson et Masson gagnent leur position et alignent leurs dix FM face à l'est, comme l'a ordonné Lelay. « A 16 heures, écrit le lieutenant Courbères, les nouvelles de première ligne sont mauvaises. Les Polonais ont été bousculés et refluent. »

De la CM 10 qui est en position devant Xures, le capitaine Cornier ne signale que « des échanges de coups de feu entre les postes de guet de la rive sud et les Allemands qui circulent dans le village ». Lelay, qui a prévenu le commandant Caye au PC du 174ᵉ RIF, se pose la question : où est le véritable front ; au nord où à l'est ? Vers la fin de l'après-midi, le capitaine Bauvit signale, sans autre précision « les premières rafales venant du secteur polonais ».

Envoyés par le commandant Caye, le lieutenant Thouvignon et l'adjudant Grégoire traversent la forêt avec deux chenillettes de munitions et déchargent dix caisses de cartouches dans chaque compagnie, sur la droite du III⁰ bataillon. Elles sont les bienvenues, car les mitrailleuses du sergent Dubroca et celles de la section Sultan viennent d'ouvrir le feu en direction de l'est où l'on aperçoit des fantassins allemands au sud du canal.

[*]

Laissé en arrière-garde sur la gauche de la 1ʳᵉ division de grenadiers polonais, le II/2ᵉ RGP du commandant Wrona n'a pas réussi à prendre la liaison avec la 52ᵉ DI ; dans la matinée du lundi 17, il se trouve attaqué de flanc par l'avant-garde de la *268ᵉ ID* et contraint au combat vers Gelucourt. Wrona ne parvient pas à se rétablir et laisse près de trois cents prisonniers aux mains de son adversaire avant de décrocher en direction du canal qui se trouve à quinze kilomètres au sud. Tout en liquidant les nids de résistance polonais qui se manifestent dans la forêt, l'*Oberst* von Bothmer ne perd pas de vue l'objectif qui lui a été assigné par le « *Kommandeur* » de la *268ᵉ ID :* la conquête d'un passage sur le canal. Disposant, outre son régiment, le *IR 499*, de deux compagnies de *Pionniers* d'assaut et d'une compagnie antichar du *Panzerjäger Abteilung,* von Bothmer lance une patrouille en direction du sud : « Allez droit devant vous et mettez la main sur un pont intact ! »

Dès que les camions transportant les fantassins atteignent les hauteurs d'où l'on domine le canal et le village de Lagarde, les salves de l'artillerie polonaise obligent les Allemands à renvoyer leurs véhicules et à poursuivre leur route à pied. A Lagarde, ils s'aperçoivent qu'ils ont été devancés par quelques *Stosstrupps* du *IR 488* de l'*Oberstleutnant* Kohler. De toute façon, la mission fixée par von Bothmer est devenue sans objet : le pont de Lagarde a été détruit par les sapeurs polonais. Toutes les maisons de la localité ont été fouillées et quatre soldats français qui s'y dissimulaient ont été capturés.

Vers midi, von Bothmer arrive à Lagarde à bord de sa voiture de commandement équipée d'un émetteur-récepteur. Le *Hauptmann* Friedrich, du *Pionnier Bat. 268,* lui rend compte que « les poutrelles brisées du pont interdisent le passage des véhicules, mais pas celui de l'infanterie ». Friedrich ajoute qu'il a fait alerter la 2ᵉ compagnie de l'*Oberleutnant* Wack, mais que celle-ci ne pourra entreprendre la réparation du pont, tant que Lagarde restera sous le feu de l'artillerie polonaise. Von Bothmer demande à son radio d'appeler le PC de la *268ᵉ ID :* il désire parler au *General* Straube en personne. En attendant, le chef de corps du *IR 499* fait quelques pas le long du cimetière où reposent les *Uhlans* tombés le 21 août 1914 sous le feu des mitrailleuses françaises [1]. Vingt-six ans ont passé et von Bothmer se demande s'il ne va pas se trouver dans la même situation. Nonobstant les tirs de l'artillerie polonaise, les seuls coups de feu tirés au bord du canal sont le fait des soldats allemands qui « font des cartons » sur des grenadiers polonais essayant de traverser l'obstacle à la nage. A quelques centaines de mètres au sud, la lisière du bois de la Garenne est silencieuse, mais von Bothmer est persuadé que les Polonais s'y trouvent embusqués et laisseront ses soldats s'engager dans les prés avant de les décimer à la mitrailleuse.

« Nous avons la liaison avec le PC de la division ! » rend compte le radio.

Von Bothmer explique la situation au *General* Straube : il tient Lagarde, le passage est détruit, mais il est réparable et ses fantassins sont en mesure de conquérir une tête de pont au sud du canal... si on lui accorde un appui d'artillerie, pour contrebattre les canons ennemis qui harcèlent la route Bourdonnay-Lagarde et surtout pour nettoyer la lisière des bois qui abrite certainement les forces polonaises. Le *General* Straube — qui n'a pas l'air enthousiaste — fait savoir deux choses à son subordonné : le maréchal Pétain vient de demander l'armistice et il semble inutile de provoquer de nouvelles pertes alors que le cessez-le-feu peut sonner d'une heure à l'autre. *Secundo :* il ne faut pas compter sur l'appui de l'artillerie avant le lendemain 18 juin, les batteries étant bloquées au nord de la Seille où les ponts provisoires ne sont pas encore en place. Cependant, Straube n'interdit pas à von Bothmer de reconnaître le terrain au sud du canal. L'essentiel est que le prix n'en soit pas trop élevé !

Une heure plus tard, von Bothmer engage le *I/IR 499* du *Major* Bauer de part et d'autre de la route de Vaucourt, en direction du bois du Tilleul. Bauer se heurte au I/2e RGP du commandant Szydlowski dont les forces, étirées sur un large front, commencent par céder. La défense polonaise n'est pas passive et, à deux reprises, le capitaine Labno, de la 2e compagnie, contre-attaque à la tête de ses grenadiers. Avec leurs armes automatiques largement dotées en munitions, les Allemands parviennent à briser ces actions courageuses et reprennent leur avance.

A Xousse, à huit kilomètres du canal, le colonel Zietkiewicz fait regrouper tous les disponibles du 2e régiment de grenadiers, une trentaine de la section d'éclaireurs, des secrétaires, des agents de liaison, des sapeurs, moins d'une centaine en tout que le commandant Kosior conduit à Vaucourt en camions. A 16 h 30, baïonnette au canon et

1. Le *Major* von Stetten, qui commande le *Panzerjäger Abteilung* de la *268e ID* appartenait à la brigade des *Uhlans* de Bamberg. Il se retrouve à l'endroit où il a combattu vingt-six ans plus tôt.

hurlant à pleine voix, les grenadiers se jettent sur l'ennemi qui vient d'atteindre le bois du Tilleul. Les Allemands accusent des pertes et refluent, mais von Bothmer, lorsqu'il l'apprend, décide d'engager un autre bataillon, le *II/IR 499* du *Hauptmann* Enzinger (qui a succédé au *Major* Hutterer tué devant Dieuze). Ce renfort ne modifiera pas la situation, car l'artillerie polonaise dresse un barrage de feu devant les bois du Tilleul et de la Charbonnière, interdisant la route de Vaucourt.

A l'ouest de Lagarde, à l'écluse 13, les *Pionniers* du *Hauptmann* Friedrich lancent une passerelle où l'infanterie et les pièces de 37 *Pak* pourront traverser le canal. A Lagarde, la réfection du pont ne pourra commencer qu'à la tombée de la nuit, lorsque les observateurs de l'artillerie polonaise seront aveugles, et il est donc essentiel pour von Bothmer de conserver la tête de pont conquise. Friedrich a donné l'assurance que ses pontonniers auront rétabli le passage aux premières heures du mardi 18 juin. On peut supposer qu'à ce moment-là les batteries de la *268ᵉ ID* auront enfin franchi la Seille et seront en mesure d'appuyer une attaque lancée avec de gros moyens à partir de Lagarde. Von Bothmer estime que sa division pourrait être la première à percer le front établi par les Français sur le canal, face à la *Iʳᵉ Armée* du *General* von Witzleben. N'est-elle pas déjà la seule à tenir une tête de pont au sud de la ligne d'eau ?

★ ★

A deux reprises, le capitaine Ajacques, adjudant-major du III/41ᵉ RMIC, est venu confirmer au capitaine Courdavault que la CM 9 sera relevée à 16 heures par le 133ᵉ RIF. Le pont du col des Français est en effet dans le sous-secteur de ce régiment qui n'en finit plus de se mettre en place. A 17 heures, Courdavault a envoyé un agent de liaison à son chef de bataillon, le commandant Virolet, pour lui rendre compte « que la relève a déjà une heure de retard ». Vers 17 h 30, le commandant de la CM 9 apprend soudain que « des fantassins boches ont passé le canal sur une écluse devant la section du lieutenant Cima ». Sur le moment, le renseignement suscite l'incrédulité, car la liaison entre les sections et les emplacements des mitrailleuses n'a été rompue nulle part. Toutefois, il n'est pas exclu que des éléments légers aient profité des couverts de la zone boisée pour se glisser dans le dispositif et s'y dissimuler jusqu'à la nuit avant d'être renforcés et constituer une tête de pont dans l'obscurité. Partant du raisonnement que l'ennemi ne peut être en force, le capitaine Courdavault fait appeler l'aspirant de Camaret et lui confie un détachement du 133ᵉ RIF qui vient de se présenter : « Contre-attaquez au plus vite et nettoyez-moi le sous-bois ! »

Les Allemands sont en effet peu nombreux et, n'éprouvant aucune envie d'être « nettoyés », ils se dérobent devant la section de l'aspirant de Camaret, puis regagnent la rive nord du canal. « Situation rétablie ! » rend compte Courdavault vers 19 heures, une demi-heure avant d'être enfin relevé par la compagnie du capitaine Laigle, du III/133e RIF. La CM 9 et les canons de 25 du sous-lieutenant Michelix se retirent sur Avricourt pour y passer la nuit. Le colonel Tristani a en effet deux bataillons en ligne sur la rive sud du canal, le III/41e RMIC étant en réserve entre Avricourt et Nouvel-Avricourt. Tristani n'est d'ailleurs pas satisfait de la position qu'il doit défendre : « La rive nord est très boisée et occupée par de nombreuses maisons (Bataville), alors que la rive sud est dénudée. »

Au III/133e RIF, le capitaine de Menthon, adjudant-major, ressent la même impression lorsqu'il vient inspecter la compagnie du capitaine Laigle : « La rive nord, plus élevée que la rive sud, est couverte d'arbres feuillus, alors que de notre côté le bois est planté de jeunes sapins. »

Dans la soirée, Laigle demande un tir d'artillerie destiné, dans son esprit, à « assainir » la zone boisée qui lui fait face, de l'autre côté du canal. La riposte allemande ne se fait pas attendre et la compagnie du capitaine Dillon, du II/133e RIF, enregistre un tué, le sergent Milot, et huit blessés (Duprey, Brebant, David, Kework, Bougenot, Kuhn, Delanchy et le sergent Audenis).

Sur le front du 41e RMIC, le capitaine Royaux, dont la CM 1 fait face à la fabrique de chaussures et aux cités ouvrières de Bataville, a la même réaction que Laigle. Vers 18 heures, il demande au lieutenant Huet, du 49e RAMF venu en liaison, de régler un tir de 75 sur les débouchés de Bataville où de fortes concentrations ennemies ont été observées. A l'approche de la nuit, la pluie se met à tomber et supprime toute visibilité.

A Avricourt où il vient de rejoindre son bataillon, le capitaine Courdavault place quelques FM en position face au nord et autorise ses hommes à se reposer. « Ils s'allongent sur place, sous la pluie, écrit-il. J'ai plus de chance et je peux dormir un peu à la mairie. »

A Nouvel-Avricourt, le capitaine Folgoas a exécuté les ordres de son chef de bataillon : la CM 11 est sur le remblai de la voie ferrée, au sud du village et du dépôt de la SNCF. Le sergent Rousse est arrivé à la tombée de la nuit avec son canon de 25 dont le bouclier est constellé d'impacts.

« Des obus éclatent au bout du pays, observe le sous-lieutenant Constant. Il pleut. Les hommes sont mouillés et fourbus. Par bonheur, il y a deux baraques sur le remblai. Nous nous y entassons et nous endormons à l'abri. »

A Réchicourt-le-Château, où le commandant Grill a installé le PC du III/133e RIF, le médecin-lieutenant Hirsch estime que chaque problème doit être traité à son heure et que le plus urgent consiste à prendre du repos, car la journée du 18 juin promet d'être rude. Il a envoyé le médecin auxiliaire Gignoux en poste de secours avancé et, s'allongeant dans la paille d'une grange à côté de l'abbé Rhodain, aumônier du régiment, il lui dit avant de s'endormir : « Demain à l'aube, j'installerai mon PS à l'école. » Rhodain ne l'entend pas, il a déjà succombé à la fatigue et dort profondément.

Sur la rive sud du canal, les soldats du III/133ᵉ RIF pensent avec nostalgie au soleil de juin que la capote et le poids du sac rendent pourtant insupportables. Certains d'entre eux sont en effet obligés de sortir de leur trou individuel qui se remplit d'eau.

« Très fatigués par les étapes de la retraite, écrit le capitaine de Menthon, les hommes doivent maintenant subir une pluie torrentielle. »

**

Au 37ᵉ RIF, la section de l'aspirant Raës s'est dissimulée dans le labyrinthe de la cimenterie de Héming qui se dresse au bord du canal, sur la rive nord. La partie de cache-cache avec les patrouilles allemandes se poursuivra jusqu'à la nuit et c'est en profitant de l'obscurité que Raës et ses soldats (à l'exception d'un groupe) regagneront la rive sud à l'aide d'une barque heureusement négligée par les sapeurs chargés de détruire toutes les embarcations.

A Xouaxange où les ponts ont sauté à 18 heures et 18 h 30, deux sections de la compagnie Joyet, celles des lieutenants Borie et Mittelbronn, sont restées en embuscade dans les maisons de la rive nord. Vers 21 h 30, le lieutenant-colonel Combet fait transmettre l'ordre de ramener tout le monde sur la rive sud. Borie et Mittelbronn n'ont pas de barque à leur disposition, mais le lieutenant Coffinier, en homme prévoyant, a fait confectionner un radeau avec des planches clouées sur des tonneaux. C'est avec cette embarcation et un va-et-vient que les deux sections rejoindront leur compagnie.

Du côté de La Forge, à la limite entre le 37ᵉ RIF et le 166ᵉ RIF, les flammes du dépôt de carburant projettent d'immenses lueurs en direction du ciel couvert. Les observateurs signalent « d'intenses bruits de moteurs venant de Sarrebourg ». Grâce au brouillard qui, doucement, s'épaissit entre les coteaux où le canal disparaît, les véhicules allemands roulent phares allumés et, si la circulation est intense, c'est parce que les éléments de trois divisions transitent par Sarrebourg avant de se diriger vers leurs positions respectives au nord du canal.

« Durant toute la nuit, note le lieutenant-colonel Combet, nous percevons de nos lignes le va-et-vient des camions. Il est certain qu'au lever du jour, la bataille sera violente ! »

Combet ne sait pas à quel point il a raison. A la *60ᵉ ID* du *General* Eberhardt qui se trouve devant le 133ᵉ RIF de la division Dagnan et le 153ᵉ RIF de la division Chastanet, le rédacteur du journal écrit le 17 au soir : « Le feu violent d'armes automatiques et d'artillerie enregistré lors de la prise de contact fait supposer une forte occupation de la rive sud du canal et l'intention des Français d'y organiser une résistance sérieuse. A la suite de cette hypothèse et après de fructueuses reconnaissances, l'arrivée du matériel de franchissement et des canots pneumatiques, le remaniement de l'artillerie, le *General* décide de monter pour le 18 juin une attaque méthodique et puissante. »

✲
✲ ✲

Depuis que la nuit est tombée, le capitaine Royaux sent l'inquiétude le gagner. Sa CM 1 constitue l'aile gauche du I/41ᵉ RMIC et c'est lui qui devrait avoir la liaison avec le IIᵉ bataillon étiré en direction de Moussey tenu par les Polonais. Or, Royaux n'a aucune liaison. Il est vrai qu'à cet endroit, la rive sud du canal n'est pas aussi « plate et dénudée » que la décrit le colonel Tristani. Derrière l'écluse 7, des bosquets encadrent le ruisseau de Saint-Blaise et s'étendent jusqu'à une zone marécageuse elle-même limitée par le pont détruit de la voie ferrée. Avec la pluie qui rend l'obscurité encore plus épaisse, Royaux reconnaît « qu'il n'est pas tranquille avec cette gauche mal gardée ». Il a bien envoyé une patrouille vers le ruisseau, mais elle a reçu des coups de feu et s'est repliée sans pouvoir préciser si les tirs venaient du nord ou du sud du canal. S'est-elle heurtée à une reconnaissance du IIᵉ bataillon cherchant, elle aussi, la liaison ? Si c'est l'ennemi, la situation de la compagnie Royaux peut devenir difficile, d'autant que, depuis la bataille du 14 juin, elle n'a été recomplétée ni en soldats ni en armement. Elle compte 73 sous-officiers et hommes de troupe alors que l'effectif prévu est de 198, 7 FM au lieu de 9 et 9 mitrailleuses au lieu de 12.

Vers 22 heures, le lieutenant Lepoutre part à la tête d'une nouvelle patrouille, mais, aveuglé par une violente averse, il tombe dans un trou d'eau de la zone marécageuse et, après avoir failli se noyer, il renonce et revient au PC du capitaine Royaux. Celui-ci se raccroche à l'idée qu'avec un temps pareil, il est peu probable que les Allemands tentent une action en force sur le canal. Il ne se trompe qu'à moitié, car si l'ennemi n'envisage effectivement aucune attaque de nuit, une section du *IR 125*, régiment de renforcement de la *75ᵉ ID*, a bien traversé le canal et s'est dissimulée dans les bosquets qui séparent le I/41ᵉ RMIC du IIᵉ bataillon.

Le PC de la *75ᵉ ID* est ce soir-là à Assenoncourt, à une dizaine de kilomètres au sud-est de Dieuze. Le « *Kommandeur* » de l'artillerie divisionnaire, qui assiste à 22 heures à la conférence pendant laquelle se prépare l'attaque du 18 juin, raconte que, pendant la réunion, « on apprend que le régiment 125 a ouvert une tête de pont au sud du canal, près de la ligne de chemin de fer. La discussion est interrompue en raison de cette situation nouvelle et des ordres donnés en conséquence ».

Pendant la nuit, les forces du *IR 125* dissimulées dans les bosquets vont être renforcées et surtout alimentées en armes lourdes et en munitions. Le cheval de Troie est encore de taille modeste, mais, au PC de la *75ᵉ ID,* on est maintenant sûr de posséder à l'aube du 18 juin une excellente base de départ pour attaquer de flanc les coloniaux du 41ᵉ RMIC.

✶
✶ ✶

Le problème prioritaire de la soirée du 17 juin est posé par les Polonais du général Duch qui se sont laissés arracher une tête de pont au sud de Lagarde. A Herbéviller, situé sur la RN 4 entre Lunéville et Blamont, Duch a installé son PC à l'école, et l'atmosphère est tendue. Le canal est à une vingtaine de kilomètres au nord et, depuis le PC du 20ᵉ corps, le général Hubert a fait savoir « qu'il faut réduire la poche avant la nuit ». Duch a tenté d'expliquer que son infanterie était épuisée, qu'il avait perdu trois bataillons dans les combats menés depuis le 15 juin en arrière-garde et qu'il n'avait même pas la possibilité « d'emprunter » une ou deux compagnies au colonel Wnuk qui défend le canal à Moussey, celui-ci étant passé sous le commandement de la division voisine du colonel Dagnan. A l'état-major du 20ᵉ corps, on a fini par admettre le bien-fondé des arguments produits par Duch et, dans l'après-midi, le commandant Meykiechel, du 3ᵉ Bureau, a téléphoné au PC polonais pour annoncer l'arrivée imminente d'un groupe d'artillerie lourde et de deux compagnies de chars R 35 [1]. Il s'agit de la « 2 » du capitaine Imbault et de la « 3 » du lieutenant Guillier qui rassemblent environ vingt-cinq chars du 20ᵉ BCC. Comment la contre-attaque ne réussirait-elle pas, von Bothmer n'ayant que des fantassins à opposer aux blindés français appuyés par l'artillerie polonaise ? A condition d'utiliser les R 35 avec intelligence.

« Vers 16 heures, raconte le lieutenant Guillier dans ses carnets, j'ai pris liaison à Avricourt avec un colonel polonais. Ma compagnie devait contre-attaquer vers Moussey. A 19 h 45, changement de mission, je dois aller à Vaucourt me mettre à la disposition du général commandant la division polonaise. »

A bord d'un side-car, Guillier précède ses chars et se présente à Duch qui vient d'installer au PC avancé au bord de la route, près de Vaucourt. Le Polonais explique ce qu'il attend des chars : donner un « coup de poing » en direction de Lagarde afin de réduire la tête du pont. A 20 h 45, la 3ᵉ compagnie arrive à Vaucourt. « Elle est immédiatement engagée ! » assure Guillier.

1. Du début de la retraite à l'armistice, on ne verra jamais dans les armées encerclées DEUX compagnies de chars lancées ENSEMBLE dans une contre-attaque. L'événement est donc important.

60e DI

Gondrexange

Div. Chastanet

RN4

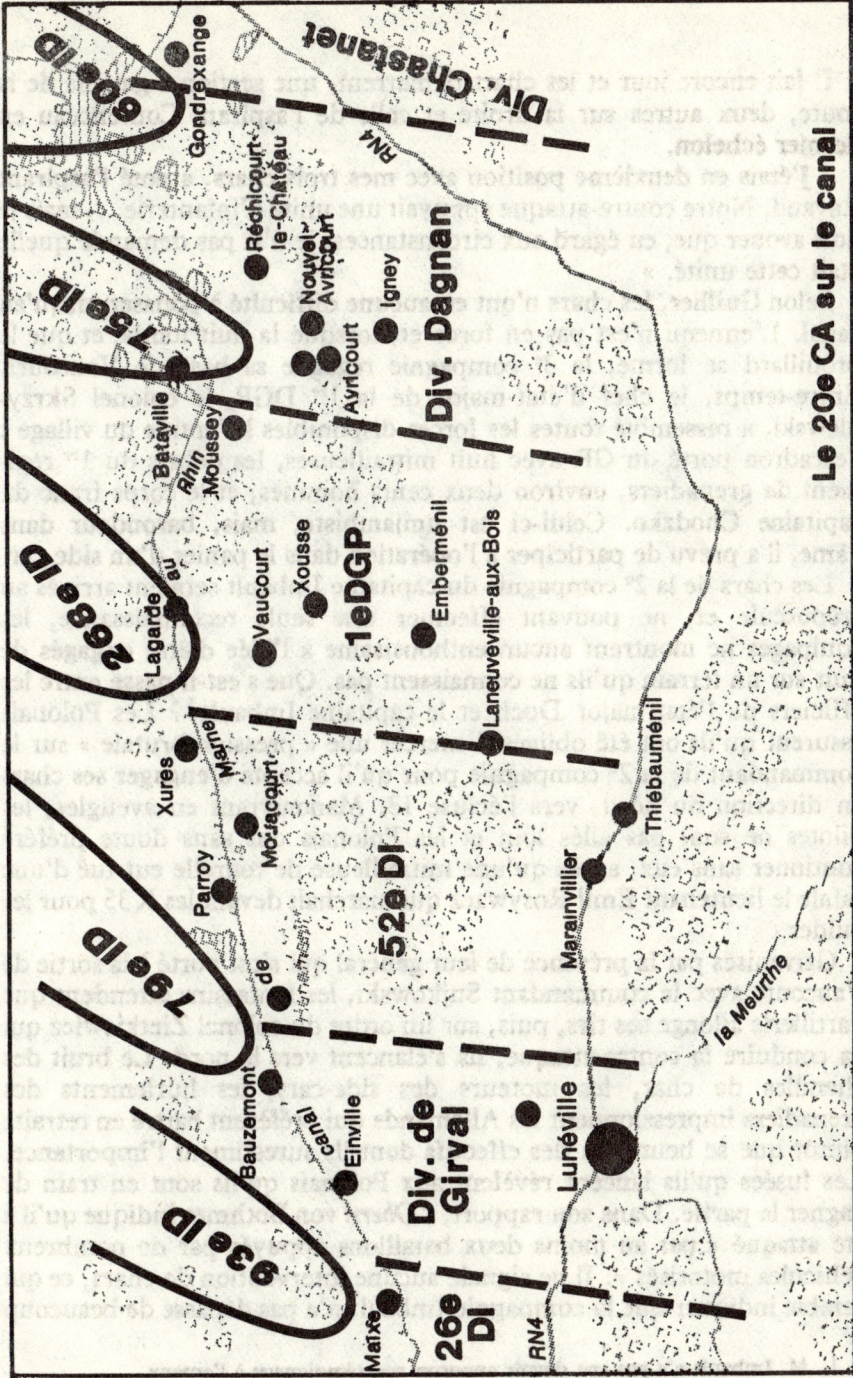

Le 20e CA sur le canal

Réchicourt-le-Château

Nouvel Avricourt

Avricourt

Igney

73e ID

Div. Dagnan

Bataville

Rhin

Moussey

Vaucourt

Xousse

Emberménil

Laneuveville-aux-Bois

1e DGP

288e ID

Lagarde

au

Marne

Rhin

Xures

Morlacourt

Parroy

de

Héménil

52e DI

79e ID

Thiébauménil

Marainvillier

la Meurthe

Bauzemont

canal

Einville

Div. de Girval

Lunéville

93e ID

26e DI

Maixe

RN4

Il fait encore jour et les chars démarrent, une section à gauche de la route, deux autres sur la droite et celle de l'aspirant Coutenceau en dernier échelon.

« J'étais en deuxième position avec mes trois chars, a noté l'aspirant Ravaud. Notre contre-attaque appuyait une unité d'infanterie..., mais je dois avouer que, eu égard aux circonstances, je n'ai pas demandé quelle était cette unité. »

Selon Guillier, les chars n'ont eu aucune difficulté à pousser jusqu'au canal. L'ennemi n'est pas en force et, lorsque la nuit tombe et que le brouillard se forme, la 3e compagnie regagne sa base de Vaucourt. Entre-temps, le chef d'état-major de la 1re DGP, le colonel Skrzydlewski, a rassemblé toutes les forces disponibles à l'entrée du village : l'escadron porté du GR avec huit mitrailleuses, les débris du 1er régiment de grenadiers, environ deux cents hommes, et le corps franc du capitaine Chodzko. Celui-ci est unijambiste, mais, baroudeur dans l'âme, il a prévu de participer à l'opération dans le panier d'un side-car.

Les chars de la 2e compagnie du capitaine Imbault seraient arrivés au crépuscule et, ne pouvant effectuer une seule reconnaissance, les équipages ne montrent aucun enthousiasme à l'idée d'être engagés de nuit sur un terrain qu'ils ne connaissent pas. Que s'est-il passé entre les officiers de l'état-major Duch et le capitaine Imbault[1] ? Les Polonais assurent qu'ils ont été obligés d'exercer une « pression brutale » sur le commandant de la 2e compagnie pour qu'il accepte d'engager ses chars en direction du nord, vers l'écluse 13. Manœuvrant en aveugles, les pilotes ne sont pas allés loin et les Polonais ont sans doute préféré continuer sans eux, après qu'une mitrailleuse de tourelle eut tué d'une rafale le lieutenant Emil Rosywacz qui marchait devant les R 35 pour les guider.

Galvanisés par la présence de leur général qui s'est porté à la sortie de Vaucourt avec le commandant Sujkowski, les fantassins attendent que l'artillerie allonge ses tirs, puis, sur un ordre du colonel Zietkiewicz qui va conduire la contre-attaque, ils s'élancent vers le nord. Le bruit des chenilles de char, les moteurs des side-cars, les hurlements des grenadiers impressionnent les Allemands qui préfèrent battre en retraite plutôt que se heurter à des effectifs dont ils surestiment l'importance. Les fusées qu'ils lancent révèlent aux Polonais qu'ils sont en train de gagner la partie. Dans son rapport, l'*Oberst* von Bothmer indique qu'il a été attaqué « par au moins deux bataillons appuyés par de nombreux véhicules motorisés ». Il ne signale aucune intervention de chars, ce qui semble indiquer que la compagnie Imbault n'a pas dépassé de beaucoup

---

1. M. Imbault n'a pas cru devoir apporter son témoignage à l'auteur.

sa base de départ. Outre l'aspirant Nikodemski, tué l'un des premiers, les Polonais comptent dix-sept morts dont le lieutenant Drozenski, et une quarantaine de blessés.

La fusillade cesse vers 23 heures, et les Polonais affirment que la tête du pont a été intégralement reconquise, ce que contestent les Allemands. Selon l'officier Ia de la *268ᵉ ID,* « une petite poche resta entre nos mains au sud du canal [1] ». C'est vraisemblable puisque les *Pionniers* vont travailler toute la nuit à la réfection du pont de Lagarde. Comment auraient-ils pu le faire si les grenadiers s'étaient trouvés sur la rive sud ? Ce qui est vraiment reconquis, c'est la zone de Martincourt, derrière l'écluse 13. La preuve en est apportée par les hommes du III/174ᵉ RIF dont les FM sont toujours en batterie face à l'est, sur la lisière de la forêt de Parroy. Ils sont maintenant rassurés et le lieutenant Courbères note dans son rapport : « Nuit du 17 au 18 juin sans histoire. Les Polonais se sont rétablis sur le canal. »

*
* *

Sur la gauche du 20ᵉ corps, à la division de Girval, on espère que les derniers bataillons des 146ᵉ et 156ᵉ RIF qui sont encore au nord du canal pourront le traverser dans la nuit du 17 au 18 juin. Après, il sera sans doute trop tard, car les Allemands auront franchi la Seille et la bataille commencera.

Marchant à la boussole et sous la pluie, les unités coupent le plus souvent à travers champs, mais, dans l'obscurité, elles s'engagent dans des prés spongieux où les chevaux peinent, ce qui oblige les hommes ivres de fatigue à pousser à la roue. Les documents sur cette étape de nuit sont rares, mais il est vraisemblable que des abandons de matériel et de munitions se sont encore produits. Lorsque les soldats sont à bout de forces, leur premier réflexe est de s'alléger. Le canal de la Marne au Rhin représente pour eux l'accès à une sorte de « terre promise » où ils pourront enfin se reposer et percevoir des vivres. Vers 2 heures du matin, le corps franc du lieutenant Buchoud traverse le pont d'Einville défendu par le 69ᵉ RIF.

« Nous sommes enfin derrière ce fameux canal et nous poussons un soupir de soulagement ! » avoue Buchoud.

Les bataillons sont dans un tel état d'épuisement qu'on les place en réserve de corps d'armée, une manière comme une autre de les mettre au repos. Le lieutenant-colonel Prat explique à ses hommes qu'ils ne peuvent rester à proximité du canal où l'on va certainement se battre à l'aube du 18 juin. Ils doivent repartir et parcourir encore une douzaine

1. Lettre du 28 février 1967 adressée par le général Spitzer à l'auteur.

de kilomètres. Pour les encourager, Prat leur donne l'assurance « que la roulante les attendra avec une soupe chaude ».

Derrière eux, deux bataillons du 156e RIF franchissent le canal à Maixe où les hommes du III/98e RI attendent la prise de contact. Le lieutenant-colonel Milon reste à l'entrée du pont jusqu'au moment où le dernier de ses soldats le traverse. Il donne ensuite l'ordre de procéder à la destruction : il est 2 h 30 du matin. Milon s'est rendu compte que ses hommes et leurs chevaux sont fourbus et, lorsque le colonel Vogel lui fait dire de traverser Lunéville et de se retirer dans la forêt de Mondon, il regarde sa carte : plus de vingt kilomètres le séparent de son point de destination.

« C'est impossible ! proteste-t-il, les hommes s'y traîneront peut-être grâce à leur volonté, mais les chevaux tomberont en cours de route. »

Le chef de corps fait demander au PC du 20e corps l'autorisation « de se reposer dans les vergers de Maixe jusqu'au lever du jour ». Un quart d'heure plus tard, le commandant Meykiechel, du 3e Bureau, fait savoir « que la pause sollicitée est accordée ». Les soldats du lieutenant-colonel Milon n'ont pas attendu : ils dorment à poings fermés sous les cerisiers couverts de fruits.

CHAPITRE XVI

« Inspirez-vous de Dunkerque ! »

Venant de Flavigny-sur-Moselle où se trouvait alors le PC de la IIIᵉ armée, le commandant Basteau est arrivé le dimanche 16 juin vers 10 heures au PC du groupe d'armées nº 2 installé au château de Montmorot, près de Lons-le-Saunier. Officier de liaison à la Vᵉ armée du général Bourret, le commandant Bailloux s'est présenté une heure plus tard, et, à l'état-major, le capitaine du Garreau a exprimé la pensée de tous les officiers en disant à Basteau : « Nous nous demandions si vous pourriez encore passer ! » Le général Prételat a, lui aussi, montré sa satisfaction de voir ses deux officiers de liaison « rentrés au bercail » et il les a invités à se restaurer à sa propre popote. Précis, Basteau a noté le menu dans son journal : œufs au jambon, rôti de veau aux aromates, fromage, fraises au sucre, le tout servi avec un vin d'Arbois très frais.

Au début de l'après-midi, Basteau, qui a roulé toute la nuit sur les routes encombrées des Vosges et du Jura, s'éloigne dans le parc du château, avec l'intention de faire une longue sieste sur cette colline boisée d'où la vue s'étend sur la vallée. Tout en croquant des petites fraises parfumées, abondantes dans le sous-bois, l'officier écrit d'abord à sa famille pour la rassurer sur son sort. Il termine par cette phrase. « Je viens de sortir de la nasse, juste avant qu'elle ne se referme sur moi. » En effet, le couloir qui sépare l'avant-garde du groupement Guderian de la frontière suisse devient de plus en plus étroit et, dans l'après-midi de ce dimanche, sa largeur ne doit pas dépasser soixante kilomètres. Cela n'empêche pas des milliers de véhicules et d'attelages, civils et militaires, sans cesse refoulés vers la Suisse, de s'obstiner à chercher les passages encore libres en direction du sud. On parle de combats vers Vesoul et à Besançon que vient d'atteindre la *1ʳᵉ Panzerdivision* et l'on peut supposer maintenant que les Allemands seront à la frontière dans la journée du lundi 17, peut-être même dans la nuit... En refermant l'enveloppe de sa lettre, Basteau ne peut s'empêcher de penser qu'il a eu beaucoup de chance. Au même instant, un bruit de pas le fait se

337

retourner. C'est un planton essoufflé qui s'arrête à quelques pas, salue et lance d'une voix au débit rapide : « Le général Bérard veut vous voir d'urgence… »

L'officier de liaison se lève et gagne le château d'un pas vif. On l'introduit dans le bureau du chef d'état-major et les premiers mots de celui-ci font à Basteau « l'effet d'un coup de poing au creux de l'estomac ».

« Vous allez retourner au PC du général Condé ! » dit Bérard.

Le rôle d'un officier de liaison consiste bien sûr à partir, revenir, repartir, mais, à l'idée de retourner à Flavigny-sur-Moselle, Basteau semble paralysé. C'était bien la peine de surmonter les mille difficultés rencontrées au cours de la nuit sur les routes des Vosges ! Peut-on jouer à quitte ou double plusieurs fois avec la chance ? S'il faut rejoindre le PC de la IIIe armée, les perspectives de retour sont faibles !

« A vos ordres, mon général ! » s'entend pourtant dire Basteau.

Le chef d'état-major du général Prételat lui explique qu'il sera porteur d'un plan d'opérations, l'ordre général n° 22 qui, pour l'essentiel, porte sur une contre-offensive en direction du sud menée par les armées menacées d'encerclement. Basteau doit commenter le plan au général Condé et insister sur l'urgence que son application présente. « Il importe que l'attaque soit lancée au plus vite, ajoute Bérard, avant que les Allemands ne se renforcent dans la région et n'opposent des moyens puissants à nos divisions fatiguées. »

Son interlocuteur apprend encore à Basteau que les généraux Condé et Bourret se trouvent maintenant au fort de Girancourt, près d'Épinal, et que le commandant Bailloux partira avec lui puisqu'il est officier de liaison du GA 2 à la Ve armée. Bérard, qui exprime le souhait de voir la contre-offensive se déclencher au plus vite, oublie un détail : l'ordre général n° 22 est seulement en cours de rédaction.

« Jamais, je crois, écrit Basteau, ordre ne m'a paru plus lent à sortir. Jamais non plus après-midi ne m'a paru plus lent à s'écouler. J'ai pu sortir de la nasse ce matin, pourrais-je en sortir encore demain ? Je ne le pense guère. Réussirons-nous seulement à passer ce soir et à atteindre les généraux Condé et Bourret ? »

A qui attribuer la paternité de l'ordre général n° 22 ? Sans aucun doute au général Prételat. « Nous avons assez discuté de son opportunité et de ses possibilités de réussite pour que mes souvenirs soient très précis sur ce point essentiel ! » écrira le général Bérard [1]. Et, pendant que Basteau ronge son frein, le 3e Bureau met la dernière main à cet ordre de contre-offensive dont les chances paraissent certaines… sur le papier. A la même heure, les unités des IIIe et V[e] armées s'installent sur le canal de la

---

1. Lettre du 3 avril 1967 adressée par le général Bérard à l'auteur.

Marne au Rhin pour y livrer combat « sans esprit de recul » et l'état d'épuisement dans lequel se trouvent les hommes ne permet pas de les supposer capables d'attaquer. Surtout si l'on connaît les forces adverses, ce dont personne ne semble avoir conscience à l'état-major du général Prételat. On lira par exemple dans l'ordre n° 22 que « la progression rapide et profonde de l'ennemi ne paraît pas, jusqu'à présent, avoir été suivie par des formations motorisées importantes ». Partant de cette aberration, le rédacteur de l'ordre en tire la conclusion suivante : « Il importe de profiter de l'occasion favorable créée par la situation aventurée des avant-gardes ennemies pour tenter contre elle une action de flanc (...). »

L'erreur d'appréciation est monumentale, mais elle s'explique par le fait que Prételat n'a aucune reconnaissance aérienne à sa disposition pour le renseigner sur l'avance et les forces engagées par les Allemands. La « situation aventurée des avant-gardes ennemies » est une expression qui en dit long sur l'ignorance du GA 2. Fort de quatre *Panzerdivisionen* et deux *Motorisées,* le groupement Guderian avance en direction de la frontière suisse avec des éléments de trois divisions en premier échelon. Sur sa droite, axées sur Dijon et la vallée du Rhône, marchent les huit divisions, dont quatre blindées, du groupement Kleist. C'est un « rouleau compresseur » de quatorze divisions entièrement motorisées et alignant plus de dix-huit cents chars. De plus, la progression de l'adversaire est tellement rapide que le général Prételat, comme d'ailleurs ses commandants d'armée, possède des renseignements qui sont toujours en retard sur l'événement. On lit en effet dans l'ordre n° 22 : « Nous tenons sans être inquiétés actuellement la coupure du canal de Bourgogne et le Doubs de Dôle-Besançon. »

Ce qui est vrai dans la matinée du dimanche sera caduc dans l'après-midi, les blindés de Guderian ayant atteint le Doubs et abordant Besançon. Quant à la IIᵉ armée qui « continuera d'assurer sa mission de barrage sur le Doubs en aval de Besançon », on sait qu'il est inutile de compter sur elle, le général Freydenberg n'envisageant que deux possibilités : se replier toujours plus au sud ou être placé en réserve de commandement, c'est-à-dire dégagé de toute responsabilité.

Dans son rapport, le commandant Basteau note qu'il a reçu l'ordre général n° 22 à 16 heures, mais le document est daté du 16 juin à... 12 heures. Avec Bailloux, il est reçu par le général Prételat qui insiste sur l'importance de leur mission et souhaite qu'ils arrivent à bon port. Enfin, après un crochet par la popote pour prendre une boule de pain et deux boîtes de pâté, les officiers de liaison, chacun dans leur voiture, quittent le château de Montmorot, emportant avec eux un bagage réduit, essentiellement du linge de rechange « pour le cas, dit Basteau, où nous serions faits prisonniers ». Le 2ᵉ Bureau leur ayant confirmé la poussée allemande en direction de la frontière suisse, ils décident d'un commun accord d'emprunter un itinéraire très à l'est afin de se glisser « dans le couloir existant entre cette frontière et les têtes de colonnes ennemies, couloir qui sera encore plus étroit demain, en admettant qu'il subsiste » (journal Basteau). Pour éviter Pontarlier, les voitures montent vers Champagnole et, par Morteau, atteignent Le Russey à la tombée de la nuit. Les deux officiers se dégourdissent les jambes sur la route, mais, un sous-officier du train affirmant que « les boches sont au camp du Valdahon », Basteau cherche un téléphone pour essayer d'en obtenir la confirmation. Il réussit à entrer en communication avec le général Huet, du secteur fortifié du Jura. « Mon PC est au camp du Valdahon, explique Huet, et je peux vous assurer que les Allemands n'y sont pas. En revanche, je sais qu'on se bat à Besançon et je m'attends dès demain à une poussée sur le Valdahon. »

Les envoyés du général Prételat ne voient qu'une chose : la route est encore libre. En dépit de l'obscurité qui multiplie les risques de collision, ils repartent. Maiche, Pont-de-Roide, Montbéliard. Le trafic est toujours très dense dans le sens nord-sud et les chauffeurs des voitures ont le plus grand mal à rouler à contre-courant.

★
★ ★

Pendant que Basteau et Bailloux se dirigent vers Épinal avant d'obliquer en direction du fort de Girancourt, les états-majors des IIIe et Ve armées ont quitté celui-ci le dimanche au lever du jour. La colonne a mis environ trois heures pour atteindre Gérardmer où se trouve déjà le PC du général Misserey, du 13e corps. A sept heures, à l'ouverture des cafés, tout le monde se précipite pour commander un petit déjeuner pendant que le commandant Lancelot, du QG de la IIIe armée, se rend chez le maire de Gérardmer dont il lui faut obtenir des bureaux et des logements. La chose paraît simple en soi, mais elle ne l'est pas, car M. Paul Boucher, qui fut chef de bataillon au 152e RI, le célèbre régiment des « Diables rouges », ne dispose pas de capacités hôtelières extensibles. Sa municipalité a déjà pris en charge l'hébergement de 600 réfugiés alsaciens, pour la plupart commerçants à Strasbourg, et d'un pensionnat de jeunes filles. Dans la matinée de ce dimanche 16 juin, deux trains seront bloqués en gare de Gérardmer et 1 200 cheminots avec leur famille exigeront, eux aussi, le vivre, voire le couvert. Dans les rues, des centaines de militaires isolés, d'affectés spéciaux, deux compagnies de travailleurs espagnols laissées sans ordres, sans compter les réfugiés qui ne cessent d'affluer, embarrassent aussi M. Boucher qui ne sait où donner de la tête pour offrir un toit à chacun. Toutefois, c'est l'arrivée de l'état-major du 13e corps qui est la plus critiquée. « Sans daigner me demander mon avis, raconte le maire, ils ont occupé des hôtels, plusieurs immeubles et même la mairie. Aux sorties de la ville, des soldats ont construit des barricades, sciant et mutilant les arbres sans vergogne. »

Lorsque le commandant Lancelot lui annonce que deux généraux d'armée, nantis chacun d'un état-major important, s'installent eux aussi à Gérardmer, M. Boucher lève les bras au ciel et lui explique qu'il va tout faire pour leur affecter des logements convenables, mais que l'afflux des réfugiés risque de lui poser sous peu des problèmes insolubles. « Dans ma ville où l'électricité est coupée, ces milliers de malheureux nous demandent la même chose : de la nourriture et un toit pour dormir. Inquiet de voir des mitrailleuses aux barricades, je fis une démarche auprès du général Misserey pour le prier d'éviter les combats dans Gérardmer [1] où la population a quadruplé du fait des réfugiés. Son chef d'état-major, le colonel Boudet, me conseilla de disperser la population dans la montagne... » (Rapport Boucher.)

Le maire se met en quatre pour satisfaire tout le monde puisqu'il offre sa propre villa *Les Fougères,* dont le beau parc borde le lac, au général Bourret [2], Condé prenant possession de la villa *Monplaisir,* propriété des religieuses de Notre-Dame-de-Sion. Le 2e Bureau du colonel Valtat et le 3e Bureau de Debeugny sont également à *Monplaisir,* le lieutenant-colonel Duval réquisitionnant l'hôtel du Lac pour le 4e Bureau. Dans la matinée, l'échelon lourd du QG, que le lieutenant-colonel de Périer avait conduit de Montigny-le-Roi à Bourbonne-les-Bains, puis à Vauvillers, rejoint à son tour Gérardmer. En quelques heures, les états-majors des IIIe et Ve armées sont en mesure de fonctionner, mais l'état d'esprit de *Monplaisir* est différent de celui qui règne aux *Fougères.* La Ve armée passant le soir même sous les ordres de Condé, l'atmosphère qui règne à l'état-major Bourret est celle d'un inventaire avant liquidation [3]. Voulant assurer la prise en charge de la Ve armée, le lieutenant-colonel Debeugny affirme qu'il a passé la matinée du dimanche à essayer d'obtenir des renseignements sur les unités de celle-ci. Il a vu le colonel de Lassus de Saint-Geniès, du 2e Bureau, qui l'a envoyé chez le commandant de Tarragon, du 3e Bureau, lequel l'a dirigé sur le colonel Fortin, chef d'état-major. Ce dernier lui a fait un exposé tendant à prouver que « la manœuvre de repli était inepte et impossible », et Debeugny, en désespoir de cause, a tenté, mais en vain, de rencontrer Bourret en personne. Il est ensuite passé au PC du 13e corps où le colonel Boudet,

1. Il y aura combat à Gérardmer où le général Misserey sera fait prisonnier (« Les combattants du 18 juin », tome I : *Les Derniers Feux*).
2. Dans son petit carnet personnel, Bourret indique que ses Bureaux sont dans la villa où il se trouvait en septembre 1918 avec la 131e DI.
3. Bourret est même coupé de ses corps d'armée. Il n'a pas laissé d'officier de permanence au fort de Girancourt et, le 17 juin, le général Lescanne, du 43e CA, puis le général Champon, du 12e CA, y trouveront porte close.

son condisciple de l'École de guerre, lui a expliqué qu'il était, quant à lui, orienté vers la plaine d'Alsace où se battaient les troupes de forteresse avant de se replier vers les contreforts vosgiens. Désabusé, le chef du 3e Bureau de la IIIe armée reviendra à *Monplaisir* rendre compte au colonel Tessier « qu'il est dans l'impossibilité de connaître la situation des grandes unités de l'armée Bourret ».

Tessier, qui a effectué la même tentative de son côté, se montre plus sévère, mais on connaît sa tendance à la dramatisation : « Les deux états-majors sont voisins. Fortin me promet vaguement son aide... Son état-major est démoralisé et ne songe qu'à s'échapper, comme l'ont déjà fait les grands services. »

Vers midi, Bourret confie ses archives secrètes au capitaine Robelin qui part en direction du sud « pendant qu'il est encore temps ». Il signera également un ordre de mission au capitaine Guy La Chambre, ce qui permettra à l'ancien secrétaire d'État à l'Aviation de ne pas tomber entre les mains de l'ennemi. Ces précautions prises, Bourret n'est pas pour autant optimiste. « Encerclement total imminent », écrit-il sur son agenda. Cette prémonition semble l'inciter à baisser les bras, à observer une passivité qu'il tente peut-être de faire partager à Condé avec qui il a de fréquentes conversations. « Je ne crois pas qu'elles soient de nature à renforcer mon chef dans sa volonté de tenter la percée vers le sud », observe Tessier.

C'est la première fois que l'expression « percée vers le sud » apparaît sous la plume de Tessier. La veille, au cours de sa dernière conversation téléphonique avec le général Bérard, il a expliqué au chef d'état-major du GA 2 qu'il « organisait un front de combat sur le canal de la Marne au Rhin », mais les deux projets ne sont pas aussi contradictoires qu'il y paraît. Dès le 13 juin, jour du départ de la ligne Maginot, Tessier avait cette idée en tête : s'arrêter sur le canal, puis, rappelons-le, « l'armée rompra d'un bloc vers le sud et marchera nuit et jour ». Outre que les hommes seraient incapables de fournir un tel effort, un nouveau facteur est intervenu entre le 13 et le 16 juin : la présence de l'ennemi sur la face sud, poussant vers la frontière suisse pour enfermer les armées françaises dans le *Kraal* de Lorraine, comme le souhaite le *General* Halder. Tessier en a conscience puisque la veille, au fort de Girancourt, il a trouvé le temps de confier à ses carnets : « Ce n'est plus une retraite qu'il va nous falloir mener, mais une véritable offensive vers le sud. » Toutefois, le chef d'état-major de Condé n'a pas encore « actualisé » son projet et l'ordre de se battre face au nord, sur le canal de la Marne au Rhin, n'a pas subi de modification.

Le dimanche à 15 heures, Tessier réussit à obtenir au téléphone le général Roton, chef d'état-major du général Georges, commandant le front Nord-Est[1]. Il lui rend compte et insiste bien entendu sur « la situation précaire des armées menacées d'encerclement ». Roton connaît dans ses grandes lignes l'ordre général n° 22 que le 3e Bureau du général Prételat est en train de peaufiner au château de Montmorot[2]. Aussi dit-il à Tessier : « Ordre vous est envoyé de préparer une offensive vers le sud. Inspirez-vous de Dunkerque ! » (Carnets Tessier.)

À l'état-major Georges, comme à l'état-major Prételat, personne ne soupçonne l'état d'épuisement dans lequel se trouvent les unités. Il est vrai que le général Condé a certainement « oublié » de rendre compte qu'il n'avait pas appliqué l'ordre de réquisition des camions et autobus civils transmis par Prételat et approuvé par Georges. Quant à s'inspirer de Dunkerque, la formule est peut-être séduisante, mais l'encerclement des armées de Lorraine et d'Alsace n'est en rien comparable à celui des armées du Nord dont les deux tiers ont pu s'échapper par la mer, sous la protection d'une couverture aérienne qui fait totalement défaut dans l'Est.

Se présentent à la villa *Monplaisir* le dimanche après-midi, M. Bosney, préfet de Nancy, puis M. Dupuy, préfet d'Épinal. Leur requête est identique : ils souhaitent que leur cité soit épargnée par la guerre et déclarée ville ouverte. Pour Nancy, le général Condé ne s'y oppose pas puisqu'il l'a lui-même envisagé, à la suite de l'intervention du général Loizeau qui estimait difficile de livrer combat au nord de la forêt de Haye, entre Frouard et Liverdun. Pour Épinal, M. Dupuy n'obtient pas satisfaction, car les GR de la Ve armée placés sous les ordres du colonel Pichon, du GRCA 24, vont prendre position sur la Moselle et il est probable que celle-ci sera le théâtre d'une dure bataille[3]. Viennent ensuite le médecin général Goursolas, de la VIIIe armée, et le médecin-colonel Parisot qui viennent proposer à Condé de réorganiser le service de santé des armées menacées d'encerclement. Le médecin général Maisonnet, de la Ve armée, est parti sur ordre avec les grands services et le médecin général Sch..., de la IIIe armée, ayant « disparu » en direction du sud, des milliers de blessés sont laissés à l'abandon, en particulier à Vittel, et Goursolas insiste sur l'urgence d'une reprise en main du personnel médical. Condé le nomme à compter du 17 juin directeur du service de santé des armées de l'Est.

« Ils effectueront un travail splendide ! » dira le colonel Tessier parlant de Goursolas et de Parisot[4].

1. Le général Condé confirme cette conversation, mais la situe à 12 h 30.
2. Le journal du GA 2 indique que le projet [d'offensive vers le sud] a recueilli le plein assentiment du général Georges à qui le général Prételat a téléphoné à 11 h 15.
3. Cette dernière bataille livrée par la cavalerie française fera l'objet d'un important chapitre dans « Les combattants du 18 juin », tome II : *Les Derniers Feux.*
4. Parisot a été nommé le 10 juin médecin consultant à l'inspection générale du service de santé. Il réorganise d'abord la zone de Besançon où il met sur pied un centre

Le soir venu, le chef d'état-major de la IIIe armée procède à la mise à jour de ses cartes avec l'aide de son ami Debeugny et de quelques officiers du 3e Bureau. « A minuit, note Tessier, la première phase de la manœuvre prescrite par le général Condé se termine sur le front nord sans incident. Partout, l'ennemi a été contenu par nos troupes, face au nord, et le canal de la Marne au Rhin est tenu. »

Tessier aurait pu écrire : « L'ennemi a été DIFFICILEMENT contenu », car, au 20e corps, le I/146e RIF a été détruit, le 291e RI n'est plus qu'une épave, le 88e BCP a disparu et les grenadiers polonais vont perdre trois bataillons dans les combats d'arrière-garde. Sans oublier le III/51e RMIC du capitaine de Nazelle, disloqué dans le bois des Enfants.

« La situation est plus floue vers Épinal et Remiremont », dit encore Tessier qui se montre pourtant satisfait d'apprendre que la VIIIe armée du général Laure tient solidement Belfort et le ballon d'Alsace. Il ajoute : « C'est donc le moment de passer sans délai à la deuxième phase, avec cette différence qu'au lieu d'une retraite proprement dite, il va falloir attaquer face au sud et se frayer un chemin à travers les blindés ennemis. »

Cette prise de position laisse présager l'imminence d'un contrordre : si les unités doivent prendre l'offensive face au sud, il est urgent de déclarer caduc l'ordre de « défense sans esprit de recul » sur le canal de la Marne au Rhin. Au moins pour les divisions qui devront « se frayer un chemin à travers les blindés ennemis ». Il est nécessaire de les dégager du canal, de les regrouper, de leur fournir des camions et de les éclairer en rameutant les bataillons de chars disponibles. Mais Tessier ne bouge pas, il ne semble même pas avoir fait part de ses intentions au général Condé. Cogny, officier d'ordonnance de celui-ci, assure que « ledit projet n'est sûrement pas monté jusqu'au général qui était orienté vers tout autre chose ».

L'offensive vers le sud envisagée par Tessier n'est-elle qu'un scénario, une hypothèse ? Logiquement, l'état-major du GA 2 devait envoyer un ordre préparatoire, par radio ou par téléphone, de façon à donner les grandes lignes de l'ordre général n° 22. Aucun document connu ne signale un contact de cette sorte entre le GA 2 et la IIIe armée après la conversation téléphonique Roton-Tessier. Questionné à ce sujet, le général Bérard donne une réponse élusive : « Dans un état-major bien tenu, il est de règle d'envoyer toujours des ordres préparatoires, surtout

de triage, sept équipes chirurgicales et monte les disponibilités à douze cents lits. Le 16 juin, au lieu de rejoindre son poste dans le Midi, il choisit de rester « dans la poche où allait être encerclée notre armée ».

quand il s'agit d'une opération aussi importante que celle prescrite par l'ordre n° 22 du 16 juin [1]. »

* *
*

Dimanche 16 juin, minuit. A l'heure où Tessier et Debeugny se penchent sur leurs cartes, les commandants Basteau et Bailloux viennent de s'arrêter au col des Croix, à quinze kilomètres au sud de Remiremont. Debout près des voitures, ils mangent un morceau en compagnie de leurs chauffeurs. Le veau froid aux aromates de la popote du général Prételat n'est plus qu'un souvenir et le « casse-croûte au pâté » a repris ses droits. Après une lampée de marc de Bourgogne offert par Bailloux, les officiers repartent en direction de la vallée de la Moselle. Ils ne s'arrêtent qu'à Épinal où tout le monde dort, ce qui donne à la ville plongée dans l'obscurité un aspect sinistre. Une infirmière regagnant son domicile leur indique le bureau de la Place où l'officier de service, heureusement renseigné, leur cause une vive déconvenue : l'état-major de la IIIᵉ armée a quitté le fort de Girancourt pour Gérardmer la nuit précédente. Basteau et Bailloux mesurent le temps qu'ils vont encore perdre : quarante kilomètres à parcourir en pleine nuit sur les routes vosgiennes ! Pourquoi le général Bérard ne leur a-t-il pas fait savoir que le PC du général Condé était à Gérardmer [2] ? Heureusement, la lune luit dans un ciel dégagé et les chauffeurs peuvent accélérer malgré les nombreux virages de l'itinéraire.

« Nous atteignons Gérardmer le 17 juin à trois heures du matin et perdons plus d'une demi-heure à chercher le PC de la IIIᵉ armée », écrit Basteau.

Avec Bailloux, il est d'abord reçu par le lieutenant-colonel de Périer, puis par le colonel Tessier « qui venait de se coucher ». C'est dans la chambre de ce dernier que l'ordre général n° 22 est examiné et commenté. Dans le rapport rédigé conjointement par les deux officiers de liaison, on lit : « Le chef d'état-major nous dit qu'il a déjà pensé à exécuter la manœuvre, mais un peu différemment. » Selon la même source, Tessier est convaincu « que l'action qu'il pourra déclencher n'aura pas de répercussion sur la suite des opérations ».

On voit la discordance entre le rapport établi par Basteau et Bailloux et les propos relevés dans les carnets de Tessier. Celui-ci ne parle plus de « se frayer un chemin à travers les blindés ennemis », exposant au contraire que les unités sont épuisées par les marches des jours précédents, que les munitions et les vivres vont manquer d'un jour à l'autre et que les réfugiés « entassés sur les routes, répandus dans les

1. Lettre du 3 avril 1967 adressée par le général Bérard à l'auteur.
2. Le journal du GA 2 indique que le dimanche 16 juin « le car TSF est en panne ».

champs, constituent un matelas entre Allemands et Français qui gêne les mouvements ». Malgré ces réserves, Tessier donne l'assurance aux deux officiers que l'ordre sera exécuté, la contre-offensive pouvant être déclenchée le mardi 18 juin au matin.

Nous sommes en pleine utopie ! Comment la IIIe armée pourrait-elle mettre sur pied en vingt-quatre heures un corps de bataille capable d'attaquer de flanc le groupement Guderian ? Le ton des officiers des grands Bureaux qui assistent à l'entretien est moins conciliant que celui de Tessier. « Plus libres d'exposer publiquement leur pensée que leur chef, écrit Cogny, des officiers de l'état-major (j'en étais) ont demandé aux deux commandants à quoi pouvait bien rimer un tel ordre dans la situation actuelle. J'ai personnellement entendu Basteau répondre d'un air entendu : " C'est pour l'Histoire...[1] ". »

Tessier n'a donc pas en mémoire le texte du radiogramme envoyé la veille par les généraux Condé et Bourret, radiogramme dans lequel ils parlaient de leurs « grandes unités en partie disloquées » et de « rétablissement impossible » ? Prételat aussi connaît ce texte et malgré ce qu'il sait des armées menacées d'encerclement il veut les obliger à lancer une contre-offensive ? Lorsque Condé, le 17 au matin, prendra connaissance de l'ordre n° 22, il écrira dans son journal : « Le GA 2, hors du cercle, à Lons-le-Saunier, ne peut rien connaître des complications de tous instants dues à ce que les armées (IIIe, V[e] et VIIIe), sans compter la quasi-totalité de la IIe qui m'est tombée dans les mains, sont adossées les unes aux autres et attaquées... » Un peu plus loin, son amertume apparaît : « On m'a ABANDONNÉ[2] le commandement de toutes les forces de l'Est existant encore, avec l'ordre de me défendre sur trois faces et d'attaquer sur la quatrième, sans chemins de fer, avec peu de camions, presque pas de vivres et de munitions. »

Condé pourrait ajouter : sans aviation, car le général Prételat, dans son ordre n° 22, ne prévoit aucune couverture aérienne de l'opération. Cette carence inconcevable dans le cadre d'une contre-offensive n'empêche pas le lieutenant-colonel Debeugny, chef du 3e Bureau, d'affirmer qu'il avait déjà concocté, avant la venue de Basteau et Bailloux, un projet d'attaque en direction du sud. Il aurait même défini et rédigé l'ordre d'opération. « Je n'avais aucun espoir de réussir, admet-il cependant, mais j'estimais que mon chef n'avait pas le droit d'attendre le désastre inévitable sans tenter quelque chose, sans essayer de sauver l'honneur du groupe d'armées dont, à son corps défendant, il assumait maintenant la charge[3]. »

1. Correspondance du général Cogny avec l'auteur. Le général Basteau n'a pas conservé le souvenir de cette repartie, mais il admet qu'elle a pu lui échapper.
2. Le général Condé a souligné le mot.
3. Lettre du 10 mars 1967 adressée par le colonel Debeugny à l'auteur.

Les officiers de liaison du général Prételat sont allés déposer au PC du général Bourret une copie de l'ordre n° 22. Pour information puisque Bourret est en réserve de commandement depuis minuit. « Il est près de cinq heures quand nous quittons Gérardmer », note Basteau qui a pris place dans la voiture de Bailloux. La sienne est en panne avec un ressort de soupape brisé, et Colas, le chauffeur, va essayer de faire réparer le véhicule au QG de la IIIᵉ armée. Le retour étant plus dangereux que l'aller — l'ennemi a encore gagné du terrain —, les officiers vont chercher l'itinéraire le plus proche de la frontière suisse par le ballon d'Alsace, Belfort et Pontarlier. Les Allemands sont à Besançon depuis la veille, et il est probable que les risques seront les plus élevés dans le secteur de Pontarlier. Couvert en sortant de Gérardmer, le ciel s'est dégagé dans la montée du ballon d'Alsace. Une file ininterrompue de chariots alsaciens chargés de mobilier et de matelas se dirige vers le nord. Après Giromagny, les encombrements ralentissent la circulation et les convois militaires sont mélangés aux civils. A la fourche de Mathay, une colonne de ravitaillement et des centaines de réfugiés sont immobilisés depuis plus d'une heure ; la police routière étant inexistante, la situation risque de se prolonger. Un groupe d'artillerie de la 2ᵉ division de chasseurs polonais est à l'arrêt ; il attend, lui aussi, de pouvoir franchir le carrefour.

« Nous ferions mieux de couper à travers champs ! » suggère Bailloux.

Le chauffeur n'hésite pas et, après une courte distance en tout-terrain, le véhicule remonte vers Audincourt, avant de reprendre son itinéraire en direction de Saint-Hippolyte. Le Doubs est traversé et, après avoir doublé un escadron du 7ᵉ Spahis, très en ordre, les officiers s'engagent sur la route Morteau-Pontarlier qui, très encaissée, peut constituer un véritable piège dans l'éventualité d'une rencontre avec l'ennemi. D'un côté le rocher, de l'autre la rivière. Comble de malchance, il faut changer une roue crevée, ce qui fait perdre une demi-heure, mais le chauffeur réussit ensuite à s'intercaler dans la longue file de véhicules civils qui roulent vers Pontarlier. Il est impossible de songer à doubler et la vitesse se règle sur celle du convoi.

« A trois kilomètres de la ville, raconte Basteau, après un virage, trois autos blindées allemandes, mitrailleuses à hauteur des voitures roulant en sens inverse, se dirigent à vive allure vers Morteau. »

Ces automitrailleuses appartiennent à l'avant-garde de la *29ᵉ Motorisée* du *General* von Langermann qui, la première, a atteint la frontière suisse à huit heures du matin. Les mailles du filet sont encore lâches mais, désormais, le sort des armées françaises de l'Est est scellé et plus de cinq cent mille hommes encerclés ne pourront que se battre ou se rendre, la seconde hypothèse étant de toute manière inévitable. Le plus grand encerclement de la Seconde Guerre mondiale est réalisé, et personne, dans le camp français, ne mesure encore l'importance de l'événement. Informé par un message radio de von Langermann, l'*Oberst* Nehring, chef d'état-major de Guderian, appelle celui-ci, qui est à Langres, depuis le PC avancé du groupement : il lui rend compte que la *29ᵉ Motorisée* a pris contact avec la douane helvétique, et profite de la circonstance pour présenter ses souhaits de bon anniversaire à son supérieur. Guderian a en effet cinquante-deux ans.

Basteau et Bailloux supposent — avec raison — qu'ils se trouvent dans une zone où les forces allemandes sont encore fluides, mais, craignant de rencontrer des motocyclistes qui les obligeraient à descendre... et à vider leurs poches, ils détruisent le calque de situation de la IIIᵉ armée et d'autres notes confidentielles, conservant toutefois le courrier destiné au GQG.

« En cas de nécessité, dit Bailloux, nous plongerons dans les bois et poursuivrons à pied ! »

Ils se coiffent chacun d'un béret basque (emporté par précaution) et Basteau enfile une veste de chasse en toile sur sa vareuse militaire. Documents et affaires personnelles sont bourrés dans la musette du masque à gaz préalablement vidée de son contenu, et la voiture atteint Pontarlier en fin de matinée. Trois fortes explosions leur font tourner la tête vers des nuages de fumée qui s'élèvent au sud et à l'ouest de la ville : les ponts viennent de sauter. « Des convois refluent dans toutes les directions, dit Basteau. Il y a dans la ville des éléments légers allemands mélangés aux réfugiés... »

Dans moins d'une heure, l'ennemi sera en force, mais la chance accompagne les officiers de liaison, car leur chauffeur parvient à sortir de Pontarlier, se trouvant aussitôt intégré à une colonne mixte (réfugiés et militaires) dont les véhicules roulant à deux de front interdisent de doubler. Après avoir longé le lac de Saint-Point, la voiture s'écarte de l'itinéraire trop chargé et gravit un chemin de montagne qui amène ses passagers à Reculfoz où un échelon de ravitaillement du train consent à refaire le plein de carburant. A 13 h 15, les officiers et leur chauffeur s'arrêtent pour déjeuner dans une auberge de La Chapelle-aux-Bois, à 1 100 mètres d'altitude.

« A une demi-heure près, commente Bailloux, nous ne traversions pas Pontarlier ! »

Les trois hommes dormiraient volontiers quelques heures, mais, à part quelques mulets et de rares voitures de réfugiés, la route est vide et il convient d'en profiter. Ils repartent et la longue descente vers Morez s'effectue dans l'ambiance d'un déplacement touristique. Vers seize heures, après avoir retrouvé la route directe, Basteau aperçoit deux limousines arrêtées sur le bas-côté et des officiers qui conversent sur la chaussée. Parmi eux, il reconnaît le général Prételat : pourquoi le commandant du groupe d'armées n° 2 est-il à Morez alors qu'ils le croyaient encore au château de Montmorot[1] ?

★[★]

Dans la nuit du 16 au 17 juin, le général Georges a envoyé à Prételat un télégramme qui peut être considéré comme une réponse à celui de Bourret et Condé, parti du fort de Girancourt : « Je reçois votre appel. Je connais votre situation. Elle doit permettre exécuter manœuvre prescrite. Je compte sur votre énergie et votre résolution pour la mener à bien et sauver ainsi l'honneur comme on l'a fait dans le Nord. »

Encore la référence à Dunkerque ! Georges n'a donc rien compris ? Le télégramme de Girancourt montrait clairement dans quelle situation difficile se trouvent les armées harcelées sur trois fronts et sur le point d'être attaquées en force. Et Georges estime que ladite situation « doit permettre d'exécuter la manœuvre prescrite », c'est-à-dire la contre-offensive vers le sud ! Nous sommes au cœur d'un dialogue de sourds.

Le lundi 17 juin à 8 heures, le général Prételat prend connaissance du télégramme de Georges et téléphone aussitôt au PC de ce dernier. Le colonel Desré prend la communication. « Je n'ai rien demandé moi-même ni fait aucun appel, fait savoir Prételat. Celui-ci est venu directement des généraux commandant les IIIe et Ve armées. »

Le procès-verbal de la conversation téléphonique comporte un deuxième volet dans lequel il est question « des réfugiés de la zone nord de Dijon qui sont bloqués par les Allemands et meurent de faim ». Dans le troisième volet, le commandant du GA 2 fait une proposition qui va marquer le cours de la journée : « Je suis à Bourg-en-Bresse. Si le général Georges estime qu'il vaut mieux que je me rende à Belfort, j'essaierai de passer à Pontarlier si la route est encore libre. »

Il est probable que Prételat se rend compte que l'amplitude de son repli — il est à environ 250 kilomètres de Gérardmer — le place dans la situation de Freydenberg deux jours plus tôt, c'est-à-dire dans l'impossibilité d'exercer son commandement. Une heure plus tard, c'est Georges qui appelle. Le commandant du GA 2 étant sorti, le général Bérard prend le combiné. « Je suis d'accord avec le général Prételat pour qu'il essaie de rejoindre Belfort, dit Georges. Il pourra faire là-bas œuvre utile en stimulant les énergies. » (Journal du GA 2.) Bérard émet l'hypothèse que la route de Pontarlier n'est peut-être plus libre et Georges suggère d'emprunter un avion. Bérard appellera, toujours par téléphone, le général Bouscat, de la ZOAE[2], qui regrettera de ne pouvoir fournir un

---

1. Le PC du GA 2 s'est déplacé dans la soirée du 16 juin à Bourg-en-Bresse où il a fonctionné à partir de 23 h 30.
2. Zone d'opérations aériennes de l'Est.

appareil, « tous les terrains de Lorraine et d'Alsace étant désormais inutilisables ».

Dès qu'il est informé du « feu vert » de Georges, Prételat décide de partir par la route avec un état-major de circonstance. A 10 heures, devant le lycée de Lalande, à Bourg-en-Bresse, les ordonnances chargent les bagages dans une 402 Peugeot où prennent place le lieutenant-colonel Sorano, du 3e Bureau, et le lieutenant Lanrezac, officier d'ordonnance de Prételat.

« L'intention du général, écrit Lanrezac, était de se glisser le plus près possible de la Suisse, de façon à éviter les troupes allemandes et de rejoindre le gros du GA 2 dans la région de Gérardmer[1]. »

Prételat et Bérard montent dans une Panhard, le commandant de Linarès s'installant à côté du chauffeur avec un mousqueton approvisionné. Au dernier moment, le lieutenant-colonel Moreigne, officier de liaison pour la VIIIe armée, demande à Prételat de l'emmener. Le général refuse, mais Moreigne enlève ses galons et supplie : « Laissez-moi partir comme ordonnance ! » Prételat sourit et lui fait signe de monter dans la première voiture. C'est d'ailleurs Moreigne qui a trouvé une escorte au convoi. Le lieutenant Missioux, du GRCA 23, s'est battu sur la Saône le 16 juin, puis, exécutant les ordres, il s'est replié sur le Doubs où il a fait sauter le pont d'Orchamp à 17 heures avant de s'engager sur la route de Bourg-en-Bresse où, lui avait-on dit, s'opérait le regroupement de la cavalerie. Missioux dispose de dix motos et de trois side-cars dont un avec son FM. Dans son rapport, il écrit que le 17 à 11 h 45, il a reçu l'ordre de Moreigne d'assurer « la protection et le passage du général Prételat et de son état-major qui se dirigeaient vers ses armées d'Alsace et de Lorraine menacées d'encerclement ».

Évitant la route directe par Lons-le-Saunier jugée trop dangereuse, le convoi emprunte la sinueuse départementale qui conduit à Saint-Claude et se rapproche de la frontière suisse. Malgré les efforts des motocyclistes, les voitures sont ralenties par les encombrements et il est 15 heures lorsqu'elles s'arrêtent à Morez. La halte s'est sans doute prolongée, les renseignements donnés par des officiers venant de Pontarlier n'incitant pas à reprendre la direction du nord. Finalement, à 16 h 30, les voitures précédées de leurs motocyclistes sont reparties et c'est alors que se produit la rencontre avec Basteau et Bailloux, lesquels confirmant la présence d'éléments adverses dans les rues de Pontarlier, dissuadent le général Prételat d'aller plus loin.

« Mon détachement arrivait à quelques kilomètres de Pontarlier, à proximité de l'ennemi, rapporte le lieutenant Missioux. Devant l'impos-

---

1. Lettre du 31 mai 1966 adressée par M. Pierre Lanrezac au général Renauld qui a bien voulu en donner communication à l'auteur.

sibilité de continuer notre progression, le général décidait de retourner à Bourg-en-Bresse [1]. »

A Morez, le convoi se range devant la poste, et Prételat téléphone au colonel Bonnefond, son sous-chef d'état-major, pour lui demander de rendre compte au général Georges de l'échec de sa tentative et adresser un télégramme aux armées encerclées pour donner les causes du déplacement manqué. C'est ainsi que le général Condé notera le soir même, à 22 heures, dans son journal : « Je reçois du général Prételat dont le QG est à Lons-le-Saunier [2] le chiffré suivant : " Ayant décidé de venir auprès de vous, suis arrêté Pontarlier par destructions et automitrailleuses ennemies. Rencontré là officiers de liaison en retour ; ai été mis au courant dispositions arrêtées par vous en exécution de mon ordre. Les approuve entièrement. Je retourne à mon PC. ". »

Condé cite sans doute le message de mémoire, car Prételat n'est jamais allé à Pontarlier et n'a pas attendu de voir des automitrailleuses pour faire demi-tour. Le témoignage de Basteau et Bailloux lui suffisait. Mais avait-il vraiment l'intention de rejoindre ses grands subordonnés enfermés dans les Vosges ? La question s'est posée jusque dans son entourage. « Il ne tenait pas à passer ! » dira le capitaine Gascuel dans ses carnets [3]. D'autres se sont étonnés de le voir partir avec un si modeste appareil, très insuffisant s'il entendait prendre le commandement des forces encerclées. S'il s'agissait au contraire de « stimuler les énergies », comme le lui conseillait Georges, Prételat pouvait se contenter d'un ou deux officiers et, surtout, ne pas emmener son chef d'état-major, ce qui laissait son QG sans commandement alors qu'il pouvait être fait prisonnier en cours de route. Plus tard, Basteau, qui avait la confiance du commandant du GA 2, ramènera l'affaire à ses dimensions exactes. « A aucun moment, écrit-il, le général Prételat n'a pensé aux jugements qui pourraient être portés sur lui plus tard, et à plus forte raison n'eut-il jamais l'idée de monter un scénario ridicule justifiant son impossibilité de rejoindre les éléments encerclés. C'était un homme d'action, un chef, pas un homme de calcul, surtout d'aussi bas calculs [4]. »

1. Le rapport Missioux est du 21 juin 1940. Dans un second rapport daté du 4 février 1941, l'officier ne dit plus qu'il est arrivé « à proximité » de l'ennemi, mais « au contact », ce qui est une contre-vérité.
2. Condé ne sait toujours pas que le PC du groupe d'armées s'est déplacé à Bourg-en-Bresse vingt-quatre heures plus tôt.
3. Fondateur de la revue *Perspectives*, M. Jacques Gascuel est décédé le 13 juillet 1979 à l'âge de quatre-vingt-trois ans.
4. Lettre du 10 janvier 1977 adressée par le général Basteau à l'auteur. Au fond, les généraux des armées encerclées reprocheront à Prételat... de n'avoir pas été fait prisonnier avec eux. Ils ne le lui pardonneront pas. En captivité à Koenigstein, le général Bourret écrit le 28 juillet 1940 dans son agenda : « J'apprends que Prételat a la médaille militaire. C'est une honte, c'est attristant ! Tollé général ici. Laure parle d'en écrire au maréchal. Condé, Laure, Lescanne, Hubert, Didelet, etc., scandalisés. Pauvre France ! »

De retour à Bourg-en-Bresse avec les motocyclistes du GRCA 23, Prételat se verra confier par Georges une nouvelle mission : la couverture des arrières de l'armée des Alpes dans la vallée du Rhône. Dans la soirée, il portera son PC à Bourgoin, au sud-est de Lyon, ce qui ne va pas contribuer à améliorer les liaisons avec les armées encerclées en Lorraine. Prételat pourrait laisser Condé qui est sur place juger des décisions à prendre, mais, jusqu'au dernier jour, il lui prodiguera ordres et conseils, la plupart aussi inutiles et générateurs de désordre que l'opération en préparation, l'offensive dite « des villes d'eau[1] ».

★★★

A Gérardmer, la version définitive de l'ordre de contre-offensive a été soumise à la signature du général Condé à 10 h 30, presque six heures après le départ de Basteau et Bailloux, ce qui prouve que, malgré les dires du lieutenant-colonel Debeugny, l'ordre n'a pas été conçu et rédigé avant l'arrivée des envoyés du GA 2.

Le fer de lance est confié au général Loizeau disposant de deux divisions qui ont beaucoup marché, mais n'ont pas été engagées pendant la retraite : la 6e DINA du général de Verdilhac et la 26e DI du général Bonnassieux. Sur le flanc ouest, les deux divisions du 42e corps du général Renondeau attaqueront sur l'axe Toul-Bourbonne-les-Bains. Sur le flanc est, le 12e corps de Champon marchera de Charmes sur Vesoul avec la 70e DI et la 30e DIA. Ce « bloc d'attaque » de six divisions sera flanc-gardé à l'ouest par le général Flavigny et les débris de la IIe armée, à l'est par la VIIIe armée de Laure installée sur la crête des Vosges.

« Ces flancs-gardes fixes seront relevées de leur mission, en escalier, par échelon, au fur et à mesure de la descente des gros vers le sud », explique le colonel Tessier. En arrière-garde, le 20e corps du général Hubert et le 43e corps du général Lescanne constitueront « l'échelon de sacrifice » sur le canal de la Marne au Rhin. La distribution des rôles étant faite, l'état-major de la IIIe armée, responsable de l'opération, ne cherche pas à la rendre plus crédible par des mesures susceptibles de renforcer ses chances de réussite. Des exemples ? D'abord, envoyer un message radio au général Prételat pour exiger la couverture aérienne du « bloc d'attaque » confié au général Loizeau. Donner un appui de blindés à celui-ci en essayant de regrouper les cinq bataillons de chars qui se trouvent dans la zone des armées et représentent plus de cent cinquante engins[2]. Enfin, se décider, comme il devait le faire au début

---

1. L'axe Nancy-Jussey prévu pour l'attaque traverse Vittel et Contrexéville.
2. Il s'agit des 43e, 5e, 16e, 20e et 21e BCC.

la Meuse

Toul

Nancy

Sarrebourg

42e CA

6e CA

20e CA

21e CA

43e CA

Lunéville

51e DI

70e DI

103e DIF

6e DINA

Rambervillers

CAC

Neufchâteau

26e DI

62e DI

58e DI

30e DIA

Vittel

Contrexéville

Épinal

GR

la Moselle

Bains-les-Bains

13e CA

Bourbonne

Plombières

44e CA

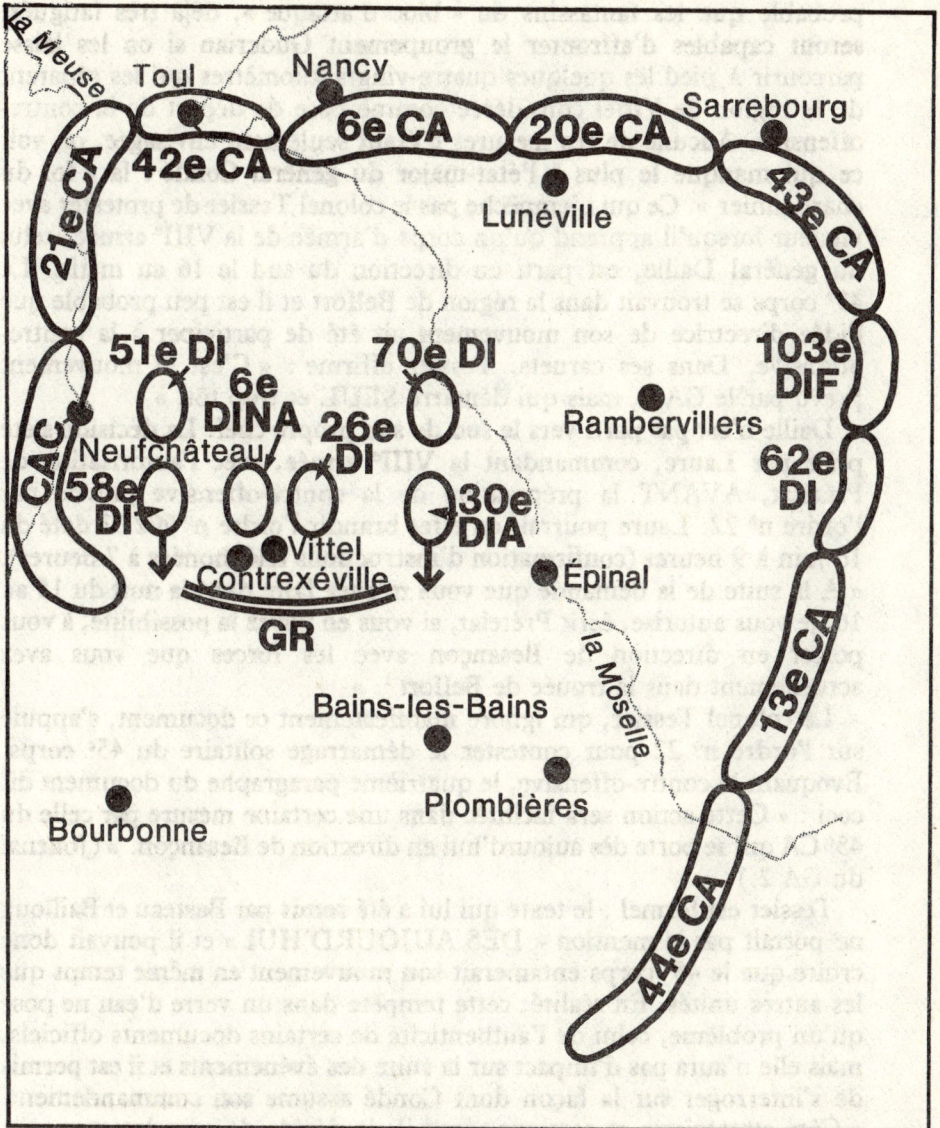

17 juin : projet de contre-offensive vers le sud

de la retraite, à dégager les grands itinéraires pour que les divisions de premier échelon ne soient pas victimes d'encombrements, et, surtout, autoriser la réquisition des véhicules automobiles civils, car il est peu probable que les fantassins du « bloc d'attaque », déjà très fatigués, seront capables d'affronter le groupement Guderian si on les laisse parcourir à pied les quelques quatre-vingts kilomètres qui les séparent de la région de Vittel considérée comme base de départ de la contre-offensive. Aucune de ces mesures n'étant seulement envisagée, on voit ce qui manque le plus à l'état-major du général Condé : la « foi du charbonnier ». Ce qui n'empêche pas le colonel Tessier de protester avec vigueur lorsqu'il apprend qu'un corps d'armée de la VIIIe armée, celui du général Daille, est parti en direction du sud le 16 au matin. Le 45e corps se trouvait dans la région de Belfort et il est peu probable que l'idée directrice de son mouvement ait été de participer à la contre-offensive. Dans ses carnets, Tessier affirme : « C'est le mouvement prévu par le GA 2, mais qui démarre SEUL et trop tôt. »

Daille n'est pas parti vers le sud de son propre chef. La décision a été prise par Laure, commandant la VIIIe armée, avec l'autorisation de Prételat, AVANT la préparation de la contre-offensive prévue par l'ordre n° 22. Laure pourrait en effet brandir l'ordre n° 9027/3 daté du 16 juin à 9 heures (confirmation d'instructions téléphonées à 7 heures). « A la suite de la demande que vous m'avez faite dans la nuit du 15 au 16, je vous autorise, écrit Prételat, si vous en voyez la possibilité, à vous porter en direction de Besançon avec les forces que vous avez actuellement dans la trouée de Belfort[1]. »

Le colonel Tessier, qui ignore manifestement ce document, s'appuie sur l'ordre n° 22 pour contester le démarrage solitaire du 45e corps. Évoquant la contre-offensive, le quatrième paragraphe du document dit ceci : « Cette action sera facilitée dans une certaine mesure par celle du 45e CA qui se porte dès aujourd'hui en direction de Besançon. » (Journal du GA 2.)

Tessier est formel : le texte qui lui a été remis par Basteau et Bailloux ne portait pas la mention « DÈS AUJOURD'HUI » et il pouvait donc croire que le 45e corps entamerait son mouvement en même temps que les autres unités. En réalité, cette tempête dans un verre d'eau ne pose qu'un problème, celui de l'authenticité de certains documents officiels, mais elle n'aura pas d'impact sur la suite des événements et il est permis de s'interroger sur la façon dont Condé assume son commandement. « Côté stratégique et tactique, écrit-il, je décide de prendre sous mes

---

1. Tout en reconnaissant que le général Condé est le commandant des armées encerclées, Prételat ne se gênera pas pour télégraphier directement à Laure le 19 juin : « Par ordre du général en chef, faire votre possible pour franchir frontière suisse avec maximum éléments VIIIe armée. »

ordres les Ve et VIIIe armées. Bourret et Laure s'y prêtent de très bonne grâce. »

On a vu au fort de Girancourt que Bourret était même très pressé de passer les consignes à Condé. Quant à Laure, sa version est différente : « Condé s'est borné à prendre connaissance de ma situation et a estimé inutile d'assumer à mon égard une action de commandement devenue sans objet, nos trois armées étant désormais vouées à l'immobilité d'abord, puis à une mort prochaine, faute de ravitaillement. »

Il est 14 h 30, le 17 juin, lorsque le général Loizeau s'arrête à Gérardmer et rencontre Condé à la villa *Monplaisir.* Plus de NEUF HEURES se sont écoulées depuis le départ de Basteau et Bailloux lorsque le commandant du 6e corps entend parler pour la première fois de l'ordre n° 22, de la contre-offensive vers le sud et surtout de la constitution d'un « bloc d'attaque » à six divisions dont il prendra le commandement. Les objections ne manquent pas et Loizeau ne se prive pas de les soulever : la 6e DINA serait quelque part entre Commercy et la Meuse ; pour gagner sa base de départ, elle devra cisailler les arrières du 42e corps. Les deux divisions de celui-ci « ne lui paraissent pas capables de fournir un effort de cet ordre » et, du côté est, il ignore tout de la situation du 12e corps qui marche en direction de la Moselle d'Épinal. Reste la 26e DI du général Bonnassieux dont la relève est facile puisqu'elle appartient à son propre corps d'armée. Loizeau attire l'attention du général Condé sur cette relève qui ne pourra s'effectuer sur le canal qu'avec les bataillons de forteresse épuisés de la division Poisot, sans reconnaissance préalable, faute de temps, et au moment où tous les chefs de corps le disent, l'ennemi est sur le point d'attaquer. Manquant d'arguments à opposer aux objections de Loizeau, Condé lui dit « la satisfaction qu'il a toujours éprouvée à le voir agir au mieux de l'intérêt général, ne récriminant jamais, toujours disposé à agir [1] »...

Le commandant du 6e corps s'incline et regagne son PC de Gerbéviller où il réunit ses divisionnaires à 17 h 30 pour étudier avec eux la relève de la 26e DI dans la nuit du 17 au 18 juin. Loizeau commet une erreur : il devrait d'abord s'assurer que les autres divisions du « bloc d'attaque » seront elles aussi relevées dans les temps prévus et que les flancs-gardes seront en place. Il serait surpris de voir à quel point la contre-offensive, idée du général Prételat, n'existe que dans la tête du général Condé et dans celle de son chef d'état-major.

Au 12e corps, le général François apprend avec intérêt que sa 70e DI fera partie du « bloc d'attaque ». Sa réaction ? « C'est un ordre d'école

1. C'est Loizeau qui l'écrit dans une note datée du 7 juillet 1940 rédigée en captivité à Kœnigstein.

qui aurait été primé au Centre des hautes études militaires, mais il est inexécutable dans les conditions de temps prévues. Le moindre candidat à l'École de guerre, à l'aide d'un simple curvimètre, pourrait se rendre compte de l'impossibilité d'exécuter les mouvements voulus. »

Les colonnes de la 70e DI n'avancent pas vite, mais l'incohérence de certains ordres n'est pas étrangère à cette lenteur et fait douter de la compétence de ceux qui les donnent. Un exemple : des éléments du 223e RI ont passé l'après-midi du 17 juin à gravir les lacets de la côte qui monte vers le plateau du Donon. Dès qu'ils sont arrivés, le capitaine Babinet et le lieutenant Angéli leur apportent un ordre du colonel Delahaye : ils doivent redescendre, car le cantonnement est prévu à Grandfontaine, à mi-distance de la vallée de la Bruche. Il faut obéir avec la désagréable pensée qu'il faudra, le lendemain, recommencer l'ascension de la terrible route de montagne. Le 223e RI n'a d'ailleurs pas de chance, car, dans l'après-midi du 17 juin, l'aviation allemande profite des encombrements qui paralysent les convois sur l'étroite chaussée de la vallée de la Bruche pour attaquer.

« Il était à peu près 18 h 30, raconte le commandant Roger, du II/223e RI. Après avoir lâché leurs bombes à basse altitude, les avions procédèrent à plusieurs passages pour mitrailler la vallée. A Wisches, la gare et la route furent visées et plusieurs wagons brûlèrent ainsi que sept à huit maisons. Dix-sept cheminots et réfugiés furent tués[1] et les blessés affluaient au poste de secours du médecin-capitaine Dumond. Des chevaux tués bloquaient le passage avec les chariots auxquels ils étaient attelés ; d'autres, affolés, galopaient en tous sens. Des camions flambaient... »

Au 42e corps, le général Renondeau reçoit l'ordre de lancer ses deux divisions en direction de Bourbonne-les-Bains avec le sourire et qualifie cette idée « d'amusante ». Comment les 58e et 51e DI pourraient-elles marcher sur cet axe, alors qu'elles devraient traverser successivement le 21e corps de Flavigny et le corps colonial de Carles ? La situation des arrières est suffisamment grave sans qu'il soit nécessaire d'en accentuer le désordre. « Beaucoup de gens sans armes, écrit le général Boell, de la 51e DI, mais avec les musettes pleines de bouteilles. Ils cherchent... ou ne cherchent pas leurs unités. Il vaut mieux dire que ce sont des fuyards. C'est un affreux spectacle. Je n'aurai jamais pensé voir nos troupes dans cet état. »

1. A Wisches, quatre tués du 223e RI : Gourdon, Gallois, Thiébaut et Gabriel. A Lutzelhouse, neuf du 21/131e RI : Auvinet, Bremaud, Chedeau, Brion, Clément, Legendre, Lucas, Perron et le sergent-chef Jacquemet. Et seize morts à Provenchères, en majorité de la 23e section d'infirmiers militaires : Hobel, Marty, Arbouin, Joliot, Schwaab, Bergeret, Strauss, Gareaud, Frey, Strasser, Kourman Maechel, Schambel, Lestrade, Laurent et Étourneau.

Boell s'inquiète à la pensée que ses régiments pourraient recevoir l'ordre de faire mouvement à travers cette lie et il écrit au général Renondeau « qu'il est temps de mettre en place des postes de circulation avec gendarmes, bref qu'on rétablisse l'ordre dans tous ces arrières ou bientôt il sera impossible de bouger ».

Au 21e corps dont le PC s'est installé à deux heures du matin à Saulxures-lès-Vannes, à quelques kilomètres de Colombey-les-Belles, le général Flavigny a la même réaction que Renondeau, mais il s'exprime en termes beaucoup plus vifs : « Pour donner un tel ordre, il ne faut pas que le commandement soit au courant de la situation. Il sait bien que nous n'avons pas les munitions pour mener une offensive puisqu'il ne nous envoie plus de ravitaillement. »

A l'officier de liaison qui lui a apporté le document rédigé à l'état-major de la IIIe armée, Flavigny déclare : « Pour ma part, l'ordre est inexécutable et je ne le communiquerai pas aux troupes. »

Flavigny sera le seul chef qui refusera de faire tuer des hommes « pour l'Histoire ». Le commandant Valluy, chef de son 3e Bureau, est plus mordant. « La IIIe armée continue le jeu de la tactique, écrit-il, elle ne veut pas connaître l'état des troupes ou alors son cerveau n'assimile pas ce que ses yeux perçoivent. »

Le corps colonial est sans doute prévenu le dernier puisque l'officier de liaison de la IIIe armée arrive à Aboncourt, à une quinzaine de kilomètres de Mirecourt, à 20 heures. Souffrant d'un ulcère à l'estomac, le général Carles est déjà couché et c'est le colonel Laffitte, son chef d'état-major, qui prend connaissance de l'ordre de contre-offensive.

« Il est inexécutable, explose-t-il, et si vous connaissiez notre situation, vous verriez que nous ne sommes pas en mesure de participer à une offensive.

— Mais on vous demande seulement de tenir là où vous êtes, en mission de flanc-garde ! s'étonne l'officier de liaison.

— Mais nous n'y sommes plus ! avoue Laffitte. Les régiments ont quitté la Meuse à 18 heures. »

Le corps colonial, dont les troupes viennent de parcourir plus de quatre-vingts kilomètres en vingt-quatre heures, continue d'appliquer les derniers ordres reçus du général Freydenberg : « Bourrer vers le sud, le plus vite possible, et sans vous occuper de vos voisins. » Certes, Laffitte le reconnaît, les régiments ont quitté la Meuse, mais dans quel but, pour exécuter quelle mission ? Laffitte serait bien incapable de fournir une explication.

« Vous savez pourtant qu'il est interdit de procéder à des mouvements de jour, si ce n'est sous la pression de l'ennemi, remarque doucement l'officier de liaison.

— Le général Carles a estimé que les marches de nuit étaient trop épuisantes et c'est lui qui a avancé le départ à 18 heures.

— Il faut donner un contrordre et revenir sur la Meuse. »

Laffitte se fâche tout rouge :

« Que diriez-vous si, après deux heures de marche, on vous ordonnait de faire demi-tour et de revenir à votre point de départ ?

— Il faut pourtant le faire ! »

Le temps de rédiger un nouvel ordre, de le transmettre, ce qui prend bien entendu quelques heures et, pendant ce temps, les soldats marchent toujours. La 1re DIC apprend à minuit que « les unités à bout de souffle doivent réoccuper les positions qu'elles ont quittées sur la Meuse. En quatorze heures, certains bataillons vont accomplir des marches et contre-marches de plus de soixante kilomètres ». Le général Roucaud lui-même, qui pensait se reposer à Provenchères où s'est ouvert le PC de la 1re DIC, est convoqué au PC de Carles, à Aboncourt.

Roucaud : « J'ai passé cette nuit-là à errer sur les routes pour trouver à Aboncourt le général Carles qui dormait et ne m'attendait pas. Il ne m'a jamais convoqué[1] (...). Je suis reparti pour arriver au petit matin à Vrécourt et assister au retour lamentable de mes unités épuisées. »

La conclusion du général Roucaud met en relief la personnalité — ou l'irresponsabilité — de ceux qui ont conçu, approuvé et ordonné l'exécution de l'ordre n° 22 : « Après tant de combats et tant de marches, tant de privations, je crois bien que c'est ce contrordre qui a définitivement brisé le ressort. Les hommes ont compris moins que jamais. »

La soirée du 17 juin et une partie de la nuit s'écoulent sans que le général Loizeau ait pu obtenir le moindre renseignement sur la 6e DINA du général de Verdilhac. Le 18 juin à 5 heures du matin, le chef du 6e corps donne l'ordre au commandant d'Huart, de son 3e Bureau, de mettre la main sur cette division « et de l'orienter sur sa base de départ pour l'opération de grande envergure du lendemain[2] ».

D'Huart raconte que le général lui a conseillé d'orienter ses recherches du côté de Pont-Saint-Vincent, au sud de Nancy. Que ferait la 6e DINA dans la propre zone du corps d'armée Loizeau ? L'émetteur radio du 6e corps aurait pu prendre contact avec les transmissions du 21e corps et l'on saurait déjà que les régiments du général de Verdilhac sont en position sur la Meuse, face à l'ouest, où ils vont livrer bataille.

1. Le capitaine Chapouthier, qui accompagnait le commandant de la 1re DIC, écrit : « Dialogue assez acerbe ; le général Roucaud est surpris de trouver Carles au lit ; ce dernier déclare que ses ordres ont été mal compris, qu'il n'a convoqué personne. »

2. La contre-offensive, qui devait démarrer le 18 au matin, est déjà reportée de vingt-quatre heures.

Le malheureux d'Huart joue les Soubise avec application. « La division est introuvable dans la région indiquée, écrit-il, et les recherches deviennent de plus en plus pénibles au fur et à mesure qu'augmente un afflux inouï de civils et de troupes sans armes se repliant en désordre, les uns du nord au sud, les autres d'ouest en est. »

Vers 9 heures, il découvre un échelon du PC de la 6ᵉ DINA à Colombey-les-Belles[1]. S'y trouve le capitaine Cavard, du 3ᵉ Bureau, qui ne demande pas mieux que de conduire d'Huart auprès du général de Verdilhac, mais celui-ci est allé voir ses régiments et l'encombrement des routes est tel que tout déplacement y est impossible. « D'ailleurs, conclut d'Huart, j'en sais assez pour exposer au général Loizeau combien la participation de la 6ᵉ DINA est douteuse et combien la circulation et la confusion sont telles qu'elles rendent problématique un regroupement quelconque des forces entre Meuse et Moselle. » Il est de retour à 12 h 30 au château de Gerbéviller d'où le général Loizeau est déjà reparti. A d'Huart, qui est chargé de la rédaction du journal de marche, il a laissé le message suivant : « Visite du général commandant le 42ᵉ corps à 9 heures. La 6ᵉ DINA est dans la région de Vaucouleurs, elle n'a pas encore traversé le 42ᵉ corps et ne pourra donc être utilisée par nous le 19 juin. L'opération projetée est impossible. Je téléphone au général Condé à 9 h 15. »

Loizeau ne sait pas que la veille, une heure avant son passage à Gérardmer, le général Condé, bouleversé par un événement qui porte gravement atteinte au moral de l'armée, a failli, de son propre chef, annuler la contre-offensive. Il était à peu près 13 heures lorsque le colonel Valtat, chef du 2ᵉ Bureau, lui a apporté une copie de l'allocution radiodiffusée prononcée par le maréchal Pétain, allocution qui venait d'être enregistrée par le service des écoutes de la IIIᵉ armée. Le texte contenait l'atroce petite phrase : « C'est le cœur serré que je vous dis aujourd'hui qu'il faut cesser le combat. »

« Une grosse émotion s'empare de nous et le général m'embrasse en sanglotant »... ; écrit le colonel Tessier[2]. Songeant à la contre-offensive dont les préparatifs sont en cours, il ajoute : « Il sera difficile de pousser à l'action des troupes qui attendent l'armistice d'heure en heure. » Plus tard, le chef d'état-major de la IIIᵉ armée livrera le fond de sa pensée : « J'avais pleine confiance encore le 17 au matin qu'il était possible de réussir partiellement notre tentative et de sauver pas mal de monde.

1. C'est peu probable. Jusqu'à midi, le PC est à Rigny-la-Salle. Il ira ensuite à la ferme des Quatre-Vaux, sur la route de Blénod-lès-Toul, et à Crézilles à 22 heures.
2. « Tessier et moi, cruellement émus, sanglotons. Mais nous avons la conscience tranquille. » (Journal Condé.)

Après le discours de Pétain, il ne me restait aucune illusion : nous étions perdus [1]. »

La même pensée traverse sans doute l'esprit du général Condé et sa première réaction est celle d'un homme qui ne croit plus à l'opportunité d'une contre-offensive. Son journal en fait foi : « Je donne comme instructions que, tant que nous n'aurons pas d'ordres militaires (*sic*), les opérations continueront, avec cette seule nuance que nous devons éviter de « provoquer » des effusions de sang. Résister si on nous attaque : mitrailleuses face à l'ennemi, mais ne tirant que s'il attaque. »

Aucun document connu ne porte les instructions que Condé prétend avoir données et il est peu probable qu'elles aient été diffusées. Doit-on supposer que Tessier est intervenu pour réveiller l'énergie un instant défaillante de son supérieur ? C'est possible et lesdites instructions, si elles ont été rédigées, ont certainement achevé leur brève carrière au fond d'une corbeille à papier.

Le mardi 18 juin à 6 heures, Condé semble avoir oublié le discours du maréchal Pétain. Il se sent l'âme bucolique. « Il fait une matinée délicieuse, écrit-il. Le soleil illumine le lac ; le ciel est d'un bleu léger, une brume transparente donne aux couleurs une douceur extrême... »

Deux heures plus tard, la « douceur extrême » fait place à la dure réalité de la guerre. Le général Laure téléphone à Condé la première mauvaise nouvelle de la journée : « Il m'apprend qu'une masse de chars — au moins 200, me dit-il — a traversé Belfort en trombe et paraît monter sur le ballon d'Alsace. Il ne sait pas comment les arrêter. »

L'armée subit-elle déjà les effets démoralisants de l'allocution prononcée la veille par le maréchal Pétain ? Le camp retranché de Belfort, avec sa ceinture fortifiée, son artillerie et ses nombreux bataillons, s'est effondré comme un château de cartes. Roulant de nuit, tous feux éteints et sa radio observant un silence impératif, la *1re Panzerdivision* du *General* Kirchner a remonté sans tirer un coup de feu les colonnes françaises se dirigeant vers le sud, de façon à entrer par surprise dans Belfort à la pointe du jour. A 6 heures du matin, le général Girol, commandant du camp retranché, et son officier adjoint, le capitaine Boudot, ont vu les chars allemands se répandre dans la ville.

« Sans défense, dira Boudot, ou plus exactement sans se défendre, les forts des Hautes et Basses-Perches ont été pris. Ce n'était qu'un début, car les Allemands arrivaient de toutes les directions [2]. »

Le fort de la Justice, la manutention, le fort Hatry opposeront une résistance isolée pendant quelques heures et, dans l'après-midi, les

1. Lettre du 14 mars 1967 adressée par le général Tessier à l'auteur.
2. Lettre du 25 novembre 1968 adressée par le colonel Boudot à l'auteur.

360

combats cesseront lorsque le général Girol fera attacher un drap de lit à une fenêtre de la citadelle.

A Gérardmer où « le ciel est d'un bleu léger », Condé voit maintenant la menace ennemie se préciser sur le flanc sud de ses armées. Aujourd'hui c'est la route du ballon d'Alsace, demain ce sera Remiremont, Plombières, Épinal... Avec quelles troupes pourra-t-il occulter les brèches ?

« La folie d'une offensive prescrite, disloquant toute défense périmétrique, nous a mis dans une situation désespérée »..., écrit-il.

S'il estimait que la contre-offensive vers le sud était une folie, pourquoi n'a-t-il pas calqué son attitude sur celle du général Flavigny, pourquoi n'a-t-il pas fait savoir à Basteau et Bailloux que l'ordre était inexécutable et qu'il ne le transmettrait pas ? Il connaît pourtant mieux que quiconque sa situation. « En somme, dit-il, nous avons actuellement cinq cents kilomètres de rideau protégeant maigrement la poche où nous sommes enfermés. Une écumoire... »

Au sud des unités blindées de Guderian, dans la vallée du Rhône, les généraux Georges et Prételat continuent, comme l'écrit le commandant Valluy à propos de la IIIᵉ armée, « le jeu de la tactique ». Dans la matinée du 18, Georges relance le commandant du GA 2 à son PC de Bourgoin et lui rappelle « que les attaques prévues doivent être déclenchées dans le plus bref délai avec tous les moyens disponibles. La situation générale exige impérieusement cette action de force, seule capable de sauver l'honneur ».

On en est là : il ne s'agit plus de vaincre, ni même de durer, mais de « sauver l'honneur ». Prételat répond à 23 heures par un télégramme dont le ton est à la limite de l'irrespect : « Vos appels pressants en vue de sauver l'honneur donnent l'impression que vous n'êtes pas exactement renseigné sur les combats que les troupes livrent avec succès sur tout le front. Vous ai rendu compte des mouvements offensifs entamés. Estime que, dans situation générale actuelle, chacun fait pleinement son devoir. »

Combats livrés avec succès, mouvements offensifs entamés. Prételat est-il en train d'intoxiquer le général Georges ? Pas du tout, il ne fait que traduire l'esprit du radiogramme qu'il a reçu à 9 heures du PC de la IIIᵉ armée (nº 4218/3) : « Sur tout le front, les mouvements prévus s'exécutent méthodiquement grâce à la résistance vigoureuse des troupes et malgré les fortes pressions, surtout sur le 20ᵉ corps. Opération prescrite par ordre général nº 22 montée pour être déclenchée le 19 juin. »

Sans hésiter, Prételat fait parvenir à Georges un nouveau télégramme, débordant d'optimisme. Il lui rappelle que « les actions offensives prescrites » ont commencé le 16 juin par le mouvement du 45ᵉ corps en direction de Besançon, mouvement qui « sera suivi dans la journée du 18 juin [1] par une action de dégagement analogue, en direction nord-sud effectuée par la IIIᵉ armée ». A la fin de son texte, Prételat emploie le présent, comme si les opérations avaient commencé : « Les actions offensives de dégagement se heurtent à un problème difficile, car la zone où elles se déroulent est encombrée de colonnes de réfugiés bloquées par la manœuvre d'encerclement allemande rendant très difficile les mouvements et les actions de feu. »

Qui cherche à tromper qui ? A la même heure, la bataille du 18 juin est déclenchée, nous le verrons, sur le canal de la Marne au Rhin et sur la Meuse ; bien entendu, aucune « action offensive de dégagement » n'a été entreprise. Il faut un nouveau radiogramme envoyé du PC de la IIIᵉ armée pour mettre les choses au point. Il est décodé à 13 h 30 au PC du GA 2 à Bourgoin (chiffre 2324/3 CH., courrier 7195) : « *Encerclé dans périmètre de 600 kilomètres et fortement pressé en nombreux points — Front affaibli par regroupement unités pour opérations prévues — Menace dislocation totale — Arrête opération et cherche à constituer front sud inexistant en raison offensive 45ᵉ corps sur Besançon — Prévoir ravitaillement d'urgence pour un million de bouches dès que les circonstances le permettront — Pénurie de vivres graves.* »

Maintenant, le général Prételat sait à quoi s'en tenir sur les « actions offensives de dégagement » en cours ! Quant au problème posé par le ravitaillement des armées encerclées, il sera résolu d'une façon très simple : avec des mots, des conseils. A Gérardmer, le général Condé reçoit en effet le télégramme suivant : « Toutes lignes de communication étant coupées, impossible assurer votre ravitaillement. Mettez en commun ressources de vos services, notamment Vᵉ armée actuellement la mieux pourvue. »

Si Condé parle d'une « pénurie de vivres grave », ce n'est pas en raison de stocks insuffisants, mais à cause d'une mauvaise organisation de l'intendance, laquelle ne semble pas connaître les dépôts existants, laisse saboter des centaines de tonnes de ravitaillement et se révèle incapable d'assurer celui-ci à l'aide des moyens dont elle dispose. Au 12ᵉ corps du général Champon, le commandant Adeline, du 4ᵉ Bureau, rappelle qu'à partir du 15 juin il n'a plus reçu un seul train de vivres, alors qu'il avait près de 75 000 hommes à nourrir. « A Raon-l'Étape, écrit-il, nous avons trouvé la coopérative d'armée abandonnée par son personnel et mise au pillage par la population. J'y détachai une compagnie de travailleurs pour en assurer la garde et les grandes unités des 20ᵉ et 43ᵉ corps purent s'y ravitailler. »

1. Le télégramme reçu par Prételat de la IIIᵉ armée indique pourtant que l'opération est prévue pour le 19 juin.

Le dépôt est considérable et il sera impossible de l'épuiser avant l'arrivée des Allemands, ce qui obligera les sapeurs de la division polonaise du général Duch à l'incendier. Le commandant Adeline enverra aussi des camions prendre de la farine à la manutention de Charmes. Le personnel a arrosé le stock avec du pétrole mais seule, explique Adeline, « la couche supérieure des sacs a été rendue inutilisable ». Lorsque le 227ᵉ RI arrive à Toul, le capitaine Péretti, du Iᵉʳ bataillon, découvre 4 000 sacs de farine à la manutention incendiée en partie par ses responsables. Au magasin des subsistances, outre 3 000 sacs de sucre, des tonnes de confiture, pâtes, lentilles, haricots, etc., feront le bonheur des régiments du 42ᵉ corps d'armée.

Le lieutenant Senusson, du IV/344ᵉ RI, traverse Bar-le-Duc avec ses camions le 14 juin et trouve « le magasin des distributions abandonné et contenant d'importantes quantités de vivres dont j'ai rempli mes véhicules ». Le 17 juin, pendant la retraite de la 51ᵉ DI, le lieutenant-colonel Carrez, du 310ᵉ RI, « fait incendier un important dépôt de biscuits et de conserves de viande à Essey après avoir fait ravitailler les bataillons » (rapport du capitaine Danes). Le chef d'escadron Casteres, du II/118ᵉ RAL, rapporte que, le 15 juin, le lieutenant Colle, officier d'approvisionnement, « est allé à Commercy où il a trouvé les dépôts de l'intendance abandonnés et pillés par la population ». A Nancy, le lieutenant-colonel Béchet, du 423ᵉ Pionniers, trouve le 17 juin, « dans les bâtiments de l'intendance, des quantités de vivres considérables : caisses de biscuits, boîtes de conserve, sucre, café, etc. [1] ». Le commandant Charpentier, du service des étapes d'Épinal, reconnaît qu'il possède « du pain en quantité suffisante » et supplie les unités de passage de puiser dans les chambres froides où quatre-vingts tonnes de viande risquent de se perdre, l'électricité étant coupée. Charpentier mentionne aussi d'énormes approvisionnements au dépôt de la Concentration, dépôt dans lequel militaires et civils puisent largement, ce qui n'empêchera pas les Allemands d'y saisir encore neuf cents tonnes de denrées diverses. Jusqu'aux derniers jours de combat, il en sera ainsi puisque, le 21 juin, le colonel Tristani, du 41ᵉ RMIC, signalera encore « des quantités de vivres dans un dépôt abandonné par l'intendance ». Dans ces conditions, on pense plutôt à une carence des services intéressés qu'à une pénurie, ce qui n'empêchera pas les soldats de l'avant, ceux qui se battent, de souffrir de la faim par manque de ravitaillement.

✭_✭✭

1. Dans son rapport du 23 juillet 1940 M. Bosney, préfet de Meurthe-et-Moselle, écrit : « Le ravitaillement a été jusqu'à présent assuré grâce aux stocks existants. »

L'arrivée du groupement Guderian à la frontière suisse est prolongée par un remaniement du dispositif en place dans l'est de la France. Guderian et la *XVIe Armee* du *General* Busch qui marche derrière lui passent du groupe d'armées de von Runstedt à celui de von Leeb, ce qui doit permettre une action commune avec la *Ire Armee* de Witzleben et la *VIIe Armee* de Dollmann, en vue de réduire les forces françaises encerclées en Lorraine. Avec ses six divisions, Guderian, qui se dirigeait depuis Saint-Dizier vers le sud-est, doit opérer une délicate conversion en direction du nord, là où le général Condé se plaint d'avoir « un front inexistant ». Les ordres sont les suivants : « Le groupement Guderian avancera par Lure et Bourbonne-les-Bains vers le nord et interdira toute avance en direction du sud[1]. Des éléments seront poussés sur Mulhouse afin de prendre liaison avec la *VIIe Armee.* »

On ignore pourquoi, mais Guderian désobéit : il va pousser son aile gauche, le *41e Korps* de Reinhardt, non pas vers le nord, mais vers le nord-est, en direction de la Moselle d'Épinal. La conséquence de ce mouvement intéresserait l'état-major de la IIIe armée s'il en avait connaissance : l'encerclement des armées françaises n'est plus étanche et un « couloir » est ouvert entre la *8e Panzerdivision* qui est vers Bourbonne et la *XVIe Armee* vers Neufchâteau. Au PC du *General* Busch, on a conscience de la gravité des choses et le journal en fait mention : « Le groupe d'armées C a l'appréhension que, Guderian ne s'étant pas porté vers le nord, une brèche subsiste entre lui et la *XVIe Armee.* »

Le « couloir » restera ouvert pendant deux jours et sera fermé le 20 juin vers midi lorsque la *8e Panzer* établira la liaison avec la *68e ID* à Mattaincourt, au sud de Mirecourt. Quelle occasion perdue pour les Français, alors même que le général Loizeau, malgré l'ordre de Prételat qui imposait comme direction d'attaque l'axe Nancy-Jussey, avait envisagé de lancer ses six divisions de premier échelon vers Neufchâteau, c'est-à-dire au seul endroit où la voie était libre, ce qu'il ne soupçonnait d'ailleurs pas. Si le général Condé avait disposé d'une couverture aérienne, et surtout d'appareils de reconnaissance, les possibilités offertes par le « couloir » n'auraient pu lui échapper. Pourquoi le général Bouscat, qui commande l'aviation de la zone des armées de l'Est, abandonne-t-il celles-ci à leur sort, alors que, le mercredi 19 juin, le général Georges confirmera que « la zone aérienne doit travailler pour le groupement Condé, le GA 2 et l'armée des Alpes, avec priorité au groupement Condé » (journal du GA 2) ?

Bouscat n'est pas du tout orienté vers l'aide que ses avions pourraient apporter à l'armée de terre. Le 16 juin, il envoie au général de Boysson,

1. Si la contre-offensive ordonnée par Prételat avait démarré comme prévu le 19 juin, elle se serait heurtée aux divisions de Guderian. Le désastre eût été total !

des Forces aériennes 103, qui a suivi Condé à Gérardmer, le télégramme suivant : « Vous conseille d'extrême urgence un glissement vers Pontarlier-Saint-Claude-Annecy. Conseil de la dernière importance à exécuter au plus tard cette nuit. » Remarquons qu'il ne s'agit pas d'un ordre, mais d'un conseil. Le supérieur hiérarchique du général de Boysson, c'est Condé puisque les FA 103 sont rattachées à la IIIᵉ armée. Bouscat les ayant repliées vers le midi de la France, elles n'ont plus d'avions, mais Boysson, ne serait-ce que pour la contre-offensive, aurait pu déployer tous ses efforts pour obtenir des reconnaissances aériennes et renseigner le général Condé. Il ne l'a pas fait et, après lecture du télégramme de Bouscat, il se rend auprès du chef de la IIIᵉ armée, lui montre le message et attend ses instructions, « soit l'autorisation de répondre à cet appel, soit l'ordre de rester auprès de l'armée » (journal des FA 103).

Condé admet qu'il a autorisé les aviateurs à gagner la zone sud, avec une restriction qu'il fait connaître à Boysson : « Lui laisser un officier de liaison, ce qu'il ne fera pas. »

Selon le commandant des FA 103, le colonel Tessier aurait estimé que la présence d'un officier de liaison n'était pas nécessaire. Or, Tessier note dans ses carnets : « Notre PC aviation part pour Annecy, sur ordre, nous abandonnant complètement. »

Sans prévoir de détachement précurseur — le temps presse —, les aviateurs de la IIIᵉ armée constituent un unique convoi placé sous les ordres du lieutenant-colonel de Verchère avec le lieutenant Gossart en serre-file. La colonne quitte Gérardmer le 17 juin à 3 heures du matin, au moment où Basteau et Bailloux, les officiers de liaison du général Prételat, arrivent de leur côté au PC de la IIIᵉ armée avec l'ordre de contre-offensive. Il est un peu plus de 7 heures lorsque les FA 103 traversent Belfort après avoir abandonné en cours de route le car à personnel « incapable de suivre l'allure ». Le conseil « d'extrême urgence » prodigué par le général Bouscat est suivi à la lettre ! Toutefois, avec les encombrements de plus en plus fréquents, de plus en plus importants, la moyenne commence à baisser. A Pont-de-Roide, le convoi double l'artillerie lourde de la 2ᵉ division de chasseurs polonais. Le lieutenant-colonel de Verchère ne prévoit plus aucune halte : il faut rouler sans arrêt dès que les « bouchons » le permettent, car on signale des automitrailleuses allemandes se dirigeant vers la frontière suisse. A 12 h 40, apparaissent les premières maisons du Russey et l'on commence à croiser des véhicules qui remontent vers le nord. Les aviateurs sont inquiets de cette volte-face. A Morteau, la route est barrée. « Les Allemands sont à Pontarlier ! » annonce un gendarme.

Boysson fait arrêter le convoi à Fournet, puis consulte Verchère et le commandant Tramond. « Le général estime qu'il est plus prudent de se rapprocher de la frontière suisse et d'y attendre le déroulement des opérations. » (Journal des FA 103.) Le personnel n'étant armé que de mousquetons, « il ne peut être envisagé de livrer combat contre les blindés ennemis ». Puisque les spahis et les chasseurs polonais vont se battre en arrière-garde, peut-être apprécieraient-ils qu'on leur laissât camionnettes, armes automatiques et munitions ? Cette idée ne vient à personne, et, vers 16 heures, le général de Boysson ordonne à ses chauffeurs de descendre sur la berge du Doubs et de se rapprocher de la frontière. Le commandant des FA 103 se rend lui-même au poste de Biaufond pour se renseigner : « Si le passage en Suisse devient inévitable (sic) », les autorités helvétiques accorderont-elles leur autorisation aux aviateurs ? La réponse est transmise à 18 h 30 : les militaires français peuvent franchir la frontière avec leurs véhicules, mais ils seront immédiatement désarmés et internés. Boysson hésite : « La résistance en France est-elle possible et utile [1] ? Tout l'état-major avec son matériel, ses archives et ses bagages risque de tomber aux mains de l'ennemi. » (Journal des FA 103.)

A 20 h 40, « ne pouvant obtenir aucun secours, ne pouvant plus rejoindre la IIIe armée », de Boysson sollicite l'autorisation d'entrer en Suisse. Que signifie ce ton larmoyant, pourquoi cette plainte de ne pouvoir rejoindre la IIIe armée, alors que c'est lui qui a demandé à partir la nuit précédente ? Les soldats de l'armée suisse ouvrent les barrières et livrent passage au convoi des aviateurs des FA 103. Les hommes de troupe cantonneront dans une ferme de Biaufond, mais les officiers sont transportés à la Chaux-de-Fonds où « l'accueil reçu de la population et des autorités militaires suisses est le plus émouvant et réconfortant et c'est aux cris de " Vive la France ! " que les officiers sont reçus [2] ».

1. Dans les régiments qui se mettent en place sur la Meuse et le canal de la Marne au Rhin où plus d'un millier d'hommes vont mourir le 18 juin, personne ne se pose la question.
2. Selon les documents de la bibliothèque militaire fédérale de Berne, 1 688 officiers et 40 628 sous-officiers et soldats se réfugieront en Suisse. Parmi eux : 12 500 Polonais. Outre 5 816 chevaux et mulets — dont les 770 étalons du 7e Spahis —, les délégués suisses recenseront 17 000 fusils, environ 600 FM et 200 mitrailleuses, une centaine de canons et plus de 2 000 véhicules à moteur. Les militaires français gagneront la zone libre au début de 1941, les armes et le matériel seront versés aux Allemands, à l'exception de 922 véhicules achetés par la Suisse. René de Boysson, âgé de cinquante ans, sera rapatrié le 1er février 1941.

CHAPITRE XVII

« Les Allemands sont à Nancy ! »

Assurant une mission d'arrière-garde à la 26ᵉ DI du général Bonnassieux, le 98ᵉ RI du lieutenant-colonel Mignon a effectué sa dernière étape dans la nuit du 16 au 17 juin, le IIᵉ bataillon étant le plus éprouvé avec un parcours de quarante-trois kilomètres.

« Les hommes sont épuisés, témoigne le chef de corps, et ils ont profité de l'après-midi du 17 juin pour se reposer et creuser leurs trous Gamelin. »

Le régiment, qui est sur la droite de la division, a reçu l'ordre de défendre le canal de la Marne au Rhin, de Sommerviller à Éinville exclus, où il a pris la liaison avec le 69ᵉ RIF de la division de Girval. Les soldats du lieutenant-colonel Mignon sont du même avis que ceux du 20ᵉ ou du 43ᵉ corps : plutôt se battre derrière le canal que de repartir pour une nouvelle étape de nuit ! Mignon a ses trois bataillons en ligne et un groupe du 36ᵉ RA est prêt à intervenir à la demande.

Le 17 à minuit, un officier de liaison de la 26ᵉ DI apporte un ordre au PC du régiment, à Deuxville : le 98ᵉ RI va être relevé par des troupes de forteresse et se regroupera à environ vingt-cinq kilomètres au sud, entre la Meurthe et la Moselle. Mignon n'est pas informé que cette relève intéresse toute la division et que celle-ci fait partie d'un « bloc d'attaque » chargé de lancer une contre-offensive vers le sud. Quelle sera la nouvelle mission du 98ᵉ RI ? Mignon n'en sait rien. Il retire le I/98ᵉ RI du commandant Mallier, au centre du dispositif, ce qui oblige les bataillons encadrants à étendre le leur. Le I/98ᵉ RI va se rendre à Ferrières où il attendra de nouveaux ordres. Le capitaine Philippon, comme les lieutenants Wandels, Pigeret et Coulangeon, situe l'heure de départ à 0 h 30 le 18 juin. Le 36ᵉ RA du lieutenant-colonel Morin prépare lui aussi la relève et le groupe Augé qui appuyait le 98ᵉ RI est rappelé par le chef de corps.

« Je vous laisse la 7ᵉ batterie du capitaine Harmand ! » dit Augé au lieutenant-colonel Mignon.

Si le front du canal reste calme, la relève n'aura aucune incidence, mais si l'ennemi qu'on dit très proche passe à l'attaque... Les heures passent et ni les deux bataillons de forteresse ni le groupe d'artillerie qui doivent assurer la défense du sous-secteur du 98e RI ne se présentent. Mignon commence à se poser des questions : si la relève s'effectue en plein jour, l'aviation allemande ne va-t-elle pas intervenir ? Et si le canal est attaqué en pleine relève ?

Le capitaine Heurtault, du I/167e RIF, a été informé dans la soirée du 17 juin qu'il allait relever un bataillon du 98e RI sur le canal, vers Sommerviller. Le bataillon est depuis midi à Chavigny, au sud de Nancy, et les hommes se sont reposés tout l'après-midi. A 21 heures, il faut repartir. Cette fois pour une étape — on leur dit que c'est la dernière — de trente-cinq kilomètres. Heurtault précède son unité en voiture afin de prendre ses consignes au PC du II/98e RI, mais le bataillon, très fatigué par les étapes précédentes, va se traîner toute la nuit sur les routes, ralenti, parfois arrêté par les colonnes de la 26e DI qui marchent à contresens pour exécuter l'ordre de relève donné par le général Loizeau.

« Il était inévitable, dira le général Poisot, que ces mouvements, suivant des directions opposées ou perpendiculaires, de nuit et sur des routes étroites, provoquent des cisaillements, des embouteillages et des retards considérables. »

Le III/164e RIF du capitaine B... doit relever le III/98e RI sur le canal où son arrivée est prévue à 4 heures du matin. C'est ce qui a été annoncé au commandant Piquet-Pellorce qui, de même que son colonel, craint, avec la venue du jour, d'être attaqué en pleine relève. Le II/153e RAP du capitaine Augène constituera l'artillerie d'appui direct des deux bataillons de forteresse mais ses deux batteries et sa colonne de ravitaillement sont elles aussi prisonnières des encombrements créés par la relève de la 26e DI, et Augène a rendu compte au lieutenant-colonel Mignon qu'il ne sera certainement pas en position « avant la fin de la matinée du 18 juin ».

Effectivement, quand l'aube éclaircit le ciel, les deux bataillons du 98e RI, appuyés par l'unique batterie du capitaine Harmand, attendent toujours les bataillons de forteresse et le groupe Augène. Vers cinq heures, des armes automatiques donnent de la voix sur le front du 69e RIF, le régiment voisin. Fausse alerte ou attaque ? Au III/98e RI, le commandant Piquet-Pellorce, qui a renvoyé sur l'arrière ses transmissions et son train de combat, pense qu'il va se trouver « dans de beaux draps » s'il doit se battre avant d'être relevé !

La 93e ID du General Tiemann a traversé la Seille avec son infanterie, mais son artillerie patiente sur la rive nord en attendant l'achèvement des ponts provisoires. Tiemann envoie un bataillon du *IR 271* sonder les défenses du 69ᵉ RIF à Éinville. Mitrailleuses et mortiers réagissent avec vigueur et quelques salves d'artillerie amènent Tiemann à renoncer à son projet.

« Essayez à Maixe ! » dit-il à l'*Oberst* Freiherr von Schleinitz, du *IR 270*.

Le bataillon de tête du régiment a franchi la Seille sur des canots pneumatiques et une opération semblable est tentée vers 6 heures du matin à la hauteur de Maixe. Certains soldats se risquent même à traverser le canal, puis une petite rivière, le Sânon, à la nage. Au III/98ᵉ RI, les sections Noël et Lefèvre ouvrent le feu, mais l'adversaire ne semble pas mordant et reflue au nord du canal. Dans son compte rendu au *General* Tiemann, von Schleinitz indique « que les défenses de Maixe paraissent faibles et qu'une attaque appuyée par l'artillerie a toutes les chances de réussir ».

Tiemann pense qu'avec deux bataillons attaquant à l'ouest de Maixe, les lignes françaises devraient être enfoncées, à condition que l'artillerie soit en place.

« A quelle heure serez-vous prêt à tirer ? » demande-t-il à l'*Oberstleutnant* von Kiliani dont les batteries ont commencé à franchir la Seille.

« A 11 heures, *Herr General !* »

Le I/167ᵉ RIF du capitaine Heurtault s'arrête derrière le II/98ᵉ RI, au sud de Sommerviller, à 11 heures du matin. Les soldats et leurs chevaux sont morts de fatigue après cette étape qui a duré 14 heures. Heurtault accorde 2 heures aux hommes pour se reposer, se restaurer et donner la nourriture aux animaux qui tremblent sur leurs jambes. Aussi épuisé, le III/164ᵉ RIF du capitaine B... arrive à Deuxville au même moment : 11 heures.

« Vous allez relever le III/98ᵉ RI ! » dit le lieutenant-colonel Mignon à B..., qui demande « quelques heures de pause pour son bataillon ».

Le 21/168ᵉ RIF, bataillon d'instruction de la division Poisot, se met en position en fin de matinée à la lisière nord de la forêt de Vitrimont. A midi, aucun ravitaillement n'étant prévu, les lapins et les poules d'une ferme voisine sont sacrifiés. Après le repas, les hommes commenceront à creuser leurs emplacements, car les obus allemands semblent se rapprocher.

Les artilleurs du II/153ᵉ RAP se sont mis en position vers 10 heures à la lisière de la forêt. Le capitaine Augène sait seulement qu'il doit intervenir au profit de l'infanterie qui défend le canal. Il envoie l'aspirant Dufour chercher des munitions avec deux camions, mais... personne ne les reverra. Pendant que les artilleurs enterrent leurs pièces à hauteur de genouillère pour protéger les roues des éclats, le lieutenant Richy installe son observatoire sur la crête la plus proche. Personne n'a l'impression qu'une attaque est imminente et les officiers vont se retrouver à Hudiviller pour prendre leur repas en commun.

« Vers midi, raconte le lieutenant Boulet, de la 4e batterie, j'ai reçu trois tirs d'arrêt à exécuter éventuellement. Je les ai préparés avant d'aller déjeuner au village. »

A 11 heures, comme prévu, les deux bataillons de von Schleinitz passent à l'attaque sur la partie du front français que les patrouilles du matin ont estimé faiblement défendue, l'ancien quartier du I/98e RI, « relevé pour cause de contre-offensive vers le sud [1] ». Bien appuyés par l'artillerie de von Kiliani, les Allemands visent à encercler les points d'appui français qui, ils le savent par expérience, demeurent toujours sur la défensive, sans jamais manœuvrer. Malgré l'appui des mortiers du sous-lieutenant Taro, les PA de première ligne sont réduits, « en dépit d'une vigoureuse résistance [2] ».

La batterie du capitaine Harmand, qui a été laissée par le 36e RA, n'apporte aucun soutien à la défense de Maixe. « Parce que la population n'était pas évacuée », s'insurge le lieutenant-colonel Mignon, qui ajoute : « Elle n'avait qu'à s'abriter dans les caves ! »

En revanche, l'artillerie allemande, qui n'est pas contrebattue par le groupe Augène (c'est l'heure du déjeuner), ne ménage pas ses projectiles et ouvre la voie à l'infanterie. Le commandant Piquet-Pellorce fait contre-attaquer la section du sous-lieutenant de Bettignies et celle de l'adjudant-chef André Planchet. Elles se heurtent à un bataillon dont le feu brise net leur élan : Planchet est tué et Bettignies blessé. A Maixe, c'est la fin ; le sous-lieutenant Noël est fait prisonnier et fera soigner ses blessures au poste de secours allemand ; le sous-lieutenant Bernard Lefèvre et le chef Quincy sont tués. Sur toute la ligne, on relèvera des morts du 98e RI : Dupuis, Aumètre, Beaulieu, Chanonat, Meyniel, Chaunier, Montillon.

Sous les salves de 105 qui martèlent sa position, Piquet-Pellorce regroupe les disponibles et les confie au sous-lieutenant Durif qui contre-attaque de flanc avec l'aspirant Gaston Trojani. Celui-ci trouve la mort l'un des premiers, mais d'autres tombent : Neny, Solnon, Rigaudière, Sarre et le sergent Constant. Il est impossible d'aller plus loin, car l'ennemi a conquis tout l'ancien quartier du I/98e RI ; vers 17 heures, « l'artillerie allemande intensifie ses tirs et une forte attaque part de Maixe, axée vers le sud » (rapport du lieutenant-colonel Mignon).

Le chef de corps du 98e RI n'est pas inquiet, car, si le projet de relève

1. A l'heure de l'attaque, le 1/98e RI se repose à Ferrières avant de remonter se mettre en position sur la Meurthe, une fois la contre-offensive vers le sud annulée.
2. Témoignage du *General* Muller-Hillebrand, ancien officier Ia de la *93e ID*.

a dégarni sa première ligne, il dispose du III/164e RIF avec lequel il compte barrer les accès nord du village de Deuxville où il a lui-même son PC. « Je n'avais aucun souci, écrit-il, puisque je comptais sur le bataillon B... pour arrêter l'ennemi. S'il en avait les moyens, il n'en avait pas l'intention. »

En effet, alors que l'attaque allemande se rapproche, Mignon ne voit aucune trace du bataillon B... ». Sous les obus, le colonel fait replier son PC sur Vitrimont dont il organise aussitôt la défense. Tous les secrétaires et les chauffeurs prennent leur fusil, et le PS du médecin-commandant Bonnet donne les premiers soins aux blessés avant de les faire évacuer. Vitrimont réserve pourtant une surprise désagréable à Mignon qui découvre « une foule d'isolés du 164e RIF, la plupart déséquipés, dans les caves, et prêts à se rendre[1] ». Pendant que le capitaine Picq replie le train de combat par la forêt, le colonel, « sous la menace du revolver, fait réarmer les fuyards » et les oblige, une fois encadrés, à participer à la défense.

Devant le 21/168e RIF, des soldats français sans armes arrivent en désordre. « Ce sont des éléments du 164e RIF qui refluent sur nous ! » note le lieutenant Petit. Les fantassins ennemis les suivent de près et se coulent dans les vignes. Pour ne pas leur laisser le temps de se renforcer et de lancer l'assaut, le capitaine de Sacy regroupe deux sections et contre-attaque, soulageant le flanc de Vitrimont où le lieutenant-colonel Mignon ne s'est aperçu de rien. Vers 16 heures, une violente explosion se détache sur le bruit de fond de l'artillerie allemande. Chargée de munitions destinées au 98e RI, la camionnette conduite par André Dulat vient d'être touchée de plein fouet par un obus, au lieu dit le « Haut-de-la-Saunade ». Le véhicule est pulvérisé ; le malheureux Dulat, qui est décapité, a un bras arraché et le corps sectionné.

L'attaque adverse se meurt devant Vitrimont où la fusillade s'apaise au nord du village. Mignon en profite pour effectuer une reconnaissance à pied qui le conduit près de l'église où il rencontre le capitaine B..., « complètement perdu ». Le commandant du III/164e RIF est seul avec un adjudant et ignore où sont passées ses compagnies.

« Conduisez-moi à l'emplacement où vous avez installé le personnel de votre PC ! » lui dit Mignon avant de commenter froidement : « Il en a été incapable et j'avoue que ma première idée a été de le faire fusiller. »

La réaction est sévère, mais Mignon est sous l'effet de la colère ; il vient d'apprendre qu'un des officiers de liaison, le lieutenant Cherasse, « a reçu une balle FRANÇAISE dans la région lombaire ». Si des soldats affolés commencent à tirer sur leurs cadres, que va-t-il se passer lorsque la nuit sera tombée ? Une autre carence contribue à maintenir le

---

1. Le général Poisot confirme que le III/164e RIF « fut découvert par hasard à Vitrimont plus ou moins déséquipé et réfugié dans les caves ».

lieutenant-colonel Mignon dans une sorte de rage froide fort compréhensive : l'artillerie française est toujours silencieuse.

Derrière leurs 75 muets, les hommes du II/153ᵉ RAP n'ont reçu aucun ordre de tir. Vers 15 heures, l'observatoire du lieutenant Richy a été repéré par les artilleurs allemands qui l'ont obligé à plier bagages. Depuis, le capitaine Augène écoute le fracas de la bataille en cours et attend. Vers 17 heures, la 7ᵉ batterie du 36ᵉ RA traverse la position au galop. Abandonnant une pièce, roue brisée, et un tué, Frénéat, elle a pu se dégager avant l'assaut de l'infanterie allemande. Des pionniers passent en courant, sans armes ni bagages. Une section du 98ᵉ RI les suit avec, à sa tête, un sergent-chef. « Les boches sont derrière nous ! » dit-il avant de disparaître. Impressionné, le lieutenant Boulet téléphone au PC du capitaine Augène. « Préparez-vous à déclaveter et à détruire les pièces ! » fait celui-ci.

Les avant-trains ont été camouflés dans la forêt de Vitrimont et il est trop tard pour les ramener. Sans perdre de temps, les artilleurs, qui n'ont pas tiré un SEUL obus, sabotent les 75 et, laissant les munitions sur place, mettent sac au dos pour gagner Hudiviller. Ils verront au passage les canons du 160ᵉ RAP, sabotés, eux aussi, sans avoir ouvert le feu [1].

Jusqu'au soir, le contact restera étroit entre les derniers défenseurs de Vitrimont et les *Stosstrupps* qui sont parfois obligés de se battre, maison après maison, cave après cave. On constate d'ailleurs qu'une soixantaine de soldats du III/164ᵉ RIF sont restés à leur poste et se défendent pied à pied. C'est le cas des hommes du sous-lieutenant Duret, de ceux de l'aspirant Lentz. Lorsque le sous-lieutenant Mougin se rend, au crépuscule, c'est d'abord pour que les blessés du poste de secours, allongés dans une cave contiguë, puissent recevoir les soins que l'état de certains d'entre eux exige. Le sous-lieutenant Babin, qui a quatre blessés : Caron, Bernhard, Leclerq et le sergent Gutzung [2], manque de cartouches et met bas les armes à la nuit tombante. Avec l'adjudant Marcel Colinet, dix tués du III/164ᵉ RIF seront retrouvés à Vitrimont : Zengerlé, Muller, de Coch, Dufour, Farnier, Larouge, Vincent, Wipier et le caporal Notte. Deux autres, Pisson et Gaïda, seront inhumés à Deuxville.

Vers 22 heures, le lieutenant-colonel Mignon recevra l'ordre de replier le 98ᵉ RI au sud de la Meurthe, derrière la forêt de Vitrimont. Sur la route de Damelevières, il piquera une nouvelle colère en découvrant « une quantité de matériel téléphonique provenant des voitures du train

---

1. Le journal de la *93ᵉ ID* indique que trente pièces d'artillerie ont été prises, sans préciser toutefois qu'elles avaient été sabotées.
2. Le sous-officier sera le seul à survivre.

de combat délestées au maximum par les fuyards qui les utilisèrent comme moyen de transport ».

Le capitaine Picq ne partira qu'à minuit, emmenant avec lui dix-neuf blessés restés au poste de secours, mais sans avoir le temps de donner une sépulture aux morts du 98ᵉ RI : Chazel, Brunaud, Curtil, Mourton et le sergent Filliat. Le II/98ᵉ RI et le I/167ᵉ RIF du capitaine Heurtault décrochent sans difficulté en direction de la Meurthe, mais, au IIIᵉ bataillon, le commandant Piquet-Pellorce n'est pas touché par l'ordre de repli. Le lui a-t-on seulement envoyé, alors qu'il est considéré comme perdu ? C'est en apprenant par ses voisins du 69ᵉ RIF qu'ils doivent abandonner le canal que Piquet-Pellorce décide de les imiter. Il envoie des agents de liaison prévenir ses officiers, mais, en pleine nuit — il est 2 heures du matin —, et avec les embuscades tendues par les Allemands, les résultats sont navrants. Quatre sections isolées ne seront pas touchées, ni la 11ᵉ compagnie du lieutenant Dory. Avec les débris de son bataillon, Piquet-Pellorce ne s'arrêtera qu'à Remenoville, au sud de Gerbéviller, après avoir parcouru près de quarante kilomètres. Le III/98ᵉ RI a perdu les deux tiers de ses effectifs et de son armement, le III/164ᵉ RIF du capitaine B... n'existe plus, trente pièces d'artillerie ont été sacrifiées sans avoir tiré et une soixantaine d'hommes ont perdu la vie dans la journée du 18 juin. Telles sont les conséquences de la relève de la 26ᵉ DI, une relève qui ne se justifiait que dans la mesure où le général Loizeau aurait reçu l'assurance de disposer, le 19 au matin, des cinq autres divisions du « bloc d'attaque », ce qui n'était pas le cas.

⁂

Lay-Saint-Christophe et Eulmont sont deux communes voisines situées à quelques kilomètres au nord-est de Nancy, en bordure du bois de Faulx. Dans la soirée du 16 juin, le lieutenant-colonel Béchet y établit le cantonnement du II/423ᵉ Pionniers. Au début de la matinée, le chef de corps a assisté au départ pour Épinal de son Iᵉʳ bataillon embarqué sur un train en gare de Pont-à-Mousson. Une heure plus tard, Béchet, qui attendait la rame prévue pour le IIᵉ bataillon, apprenait qu'elle n'était plus disponible. Le II/423ᵉ Pionniers est parti à pied ; après une première étape d'une vingtaine de kilomètres, les hommes vont passer la nuit dans les cantonnements de Lay-Saint-Christophe et d'Eulmont. C'est du moins ce qui est prévu, car, une heure après la soupe du soir, leur chef de corps reçoit un contrordre : le bataillon ne présente plus d'intérêt pour la défense d'Épinal ; il faut le conduire à Nancy et le mettre à la disposition de M. Bosney, préfet de Meurthe-et-Moselle.

« C'est entendu, nous partirons demain matin lorsque les hommes seront reposés ! dit Béchet au motocycliste qui lui a apporté le pli.

« — Mon colonel, c'est impossible ! Le préfet attend votre bataillon cette nuit...

— Bon, le temps de rassembler les hommes et nous partons ! »

Le capitaine Blanchard, officier adjoint, se charge de prévenir les commandants de compagnie, et le II/423e Pionniers reprend la route. Heureusement, la distance à parcourir est courte ; vers minuit, le bataillon s'installe à la caserne Thiry. Béchet décide que son PC fonctionnera au lycée Henri-Poincaré.

« Le 17 au matin, écrit-il dans son rapport, je suis reçu par le préfet qui me donne les renseignements suivants : la plupart des autorités civiles et militaires ont quitté la ville et les casernes et établissements appartenant à l'armée ont été envahis par la population et mis au pillage. Il faut mettre fin à cela au plus tôt. En outre, les cafés sont remplis de soldats qui ont abandonné leur corps et beaucoup sont pris de boisson. Tâchez de les rassembler dans un endroit que vous choisirez. »

Béchet donne des ordres et, le lundi en fin de matinée, des postes de garde sont à l'entrée des casernes et de tous les bâtiments militaires. Des boulangers du II/423e Pionniers se mettent au travail à la manutention pourvue d'abondants stocks de farine et la première fournée de pain sortira des fours dans la soirée. L'ordre règne à Nancy, mais le chef de corps du 423e Pionniers n'est pas satisfait pour autant, car d'inquiétantes informations commencent à circuler. Des réfugiés de Château-Salins racontent qu'on se bat sur la Seille, à moins de trente kilomètres au nord-est de Nancy, d'autres qui arrivent de Pont-à-Mousson assurent que les Allemands circulent sur la rive gauche de la Moselle dont tous les ponts sont détruits.

Dans la matinée du 18 juin, on perçoit le bruit du canon à une vingtaine de kilomètres à l'est de la ville [1]. L'affaire semble sérieuse, et le lieutenant-colonel Béchet se rend à la préfecture où il demande à M. Bosney de l'autoriser à gagner Épinal avec son bataillon pour y reformer son régiment. « Je vais poser la question à vos supérieurs », assure le préfet qui est toujours relié par téléphone avec l'état-major de la IIIe armée. « Dès que j'aurai une réponse, je vous la ferai connaître. »

Le fait que le préfet ne voit pas d'obstacle à son départ constitue un élément positif qui rassure Béchet. Il calcule déjà qu'en partant au début de l'après-midi, son bataillon pourrait cantonner à Bayon le soir même. A 11 heures, M. Bosney transmet la réponse de la IIIe armée : « Nancy est déclarée ville ouverte et vous restez à la disposition de la préfecture. Prenez vos dispositions pour qu'aucun coup de feu ne soit tiré, et cela sous votre responsabilité personnelle. » (Rapport Béchet.)

La mission du II/423e Pionniers reste inchangée : interdire tout

---

1. C'est la 93e ID du General Tiemann qui attaque le 98e RI du lieutenant-colonel Mignon sur le canal.

pillage et faire régner l'ordre dans la ville. Avec cette nuance que le bataillon et son chef de corps sont destinés à être faits prisonniers. En effet, comment prendre « des dispositions pour qu'aucun coup de feu soit tiré » si ce n'est en attendant passivement l'arrivée des Allemands ?

La couverture de Nancy est assurée au nord et à l'est par deux bataillons du 160e RIF de la division Besse. Le lieutenant-colonel Bouet a installé le PC du régiment à Tomblaine et ses unités tiennent sous la menace de leurs armes la route de Pont-à-Mousson et celle de Sarreguemines, considérées comme les itinéraires probables sur lesquels apparaîtra l'ennemi.

Vers 9 heures, le capitaine Pacaud, qui commande le II/160e RIF, a rendu compte, de son PC de Malzéville, « que des motorisés allemands sont signalés à Custines ». Ces éléments appartiennent à la *212e ID* du *General* Endres qui est entrée à Pont-à-Mousson la veille et cherche à lancer des têtes de pont sur la rive droite de la Moselle, à Dieulouard et à Custines, pour se diriger ensuite vers Nancy.

« Cette fois nous sommes fixés, dit le lieutenant-colonel Bouet à l'aumônier Bartholomeus qui se trouve à côté de lui, « ils » arrivent par le nord ! »

Bouet ne comprend pas pourquoi le général Besse lui a retiré les deux batteries de 75 qui avaient été mises à sa disposition. L'ennemi est à une douzaine de kilomètres de Nancy, et on le prive de son artillerie. A 11 heures, le capitaine André, de l'état-major de la division, lui apporte un ordre verbal qui éclaire le chef de corps du 160e RIF sur les intentions du commandement : « Nancy est considérée comme ville ouverte et, dès que la pression ennemie deviendra trop forte, vous enverrez un officier parlant l'allemand et porteur d'un drapeau blanc faire savoir que la ville ne sera pas défendue et qu'un délai d'une heure [1] est demandé pour permettre aux troupes qui tiennent les faubourgs de se retirer. »

Bouet est indigné : comment son général peut-il exiger de lui une prise de contact avec l'ennemi sans lui donner cet ordre par écrit ? Il le fait savoir au capitaine André qui retourne au château de Sandronvillers, PC de la division, et... reviendra à Tomblaine, toujours les mains vides, Besse refusant de rédiger l'ordre donné. La discipline étant la plus forte, Bouet s'incline et envoie le capitaine Magherini auprès du commandant Barlam, du I/160e RIF, puis au PC du capitaine Pacaud où il leur transmet les directives de la division. L'ennemi étant signalé vers Custines, c'est vraisemblablement Pacaud qui, dans les heures qui

---

1. Dans son rapport, Besse dit « deux heures », mais, de toute façon, le délai est trop court pour le II/160e RIF en position au nord de Nancy.

suivent, déléguera « un officier parlant l'allemand et porteur d'un drapeau blanc » au-devant de l'adversaire.

L'ordre donné par le général Besse est difficile à comprendre : puisqu'il est entendu qu'on ne défendra pas Nancy, pourquoi ne pas replier sur-le-champ les deux bataillons du 160e RIF au sud de la Meurthe où se trouve déjà le III/160e RIF du capitaine Gaudy ? Quant à la prise de contact avec drapeau blanc, c'est au lieutenant-colonel Béchet de l'assumer puisqu'on le « condamne » à attendre les Allemands. Et rien ne dit que ces derniers accepteront de discuter autrement qu'à coups de canon !

Prévoyant, le général Loizeau a décidé de protéger également Nancy d'une éventuelle attaque... par le sud. Le I/168e RIF du commandant Juillaguet est en position sur la rive nord de la Moselle, entre Maron et Neuves-Maisons. Il couvre la direction du sud-ouest, car le « front » est tellement mouvant et le commandement ignorant de la situation qu'on peut très bien imaginer une colonne motorisée franchissant la Meuse et montant vers Nancy à partir de Colombey-les-Belles qui n'est qu'à une vingtaine de kilomètres. Cependant, tous les renseignements concordent : l'ennemi arrivera par le nord, sans doute par la route de Pont-à-Mousson. Le général Poisot, qui commande le front à l'ouest et au sud de Nancy, se méfie tout de même. Venu inspecter le bataillon de Juillaguet, il n'a pas caché à celui-ci que, « dans l'incertitude d'une attaque pouvant venir, soit du sud-ouest, soit du nord-est, il faut aussi étudier et préparer la défense à partir de la rive sud et face au nord-est ».

Au nord-ouest de Nancy, Poisot a obéi au général Loizeau qui lui a fait placer en couverture derrière la Moselle deux bataillons du 167e RIF. Le IIIe bataillon du commandant Brousse a réparti ses compagnies entre Frouard et Liverdun exclus, le II/167e RIF du commandant Chertier du pont de Liverdun au village d'Aingeray exclus. Le lieutenant-colonel Planet, du 167e RIF, commande ses deux bataillons et celui de Juillaguet. Son sous-secteur est calme et il n'a pas reçu l'ordre d'envoyer un officier porteur d'un drapeau blanc au-devant des Allemands.

Deux bataillons du 167e RIF, deux du 160e RIF, cela fait quatre bataillons inutilement exposés au nord de Nancy..., que le général Condé a accepté de considérer comme ville ouverte. Loizeau envisage-t-il de leur donner un ordre de repli ? Le 18 au matin, rien ne permet de le supposer.

Le commandant Chertier a installé le PC du II/167e RIF au château de La Flie et, depuis la falaise boisée qui domine la vallée de la Moselle, ses compagnies ont une position imprenable. Vers l'ouest, l'immense forêt de Haye à laquelle le bataillon est adossé s'éclaircit aux abords d'Aingeray, mais toutes les précautions ont été prises : le capitaine Chambon a fait placer les canons de 25 devant les points de passage les plus dangereux et le lieutenant Bacot a réquisitionné toutes les barques amarrées sur la rive gauche de la Moselle pour les amener du « bon côté ». Pour la nourriture, le bataillon dispose de ses vivres de réserve et, s'il faut soutenir un siège, le troupeau de moutons de la ferme Vaurot sera mis à contribution. La direction de l'usine Lerebourg, à Liverdun, a même fait livrer gracieusement une cinquantaine de boîtes de confitures.

Dans l'après-midi du 17 juin, le lieutenant-colonel Planet est venu vérifier le plan de feux.

« Rien de spécial à signaler ? a-t-il demandé au capitaine Leyrat, adjudant-major du II/167ᵉ RIF.

— La liaison est bien assurée à droite avec le bataillon Brousse, mon colonel, mais, à gauche, il n'y a personne...

— Une unité du 42ᵉ corps doit se trouver à Aingeray.

— Le lieutenant Maous, de la CM 5, a rendu compte qu'il n'y avait personne, insiste Leyrat.

— Dites-lui d'envoyer une patrouille chercher la liaison. Les gens du 42ᵉ corps sont peut-être à l'autre bout du village. »

L'ordre sera exécuté au début de la soirée, mais, à 23 heures, le lieutenant Carré apportera au commandant Chertier un compte rendu établissant de façon certaine qu'une brèche est ouverte dans le dispositif français : « Trou sur notre gauche d'environ six kilomètres. Eléments du 42ᵉ corps à Gondreville. Rien à Aingeray ni à Fontenoy où le pont est détruit. »

L'ouvrage a sauté à la tombée de la nuit, sous les yeux du lieutenant Deschamps, du III/128ᵉ RIF, qui avait poussé jusqu'à Francheville avec une patrouille et regagnait Gondreville en passant par Fontenoy. Ce « trou d'environ six kilomètres » à l'ouest de Nancy présente-t-il un danger quelconque puisque l'ennemi est censé approcher de la ville par le nord ? Souvenons-nous des précédents : la *1ʳᵉ Panzer* s'enfonçant dans le « trou d'Etrepy » et roulant sur Saint-Dizier, les *8ᵉ* et *6ᵉ Panzers* attaquant le flanc découvert de la 1ʳᵉ DIC installée sur la Saulx. Et, maintenant, le « trou d'Aingeray » !

A qui incombe la responsabilité de l'abandon d'Aingeray et de Fontenoy ? Le 16 juin, l'ordre d'opérations signé par le général Poisot indiquait : « Liaison avec la division Besse : bois de Faulx. Avec le 42ᵉ corps : Gondreville. » Dans l'après-midi, le général Loizeau avait rencontré Renondeau, du 42ᵉ corps, qui se plaignait d'être pressé sur sa gauche par les divisions en retraite de la IIᵉ armée, et Loizeau proposa de lui céder deux points de passage sur la Moselle, à Fontenoy et à Maron, ce qui permettrait au 42ᵉ corps de s'étendre vers la droite. Renondeau accepta, et des ordres furent donnés qui modifiaient la limite entre les deux corps d'armée. Ces ordres avaient été transmis à la division intéressée, la 51e DI du général Boell, et aucune ambiguïté ne subsiste puisque le capitaine Bouvet, chef du 3e Bureau de cette division, rappelle le 17 juin « que la liaison à Aingeray avec le 6e corps devra être solidement établie ». Etablie bien entendu par le régiment de droite, le 128e RIF du lieutenant-colonel Roulin. Celui-ci semble ignorer ses nouvelles limites et prétend qu'il doit « interdire à l'ennemi le passage du canal et de la Moselle à l'est de Toul, entre Gondreville et l'écluse de Champagne ». Et son IIIe bataillon, celui du capitaine de Pianelli[1], ne bougera pas de Gondreville. Un de ses commandants de compagnie, le capitaine Barbé, de la CM 11, écrira sans se troubler que « la liaison qui devait avoir lieu sur la droite avec le 167e RIF n'a pu être obtenue ».

Or, nous avons la preuve que Roulin ne POUVAIT PAS ignorer la limite fixée à son régiment, à la suite de l'accord passé entre Renondeau et Loizeau. Cette preuve, c'est le lieutenant-colonel Ritter, du 139e RIF, qui l'apporte. Son régiment est À GAUCHE du 128e RIF, mais Ritter sait parfaitement que celui-ci doit s'étendre jusqu'à Aingeray.

« Roulin a rendu compte à la fin de la matinée du 17 juin qu'il n'avait aucune liaison avec le 6e corps et qu'Aingeray n'était pas défendu », écrit le chef de corps du 139e RIF dans son rapport, avant de poursuivre : « Le village, placé initialement dans la zone du 6e corps, devait finalement être occupé par le 42e corps. »

Le lieutenant-colonel Roulin a donc reçu des ordres, mais le 3e Bureau de la 51e DI ne s'est pas assuré de leur exécution, car le mardi 18 juin, au lever du jour, ouvert sur plus de six kilomètres, le « trou d'Aingeray » sépare toujours le 42e corps du 6e corps »[2].

* * *

C'est peut-être le *General* Model[3], chef d'état-major de la *XVIe Armee,* qui a transmis le 17 juin les ordres de son supérieur, le *General* Busch : préparer un raid sur Nancy et s'emparer de la ville par

1. Interrogé par l'auteur en 1970, le général de Pianelli n'a pas conservé de souvenir précis sur le « trou d'Aingeray ».

2. C'est seulement le 18 en fin de matinée que Roulin décidera d'envoyer son Ier bataillon vers le « trou d'Aingeray ». Trop tard ! Le capitaine Apart, de la CM 1, a reçu à 11 heures l'ordre d'aller à Poste-de-Velaine « rechercher la liaison avec le corps d'armée voisin ». Le capitaine Quemard rapporte que le mouvement du I/128e RIF a commencé à 13 heures.

3. Né le 24 janvier 1891, Walter Model est, comme son chef, le *General* Busch, un national-socialiste convaincu. Commandant en chef des forces allemandes sur le front Ouest à partir du mois de septembre 1944, Model se suicidera dans les derniers jours de la guerre, Busch mourant quelque mois plus tard dans un camp de prisonniers de l'armée britannique.

surprise. **Pour pallier un échec possible, une double opération est** montée, l'une par le *General* von Schobert, du *VII⁰ Korps,* l'autre par Feige, du *Höhere Kommando 36.* Les reconnaissances aériennes ont certainement montré qu'une attaque par le nord, lancée par la *212⁰ ID* à partir de Pont-à-Mousson, risque d'échouer devant la riposte des forces françaises abritées derrière les destructions de la Moselle et du canal de la Marne au Rhin. Les positions des 160⁰ et 167⁰ RIF ne sont pas passées inaperçues !

Puisque les Français s'attendent à une offensive par le nord, voire par l'est, le chef de la *XVI⁰ Armee* a décidé de faire lancer le double « coup de main » sur Nancy par l'ouest et le sud. Au *VII⁰ Korps,* von Schobert fait savoir au *General* de Angelis, de la *76⁰ ID,* qu'il doit constituer le soir-même un groupement mixte dont la mission est ainsi définie : « A l'aube du 18 juin, franchir la Meuse et se porter au sud de Toul par la zone Uruffe-Colombey-les-Belles et Neuves-maisons [1] avant de pousser vers Nancy et de s'emparer de la ville. » De son côté, le *General* Feige donne le même objectif à Weisenberger, de la *71⁰ ID.* Pour la seconde fois en trois jours, de Angelis et Weisenberger se retrouvent en compétition. Le 14 juin, la *76⁰ ID* a subi les pertes les plus élevées devant Verdun sans pouvoir s'emparer de la ville qui est tombée entre les mains de la *71⁰ ID.* Le mardi 18 juin, de Angelis n'aura pas plus de chance, car son groupement mixte va se heurter à la 6⁰ DINA du général de Verdilhac, établie sur la Meuse, et celle-ci, qui constitue le premier obstacle en direction de Colombey-les-Belles et Nancy, ne pourra pas être franchie de vive force.

Dans la soirée du lundi 17, le *General* Weisenberger convoque à son PC de Saint-Mihiel les trois officiers supérieurs qui vont ouvrir à la division la route de Nancy : l'*Oberst* von Scheele, du *IR 191,* le *Major* von Holtey, de l'*Aufsklärungs Abteilung* (groupe de reconnaissance), et le *Major* Krumseck, du *Pionnier Bataillon 171.* La réunion a pour objet de préciser les forces qui constitueront le groupement mixte et l'itinéraire à suivre. Von Scheele, un homme de quarante-huit ans aux traits épais, commandera l'ensemble des unités, soit deux bataillons de son régiment transportés par camions, un groupe d'artillerie du *AR 171,* deux compagnies du bataillon Krumseck avec canots pneumatiques et matériel de pontage, les escadrons de von Holtey devant ouvrir la route avec l'appui de quelques pièces de 37 *Pak* détachées du *Panzerjäger Abteilung 171.*

« Le coup de main sur Nancy réussira, insiste Weisenberger, si les facteurs surprise et rapidité vont de pair. »

1. Le I/168⁰ RIF du commandant Juillaguet qui tient la Moselle de Maron à Neuves-Maisons, FACE AU SUD, est donc bien à sa place.

Après la réunion, deux messages parviennent à Weisenberger ; ils sont envoyés du PC de la *XVIᵉ Armee* installé à Verdun. Dans le premier, il est rappelé que le groupement mixte « doit être équipé d'émetteurs radio » — il en aura deux — afin « de pouvoir signaler immédiatement son entrée à Nancy ». Dans le second, Busch fait savoir « que Nancy doit être prise intacte[1] et que tout pillage sera évité, sous peine de sanctions ».

Sitôt les grandes lignes de l'opération arrêtées, von Scheele, dont le PC est à Ménil-la-Tour, à douze kilomètres au nord de Toul, fixe l'itinéraire sur lequel les escadrons du *Major* von Holtey vont s'engager. Toutes les unités contourneront la forêt de la Reine et ses étangs par le nord et se regrouperont dans la nuit à Manoncourt-en-Woëvre. Le 18, au lever du jour, les éléments de tête marcheront sur Villey-Saint-Étienne, à une dizaine de kilomètres au sud-est. Le village est sur la rive gauche de la Moselle, et les ordres sont de saisir intact un pont sur la rivière et un autre sur le canal.

Ce n'est pas un hasard si von Scheele veut traverser le double obstacle des cours d'eau à Villey-Saint-Étienne. De l'autre côté de la Moselle, c'est Aingeray, avec son « trou » de six kilomètres où l'aviation de reconnaissance allemande n'a certainement signalé aucune défense. Von Scheele prend tout de même des risques, car il ignore si les Français ne vont pas profiter de la nuit du 17 au 18 juin pour mettre en place un ou deux bataillons.

Le 18 juin à 3 h 30, les ombres de la nuit sont à peine dissipées lorsque le groupement von Scheele s'ébranle. Le peloton motorisé du *Leutnant* Petersen ouvre la route et, vingt minutes après avoir quitté Manoncourt, il est devant le pont du canal, à la sortie de Villey-Saint-Étienne. Un poste du génie est chargé de la destruction, mais la sentinelle prise de panique jette son fusil et se rend sans avoir donné l'alerte. Les autres sapeurs qui dorment d'un profond sommeil sont faits prisonniers avant d'avoir compris ce qui leur arrive. Le *Leutnant* Hüchtung et ses *Pionniers* se ruent vers la Moselle, mais il est trop tard : le pont a été détruit dans la soirée du 17 juin. Toutefois, un passage à gué est découvert au nord[2] des débris de l'ouvrage et les cavaliers descendent vers la rivière, à la suite du *Major* von Holtey qui a rejoint le peloton Petersen.

« Les chevaux peuvent passer », lance von Holtey qui, en attendant von Scheele, organise les premières opérations de franchissement. « Dès

1. Le *General* Busch ignore encore que le général Condé a décidé de déclarer Nancy ville ouverte. Que se passerait-il si Condé avait voulu défendre la cité de Stanislas ?
2. Aucun document de la *71ᵉ ID* n'indique que le passage à gué a été trouvé « sur renseignement », mais il est difficile de croire que... le hasard a bien fait les choses.

que les canots pneumatiques seront prêts, l'escadron cycliste traversera en priorité. La construction du pont de bateaux doit commencer aussi vite que possible. »

Les *Pionniers* du *Major* Krumseck reçoivent en renfort la 3ᵉ compagnie du *Bataillon 158* (*Major* Salzenberg) qui a été « emprunté » à la *58ᵉ ID* pour l'opération « Nancy ». La besogne ne manque pas et, pendant que les *Pionniers* de Salzenberg consolideront le chemin d'accès au gué, puis feront traverser l'infanterie et ses armes lourdes en canots pneumatiques, les hommes de Krumseck travailleront d'arrache-pied à la mise en place du pont de bateaux. Pour eux, c'est une course contre la montre, car l'endroit sera le point de franchissement pour trois divisions. La *212ᵉ ID* du *General* Endres sera, elle aussi, obligée de longer la rive gauche de la Moselle par Pompey et Liverdun pour emprunter le pont d'Aingeray, un pont lourd de cent mètres de long pouvant supporter dix tonnes [1] dont la construction sera entreprise sitôt le pont de bateaux achevé. Malgré les efforts des *Pionniers,* le grand pont ne sera terminé que le 20 juin, « après que le *General* Busch soit venu sur place exprimer son mécontentement devant la lenteur des travaux et les encombrements qui en découlaient dans les divisions prévues pour traverser la Moselle à cet endroit », dira le *Hauptmann* Grothe, du bataillon Krumseck.

De l'autre côté de la rivière, aucun signal ou mouvement suspect. Aingeray est un village dont les habitants dorment encore. Les cavaliers allemands qui passent le gué avec de l'eau jusqu'au poitrail de leurs chevaux ne peuvent apercevoir une voiture qui vient de s'arrêter sur le coteau, devant un bosquet. En descendent le lieutenant-colonel Planet, du 167ᵉ RIF, et le lieutenant Schmitt, son officier de renseignements.

« A l'aube, raconte celui-ci, le colonel m'a demandé de l'accompagner, car il se demandait si la liaison avait été enfin établie à Aingeray. A quelque distance de la Moselle qui coulait à nos pieds, nous nous sommes arrêtés, stupéfaits de voir ce qui se passait de l'autre côté : un convoi de camions d'un vert poussiéreux était stoppé sur la route et des soldats allaient et venaient : les Allemands ! Je descendis jusqu'à la rivière me rafraîchir et rapporter de l'eau au colonel, mais, à mon retour, il était entouré de cavaliers dont les chevaux avaient la robe mouillée jusqu'au poitrail. »

Premiers prisonniers de la matinée du 18 juin, Planet et Schmitt vont bénéficier d'une chance inespérée. A la CM 5 du III/167ᵉ RIF, le lieutenant Maous a fini par envoyer à Aingeray la section de l'adjudant

1. « Les Allemands ont utilisé les nombreuses planches et poutres de la carrière Saint-Gobain toute proche », écrit M. Robert Feidt, de Villey-Saint-Etienne (lettre du 19 avril 1970 adressée à l'auteur).

Abadie. Apercevant les cavaliers, les sentinelles alertent Abadie et celui-ci fait ouvrir le feu. Abrités derrière leurs montures, les Allemands ripostent. « Le colonel m'adressa un signe discret, se souvient Schmitt, et nous avons pris nos jambes à notre cou en direction des bosquets. Une grenade a explosé derrière nous et, sur le moment, je ne me suis même pas aperçu qu'un éclat m'avait blessé à la main. »

On ignore pourquoi le lieutenant-colonel Planet ne rejoint pas, soit sa compagnie de commandement qui se trouve à Laxou, soit les bataillons Chertier et Brousse restés en position à la lisière nord des onze mille hectares de la forêt de Haye. Il disparaît et sera capturé trois jours plus tard sans avoir repris le contact avec ses unités [1]. Un certain flottement va en découler, les bataillons de couverture du 167e RIF ne recevant plus d'ordres.

Du côté allemand, ce sont les *Pionniers* du *Major* Krumseck qui essuient le feu de la section Abadie. « Ma compagnie était groupée dans un chemin creux lorsque, depuis les hauteurs de la rive droite, de violents tirs de fusils et d'armes automatiques furent déclenchés sur nous. Après un instant de paralysie, mes hommes commencèrent à riposter... », rapporte le *Hauptmann* Grothe, de la 2e compagnie.

Depuis la rive gauche, les *minen* appuient l'avance des *Pionniers,* qui s'emparent d'Aingeray une heure plus tard. L'adjudant Abadie et plusieurs de ses soldats sont blessés, Poulnais et Bertho tués. De la carrière où est son PC, à un kilomètre au nord du village, le lieutenant Maous a envoyé un motocycliste au château de La Flie pour alerter le PC du II/167e RIF auquel, faute de fil téléphonique, il n'est pas relié. Stupéfait, le capitaine Leyrat a lu le message de Maous : « Ennemi tente de franchir la Moselle à Aingeray. Nous l'empêchons de passer. »

Maous témoigne certes d'un excellent moral, mais il ignore que les cavaliers allemands ont traversé la Moselle à gué et capturé son propre colonel. Leyrat l'ignore aussi, ce qui est d'ailleurs naturel, et il fait partir le lieutenant Bacot pour Laxou avec mission de rendre compte au PC du régiment « que les boches essaient de franchir la Moselle à Aingeray [2] ». Deux groupes de combat montent dans un camion et l'adjudant Esseric les emmènent renforcer la CM 5. Après leur départ, le sergent Tirard se présente au PC du II/167e RIF. Il devait ravitailler en vivres la compagnie Maous, mais il n'a pu accomplir sa mission « à cause du combat engagé près de la carrière ».

1. Mgr Paul-Joseph Schmitt, évêque de Metz, n'a pas gardé le souvenir de l'endroit où il s'est réfugié avec le lieutenant-colonel Planet, et celui-ci se contente d'écrire « qu'il est resté trois jours entre les lignes, assistant par l'oreille (*sic*) à la résistance acharnée de ses deux bataillons ».
2. Il semble que le chef d'état-major du 167e RIF se soit montré, en l'absence de son colonel, d'une écrasante nullité.

Regardant le « mouchard » qui survole la forêt de Haye, le commandant Chertier confie à Leyrat « qu'un encerclement est peut-être en cours à partir d'Aingeray ». Il a raison puisque des observateurs signalent que « des Allemands sortent de Sexey-les-Bois, les uns se dirigeant vers la forêt, les autres vers la RN 4 par Velaine-en-Haye ».

Chertier n'a aucune idée de l'importance des forces engagées par l'ennemi. Le fait d'avoir envoyé deux groupes de combat renforcer la compagnie Maous laisse supposer qu'il les sous-estime. On ne reverra pas Esseric et ses deux groupes. Ni le lieutenant Maous. Seul, l'aspirant Hassenfuss rejoindra avec une trentaine d'hommes [1].

À Villey-Saint-Étienne, l'*Oberst* von Scheele ne tient pas en place. Il se déplace du canal à la Moselle où le pont de bateaux va être achevé en trois heures. Les *Pionniers* qui font passer les fantassins d'une rive à l'autre à bord des canots pneumatiques ne sentent plus leurs bras et les pagaies sont de plus en plus lourdes malgré la présence de von Scheele qui n'a pas son pareil pour stimuler les énergies.

À travers la forêt de Haye, les cavaliers de l'escadron von Arnim sont déjà loin. En coupant la RN 4 à Poste-de-Velaine, ils surprennent la CHR du I/139e RIF. Au cours du bref engagement, le lieutenant Cottevielle est mortellement blessé. Les soldats du 139e RIF abandonnent chevaux et voitures, puis s'enfuient dans la forêt. Une dizaine d'entre eux seulement rejoindront, avec le lieutenant Doudoux, le PC du lieutenant-colonel Ritter. La CM 1 du I/128e RIF est prise sous un feu violent alors qu'elle abordait le croisement de l'allée des Renards avec la RN 4. Le capitaine Apart envoie la section du chef Voyer sur le flanc droit, mais, « un flottement s'étant produit parmi ses hommes », le sous-officier qui s'efforçait de les entraîner est tué d'une balle dans la tête. La compagnie décroche sous la protection des mortiers du lieutenant Huon.

Von Scheele franchit l'un des premiers le pont des bateaux, sous le regard satisfait du *General* Weisenberger dont la *Kubelwagen* vient de s'arrêter sur la rive gauche, à deux pas du PC du *Major* Krumseck. Motos et side-cars traversent la rivière, puis une batterie d'artillerie que von Scheele compte utiliser pour « nettoyer » la forêt de part et d'autre de la RN 4. Les deux facteurs sur lesquels Weisenberger a tant insisté la veille, surprise et rapidité, sont exploités par le groupement dont les éléments de tête ne rencontrent aucune embuscade : les Français ne se sont toujours pas ressaisis !

1. Les *Pionniers* ont deux tués devant la CM 5 : le *Feldwebel* Stege et le *Gefreiter* Schultz. Six blessés dont l'*Oberleutnant* Holland ont été évacués. Les cavaliers de von Holtey ont perdu quatre tués, dont le *Feldwebel* Stephan, et six blessés lors du franchissement de la Moselle.

RN4

la Meurthe

258e ID

St-Nicolas-de-Port

Seichamps

I/160e RIF

II/160e RIF

I/162e RIF

II/162e RIF

Essey

Jarville

Vandœuvre

la Moselle

212e ID

Frouard

NANCY

Malzéville

Laxou

grpt von Scheele

II/167e RIF

Pompey

Liverdun

canal de la Marne au Rhin

la Moselle

Aingeray

I/167e RIF

Neuves-Maisons

I/168e RIF

Pont-St-Vincent

Avrainville

Villey-St-Etienne

Poste de Velaine

42e CA

Toul

RN4

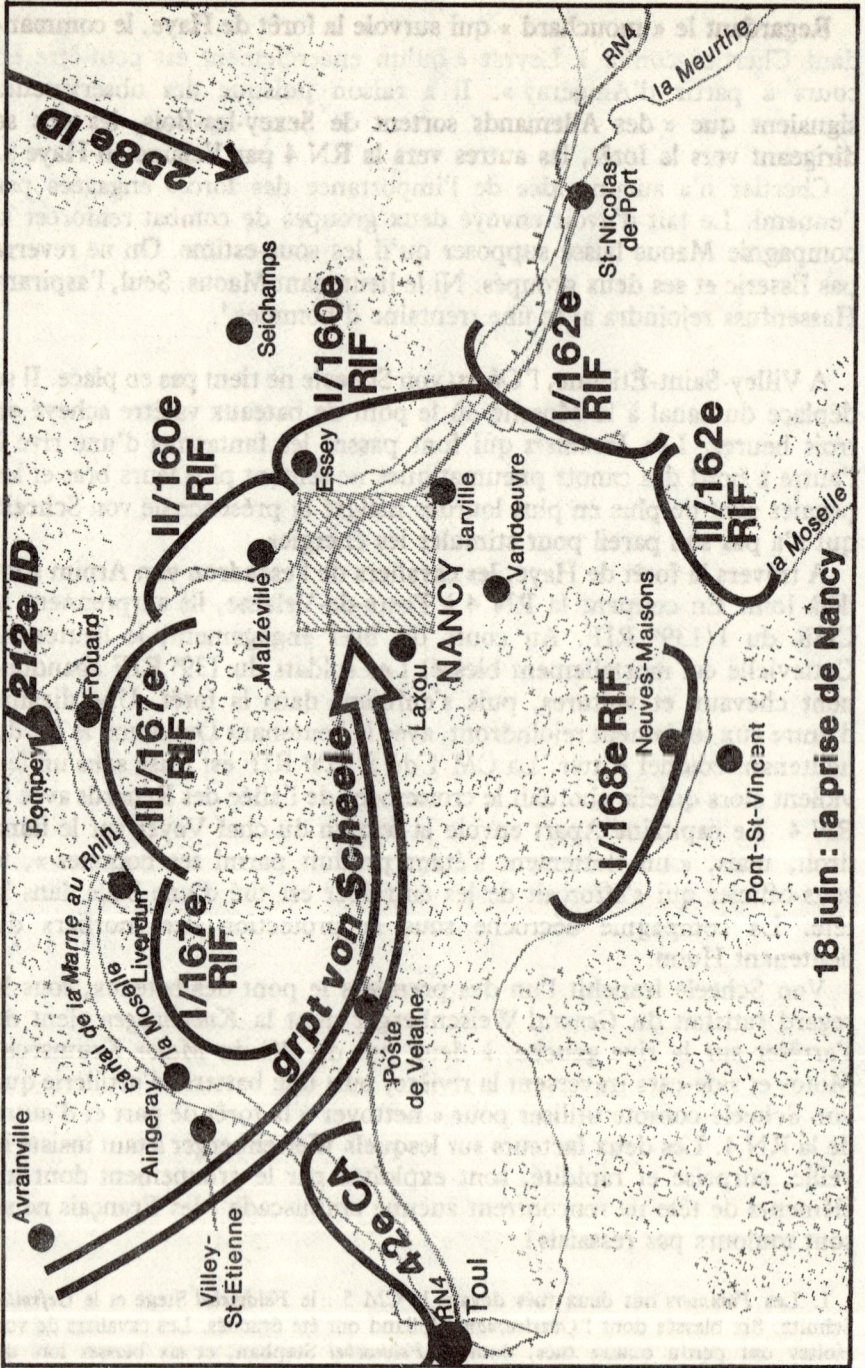

18 juin : la prise de Nancy

A l'*Aufsklärungs Abteilung* de von Holtey, le peloton Ohlsen est en tête et bouscule la compagnie de commandement du 167ᵉ RIF en traversant Laxou. Ohlsen est le premier à entrer dans Nancy et il n'est pas long à trouver le chemin de la place Stanislas.

« A 14 h 08, écrit le *Major* von Holtey, le *Leutnant* Mooyer et l'*Obergefreiter* Hoyer hissaient le pavillon de guerre du Reich au balcon de l'hôtel de ville, tandis que, sur la place, l'état-major et l'escadron rendaient les honneurs. Ce fut vraiment un grand moment ! »

Une demi-heure plus tard, l'*Oberst* von Scheele descend de sa voiture de commandement et, après avoir contemplé non seulement le « pavillon de guerre du Reich », mais la longue oriflamme à croix gammée que ses hommes déroulent sur la façade de l'hôtel de ville à partir du balcon, il fait envoyer au *General* Weisenberger, par radio et en clair, le message que celui-ci retransmettra à son supérieur, le *General* Feige, puis à Verdun, au PC de la *XVIᵉ Armee :* « Raid sur Nancy a réussi — Pertes faibles — Avons hissé drapeau sur l'hôtel de ville. »

Von Scheele apprend alors que le Dr Schmitt, maire de la ville, se trouve dans son bureau. Les deux hommes se rencontreront sur le palier de l'escalier d'honneur et, dans le grand salon, l'Allemand apprendra au Dr Schmitt qu'il commande le « régiment » dont l'avant-garde est maintenant sur la place Stanislas et qu'il a pour consigne d'éviter destructions et pillage dans la localité. Le maire le remercie de ces bonnes intentions qui concordent d'ailleurs avec celles du commandement français puisque Nancy est « ville ouverte » et non défendue. Puis von Scheele se retire au Grand Hôtel pour y sabler le champagne avec ses officiers.

*
* *

Chez les Français, l'effet de surprise est considérable. On attendait les Allemands au nord de la ville, éventuellement par la route de Sarreguemines, et les voilà sur la place Stanislas sans qu'on sache très bien d'où ils viennent. Le capitaine Rebillé, qui appartient au 4ᵉ Bureau de l'état-major de la IIIᵉ Armée, a été envoyé à Nancy par le lieutenant-colonel Duval qui désire un état des stocks de farine. Arrivant par Tomblaine, l'officier s'arrête lorsque des habitants de la commune viennent au-devant de lui avec de grands gestes. « Les Allemands sont à Nancy ! » lui disent-ils. Rebillé ne les croit pas : les civils voient la 5ᵉ Colonne et l'ennemi partout où ils ne sont pas ! Un peu plus loin, il aperçoit des cavaliers sur une place, très en ordre, alignés comme à l'exercice, et ce sens de la discipline l'impressionne jusqu'au moment où il s'aperçoit que ce sont des Allemands. Les habitants de Tomblaine avaient raison.

« Demi-tour en vitesse et filons ! » dit-il à son chauffeur. Celui-ci effectue d'abord une marche arrière rapide..., ce qui provoque une collision avec un motocycliste en *feldgrau* qui suivait le véhicule. La voiture a un pneu crevé, mais cela ne l'empêche pas de rouler en direction de Jarville où le chauffeur changera la roue dans un temps record avant de reprendre la route de Gérardmer[1].

Deux autres officiers, le capitaine Oherne et le lieutenant Betbéder, appartenant tous les deux à l'état-major du général Besse, courent un plus grand danger que Rebillé, car ils se trouvent au lycée Poincaré, où ils viennent d'être reçus par le lieutenant-colonel Béchet, du 423e Pionniers.

« Nous devions lui faire part des dispositions prises pour que Nancy fût considérée comme ville ouverte, se souvient Betbéder. Pendant que nous étions dans son bureau, les plantons nous ont alertés en nous disant que " les Allemands circulaient dans la ville ". J'ai aperçu des blindés légers, des motocyclistes et, comme Nancy n'était pas complètement occupée, nous avons eu la chance, Oherne et moi, de pouvoir quitter la ville[2]. »

« Les Allemands sont à Nancy ! » La petite phrase se propage dans la banlieue et l'on signale, ici et là, des réactions proches de la panique. A Saint-Nicolas-de-Port, qui est pourtant à douze kilomètres au sud-est du chef-lieu, les réfugiés s'affolent et s'enfuient dans tous les sens. Devant ce spectacle, les sapeurs chargés de la destruction du pont du canal perdent le contrôle de leurs nerfs et actionnent la mise à feu. Il faudra toute l'autorité du capitaine de Mangoux et du sous-lieutenant Souchon, tous les deux du 30e BCC, pour rétablir l'ordre et empêcher les sapeurs de faire sauter le pont de la Meurthe.

A Tomblaine, au PC du 160e RIF, le lieutenant-colonel Bouet apprend vers 14 heures, par un agent de liaison, que le lieutenant Vincienne, de la 1re compagnie, vient d'intercepter un motocycliste allemand qui venait de la direction de Château-Salins. Bouet en conclut que la prise de contact va s'effectuer de ce côté et non sur la route de Pont-à-Mousson, comme il le croyait. C'est alors qu'un autre agent de liaison lui jette d'un seul trait : « Mon colonel, les Allemands sont à Nancy ! »

Sur le moment, Bouet hésite... Il ne comprend pas. Plusieurs officiers entrent dans son bureau et confirment la nouvelle. Magherini, Calmettes, Belland, Raynaud, tous insistent : il faut se replier sur-le-champ derrière la Meurthe. C'est ce que va faire Bouet qui abandonne l'école de Tomblaine et, par Varangéville, rejoint Ville-en-Vermois où le retrou-

1. Le capitaine Rebillé s'arrêtera au PC du 6e corps, à Gerbéviller, où il racontera sa mésaventure au lieutenant-colonel Vigneron, sous-chef d'état-major, qui refusera de croire que les Allemands sont à Nancy.
2. Lettre du 18 février 1969 adressée par M. Betbéder-Matibet à l'auteur. Retiré à Grenoble, le colonel Oherne a bien voulu confirmer ces propos.

veront dans la soirée le capitaine Majou et la compagnie de commandement.

Les deux bataillons du 160e RIF en position au nord et à l'est de Nancy ont peu de chance de sortir du piège tendu par les unités de von Scheele. Ni le commandant Barlam ni le capitaine Pacaud ne comprennent comment les Allemands peuvent se trouver DERRIÈRE eux ! Pacaud et ses officiers, le capitaine Masset, les lieutenants Rodary et Schneider, le sous-lieutenant Dubayle sont faits prisonniers. A la 6e compagnie, qui tient imperturbablement la route de Pont-à-Mousson, le capitaine Ponteix a reçu à 14 h 15 un message — qui sera le dernier — du capitaine Pacaud : « Gouvernement français a déclaré Nancy ville ouverte — Mouvement sur Ville-en-Vermois — Exécution immédiate. »

Le mouvement de repli qui pouvait — qui devait — être effectué la veille, puisque la décision de ne pas défendre Nancy était prise, est ordonné avec plus de vingt-quatre heures de retard, au moment où von Holtey fait hisser « le pavillon de guerre du Reich » sur l'hôtel de ville de Nancy. Dès que la 6e compagnie est regroupée, Ponteix donne l'ordre de départ et la colonne traverse la banlieue est du nord au sud. A Malzéville, l'adjoint au maire et le garde champêtre font savoir au capitaine « que deux compagnies du 160e RIF ont été désarmées et que la notion de ville ouverte s'étend à Malzéville ». Ponteix a l'impression d'être tombé dans un guet-apens. Pourquoi l'avoir laissé si longtemps sur sa position pour défendre des localités qui se disent « villes ouvertes » ? Le maire adjoint de Tomblaine emploie le même langage et ajoute « qu'il ne peut pas aider les militaires ». Sachant les Allemands à Nancy et ignorant où se trouvent leurs avant-postes, Ponteix fait saboter le matériel et fractionne sa compagnie en petits groupes. « Que chacun tente sa chance ! » dit-il avant de serrer la main de ses gradés. Il part lui-même avec une dizaine de soldats et ses trois officiers, Bour, Hermann et Boulay, avec lesquels il réussira à échapper à l'ennemi[1].

La 3e compagnie stationnant à Saulxures-lès-Nancy, beaucoup plus à l'est, le capitaine Jouandet réussit à décrocher après un bref engagement et, recueillant au passage la 1re compagnie du lieutenant Jaeger, traverse Laneuveville-devant-Nancy où le I/162e RIF du capitaine Levesque est en position. Canons de 25 et mitrailleuses surveillent les deux points sensibles : au nord, les ponts du canal de la Marne au Rhin et de la Meurthe ; à l'ouest, l'écluse et le pont du canal de l'Est. Le maire de Laneuveville est venu prier Levesque de « reporter sa résistance plus en arrière, en raison du nombre important de réfugiés hébergés par la commune ». Le commandant du I/162e RIF lui a opposé une fin de

—————

1. Un mois plus tard, jour pour jour, le capitaine Ponteix et ses compagnons se réfugieront en Suisse.

non-recevoir, car il n'est pas seul et fait partie du front établi par la division Besse au sud-est de Nancy. Le maire effectuera une démarche semblable auprès du capitaine Gaudy, du III/160e RIF, qui lui donnera la même réponse que Levesque.

Vers 15 heures, deux motocyclistes allemands précédant trois automitrailleuses et des camions arrivent de Nancy par l'ouest. Le lieutenant Basselier fait ouvrir le feu. Le canon de 25 du caporal-chef Meurville tire sur la petite colonne, qui s'arrête.

« Lorsque l'ennemi s'est présenté devant le pont du canal, écrit Levesque, notre tir lui a démoli cinq ou six véhicules, puis la ville a été soumise à un bombardement d'obus de petit calibre. Mais les Allemands n'ont pas insisté et se sont retirés dans la soirée [1]. »

Sur la Moselle, au sud de Nancy, le commandant Juillaguet a été prévenu vers 10 heures par le lieutenant Grand, de la CM 1, « qu'une CHR du 139e RIF venait d'être surprise par les Allemands, à Poste-de-Velaine ». Le commandant du I/168e RIF, qui, depuis Neuves-Maisons, fait face au sud-ouest, n'est pas long à comprendre que c'est dans son dos que la bataille risque de s'allumer. Son devoir est tout tracé : le bataillon doit passer sur la rive gauche de la Moselle et faire face au nord : « Je n'ai plus de liaison avec le lieutenant-colonel Planet ! » ajoute Juillaguet qui ignore que son supérieur a été fait prisonnier, s'est évadé et se terre maintenant dans la forêt de Haye avec le lieutenant Schmitt. Il faudra encore trois heures au commandant du I/168e RIF pour être autorisé par le général Poisot à traverser la rivière.

L'*Oberst* von Scheele n'est pas satisfait : le maire de Nancy, le Dr Schmitt, lui a donné l'assurance que la cité est considérée comme ville ouverte par les autorités militaires françaises, et cependant les unités allemandes se heurtent, dans la banlieue est comme dans la banlieue ouest, à des résistances isolées. La notion de « ville ouverte » est-elle élastique ? Un document a-t-il précisé qu'il s'agissait de Nancy-ville et que des communes périphériques telles que Laxou, Vandœuvre, Tomblaine ou Essey-lès-Nancy se trouvent dans la zone des combats ? Personne n'en a connaissance et von Scheele entend clarifier la situation. D'autant qu'on vient de lui rendre compte que la 3e compagnie de *Pionniers* du *Bataillon 158* a perdu six tués et trois blessés devant Laneuveville où elle a laissé deux camions, un tracteur et une moto détruits par les armes du I/162e RIF.

« Amenez-moi immédiatement le responsable militaire de Nancy ! » ordonne von Scheele à son *Adjutant*, l'*Oberleutnant* Ilse.

Un peu plus tard, le lieutenant-colonel Béchet, qui vient d'être fait

---

1. Lettre du 22 janvier 1968 adressée par M. Jacques Levesque à l'auteur.

prisonnier au lycée Poincaré, descend du panier d'un side-car. Se présente-t-il en tant que chef de corps du 423ᵉ Pionniers ou comme responsable de la place de Nancy ? Il ne le précise pas dans son rapport, mais, dans les archives de la *71ᵉ ID,* il est désigné sous le terme de « commandant de la Place ». Béchet parle allemand et c'est dans cette langue qu'il s'entretient avec von Scheele.

« Il me fait savoir, dit-il, que, pour tout soldat allemand tué ou blessé, il fera fusiller trois Français. Toujours la même aménité chez ces gens-là ! »

Von Scheele proteste évidemment contre la violation des déclarations françaises concernant Nancy, ville ouverte. Il parle des résistances rencontrées par ses hommes et de la fusillade qui se poursuit dans les quartiers périphériques.

« Quelques incidents se sont produits, admet Béchet dans son rapport. Des détachements français, traversant la ville et ignorant que Nancy était ville ouverte, ont échangé des coups de feu avec les Allemands en se retirant. J'en ignore les conséquences. »

Béchet commence à s'enferrer. Aucun détachement français traversant Nancy n'a échangé des coups de feu avec les forces allemandes. Des combats se poursuivent, mais dans les communes de banlieue. Et Béchet ne peut en ignorer les conséquences — comme il le prétend —, car von Scheele va exiger sa coopération pour mettre fin à la fusillade. Revenons au rapport de Béchet : « Demeuré seul sur la place Stanislas, écrit-il, au milieu des troupes alors que le colonel s'installe avec les siens dans un restaurant voisin, je reçois quelques instants plus tard de ce même colonel la proposition suivante transmise par un de ses officiers : " Puisque vous connaissez l'allemand, voulez-vous servir d'intermédiaire avec les autorités françaises ? " »

En termes à peine voilés, on lui demande de se rendre sur les lieux des combats et d'amener les unités françaises qui résistent à déposer les armes. Commentaire indigné de Béchet : « Je réponds aussitôt " non " : je considère mon rôle comme terminé et je vous demande de me faire rejoindre les officiers déjà prisonniers. »

Le commandant de la place de Nancy achève en effet son rapport en indiquant qu'il est conduit à la caserne Thiry et deux jours plus tard à la Malgrange d'où il partira le 25 août pour l'*Oflag VI-D* à Münster.

La version allemande est différente et, selon les archives de la 71ᵉ ID, Béchet a bel et bien accepté de collaborer avec l'occupant. Accompagné de l'*Oberleutnant* Heinz Ilse, du *IR 191,* il est allé dans les faubourgs de Nancy apporter l'ordre de cessez-le-feu aux unités qui refusaient de se rendre.

A Laxou, la CHR du III/167e RIF s'est enfermée dans l'hospice Sainte-Anne d'où elle ouvre le feu vers 14 heures sur une colonne allemande qui empruntait la rue Anatole-France.

« Vers 16 heures, écrit le capitaine Dufour, arrive le commissaire de police ceint de son écharpe (*sic*). Il fait savoir que Nancy étant ville ouverte, je dois cesser toute résistance[1]. »

Dufour ne s'en laisse pas imposer et répond qu'il ne cessera le feu que sur l'ordre d'un supérieur hiérarchique. A condition que l'ennemi reste sur ses positions, il s'engage à suspendre ses tirs pendant vingt minutes. Si aucun ordre ne lui a été apporté lorsque le délai sera écoulé, il reprendra le combat. Les deux policiers savent sans doute où s'adresser, car, « vingt minutes plus tard, rapporte Dufour, le lieutenant-colonel Béchet, du 423e Pionniers, commandant d'armes de la ville de Nancy, me donne l'ordre de cesser le feu, et c'est à regret[2], des larmes plein les yeux, que nos hommes brisent leurs armes. Nous sommes conduits à la caserne Blandan ».

La compagnie a eu un tué et deux blessés, Lallemand et Verbruggen, qui sont évacués sur l'hôpital Sédillot. Le lieutenant Leroy, qui n'était pas à l'hospice Sainte-Anne, rencontre les Allemands dans une rue voisine, fait demi-tour et, après avoir déchargé son pistolet sur ses poursuivants, traverse Villers-lès-Nancy où il retrouve le sous-lieutenant Lanfranchi, officier de transmission du 167e RIF. Les deux officiers rejoindront le capitaine Murez et la CHR du II/167e RIF sur la rive sud de la Moselle.

Après avoir sévi à l'ouest de Nancy, le lieutenant-colonel Béchet va poursuivre ses activités dans la banlieue est où la 1re compagnie du I/160e RIF se bat à Essey. Lorsque les Allemands ont fait leur apparition dans la rue principale, vers 15 heures, la section Feuvrier a ouvert le feu et, curieusement, l'ennemi s'est installé sur la défensive.

« Au bout de dix à quinze minutes, note le lieutenant Vincienne, le lieutenant Plagnieux et l'aspirant Feuvrier voient accourir vers eux un officier français accompagné d'un drapeau blanc, qui crie de cesser le feu. C'est le lieutenant-colonel Béchet, du 423e Pionniers et commandant la place de Nancy. Au lieutenant Plagnieux qui s'est avancé vers lui après avoir suspendu le tir, il dit : " Mais vous êtes fou ! Vous ne savez donc pas que Nancy est ville ouverte depuis 10 heures du matin. Il est interdit de s'y battre, faubourgs compris. " »

Encore une fois, ces deux derniers mots ne figurent sur aucun document. D'autre part, cessant le feu dans ces conditions, la compa-

---

1. Ce n'est pas le commissaire de police qui est venu trouver le capitaine Dufour, mais M. Blandin, chef de la Sûreté, accompagné de l'inspecteur Polet.
2. Le capitaine Dufour pouvait alléguer qu'il n'avait pas d'ordre à recevoir d'un officier prisonnier.

gnie Plagnieux devrait être autorisée à se replier vers les lignes françaises, au sud de la Meurthe, et Béchet pourrait tenter de négocier l'affaire avec l'*Oberleutnant* Ilse. Or, pendant que les conversations se prolongent, les fantassins allemands manœuvrent de manière à encercler la 1re compagnie du I/160e RIF. Soudain, des rafales sont tirées sur la route de Château-Salins : le sous-lieutenant Waraux a ouvert le feu sur des side-cars et une voiture. Les sides effectuent leur demi-tour sur place et repartent vers le nord-est, tandis que la voiture, moins manœuvrière, reste sur la chaussée, ses occupants fuyant à travers champs. Avec quelques voltigeurs, le sous-lieutenant Paulin se lance à leur poursuite et capture un *Hauptmann.* La prise est belle, mais... Béchet intervient de nouveau.

« Le *Hauptmann* doit être immédiatement relâché, dit encore Vincienne, et il serre la main de l'officier qui commande l'autre détachement. C'est le premier contact entre les troupes allemandes venant de la Sarre et celles qui nous ont tournés par Verdun[1]. »

A la préfecture de Nancy, M. Bosney a pu avoir une dernière conversation téléphonique avec le PC de la IIIe armée, et c'est d'une voix fêlée par l'émotion qu'il a terminé par ces mots : « Les Allemands défilent sous mes fenêtres ! »

Une demi-heure plus tard, un motocycliste du *IR 191* amène un agent de police qui annonce au préfet qu'il doit « rejoindre ces messieurs dans le grand salon de l'hôtel de ville ». Accompagné du sous-préfet de Briey, M. Jean Schmidt, qui assume les fonctions de secrétaire général de la préfecture de Nancy[2], M. Bosney se rend « à l'invitation ». Se trouvent à la mairie, outre le Dr Schmitt, MM. Vilgrain et Derobe, appartenant tous les deux à la chambre de commerce, et le *Major* Ludwig, qui se dit chef des services économiques de la *XVIe Armee.* Ce *Major* exige un rétablissement rapide des services publics : électricité, eau, gaz, téléphone, communications, etc. Le préfet conserve ses pouvoirs d'administrateur, « à condition qu'il se comporte loyalement avec les troupes d'occupation et réprime toute opération de sabotage ». La conversation est traduite par le sous-préfet Schmidt qui a une solide connaissance de la langue allemande[3].

1. Le lieutenant Vincienne souligne que son rapport a été établi après la guerre avec l'accord de son ancien commandant de compagnie, l'abbé Plagnieux, alors curé de Mondelange (Moselle).
2. M. Lambert, secrétaire général en titre, et M. Chatonet, sous-préfet de Lunéville, tous les deux officiers de réserve, ont reçu l'ordre de rejoindre Dijon le 14 juin ; M. Andréani assure l'intérim à Lunéville.
3. Dans un rapport inédit, Schmidt, ancien saint-cyrien de la promotion *La Croix du Drapeau* (1913-1914), ne tarit pas d'éloges sur l'occupant. « L'attitude de tous les

Dans tous les services qui dépendent de l'administration préfectorale, le travail ne manque pas. Le téléphone ne fonctionne qu'en zone urbaine, le télégraphe est muet et les destructions d'ouvrages d'art ont été si nombreuses au cours du repli de l'armée française que, pendant dix jours, aucun train ne partira de Nancy. Quant à la sécurité des biens et des personnes, M. Bosney indique au *Major* Ludwig qu'il dispose d'une vingtaine de gendarmes sur un effectif initial de 323. Le plus grave est peut-être l'absence de fonds qui va obliger la ville de Nancy, la chambre de commerce et le département à émettre pour 20 millions de papier-monnaie. Heureusement, le directeur de la Banque de France, et son encaisse (200 millions) n'ayant pu rejoindre le midi de la France avant le passage du groupement Guderian, reviendra à Nancy et, avec l'accord des Allemands, mettra ses fonds à la disposition de la Trésorerie générale. Une vie (presque) normale reprendra à Nancy, mais M. Bosney n'exercera ses fonctions que jusqu'au 20 septembre, cédant la place à M. Daudonnet, préfet délégué ; M. Schmidt, qui « a été reçu par le *Feldmarschall* von Witzleben et salué par lui comme un camarade-soldat », devenant préfet régional pour la Meurthe-et-Moselle, la Meuse et les Vosges [1].

Les deux bataillons du 167e RIF isolés entre la lisière nord de la forêt de Haye et la Moselle sont perdus. Faute d'avoir été habitués à prendre des initiatives, leurs commandants restent passivement sur la position de couverture qui leur a été fixée. A Frouard, le PC du commandant Brousse est relié par radio à celui de Chertier au château de La Flie, et Chertier a été informé vers 16 h 30 par son voisin que « les Allemands sont à Nancy ! ».

A 18 h 30, le lieutenant Autin apporte un message écrit à Chertier : « Nancy occupée. Renseignement confirmé par un motocycliste de liaison habillé en civil [2] qui a pu nous rejoindre. Il est possible que le colonel [Planet] soit tombé aux mains de l'ennemi. Que pensez-vous faire ? »

membres de l'armée, dit-il, est rigoureusement exempte d'insolence, de forfanterie ou de vantardise, et l'on peut dire : pleine de tact sur les sujets qui peuvent blesser l'amour-propre national. »

1. Grand invalide de guerre, Schmidt entrera dans le camp de la collaboration et l'on trouve dans ses rapports des phrases comme celles-ci : « Les mesures édictées contre les Juifs sont bien vues par la majorité de la population. » Recrutement de main-d'œuvre féminine pour l'Allemagne, fin 1940 : « Environ 200 femmes sont parties, toutes volontaires. » Novembre 41 : « Les condamnations prononcées par la section spéciale de la cour d'appel de Nancy (...) ne manqueront pas d'avoir les meilleures répercussions », etc.

2. Si le motocycliste avait été intercepté, il eût été considéré comme franc-tireur et sans doute passé par les armes.

Brousse suggère de décrocher en direction du sud en traversant la banlieue est de Nancy. Il suppose que les Allemands ne sont pas encore en force. Chertier refuse, il préfère se défendre sur place. Brousse renonce à percer seul vers la Meurthe et livre un baroud d'honneur au cours duquel le III/167ᵉ RIF enregistre quatre tués : Boudet et Bach (celui-ci du 155ᵉ RIF), le caporal Chevalier et le caporal-chef Le Guinnec. Grièvement atteints, Danchez et le lieutenant Boutignon mourront à l'hôpital de Verdun. On compte environ quarante blessés parmi lesquels deux caporaux-chefs, Baesse et Tillier, le sergent Lechautre, le chef Bouard et l'adjudant-chef Sevelingue qui a reçu une balle dans la tête. L'honneur est sauf et le bataillon se rendra dans la matinée du mercredi 19 juin. Le lieutenant Mabille du Chesne, qui s'est intégré à la défense avec son équipage de la casemate de *Guerlette* (155ᵉ RIF), raconte la scène : « Vers 6 heures du matin, j'aperçois un soldat français qui agite un chiffon blanc au milieu de la rue principale de Frouard. Quelques instants plus tard, les Allemands arrivent et nous font prisonniers avec armes et bagages. »

Le commandant Brousse confirme dans son rapport : « Après un combat de rues, le bataillon, sur mon ordre, dépose les armes. » A la CM 9, le lieutenant Pierret ajoute : « Le PC est pris à 5 h 30. » Personne ne prend l'initiative de faire détruire l'armement et les véhicules. Comme le souligne Mabille du Chesne, le III/167ᵉ RIF est capturé « avec armes et bagages ».

Dans l'après-midi, le bataillon Chertier est attaqué par la compagnie de *Pionniers* d'assaut du *Hauptmann* Grothe qui a traversé la Moselle la veille devant Aingeray. Là aussi, c'est le baroud d'honneur : outre Jouaud, tué le 18 juin, on relèvera parmi les morts le caporal-chef Dutripon, Bur et Fournier. Grièvement blessé, Maltot ne survivra pas.

Lorsque le commandant Chertier décide de se rendre, il doit envoyer le capitaine Leyrat auprès de deux sous-lieutenants, Bailly et Sauvage, qui refusent de cesser le feu. Le sens de la discipline a prévalu et le compte rendu du *Hauptmann* Grothe nous livre le détail de son butin : une pièce de 75, cinq canons de 25, sept chenillettes, neuf mitrailleuses et de nombreux FM, des mortiers, fusils, pistolets, tout le stock de munitions, des camionnettes, des cuisines roulantes et vingt chevaux.

« L'équipement complet d'un bataillon sur le pied de guerre ! » s'émerveille Grothe.

QUATRIÈME PARTIE

La bataille

CHAPITRE XVIII

« La situation s'aggrave
sur le canal ! »

Sur le canal de la Marne au Rhin, la bataille du 18 juin va se livrer entre Maixe et Arzviller, sur un front d'environ soixante kilomètres. Les forces en présence semblent pour une fois s'équilibrer puisque sept divisions se trouvent dans chaque camp. La réalité est différente. Sans parler de leur fatigue, les troupes françaises ont des effectifs et du matériel qui ont toujours été au-dessous des tableaux théoriques. En outre, les combats d'arrière-garde livrés par le 20ᵉ corps du général Hubert entre le 15 et le 17 juin lui ont coûté la valeur de sept bataillons d'infanterie, ce qui est considérable. Chez les Allemands, au contraire, chaque division a reçu, en plus de ses unités organiques, un ou deux régiments de renforcement. Dans l'artillerie, on verra des groupes lourds motorisés passer d'une division à une autre selon les besoins. L'approvisionnement en munitions est largement calculé, alors que chez les Français l'économie est de rigueur, les régiments ne disposant que des munitions emportées au départ de la ligne Maginot.

Dernier facteur : le moral. Il est au plus bas chez les Français qui ont eu connaissance de l'allocution radiodiffusée du maréchal Pétain (« c'est le cœur serré que je vous dis aujourd'hui qu'il faut cesser le combat ») et plus particulièrement dans les états-majors. Comme l'écrira le commandant Grinsard, du 20ᵉ corps : « Personne ne veut être le dernier tué de la dernière bataille. » Dans le camp allemand, la demande d'armistice formulée par Pétain a provoqué d'abord un certain flottement, chacun supposant que le cessez-le-feu allait sonner d'une heure à l'autre. Au XXXᵉ *Armee Korps* du *General* Hartmann, un message reçu du PC de la Iʳᵉ *Armee* le 17 juin à 14 h 45 indique que la nouvelle selon laquelle « Pétain a demandé la paix n'est pas confirmée. L'état-major de la Iʳᵉ *Armee* estime que les attaques ultérieures ne doivent pas coûter de grosses pertes. (Ne pas transmettre cette directive aux divisions.) »

Les généraux subalternes n'ont pas besoin de connaître l'opinion de von Witzleben pour freiner les attaques en cours ou ralentir la poursuite des unités françaises en retraite sans chercher à les engager. Personne ne voit d'intérêt à enregistrer « les derniers tués de la dernière bataille ». Toutefois, le... flottement est de courte durée, car, dans la soirée du 17 juin, un « *Führerbefehl* » (« ordre du *Führer* ») est transmis à toutes les unités. Dans ce document, le chancelier Hitler reconnaît en effet que la France a sollicité un armistice, mais « qu'il rendra sa réponse après avoir pris contact avec le *Duce* de l'Italie fasciste ». Et il ajoute, ce qui met fin à toutes les hésitations : « Les opérations de la *Wehrmacht* doivent continuer dans une poursuite sans répit de l'ennemi battu et c'est une question d'honneur pour l'armée de terre de prendre possession aussitôt que possible des anciennes terres d'Empire allemandes jusqu'à la ligne Verdun, Toul et Belfort, des ports militaires de Brest et de Cherbourg et usines d'armement du Creusot. »

Le chancelier Hitler l'ayant décidé, la *I*re *Armee* de von Witzleben va livrer sur le canal de la Marne au Rhin sa dernière bataille contre l'armée française. Le mardi 18 juin 1940.

*
* *

« Le jour se lève, très beau, mais le brouillard de la nuit ne se dissipe pas et persiste, recouvrant le canal et la vallée », observe le lieutenant-colonel Combet, du 37e RIF, avant de nous apporter cette précision : « Dès 3 h 30, les premiers tirs d'artillerie se déclenchent, s'intensifient et gagnent en violence sur tout le front du régiment. Les hommes sont bien enterrés, mais subissent des pertes. »

Devant le 43e corps du général Lescanne, la bataille s'engage et l'on prévoit déjà que l'adversaire portera son effort sur la division Chastanet qui est à gauche, et sans doute sur le 37e RIF, encadré vers Gondrexange par le 153e RIF et à droite par le 166e RIF. Le régiment a deux bataillons en première ligne, dans la vallée envahie par le brouillard où coule le canal. Le II/37e RIF du commandant Laender est derrière Héming, le Ier bataillon du commandant Sibert derrière Xouaxange. Avare de ses munitions, l'artillerie française ne répond pas à la provocation de l'ennemi. Le lieutenant-colonel Souben, du 59e RAMF, a donné l'ordre de ne tirer que sur des objectifs précis[1].

A Lorquin, situé à près de cinq kilomètres au sud du canal, le commandant Féraud a installé le PC du III/37e RIF dans une maison de la périphérie nord. Ses deux compagnies de mitrailleuses tiennent la ligne d'arrêt sur le second mouvement de terrain au sud du canal. Féraud est en liaison constante avec le PC du régiment dont les officiers

1. Le groupe Friedel appuie le 166e RIF et le I/37e RIF, le groupe Allex appuie le 153e RIF et le II/37e RIF, et le groupe Clerc assure à la fois l'action d'ensemble et l'appui du 37e RIF.

Nappe de brouillard devant le 37e RIF le 18 au matin

(d'après un dessin de M. Coffinier)

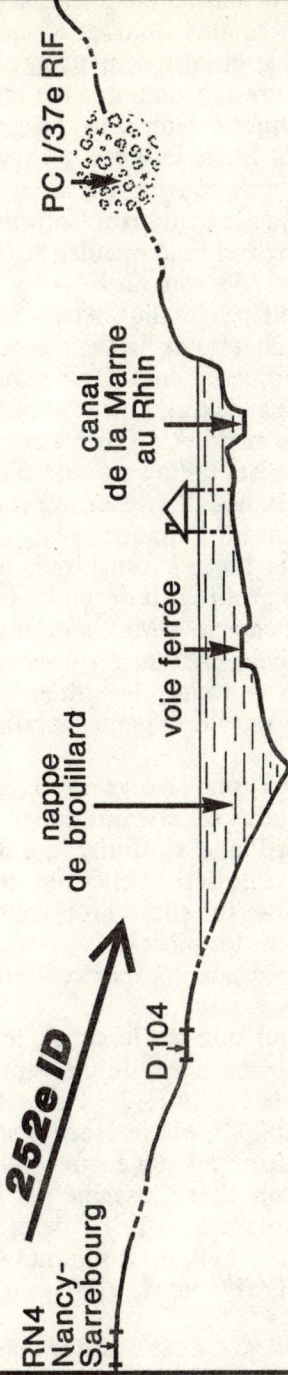

PC I/37e RIF

canal
de la Marne
au Rhin

voie ferrée

252e ID

nappe
de brouillard

D 104

RN4
Nancy-
Sarrebourg

ont pris possession de la mairie. Ou plus exactement du premier étage de celle-ci. Le lieutenant-colonel Combet n'hésitera pas à faire abriter son personnel à la cave si le bombardement l'y oblige, mais « en attendant, dit-il, restons dans notre pigeonnier. Si la tête du régiment se terre, on en déduira que les risques à venir sont très gros. Alors, pas d'hésitation, nous demeurons à l'air libre, le moral y gagnera en calme tranquille ».

En première ligne, malgré le grondement de l'artillerie allemande, le calme est relatif puisque le lieutenant Coffinier, qui a passé la nuit dans la cabane d'un potager, « entend miauler des balles ». Il se lève, se coiffe de son casque et sort de son abri : « Le jour pointe, mais... quel brouillard ! On n'y voit pas à cinq mètres. »

Il marche jusqu'au chemin de halage en contrebas duquel son premier groupe a creusé ses emplacements. On ne voit pas la rive nord, mais on entend parler les Allemands qui, sans se gêner, s'expriment à haute voix.

« Que disent-ils ? demande Coffinier à ses soldats lorrains.

— Ils attendent la distribution du café d'un instant à l'autre.

— Intéressant ! Cela nous laisse un répit d'un quart d'heure, peut-être une demi-heure, avant l'attaque. »

A pas lents, l'officier longe le canal, puis monte vers la carrière où se trouve un autre de ses groupes. Il découvre le ciel bleu en émergeant du brouillard au flanc du coteau. « Mes hommes sont au fond de leur trou, écrit-il. Certains dorment encore, d'autres sont allés chercher le café ; des balles sifflent dans toutes les directions. Par vagues espacées, l'infanterie allemande dévale la pente opposée et je la vois disparaître dans le brouillard [1]. »

Une idée s'impose : sur la rive nord, l'adversaire rassemble ses fantassins derrière le talus du chemin de fer.

« Hausse 800 ! » ordonne Coffinier qui fait ouvrir le feu par ses mitrailleuses. A peine celles-ci ont-elles tiré trois ou quatre bandes qu'un premier fusant éclate devant elles. Trop court ! Un deuxième fait voler terre et cailloux derrière les pièces.

« L'arrosage de la position commence ! » note l'officier.

Derrière la crête qui domine le canal, le hameau de Neufmoulins semble endormi, mais ce n'est qu'une apparence. Le commandant Laender a décidé que le PC du II/37e RIF serait à l'abri dans la cave de l'agence postale où vit Mme Marie Horny, son fils Robert, âgé de dix-neuf ans, et son beau-père octogénaire. Au premier coup de canon, l'état-major du bataillon s'est renseigné par la ligne téléphonique tirée jusqu'à la rive sud du canal. « Je ne peux rien dire, a commenté le lieutenant Picard, de la CM 6, nous sommes dans un épais brouillard et on ne voit même pas la rive nord. »

1. Correspondance de M. André Coffinier avec l'auteur.

L'artillerie allemande bombarde maintenant tout le sous-secteur et, à Neufmoulins, le sous-lieutenant Duchêne s'interroge : « On a l'impression de subir deux tirs différents, l'un sur notre première ligne, au sud du canal, l'autre, plus long, sur le PC qui est très encadré. »

A cent mètres de là, la maison où le médecin-lieutenant Chaize a installé le poste de secours reçoit deux obus de la même salve. Pleurant de frayeur, des femmes traversent la route avec leurs enfants et se réfugient dans la cave de l'agence postale. « C'est la plus solide ! » explique Mme Horny. Le personnel du PC du II/37e RIF et les soldats de la compagnie du capitaine Longuet se terrent dans les abris aménagés la veille.

Le capitaine Joyet, de la CM 2, s'est enfermé dans la maison du forgeron Louis Douillot, à cinquante mètres de la route de Lorquin, sur la rive sud du canal. Joyet n'est pas satisfait, car le front de sa compagnie est trop étendu. Les deux sections qui étaient, la veille, dans les maisons de Xouaxange, sur la rive nord, ont été ramenées sur l'étrange radeau confectionné par les soldats du lieutenant Coffinier, mais Joyet ne les a pas récupérées : le lieutenant Borie a été envoyé sur la gauche du Ier bataillon et la section Mittelbronn a été placée en réserve de bataillon « pour une contre-attaque éventuelle ». C'est maintenant, à l'heure de la bataille, que les sept sections de voltigeurs, laissées par ordre sur la ligne Maginot, vont faire défaut au 37e RIF[1]. Et Joyet se pose la question : comment défendre la rive sud sur deux kilomètres avec seulement cinq sections ? Pour l'instant, les observateurs camouflés sur la crête signalent que sur l'autre versant, au nord du canal, des centaines de fantassins allemands descendent des camions arrêtés sur la route de Sarrebourg et, en formation diluée, s'enfoncent dans le brouillard.

« Mes hommes gardent leurs munitions pour le combat rapproché, explique Joyet, mais je me demande pourquoi notre artillerie reste muette ? »

Les artilleurs, qui ne savent pas si leur dotation sera recomplétée, préfèrent sans doute attendre l'assaut pour intervenir[2]. A Xouaxange, lorsque le brouillard se lève, des soldats ennemis apparaissent aux fenêtres des maisons, sur la rive nord.

« Tirés à moins de trente mètres par des hommes de sang-froid, commente Joyet, tous nos coups de feu portent... »

La riposte s'effectue d'abord au pistolet-mitrailleur, puis à l'aide

1. La même mesure a été appliquée dans les autres régiments, ce qui était inutile, les ouvrages et casemates étant capables de se défendre seuls, comme ils le prouveront jusqu'à l'armistice (voir *On a livré la ligne Maginot !*, Fayard, 1975).

2. Durant la matinée du 18 juin, le lieutenant-colonel Souben demandera de limiter la consommation d'obus de 75. Il sera cependant réapprovisionné dans l'après-midi, mais l'ennemi aura alors franchi le canal.

d'armes automatiques camouflées sur les pentes, au-dessus du village. L'artillerie elle-même semble raccourcir ses tirs et cherche à écraser les mitrailleuses françaises qui interdisent le franchissement de la ligne d'eau. Un petit avion gris fer survole la vallée, mais, en dépit des indications qu'il transmet par radio, les artilleurs allemands éprouvent quelque difficulté à placer leurs coups avec précision.

« Les premiers obus sont trop courts et tombent sur la rive nord, rapporte Joyet. L'ennemi envoie aussitôt ses fusées — un feu vert, un feu blanc — et répète ses signaux jusqu'à l'allongement du tir. »

Dans le fracas des explosions — les *minen* éclatent l'un derrière l'autre sur la rive sud —, les Français ont toujours l'impression que leur propre artillerie ne tire pas, alors que les batteries du 59e RAMF écrasent les bases de feu adverses repérées par les observateurs [1]. Dans la zone du canal, les défenseurs commencent à être impressionnés par la densité du feu ennemi.

« Nous recevons des *minen* en quantité, témoigne le caporal-chef Rodeghiero, de la section Lartigau. Aucun d'entre nous n'est encore touché, mais les éclats volent partout. Le sergent Rauscher a sa capote en charpie... »

Au sud de Héming, on aperçoit, depuis la CM 6 du lieutenant Picard, des Allemands qui portent des canots pneumatiques en direction du canal. Ils disparaissent aux vues, car, maintenant que le brouillard est levé, ce sont des obus fumigènes qui aveuglent les défenseurs de la rive sud.

« Il semble que l'ennemi glisse vers l'est, le long du canal, comme s'il cherchait le meilleur point de franchissement », estime le lieutenant-colonel Combet après avoir examiné les fiches de renseignements qui lui sont parvenues à la mairie de Lorquin. « Nos tirs accompagnent ce mouvement, mais, dès que l'adversaire atteint les abords immédiats du canal, il disparaît dans les dernières nappes de brouillard et la fumée, et nos tirs se font au jugé. »

Dissimulé depuis la veille dans la cimenterie de Héming, sur la rive nord, le dernier groupe de combat de l'aspirant Raès a profité du brouillard matinal pour traverser le canal. « Les boches grouillent de l'autre côté et dans l'usine », révèlent les hommes.

A l'arrière, le bombardement s'abat sur les chemins et les routes, gênant les liaisons, le ravitaillement en munitions et l'évacuation des blessés. De nombreux tués sont déjà signalés : Lebèque, Viardin, Obringer, Pelletier devant Héming ; Mériau, Gleiss, Roisneau, Zimmer, Baldinetti et le sergent Azoni en face de Xouaxange. Vers 8 heures, comme on pouvait s'y attendre, les liaisons téléphoniques sont interrom-

---

1. A elle seule, la 6e batterie du capitaine Marchand tirera le 18 juin le maximum autorisé : 4 000 obus.

pues entre les bataillons en ligne et le PC de Lorquin. « L'examen du fil, dira le sous-lieutenant Duchêne, montre qu'il est haché par les éclats et ne peut être réparé. » Envoyer les hommes des transmissions faire des épissures les condamnerait à une mort certaine. Les liaisons vont maintenant se faire par coureurs. Le bombardement est toujours aussi puissant et, au PC du 37e RIF, on s'interroge toujours sur les intentions de l'ennemi.

« L'attaque principale semble se porter vers l'est du sous-secteur, répète Combet, à la jonction avec le 166e RIF, mais les abords du canal sont toujours noyés dans la fumée et on ne peut savoir ce qui s'y passe. »

Le chef de corps envoie le capitaine Montérou, officier adjoint, et le capitaine Sarda observer la zone des combats depuis la crête située au nord du village. Ils repèrent deux ou trois automitrailleuses embossées à la lisière des bosquets et voient les fantassins allemands descendre vers le canal, mais il leur est impossible d'affirmer au colonel que le 37e RIF tient toujours la rive sud. A Xouaxange, dans la maison du forgeron, le capitaine Joyet a la même idée que son chef de corps : l'ennemi glisse vers la droite, à la liaison avec le 166e RIF. A l'oreille, Joyet prend conscience que la section de l'adjudant Marietti ne donne plus signe de vie. Même remarque pour celle du lieutenant Coffinier. Que s'est-il passé de leur côté ?

Dans leurs abris à peine recouverts, au fond de leurs trous individuels, les hommes du 37e RIF doivent penser à leur blockhaus construits à grand-peine au cours de l'hiver et abandonnés cinq jours plus tôt.

« On entend arriver les obus, raconte Coffinier. Je parviens même à deviner, à quelques mètres près, où se fera leur chute. L'un d'eux a un sifflement qui ne trompe pas : " C'est pour nous ! Couchez-vous ! " Le projectile éclate à moins de cinq mètres : le caporal Sagourin, serré contre mon bras, est tué. J'ai ressenti un choc violent à l'autre bras, il y a des blessés et les mitrailleuses sont comme nous, couvertes de terre et de cailloux. »

L'éclatement des 150 exerce une formidable pression sur les tympans et les soldats perdent la notion du temps. Ils ne cherchent plus à tirer, mais à se protéger du bombardement qui écrase la rive sud du canal avant de monter vers la crête.

« Quand le tir se lève, dit encore Coffinier, il ne reste que trois ou quatre hommes valides. Fayon et le sergent Collignon ont été tués, d'autres, blessés, attendent je ne sais quoi, allongés sur le sol, et toutes les armes sont détruites. »

Sans bien s'en rendre compte, Coffinier est choqué par l'explosion qui a tué Sagourin. Dorison, son ordonnance, découpe la manche de la capote et déchire la chemise : le sang jaillit « d'une plaie large comme une cuillère à soupe », ouverte par un éclat entre les deux os de l'avant-bras. Le chef Houriez pose un garrot et, une fois pansé, l'officier serre les dents, puis se met en marche vers le poste de secours. Un peu plus loin, il rencontre le lieutenant Dacher qui gagne l'arrière par ses propres moyens avec une balle dans la poitrine.

« Inutile d'aller au poste de secours, dit-il à Coffinier, le Dr Cloez et ses infirmiers ont été faits prisonniers. »

Coffinier ne peut s'empêcher de penser à Joyet, son capitaine, dont le PC se trouve à quelques maisons du PS ; aurait-il été capturé, lui aussi ?

Joyet se méfie. Dans le mur de la maison du forgeron qui ne porte aucune ouverture du côté est, il a fait ouvrir à la pioche des créneaux où sont embusqués deux fins tireurs. L'un d'eux, Thiébault, a réussi plusieurs « cartons » depuis que le brouillard s'est levé.

« Bien m'en prit, relate Joyet, car, vers neuf heures, un groupe ennemi pourvu d'armes automatiques se mit en position dans un verger de la rive SUD du canal. »

Profitant du bombardement qui a neutralisé les sections Coffinier et Marietti, les Allemands ont franchi l'obstacle, mais, au lieu d'utiliser des canots pneumatiques en prenant le risque de subir des pertes élevées, ils se sont infiltrés dans les tunnels des eaux de ruissellement qui passent SOUS le canal. Ces tunnels n'ont été ni comblés ni même piégés et les deux soldats qui avaient été affectés à chaque sortie sud avec une musette de grenades ont tous disparu pendant le bombardement. Maintenant, l'adversaire se prépare à attaquer la CM 2 sur le flanc est.

Par une fenêtre de la maison Douillot, et à condition de hurler avec les mains en porte-voix, on peut communiquer avec le lieutenant Lesme qui est enfermé dans un bâtiment isolé, de l'autre côté de la route de Lorquin. Non, Lesme n'a rien aperçu sur le canal, ni canots pneumatiques ni barques ou radeaux improvisés.

« Vers 9 h 30, rapporte Joyet, arrive à mon PC un vieil homme accompagné de sa femme et de sa fille. Ils habitent une maison voisine que les Allemands viennent d'occuper et grossissent le troupeau lamentable de femmes et d'enfants qui, dès le début de la nuit, se sont réfugiés dans mon " fortin " et m'encombrèrent pendant la bataille, refluant d'une pièce à l'autre au fur et à mesure que le combat me forçait à distraire des hommes d'un côté pour les reporter de l'autre[1]. »

On ne comprend pas pourquoi le général Lescanne, dont le 43e corps

1. « Nous étions dix-huit civils en tout avec la famille Kestler, écrit en 1968 Antoinette Jacquot, épouse du boulanger de Héming. Le PC du capitaine était dans notre salle à manger. Les soldats tiraient de toutes les issues et je revois encore les caisses de cartouches alignées dans le couloir. Pour nous, cette journée a été un cauchemar ! » Fille du forgeron, Antoinette avait quinze ans (lettre du 24 avril 1968 adressée à l'auteur).

d'armée s'est mis en place le 16 au soir sur le canal, n'a pas ordonné l'évacuation de la population ! Et aucun de ses subordonnés n'a pris cette initiative. Cependant, Joyet n'est pas mécontent, car les nouveaux arrivants lui apportent des renseignements : si les Allemands ne sont qu'une vingtaine dans leur maison, ils sont en revanche très nombreux dans les vergers qui longent la route de Lorquin. Servie par le clairon Schwartz, l'unique mitrailleuse dont dispose le commandant de la CM 2 prend justement cette route en enfilade et un assaut de ce côté est improbable. Par des actions individuelles courageuses, les soldats allemands se rapprochent pourtant de la maison et les plus audacieux se collent aux murs épais. Un imprudent est abattu à travers les persiennes. Soudain, trois explosions criblent d'éclats le corridor du rez-de-chaussée.

Joyet : « L'adversaire a pénétré dans l'étable située au bout du corridor par une sorte de guichet à volet aménagé au ras du sol et destiné au passage des porcs. Cette ouverture m'avait échappé et je ne l'avais fait ni garder ni obstruer. »

Ce sont trois grenades qui viennent d'éclater dans le corridor, mais elles n'ont fait aucune victime, car personne ne s'y trouvait à ce moment-là.

« Schwartz, hurle le capitaine à l'adresse du clairon, retourne ta pièce et tire ! »

Schwartz bat tous les records de mise en position et, sans viser, lâche une bande dans la porte de l'étable. On le saura une demi-heure plus tard, trois Allemands sont blessés, l'un d'eux atteint par plusieurs balles à l'abdomen.

Les défenseurs manquent de grenades et de cartouches pour FM, mais Joyet répugne surtout à engager le combat à l'intérieur de la maison où femmes et enfants hurlent de terreur. Il consulte ses gradés, l'adjudant Mairaville et le chef Guédet : la maison est encerclée, l'assaut est imminent et les famille lorraines risquent d'être massacrées ; doit-on poursuivre la lutte ? Les trois hommes décident de se rendre. Pistolet au poing, le capitaine interpelle ses adversaires en allemand et leur fait savoir qu'il désire s'entretenir avec un officier. On aperçoit des casques, les lames bleutées des baïonnettes. Un *Leutnant* se présente.

« Je lui offre de déposer les armes, rapporte Joyet, s'il me promet la vie sauve pour ma garnison et les civils qui sont avec nous, lui donnant ma parole qu'aucun d'eux n'avait participé au combat, car je craignais que les Lorrains, en dépit de leur âge, fussent considérés comme francs-tireurs. »

L'officier allemand donne l'assurance que tout le monde sera épargné, et Joyet, posant son pistolet à terre, le pousse d'un coup de pied vers l'extrémité du corridor. Les soldats adverses entrent dans la maison Douillot, déséquipent et fouillent leurs prisonniers avant de les pousser

405

dehors, bras levés. Le capitaine est autorisé à emporter sa musette, sa capote et son bidon. Au moment où il sort, un *Stosstrupp* donne l'assaut à la position du lieutenant Lesme, de l'autre côté de la route. Accueilli par une fusillade nourrie, « il reflue avec deux morts et plusieurs blessés » (rapport Joyet).

Devant Héming, la bataille dure toute la matinée et les PA de la CM 1 du capitaine Hillairet résistent, malgré leurs pertes, jusqu'à midi. Ils ont du mérite, car Hillairet demeurant introuvable ils ne reçoivent aucun ordre. Devant eux, ils ont le Ier bataillon du *IR 128* (encore un régiment de renforcement) appuyé par un groupe d'artillerie et des pièces de Flak. Ce bataillon force en effet le passage à midi, après avoir perdu 22 tués, dont le *Hauptmann* Schenkel et le *Leutnant* Mille, et 136 blessés. Le *Major* von Götz a pris le commandement et rend compte qu'il a capturé 180 soldats et gradés du 37e RIF. A 13 heures, le *I/IR 128* est relevé par... deux bataillons frais du *IR 243* de la *60e Division*. Précédés par un puissant tir d'artillerie, ceux-ci vont gravir la pente au sud du canal et menacer dans un premier temps le PC du I/37e RIF où le commandant Sibert n'a plus de liaison, et pour cause, avec sa première ligne.

S'aidant mutuellement, les lieutenants Coffinier et Dacher sont arrivés au PC de Sibert dissimulé dans un gros bosquet, le bois Blanc. Pendant que les deux officiers racontent ce qu'ils savent de la situation sur le canal, le lieutenant de Boissieu enlève le garrot qui comprime le bras de Coffinier et lui refait un pansement.

« J'attends une ambulance d'un moment à l'autre, assure le chef de bataillon, vous serez à Lorquin dans moins d'une heure. »

Le temps passe et aucune ambulance ne se présente. Et non seulement la fusillade se rapproche, mais les obus éclatent, de plus en plus serrés, sur le bois Blanc. Le « mouchard » a-t-il signalé des allées et venues suspectes ?

« C'est un véritable ouragan ! » témoigne bientôt Coffinier qui comprend que les Allemands emploient la méthode appliquée deux heures plus tôt sur le canal : écraser la défense française au canon et pousser l'infanterie dès que le tir s'allonge. Lorsque le bombardement cesse, laissant les arbres du bois Blanc déchiquetés et défoliés, l'officier est obligé d'enjamber plusieurs corps sans vie pour se porter vers Sibert. Celui-ci est en train de regrouper le personnel du PC et il doit voir que les hommes ont été impressionnés par les coups de l'artillerie, car le lieutenant Coffinier l'entend affirmer « qu'il brûlera la cervelle au premier qui parlera de se rendre ». Coupé du PC du régiment, le commandant du I/37e RIF souffre de l'absence de communications. Avec une ou deux sections de voltigeurs en renfort, il n'hésiterait pas à contre-attaquer en direction du canal, mais comment reprendre contact avec le lieutenant-colonel Combet autrement que par des officiers de

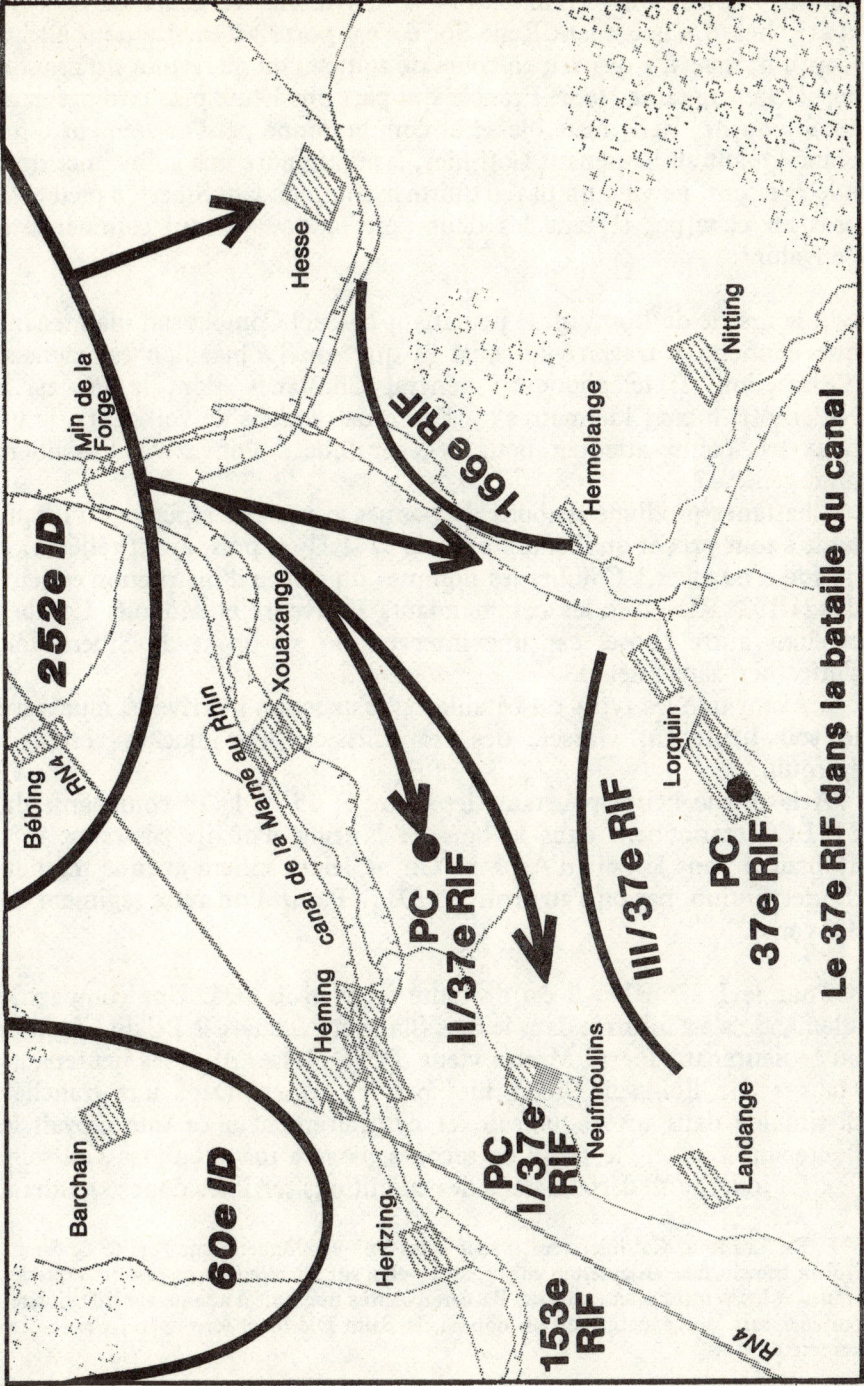

Le 37e RIF dans la bataille du canal

liaison ? Et sur un terrain battu par l'artillerie, ce genre de mission coûte cher. Le lieutenant René Socié s'est porté volontaire pour aller à Lorquin, mais il a disparu en cours de route et on ne retrouvera pas son corps. Le capitaine Henri Francès qui part une heure plus tard parvient au PC du 37ᵉ RIF, mais blessé et commotionné par l'éclatement d'un obus. Quant au lieutenant Coffinier, las d'attendre une ambulance qui, il le pressent, ne viendra pas, il quitte le commandant Sibert, à pied et le bras en écharpe, serrant les dents sur la douleur qui commence à l'envahir [1].

A la mairie de Lorquin, le lieutenant-colonel Combet sait maintenant que l'ennemi a traversé le canal et que son Iᵉʳ bataillon est menacé d'extinction. Il téléphone au général Chastanet, dont le PC est à Niderhoff, à cinq kilomètres : « Faute de sections de voltigeurs, je ne peux pas contre-attaquer pour dégager Sibert. Pouvez-vous m'aider, mon général ? »

Chastanet prodigue d'abord de bonnes paroles et répète « qu'il faut tenir à tout prix et qu'il compte sur le 37ᵉ RIF », puis, ayant réfléchi, il décide d'envoyer à Combet les hommes du centre d'instruction et ceux du 21/153ᵉ RIF avec les commandants Rouveure et Molinié. Combet espérait autre chose, car une intervention au profit de Sibert doit s'effectuer dans l'heure.

« Avant que les types du bataillon d'instruction n'arrivent, murmure le sous-lieutenant Gossel, des transmissions, les boches seront à Lorquin. »

A la même heure pourtant, les chars R 35 de la 1ʳᵉ compagnie du 21ᵉ BCC stationnent dans le bois de Nitting d'où ils passeront vers 16 heures dans le bois d'Aspach. On ne leur confiera aucune mission d'intervention, pas plus au profit du 37ᵉ RIF que d'un autre régiment du 43ᵉ corps.

Pour le I/37ᵉ RIF, il est de toute façon trop tard. Une compagnie allemande s'est infiltrée dans le bois Blanc et découvre le PC du bataillon où le lieutenant Pierre Marlin vient d'être blessé. Avec les lieutenants Haus et de Boissieu, Sibert met bas les armes. Dans une tranchée dissimulée dans un boqueteau, et contrairement à ce que croyait le lieutenant Dacher, le poste de secours passera inaperçu jusqu'au soir.

« La journée se déroula dans des conditions terribles dont je garderai

---

1. De Lorquin, Coffinier sera évacué dans une camionnette sur l'église de Saint-Quirin transformée en antenne chirurgicale, puis sur Blamont où ne restent « que les crânes et les ventres », et enfin sur Baccarat. Après une nuit d'attente sur une civière, l'officier sera dirigé enfin sur un hôpital de Saint-Dié où il sera opéré, c'est-à-dire amputé du bras.

le souvenir comme d'un affreux cauchemar, raconte le médecin-lieutenant Cloez. A 20 h 30, atteint d'un éclat à la main, j'étais capturé avec de nombreux blessés dont le lieutenant Mittelbronn, grièvement touché à la tête. »

Un autre officier du Ier bataillon, le lieutenant Edmond Guidot, chef du corps franc, a pu être évacué avec une grave blessure sur le PS du médecin-commandant Juhan. Au sud-ouest du bois Blanc, des fusées à feux blancs partent du lieu dit « Le Barlot », indiquant la limite de l'avance allemande. Les *Stosstrupps* se dirigent vers le hameau de Neufmoulins.

A l'agence postale, le commandant Laender regroupe le personnel du PC du II/37e RIF sans bien comprendre ce qui se passe, si ce n'est qu'il est menacé de flanc. Pourtant, on se bat toujours au nord, devant Héming où le bruit du combat n'a pas cessé.

« L'ennemi a ouvert le feu à environ trois cents mètres du PC, raconte Duchêne, l'officier de renseignements. Un instant de flottement se produit parmi le personnel surpris par la rapidité de l'attaque et le tir des mitraillettes qui est plus impressionnant qu'efficace. Le commandant Laender le démontre en se promenant debout sous les rafales, exhortant les hommes à résister. Il fait l'admiration de tous ! »

Laender ne se soucie pas de savoir si on l'admire ou non ; il organise la défense rapprochée de l'agence postale de Neufmoulins : Duchêne derrière le mur du verger avec le groupe des transmissions, le capitaine Longuet et ses voltigeurs le long du ruisseau d'Aspach, et les mortiers du lieutenant Pierrat en position de tir immédiat. Derrière sa mitrailleuse, le chef Claudin n'a pas attendu : il lâche bande sur bande en direction de l'assaillant. Celui-ci est mordant. Laender rassemble tous les disponibles, du cuisinier au dernier secrétaire et, avec son adjudant-major, le capitaine Roubier, et le lieutenant Bonnevay, il prend la tête d'une contre-attaque à la baïonnette. Ce type d'action refroidit l'agressivité de l'adversaire qui mesure ainsi la détermination de ceux qu'il croyait surprendre. Les Allemands refluent sous la couverture d'une débauche de balles traceuses. Ils lancent des fusées, sans doute pour demander l'appui de l'artillerie, mais il est trop tard, le PC de Neufmoulins est dégagé.

Laender revient à l'agence postale, les traits marqués par la lassitude. Le capitaine Roubier a une balle dans le bras et on l'évacue sur le PS du médecin-lieutenant Chaize. Quant au lieutenant Pierre Bonnevay, il est mortellement atteint et crie sa souffrance entre les bras des soldats qui l'emportent. Les officiers du 37e RIF subissent une impressionnante hémorragie : le capitaine Lafonta, tué la veille, et, depuis le matin, Francès, Dacher, Coffinier, Mittelbronn, Roubier, blessés et hors de combat, Socié, porté disparu, et maintenant Bonnevay qui ne survivra pas. Une heure plus tard, on apprendra l'évacuation du lieutenant Goldschmidt, lui aussi dans un état grave[1]. Et la liste n'est pas close, car, au sud de Héming, on se bat encore. Le sous-lieutenant Marc Weyant ne consent à se rendre que lorsque les Allemands incendient la maison dans laquelle il s'est retranché et qu'il est lui-même atteint de brûlures au visage. A la CM 6 du lieutenant Picard, certains groupes ont lâché pied, d'autres refusent de céder un mètre du terrain qu'ils défendent. Resté sourd aux sommations de son adversaire, le sous-lieutenant Albert Gross se fait tuer sur la mitrailleuse qu'il servait. D'autres éléments du I/37e RIF décrochent sous la protection d'un tir d'artillerie. La section Lartigau, les lieutenants Borie, Lesme, Bonnefoy et Hamman parviennent à traverser le dispositif encore très lâche de l'ennemi et se dirigent vers la ligne d'arrêt tenue par le IIIe bataillon.

« Le repli est difficile, témoigne le sergent Pasquier, et nous reculons sur un terrain montant sous le feu des armes automatiques. Nous sautons derrière un petit mur et sommes cloués au sol. Badina, qui portait la mitrailleuse, a été tué, et nous ne parvenons pas à récupérer la pièce[2]. »

Les lieutenants Bauer et Helbourg parviennent à se replier avec les rescapés de la CM 7. Blessé au genou, le lieutenant Picard est obligé de se réfugier avec trois hommes au 153e RIF, le régiment voisin. Une cinquantaine de soldats de la CM 5 du lieutenant Andrès feront de même.

De l'agence postale de Neufmoulins, on aperçoit des fantassins allemands sur la crête qui domine le canal, au nord. D'autres menacent toujours le flanc est et ils semblent se diriger vers la route de Lorquin, ce qui couperait le PC du II/37e RIF de celui du régiment. Le lieutenant Duchêne se rend à bord d'une chenillette à la mairie pour expliquer la situation du PC Laender et provoquer un ordre de repli. Pendant ce temps, le commandant du IIe bataillon fait détruire l'émetteur radio et le central téléphonique. Il a envoyé Thomas, son chauffeur, conduire sa voiture à Lorquin où elle arrivera criblée de balles, ce qui prouve à quel point la route est menacée. Les soldats de la compagnie Longuet barrent l'itinéraire avec des herses et des charrues pendant que les documents du chiffre et les notes secrètes sont brûlés dans la cuisinière de Mme Horny. Les vivres de réserve et du matériel divers sont abandonnés, car le temps presse. Des rafales crépitent à cent mètres, auxquelles répondent des

---

1. François Goldschmidt n'avait pas vingt-sept ans lorsqu'il est mort de ses blessures à l'hôpital de Sarrebourg le 29 août 1940. Six soldats du 37e RIF sont décédés dans le même hôpital : Schwartz, Vidal, Noël, Mathieu, Clairet et Gouré.
2. Lettre du 25 mars 1978 adressée par M. Pasquier à M. Coffinier et communiquée à l'auteur.

coups de mousqueton. L'ennemi arrive. On ne peut ni emporter ni enterrer les derniers tués ; Dargère, Vissac, Barry, Melin et quelques autres seront inhumés par les habitants de Neufmoulins. Laender donne l'ordre de décrocher et de ne laisser ni arme ni cartouches. Pour le reste...

« Nous devions traverser un immense plateau découvert, raconte l'adjudant Brives. Les balles nous étaient " distribuées " largement et, d'instinct, nous nous allongions à chaque rafale. Je n'en pouvais plus de courir ainsi. Beaucoup de blessés étaient tombés autour de moi. Et ce champ qui n'en finissait pas... »

A mi-chemin entre Neufmoulins et Lorquin, Laender aperçoit la chenillette du sous-lieutenant Duchêne :

« Je vous apporte l'ordre de repli ! crie celui-ci en agitant un papier.
— Merci, c'est déjà fait ! » rétorque le chef de bataillon.

La zone du canal et la première crête qui la domine au sud sont abandonnées, car nombreux sont les petits groupes, voire les isolés qui, avec ou sans cadres, se replient en direction de Lorquin. De la ligne d'arrêt tenue par le IIIe bataillon, sur la seconde crête, on observe avec inquiétude ces signes annonciateurs d'un désastre.

« La situation s'aggrave sur le canal, note le lieutenant Carbasse. Partout l'ennemi prend pied, s'infiltre et disloque la défense. »

Entre le lever du jour, vers 3 h 30, et midi, la matinée a été longue, mais les Allemands ont conquis la rive sud. Relevées par des unités fraîches, celles qui ont obtenu ce résultat vont se reposer, tandis qu'au 37e RIF, le lieutenant-colonel Combet n'a plus que le IIIe bataillon de Féraud pour arrêter l'adversaire. Si le bataillon d'instruction arrive assez tôt, il renforcera la ligne d'arrêt, sinon... [1].

« Il est 13 heures, écrit Combet. Après une bataille de plus de huit heures, notre première ligne n'existe plus. Il reste du Ier bataillon la valeur de trois sections dont une seule intacte, celle de l'adjudant Lartigau, et au IIe bataillon l'équivalent d'une compagnie. »

*
* *

Devant le 153e RIF du colonel Mauvin qui tient le canal sur la gauche du 37e RIF, les Allemands ne parviennent pas à pousser leur infanterie en avant. Il est vrai que le terrain ne leur est pas favorable, car, sortis de la forêt, il leur reste un glacis d'environ huit cents mètres à franchir pour atteindre le canal. Mauvin a donné l'ordre d'ouvrir le feu dès que

---

1. Renforcées par les quatre sections de mitrailleuses du 21/153e RIF, les compagnies Hoffherr et Narbot seront placées en soutien, l'une devant Lorquin, l'autre à environ deux kilomètres au sud.

l'ennemi apparaît à la lisière des bois et, l'artillerie du lieutenant-colonel Souben s'en mêlant, il est impossible de traverser le glacis [1].

Le III/153e RIF du commandant Robin a pris position à Gondrexange qui, depuis le matin, se trouve sous le feu des canons adverses. Les incendies s'étendent et plusieurs soldats du bataillon ont été tués par des éclats : Bernijol, Finot, Fanchon, Pernot, Picart et le caporal-chef Rabby. La CM 9 du capitaine Herbelin est en première ligne et ses blessés sont si nombreux que le commandant Robin a pris la précaution de placer une autre compagnie derrière elle, celle du capitaine Ferry, dont la mission est de contre-attaquer dans l'éventualité où le front de Herbelin serait enfoncé. Or, contre toute attente, ce n'est pas devant Gondrexange que surgissent les difficultés, mais au bataillon de droite, le II/153e RIF du capitaine La Néelle. Celui-ci est en liaison avec le 37e RIF et, depuis le lever du jour, il suit avec anxiété la bataille en cours sur son flanc. Pendant plus de quatre heures, les compagnies du lieutenant-colonel Combet se défendent avec vigueur, puis, vers 9 heures, La Néelle rend compte que « le 37e RIF évacue Héming et que la liaison est perdue ».

Au PC du 153e RIF, on enregistre qu'il y a recul sur la droite, mais que les combats se poursuivent. « Le 37 paraît avoir lâché le canal sur tout son front, mais son repli n'est pas profond », note Mauvin. Rien ne bouge au bataillon La Néelle jusqu'au moment où des isolés du 37e RIF, puis des petits groupes apparaissent sur le flanc et traversent la position du 153e RIF [2]. Pour justifier leur présence, ils prétendent qu'un ordre de repli leur a été apporté. A la CM 5 du capitaine de Gassart, on s'interroge : le général Chastanet a-t-il décidé d'abandonner le canal ? Va-t-on décrocher d'un moment à l'autre ?

« Je donne l'ordre aux roulantes de se tenir prêtes à démarrer »…, écrit le lieutenant Weber, qui préfère prendre ses précautions.

De son côté, la compagnie d'engins du lieutenant Millot envoie chercher les voiturettes des mortiers. Quelques groupes du II/153e RIF décrochent sans attendre d'en recevoir l'ordre et se dirigent vers Landange. De nouveaux éléments du 37e RIF se présentent et entraînent avec eux vers le sud une section de la compagnie Millot. Le lieutenant Weber, qui les voit passer, fait déplacer d'un kilomètre vers l'arrière les roulantes et les voitures à vivres.

« La CM 5 et les autres compagnies font chercher leurs voiturettes. Il me semble que l'ordre de repli a été donné ! » dit-il pour expliquer son recul.

1. Le journal de la *60e ID* confirme l'échec : « Le *IR 243* n'a pu atteindre son objectif du jour : le franchissement du canal. »
2. « Ils refluent sans ordre, témoigne le lieutenant Lethielleux, du 21/153e RIF. Je vois passer mon ancien sergent, Robin, que je ne réussis pas à retenir. »

412

Si le mouvement s'accélère et si La Néelle ne réagit pas, tout le IIe bataillon va glisser par contagion en direction du sud sans avoir été attaqué. A la CM 6 du capitaine Barral, les lieutenants Plauche et Bassompierre, qui découvrent ce qui se passe à la CM 5, se hâtent de prévenir leur commandant de compagnie. Barral va rétablir l'ordre en quelques minutes.

« Un début de panique se manifeste à la compagnie, écrit-il, et je m'aperçois que mon groupe de commandement n'est plus là. Adjudant en tête, il galope vers l'arrière. Avec mon mousqueton, je tire dessus (en visant à côté) et les hommes reviennent, assez penauds[1]. »

De son côté, le capitaine La Néelle, qui attend une compagnie du Ier bataillon pour établir une bretelle sur sa droite, intervient et coupe court aux bobards qui circulent. « Il annonce que nous continuons à nous battre, note le lieutenant Weber, et qu'il n'est pas question de se replier. » A la compagnie Millot, le sous-lieutenant Raoult a même repris la liaison avec des éléments du 37e RIF qui résistent encore.

Sur la gauche du 153e RIF, Gondrexange n'est plus qu'un immense brasier et, vers onze heures, un agent de liaison rend compte au colonel Mauvin du drame qui vient de se produire au IIIe bataillon. Huit soldats se trouvaient derrière un canon de 25 (Levieux, Gérardin, Lasseray, Pernes, Renou, Chaput, Lux et Meyer) lorsqu'un projectile allemand de gros calibre a éclaté sur eux. Un seul a survécu, grièvement blessé, les sept autres ayant été tués sur le coup.

« Nous les avons enterrés dans trois tombes collectives durant une accalmie », raconte le caporal Keller, qui a récité la prière des morts en présence des sergents-chefs Mortera et Cazagou[2].

*
* *

A droite du 37e RIF, la situation du 166e RIF du lieutenant-colonel Subervie n'est pas meilleure puisque c'est à la liaison entre les deux régiments que le canal a été franchi. Il est vrai que, depuis le lever du jour, les réservoirs de carburant du dépôt de La Forge explosent les uns après les autres, au fur et à mesure qu'ils sont atteints par l'incendie. La chaleur est telle que le groupe du sergent Wolf a été obligé de reculer de cent mètres. Le sergent Desjouannet reconnaît, lui aussi, que, « devant les énormes brasiers, un léger repli s'effectue par les carrières ».

Pas si léger que ça puisque la CM 3 du lieutenant Barrois, qui était en liaison avec la compagnie Joyet, du I/e RIF, a été encerclée et capturée. Le commandant Létia, du I/166e RIF, a la même réaction que le

---

1. Lettre du 28 janvier 1979 adressée par le colonel Barral à l'auteur.
2. Toute trace de tombe ayant disparu pendant la bataille, l'abbé Keller, de la congrégation du Saint-Esprit, en indiquera l'emplacement aux autorités le 26 juin 1941.

capitaine La Néelle au II/153e RIF : il cherche à constituer une bretelle sur son flanc et se raccroche à Hermelange, sous un violent bombardement. A la CM 2, le lieutenant Touzé remplace le capitaine Ternano qui vient d'être mortellement touché [1]. Au poste de secours du bataillon, le médecin-lieutenant Collodin et l'auxiliaire Orsini sont débordés par l'afflux de blessés : Despoires, Mariette, le caporal Daladoir, le sergent Fillinger. Des brancardiers en amènent de la CM 6 : Bédé, Pont, Vandenabelle, et le caporal-chef Ragé. Le commandant Reibaldi, du II/166e RIF, signale plusieurs tués : Vic tombé sur sa mitrailleuse, Behr, Marchal, Vachaidre, le caporal-chef Marque, le sergent Andréani. Plus de quarante blessés ont déjà été évacués.

La CM 1 qui tient la rive sud du canal enregistre ses premiers tués, Beuchot et Claudon, mais le lieutenant Gillet et l'aspirant Dessagne rendent compte « que ça tient ». On trouve même des volontaires pour occuper un poste très exposé : Marandel, un des meilleurs tireurs au FM, Durandon et Galmard tiendront jusqu'au soir sous leur feu une passerelle que les sapeurs n'ont pas eu le temps de détruire sur le canal.

Sur la droite du 166e RIF, des éléments de la *168e ID* sont venus s'installer à Hesse, au nord de la voie d'eau, et, s'ils ne lancent pas d'attaque en direction de la rive sud, ils ne restent pas passifs pour autant. Une mitrailleuse a été hissée dans le clocher de l'église ; de cette position dominante, elle harcèle la CM 5 du lieutenant Pillon, lequel commence à trouver la situation insupportable et le fait savoir.

« On va s'en occuper ! » assure le capitaine Dano, de la compagnie d'engins du II/166e RIF.

Un premier essai est effectué avec un mortier de 81, mais ne donne aucun résultat. Dano fait ensuite venir un canon de 25 et demande au lieutenant Lefrançois « de régler la question ». A plus d'un kilomètre, on aperçoit le clocher à travers une ligne d'arbres. Lefrançois estime la distance entre 1 200 et 1 400 mètres. Il déclenche un premier tir de quarante obus avec emploi de traceurs par hausses échelonnées.

« Distance 1 350 mètres ! » rectifie-t-il.

Nouveau tir de trente obus qui encadrent l'objectif, puis le dernier, plus précis, avec vingt projectiles dont la moitié s'engouffrent dans la fenêtre du clocher. La mitrailleuse se tait. Le tir ne sera pas repris.

A l'extrême droite du dispositif mis en place par le 43e corps d'armée, le 279e RI n'est pas inquiété devant le Ier bataillon du commandant Tout. La section antichar du lieutenant Burrus surveille le viaduc avec la 1re compagnie du lieutenant Lafforgue, et l'ennemi reste invisible. En

---

1. Né le 17 janvier 1897 à Blida (Algérie), Edgard Ternano est décédé le 20 juin à l'hôpital de Sarrebourg.

revanche, il se manifeste comme il l'a fait la veille devant le II/279ᵉ RI du capitaine Labit en essayant de franchir le grand tunnel où disparaissent le canal et la voie ferrée, au nord de Artzviller. Par trois fois, au cours de la matinée, les Allemands passent à l'attaque et avancent jusqu'à quatre cents mètres de la compagnie du lieutenant Libraire qui fait intervenir le mortier de 60 du sergent Rebuffel. Soudain, c'est la surprise : un bras se lève et agite une étoffe blanche. Le feu ayant cessé, une vingtaine d'Allemands s'avancent, bras levés, et se constituent prisonniers dans le sous-secteur voisin du 165ᵉ RIF. Le lieutenant Allard va lui-même chercher un *Hauptmann* blessé qui raconte, avant d'être transporté au poste de secours, « que sa compagnie ne compte plus qu'une dizaine d'hommes valides ».

Ces résultats sont obtenus grâce aux interventions successives du III/68ᵉ RA du commandant Hinzelin dont les 75 sont camouflés aux lisières du bois de Wackenberg, sur le plateau qui domine le canal au sud. Au début de l'après-midi, deux raids aériens détruisent en grande partie les villages de Saint-Louis et de Guntzviller [1], soupçonnés d'abriter des PC ou des dépôts de munitions. Les tirs de contre-batterie cherchent en vain le groupe Hinzelin qui n'a que deux blessés, Gatti et le maréchal des logis Mouilleron ; ce dernier succombera quelques jours plus tard. Et les 75 reprennent leurs tirs au début de l'après-midi lorsqu'une nouvelle attaque, dirigée cette fois contre la 6ᵉ compagnie du capitaine Riedberger, gagne du terrain jusqu'à la voie ferrée où le groupe du chef Verneret la repousse à la grenade. Le sous-officier est blessé par balle ainsi que le lieutenant Georges, la « 5 » a deux tués, Gasselin et le caporal-chef Haxaire, mais l'ennemi reflue vers le nord, abandonnant ses morts et ses armes.

Avec une patrouille, le lieutenant Bontemps retrouvera dans la soirée un *Oberleutnant* blessé, abandonné entre les lignes, mais les plus étonnés seront d'abord le capitaine Labit, puis le lieutenant-colonel Magne lorsqu'ils prendront connaissance de l'inventaire du butin rapporté par les hommes de Libraire : 18 mitrailleuses, un *minenwerfer,* des fusils, des cartouches en quantité, des bicyclettes et des documents.

Au *24ᵉ Korps* de von Schweppenburg, on reconnaît l'échec en quelques lignes rédigées dans le journal : « La *168ᵉ ID* n'a pas réussi à forcer le " *Landbrück* " au sud de Hommarting. »

Au II/279ᵉ RI, lorsque le sergent Lemaître apportera la soupe, il interrogera son ami le chef Cézard, du groupe de réserve de la compagnie Libraire :

« Rien de neuf !

— Non, dira Cézard, sauf que les boches n'ont pas réussi à traverser le tunnel ! »

1. Voir *Juin 1940, le mois maudit* (Fayard, 1980).

« Le commandant Féraud vient d'être tué par un obus en même temps que trois brancardiers qui relevaient un blessé à côté de lui. Le capitaine Cauro, qui était à proximité, est indemne[1]. »

Adjudant-major au III/37ᵉ RIF, le capitaine Sarda vient de rendre compte de la mort de son supérieur au lieutenant-colonel Combet, à la mairie de Lorquin. Le chef de corps accuse le coup. A la fin de la matinée, le commandant Sibert a disparu, vraisemblablement fait prisonnier ; Laender s'est dégagé *in extremis* de Neufmoulins, et voilà que Féraud, le vieux compagnon, Féraud est mort. Son bataillon constitue le dernier écran défensif sur la crête qui barre l'horizon au nord de Lorquin. Et si cette dernière ligne est enfoncée... Combet ne veut pas y penser.

« Vous prenez le commandement du IIIᵉ bataillon, dit-il à Sarda. Tenez-vous sur vos gardes, il n'y a plus rien devant vous.

— Nous les arrêterons, mon colonel. »

La pression exercée depuis le matin sur le 37ᵉ RIF, régiment du centre de la division Chastanet, est de toute évidence beaucoup plus forte que les opérations ponctuelles lancées vers Arzviller par la *168ᵉ.ID* sur le front de la division Senselme. Une percée sur cette dernière permettrait d'avancer en direction de Dabo et Abreschviller, dans les basses Vosges au relief tourmenté, sur des routes ouvertes à travers la forêt, propices à la défense et aux embuscades. A partir de Héming, au contraire, c'est la RN 4 conquise et la possibilité d'une exploitation rapide vers Blamont et Badonviller, voire Baccarat et Raon-l'Étape. Ces conditions géographiques expliquent pourquoi le *General* von Schweppenburg, du *24ᵉ Korps,* a mis son artillerie à la disposition du *General* Boehm-Bezing dont la *252ᵉ ID* a enfoncé la première ligne du 37ᵉ RIF.

L'infanterie allemande avance vers la position du III/37ᵉ RIF avec d'autant plus de circonspection qu'elle subit les feux de flanc des 153ᵉ et 166ᵉ RIF. Dans cette large tête de pont ouverte au sud du canal, elle se devine vulnérable, et sa prudence contraste avec son agressivité du matin. A Lorquin, la population est bien entendu dans les caves, mais le maire de la commune, M. Mangin, craint de voir le 37ᵉ RIF se battre dans le village, ce qui causerait la destruction de celui-ci et sans doute un grand nombre de victimes civiles. Accompagné de l'instituteur et du curé, l'abbé Christiany, il va demander au lieutenant-colonel Combet de faire son possible pour éviter tout combat à l'intérieur de la localité, « en raison de la présence de la population et de nombreux réfugiés ». Le

---

1. Maurice Féraud sera inhumé à Saint-Quirin avec trois soldats du 37ᵉ RIF. Anhalt, Estorges et Clévy. On ignore s'il s'agit des trois brancardiers tombés à côté de lui ou des trois hommes tués la veille avec le capitaine Lafonta.

chef de corps le rassure, il fera de son mieux, mais cela dépendra aussi de la tournure que prendront les opérations en cours.

« C'est un dur devoir à accomplir, écrit Combet, et je m'engage à faire l'impossible pour que le combat reste maintenu aux issues du village. »

On entend tirer les mitrailleuses du IIIᵉ bataillon, mais l'issue de la bataille est toujours incertaine. Appuyées par les mortiers de 81 du lieutenant Carbasse, les armes automatiques des compagnies Onden et Cauro dressent un barrage de feu pour le franchissement duquel les Allemands ne paraissent pas vouloir acquitter une facture trop élevée. Après une attaque lancée en direction de Hermelange, bien défendue par le 166ᵉ RIF, l'adversaire semble renoncer. Dans ses rangs aussi la fatigue se fait sentir et le *General* Boehm-Bezing ne tient pas à lancer ses fantassins en « enfants perdus » en direction du sud. Les *Pionniers* de la *252ᵉ ID* vont d'abord rétablir des passages sur le canal et, dès que l'artillerie pourra se porter sur la rive sud, l'avance reprendra.

A la mairie de Lorquin, le lieutenant-colonel Combet est convoqué à 20 heures au PC de la division. Le général Chastanet lui apprend que « le régiment décrochera dans la soirée pour s'installer au cours de la nuit sur une position située à une quinzaine de kilomètres au sud ». Le chef de corps du 37ᵉ RIF exécutera, mais... il ne comprend pas. Pourquoi tous ces morts, tous ces blessés pour défendre le canal « sans esprit de recul », si c'était pour l'abandonner le soir même ?

« C'est la retraite qui continue ! » commente le capitaine Montérou, officier adjoint, lorsqu'il apprend la nouvelle.

Sur les flancs du 37ᵉ RIF, le 153ᵉ RIF de Mauvin et le 166ᵉ RIF de Subervie ont reçu le même ordre. C'est toute la division Chastanet qui décroche, alors que, sur sa droite, celle du colonel Senselme reste sur le canal. Quelle est donc la manœuvre envisagée par le général Lescanne à l'échelon du 43ᵉ corps ? Le chef de son 3ᵉ Bureau, le capitaine Frénay, l'explique dans son rapport : « Menacé de débordement sur sa gauche, fortement pressé sur son front, privé d'ordres de la Vᵉ armée (dont les dernières directives étaient inexécutables, car dépassées par les événements[1]), le général Lescanne décidait de pivoter autour de sa droite et de former un front au pied des Vosges, face à l'ouest. »

Face à l'ouest ? Que s'est-il donc passé au 20ᵉ corps du général Hubert qui s'alignait lui aussi sur le canal le 18 au matin, à gauche du 43ᵉ corps ?

---

1. Frénay fait allusion à l'ordre signé le 14 juin par le général Prételat qui prévoyait d'embarquer le 43ᵉ corps par le train à Sarrebourg et de le porter « dans la région de Besançon ».

CHAPITRE XIX

« C'est au tour du capitaine Folgoas... »

Le PC de la division du colonel Dagnan est à Barbas, à une vingtaine de kilomètres au sud du canal, et le colonel Maurer, commandant l'artillerie, a rendu compte que ses moyens sont insuffisants pour contre-battre l'adversaire et briser éventuellement ses attaques. Le 166e RAP du lieutenant-colonel Robert a perdu la moitié de ses matériels sous les bombardements du 14 juin, et le groupe Schoeller, du 49e RAMF, a été passé à la 52e DI. Certes, le commandant Moural a mis son groupement de DCA à la disposition du colonel Dagnan et l'état-major du 20e corps a fait savoir que le 120e RAL du colonel Bretzner tirerait au profit de la division, mais Maurer n'oublie pas que deux des groupes de Bretzner sont équipés de pièces de 105, un calibre dont les munitions sont pratiquement introuvables dans les dépôts de l'arrière. Maurer éprouve déjà des difficultés à récupérer du 75 alors que, dans la nuit du 17 au 18 juin, le commandant Roger, du 49e RAMF, a déjà consommé 2 000 coups.

Toute l'infanterie de la division Dagnan est en position et attend l'attaque. Le colonel Tristani a deux bataillons du 41e RMIC sur le canal, le IIIe bataillon étant en réserve à Avricourt. Le II/51e RMIC du commandant Bruel [1] est sur le ruisseau du Franc-Bois, à la limite avec la division polonaise du général Duch. Sur la droite du secteur, le 133e RIF du lieutenant-colonel Bertrand a ses trois bataillons en ligne, devant une rive nord boisée qui ne permet pas de déceler les préparatifs d'une attaque dont on sait pourtant qu'elle se déclenchera à l'aube du 18 juin.

Le point sensible reste le pont détruit du col des Français, car il coupe la seule route praticable. Le commandant Grill, qui a deux compagnies

1. C'est tout ce qui reste du 51e RMIC. L'état-major et le Ier bataillon ont été envoyés le 16 juin sur la Moselle de Charmes et le IIIe bataillon a été détruit la veille en arrière-garde dans le bois des Enfants.

sur la rive sud, celles du capitaine Laigle et du lieutenant Masse, s'est enfermé dans Réchicourt-le-Château, la CM 9 du capitaine Debever protégeant le village et le PC du III/133e RIF face au nord-est. Le groupe franc du bataillon a passé la nuit derrière le chemin de halage, mais, au lever du jour, son chef, l'adjudant Lemonnier, est terrassé par une crise de rhumatismes, et l'on fait venir le sous-lieutenant Midi ainsi que le groupe franc du II/133e RIF. Venu inspecter les défenses du canal, le capitaine de Menthon, adjudant-major du IIIe bataillon, confie au capitaine Laigle « que l'attaque est imminente, car on a entendu nettement les moteurs des camions qui amenaient l'infanterie sur sa base de départ ».

L'artillerie allemande procède à ses premiers réglages vers 5 heures du matin et, très vite, le bombardement s'intensifie. En face d'elle, la division Dagnan a des éléments de la *60e ID* (devant le 133e RIF) et de la *75e ID* (devant le 41e RMIC). Les batteries ennemies pilonnent à la fois les premières lignes, au sud du canal, et les arrières, ce qui leur permet, bien que l'ignorant, d'obtenir des résultats inattendus. Au 133e RIF, les deux chevaux de la cuisine roulante de la CM 3 sont tués sur la route de Foulcrey, et les hommes de la compagnie se battront le ventre vide toute la journée.

A Nouvel-Avricourt, le lieutenant Seilles, qui a des vues lointaines depuis le remblai du chemin de fer où la CM 11 est en position, observe que « les Allemands, utilisant sans doute les monte-charge de l'usine Bata, ont hissé des canons dans les étages, ce qui permet de voir les flammes des départs dans l'encadrement des fenêtres ».

Situées sur la rive nord du canal, la fabrique de chaussures et les cités voisines constituent un des objectifs prioritaires de l'artillerie française car de gros rassemblements ennemis y ont été repérés. A la CM 1 du 41e RMIC, le capitaine Royaux signale que plusieurs chevaux ont été tués à l'échelon camouflé dans un bosquet, des voitures et du matériel brisés par le bombardement et un groupe de mortiers dissocié. Deux pièces de 25 de la compagnie Raydelet sont détruites et l'on évacue de nombreux blessés par éclats. Les projectiles n'épargnent pas la ligne de soutien du III/41e RMIC. « Des obus tombent sur l'échelon, note le sous-lieutenant Constant. Des chevaux sont tués, d'autres fuient au galop, le château d'eau est criblé d'éclats et, par endroits, les rails de la voie ferrée sont tordus. Le FM de Jaeger est plié en deux... »

Le lieutenant Dardaine, de la CM 10, est blessé et six morts seront retrouvés le long de la voie de chemin de fer Bataville-Avricourt : Suillerot, le caporal Sauvage, le sergent Marx, deux Mosellans, Lehnert et Port, un Lillois, Laurent. Sachant que l'allongement du tir d'artillerie précédera de très peu l'attaque de l'infanterie, les coloniaux attendent la fin du bombardement pour sortir la tête de leur trou. Les sapeurs ayant fait sauter les écluses sans envisager l'assèchement de certains biefs, le canal n'est pas infranchissable. Des péniches sont échouées dans la vase sur le front du 41e RMIC, et il est évident que les Allemands les utiliseront pour franchir l'obstacle. N'oublions pas la tête de pont conquise dans la soirée du 17 par le *IR 125* de l'*Oberst* Petersen, à la limite des deux bataillons de première ligne du 41e RMIC. Depuis le lever du jour, le capitaine Royaux sait à quoi s'en tenir. « L'ennemi s'est infiltré dans le petit ruisseau à notre gauche », dit-il dans son rapport [1].

Royaux a raison de craindre une attaque sur le flanc gauche du Ier bataillon, mais, en fait, celui-ci va être également agressé sur son flanc droit où le III/133e RIF est en train de céder la rive sud du canal, au pont du col des Français.

**

Sur les deux compagnies du III/133e RIF qui se trouvent en première ligne, les *minen* ont succédé aux projectiles de l'artillerie et la défense fléchit à la première attaque d'infanterie. Les Allemands eux-mêmes reconnaissent que « le *Régiment 244* franchit le canal sans opposition sérieuse de l'ennemi ».

Le lieutenant Petit a passé la nuit sur le chemin de halage, mais, une fois le jour levé, il s'est replié d'une centaine de mètres « pour rendre plus efficace le tir de ses FM ». A quelque distance, ceux de l'adjudant Martin vident eux aussi leurs chargeurs en direction du canal, mais la consommation est trop élevée, eu égard aux objectifs qui se présentent.

« Les munitions s'épuisent », écrit Petit qui vient d'apprendre que l'adjudant Bailly a été évacué, le dos criblé d'éclats. Il ajoute : « Je me retrouve avec une vingtaine de gars. Personne ne parle. Nous nous répandons dans les hautes herbes. Plus rien d'autre à faire. »

Les liaisons sont donc inexistantes ? Une demi-heure plus tard, les fantassins allemands apparaissent... Petit est blessé par l'éclatement d'une grenade. A côté de lui, Noblet a les deux mains arrachées et le caporal Delast lui pose des garrots avec un pan de capote déchiré. L'adjudant Martin et ses hommes jettent leurs armes et se rendent, l'aspirant Klein les imite ; c'est lui qui, avec le sergent Deschazeaux, porte le lieutenant Petit jusqu'à l'endroit proche du canal où les soldats de l'*Oberst* von Groddeck rassemblent leurs prisonniers.

Dans le journal du 41e RMIC, le colonel Tristani écrit : « Le bataillon du 133e RIF qui tenait notre droite reflue hors des bois en direction de Réchicourt. »

Le médecin-capitaine Prost, du III/51e RMIC, présente le reflux du bataillon Grill d'une plume plus critique : « Des hauteurs de Foulcrey,

---

1. Dans le journal du 41e RMIC reconstitué de sa main, le colonel Tristani semble avoir ignoré l'absence de liaison entre ses deux bataillons du canal.

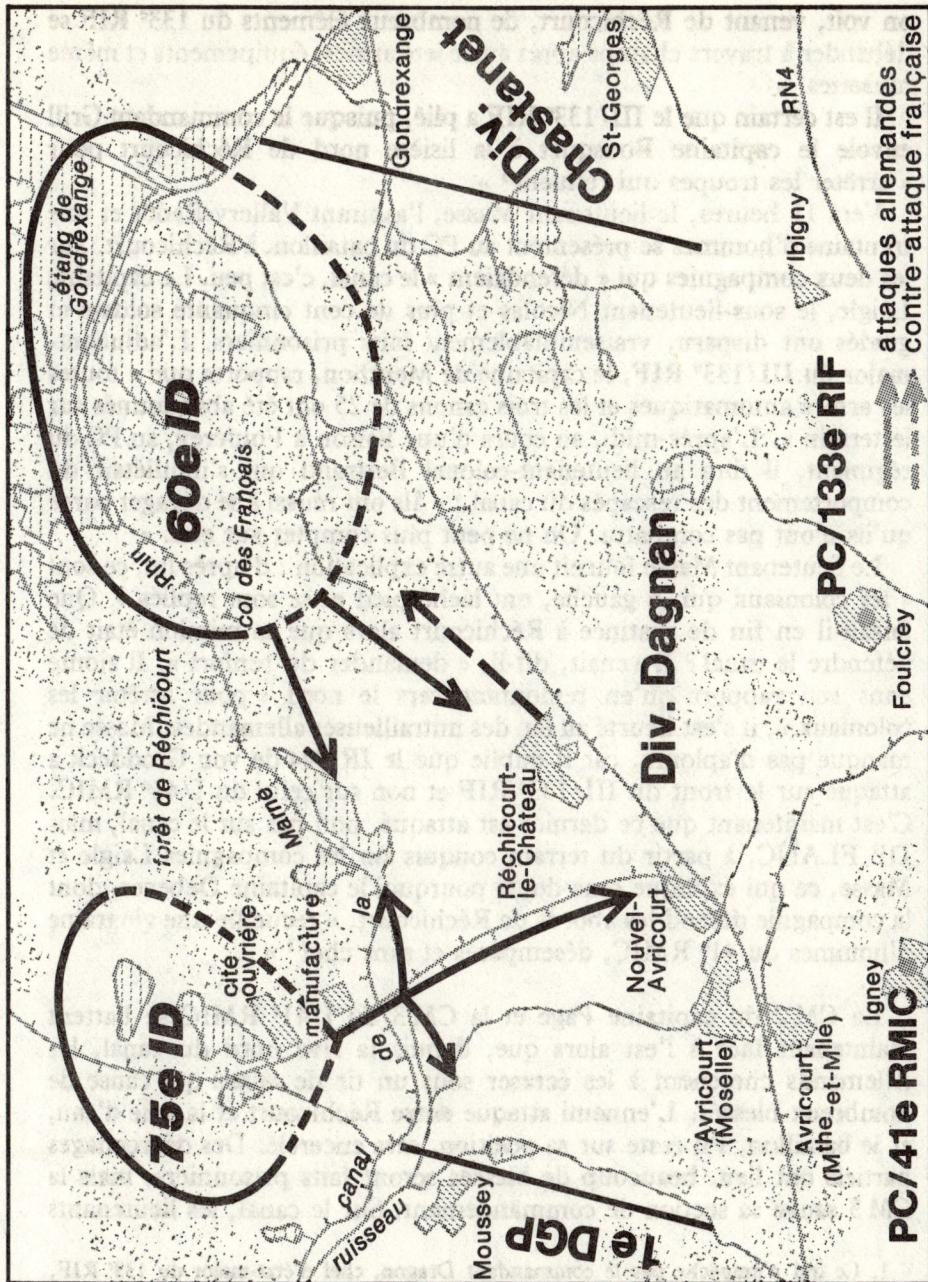

18 juin : le front de la division Dagnan

Légende : attaques allemandes — contre-attaque française

on voit, venant de Réchicourt, de nombreux éléments du 133e RIF se débander à travers champs après avoir jeté armes, équipements et même musettes. »

Il est certain que le III/133e RIF a plié, puisque le commandant Grill envoie le capitaine Bousquet à la lisière nord de Réchicourt pour « arrêter les troupes qui refluent[1] ».

Vers 11 heures, le lieutenant Masse, l'aspirant Vallery-Radot et une trentaine d'hommes se présentent au PC du bataillon, à Réchicourt. Sur les deux compagnies qui « défendaient » le canal, c'est peu. Le capitaine Laigle, le sous-lieutenant Nicolas et plus de cent cinquante soldats et gradés ont disparu, vraisemblablement faits prisonniers. L'adjudant-major du III/133e RIF, le capitaine de Menthon, rapporte que « toutes les armes automatiques et les trois canons de 25 ont été abandonnés sur le terrain ». L'après-midi, au cours d'une liaison à Foulcrey, au PC du régiment, il dira au lieutenant-colonel Bertrand qui s'inquiétait du comportement des rescapés du canal : « Ils ont réussi à se dégager parce qu'ils n'ont pas combattu. On ne peut plus compter sur eux. »

Le lieutenant Masse fournit une autre explication : d'après lui, ce sont « les coloniaux qui, à gauche, ont lâché pied et se sont repliés ». Que faisait-il en fin de matinée à Réchicourt alors que sa mission était de défendre le canal? Il venait, dit-il, « demander du renfort ». Il ajoute dans son rapport qu'en remontant vers le nord « pour arrêter les coloniaux », il s'est heurté au feu des mitrailleuses allemandes. Masse ne manque pas d'aplomb, car il oublie que le *IR 244* de von Groddeck a attaqué sur le front du III/133e RIF et non sur celui du I/41e RMIC. C'est maintenant que ce dernier est attaqué, non pas sur le canal, mais DE FLANC, à partir du terrain conquis sur les compagnies Laigle et Masse, ce qui explique sans doute pourquoi le capitaine Debever, dont la compagnie défend les abords de Réchicourt, « recueille une vingtaine d'hommes du 41e RMIC, désemparés et sans chef[2] »...

La CM 2 du capitaine Page et la CM 3 du I/41e RMIC se battent maintenant face à l'est alors que, depuis la rive nord du canal, les Allemands cherchent à les écraser sous un tir de *minen* qui cause de nombreux blessés. L'ennemi attaque entre Réchicourt et la voie d'eau, et le bataillon, s'il reste sur sa position, sera encerclé. Des décrochages partiels ont lieu, beaucoup de blessés seront faits prisonniers, mais la CM 3 sauve sa section de commandement. Sur le canal, les lieutenants

1. Ce qui n'empêche pas le commandant Dragon, chef d'état-major du 133e RIF, d'écrire : « Je tiens à manifester mon étonnement en apprenant qu'il y aurait eu un début de panique au régiment le 18 juin. » (Lettre du 28 mars 1942 adressée au général Frère, président de la Commission d'enquête sur les événements de la guerre.)
2. Lettre du 10 septembre 1979 adressée par l'abbé Debever à l'auteur.

Eymond, Gavini, et l'aspirant Kung sont tournés avec leurs hommes et capturés. A la CM 2 on ne reverra pas l'aspirant Krebs ni sa section. Les morts de ce combat désespéré : douze du 41ᵉ RMIC et dix du 133ᵉ RIF seront inhumés dans une fosse commune entre le canal et Réchicourt[1].

Au II/41ᵉ RMIC du commandant Duménil, c'est la CM 7 du capitaine Raydelet qui est prise de flanc à partir de la tête de pont ouverte dans la soirée du 17 par les *Stosstrupps* du *IR 125*. Envoyée en renfort, la section de l'aspirant Thonnelle disparaît dans l'action, et le jeune officier, épargné par miracle, revient seul au PC du bataillon installé au moulin d'Avricourt[2]. Le sous-lieutenant Fallon a apporté deux FM en renfort au capitaine Raydelet dont la compagnie s'affaiblit sous les *minen* et la pression de l'attaque de flanc. La section Grasser épuise sa dernière caisse de cartouches et, à la CM 6 du capitaine Communal, on signale des fantassins allemands à moins de trois cents mètres du PC. Plus en arrière, la CM 5 du capitaine de Combarieu soutient de son mieux la première ligne, et les trois sections de mitrailleuses des lieutenants Caniaux, Morel et Dunoyer de Lalande consomment toute leur réserve de bandes rigides.

Au moulin du commandant Duménil, l'aspirant Persenot regroupe des isolés de la compagnie Raydelet qui arrivent de la zone du canal. Sous le feu, pendant ce temps, les brancardiers font des prodiges ; le médecin-lieutenant Gronier, l'auxiliaire Dupuis et le pharmacien Musy ont pris chacun la tête d'une équipe, de façon à ramasser les coloniaux qui les appellent avant les Allemands.

Au poste de secours du II/41ᵉ RMIC, on ne sait plus où donner de la tête. « Les blessés arrivent par dizaines », rapporte le médecin-lieutenant Furet. Sur le champ de bataille, un simple infirmier, Cazaubon, donne lui aussi les premiers soins. Dès que la sanitaire brinquebalante de Huel se présente, les brancardiers Kieffer et Marchal y installent leurs blessés et... repartent à la recherche d'autres victimes.

« De 13 heures à 17 heures, précise le médecin-commandant Lieurade, j'ai évacué plus de 150 blessés, sans compter ceux que les médecins des bataillons envoyaient directement au groupe sanitaire divisionnaire. »

Au début de l'après-midi, Gronier et ses brancardiers amènent le lieutenant Dunoyer de Lalande. Avant d'être évacué, l'officier a lancé au sergent Laclef : « Surtout, tenez bon ! On finira bien par les avoir ! » Il ne survivra pas à ses blessures. Deux autres officiers du IIᵉ bataillon

---

1. Khélibou, Germain, Philippon, Génin, Leray et Préaux, du 133ᵉ RIF. Bangard, Henniches, Pillot, Schils, Dupeyrou, Colvis, Delatouche, Marchal, Goetzmann, et les caporaux Damiens et Lasbouygue, du 41ᵉ RMIC.
2. Le colonel Tristani parle du « moulin du Vieux-Champ », mais il s'agit plutôt du lieu dit le « Haut-de-Linchamp ».

arrivent également au PS de Furet : le lieutenant Grasser, touché à la main, et l'aspirant Gaillard dont le bras ne réagit plus sous la manche couverte de sang. Atteints par des éclats de *minen*, les sergents Viénot et Vernon, se présentent quelques minutes après. Plus de la moitié du bataillon est hors de combat lorsque, vers 14 heures, le commandant Duménil est autorisé par son colonel à replier les débris des compagnies Communal et Raydelet sur la CM 5 du capitaine de Combarieu. Ce n'est qu'une étape, et le moulin où se trouve le PC commence à brûler lorsque Tristani appelle Duménil par radio et lui ordonne « de se retirer sur Avricourt et de s'incorporer à la défense du III⁰ bataillon ».

Pressé sur sa droite par l'ennemi qui a franchi le canal devant le III/133⁰ RIF, menacé sur sa gauche, le capitaine Royaux voit sa CM 1 fondre petit à petit sous les incessants tirs de *minen*, mais, tant qu'il ne reçoit pas l'ordre de se replier, il reste sur la position qui lui a été confiée. Sans illusion sur son sort !

« Je sais très bien que la compagnie se fait encercler », reconnaît-il.

Il ignore que ses éléments sont les derniers qui tiennent encore le canal. Vers 11 heures, un obus éclate et le lieutenant Lepoutre est projeté sur le sol. Il a sept éclats dans le corps dont trois dans la cuisse ; cependant, malgré la commotion, il marchera jusqu'au poste de secours, soutenu par le soldat Frédéric et le sergent Haquette. Les trois hommes effectuent les trois kilomètres du parcours en se couchant à chaque salve, mais ils parviennent au PS sans autre blessure[1]. Haquette va remonter vers la compagnie, car le commandant Buisson, du I⁰ʳ bataillon, lui a enfin remis un ordre de repli pour le capitaine Royaux. Le bombardement n'a pas cessé, mais le sous-officier parvient à remplir sa mission. Royaux fait aussitôt prévenir ses gradés, et la CM 1, réduite à une trentaine d'hommes, décroche avec ses FM et deux mitrailleuses qu'il faut, bien entendu, porter à dos. En arrière-garde, le sergent Soresina et Mattéi, qui a son FM à la hanche, couvrent le mouvement. Haquette a repéré un cheminement camouflé en partie par des bosquets et il guide la compagnie jusqu'à Réchicourt-le-Château où le commandant Buisson installe le PC du I/41⁰ RMIC[2]. Informé de l'arrivée des coloniaux, le commandant Grill, du III/133⁰ RIF, leur fait savoir que le lieutenant-colonel Bertrand a donné l'ordre de contre-attaquer en direction du pont du col des Français.

1. Albert Lepoutre restera 114 jours dans un hôpital de Saint-Dié et sera libéré par les Allemands comme « blessé non récupérable ».
2. Haquette se met en position derrière une barricade avec une mitrailleuse et ses munitions « trouvées » dans une voiture. Le sous-lieutenant Karr, du III/133⁰ RIF, rapporte qu'il a, lui aussi, « trouvé » deux mitrailleuses dans une rue de Réchicourt.

424

Le capitaine Debever doit sortir de Réchicourt avec les débris de la CM 10 du lieutenant Masse, la section Ottmann et le groupe franc du sergent-chef Rabier. Sur sa gauche, des volontaires du 41e RMIC vont participer à l'action sous les ordres du capitaine Page et des lieutenants Roux, Velley et Berthélemy. Sur sa droite, Debever est couvert par le sous-lieutenant Karr qui dispose de trois groupes prélevés sur les sections Rozet, Ottmann et Lebreton. Le I/133e RIF du commandant Fribourg-Eynard participera également à l'action puisque, vers 13 heures, le capitaine Favaron, de la CM 3, a reçu l'ordre « d'appuyer la contre-attaque qui doit démarrer à 14 heures ». Le lieutenant de Miscault est même venu préciser que le colonel souhaitait deux hommes par mitrailleuse et les autres en tirailleurs dans le bois. Favaron sait qu'il sera difficile d'avancer, les sections Roy et Biedermann étant en contact depuis midi.

A l'heure fixée, les différentes formations de la contre-attaque s'élancent vers le nord, et le capitaine Debever rapporte « qu'il tombe sur l'ennemi qui n'était qu'à quelques centaines de mètres de Réchicourt ».

Ayant franchi le canal sans rencontrer la vigoureuse résistance à laquelle ils s'attendaient, les Allemands sont surpris par cette contre-attaque et leurs premiers éléments jettent leurs armes et lèvent les bras. Debever fait conduire les blessés au PS du médecin-lieutenant Hirsch et les valides au PC du 133e RIF, à Foulcrey, où le lieutenant Huser va procéder à leur interrogatoire[1].

Depuis le remblai de la voie ferrée qui domine Nouvel-Avricourt, le sous-lieutenant Constant aperçoit les prisonniers, bras en l'air. « Ce spectacle nous réchauffe le moral », dit-il.

Les officiers du *Regiment 244* de von Groddeck reprennent leurs hommes en main ; pour briser la contre-attaque, ils font déclencher de violents tirs d'armes automatiques et de *minen*.

« Ce fut tout de suite l'affrontement et nous essuyons un feu meurtrier, écrit Debever. Le nez dépassant à peine de l'herbe, on s'est fusillé à environ cent mètres... »

Sur la gauche, les coloniaux sont eux aussi contraints de s'arrêter. Le caporal-chef Buzzini essaie d'entraîner ses hommes, mais le feu adverse est trop dense et, lorsque le caporal-chef Battavoine est tué, le capitaine Page sait qu'il n'ira pas plus loin.

« Nous avons vu la contre-attaque déboucher de Réchicourt, raconte

---

1. Debever parle de 29 prisonniers, le lieutenant Masse de 32, le commandant Dragon de 27, et le capitaine de Menthon dit : « Une section. »

le capitaine Favaron, mais elle a été stoppée à environ huit cents mètres de sa base de départ et les Allemands ont contre-attaqué à leur tour. »

Maintenant, la bataille s'étend du nord au nord-est de Réchicourt et les mitrailleuses de la section Becker tentent de protéger les éléments du capitaine Debever dont « le nez dépasse à peine de l'herbe ». Le soldat Hainaut est tué à côté du capitaine Favaron, tandis que les mortiers du lieutenant Marin tirent à vue sur l'ennemi. La riposte des *minen* cause de nombreuses pertes et la plupart des hommes donneraient cher pour être ailleurs. « Un mouvement de panique se produit, rapporte Favaron, et tout le monde veut accompagner les blessés à l'arrière. »

Plus à droite, dans le quartier du Ier bataillon, le bombardement cause également des pertes : le lieutenant Lallemand est mortellement atteint [1] en même temps que le soldat Barré, de Sens. On procède à l'évacuation des blessés : Cupillard, Krebs, Cantillon — qui ne survivra pas —, le sergent Salagnac, le caporal Flamand, le caporal-chef Ravelet, etc. Toutes ces arrivées posent d'ailleurs un difficile problème au médecin-lieutenant Hirsch. « Blessés allemands et français s'accumulent, écrit-il, et nous n'avons pas de moyens pour les évacuer. »

En outre, Hirsch se trouve dans une situation impossible : prévoyant un inévitable combat de rues dans Réchicourt, le commandant Grill lui a donné l'ordre de libérer l'école où se trouve le poste de secours, car elle commande un carrefour et le chef du III/133e RIF a l'intention d'y placer un canon de 25. En fin d'après-midi, Hirsch fera transférer ses blessés dans une grange garnie de paille fraîche et, grâce à une sanitaire prêtée par le IIe bataillon, il pourra reprendre ses évacuations sur l'arrière. Heureusement, car, jusqu'à la tombée de la nuit, les brancardiers amèneront des blessés au PS de Réchicourt. Parmi eux, le capitaine de Menthon, qui a reçu un éclat dans l'épaule, et le capitaine Bousquet, une balle dans la poitrine [2].

Avec ses trois groupes, le sous-lieutenant Karr a progressé vers l'est, en direction du bois de Ketzing, et s'est arrêté devant la voie ferrée qui traverse la forêt d'est en ouest sans rencontrer d'opposition. Sur sa droite, le capitaine Lucas, de la CM 5, a également poussé les sections Bretour et Boissel vers la voie ferrée, à l'abri de laquelle se rallient des isolés ou des groupes de combat perdus dans les bois. Poussés par on ne sait quel instinct, les hommes du 133e RIF vont s'accrocher à cette voie

1. Originaire d'Attigny (Vosges), le lieutenant Aimé Lallemand est décédé le soir même à l'ambulance de Sainte-Pôle.
2. Futur ministre, François de Menthon s'évadera le 14 septembre d'un hôpital de Saint-Dié et gagnera la zone libre. Avec l'aide d'une religieuse, sœur Marie-Rédempta, Bousquet s'évadera de l'hôpital de Baccarat avec le capitaine Putz le 25 juillet. A bout de forces, ils seront recueillis par M. Coulin, distillateur à Fougerolles (Haute-Saône), qui les hébergera jusqu'au 12 août. Le 15, ils seront en zone libre.

ferrée, et la lecture du journal de la *60ᵉ ID* prouve que, sur le front de la division, toute idée de percée en profondeur est momentanément écartée :

« L'attaque d'un autre bataillon du *IR 244* ne permet pas de poursuivre l'avance en raison de la supériorité du feu ennemi.

« — 14 h 30 : des éléments avancés vers Réchicourt doivent être repliés avec des pertes [1].

« — 16 h 15 : l'escadron cycliste reçoit l'ordre d'attaquer sur Réchicourt et Blamont. La mission ne peut être remplie en raison d'une forte défense ennemie.

« — 17 heures : la traversée de la forêt de Réchicourt et du bois de Ketzing, qui sont toujours tenus par des éléments isolés ennemis, provoque de nouvelles pertes. »

A 21 heures, le rédacteur fait le point de la situation sur le front du 133ᵉ RIF : « Le *IR 244,* avec deux bataillons en ligne, est bloqué sur les pentes nord de Réchicourt. Des groupes ennemis continuent de se battre dans la forêt. Les détachements de nettoyage capturent de nombreux prisonniers en combat rapproché [2] et, de ce fait, nos pertes sont élevées. »

*
* *

Au début de l'après-midi, le bombardement faiblit sur le 41ᵉ RMIC et les débris des deux bataillons de première ligne se replient sur la ligne des Avricourt tenue par le IIIᵉ bataillon du commandant Virolet. On dit LES Avricourt, car la limite entre le département de la Moselle et celui de la Meurthe-et-Moselle coupe d'est en ouest l'agglomération qui, par cette fantaisie administrative, constitue deux communes. Pour la commodité du récit, la localité mosellane sera Avricourt-nord et celle de Meurthe-et-Moselle, Avricourt-sud. A moins de deux kilomètres vers l'est, Nouvel-Avricourt est plus la cité-dortoir des cheminots qu'un village, et la rotonde de la SNCF domine en partie le paysage.

Couvert par le lieutenant Noël et le personnel de l'état-major du IIᵉ bataillon, le commandant Duménil a quitté son moulin incendié pour se réfugier à Avricourt-nord. Le capitaine Mayer tient la croupe nord-ouest avec deux sections, le lieutenant Viseux est à la sortie nord, le sous-lieutenant Fallon dans les vergers, la CM 5 du capitaine de Combarieu a pris possession des habitations, et les capitaines Communal

---

1. Ce sont les résultats de la contre-attaque française.
2. Comme l'écrit très justement le sous-lieutenant Constant, du III/41ᵉ RMIC, « cette bataille a été faite de la résistance désespérée, et souvent anonyme, de petites unités dont les états-majors n'ont connu le drame que de loin » (lettre du 21 octobre 1979 adressée à l'auteur).

et Raydelet, très éprouvés sur le canal, ont été placés en deuxième échelon sur la voie ferrée. A 15 h 30, le lieutenant Clémenti, qui venait de reprendre la route d'Igney, apportait le compte rendu d'installation et le plan de feux au colonel Tristani. Celui-ci est satisfait : sa nouvelle ligne est solide, la bataille peut reprendre. Le IIIᵉ bataillon a intégré le IIᵉ dans les Avricourt, le I/41ᵉ RMIC est à Réchicourt avec le III/133ᵉ RIF du commandant Grill et, entre les deux positions, la CM 11 du capitaine Folgoas s'est enterrée sur le remblai dominant Nouvel-Avricourt.

Tristani estime d'ailleurs qu'il ne doit pas rester sur la défensive et il envoie le capitaine Thilloy au PC du IIIᵉ bataillon pour donner l'ordre à Virolet de monter une contre-attaque. Le lieutenant Vigneron est désigné pour reconnaître le terrain le plus favorable, mais, une demi-heure plus tard, lorsqu'il rentre avec sa patrouille, Virolet lui fait savoir que la contre-attaque est annulée. L'ennemi a été plus prompt et il a pris l'offensive contre les Avricourt, portant son effort sur Nouvel-Avricourt.

Sur le remblai de la voie ferrée, la position de la compagnie Folgoas n'est pas la meilleure. Pas plus que Lescanne, le général Hubert n'a envisagé d'évacuer les habitants de la zone du canal, et ce sont les Allemands qui s'infiltreront dans les maisons de Nouvel-Avricourt pendant que les coloniaux subiront leur feu à l'abri du remblai. Celui-ci comporte deux points d'appui : à droite, le sous-lieutenant Constant et l'aspirant Coleuille avec trois mitrailleuses, autant de FM et le canon de 25 du sergent Rousse ; à gauche, le PA du lieutenant Seilles avec trois mitrailleuses, le PC du capitaine Folgoas et le groupe de commandement du sergent Bourdier. En avant de la position, juste à l'entrée de Nouvel-Avricourt, l'adjudant-chef Dessaint et une dizaine d'hommes constituent une sorte de sonnette d'alarme dont la faiblesse est l'isolement.

Après le bombardement du matin, le commandant Virolet a envoyé à ses compagnies une proclamation enflammée du genre : « Le bataillon ne sera jamais enfoncé ! Mourons sur place et vive la France ! » A la CM 11, le capitaine Folgoas la montra à ses officiers, et ceux-ci, unanimes, estimèrent qu'elle ne devait pas être diffusée. Le « Mourons sur place » leur restait dans la gorge.

Vers 16 heures, le sous-lieutenant Michelix, qui observe à la jumelle la voie ferrée au nord de Nouvel-Avricourt, signale des silhouettes verdâtres s'infiltrant dans les vergers. Dans les deux points d'appui du remblai, tout le monde est alerté, mais, au PA Dessaint, personne ne se rend compte du danger et les coloniaux, debout, conversent paisiblement.

« Les hommes les plus rapprochés poussent des cris pour les prévenir,

428

explique le lieutenant Seilles, et le capitaine fait sonner le « garde-à-vous » par le clairon Blanchot. »

L'adjudant-chef Dessaint n'a pas le temps de se battre ; il est entouré, submergé et, en quelques minutes, le point d'appui a succombé[1]. Seul, le sergent Lambert a eu le temps de retirer la culasse de son canon de 25 et de s'enfuir avec les servants. Les Allemands vont maintenant utiliser une méthode d'intimidation qui, dans certains cas, s'est montrée payante.

Seilles : « Nos soldats capturés sont alignés, face à nous, en bordure d'une sorte de parapet. Sous la menace, ils sont contraints de nous crier de nous rendre, sous peine, si nous refusons, d'être abattus immédiatement. Cette scène démoralisante pose des cas de conscience. »

Sur le remblai, derrière leurs armes automatiques, les coloniaux ont le doigt sur la détente, mais le « cas de conscience » dont parle le lieutenant Seilles les fait hésiter. Ils sont persuadés que l'ennemi est capable de mettre sa menace à exécution. Le spectacle de leurs camarades debouts, bras levés, criant leur désespoir, les impressionne et les paralyse. Le capitaine Folgoas devine que tout peut basculer en quelques secondes et, par le truchement d'un Lorrain, Molter, il fait répondre en allemand « qu'il n'est pas question de se rendre et que le combat continue ».

L'agressivité réapparaît dans le camp français et l'on échange des bordées d'injures bientôt couvertes par le tir des armes à feu.

« J'ordonne de continuer, dit le sous-lieutenant Constant, et je prends moi-même un mousqueton avec lequel je tire, un peu au hasard, car les Allemands sont bien dissimulés. »

Les prisonniers ont plongé derrière le parapet et l'on ignore quel est leur sort[2]. La seconde phase de la bataille est maintenant déclenchée et, depuis les Avricourt jusqu'à Réchicourt-le-Château, le front du 41e RMIC est couvert de fumée. Il semble pourtant que l'ennemi, partant de Bataville, épouse dans son avance le tracé de la voie ferrée qui le conduit à Nouvel-Avricourt. Une fois emporté le bastion de la CM 11, les Allemands pourraient opérer un double encerclement en se rabattant d'une part derrière Avricourt-sud, d'autre part derrière Réchicourt. Est-ce la raison pour laquelle les tirs sont si nourris devant la CM 11 ? Les mitrailleuses des sergents Gérard, Bourdier, Birry et Boffy répondent par le feu aux hurlements poussés par les Allemands qui entrent dans les maisons d'où ils vont tirer depuis les greniers. D'autres se glissent dans la rotonde de la SNCF dont les vitres noircies éclatent sous les

1. Outre Dessaint, le PA comprend le sergent Jenfer, le caporal-chef Zwiebel et les soldats Dubosc, Lemaire, Bossy, Dicharry, Alainmat et Reinert.
2. Selon le sergent Paul Jenfer, retiré à Seyssel (Ain), les Allemands n'ont pas mis leur menace à exécution, mais les hommes du PA ont eu des tués et des blessés pendant la bataille (lettre du 10 février 1976 adressée par Jenfer à son ami Paul Bietz et communiquée à l'auteur).

projectiles. **Légèrement blessé, le sergent Allaire veut aller se faire** panser, mais une balle le cueille en chemin. La poitrine traversée, le caporal Lapoire agonise à son poste d'observation ; cependant, le feu est d'une telle intensité que personne ne cherche à le secourir. Chaque soldat a maintenant l'impression de défendre la position de la compagnie, mais aussi sa propre vie. Envoyant *minen* après *minen,* les Allemands veulent visiblement clouer les Français sur le remblai.

« Nous tirons dans les fenêtres, sur les toits, raconte Constant, partout où peut se cacher l'ennemi dont les interminables rafales nous répondent, déchiquetant les branches des arbres. »

Dumont prend dans la ligne de mire de son FM un soldat en *feldgrau* qui se hisse sur la charpente métallique de la rotonde. Trois balles suffisent... La compagnie Folgoas subit des pertes ; Rutat, Dunet, Kristek et deux sergents, Gérard et Bréchet, ont été tués. Veston, l'ordonnance du capitaine Folgoas, a la main traversée par une balle. Il refuse d'être évacué et une seconde balle le tue une demi-heure plus tard. Damour, Dumond et Dubot, tous les trois mitrailleurs, sont blessés derrière leurs pièces ; Le Cam reçoit une balle dans l'épaule et, si le colonel Tristani ne renforce pas la CM 11, le remblai ne sera bientôt plus couvert que de morts et de blessés.

« C'est au tour du capitaine Folgoas, raconte le lieutenant Seilles. Il se trouvait derrière moi, adossé à un arbre, en train de rédiger un compte rendu. Au cri de Michelix qui était à côté de lui, je me retourne et vois le capitaine glisser le long du tronc et s'affaisser : il ne bouge plus. Juste sous la visière de son casque, une traînée sanglante prouve qu'il a été tiré en plein front. »

Supposant que Seilles va prendre le commandement de la compagnie, le sous-lieutenant Michelix se rend au point d'appui de droite pour informer Constant et l'aspirant Coleuille. Et la bataille se poursuit, aussi âpre, indiquant par cette âpreté que c'est bien à Nouvel-Avricourt que le *IR 125* de l'*Oberst* Petersen veut percer. Et les renforts coloniaux n'arrivent qu'au compte-gouttes. Le lieutenant Clémenti amène une dizaine d'hommes et le médecin auxiliaire Aichenbaum, qui est venu avec lui, panse les blessés légers et emporte le corps du capitaine Folgoas[1]. Un quart d'heure plus tard, le lieutenant Robin s'arrête derrière le remblai avec une chenillette de munitions qui fait hurler de rage les servants des mitrailleuses : toutes les cartouches sont en vrac et c'est en plein combat qu'il faut les mettre sur bande.

Les coloniaux de la CM 11 résistent toujours. Malgré les *minen,* les

1. Né le 19 avril 1906 à Pont-l'Abbé (Finistère), Gaston Folgoas sera enterré dans un carré « 41e RMIC » du cimetière de Domèvre-sur-Vezouse, avec l'adjudant-chef René Carle, le caporal-chef Friedblatt et le soldat Lombardot.

obus traceurs et les nappes de balles, ils empêchent les Allemands de donner l'assaut qui leur permettrait d'enlever le remblai.

« Nous pensons qu'il faut tenir jusqu'à la nuit, dit Constant, mais il est à craindre que l'ennemi cherche à en finir avant. Les rafales se suivent sans interruption. Nous ne pouvons plus lever la tête sans attirer les coups. »

L'adversaire ressent pourtant la fatigue de la journée. Après une nuit blanche le *IR 125* se bat depuis le matin et, outre les blessés et les morts, de nombreux soldats ont dû être évacués pour épuisement. Mais le régiment ne sera relevé par deux bataillons du *IR 222* que vers 21 heures. En attendant, il lui faut essayer d'emporter la position de la CM 11.

Vers Avricourt-sud, la liaison est coupée et le caporal Toussaint qui tentait de rejoindre le PC du III/41e RMIC a rencontré une patrouille adverse. De son côté, le motocycliste Agemont, qui portait un ordre au lieutenant Seilles, a été abattu en cours de route. A droite, vers Réchicourt, la fusillade semble indiquer que l'on se bat, mais aucune liaison n'est établie. La CM 11 ne recevra plus aucun renfort et, coupée de ses sources d'approvisionnement, elle ne peut désormais compter que sur elle-même. Les tirs répondent aux tirs et, au crépuscule, « la situation est désespérée, avoue le sous-lieutenant Constant. Les hommes, épars dans la nuit qui arrive, échappent à tout contrôle. A ceux que nous avons vu tomber, ou fait évacuer, s'en ajoutent d'autres, frappés de balles ou d'éclats à leur poste. Ceux qui restent sont à bout ».

Au PC du régiment, à Repaix, le colonel Tristani a reçu l'ordre de décrocher vers 20 heures. Ce n'est pas de gaieté de cœur qu'il fait rédiger les documents que les officiers de liaison vont porter aux bataillons. Reprendre la route de la retraite après une journée de bataille telle que le 18 juin est une idée que chacun repousse, car elle conduira le 41e RMIC à un épuisement total.

Il est entendu que la CM 9 du capitaine Courdavault assurera la protection du mouvement et « fera du volume » en arrière-garde. Personne ne s'inquiète vraiment de l'absence de liaison avec la CM 11 qui se bat à Nouvel-Avricourt et pourtant, lorsque la nuit tombe, personne ne peut ignorer les gerbes de balles traceuses et le bruit des armes automatiques constituant la preuve que la compagnie tient toujours. Aucune opération, si modeste soit-elle, n'est tentée pour aider la CM 11 à décrocher. Le groupe franc du lieutenant François ou une compagnie reconstituée du III/51e RMIC pourraient essayer de « lui donner la main ». Aucun ordre dans ce sens n'est donné : la CM 11 est rayée du tableau d'effectifs.

Dans le crépuscule qui cède la place à la nuit, les compagnies se regroupent, on récupère les derniers blessés, les chevaux affolés par les explosions, les dernières caisses de cartouches, et, dans un ordre relatif, les unités prennent la direction du sud. Le commandant Buisson, qui s'attend au pire, se fait précéder par six tireurs au FM marchant de front avec six grenadiers prêts à dégoupiller et une douzaine de voltigeurs. A 23 heures, le capitaine Courdavault fait replier sa compagnie, conservant avec lui l'aspirant de Camaret et trois groupes de combat « qui se déplacent le long de la position et tirent d'endroits différents pour donner l'impression que le régiment est toujours en place ». A la tête d'un groupe d'égarés, un caporal rend compte que le lieutenant Vigneron a disparu, vraisemblablement fait prisonnier. Peu après minuit, Courdavault part vers le sud avec ses derniers éléments. Le 41e RMIC laisse 34 morts identifiés dans les Avricourt et 12 à Réchicourt-le-Château où 17 soldats du 133e RIF seront également inhumés.

Au III/133e RIF, le commandant Grill, » qui donne des signes manifestes d'épuisement » (rapport de Menthon), a quitté Réchicourt vers 21 heures avec le capitaine Debever, les sous-lieutenants Karr, Ottmann, et le motocycliste Kerlogo. Il reste un certain nombre de caisses de munitions que les chenillettes devaient emporter au cours d'un second voyage ; elles ne reviennent pas, et grenades et cartouches sont abandonnées. La sécurité de l'arrière-garde est assurée par la CM 3 du capitaine Favaron qui se repliera le 19 à 3 h 30 du matin sans essuyer de nouvelles pertes.

Sur le talus du chemin de fer, à Nouvel-Avricourt, le lieutenant Seilles et le sous-lieutenant Constant ont décidé de profiter de la nuit pour décrocher. Lorsque Seilles lance ses coups de sifflet, il est environ 22 heures. A la voix, Constant prévient tous les hommes de la compagnie qu'il rencontre ou dont il soupçonne la présence : « La dernière heure fut la plus dure ! » avoue-t-il. D'abord parce que les Allemands n'ont pas ralenti leur feu qui, dans l'obscurité et avec les centaines de traits lumineux tirés dans le ciel par les balles traceuses, devient plus impressionnant. Il y a ensuite l'atroce sensation d'abandon, la coupure avec le bataillon, le régiment, l'espoir déçu ; personne n'a tenté de dégager la CM 11.

Le mouvement s'effectue dans le désordre. Rompus de fatigue, les hommes laissent des blessés sur la position : Heymonet, Calsat, Damour, Quignard, Sinsoulieu [1] et d'autres, non identifiés. Ceux qui restent sont aussi nombreux que ceux qui s'égarent, qui rencontrent les premières patrouilles allemandes, tombent dans des embuscades. On ne reverra pas les sergents Birry, Alleaume et Bourdier. Ni l'aspirant

1. Fernand Sinsoulieu, qui restera aveugle, avait basculé en avant du remblai et son camarade Bordeaux était allé le chercher sous le feu.

Coleuille. Partis renforcer la CM 9 avec les caporaux Marcant, Neau et Cunningham, seize mitrailleurs n'ont pas rejoint. Sont-ils partis avec la compagnie Courdavault ? Le repli est plus éprouvant que le combat : les nerfs lâchent, la faim se fait sentir et puis la fatigue, la fatigue insurmontable brise les hommes, les fait trébucher. Une partie de la CM 11 sera recueillie par le bataillon Buisson, mais le lieutenant Seilles ne le sait pas et, s'estimant comptable de ses soldats, il s'arrête vers une heure du matin au bord d'un ruisseau et décide de les attendre, tout en « somnolant et méditant sur la triste aventure qu'il vient de vivre ». Instituteur et officier de réserve, Seilles est l'image même des combattants du 18 juin. Ils ont tous l'impression d'avoir atteint le fond de leur réserve d'énergie. Pour Seilles, c'est même plus grave. « Au moment où tout s'est effondré, écrit-il, désespéré par cette écrasante défaite et par l'impression d'abandon, j'ai été tenté d'en terminer... »

Un de ses gradés, le caporal-chef Bietz, est heureusement près de lui et, pressentant le désarroi de son chef, l'empêche de commettre l'irréparable et « lui redonne le courage de continuer ». Ils repartent vers le sud, avec les sous-lieutenants Michelix et Constant, le sergent Brutto, le caporal-chef Canbet et quelques autres. Combien de temps marchent-ils dans l'obscurité ? Une heure, peut-être deux ! Et puis, à bout de forces, ils s'arrêtent encore :

« Nous choisissons un épais buisson et décidons de nous y reposer, raconte Constant. Je n'ai plus mon manteau, laissé sur le remblai. Malgré le froid et les épines je m'endors, le fusil entre les jambes. De temps en temps, Seilles me secoue parce que je ronfle. »

Dans la matinée du 19 juin, à Domèvre-sur-Vezouse, le colonel Tristani dira à Seilles : « Depuis 20 heures, vous étiez considérés comme perdus ! »

CHAPITRE XX

« Pour Varsovie ! Pour Varsovie ! »

Après l'intervention de la compagnie de chars du lieutenant Guillier et la contre-attaque lancée par ses grenadiers polonais en direction du canal, le général Duch a donné l'ordre au colonel Onacewicz, qui commande l'artillerie de la 1ʳᵉ DGP, de poursuivre ses tirs de harcèlement sur la région de Lagarde jusqu'à l'aube du 18 juin.

Au pont de Lagarde, les *Pionniers* du *Hauptmann* Friedrich, qui travaillent à la remise en état de l'ouvrage, ont été maintes fois interrompus par des salves de 75 et il est peu probable que le passage sera rétabli au lever du jour comme prévu. Dans le camp allemand, on reconnaît d'ailleurs que ces tirs d'artillerie inopinés ont causé de sérieux dégâts. « Un coup au but sur une pièce de la 11ᵉ batterie a mis tous les servants hors de combat, écrit le *Major* von Stetten, du *Panzerjäger Abteilung 268.* A Bourdonnay, où des colonnes étaient stationnées, il y eut des pertes sévères. Sur la route de Lagarde, des véhicules furent incendiés et une grande partie de nos observatoires furent hachés par les éclats du 75. »

Le général Duch a trois bataillons en première ligne, mais, contrairement aux Français, il ne semble pas avoir l'obsession des lignes d'eau et, au lieu d'installer ses grenadiers sur la rive sud du canal « plate et dénudée », comme l'a fait le colonel Tristani, du 41ᵉ RMIC, il leur a donné l'ordre de se dissimuler à la lisière des forêts. Renforcé par la 10ᵉ compagnie du capitaine Kaucz et trois sections de mitrailleuses du IIᵉ bataillon, le I/2ᵉ RGP du commandant Scydlowski tient le quartier gauche de la division, celui qui a déjà été attaqué par les Allemands dans la journée du 17. A droite, vers Moussey, le III/1ᵉʳ RGP du commandant Fuglewicz a derrière lui le II/3ᵉ RGP du commandant Michalik [1]. Très éprouvés dans les combats d'arrière-garde, les deux autres

---

1. Selon d'autres sources polonaises, c'est le I/3ᵉ RGP du commandant Karolus qui se trouve derrière Fuglewicz.

bataillons du 1ᵉʳ RGP ont été placés en réserve avec les rescapés du III/2ᵉ RGP. Quant aux cavaliers du GR, après leur participation à la contre-attaque de la soirée du 17, ils ont gagné la forêt proche de Vého, à une douzaine de kilomètres au sud du canal.

Devant Moussey, le commandant Fuglewicz a trouvé un moyen pour éviter une attaque durant la nuit du 17 au 18 juin ; il a envoyé des volontaires incendier un important entrepôt de bois situé sur la rive nord, ce qui a permis d'éclairer la position *a giorno* jusqu'au matin.

⋆⋆⋆

A la *268ᵉ ID,* des camions ont apporté radeaux et canots pneumatiques, et le franchissement du canal s'effectuera sans difficulté pour les fantassins. Mais peuvent-ils se permettre d'attaquer une nouvelle fois sans appui d'artillerie ? Les pertes subies dans la soirée du 17 juin font hésiter le *General* Straube, mais il sait que les divisions qui l'encadrent se préparent à passer à l'attaque à l'aube du 18 juin, et ce serait un comble que la *268ᵉ ID* prît du retard alors que la veille elle fut la première à conquérir une tête de pont au sud du canal.

« A quelle heure pourrez-vous intervenir ? »

Dix fois déjà, le *General* Straube a posé la question à l'*Oberst* Metz, commandant le groupement d'artillerie 818. Et, dix fois, Metz a répondu de la même voix posée : « Pas avant midi, *Herr General,* pas avant midi, mais toutes les batteries seront alors en position, y compris les *Mörser* de 210, et le ravitaillement en munitions assuré. »

Straube n'est pas satisfait. S'il attend midi pour attaquer, les divisions voisines auront franchi le canal depuis longtemps. De plus, l'ordre personnel envoyé à toutes les grandes unités par le chancelier Hitler est formel : il faut poursuivre l'armée française sans répit.

« Nous nous passerons de l'artillerie ! » décide Straube pour la seconde fois.

Le *IR 499* de von Bothmer est mis en réserve. Il marche en tête de la division depuis la région de Dieuze et a subi de nombreuses pertes, notamment la veille au sud du canal. L'*Oberst* Kohler, du *IR 488,* va se préparer à traverser à hauteur de l'écluse 13, et le *IR 468* de l'*Oberst* Krieger attaquera en direction de Vaucourt à 9 h 30 selon le même scénario que la veille. Le *Hauptmann* Spitzer, officier Ia de la *268ᵉ ID,* ne comprend plus. « Le 17 juin, dit-il, on a déjà sacrifié les hommes du *IR 499* dans une opération montée sans appui d'artillerie et, le 18 au matin, le *General* Straube commet la même erreur une seconde fois en ordonnant d'attaquer à 9 h 30, alors que nous savions tous que l'artillerie ne pourrait intervenir que vers midi[1]. »

1. Lettre du 28 février 1967 adressée par le *General* Spitzer à l'auteur.

Spitzer et la plupart des officiers de l'état-major, von Bullion, Kutzbach, Hilgert et von Brandstein-Zeppelin, sont tous du même avis : le *IR 468* attaquera peut-être en même temps que les divisions voisines, mais à quel prix ? L'écoute du trafic radio adverse a permis de savoir que les unités en position au sud du canal sont polonaises et, par expérience, les officiers de l'état-major de la *268ᵉ ID* savent que l'infanterie polonaise ne craint pas le corps à corps et ne cède pas facilement le terrain qu'elle défend. En outre, son artillerie est en place et le fait savoir avec vigueur depuis la veille.

« Nous allons vers un nouvel échec ! » confiera Kutzbach à von Bullion.

A 9 heures, le *III/IR 468* du *Major* Altmann est sur sa base de départ. Les pièces légères de la 13ᵉ compagnie ont été remontées et mises en position, ce qui permet d'apporter un appui d'artillerie au bataillon Altmann[1]. Celui-ci démarre à l'heure prescrite, de part et d'autre de la route de Vaucourt, et, comme la veille, les mitrailleuses polonaises camouflées aux lisières du bois du Tilleul ouvrent le feu. Grâce au relief du sol, la compagnie du *Hauptmann* Eminghaus parvient à environ deux cents mètres du bois, mais elle s'arrête derrière un talus, car, dès que la section de tête a essayé de le franchir, elle a été fauchée par le tir des armes automatiques. Sur la droite, les *Pionniers* d'assaut du *Leutnant* Holzmann se glissent jusqu'à cent mètres de l'ennemi, mais l'officier est tué d'une balle dans la tête et ses hommes se replient en emportant son corps. Une compagnie s'élance vers le bois de Ley d'où les Polonais prennent de flanc la route de Vaucourt, mais une contre-attaque lancée derrière un barrage roulant déclenché par le colonel Onaciewicz la rejette vers sa base de départ. La 2ᵉ compagnie du bataillon Altmann tente sa chance en direction du bois du Tilleul, mais elle doit renoncer et décroche avec, dans une toile de tente, le corps du *Leutnant* Wenger, mortellement atteint.

Après plus de trois heures de combat, le nouvel échec est manifeste, et, si le *Major* Altmann peut ramener tous ses blessés — plus de quatre-vingts —, il laisse trente-quatre tués le long de la route de Vaucourt. Il est 13 heures et, malgré sa déception, le *General* Straube prépare maintenant la deuxième phase de la bataille, avec cette fois l'apppui de toute son artillerie dont les premiers fusants éclatent sur le bois du Tilleul, tandis que le « mouchard » vire au-dessus de Vaucourt pour repérer les emplacements des batteries polonaises.

1. Dans les régiments d'infanterie allemands, la 13ᵉ compagnie est équipée de six pièces de 75 et de deux pièces de 150. Leur portée est réduite (3 500 mètres pour le 75 et 5 000 m pour le 150), mais elles sont démontables et leur faible poids permet de traverser les cours d'eau sur de simples passerelles, voire en canot pneumatique.

Vers 14 heures, le pont de Lagarde est ouvert à la circulation et les automitrailleuses du *Major* Unrein passent sur la rive sud du canal. L'*Oberst* Krieger, qui a mis les hommes du *Major* Altmann au repos, monte une nouvelle attaque sur Vaucourt avec cette fois deux bataillons et l'appui de deux groupes d'artillerie. A l'écluse 13, l'*Oberst* Kohler a fait traverser le canal au *II/IR 488* du *Major* Lindig. Celui-ci a reçu une consigne précise de son chef de corps : le bataillon doit éclater en *Stosstrupps* « qui utiliseront le terrain en se dispersant au maximum jusqu'à la forêt ». Pendant que Krieger s'efforcera de faire sauter le verrou de Vaucourt par la route de Lagarde, les *Stosstrupps* de Lindig vont marcher droit vers le sud, entre la route Vaucourt-Emberménil et la forêt de Parroy. Ils sont d'ailleurs obligés de se tenir à distance respectueuse de la lisière de celle-ci, car, s'ils ont contraint la section Barat et le corps franc Mettetal, du III/174e RIF, à se replier, les armes automatiques de la CM 9 du capitaine Bauvit interdisent toute approche.

Utilisant le terrain comme savent le faire des soldats bien entraînés, les hommes de Lindig atteignent deux heures plus tard la cote 280, près du bois de Grez. S'ils obliquaient vers l'ouest, ils pourraient s'emparer du commandant Caye au PC du 174e RIF (ils sont à sa hauteur) et se promèneraient impunément sur les arrières des bataillons en ligne sur le canal. Heureusement pour Caye, son régiment fait face à la *79e ID* du *General* Strecker et la mission du *Major* Lindig vient de lui être confirmée : pousser vers le sud et faire sauter tous les obstacles, de manière à ouvrir la route au régiment et à l'artillerie qui franchira le canal derrière lui.

Vers 16 heures, le bataillon Lindig se heurte au II/348 RI du commandant B... dont les compagnies sont échelonnées depuis midi dans le saillant est de la forêt de Parroy. Que fait le 348e RI qui appartient à la 52e DI, sur les arrières de la division polonaise du général Duch ?

★ ★

Dans l'après-midi du 17 juin, le général Echard s'est inquiété de la présence des Allemands au sud de Lagarde. A partir de la tête de pont conquise sur les Polonais, ces derniers allaient-ils être enfoncés et entamer un repli en profondeur ? La 52e DI étant sur la gauche de la 1re DGP, Echard a décidé de protéger son flanc qu'il estimait menacé. Pendant que le commandant Lelay, du III/174e RIF, alignait la compagnie Courbères à la lisière est de la forêt de Parroy, Echard donnait l'ordre de prolonger cette défense vers le sud avec le 348e RI du lieutenant-colonel Binet, ou plutôt avec les deux bataillons qui lui restent, le troisième n'étant plus opérationnel après les combats livrés les 16 et 17 juin sur la Seille.

Les mouvements des deux bataillons se sont effectués dans la soirée du 17 et la mise en place a donné lieu à mille difficultés, dont la première consistait à se déplacer de nuit sur un terrain boisé que personne ne connaissait. Le II/348e RI du commandant B... s'installant au sud de Vaucourt, à la limite des deux divisions, B... découvrira à l'aube du 18 juin que ses compagnies sont mélangées à des éléments polonais. « Ceux-ci ont circulé toute la nuit sans répondre aux sommations ! » se plaint le chef de bataillon.

Craignant de s'enliser, les conducteurs des voiturettes porte-mitrailleuses n'ont pas voulu s'engager dans les chemins forestiers défoncés par le va-et-vient des chenillettes, et les hommes ont porté les pièces à dos, ceux de la section Taton parcourant plus de deux kilomètres dans ces conditions. Le ravitaillement n'a pas suivi, lui non plus, et les soldats ont marché une partie de la nuit le ventre creux. « Pas de ravitaillement depuis le 17 juin à 17 heures », note le capitaine Lorentz, de la 6e compagnie [1].

Au III/348e RI du capitaine Montagne qui s'est installé derrière le bataillon B... et protège Emberménil, les hommes doivent se contenter des quelques vivres qui subsistent au fond de leur musette.

« Nous sommes abrutis de fatigue et de sommeil en retard, mais nous mangeons une boîte de singe et quelques biscuits arrosés d'eau », raconte le lieutenant Libert, de la « 11 » du capitaine Blocquaux.

Pendant que le 348e RI se met en place, à l'arrière, les artilleurs ne manquent de rien, grâce aux habitants des villages lorrains. A la 5e batterie polonaise du major Stojewski, pour ne citer qu'elle, l'abondance règne. « Les civils nous apportent des victuailles, écrit l'aspirant Studzinski, des œufs, des fromages, des pains, du lard, et puis des bouteilles de vin, de l'eau-de-vie. Dans la journée, ce seront des poulets fraîchement rôtis et du vin à discrétion... »

Il est à peu près 16 heures lorsque le bataillon du *Major* Lindig prend le contact avec le II/348e RI. Une demi-heure plus tôt, selon le commandant B..., « un capitaine polonais et quelques soldats sans munitions nous ont dit que Vaucourt est tombé ».

La 6e compagnie du capitaine Lorentz est échelonnée de part et d'autre de la route Vaucourt-Emberménil, mais la « 5 » du lieutenant Rivalland est en premier échelon sur la droite et c'est elle qui subit les effets du barrage roulant précédant les *Stosstrupps*. Pendant près de trois

---

1. Le 18 à 20 heures, Lorentz apprendra que la « roulante » est à la lisière sud de la forêt. Le sergent Romé et quatre hommes iront jalonner l'itinéraire de la corvée de soupe, mais... personne ne les reverra. Ni la « roulante » !

heures, la « 5 » interdit la route à l'ennemi qui, cherchant à la tourner, se heurte au feu des Polonais. Le sous-lieutenant Bourgeois reçoit une balle dans le cou, Thiphagne et le caporal Jaubert sont grièvement blessés et, lorsque Rivalland, à court de munitions, transmet l'ordre de décrocher, les Allemands sont à une centaine de mètres. Les mitrailleuses sont sabotées et abandonnées ; le commandant de compagnie, qui tente d'emmener Thiphagne, perd quelques minutes et se fait capturer. Ce sont les sous-lieutenants Bonsendin et Petitperrin qui conduisent la « 5 » vers Emberménil, annonçant à leurs camarades du IIIᵉ bataillon « que l'ennemi les suit [1] ».

*

Pendant que le bataillon Lindig ouvre la route au *IR 488,* le bataillon Altmann effectue la même opération pour le compte du *IR 468* en reprenant pour la seconde fois la route Lagarde-Vaucourt. Cette fois, les conditions ont changé, car l'artillerie de la *268ᵉ ID* protège l'avance des fantassins en assenant de puissants coups de hache sur le bois du Tilleul, aux lisières duquel les armes automatiques polonaises se taisent une à une. Le bataillon du *Major* Altmann donne l'assaut, et l'on devine que les hommes sont décidés à faire payer cher leurs trente-quatre morts de la matinée. Les clairons sonnent et les officiers, tous en tête, poussent des « hourras » qui galvanisent la troupe. Le bois du Tilleul engloutit le bataillon et, sous les arbres déchiquetés par le bombardement, s'engage le plus furieux combat de la bataille du 18 juin, combat qui va dégénérer en corps à corps. A part quelques brèves rafales et des coups de fusil, les hurlements couvrent les sonneries des clairons. Aux « hourras » poussés par les Allemands, les Polonais répondent, baïonnette haute : « Pour Varsovie ! Pour Varsovie ! », rappelant ainsi qu'ils n'ont rien oublié et s'apprêtent à venger leur capitale meurtrie et occupée par la *Wehrmacht.*

Au milieu des branches feuillues déchiquetées par les obus, les unités éclatent et l'on ne compte plus les affrontements individuels qui se livrent avec une froide détermination, homme contre homme, baïonnette contre baïonnette. Dans l'historique de la *268ᵉ ID,* on lit que « l'ennemi ne combattait pas seulement avec acharnement, mais aussi de façon perfide et impitoyable ». Des blessés allemands auraient été achevés à l'arme blanche et certains Polonais, « se faisant passer pour morts, tiraient ensuite dans le dos de nos soldats ». Le document fait

---

1. La 5ᵉ compagnie laisse dans le bois une douzaine de tués parmi lesquels Bourdin, Gandon, Bérard, Neveu, Crette, Badoulet, Saint-Dizier, le caporal Narbonne et le chef Bouillard. La « 5 » va lier son sort à celui du III/348ᵉ RI, la « 6 » et la « 7 » restant dans la forêt de Parroy avec le commandant B..., qui est maintenant coupé du PC de son régiment.

même état de la présence de Républicains espagnols (*Rotspanier*) combattant au côté des Polonais, ce qui n'est pas impossible. Plusieurs compagnies de travailleurs espagnols constituées avec les soldats républicains passés en France se trouvent sur les arrières du 20e corps et certains de ces « travailleurs », qui n'ont pas oublié Guernica, auraient rejoint les Polonais. Ceux-ci refusent d'abandonner le bois du Tilleul et leur combat désespéré se prolonge. La Pologne ayant capitulé huit mois plus tôt, le bruit a couru parmi les grenadiers polonais que les Allemands les considéraient comme francs-tireurs et les passaient par les armes, ce qui explique peut-être la cruauté dont on fait preuve ce jour-là dans les deux camps. A la *268e ID*, il n'est pas question de fusiller des prisonniers, mais on reconnaît au bataillon Altmann que le combat « prit des formes sévères ». Euphémisme qui explique pourquoi le nombre de Polonais capturés dans le bois du Tilleul est pratiquement nul.

Lorsque les premiers *Stosstrupps* débouchent de la lisière sud et avancent enfin vers Vaucourt, la forêt maintenant silencieuse n'abrite plus que des morts, ou des mourants. L'ordre « Pas de quartier » n'a pas été donné, mais il allait de soi, d'un côté comme de l'autre, que le fait de lever les bras n'impliquait pas d'avoir la vie sauve. Cité par le *General* Spitzer, l'*Unteroffizier* Perwog décrit le spectacle qui s'offrit à ses yeux le 19 juin lorsqu'il traversa le canal avec l'arrière-garde du *IR 499* : « Nous sortons de Lagarde qui a coûté des pertes sévères au régiment le 17 au soir[1]. La 10e compagnie n'avait plus que trente hommes, la 12e compagnie une quarantaine... Après le canal, la route monte vers un bois, les cadavres se trouvent à quinze-vingt mètres les uns des autres. Le bois a été écrasé par l'artillerie. Sur de nombreux arbres, pendent ou sont assis des tireurs tués. A la lisière, des *Pionniers* creusent les premières fosses communes... »

★ ★

A Vaucourt où les Polonais ont livré un combat de rues meurtrier, devant Xousse où ils se battent pendant que les artilleries adverses se répondent d'un front à l'autre, la pression de la *268e ID* du *General* Straube se fait de plus en plus forte. A son PC de l'école de Herbéviller, le général Duch, qui n'a pas d'autre choix, décide d'engager toutes ses réserves : le groupe de reconnaissance et les I et II/1er RGP déjà très éprouvés depuis le 15 juin. Le bataillon Perl, du 3e RGP, est envoyé au sud du canal, dans le bois de la Garenne où il devra parer à une éventuelle attaque de flanc en direction de Moussey. Auparavant, on lui enlève la compagnie du capitaine Holly qui monte vers Vaucourt où l'on

---

1. Résultat de la contre-attaque des chars du lieutenant Guillier, puis de celle de l'infanterie polonaise.

se bat maintenant à l'est du village. Les fumées de la bataille s'étendent jusqu'à Xousse, dont quelques *Stosstrupps* attaquant par l'ouest s'emparent après un furieux engagement. Selon le journal de la *268e ID,* ils trouvent dans le village « un canon et un dépôt de ravitaillement et d'habillement ».

Les Polonais se réinstallent sur les hauteurs au sud de Xousse et leur artillerie prépare de nouveaux tirs pour défendre cette ultime ligne de résistance. Le général Duch contre-attaquerait volontiers pour reprendre Xousse, et même Vaucourt, mais avec quelles forces ? Toute la division marche au feu [1] ! Heureusement pour lui, le régiment 468 est, lui aussi, très éprouvé et il ne dépasse pas la ligne de crête défendue par l'artillerie polonaise. La prise de Vaucourt et de Xousse constitue un beau résultat, et le *General* Straube devra s'en contenter. Tous ses espoirs de percée se portent désormais sur le *II/IR 488* du *Major* Lindig qui, après avoir bousculé la compagnie Lorentz, du II/348e RI, aborde maintenant le bois d'Emberménil où le III/348e RI du capitaine Montagne lui oppose une « farouche résistance ». Mais Lindig possède les moyens de la briser. Le *Henschel* mis à sa disposition vient survoler la forêt et déclenche par radio les tirs de l'artillerie. Une batterie de *Mörser* envoie même trente coups sur la lisière nord pendant que les *Stosstrupps* se hâtent de gagner du terrain.

Au poste de secours d'Emberménil, le médecin-lieutenant Richard est vite débordé par l'afflux de blessés, mais des soldats valides ou simplement « sonnés » par le bombardement suivent les brancardiers, puis des groupes entiers décrochent : le bataillon Montagne est en train de céder.

« Les boches arrivent ! » lance le mitrailleur Rindek en s'arrêtant au PS encombré. Il a été blessé par les tirs d'un *Stosstrupp* qui manœuvrait à moins de deux cents mètres de lui. Richard replie son antenne sur Laneuveville-aux-Bois, à quatre kilomètres, où il rejoint le médecin-capitaine Pujos. Sur la droite d'Emberménil, des artilleurs polonais tirent leurs dernières salves, des obus à balles, sur les fantassins allemands qui se montrent à la lisière des bois, à environ huit cents mètres. La sortie de batterie s'effectue sous un tir de *minen,* mais les Polonais réussissent à sauver leurs pièces.

Devant le village, la 11e compagnie du III/348e RI protège le décrochage du bataillon, mais elle doit elle-même céder du terrain pour ne pas être encerclée. Dans le feu de l'action, des blessés sont perdus de vue et du matériel est laissé sur place. A l'arrière-garde, le capitaine

1. Les chars du 20e BCC sont gardés en réserve par le 20e corps et ne participent pas à la bataille du 18 juin. C'est pourtant ce jour-là qu'il convenait de les engager pour appuyer des contre-attaques d'infanterie.

Blocquaux se bat au milieu de ses hommes, mais il est grièvement blessé au bras.

« Tu préviendras ma femme et tu prends la compagnie ! » dit-il au lieutenant Libert.

Les mitrailleuses du sous-lieutenant Bonnefoy assurent la couverture, et le III/348e RI, amputé de la moitié de ses effectifs, prend la route de Laneuveville-aux-Bois. De là, il gagnera la forêt de Mondon et s'arrêtera, à l'aube du 19 juin, à Ménil-Flin après une étape de trente-cinq kilomètres qui, venant après d'autres étapes et d'autres nuits sans sommeil, et après la bataille du 18 juin, fait de lui une épave. Il laisse derrière lui treize morts qui seront inhumés avec trois Polonais au cimetière d'Emberménil[1].

L'addition la plus lourde est à la charge des Polonais du général Duch qui ont particulièrement souffert dans le bois du Tilleul et devant Vaucourt où vingt-deux soldats identifiés et neuf inconnus seront retrouvés. Vers Xousse, vingt et un tués et une quinzaine dans le secteur de Moussey, sans compter les sept inhumés dans les jardins de MM. Jeanpert et Frotsch. En première approche, nous trouvons quatre-vingt-cinq tués pour la division Duch, mais ce chiffre est dépassé puisque les « inconnus non identifiés » découverts par la suite dans les bois appartenaient selon toute vraisemblance à la 1re DGP. Quant à la population qui, là non plus, n'a pas été évacuée avant la bataille, elle a, elle aussi, ses victimes : Charles Jahn, tué à la ferme de la Tuilerie, Jules Thuny et Marcel Heid à Xousse, Marie et Jeanne Brancard, âgées respectivement de soixante-quatre et cinquante-cinq ans, à Vaucourt. Nombreux sont les bovins et les chevaux tués, leurs cadavres jonchant les prairies au sud du canal. Tous les villages ont souffert, soit du bombardement, soit du combat de rues, et une petite localité comme Lagarde a son église et dix habitations très endommagées, vingt et une maisons étant entièrement détruites.

* * *

Pour la 52e DI du général Echard qui se trouve sur la gauche de la division polonaise, le 18 juin est aussi « le jour le plus long », mais une certaine inertie du commandement, pour ne pas dire plus, va permettre à l'adversaire, le *General* Strecker, de la *79e ID*, de crever le front de la division.

De gauche à droite, les Français ont cinq bataillons en ligne au sud du

---

1. Arnould, Bonvarlet, Brochet, Camagne, Hauet, Quirot, Waty et Winter, du 348e RI, un sapeur, l'aspirant Maroteaux, un artilleur : Gibert, le caporal Barthès, du III/174e RIF, Creusot, et un mort non identifié.

canal, mais leur valeur est très inégale[1]. En outre, le terrain rappelle la position du 43e corps de Lescanne où seule la RN 4 depuis Héming offrait un grand itinéraire aux colonnes allemandes. A la 52e DI, la prise des ponts de Parroy, de Mouacourt et de Xures ne donnerait qu'un faible avantage au *General* Strecker dont les unités s'enfonceraient ensuite dans l'immense forêt de Parroy. A l'ouest, au contraire, à la limite avec la division du général de Girval, les routes sont dégagées et une percée à partir de Hénaménil permettrait à l'*Aufsklärung Abteilung* de la *79e ID* de pousser jusqu'à Lunéville par Crion et Sionviller. A part quelques vergers, les Français ont peu de couverts de ce côté pour échapper aux vues du « mouchard » et aux tirs d'artillerie réglés par radio. Strecker a tout de même un handicap : même lorsque leur destruction est insuffisante comme à Parroy et à Mouacourt, les ponts du canal doivent être consolidés ou refaits pour permettre le passage des batteries de la *79e ID*. Conclusion : Strecker doit d'abord s'emparer d'une tête de pont et l'élargir avec sa seule infanterie, pendant que les *Pionniers* rétabliront un passage sur le canal. A quel endroit ? Dans le secteur de Hénaménil puisque c'est le seul endroit à partir duquel une percée en direction de Lunéville est possible.

Dans le camp français, il est permis de se demander si le général Echard a bien examiné sa carte, car, au lieu d'être fort à Hénaménil, il a laissé le commandant de l'infanterie divisionnaire y placer un bataillon de valeur médiocre, le 58e BM du commandant Meygret. A la droite de celui-ci, face à la ferme Michelet, l'écluse 16 et sa passerelle sont défendues par le 96e BCP du commandant Talmon. A gauche, se trouve le III/146e RIF du commandant Grange, qui appartient à la division de Girval.

Le 18 juin à l'aube, le *General* Strecker possède un sérieux avantage sur son voisin Straube qui piétine devant les Polonais de la 1re DGP : son artillerie est en position et tous les tubes entrent en action, bombardant à la fois la zone du canal et les arrières du secteur français.

A Crion, les échelons du 82e RIF perdent de nombreux chevaux et plusieurs voitures sont détruites ; Van Deuren, Brach et Barbaras sont tués et des blessés sont évacués sur le poste de secours. A Bonviller, le II/146e RIF du capitaine Beaumier enregistre lui aussi trois morts : Bourget, Pecqueur et Lozingot. Au 163e RAP dont les pièces répondent aux tirs allemands, Lureau est mortellement atteint par un éclat et, là aussi, des pertes en chevaux sont à déplorer. Le lieutenant de Gramont, qui revient d'une liaison, est surpris par l'intensité des salves qui se succèdent sur Bonviller.

« Le bombardement était violent et précis au moment où j'arrivais à la maison Demange, PC du 69e RIF. On emmenait un officier d'artillerie

---

1. Le 58e BM, le 96e BCP, le 5e BM, le I et le III/174e RIF.

blessé qui hurlait de douleur, des chevaux tués étaient couchés dans la rue et, en me glissant dans la cave-PC, j'appris que mon chauffeur, Filliung, venait d'être coupé en deux par un obus[1]. »

L'éclatement des projectiles couvre la zone du canal d'une épaisse fumée qui gêne les observateurs du I/49ᵉ RAMF du commandant Schoeller, appuyant le 58ᵉ BM et ceux du II/17ᵉ RA du commandant Mercier dont les batteries sont derrière le 96ᵉ BCP. Les artilleurs de la division de Girval manquent, eux aussi, de vues lointaines, au point que leurs 75 tirent trop court et obligent les mitrailleurs du III/146ᵉ RIF en position sur la rive sud du canal à reculer précipitamment. Le commandant Grange, qui proteste avec vigueur par la ligne téléphonique, a tout de même un tué et deux officiers blessés, les lieutenants Jäger et Bonnard.

Il semble que les concentrations de l'artillerie allemande visent particulièrement le quartier de l'écluse 16, à l'est de Hénaménil. Les chasseurs à pied de la 3ᵉ compagnie du capitaine Vialettes, insuffisamment enterrés, subissent des pertes. La section du lieutenant Patrice Ricour, dont les armes automatiques sont braquées sur l'écluse, est anéantie. Les sergents-chefs Arimont et Bain sont tués, Ricour est mortellement blessé, le sergent Chamsat, les chasseurs Franceschi, Herbelet, Knoepper, Maurel, Toussaint, Moreau et Moriot meurent à leur poste de combat avant d'avoir vu un seul Allemand. Le chef Liénard est blessé à la jambe et sera amputé ; le chasseur Leplat est tué à côté de lui.

A Hénaménil où les toits crevés par les obus ne se comptent plus, le 58ᵉ BM évacue plus de trente blessés, mais les morts sont laissés sur place : le caporal Chastan, Daout, Andrieux, Derimais, Gresle, Douceron, Mary, et d'autres qu'il est impossible d'identifier sous le bombardement. A deux kilomètres au sud du canal, le PC du commandant Meygret est à la ferme Bonneval, et la liaison avec les batteries du groupe Schoeller fonctionne parfaitement puisque l'équipe du lieutenant Henrion transmet par radio toutes les demandes d'intervention. En revanche, au PC du 96ᵉ BCP qui se trouve dans une maison forestière, le commandant Talmon n'a aucune liaison avec son artillerie d'appui, le groupe Mercier. Il n'en a pas non plus avec le lieutenant-colonel Baumann, qui commande la demi-brigade de chasseurs.

« Le fil téléphonique a été déroulé, affirme Talmon dans son rapport, mais la demi-brigade ne s'est pas raccordée et ne répond pas à nos appels lancés par radio. »

Un observateur du 96ᵉ BCP rend compte que des camions allemands chargés de fantassins viennent de s'arrêter sur la route, au nord du canal. Talmon, qui pressent que le bombardement va se lever et céder la place

1. Lettre du 23 février 1969 adressée par M. de Gramont à l'auteur.

à l'attaque d'infanterie, envoie le lieutenant Diligent au PC des artilleurs pour leur faire connaître la position des camions.

« Nous avons entendu les premiers coups de 75, écrit Talmon, mais l'intervention s'arrêta là. » Et il ajoute : « Les rafales des mitraillettea ennemies se firent entendre dans la zone de l'écluse 16 avant que ne cesse le bombardement. »

Lorsque les mortiers du 96e BCP ouvrent le feu sur la rive nord, le va-et-vient des canots pneumatiques a déjà commencé et les premiers *Stosstrupps* ont pris pied dans la position française. De nombreux blessés du 58e BM et du 96e BCP ne peuvent plus être évacués, mais, ce qui est plus grave, des replis désordonnés commencent à se produire.

« Beaucoup de blessés sont restés sur le terrain, vaincus par la fatigue, note Talmon, d'autres sont partis en débandade vers l'arrière[1]. »

Des défaillances se produisent au service de santé, et le médecin-lieutenant Boudin rend compte au chef de bataillon que B..., son auxiliaire, est parti vers le sud avec la camionnette sanitaire et une partie du personnel. Les blessés seront maintenant évacués à bord de la voiture de liaison.

A gauche de Hénaménil, tenue par le 58e BM, le commandant Grange est dans la même situation que Talmon : pas plus de liaison avec le colonel Carbonnier, de l'artillerie divisionnaire, qu'avec le lieutenant-colonel Matheu du 82e RIF, sous les ordres duquel il a été placé. Grange a l'impression que le bombardement est d'une telle violence que les officiers de liaison attendent qu'il diminue pour sortir de leurs abris. Comment imaginerait-il que les fantassins du *General* Strecker, collant au barrage roulant de leur artillerie, ont franchi le canal à la hauteur de l'écluse 16 et donnent l'assaut à Hénaménil en attaquant le 58e BM de Meygret par son flanc droit ? Dans la fumée et les explosions, la situation est confuse, mais, lorsqu'elle s'éclaircit, dans le milieu de la matinée, Grange sent sa gorge se serrer. « Le 58e BM lâche pied ! écrit-il. Des sections entières traversent le terrain du bataillon et arrivent au PC où elles reçoivent l'ordre de réoccuper leurs emplacements. Heureusement, cette débandade ne produit pas sur le moral de mon bataillon l'effet que l'on pouvait craindre. »

Puisque l'ennemi semble tenir Hénaménil, Grange suppose qu'il va longer les lisières ouest de la forêt de Parroy et avancer vers le sud. Pour protéger le flanc du III/146e RIF ; il déplace la 10e compagnie du lieutenant Isak qui fait maintenant face à l'est. Les sections Devel et Meiser tiennent la route de Crion sous leur feu avec l'appui des mitrailleuses du lieutenant Ruer.

A Hénaménil, le 58e BM se désagrège et, durement « sonnés » par le bombardement, les hommes sont incapables de s'opposer à l'avance

1. Lettre du 14 avril 1978 adressée par le lieutenant-colonel Talmon à l'auteur.

ennemie. Attaquée de flanc, la CM 2 du lieutenant Vial n'existe plus et le lieutenant Becker a été capturé avec ses soldats. Au centre du dispositif, la moitié de la CM 1 s'enfuit, le reste étant fait prisonnier avec le capitaine Duval.

« A 13 h 30, écrit le capitaine de Rouvray, de la CM 3, nous avons reçu l'ordre de nous replier sur Crion[1]. »

Vrai ou faux ? Le canal devait être défendu sans esprit de recul et il est difficile de croire qu'un ordre de repli a été donné aux unités qui tenaient le secteur le plus sensible. Ce qui est certain, c'est que le 58e BM a lâché Hénaménil. Le lieutenant Adet a bien essayé de ranimer les énergies, le corps franc du lieutenant Aucouturier est intervenu à plusieurs reprises, mais la flamme n'y était pas. A la ferme Bonneval, un ordre de repli aurait également été reçu et l'état-major du bataillon est si pressé de s'en aller qu'il « oublie » derrière lui le lieutenant Henrion et l'équipe radio du I/49e RAMF. Ces derniers partiront une heure plus tard, sur l'ordre formel du commandant Schoeller, après destruction du matériel radio et des appareils téléphoniques.

Les fuyards du 58e BM ne s'arrêtent pas à Crion et, en fin de matinée, ils arrivent à Jolivet, huit kilomètres au sud. Le PC du 146e RIF est dans le village. Le lieutenant-colonel Prat en fait arrêter quelques-uns qui sont réencadrés et renvoyés vers le nord, mais plus nombreux sont ceux qui coupent à travers champs et ne répondent pas aux sommations. Des attelages traversent Jolivet au galop et l'itinéraire suivi par les hommes du 58e BM — et du 96e BCP — est jonché de fusils, de mitrailleuses et de caisses de cartouches. Présentés au lieutenant-colonel Prat, des officiers du 58e BM affirment qu'un ordre de repli — verbal — leur a été donné. Prat ne sait que penser, mais, sachant combien une panique peut être contagieuse, il rédige un ordre qui est diffusé à 14 heures dans ses bataillons :

« Au cas où un nouveau repli serait ordonné, tout chef qui tolérera l'abandon d'armes sera cassé. J'autorise les chefs de bataillon à faire abandonner les havresacs suivant l'état de fatigue de la troupe, mais j'interdis l'abandon des armes, du masque à gaz et des munitions. »

Désireux de savoir si, oui ou non, la 52e DI a reçu, ou donné, un ordre de repli, Prat envoie un officier à Laronxe, au PC de sa propre division. Le général de Girval semble dépassé par les événements, mais le commandant Vergoz, chef d'état-major, suit de près la situation dans les régiments. Il admet cependant « que la 52e DI est peut-être en difficulté, mais qu'il n'en a pas été informé ».

1. Lettre du 1er juin 1978 adressée par l'abbé de Rouvray à l'auteur. L'ancien chef de la CM 3 ne précise pas de quelle autorité il aurait reçu cet ordre.

A Jolivet, Prat n'est pas plus avancé et, de nouveaux renseignements lui étant communiqués, il fait porter un second ordre à ses deux bataillons cantonnés à Bonviller et à Chanteheux : « D'après informations données par des fuyards, mais non confirmées, des éléments ennemis se seraient infiltrés vers Crion. Prenez dispositions pour assurer la défense de vos cantonnements et arrêtez tout fuyard par procédés bien connus. »

Le corps franc du lieutenant Buchoud prend position à l'entrée nord de Jolivet. Si l'ennemi attaque, ce sera de ce côté, et Buchoud se promet de lui réserver une chaude réception. En fait d'ennemi, ce sont toujours des hommes du 58ᵉ BM qui viennent de Hénaménil.

Buchoud : « Des fuyards en désordre ne cessent d'arriver ; nous les arrêtons et les renvoyons d'où ils viennent. Ils ne vont pas loin et se cachent dans les fossés. Des batteries d'artillerie lourde passent également, ainsi que des voitures de munitions dans lesquelles nous puisons pour nous recompléter. »

Sur la droite de Hénaménil, le commandant Talmon considère que la compagnie Vialettes est hors de combat, mais rien n'est perdu puisque l'ennemi ne cherche pas à agir directement sur le front du 96ᵉ BCP.

« Depuis huit heures, note Talmon, les tirs des mitraillettes se déplacent vers l'ouest, dans le quartier voisin. Les Allemands évitent donc d'entrer dans la forêt et portent leur effort dans le terrain semi-découvert au sud de Hénaménil[1]. »

Nous le savions avant le déclenchement de la bataille : le *General* Strecker n'a aucun intérêt à pousser ses unités dans la forêt de Parroy. L'objectif intéressant, il l'a compris, c'est Hénaménil d'où il pourra prendre la direction de Lunéville. Au 96ᵉ BCP, Talmon se rend compte que la compagnie Paulin, en première ligne sur la droite, n'est pas inquiétée. Il peut donc faire appeler le capitaine Monnot, qui est en réserve avec la « 2 », et le faire contre-attaquer de façon à dégager le sous-quartier du capitaine Vialettes. Rien n'est perdu puisque, derrière le 96ᵉ BCP, la demi-brigade dispose d'un autre bataillon de chasseurs, le 110ᵉ BCP du commandant Pâté. La 52ᵉ DI possède donc l'infanterie et l'artillerie avec lesquelles elle peut tenter de reprendre Hénaménil. Tous les combattants ont d'ailleurs cette idée. A Jolivet, le lieutenant Buchoud pose nettement la question : « Nous savons que l'ennemi a franchi le canal, mais quelle est l'importance de la brèche ? Va-t-on contre-attaquer ? »

Il n'y aura pas d'intervention. Apparaissent au contraire des signes de renoncement, de lassitude, de passivité coupable. Au PC du 96ᵉ BCP, on brûle les documents secrets et les codes. Le lieutenant Diligent, qui

1. Lettre du 3 mai 1978 adressée par le lieutenant-colonel Talmon à l'auteur.

75e ID

Moussey

Amenoncourt

49e RIA

Gondrexon

Leintrey

Emberménil

268e ID

Rhin

au quartre

Remoncourt

ligne polonaise

Xousse

Vaucourt

II/348 RIF

III/348 RIF

Xures

Laneuveville-aux-Bois

Marne

III/174 RIF

Mouacourt

I/174 RIF

forêt de Parroy

vers Thiébauménil

Coincourt

Bures

Parroy

5e BM

96e BCP

110e BCP

58e BM

79e ID

Hénaménil

de

146e RIF

Sionville

Crion

Bathelémont-les-Bauzemont

Bauzemont

canal

Raville-sur-Sanon

Blainville-la-Petite

82e RIF

Valhey

Einville

69e RIF

Bonviller

Lunéville

Jolivet

Chantheux

63e ID

Percées allemandes de part et d'autre de la 52e DI

revient du PC de la demi-brigade, rapporte en effet, au lieu d'un ordre de contre-attaque avec la compagnie Monnot, une tout autre directive : « Replier les éléments non encerclés vers le sud. » (Rapport Talmon[1].) Le capitaine Vialettes et avec lui les lieutenants Née et Mentré sont abandonnés à leur sort. Le lieutenant Pfister rallie les éléments de la 3ᵉ compagnie les plus proches et s'enfonce dans la forêt. Le 96ᵉ BCP lâchant la zone du canal, le 110ᵉ BCP va se trouver en première ligne... si les Allemands pénètrent sous bois, ce qui est peu probable.

Vers 13 heures, l'état-major de la 52ᵉ DI a fait prélever trois sections qui ont été confiées au lieutenant Titeux, sur les deux bataillons du 348ᵉ RI installés entre Vaucourt et Emberménil, à la liaison avec les Polonais. Ces sections ont été transportées en camions dans la région Crion-Sionviller, sans doute pour protéger l'artillerie[2].

Le 110ᵉ BCP ne quitte pas sa position. A hauteur du bois Chanot, ses armes automatiques ouvrent le feu sur l'ennemi qui élargit vers le sud la poche de Hénaménil. Au PC de la demi-brigade, le colonel Baumann vient d'être terrassé par l'épuisement et une sanitaire l'a évacué. Il est remplacé par le commandant Levard dont personne ne conteste l'énergie, mais, entre le malaise dont Baumann a été victime et la prise de commandement de Levard, il s'est écoulé un certain temps. Et les chasseurs du 110ᵉ BCP attendent toujours l'ordre de contre-attaquer. Le refrain du bataillon leur en fait un devoir :

« *V'là le 110 qui rapplique,*
« *Qui s'y frotte s'y pique !* »

Las ! Le 110ᵉ BCP ne « rappliquera » pas et conservera son attitude défensive dans la forêt de Parroy. Le commandant Levard, en effet, ne voit pas l'utilité d'une contre-attaque. « Les liaisons que j'ai fait prendre, écrit-il, ne m'ont apporté aucun renseignement justifiant une intervention du 110ᵉ bataillon. Et la bataille, du reste, avait cessé[3]. »

Il est vraisemblable qu'à l'état-major du 20ᵉ corps, on tient le même raisonnement puisque les chars R 35 du 20ᵉ BCC et le GRCA 15 du colonel Azaïs ne sont toujours pas engagés. Sans doute estime-t-on, comme Levard, que « la bataille a cessé ».

*
* *

1. « Entre 13 et 14 heures », écrit Talmon à l'auteur.
2. Malgré ces précautions, des prises de contact se produiront entre les Allemands et les artilleurs. Au 17ᵉ RA, la 6ᵉ batterie du capitaine Leconte aura une douzaine de chevaux tués au pistolet-mitrailleur.
3. Lettre du 9 avril 1970 adressée par M. Raoul Levard à l'auteur.

Les unités avancées de la *79e ID* prennent pour axe de marche la route de Crion et Sionviller, mais elles sont gênées par les mitrailleuses du III/146e RIF du commandant Grange.

« Dans le courant de l'après-midi, se souvient le lieutenant Druon, de la 11e compagnie, l'ennemi s'est installé à la lisière ouest de Hénaménil d'où il a commencé à mitrailler nos positions. »

De son PC, Grange a envoyé plusieurs agents de liaison demander des tirs d'artillerie sur Hénaménil et le canal, mais les résultats sont aussi navrants que ceux du matin.

« Notre situation devenait critique, dit encore Druon, car nous n'avions pas pu faire cesser les tirs de nos propres canons sur nos sections les plus proches du canal pour les faire reporter sur les points de franchissement établis par les Allemands[1]. »

Dans l'après-midi, un incident, dont on ignorera toujours la source, va désorganiser les défenses du III/146e RIF. Un chef de section de la 9e compagnie, le lieutenant Michel, aperçoit les hommes de la compagnie Druon qui amorcent leur décrochage vers l'ouest, en direction de Bauzémont, dans le sous-secteur du 82e RIF.

« Que se passe-t-il ? Où allez-vous ? demande Michel au sous-lieutenant Pochet.

— Un ordre de repli aurait été donné ! » répond évasivement celui-ci.

Il est probable que le renseignement a été colporté par des fuyards du 58e BM. Comment le savoir ? Michel est surpris, car son commandant de compagnie, le lieutenant Magonnet, lui a donné l'assurance qu'il le préviendrait si jamais il recevait un tel ordre. Persuadé qu'il a été oublié, Michel regroupe sa section et se dirige lui aussi vers l'ouest.

« En partant, dit-il, je vis venir vers moi le lieutenant Druon qui était allé au PC du bataillon. Le croyant au courant du mouvement, je lui ai demandé ce qu'il comptait faire. »

Druon est interloqué. Un ordre de repli a-t-il été apporté à sa 11e compagnie pendant qu'il se trouvait au PC du bataillon ? Impossible, le commandant Grange aurait été le premier informé ! Décidé à en avoir le cœur net, il retourne au PC où il pose la question à son chef de bataillon. Celui-ci laisse éclater sa colère. Comment sa compagnie de droite qui se trouve au point le plus sensible a-t-elle pu se replier sans ordre ? Il se tourne vers Druon : « Vous allez reprendre sur-le-champ vos hommes en main et les ramener sur leur position ! » (Rapport Grange.)

Plus facile à dire qu'à faire, car, depuis Hénaménil où les Allemands renforcent leur tête de pont, les tirs sont de plus en plus nourris. Et la 11e compagnie doit effectuer le mouvement en terrain découvert ! Grange reconnaît que les pertes sont inévitables : « Le moindre

1. Lettre du 27 mai 1970 adressée par M. Jacques Druon à l'auteur.

déplacement déclenche sur nous des tirs d'artillerie et de mitrailleuses. Onze armes automatiques sont démolies et l'on me signale de nombreux tués et blessés[1]. De plus, les 75 français tirent en plein sur le PC du bataillon... »

Le III/146e RIF n'a vraiment pas de chance avec son appui d'artillerie ! Hénaménil constitue pourtant une belle cible, car le *General* Strecker fait remettre en état le pont du canal et, pendant que les *Pionniers* travaillent, le va-et-vient des canots pneumatiques se poursuit entre les deux rives.

*
* *

Devant les trois bataillons de la 52e DI qui tiennent la rive sud du canal à droite de la poche de Hénaménil, les Allemands ne restent pas inactifs, mais il est manifeste qu'ils cherchent surtout à fixer les Français sur leur position plutôt qu'à percer pour aller se perdre dans la forêt de Parroy.

Le 5e BM du commandant Berger est le plus exposé puisque sa gauche est découverte par le repli du 96e BCP[2], mais l'ennemi n'en profite pas pour attaquer le bataillon de flanc. Au centre du dispositif, la compagnie Mercier défend le passage du pont de Parroy qui a été mal détruit et constitue l'enjeu des combats de l'après-midi. Le feu ennemi est intense ; le lieutenant Gaston Chapuis est tué dans la zone du pont, ainsi que Peulot[3] et Cordonnier, le caporal Jacquot et le sergent Ayel. Couverts par des tirs de *minen,* les Allemands traversent le canal et neutralisent les sections Brulé et Sourzac.

« A 16 heures, rapporte le capitaine Arcouet, de la CM 2, la liaison est perdue avec le chef Fandard qui tenait la berge avec trois équipes de FM. »

Une heure plus tard, le lieutenant Etter signale à Arcouet « qu'il a observé aux jumelles un commencement de repli effectué sur la gauche par le 96e BCP ». Les chasseurs ayant abandonné le canal depuis longtemps, il s'agit plutôt de la CM 3 où le lieutenant Ledoux vient d'être blessé en essayant de se dégager avec sa section.

1. Parmi les morts du III/146e RIF identifiés dans l'après-midi du 18 juin : de Winckel, Muret, Vilquin, Stasse, Verbecke, Lépinay, Fontaine, Guyon, Ferron, Erbacker, Fauvin, Carquin, Colliou, le sergent Boucher et le chef François.
2. Dans l'historique du 5e BM qui fourmille d'erreurs et d'exagérations, le commandant Berger raconte que sa droite est également découverte par le repli du 174e RIF, ce qui est inexact.
3. Selon Mme Thouvenin, secrétaire de mairie de Parroy en 1978, Peulot aurait été retrouvé, les jambes arrachées, dans une brouette. Sans doute est-il décédé alors qu'on le transportait au poste de secours ? Un artilleur du 17e RA, Flaux, et cinq chasseurs du 96e BCP, Buffeire, Bertin, Montagne, Pelletier et Maurice, seront inhumés aussi à Parroy.

A droite, sur le front du 174e RIF, les Allemands ne se contentent pas d'exercer une pression soutenue comme ils le font sur le 5e BM ; ils attaquent Mouacourt d'où part la seule route qui traverse la forêt de Parroy jusqu'à Laneuveville-aux-Bois.

« *Minen* et tirs de mitrailleuses sont d'une extrême violence ! » note le capitaine Schouler qui ne cesse d'aller et venir entre le PC du I/174e RIF et le poste téléphonique situé à cent cinquante mètres au sud.

Le lieutenant Maudiot est blessé, et le commandant Argenta le remplace à la tête de la CM 1 par le lieutenant Chardin, de Nancy, qui se trouvait en réserve avec les débris du IIe bataillon. Puis c'est le tour du lieutenant Ridel, qui est évacué sur le PS. Le bombardement est très dur.

« Beaucoup d'hommes sont touchés et d'autres désorientés, observe Schouler. Il faut toute l'énergie des officiers pour les empêcher de lâcher pied. »

Vers 17 heures, le lieutenant Jeannel, de la CM 3, commence à s'inquiéter de cette préparation d'artillerie qui se prolonge. L'ennemi cherche-t-il à écraser la position sans risquer son infanterie dans Mouacourt ? Ses hommes, qui conservent en mémoire les violents bombardements du 14 juin sur la ligne Maginot [1], sont de plus en plus nerveux. Soudain, comme Jeannel le craignait, le front craque d'un seul coup. Sur la gauche du bataillon, une section du 5e BM reflue en désordre. Aussitôt, la section Fluck, du I/174e RIF, l'imite et décroche.

« Je cours à leur poursuite et les rattrape à hauteur du cimetière », écrit Jeannel.

Des isolés, puis des groupes entiers abandonnent Mouacourt sous les *minen*. Le commandant Argenta réagit promptement : « Contre-attaquez sur Mouacourt ! » dit-il à Jeannel.

Celui-ci reprend ses hommes en main et, avec l'appui du corps franc du sous-lieutenant Bendel, il remonte vers le village où les Allemands viennent de pénétrer. Précédée par trois FM qui balaient la rue principale, la contre-attaque avance jusqu'à cent mètres de l'église...

« L'ennemi tire sans arrêt avec une violence inouïe, raconte Jeannel. On dirait qu'il est partout ! »

Impressionnés par les explosions et l'intensité du feu, les soldats de la CM 3 hésitent. Des blessés tombent à terre et crient de souffrance. Hehn, Kinter, le sergent Perrin et le chef Podevin sont tués. Un FM est brisé net entre les mains du tireur par un gros éclat. « Effet considérable sur les hommes, c'est la débandade », avoue Jeannel. Cette fois, Mouacourt est définitivement perdu et le corps franc Bendel doit se

---

1. Voir *Faites sauter la ligne Maginot !* (Fayard, 1973).

contenter de barrer la route, au sud du village, avec l'aide de tous les soldats que Jeannel parvient à ramener sur cette position improvisée. Déçus de ne pouvoir percer et d'emprunter la route de Laneuveville-aux-Bois, les Allemands se retranchent dans Mouacourt et le bombardement de l'artillerie reprend avec vigueur. Le commandant Argenta a la visière de son casque arrachée par un éclat et les brancardiers l'évacuent, tandis que, sous l'effet de la commotion, le chef de bataillon ne cesse de répéter à mi-voix : « Il faut tenir, il faut tenir... »

Cinq minutes plus tard, l'adjudant-major, le capitaine Schouler, reçoit un éclat dans la cheville. Buchenwald et Thiébault le transportent au poste de secours où le médecin-capitaine Baudot, après avoir examiné la plaie, le fait évacuer[1]. Les 75 français effectuent un tir de contre-batterie, mais, de même qu'au III/146e RIF, ils envoient leurs projectiles sur la position du I/174e RIF.

« Après la prise de l'écluse 15 par l'ennemi, écrit le lieutenant Chardin, nous fûmes soumis à de violents tirs d'armes automatiques, tout en subissant un barrage d'artillerie ami qui nous cloua au sol. »

Sur la droite du régiment, le III/174e RIF du commandant Lelay interdit toujours le pont de Xures aux Allemands qu'il tient à distance sur le flanc est d'où lui parvient le bruit du combat de Vaucourt. « Nous avons seulement la hantise de manquer de munitions, dit le capitaine Bauvit, et la consigne est d'économiser les cartouches. »

★★

En fin d'après-midi, le général Echard n'a toujours rien fait pour essayer de réduire la tête de pont allemande de Hénaménil. Sur son flanc sud-est, la 52e DI défend Emberménil avec le III/348e RI, et l'ordre de se battre sans esprit de recul sur le canal n'est pas rapporté, alors que sur tout le front de la division l'ennemi a pris pied sur la rive sud. Le commandement subit la bataille qui lui est imposée et, chose plus grave, le commandant de l'artillerie de la 52e DI va perdre son sang-froid. Nous l'apprenons par son homologue, le colonel Carbonnier, artilleur de la division de Girval. Carbonnier rapporte qu'il vient de rencontrer le capitaine Lucas, officier adjoint du lieutenant-colonel Vieu, du 142e RAL. « Incapable de surmonter son émotion », Lucas lui a montré l'ordre qui venait de lui être remis par le commandant de l'AD 52 : « Détruire le matériel sur place et se replier. »

Ce n'est pas possible ! On saboterait les canons, on abandonnerait les munitions et on laisserait l'infanterie toute seule dans la forêt de Parroy ?

1. Un infirmier porte d'abord le capitaine sur ses épaules, puis on le pousse sur une bicyclette avant de l'allonger sur une chenillette, à côté du soldat Rach, qui ne survivra pas à ses blessures. Dans la nuit, une ambulance emmènera enfin Schouler à l'hôpital.

Pourtant, le commandant Schoeller du I/49ᵉ RAMF confirme l'assertion du capitaine Lucas. Ce dernier le rejoint à la ferme Champel à 18 heures et lui remet l'ordre suivant :

« Se replier derrière la Vezouse

« Tirer toutes les munitions

« et au dernier moment

« faire sauter les pièces[1]. »

Schoeller ne comprend pas et proteste. Pourquoi devrait-il détruire ses 75 puisqu'il possède des munitions et surtout des tracteurs capables de replier les batteries en catastrophe ?

« Si, à 19 heures, je n'ai pas vu en personne le lieutenant-colonel Vieu, dit-il à Lucas, je n'exécuterai pas cette destruction et me mettrai à la disposition du colonel Carbonnier, de la division de Girval. »

Le I/17ᵉ RA est également placé sous l'autorité de Vieu et, lorsque le lieutenant Noiret apporte au commandant de Vismes l'ordre — verbal — de faire sauter les canons, les officiers s'interrogent : que se passe-t-il ? Que leur cache-t-on ?

« Nous tenons conseil avec les trois commandants de batterie, Catenne, Gailly et Jacquet, témoigne le capitaine Missenard. Personne ne peut se résigner à la destruction puisqu'il n'y a pas danger immédiat. L'impression sur la troupe serait d'ailleurs désastreuse (...). Nous faisons savoir à l'état-major du lieutenant-colonel Vieu que, si nous ne recevons pas un ordre écrit avant 20 heures, nous conserverons canons et caissons[2]. »

Vieu n'enverra aucun document au I/17ᵉ RA et celui-ci, comme d'ailleurs le groupe Schoeller, se repliera dans la soirée avec ses pièces et leurs munitions.

***

Le point sensible est maintenant la position du III/146ᵉ RIF, mais l'artillerie allemande s'accorde un répit à l'approche de la nuit. Le commandant Grange est persuadé « que le plus dur est maintenant passé ». Les corvées de soupe sont envoyées à l'arrière où les cuisines roulantes ont préparé un repas chaud (le seul de la journée) et, dans l'obscurité naissante, les blessés les plus gravement atteints ont été transportés jusqu'au poste de secours du 82ᵉ RIF, à bord des chenillettes du bataillon. Accompagné du capitaine Bidaut, son officier adjoint, Grange parcourt le terrain et réorganise ses défenses. Il fait compléter les

1. Le texte porté dans le rapport Schoeller est rédigé sous la forme de ce « quatrain ».
2. Lettre du 31 août 1979 adressée par M. André Missenard à l'auteur. Dans son rapport, le lieutenant Jean Brouet — futur directeur général d'Arthur Martin — confirme cette prise de position.

454

postes avancés en munitions et recherche la liaison à droite avec les premiers éléments de la 52ᵉ DI. Les deux hommes n'obtiennent aucun résultat de ce côté, alors que le 110ᵉ BCP tient toujours la lisière ouest de la forêt de Parroy d'où il partira dans la nuit « avec armes, sinon bagages », selon le mot du commandant Levard. Ce vide sur son flanc droit inquiète Grange et il demande à Bidaut de se rendre au PC du 82ᵉ RIF pour exprimer son sentiment au lieutenant-colonel Matheu, à savoir « qu'il n'a aucune liaison à l'est et qu'une attaque au petit jour est plus que probable, l'ennemi n'ayant cessé de se renforcer à Hénaménil ».

Des concentrations de tirs sur le village seraient sans doute très efficaces, car le passage sur le canal est maintenant rétabli, mais — Grange ne le sait pas — l'artillerie de la division de Girval a entamé son repli à partir de 19 heures (rapport Carbonnier). Les fantassins sont seuls et le III/146ᵉ RIF ne reçoit ni renfort ni ordre de décrochage : il est abandonné. Or, l'attaque que Grange estime « plus que probable au petit jour », c'est-à-dire le 19 juin, est déclenchée sur l'ordre du *General* Strecker à 23 h 30. Ce qui a réussi aux Polonais dans la soirée du 17 juin va réussir aux Allemands dans celle du 18.

Précédée par des automitrailleuses, des motocyclistes et de gros véhicules semi-chenillés, une masse d'infanterie — environ deux bataillons — submerge littéralement les positions du III/146ᵉ RIF. Du fond de leurs trous individuels, les Français entendent les commandements, les hurlements et, au-dessus d'eux, les gerbes de balles traceuses se croisent... Du PC de la 9ᵉ compagnie, le lieutenant Magonnet téléphone : « L'ennemi a crevé la position et progresse... »

La communication est coupée. Le bruit de la fusillade couvre tout et, dans la lumière crue des fusées à forte capacité lancées par l'ennemi, on aperçoit les véhicules chargés de fantassins qui, roulant dans les prés, cherchent à isoler les points d'appui français. Le commandant Grange tente de replier ses éléments les plus éloignés, mais, sous le feu adverse, le mouvement ne présente aucune cohésion.

« Les balles traceuses encadrent mes îlots de résistance et les fusées qui éclairaient ma droite avancent maintenant derrière moi », constate le lieutenant Michel.

De son PC, Grange fait lui aussi lancer des fusées, des rouges, par bouquets de deux. Il demande l'intervention de l'artillerie. Comment saurait-il que celle-ci est en colonne et traverse déjà Lunéville, à une douzaine de kilomètres au sud ? Bientôt, le III/146ᵉ RIF est rayé de la carte et n'existe plus que sous forme des « îlots de résistance » dont parle le lieutenant Michel, lui-même encerclé.

A gauche du « bataillon » où le commandant Grange se demande s'il ne ferait pas mieux de décrocher avant d'être fait prisonnier, le 82ᵉ RIF n'a pas été inquiété sur le canal et, vers minuit le lieutenant-colonel Matheu, dont le PC est à Bienville-la-Petite, reçoit l'ordre de se replier.

« Le moment est mal choisi ! » remarque-t-il.

Il a raison, car son Ier bataillon, découvert par l'anéantissement du III/146e RIF, est attaqué de flanc. A la lueur blanche des grosses fusées éclairantes de l'ennemi, le capitaine Boisbourdin a placé en hâte les douze mitrailleuses de sa CM 3 face à l'est et fait ouvrir le feu. Devant ce barrage, les Allemands renoncent à s'étendre vers l'ouest et reprennent la direction du sud. Boisbourdin recevra l'ordre de décrocher à 3 heures du matin et, sous la protection de la section Minart et du corps franc Hermann, la CM 3 réussira à rompre le contact, sous des salves d'artillerie et des feux d'infanterie plus impressionnants qu'efficaces.

Avec environ deux cents hommes, tout ce qui reste de son bataillon, le commandant Grange s'est décidé à partir, lui aussi. L'étape sera d'environ quarante kilomètres et les conduira, exténués, au sud de la Meurthe.

Sur la position, les combats isolés se poursuivent toute la nuit. A la 9e compagnie, la section de mortiers du sous-lieutenant de Hédouville résiste jusqu'à trois heures du matin. A Bauzémont, le lieutenant Michel a confié le soldat Walhin et le caporal-chef Bourgeois, tous deux grièvement blessés et intransportables, à des habitants du village, puis, à la tête de ses hommes, Michel a tenté de franchir les lignes adverses, mais, une fois le jour levé, l'opération s'est révélée impossible. Le 19 juin à cinq heures, il s'est rendu en même temps qu'une section du 82e RIF, encerclée elle aussi.

★★★

Sur la partie droite du front de la 52e DI, le lieutenant Aufauvre, officier de transmissions du 5e BM, a rapporté « peu avant la tombée de la nuit » l'ordre de repli donné par la division et transmis par le canal du 174e RIF. Il est donc environ 21 heures. « Au moment où l'infanterie allemande pénètre dans la forêt sur notre gauche en poussant des hurlements de victoire », précise Aufauvre.

Le temps de regrouper le bataillon, et le décrochage s'effectue « lorsque la nuit est tombée ». Commandant la CM 1, le capitaine Mercier confirme : « 21 h 30, au reçu de l'ordre de repli, la compagnie, ou plutôt les éléments restants se replient par la forêt vers Lunéville. »

Le commandant Berger, au contraire, veut accréditer la thèse selon laquelle son bataillon a été le dernier à se replier. Il note dans son historique : « Vers minuit et demi, un motocycliste de la 52e DI nous communique l'ordre de repli sur Croismare. » Ce qu'on sait, en revanche, c'est que Berger décroche avec une telle célérité qu'il en oublie sa compagnie de droite, celle du capitaine Arcouet, laquelle va lier son sort au bataillon voisin, le I/174e RIF.

« Vers 23 heures, rapporte Arcouet, ordre de la 52e DI, transmis par le 174e RIF, de se replier sur Vathiménil[1]. »

Opérant avec une réelle audace, les patrouilles allemandes, sans aucune connaissance du terrain, s'infiltrent, de plus en plus nombreuses, dans la forêt de Parroy. Afin de prendre l'ascendant sur leur adversaire, leurs voltigeurs poussent des cris menaçants et lâchent des rafales de pistolet-mitrailleur devant eux. Le commandant Caye a replié le PC du 174e RIF sur celui du commandant Gouilleux, du IIe bataillon, mais le lieutenant Chardin qui tente la même manœuvre a moins de chance. Vers minuit, il se rend compte que toutes les issues sont fermées.

« Munitions épuisées, écrit-il, les éléments de la section Bernard se rendent les uns après les autres. Je fus capturé peu après avec Bernard, l'adjudant Hemmerling et les caporaux Carry et Leclerc[2]. »

Il reste encore un bataillon sur le canal de la Marne au Rhin : le III/174e RIF du commandant Lelay. Sa situation n'est pas enviable. A gauche, le I/174e RIF a entamé son repli ; au nord, au pont de Xures, la pression reste forte sur la compagnie du capitaine Cornier et, à l'est, à la lisière de la forêt, les compagnies Bauvit et Courbères sont les plus menacées, car le régiment allemand qui a enfoncé les lignes polonaises et se bat maintenant à Emberménil a donné l'assaut vers 20 heures. Les armes automatiques des sections Barat et Richard et celles du corps franc Mettetal les ont arrêtés à cent mètres des bois. Depuis, l'ennemi semble avoir renoncé à attaquer de ce côté. Au sud-est, le bataillon est en liaison avec le II/348e RI du commandant B... qui a été coupé de son régiment par l'avance allemande sur son flanc droit.

A 22 heures, le lieutenant Courbères reçoit une caisse de cartouches envoyée par le commandant Lelay. C'est la dernière, et le chef de bataillon donne l'ordre « de défendre le terrain à la baïonnette quand les munitions seront épuisées ». Le capitaine Bauvit est persuadé qu'il faudra en venir là ; il n'a plus qu'une mitrailleuse en état de tirer et sa réserve de munitions se monte exactement à 53 bandes rigides[3]. Près de lui, sa chienne « Toutoute » monte la garde. En cas d'infiltrations ennemies, c'est elle qui donnera l'alerte. Ce grand berger des Flandres n'était qu'un chiot en septembre 1939 lorsque ses maîtres l'abandonnèrent en quittant le village de Guebenhouse, en avant de la ligne Maginot. Bauvit a adopté « Toutoute » et l'a dressée à ne jamais aboyer.

1. Le capitaine Arcouet indique qu'il retrouvera le 5e BM le 19 juin à six heures du matin sur la route de Baccarat.
2. Correspondance de M. René Chardin avec l'auteur.
3. Chaque bande compte 25 cartouches.

Lorsqu'elle grogne, révélant une présence étrangère à proximité, la mitrailleuse lâche une rafale... [1].

Pendant ce temps, vers minuit selon le capitaine Pirat, le lieutenant Burgel, officier de liaison, a apporté l'ordre de repli au commandant Caye. Une nouvelle perte de temps est enregistrée, due à la difficulté pour les agents de liaison de trouver les compagnies en pleine nuit et dans une forêt épaisse..., sans recevoir une rafale de mitrailleuse.

« Vers 2 heures du matin, note le capitaine Bauvit, je reçois l'ordre de me replier sur le PC du bataillon. Je fais prévenir le capitaine Cornier et je décroche avec mes sections à 2 h 45, retrouvant la compagnie Courbères en cours de route. »

Le capitaine Fontan et une partie de la CM 11 ont disparu, vraisemblablement faits prisonniers. Le gros du 174e RIF sortira de la forêt lorsque le jour sera déjà levé et les hommes marcheront presque toute la journée du 19 juin, couvrant une étape d'environ soixante kilomètres avant de s'écrouler, sans ressort, dans le bois de Glonville, au sud de la Meurthe où les 156 et 146e RIF reconstituent une ligne défensive.

Au II/348e RI, le commandant B... a appris par le commandant Lelay que l'ordre de repli avait été donné. Il était 3 heures du matin. Une copie du document, signé par le commandant Caye à 0 h 15, a d'ailleurs été remise à B..., mais, tandis que la colonne du 174e RIF traverse la forêt de Parroy en direction du sud, vers Croismare, B... se dirige vers le sud-est pour rejoindre la route de Vaucourt-Emberménil vers Laneuveville-aux-Bois. Même s'il ne croit pas que l'ennemi ait pu réaliser une percée profonde, B... n'est pas un novice et, sa compagnie de droite (Rivalland) ayant été repoussée en fin d'après-midi, il est probable que son mouvement va s'opérer dans une zone quadrillée par des patrouilles allemandes, voire occupée. Mais B... ne prend aucune précaution particulière, il ne fait même pas reconnaître Laneuveville-aux-Bois, premier village vers lequel va se diriger le bataillon en sortant de la forêt. On se croirait aux manœuvres. Lorsque le premier détachement s'engage dans les prés, à découvert, le jour est levé. Le capitaine Lobry, officier adjoint, le capitaine Allaire, le sous-lieutenant Gladieux et une trentaine de soldats sont en tête.

« Entre la sortie de la forêt et Laneuveville, rapporte B..., un cycliste

1. Fait prisonnier le 22 juin, Bauvit confiera « Toutoute » à l'aumônier, l'abbé Gennevaux. Curé de Bioncourt (Moselle) ; celui-ci sera expulsé avec sa famille par les Allemands et « Toutoute » laissée à M. Eschenbrenner, de la ferme du Rhin-de-Bois. Comme elle agressait les soldats allemands, ceux-ci mirent M. Eschenbrenner en demeure de la supprimer s'il ne voulait pas être déporté, et il s'exécuta.

en uniforme kaki est aperçu, venant à la rencontre du bataillon, puis faisant demi-tour pour rentrer dans le village qui paraît endormi. »

Exposés aux vues, les hommes du II/348ᵉ RI ne s'interrogent pas sur le comportement suspect de ce cycliste, pas plus qu'ils ne semblent s'étonner du silence dans lequel le village vers lequel ils se dirigent est enveloppé, alors qu'à plusieurs kilomètres à la ronde des incendies dévorent des fermes isolées et que le bruit saccadé des armes automatiques n'a pas cessé. A trente mètres des premières maisons de Laneuveville, les Allemands bondissent sur la route, doigt sur la détente. Ils ne sont pas nombreux puisque le *Leutnant* Glas, parti de Emberménil avec vingt-cinq soldats du *IR 488,* a ouvert la route à son bataillon avant de se placer en embuscade à Laneuveville. Mains en l'air, les Français sont poussés à l'intérieur du village et enfermés dans l'église. Vers cinq heures, le commandant B... se fait capturer dans les mêmes conditions. Spéculant sur l'état d'épuisement de ses adversaires et la chute de leur moral, l'officier allemand fait une curieuse proposition à B... Il lui demande « de sortir du village pour prévenir les sections qui vont arriver ». Non pas les prévenir du danger qui les menace, mais « de l'inutilité d'un combat de dernière heure ». En somme, le *Leutnant* suggère au chef de bataillon prisonnier d'inciter ses officiers et ses soldats à se rendre. Et B... ACCEPTE !

« Je sais que les hommes complètement harassés viennent de faire une marche pénible de huit kilomètres à travers la forêt et qu'ils sont incapables de manœuvrer », écrit le commandant du II/348ᵉ RI pour « justifier » son comportement.

Accompagné du capitaine Allaire, il sort du village par le nord et s'avance de quelques dizaines de mètres sur la route. Le lieutenant Durrieux se présente un quart d'heure plus tard avec deux groupes de combat. B... lui explique la situation et se montre certainement persuasif puisque Durrieux fait retirer et jeter les culasses de ses FM et rend ses armes. Viennent ensuite le capitaine Lorentz et la section du sous-lieutenant Gorriez qui cèdent, eux aussi, aux injonctions de leur chef de bataillon et rejoignent les premiers prisonniers. Sur le plateau, entre la forêt de Parroy et le village, les autres sections de la 6ᵉ compagnie se succèdent, fatiguées mais en ordre : celles du sous-lieutenant Petit et de l'adjudant-chef Delchaye, suivies par celle de l'aspirant Chéreau qui ferme la marche. Les soldats pensent peut-être que le commandant du II/348ᵉ RI fait preuve de sollicitude en les attendant à l'entrée de la localité, mais ils déchantent lorsqu'ils entendent la vérité : « Il faut jeter vos armes et vous rendre. Les Allemands sont en embuscade derrière moi, il est inutile de se battre... »

Exténués, les poumons en feu, les mitrailleurs du lieutenant Taton sont les derniers. « A la sortie de la forêt, rapporte Taton, un homme de troupe à bicyclette m'apporte les ordres de mon commandant : il faut se rendre, car les Allemands ont débordé au sud dans la nuit et occupent le village. »

Taton pourrait répondre qu'il n'a pas d'ordres à recevoir d'un officier prisonnier, mais, quand il voit l'état d'épuisement dans lequel se trouvent ses mitrailleurs, il renonce à regagner les couverts. Portant les pièces, leurs trépieds et les caissettes de munitions sur leurs épaules, les mitrailleurs qui n'ont pas dormi une heure depuis deux nuits, ont parcouru huit kilomètres en quatre heures sur des chemins boueux défoncés par les voiturettes et les chenillettes d'autres unités. Ils sont soulagés d'apprendre qu'ils peuvent jeter leurs mitrailleuses et les caissettes de bandes rigides. Dans un premier temps, l'état de prisonnier de guerre leur offre un avantage : ils vont pouvoir dormir. Après, on verra ! Lorsque les soldats du lieutenant Taton sont déséquipés et dirigés sur l'église, il est sept heures du matin. Pour eux, la bataille du 18 juin vient seulement de se terminer.

★★★

A l'école de Herbéviller, le général Duch a reçu l'ordre de décrocher à la même heure que son voisin de droite, le colonel Dagnan : 20 heures. Duch a appris en même temps que ses grenadiers vont passer en réserve et seront relevés par le lieutenant-colonel Hargoaa, du 49e RIA[1], dont les éléments les plus avancés sont à Leintrey, à cinq kilomètres d'Emberménil où le III / 348e RI est en train de céder sous la pression des *Stosstrupps* du *IR 488.* Tout naturellement, la division polonaise décroche en direction du sud-est, ce qui va lui éviter de rencontrer les premiers éléments de la *268e ID* du *General* Straube dont l'objectif est de gagner du terrain vers le sud-sud-ouest. Les bataillons polonais sont réduits à 50 % de leurs effectifs et les survivants du bataillon Scydlowski, qui ont échappé au combat à l'arme blanche dans le bois du Tilleul, sont moins de trois cents, tous dépourvus d'armes automatiques.

Le repli le plus difficile est celui du III / 1er RGP du commandant Fuglewicz qui tient toujours le canal à Moussey. Sur sa gauche, entre Lagarde et Vaucourt, ce sont les Allemands. Sur sa droite, entre le canal et les Avricourt où se battent les coloniaux du 41e RMIC, ce sont encore les Allemands. Au début de l'après-midi, lorsque le colonel Wnuk a appris que les coloniaux lâchaient la ligne d'eau et se rétablissaient à hauteur des Avricourt, il a donné l'ordre à Fuglewicz de les imiter et de s'aligner sur eux. Effectué en plein jour et en terrain découvert, le mouvement avait toutes les chances d'être aperçu par le « mouchard » et

---

1. Hargoaa dispose de deux bataillons du 49e RIA, et d'un troisième appartenant au 55e RIA.

l'artillerie allemande se serait acharnée sur le bataillon. Fuglewicz a donné sa parole qu'il tiendrait jusqu'à la nuit et se replierait en profitant de l'obscurité.

« Un exemple de sang-froid et de juste appréciation tactique ! » dira le général Duch lorsqu'on lui apprendra la décision prise par Fuglewciz. Celui-ci a surtout bénéficié du fait qu'il s'est trouvé entre deux axes d'attaque, celui de la *268ᵉ ID* à gauche, celui de la *75ᵉ ID* à droite.

Le *General* Straube est en train de reprendre l'avantage. Première à conquérir une tête de pont au sud du canal le 17 juin, la *268ᵉ ID* a été rejetée sur Lagarde par les chars du 20ᵉ BCC et une contre-attaque polonaise. Dans la matinée du 18, elle a encore enregistré un échec devant Vaucourt en engageant ses fantassins sans appui d'artillerie. Et puis la chance a tourné, le *IR 488* de l'*Oberst* Kohler découvrant le défaut de la cuirasse à la liaison entre la 52ᵉ DI et la division polonaise. Pendant plus de quatre heures, les Allemands ont été arrêtés devant Emberménil par le 348ᵉ RI, puis ils ont balayé les dernières résistances et, laissant des embuscades derrière eux (comme celle de Laneuveville-aux-Bois où viendra se jeter le II/348ᵉ RI), ils exécutent les ordres du *General* Straube : pousser sans désemparer vers le sud, traverser la RN 4 à l'est de Lunéville, saisir un pont sur la Vezouze et pénétrer dans la forêt de Mondon. Quel programme ! Il est vrai qu'en dépit de leur fatigue, les soldats de la *268ᵉ ID* sont aiguillonnés par le sentiment qu'ils sont les seuls de la *Iʳᵉ Armee* à réaliser une percée aussi profonde. Où vont-ils s'arrêter ?

Les premiers véhicules de l'*Aufklärungs Abteilung* ont franchi le pont de Lagarde et rejoint la tête de la division avec deux escadrons cyclistes. A la tombée de la nuit, l'avant-garde atteint la Vezouze et se dirige vers le pont de Thiébauménil. Le canal est à plus de quinze kilomètres derrière elle, mais, si la percée est spectaculaire, elle ne dépassera pas le gros bourg lorrain enserré entre la rivière et la RN 4.

« Contre-attaque de chars et feux d'armes automatiques à Thiébauménil. Avance arrêtée. »

Tel est le message que l'avant-garde de la *268ᵉ ID* transmet par radio au PC du *General* Straube dans la soirée du 18 juin.

***

Après les combats d'arrière-garde livrés du 15 au 17 juin, la mort du lieutenant-colonel Modot et la chute de ses effectifs, le 291ᵉ RI, placé maintenant sous les ordres du commandant Malgorn, a bien mérité quelque répit.

Malgorn a reçu l'ordre d'établir deux points d'appui destinés à barrer les routes venant de Vaucourt et Emberménil. On a mis le dispositif en place dans la matinée du 18 juin, sans hâte, comme s'il s'agissait d'un exercice. Que pouvait-on craindre derrière les gros de la 52ᵉ DI et de la division polonaise ?

A Thiébauménil, le commandant Joly a installé le II/291ᵉ RI derrière la Vezouze et l'a renforcé avec les débris du IIIᵉ bataillon. Le capitaine Tison, avec une compagnie du 620ᵉ Pionniers, a été intégré au dispositif. Trois kilomètres plus à l'est, Manonviller, dont le vieux fort est dans le même état d'abandon que ceux de Verdun, est confié au capitaine François qui a regroupé les pionniers régimentaires, la compagnie d'engins et les cyclistes rescapés du combat de Bénestroff le 16 juin. Le PC de Malgorn est dans la forêt, sur la route de Laronxe, défendu par le I/291ᵉ RI du commandant Hureaux qui compte à peine une centaine d'hommes recrus de fatigue.

Dans l'après-midi, l'artillerie ennemie a placé quelques salves aux abords de la Vezouze, sur les ponts de laquelle les premières colonnes en retraite commençaient à passer. Plusieurs soldats ont été blessés, Lechoppier et l'adjudant Monbrun ont été tués. Bien entendu, aucun renseignement ne parvient au PC du 291ᵉ RI par le canal de la 52ᵉ DI et Malgorn en est réduit aux conjectures : le canal a-t-il été forcé comme semble l'indiquer les passages de plus en plus fréquents de trains et services sur la Vezouze ? A quel endroit ? Quel est l'axe de marche adopté par l'ennemi ? Rien, Malgorn ne sait rien !

Vers 20 heures, un officier de chars, le capitaine Imbault, vient se présenter au PC. « Je suis mis à votre disposition avec la 2ᵉ compagnie du 20ᵉ BCC », dit-il à Malgorn [1].

Trois blindés sont envoyés à Manonviller avec le lieutenant Roquelaure, les autres s'embossant à Thiébauménil. Ils sont tout juste en place lorsque la nuit tombe et les défenseurs de la localité sont mis en alerte par une violente explosion : le sous-lieutenant Lebon vient de faire sauter le pont de la Vezouze. Il n'a ni le temps ni le besoin de justifier sa décision, car, depuis la rive droite, des gerbes de balles traceuses s'épanouissent au-dessus de la rivière. Les armes automatiques françaises ripostent, un peu au hasard, car, maintenant que la nuit est tombée, les cibles visibles se font rares. Un *Stosstrupp,* puis deux parviennent à découvrir un passage à gué, mais ils hésitent à s'engager dans le village où les chars du lieutenant Carrière, protégés par le corps franc du lieutenant Breuvard, font un bruit étourdissant avec leurs moteurs, leurs chenilles et leurs armes de bord. Dans chaque camp, l'idée est la même : « faire du volume » pour accréditer chez l'adversaire l'idée qu'on est en force. Les Allemands n'ont pas l'appui de leur artillerie, leurs pièces de *Pak* sont à Emberménil et les 75 de campagne n'ont pas encore suivi.

1. Il s'agit de la compagnie de chars dont les Polonais n'ont pas apprécié le comportement dans la soirée du 17 juin.

Leur faiblesse n'empêche pas les *Stosstrupps* de se montrer mordants et ils excellent à faire perdre leur sang-froid aux Français.

« Je recommande d'économiser les munitions, car les hommes énervés tirent sans arrêt ! » rapporte Malgorn qui est venu prendre contact avec le PC du commandant Joly.

Le manque d'instruction, l'absence de toute discipline de feu affaiblissent la réaction du 291e RI. Les Allemands, ayant testé la force et la détermination de leur adversaire, s'introduisent dans les maisons de Thiébauménil et tirent depuis les greniers ou par les soupiraux. Le lieutenant Carrière a conscience que ses chars, manœuvrant dans l'obscurité, ne peuvent plus rien contre des fantassins se déplaçant d'habitation en habitation. Il se replie au sud de Thiébauménil, de façon à barrer la route d'accès au PC du 291e RI.

Dans le village, les « traceuses » semblent partir dans tous les sens, on se mitraille au détour d'une rue, d'une fenêtre à l'autre, les blessés sont abandonnés à leur sort, et les morts, Duchesne, Le Roch et le caporal Preud'homme passent inaperçus. Le commandant Joly n'a reçu qu'une consigne de son chef de corps : « Tenir sans esprit de recul ! » Il n'y aura pas de contrordre. Vers minuit, les Allemands s'emparent de l'école et, dans la lueur des flammes d'une maison qui brûle, on aperçoit des silhouettes qui courent, bras levés... Le gaspillage des munitions est tel que des tireurs au FM se rendent parce qu'ils n'ont plus de cartouches.

Vers 1 heure du matin, le PC du commandant Joly tombe. Le capitaine Poncelet, le lieutenant Gérin, le sous-lieutenant Sanchez, l'adjudant Bulteil, les secrétaires et les téléphonistes sont faits prisonniers. Pendant une demi-heure encore, coups de fusil et rafales se répondent, puis le dernier point d'appui, celui du lieutenant Arnould, cesse le feu et se rend. L'avant-garde de la *268e ID* a conquis Thiébauménil : la nationale Paris-Strasbourg est coupée entre Lunéville et Blâmont.

Dans la forêt de Mondon, le commandant Malgorn se hâte de remettre en ordre les éléments qui se sont échappés de Thiébauménil et constitue un bouchon sur la route de Laronxe. Que lui reste-t-il ? Le capitaine Izaure avec une section de mitrailleuses, le groupe franc du lieutenant Breuvard, une quarantaine de fusils du IIIe bataillon avec le capitaine Renard et le lieutenant Bouleau, une soixantaine du Ier bataillon. Et, bien entendu, les chars R 35 de la compagnie Imbault. Dans son rapport, Malgorn définit sa position sans équivoque : « Je n'envisage pas le repli, c'est sur place que nous devrons continuer la lutte. Je libère cependant les chars qui seront plus utiles ailleurs. »

Sur le canal de la Marne au Rhin, la bataille du 18 juin s'achève avec la percée de la *268e ID* jusqu'à Thiébauménil. Les hommes de l'avant-garde du *General* Straube sont eux aussi épuisés, et ils vont dormir quelques heures pendant que les *Pionniers,* qui ont reçu leurs projecteurs, se mettent au travail afin de rétablir un passage sur la Vezouze. Ils ne ménageront pas leurs forces puisque le 19 juin, à 4 heures du matin, la première batterie de 105 traversera la rivière derrière les camions de l'infanterie portée.

La poursuite continue, avec d'âpres combats qui s'achèveront par la désagrégation totale des armées françaises encerclées[1].

★ ★ ★

Pour les unités allemandes, nous ne possédons que des listes partielles de pertes, mais il est certain que la bataille du 18 juin a coûté cher dans les deux camps. Du côté français, on connaît, à quelques détails près, le nombre et l'identité des hommes tués entre la prise de contact du 17 juin et le décrochage dans la nuit du 18 au 19 juin. Malheureusement, de même qu'à la 3e DINA le 13 juin ou à la 6e DIC, et à la 3e DIC le 14 juin, il est impossible de dresser la liste des blessés qui ont succombé par la suite dans des formations sanitaires.

A Sarrebourg, par exemple, où les Allemands transportent les blessés de la division Chastanet capturés au cours de la bataille, ceux-ci sont regroupés dans deux hôpitaux, Dessirier et Jérôme. Avec un personnel médical réduit, le Dr Bricka, médecin-chef, travaille dans des conditions déplorables.

« En l'espace de quatre jours, écrit son fils, Frédéric Bricka, 1 200 militaires français, plus ou moins gravement atteints, furent amenés à Dessirier. Les médecins opéraient jour et nuit, sans eau ni lumière (rupture de l'adduction par fait de guerre). Une tonne avait été placée sur une charrette tirée par un cheval et un officier dentiste faisait la navette entre le réservoir d'eau de la ville et l'hôpital où les chirurgiens s'éclairaient avec des lampes-tempête et des bougies[2]. »

Dans les archives Robardet, on relève pour Sarrebourg 51 morts qui, tous, avaient été blessés le 18 juin dans la zone du canal[3]. Dans les formations françaises de l'arrière, la plupart des archives ont disparu dans les derniers jours du mois de juin 1940 et il est impossible de dresser une liste des blessés décédés après évacuation de la zone du canal. Les archives du Service des Sépultures militaires de la rue de Bercy révèlent cependant qu'à l'hôpital militaire de Bruyères (Vosges), 101 gradés et hommes de troupe sont morts de leurs blessures entre le 17

1. Voir « Les combattants du 18 juin », tome II : *Les Derniers Feux.*
2. Lettre du 7 août 1978 adressée par M. Frédéric Bricka à l'auteur.
3. On peut citer parmi eux Moraud et Antoine, du 153e RIF, Verrier, Susanetto et Filliau, du 166e RIF, et sept autres du 154e RIF : Thirion, Bouloud, Combaz, Debus, Eggermann, le caporal-chef Henquel et le sergent Rodhain.

et le 29 juin. La plupart d'entre eux avaient participé à la bataille du 18 juin. Pour les formations sanitaires de Raon-l'Étape, Vittel, Saint-Dié, Baccarat, Épinal, etc., aucune liste des décédés ne semble avoir été conservée, ou seulement dressée, et les seuls éléments dont nous disposons sont les dossiers du Service des Sépultures militaires qui, hélas, ne se recoupent pas toujours avec les archives Robardet. Deux exemples en fournissent la preuve : à Hesse, où s'est battu le 166e RIF, un seul mort rue de Bercy, identifié comme appartenant au 153e RIF. Chez Robardet, 7 morts du 166e RIF : Claudon, Behr, Bruchot, Vachaidre, Marchal, Vic et Jung. A Saint-Georges, un seul mort, le caporal-chef Renou, du 153e RIF, a son procès-verbal d'exhumation rue de Bercy. Dans les archives Robardet, 11 tués figurent à la rubrique Saint-Georges, mais 9 d'entre eux sont enregistrés rue de Bercy dans le dossier de la commune de Gondrexange.

A Guntzviller, dans le sous-secteur du 165e RIF, 8 corps seront découverts aux abords du village[1]. Faute de documents rédigés par les officiers responsables[2], il n'est pas possible de savoir avec précision ce qui s'est passé, mais il semble que le IIe bataillon du capitaine Blandin a été enfoncé après un sérieux bombardement et s'est en partie débandé. A Artzviller, à proximité du canal, de nombreux morts seront inhumés à la lisière de la forêt : Kindlé, Labeys, Menneray, Castera, Fusilier, Gasselin, Gaillard, les caporaux Hanon, Sutter et Porral. Dans une fosse commune, on retrouvera les corps de Pottier, Ravit, Bastaroli et Moujel. D'une seconde fosse, située à quelques centaines de mètres, on identifiera lors de l'exhumation les soldats Gorbière, Heid, Lefebvre et Gérard, tous du 165e RIF.

Sur le front de la 1re DGP du général Duch, les fosses communes seront nombreuses, du fait des pertes élevées subies par les Polonais : 7 à Desseling, 16 à Azoudange, tous identifiés comme tels. Ce n'est pas toujours évident, car, lors des exhumations effectuées en 1941, l'identification n'a pas toujours été possible, de nombreux tués ayant eu les poches vidées avant d'être inhumés[3]. A Gondrexange, sur 43 morts, 11 ont été identifiés comme « militaires polonais inconnus », et 11 comme « inconnus ». A Vaucourt, où le combat de rues a été acharné, 40 morts

1. Matter, Castelin, Fritz, Corneduse, Ferrière, le caporal Schneider, le sergent Bousmuky et Ruhfel, retrouvé dans le jardin du presbytère.
2. Le lieutenant-colonel Renard, le capitaine Blandin, du II/165e RIF, et le capitaine Schutterlé, du IIIe bataillon ; celui-ci, retiré à Obernai (Bas-Rhin), n'a pas cru devoir apporter son témoignage à l'auteur.
3. Souvent dans un réel souci d'identification... qui n'a pas eu de suite. L'épouse du soldat Wagner, fusillé à Domptail (Vosges), a reçu de l'administration les objets retrouvés sur lui, mais... n'a jamais su où il était inhumé. L'épouse du sous-lieutenant Socié, du 37e RIF, s'est trouvée dans la même situation (Voir *Juin 1940, le mois maudit*, Fayard, 1980).

ont été inhumés sur le territoire de la commune. Parmi eux, 22 grena-diers polonais, 9 soldats et gradés du II/348ᵉ RI et... 9 « inconnus ». A Hénaménil où la *79ᵉ ID* du *General* Strecker a ouvert sa tête de pont au sud du canal : 44 morts. 7 d'entre eux appartiennent au 58ᵉ BM, 15 au III/146ᵉ RIF du commandant Grange et 12 au 96ᵉ BCP du commandant Talmon. On ignore à quelle unité appartenaient Arginaud, Jardy, Armand, Leclerq et les sergents Rio, Driez et Boulet Colomb d'Hautes-serre. Un sous-officier du 291ᵉ RI a été identifié : Dedun. On doit se contenter de cette approche et admettre que le total des pertes de la bataille du 18 juin, loin d'être exhaustif, constitue une première estimation. Le plus grand nombre de morts, identifiés ou non, a été retrouvé dans 14 communes de la zone du canal : 34 à Lagarde, 15 à Moussey, 27 à Arzviller, 23 à Xousse, 26 à Xouaxange, 34 à Avricourt, 41 à Foulcrey, 40 à Vaucourt, 16 à Emberménil, 44 à Hénaménil, 27 à Azoudange, 41 à Réchicourt-le-Château et 43 à Gondrexange. Le total est déjà de 435 morts retrouvés sur les lieux de la bataille. Avec les 51 décédés des suites de leurs blessures dans les hôpitaux de Sarrebourg, nous arrivons à 486 auxquels il convient d'ajouter les tués, moins nombreux, inhumés dans les autres communes : 12 à Parroy, 4 à Bauzemont [1], 8 à Bonviller, 4 à Bénaménil, 4 à Mouacourt, 11 à Guntzviller, 7 à Crion [2], etc.

Ces chiffres s'appliquent au front du 43ᵉ corps et à celui du 20ᵉ corps, mais il est juste de les compléter avec les tués de l'aile droite du 6ᵉ corps tombés au cours de la même bataille du 18 juin : 16 à Maixe, 22 à Vitrimont, 2 à Hudiviller, 3 à Deuxville, etc. Tout en sachant que les listes sont forcément incomplètes, le total auquel nous sommes parvenus est de toute façon impressionnant : 680 tués tombés le mardi 18 juin 1940 pour la défense du canal de la Marne au Rhin.

---

1. Mandras et Wick, du 82ᵉ RIF, Bessonnet, du 69ᵉ RIF, et Lebourgeois, du 146ᵉ RIF.
2. Dont le sous-lieutenant Guy Alison, vingt-cinq ans, et les sergents Bourguette et Casenave-Péré, du 82ᵉ RIF, tués le 17 juin par une salve d'artillerie, et le lieutenant Bernard de David-Beauregard, trente-deux ans, du 58ᵉ BM.

CHAPITRE XXI

« Je sais que je n'en reviendrai pas ! »

La voiture dans laquelle se trouvent le général Flavigny et le lieutenant-colonel Bonvalot, son sous-chef d'état-major, traverse le pont de Pagny-sur-Meuse, sur la RN4, et, coupant la voie à un attelage d'artillerie, se range sur le bas-côté avant de s'arrêter. Le commandant du 21ᵉ corps vient d'apercevoir le général Decharme, de la 35ᵉ DI, qui, d'un regard inquiet, semble chercher quelque chose, ou quelqu'un, au milieu des réfugiés et des colonnes qui se pressent aux abords de la rivière.

L'aube du lundi 17 juin laisse prévoir une belle journée, avec sans doute des manifestations orageuses dans la soirée. Les méandres de la Meuse sont coiffés d'une brume légère et, dans le petit matin, l'oreille ne perçoit que l'incessant trafic routier avec, en contrepoint, les meuglements plaintifs des vaches qui, depuis trois jours, attendent en vain l'heure de la traite.

« Où en êtes-vous ? » demande Flavigny lorsque Decharme, qui a vu la voiture s'arrêter, s'approche de la portière.

« La journée d'hier a été terrible, mon général, un dimanche qui a coûté cher à ma division ! Deux chefs de corps tués : le commandant de Lalande d'Olce, du 123ᵉ RI, et le lieutenant-colonel Pamponneau, du 11ᵉ RI. Les effectifs ont fondu et les hommes sont à bout de forces...

— La situation est la même dans les autres divisions, remarque doucement Flavigny.

— Tout de même, la 35ᵉ DI a perdu plus de cinquante officiers, tués, blessés et disparus, et plus de quatre mille hommes, insiste Decharme. Si vous ne m'accordez pas quelque répit, ma division va disparaître... »

Le commandant du 21ᵉ corps a un geste de la main qui peut signifier que le répit dont la 35ᵉ DI a besoin, et avec elle toutes les grandes unités de la IIᵉ armée, ne dépend pas seulement de lui, mais de l'adversaire.

« Regroupez vos forces dans la forêt de Vaucouleurs, dit-il pourtant à

Decharme, et envoyez votre chef d'état-major à mon nouveau PC de Saulxures-lès-Vannes en fin de matinée. Nous verrons ce que nous pouvons faire lorsque j'aurai les comptes rendus de la nuit. »

La voiture de Flavigny repart et tourne à droite pour emprunter la petite route longeant la Meuse par Saint-Germain, Vaucouleurs et Uruffe, en direction de Saulxures, à une vingtaine de kilomètres à l'est de la Meuse. Decharme a raison : malgré les sacrifices consentis en arrière-garde par le 21e RIC dont le chef de corps, le colonel Gazeilles, a lui aussi trouvé la mort au combat, la 35e DI a subi des coups très durs dans la traversée du département de la Meuse. Il lui reste deux petits bataillons au 123e RI, autant au 11e RI, et les « Joyeux » du 18e BILA sont environ trois cents. Le 21e RMVE est plus étoffé avec environ quatre cents hommes par bataillon.

« Le commandement avait annoncé quelques jours de repos, écrit le lieutenant-colonel Jobin, chef d'état-major de la division. Les hommes pourraient alors dormir, se laver, manger chaud et remettre en état le matériel. »

En fait de repos, les soldats de la 35e DI recevront vers midi l'ordre de reprendre le sac. L'ennemi se dirige vers la Meuse qu'ils doivent franchir pour gagner le plateau d'Ochey où ils seront placés en réserve. Dans les encombrements maintenant permanents, les colonnes de la « division de Bordeaux » s'étireront jusqu'au soir sur les routes blanches de poussière. Le général Decharme lui-même, dont le PC est fixé à Mont-le-Vignoble, va mettre trois heures pour se dégager de Blénod-lès-Toul et gagner la localité qui n'en est pourtant qu'à quatre kilomètres !

Après avoir traversé la Meuse dans la région de Commercy, les colonnes de la 6e DIC, qui n'ont pu se joindre au mouvement du corps colonial en direction de Neufchâteau, cherchent, elles aussi, un point de regroupement et surtout un cantonnement où la troupe harassée pourra dormir et se restaurer.

Le 17 juin à sept heures, le général Gibert qui s'est arrêté à Boucq, à une quinzaine de kilomètres à l'est de Commercy, rencontre le colonel Placiard, chef d'état-major du général Dubuisson dont le PC est dans le village.

« La 6e DIC dépend maintenant de votre corps d'armée, explique Gibert, car nous sommes coupés du corps colonial à qui je vais essayer de rendre compte par radio.

— Quelle est la situation de votre division, mon général, et quels sont vos besoins ? »

Gibert a un geste qui exprime la lassitude :

« Depuis la Champagne, la 6e DIC se bat en arrière-garde et j'ai perdu beaucoup de monde. Chaque régiment est réduit à cinq, six cents hommes, la moitié des mitrailleuses ont disparu, nous n'avons plus un seul canon de 25 et mon artillerie se compose d'un groupe de 75 avec deux heures de feu et de deux batteries de 155. J'ajoute que la troupe est usée par une dizaine de nuits de marches, par les combats et une nourriture insuffisante. Il faut placer la 6e DIC en réserve pour qu'elle puisse se refaire.

— Je vais rendre compte au général Dubuisson ! » assure Placiard avant de quitter le PC de Gibert.

Malheureusement, Dubuisson est déjà reparti vers le nord où il compte voir ses deux divisionnaires : Falvy qui regroupe la 3e DIC autour de Vertuzey, et Burtaire dont l'état-major se dépense, en vain, pour rétablir la circulation entre « l'entonnoir de Gironville » et la route de Toul. Dubuisson a renouvelé à sa prévôté la consigne impérative de « dégager les routes », mais il s'agit désormais d'une mission impossible et le général n'est pas long à s'en rendre compte :

« Je mesure toute l'étendue des embouteillages produits par le reflux sur les routes de la rive droite de la Meuse, des équipages appartenant à cinq divisions. Nous frisons la catastrophe. D'autant que je me trouve absolument découvert sur mon flanc ouest. »

En effet, alors que les débris de la 3e DIC, de la 6e DI, puis de la DL Burtaire vont se diriger vers la Meuse de Pagny, à l'ouest, la direction de Ligny-en-Barrois-Void n'est pas barrée. C'est du moins l'impression que ressent Dubuisson, qui n'a aucun renseignement sur ce secteur. Il a sans doute fait part de ses craintes à Flavigny puisque celui-ci, en allant à Saulxures-lès-Vannes le 17 au matin, s'arrête au PC de la 6e DINA, à Rigny-la-Salle.

« Nous n'avons rien sur la RN 4 à l'ouest de Void, dit-il au général de Verdilhac. Envoyez un bataillon nous couvrir de ce côté et un second à Pagny pour tenir le pont de la Meuse vers lequel toutes les colonnes se dirigent. Je vous ferai renforcer avec des chars du 43e BCC. »

Verdilhac désigne les légionnaires du 11e REI pour interdire la RN 4 à l'ouest de Void pendant qu'un bataillon du 21e RTA s'installera à Pagny-sur-Meuse. Cependant, une heure après son arrivée à Saulxures, Flavigny reçoit une visite qui change les données du problème de la couverture à l'ouest. Il a en effet une conversation avec le général Fournier qui commandait encore le 13 juin la XXe Région militaire, à Nancy.

« Depuis trois jours, explique Fournier, je suis à la tête d'un groupement dont les unités ont été prélevées sur la IIIe armée pour protéger le flanc de celle-ci. Il s'agit de bataillons d'inégale valeur qui font face à l'ouest entre Commercy et la région de Bourmont, dans la Haute-Marne.

— Quels sont vos grands subordonnés ?

— J'ai articulé mes forces en deux sous-groupements : au sud, celui du général Brusseaux, ancien commandant de la place de Metz, et, au nord, le colonel Miserey.

— Et l'artillerie ?

— Chaque sous-groupement dispose d'un régiment d'artillerie motorisé. »

Grâce à la couverture mise en place sur l'ordre du général Condé, Dubuisson, qui se plaignait d'être exposé aux coups sur son flanc ouest, n'a plus rien à craindre[1]. Il reste à savoir comment Flavigny va employer ce renfort qui tombe du ciel.

« Je vous rends votre liberté, dit-il à Fournier, et vous remets à la disposition de la IIIᵉ armée. Le groupement Miserey passe sous mes ordres, et celui du général Brusseaux s'intégrera au dispositif du corps colonial au sud de Neufchâteau. Je vais faire prévenir le général Carles. »

Exit le général Fournier que nous retrouverons plus tard. Dans l'immédiat, Flavigny ne modifie en rien la composition et les emplacements du groupement Miserey. Au sein de ce dernier, on trouve pour l'essentiel trois bataillons de la 56ᵉ DI qui ont été coupés de leur division le 14 juin par l'irruption de la *1ʳᵉ Panzerdivision* sur l'axe Saint-Dizier-Joinville. Au sud, le III/139ᵉ RIF du commandant Millerand est censé avoir la liaison avec le groupement Brusseaux, et l'appui d'artillerie est fourni par le 70ᵉ RAMF du lieutenant-colonel Droneau qui a été enlevé à la division Poisot, ex-secteur fortifié de Thionville. Les hommes de Miserey ont un avantage sur les troupes du 21ᵉ corps et du groupement Dubuisson : ils ne sont pas épuisés par dix nuits sans sommeil, dix nuits de marche et des combats coûteux. Flavigny peut donc se permettre de retirer les bataillons de la 6ᵉ DINA qu'il a fait envoyer à l'ouest de Void et à Pagny. Il a certainement donné des ordres dans ce sens puisqu'à dix heures du matin, le commandant Clément se prépare à replier le 11ᵉ Étranger vers la Meuse, tandis que le lieutenant-colonel Thouvenin installe le 21ᵉ Algériens entre Pagny et Ourches. Au contraire, le général Dubuisson ne paraît pas avoir été informé de l'existence du groupement Miserey et, vers neuf heures, à Vertuzey, il prescrit au général Falvy de décrocher le soir et de placer la 3ᵉ DIC face à l'ouest sur le canal de la Marne au Rhin, entre Void et Sauvoy. Si un contrordre n'est pas donné à Falvy dans la journée, de graves chevauchements d'unités vont se produire, puisque le III/306ᵉ RI du commandant Bacquerie a ses compagnies entre Commercy et Void et se trouve en liaison au sud, vers Sauvoy, avec le I/332ᵉ RI du commandant Quatrecoup. On voit mal les coloniaux de la 3ᵉ DIC arriver en pleine nuit sur le canal tenu par le groupement Miserey. Gare aux cisaillements et à la pagaille !

---

1. On peut se demander pourquoi le général Condé, qui a pris la IIᵉ armée sous ses ordres, n'a pas informé lui-même Flavigny de l'existence du groupement Fournier.

Ces décisions sont d'autant moins compréhensibles que, dans cette matinée du 17 juin, le général Flavigny est informé par officier de liaison de la contre-offensive vers le sud ordonnée par le général Prételat. On a vu, certes, qu'il refusait de participer à une opération qu'il juge inexécutable, mais que lui demande-t-on ? Comme au général Carles, du corps colonial, de flanc-garder l'opération en tenant solidement la vallée de la Meuse. Il est donc évident qu'à partir de midi, Flavigny devait se préoccuper de faire diriger la 3e DIC vers la Meuse et non sur le canal, de Void à Sauvoy, et ramener le groupement Miserey derrière la rivière lorsque les « gros » s'y trouveront enfin à l'abri. Mais Flavigny ne fait pas donner le contrordre à la 3e DIC et il laisse le groupement Miserey sans limite de temps sur le canal, en couverture du front qu'il s'efforce d'organiser sur la Meuse.

[*]

C'est devenu une habitude, la continuité de la position n'est pas assurée et l'état-major du 21e corps est préoccupé par la présence d'un « trou » sur la Meuse, entre Sepvigny au nord et Sauvigny au sud. Au niveau de Montbras, le « trou » s'étend sur une dizaine de kilomètres et laisse grande ouverte la direction de Colombey-les-Belles par la route de Pagny-la-Blanche-Côte.

Informé par Tassin, son chef d'état-major, Flavigny envoie le lieutenant Méjan à Aboncourt, au PC du corps colonial. Méjan demandera au général Carles de « boucher le trou » et d'assurer la liaison entre les deux corps d'armée à Montbras « non seulement avec de la cavalerie, mais aussi avec un bataillon d'infanterie qui devra être en place le 18 à l'aube ».

Carles, dont les unités sont épuisées par les marches et contre-marches, étendra le secteur de la brigade de cavalerie du général Gailliard en direction du nord et enverra à Montbras un bataillon d'instruction dont les seules armes automatiques sont des FM modèle 1915. Toutefois, il ne peut donner aucune assurance sur l'heure de leur mise en place. De son côté, Flavigny exige du colonel Gallini, du GRCA 14, un effort supplémentaire ; il lui demande de pousser son escadron à cheval dans le « trou de Montbras ». Les cavaliers et leurs montures sont dans un tel état de fatigue que le lieutenant de Verdun, envoyé en liaison au PC du 21e corps, dira au commandant Valluy, du 3e Bureau : « Nous avons reçu l'ordre, nous en garantissons l'exécution mais non l'efficacité. »

Pourquoi ces efforts supplémentaires imposés à des unités ruinées par les efforts quotidiens, alors qu'il suffirait d'alléger le groupement Miserey et de ramener une partie de ses forces dans le « trou de Montbras » ? De toute façon, le dispositif du canal n'est pas plus étanche que celui de la Meuse et deux « trous » sont signalés par des chefs de bataillon. Le capitaine Vezet, du II/332e RI, signale dans son rapport « un trou de trois ou quatre kilomètres sur notre gauche où doit se trouver le III/139e RIF du commandant Millerand ». Toutefois, un de ses officiers le contredit [1]. Le lieutenant Huret, de la 5e compagnie, a noté en effet dans son journal, à la date du 16 juin, que « des officiers du 139e RIF ont pris liaison ».

Millerand confirme ces propos, mais se plaint d'un autre « trou » sur son flanc : « La liaison a été prise avec le II/332e RI à Delouze, c'est sur ma gauche à moi qu'il n'y a rien ! »

A son PC de Chalaines, derrière Vaucouleurs, le lieutenant-colonel Parisey, qui commande les deux bataillons du 332e RI et le III/306e RI, s'inquiète des « trous » qui lui sont signalés et profite du passage de l'état-major de la 35e DI dans le village pour demander de l'aide. Il frappe à la mauvaise porte, car le général Decharme, qui vient d'obtenir de Flavigny la mise en réserve de sa division, ne dissimule pas sa façon de penser à Parisey : « Je ne peux rien pour vous, nous faisons mouvement vers le plateau d'Ochey ! »

Au sud de Demange-aux-Eaux, la situation est confuse ; on ignore où est passé le groupement Brusseaux qui s'est évanoui dans la nature au lieu de chercher le contact avec le groupement Miserey. Peut-être rejoint-il le corps colonial sur la Meuse ?

Tout de même, après le « trou de Montbras », voici le « trou de Gondrecourt-le-Château » qui, lui, restera ouvert, faute de liaisons avec le commandement, surtout entre la IIIe armée et le général Flavigny. Cela fait beaucoup de « trous » depuis celui d'Étrepy par où la *1re Panzer* perça en direction de Saint-Dizier ». Le 15 juin, nous avons eu le « trou de Contrisson et de Sermaize, par lequel les *8e* et *6e Panzerdivisionen* attaquèrent de flanc la 1re DIC, et le 18 juin nous aurons le « trou d'Aingeray » qui permettra à l'*Oberst* von Scheele de s'emparer de Nancy.

*
* *

Au III/306e RI, le commandant Bacquerie trouve que son bataillon, qui constitue la branche nord du groupement Miserey, est trop étiré. Abrité par deux lignes d'eau parallèles, la Meuse et le canal de l'Est, il tient plutôt des gros points d'appui qu'un front continu.

Depuis le début de la guerre, Bacquerie a toujours affecté à chacune de ses compagnies de voltigeurs la même SM (section de mitrailleuses), ce qui a permis aux hommes et aux gradés de bien se connaître. La

1. Vezet n'est pas à une contradiction près puisqu'il écrit qu'il « a pris contact le 16 juin à 6 heures au château de Gondrecourt avec le commandant d'un bataillon du 139e RIF ».

472

9e compagnie du lieutenant Malderez est à Commercy avec la SM Guérin, la « 10 » du capitaine Fournier est à hauteur de Ville-Issey avec la SM Papavoine et, à Void, la « 11 » du lieutenant Nollevalle opère avec la SM du lieutenant Desvernois. Elle a reçu en renfort les deux canons de 37 du lieutenant Colombani, car, lors d'un raid aérien visant le pont tournant du canal — qui a été manqué —, les mortiers de 81 du bataillon ont été détruits[1]. L'installation n'a pas été exempte de difficultés, en particulier à Void qui est considéré comme le point névralgique.

« Le 16 au soir, raconte le sous-lieutenant Matray, j'ai dû faire évacuer les convois de réfugiés qui stationnaient sur la route de Commercy et les contraindre, sous la menace, à pénétrer dans Void afin que mes champs de tir soient dégagés. »

A la lisière nord de la localité, le sous-lieutenant Mathiot a fait travailler dur les soldats de la section. « Nous avons aménagé des barricades, écrit-il, les hommes ont creusé leurs trous individuels et nous avons des bouteilles d'essence à portée de la main pour attaquer les chars ennemis. »

Cette dernière phrase montre à quel point reste vive l'obsession des *Panzers*[2] !

Vers 10 heures du matin, du PC du commandant Bacquerie installé à la gare de Sorcy, on perçoit nettement le bruit d'un engagement au nord de Commercy. Une demi-heure plus tard, une forte explosion indique qu'un pont vient de sauter, sur la Meuse ou le canal de l'Est. Les rafales d'armes automatiques semblent se rapprocher.

« D'autres déflagrations suivent, rapporte Bacquerie, et, vers 11 heures, le point d'appui nord de Commercy est attaqué. Son chef, l'adjudant Laurain, est grièvement blessé. »

La résistance de Commercy est vite brisée et, à Euville, le lieutenant Guérin recueille « les éléments qui ont pu s'échapper » de la cité des madeleines. A hauteur de Gondrecourt-le-Château, le III/139e RIF prend le contact un peu plus tard, vers 13 h 30, et les canons de 25 du lieutenant Bellanger incendient des side-cars et des camions sur la route. A Void, à la même heure, les premiers coups de feu éclatent au nord-ouest et la compagnie Nollevalle se bat à partir des vergers et des jardins potagers. Le commandant de la « 11 » n'ignore pas l'importance de la défense de Void, carrefour routier traversé d'ouest en est par la RN 4 Paris-Strasbourg. Le PC de la compagnie est près de l'église, à deux pas

---

1. Outre plusieurs blessés, le III/306e RI a eu deux tués : Lebars et le sergent Daulny.

2. Le colonel Carbonnier, artilleur de la division de Girval, affirme « qu'il s'est créé une véritable psychose des engins blindés ; on en signale partout. C'est une hantise depuis la bataille des Flandres... Elle laisse loin au second plan celle des parachutistes ! »

du poste de secours du médecin auxiliaire Jeune, et le lieutenant Nollevalle s'inquiète surtout pour son flanc ouest où se trouve la section du lieutenant Jeandel. Curieusement, il semble ignorer la présence du 11e REI qui n'a pas encore reçu l'ordre d'aller s'établir sur la Meuse, derrière le groupement Miserey.

Les légionnaires de la 2e compagnie du lieutenant Roux dorment dans leurs trous, en attendant qu'il se passe quelque chose. Les sentinelles scrutent buissons et bosquets et les deux canons de 25 de la section Favre sont pointés sur la RN 4 dont la courbe disparaît vers Ménil-la-Horgne. A bord de voitures ou de charrettes surchargées, parfois à bicyclette, souvent à pied, les réfugiés sont mêlés aux convois de l'armée et sur deux, voire trois files, se hâtent vers Pagny, comme si le salut les attendait sur l'autre rive de la Meuse. Vers 14 heures, le sergent-chef Baslan donne l'alerte :

« Un side-car boche au milieu des civils !

— Ne tirez qu'à courte distance ! » commande le lieutenant Roux qui prévoit une panique monstre parmi les réfugiés.

Ceux-ci ne soupçonnent pas le danger. Arrivé devant le dispositif de la Légion, le conducteur du side essuie plusieurs rafales de FM, mais il parvient à louvoyer au milieu des femmes et des enfants qui hurlent de terreur et disparaît derrière des attelages abandonnés sur la RN 4. Dix minutes plus tard, le « mouchard » vient survoler la route, puis il vire pour décrire plusieurs cercles au-dessus de Void avant de se diriger vers la vallée de la Meuse. Il vole à environ deux cents mètres d'altitude et, de la lisière du bois où elles sont en position, quatre mitrailleuses de 20 du 21e RIC ouvrent le feu.

« Les quatre gerbes de traceuses jaillissent, raconte le lieutenant Périnne ; l'avion est au milieu du feu d'artifice. Floc ! Floc ! Deux nuages gris, l'un au point d'attache des ailes et de la carlingue, l'autre dans le gouvernail. Il se dégage par un piqué, mais il a été touché et nous ne le reverrons plus de la journée. »

Venant de Ménil-la-Horgne, une automitrailleuse apparaît dans la lunette de visée du caporal d'Andréa. Derrière lui, Kotula, le chargeur, Gomez et Sanchez, les pourvoyeurs, sont pareils à des statues. A moins de cinquante mètres, le caporal ouvre le feu. Deux obus de 25 atteignent le véhicule qui s'immobilise sur la route maintenant déserte.

« Avec deux légionnaires, raconte Roux, je suis allé aux résultats. Nous avons capturé un jeune Allemand effondré. Le blindé était hors d'état de marche et trois cadavres gisaient à l'intérieur [1]. »

L'officier revient vers le canon de 25 du caporal d'Andréa et reçoit à ce moment précis l'ordre de décrocher en évitant Void. Il regroupe la

1. Lettre du 26 novembre 1979 adressée par le général Roux à l'auteur.

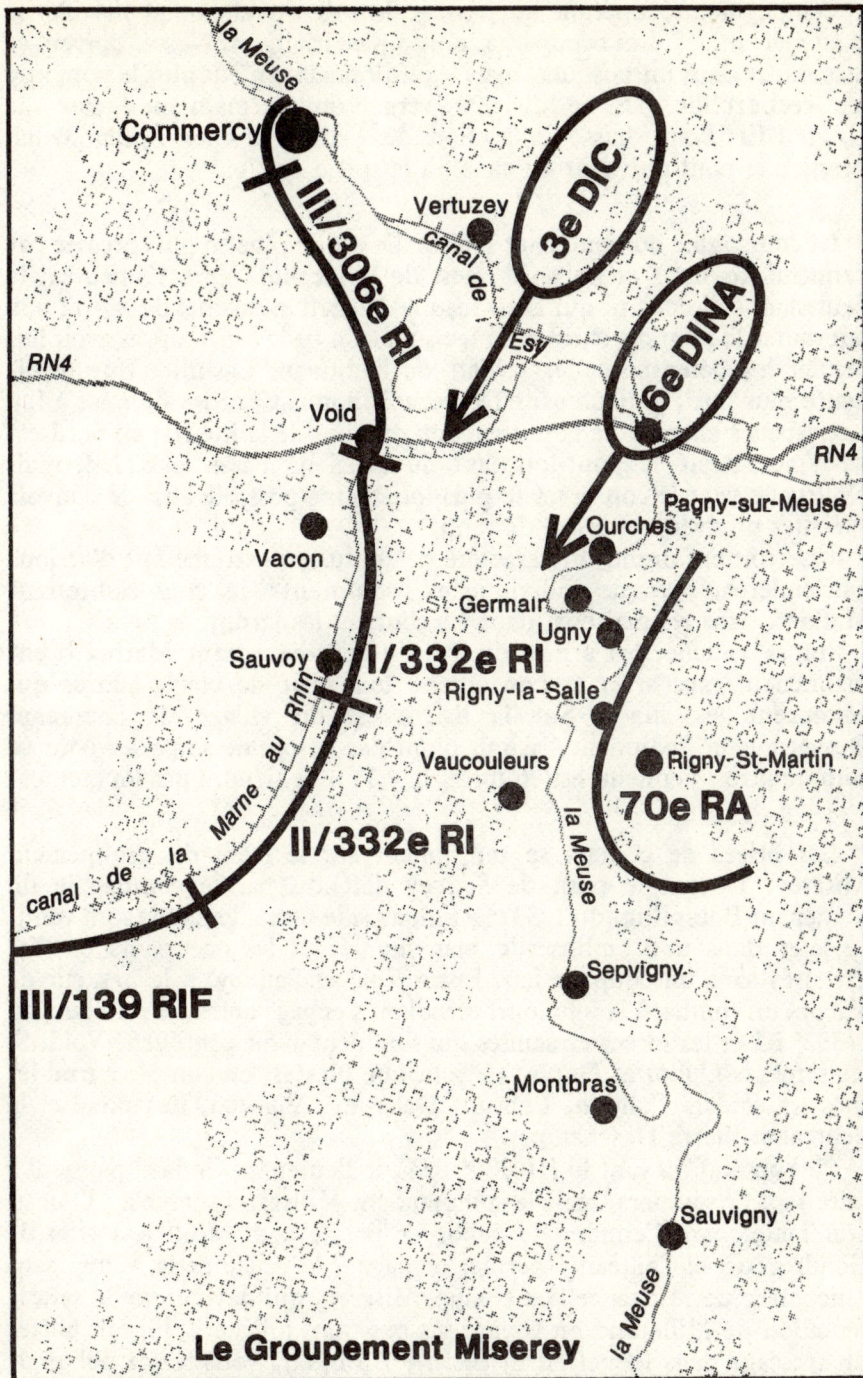

Le Groupement Miserey

2e compagnie, récupérant au passage le side-car allemand maculé de sang mais intact. Les occupants, dont un au moins est blessé, doivent se dissimuler dans un bosquet, mais les légionnaires n'ont plus le temps de les rechercher. Ils se dirigent vers Saint-Germain-sur-Meuse, le II/11e REI ayant laissé la section de l'adjudant-chef Romanovitch derrière le pont-tournant du canal, à la sortie de Void.

La compagnie du lieutenant Nollevalle est de plus en plus pressée par l'ennemi au nord et au nord-ouest de la localité. Vers 13 heures, le lieutenant Colombani, qui avait reçu la délégation du chef de la « 11 », a fait sauter le pont du chemin de fer qui enjambe le canal, après avoir fait reculer les défenseurs, les soldats de l'adjudant Casimir. Une demi-heure plus tard, le lieutenant Desvernois donnait l'ordre de mise à feu aux sapeurs chargés de la destruction du pont de la Meuse, au nord-est de Void. Reste le pont-tournant du canal où passe la RN 4, mais Nollevalle veut le conserver le plus longtemps possible afin de pouvoir exécuter un éventuel ordre de repli.

« Le combat prend un caractère de confusion extrême fait d'actions particulières, presque individuelles, commente le sous-lieutenant Mathiot, dans les maisons, dans les cours et les jardins. »

Sur sa gauche, les armes du PA du sous-lieutenant Matray tirent maintenant sans arrêt et l'on entend une série de coups sourds qui annoncent les *minen.* Sur la lisière est du village, le lieutenant Desvernois et l'adjudant Casimir n'ont pas besoin de se parler pour se comprendre : l'ennemi est en force, la « 11 » ne tiendra pas longtemps.

Les prises de contact se multiplient sur le front du groupement Miserey. Devant le pont de Sauvoy défendu par la compagnie du lieutenant Boespflug, du I/332e RI, deux side-cars allemands sont venus se jeter dans une embuscade bien montée et les occupants ont été capturés sans un coup de feu. Entre Void et Sauvoy, à la hauteur de Vacon, un combat à la fois court et violent s'engage entre les éléments du I/332e RI et les forces ennemies qui semblent avoir contourné Void. Si les sergents Oudot et Durant ne sont que blessés, on compte parmi les tués les soldats Collette, Lebrun, Delarette, Visbecq, Raymond et le lieutenant Pierre Deschamps.

Plus au sud, devant le III/139e RIF, le lieutenant Godard parvient à faire sept prisonniers, mais le commandant Millerand, harcelé à l'ouest, voit maintenant l'ennemi le déborder par le sud, là où le « trou de Gondrecourt-le-Château » permet de gagner la vallée de la Meuse sans rencontrer de résistance. Le colonel Miserey, qui devine quelle sera la tentation de Millerand en voyant ses positions tournées, lui fait porter un message dans lequel on lit ceci : « Au cas où vous seriez obligé de vous replier, faites-le par Vouthon-Haut, Greux et Maxey-sur-Meuse que vous tiendriez finalement. »

Le III/139e RIF serait alors sur la rive droite de la rivière, à hauteur de Domrémy, mais à plus de douze kilomètres du « trou de Montbras ». De son côté, le lieutenant-colonel Parisey semble persuadé que ses bataillons en place à Void et sur le canal ne jouent pas seulement un rôle de couverture, mais sont les premiers éléments d'un front en voie de constitution face à l'ouest. Dans cet esprit, et toujours inquiet pour sa gauche « qui est complètement en l'air », il envoie vers 16 heures le lieutenant Celier au PC de la 6e DINA à Rigny-la-Salle. Parisey pense en effet que le général de Verdilhac est aussi intéressé que lui par la menace pesant sur le flanc sud, et Celier doit lui demander de l'aide.

« Nous ne pouvons rien pour vous, nous attendons nous-mêmes des ordres ! » aurait répondu à Celier un officier de l'état-major de la 6e DINA[1].

L'artillerie du groupement Miserey intervient-elle au profit de l'infanterie aux prises avec l'ennemi sur le canal ? Les tirs d'interdiction du 70e RAMF semblent se résumer à de maigres salves. On lit dans le journal du régiment : 16 juin : aucun tir. 17 juin : quelques tirs à la demande de l'infanterie. »

Les artilleurs, dont les pièces sont en batterie sur la rive droite de la Meuse, sont peut-être trop éloignés ? Le capitaine Vezet, du II/332e RI, signale dans son rapport que le lieutenant Postel-Vinay et ses observateurs[2] « n'ont pu obtenir le tir de la batterie de 75 située à onze kilomètres de l'objectif qu'à 18 h 30 ».

A Void, où les soldats du III/306e RI se battent toujours aux abords même de la localité, le commandant Bacquerie serait surpris d'apprendre qu'un groupe de 75 stationne sur la RN 4, entre Void et Pagny, depuis 13 h 30. Le III/313e RA du commandant Chénesseau reste sur roues jusqu'à 16 h 30, pendant TROIS heures, « en attendant de recevoir des ordres », écrit l'aspirant de Moras dans son rapport. Quand il est mis à la disposition de la 6e DINA, le groupe de Chénesseau se mêle au flot continu des convois et franchit le pont de Pagny-sur-Meuse vers 18 heures avant de s'engager sur la petite route de Saint-Germain. Il n'a pas tiré un obus de la journée.

Ignoré par le 21e corps dont il ne reçoit ni ordres ni soutien, le groupement Miserey se prépare à lâcher sa position, mais l'opération va

1. Le général de Verdilhac a rédigé un rapport d'opérations, mais ce document n'a pas été retrouvé. Son chef d'état-major, le commandant Potier, et le chef du 3e Bureau, le capitaine Cavard, ne semblent pas avoir établi de rapport, ce qui rend difficile tout travail historique sur la 6e DINA.
2. Postel-Vinay, les maréchaux des logis Caire et Hergesheimer, les canonniers Blachère, Leidig, Louis, Chopinet, et Durant, seront portés disparus vers Delouze, vraisemblablement faits prisonniers.

s'effectuer dans de mauvaises conditions. Le commandant Millerand affirme qu'à 17 heures, un motocycliste lui a apporté un ordre du colonel Miserey l'autorisant à décrocher. Le repli n'est pas un modèle du genre et le bataillon de forteresse, alourdi par ses voiturettes, ses chevaux et ses impedimenta, laisse plus de cent soixante hommes aux mains de l'ennemi, dont une trentaine des transmissions avec tout leur matériel.

Au II/332ᵉ RI du capitaine Vezet, le repli qui va s'étendre sur la soirée et une partie de la nuit s'effectue dans un désordre tel que le bataillon va littéralement éclater. Sous la pluie qui ajoute à la détresse des hommes, le capitaine Vezet sera le premier à atteindre la Meuse avec l'état-major du bataillon, à l'exception de son officier adjoint, le lieutenant Caramella, qu'il a « oublié » dans une clairière, près d'Amanty. Le capitaine Levacher rejoindra avec deux sections de la compagnie d'appui, suivi dans la soirée par la « 7 » du capitaine Demoget. La « 6 » du lieutenant Roque a disparu entre le canal et les couverts de la Grande Vallée, au nord-est de Gondrecourt-le-Château. Bombardée par l'artillerie ennemie au crépuscule, la 5ᵉ compagnie du lieutenant Huret a eu des blessés : Vany, Laurent et l'adjudant Gamez. Huret et ses lieutenants, du Tilly, Larrive et Bideault, ont du mal à comprendre leur situation : dans la soirée, ils entendent les Allemands chanter en traversant Rosières-en-Blois, à environ deux kilomètres DERRIÈRE eux. Officiers et soldats de la « 5 » marcheront une partie de la nuit avec l'espoir de se dégager vers le sud, mais ils seront capturés dans la matinée du 18 juin. « Oublié », lui aussi, par le commandant de la 7ᵉ compagnie, le sous-lieutenant O'Byrne se dissimulera avec quelques hommes dans les bois, puis, le 18, reviendra vers le canal. A l'emplacement du groupe Mercier, il verra armes et munitions abandonnées, intactes : on ne s'est pas battu. Vers Demange-aux-Eaux, au contraire, les cadavres témoignent de la résistance opposée à l'ennemi : Oger, Lecœur, Bour, le caporal Simon, l'aspirant Robert Dejean ; d'autres que O'Byrne ne connaît pas [1].

Toutefois, selon le colonel Miserey, l'éclatement du II/332ᵉ RI ne serait pas dû à la carence de certains cadres, à commencer par celle du chef de bataillon, mais au décrochage du commandant Millerand, du III/139ᵉ RIF. « Son repli du soir sur la Meuse fut trop rapide, écrit Miserey, il découvrit la gauche du II/332ᵉ RI qui tenait encore les lisières ouest de la forêt de Vaucouleurs. »

Sur le canal de Sauvoy, deux compagnies du I/332ᵉ RI « n'ont pu être touchées par l'ordre de repli ». La « 1 » du lieutenant Boespflug et la « 2 » du capitaine Montaudoin sont débordées au nord et au sud, mais

---

1. Assureur à Paris, Marc O'Byrne décide de regagner la capitale avec deux de ses soldats, Leclère et Bohain. Ils y seront le 12 juillet.

elles restent sur leur position. A Void, le lieutenant Nollevalle reçoit l'ordre de partir vers 19 heures. « Il faut manœuvrer rapidement ! » fait-il dire au sous-lieutenant Mathiot qui vient de dégager un FM d'une maison en feu. Il est entendu que la section du lieutenant Jeandel couvrira le décrochage et que le pont-tournant sera alors détruit.

Dans le village où les armes automatiques se répondent pendant que tombe la pluie, les sections cherchent à rompre le contact. Aux lisières est, le lieutenant Desvernois et ses soldats traversent le canal sur un radeau que le lieutenant Colombani, prévoyant, a fait construire dans la matinée. Desvernois retrouve Nollevalle derrière le pont-tournant et lui demande la direction à prendre. Au milieu des éclatements de *minen,* le commandant de la 11e compagnie indique du bras la direction de Vaucouleurs. Avec le sergent Houriez qui a chargé les mitrailleuses et les caissettes de bandes sur deux voitures à bras, Desvernois entraîne sa section sur la route forestière, tandis que, derrière eux, une forte explosion indique que le pont-tournant a sauté [1].

Le sous-lieutenant Mathiot fait partir ses deux premiers groupes, puis, un quart d'heure plus tard, il décroche avec le dernier groupe. Tout s'est bien passé. Au premier coude de la RN 4, l'officier s'arrête, sidéré : ses éléments de tête sont là, bras levés, tenus en respect par les Allemands qui l'invitent à les rejoindre et à se déséquiper. « Le lieutenant Jeandel, dit Mathiot, est allongé par terre, la tête ouverte [2]. »

L'ennemi a été plus rapide que les Français et, s'infiltrant dans Void, a cherché à s'emparer d'un pont sur le canal, sans s'inquiéter des forces adverses en position derrière lui.

« Nous sommes prisonniers, dit encore Mathiot, victimes de notre chargement, de notre fatigue et d'un décrochage trop lent de quelques minutes. »

Les Allemands ne sont pas discrets, et le sous-lieutenant Matray, qui se dirigeait lui aussi vers le pont-tournant avec sa section, est alerté par les clameurs tudesques.

« L'ennemi était derrière moi, écrit-il, il était devant moi, il occupait le centre de Void et, depuis le clocher, un tireur venait d'ouvrir le feu avec une arme automatique. Comment allions-nous traverser le canal pour sortir de ce piège [3] ? »

La section Matray a de la chance : un soldat originaire du Nord, « qui se déplace avec une balle dans l'épaule », explique à l'officier que, dans sa région, des égouts visitables destinés à l'évacuation des eaux de

1. Limité à cinq tonnes, le pont-tournant de la RN 4 avait ses galets de roulement écrasés par le trafic des trois derniers jours où chars, artillerie et camions ont franchi le canal sans se préoccuper de la limite de poids imposée. De plus, la destruction opérée le 17 juin se révélera insuffisante.
2. Robert Jeandel sera inhumé dans la même tombe que le sergent Jouan.
3. Lettre du 14 février 1981 adressée par M. Matray à l'auteur.

ruissellement passent sous les canaux. L'homme assure que « le canal de la Marne au Rhin ne peut pas faire exception[1] ». En effet, c'est par un de ces passages ouverts sous la voie d'eau que la section Matray franchira l'obstacle et se dirigera vers Ourches, sur la rive gauche de la Meuse.

★

Vers 18 heures, le général Lucien, de la 6e DI, a quitté le PC du général Falvy à Vertuzey pour se diriger vers Pagny-sur-Meuse où il espère « ramasser les morceaux » de sa division.

« La route, écrit-il, est parcourue par un courant irrésistible formé d'éléments de cinq divisions (...). Un seul groupe de mon artillerie pourra gagner la rive droite de la Meuse, tous les autres, bon gré mal gré, sont emportés par le flot en direction d'Ourches. »

Vers 19 h 30, grâce à l'activité déployée par les officiers de son état-major, Lucien peut établir son PC à l'école de Pagny-sur-Meuse. Il rédige un ordre, qui, selon lui, permettra de dresser un barrage sur la RN 4, face au nord, entre Void et Pagny. Il suffit de mettre en place les troupes qui arrivent de la région de Commercy-Gironville et de les remettre en ordre. Soudain, le lieutenant-colonel Bléger, du 36e RI, entre dans la pièce.

« Mon général, Void est tombée et nous devons nous préparer à nous battre face à l'ouest, car l'ennemi, s'il franchit le canal, viendra droit sur nous.

— Quelle est la distance entre Void et Pagny ? interroge Lucien sans se départir de son calme.

— Dans les huit à dix kilomètres. Les convois et la masse des réfugiés peuvent ralentir les Allemands, mais, s'ils ont des blindés, ils bouscule-ront tout... »

Lucien réfléchit. Le général Flavigny a tenu sa promesse et les chars R 35 du lieutenant Cornély surveillent le pont de Pagny, tandis qu'un bataillon du 21e Algériens est en position aux lisières nord de la localité. Lucien reste pessimiste. Que se passera-t-il si l'ennemi attaque en force à partir de Void ?

« Ce sera aussitôt la fuite éperdue, rapporte le commandant de la 6e DI, tant la fatigue extrême, le sentiment de la présence ennemie toute proche, les pertes subies et le mélange des unités ont tendu les nerfs. »

Sa décision est prise : il s'installe à Pagny pour la nuit. Il est bon que les bataillons, les compagnies et les groupes isolés qui passeront la rivière sachent qu'une autorité responsable est là, que le village est défendu et qu'ils vont recevoir des ordres. Le PC s'organise dans la cave de l'école

1. On a vu que le 18 juin, devant le 37e RIF à Xouaxange, c'est par ces égouts que les premiers *Stosstrupps* ont gagné la rive sud du canal.

480

et quelques officiers, dont le capitaine Vessereau qui en a maintenant l'habitude, vont s'efforcer de canaliser les convois à la sortie du pont : à droite l'artillerie, en direction de Toul, à gauche l'infanterie vers Ourches et Saint-Germain. Mais le torrent de véhicules et d'attelages qui se gonfle sur la RN 4 et sur les petites routes venant du Nord est tel que les résultats sont médiocres.

« Aucune liaison n'est possible, constate le commandant de Saizieu qui tente de franchir la Meuse avec les rescapés du 43e RIC. Tout mouvement est condamné, même à pied, à la tombée de la nuit, entre Void et Pagny. »

Le général Lucien serait pourtant rassuré s'il apprenait que le GR 73, celui de la 3e DIC, vient de constituer un bouchon face à l'ouest, armes braquées sur les sorties de Void. C'est le lieutenant Senez qui a donné l'alerte. Parti de Vertuzey avec son peloton motocycliste pour reconnaître les positions que la 3e DIC doit occuper dans la soirée, il s'est heurté à l'ennemi devant le canal de l'Est.

« Void, que le général Falvy croyait solidement tenu, est aux mains des Allemands qui tentent de pousser vers Pagny », écrit Senez dans son rapport.

Rejoignant son subordonné, le capitaine de Hesdin, qui commande l'escadron, a fait mettre tous les FM en batterie, et Senez est allé prévenir le chef d'escadrons de Saint-Sernin. Celui-ci a fait partir un second peloton motocycliste et deux camionnettes avec des fantassins du 23e RIC. Cependant, Saint-Sernin ignore la présence du PC de la 6e DI à Pagny où le général Lucien se croit toujours en première ligne depuis la chute de Void. Pour lui, au-delà du pont gardé par les chars du 43e BCC, il ne peut y avoir que l'ennemi. La nuit promet d'être chaude dans le secteur de Pagny. Qui va tirer sur qui ?

*
* *

Pendant que se délite le groupement Miserey, la 6e DINA s'articule face à l'ouest dans la vallée de la Meuse : le 21e RTA au nord, d'Ourches à Pagny, le 11e Étranger au centre, devant Saint-Germain, et le 9e Marocains dans la forêt de Vaucouleurs.

Au cours de leur repli du secteur de Void, les légionnaires du III/11e REI ont subi des tirs d'armes automatiques et la 9e compagnie du capitaine Jaillet a eu deux chevaux tués, ce qui l'a obligée à abandonner après sabotage les deux pièces d'une voiturette porte-mitrailleuse. Le PC du 11e Étranger est dans un boqueteau de la rive gauche de la Meuse, à la hauteur de Saint-Germain. L'adjudant-chef Romanovitch s'y présente vers 20 heures et apprend au chef de corps, le commandant Clément, la prise de Void par l'ennemi, la destruction du pont-tournant et le repli du III/306e RI du commandant Bacquerie.

Faute de documents détaillés, on ignore quelle a été la réaction de Clément, mais, grâce au journal de marche du régiment, nous connaissons celle du colonel Robert, qui commande l'infanterie divisionnaire de la 6e DINA.

« 21 heures : le colonel Robert vient au PC du régiment. Il prescrit l'envoi immédiatement de quatre reconnaissances fortes chacune d'une compagnie, une section de mitrailleuses et un canon de 25. »

Ces reconnaissances se dirigeront, la première sur Void, les deux suivantes sur les passages du canal, à Vacon et à Sauvoy, la dernière, également dans la direction du canal, à la hauteur de Villeroy-sur-Méholle. L'objet de la mission est précisé de la façon suivante : « Ces reconnaissances devront se porter sur les points fixés et y tenir jusqu'à ce que l'ordre de repli leur soit donné. »

Cet ordre est tellement éloigné de toute réalité qu'il est permis de s'interroger sur les motivations de Robert. Quelle mouche le pique ? Il veut reprendre Void d'où le bataillon Bacquerie vient d'être chassé, mais ne prend aucune liaison avec le général Lucien qui est à Pagny et défend les accès du pont ! Pas davantage avec le général Falvy dont une partie du GR est sur la RN 4 et tient sous son feu les sorties de Void. Mieux, Robert prétend envoyer la Légion entre Sauvoy et Vacon où se trouvent toujours les compagnies Boespflug et Montaudoin, du I/332e RI, Sauvoy et Vacon que la 3e DIC a l'ordre d'occuper dans la soirée ! Quel imbroglio ! Chaque grande unité fait sa guerre et ne s'intéresse pas aux mouvements des voisins, sinon pour les critiquer. Nous l'observerons à maintes reprises et l'ordre donné par le colonel Robert en est la meilleure illustration. Ayant commandé le 11e Étranger durant toute la guerre (Clément est chef de corps depuis quatorze jours seulement), Robert a tendance à considérer que les légionnaires lui appartiennent encore. Est-ce une raison pour les lancer dans une opération qui n'a aucune chance de réussir et ne tient pas compte des ordres donnés en fin de matinée par un officier de liaison du général Condé : le 21e corps et le corps colonial restent sur la Meuse pour flanc-garder la contre-offensive vers le sud. Si Robert voulait se battre sur le canal, il aurait pu répondre favorablement aux sollicitations du lieutenant-colonel Parisey qui lui a envoyé le lieutenant Celier dans l'après-midi pour demander de l'aide. En réalité, Robert se moque du canal comme d'une guigne, il estime simplement que ses ordres n'ont pas été exécutés et, malgré le changement intervenu — l'ennemi est sur le canal et s'est emparé de Void —, il entend reprendre tout à partir de zéro.

« Dans la soirée du 17 juin, se souvient le lieutenant Virenque, officier de renseignements du 11e Étranger, le colonel Robert nous fit savoir verbalement que l'ordre de repli au sud de Void avait été mal interprété et que le IIe bataillon aurait dû rester au sud du canal jusqu'à réception d'un ordre complémentaire. Prenant connaissance de cette note, le commandant d'Alegron, du IIe bataillon, confirma qu'il ne l'avait pas compris ainsi et que le secteur sud du canal étant tenu par un autre régiment[1], il ne s'était pas arrêté[2]. »

Le raisonnement formulé par d'Alegron est parfaitement fondé. Pour quelles raisons le II/11e REI serait-il resté sur le canal alors que le colonel Miserey tenait celui-ci avec quatre bataillons, de Commercy à Gondrecourt-le-Château ? Il eût été plus raisonnable de l'envoyer dans le « trou de Montbras ». En définitive, ces ordres et contrordres ne découlent-ils pas d'une mauvaise coordination entre les généraux Dubuisson et Flavigny ? Ce dernier a-t-il décidé clairement d'établir une position défensive sur la Meuse, face à l'ouest, et l'a-t-il fait savoir à Dubuisson qui reste son subordonné ? Rien n'est moins certain et l'initiative du colonel Robert, vraisemblablement approuvée par le général de Verdilhac, va coûter cher à la Légion.

« Au cours d'une scène très pénible dont je fus le témoin, dit encore Virenque, alors que le commandant Clément et son chef d'état-major, le commandant Robitaille, proposaient d'envoyer deux bataillons vers le canal, le commandant d'Alegron, considérant que son honneur était en jeu, revendiqua pour lui seul et son seul bataillon la charge de cette mission. »

Aristocrate d'origine polonaise, d'Alegron regagne son PC vers 23 heures. Il explique à son adjudant-major, le capitaine Lemoine, que le colonel Robert lui reproche de n'avoir pas laissé d'officier avec l'arrière-garde (à la place de Romanovitch). Le chef de bataillon, que Lemoine décrit comme « épuisé et à bout de forces », répète que son honneur est engagé et qu'il prendra personnellement la tête de la 6e compagnie du capitaine Magne.

« Je sais que je n'en reviendrai pas ! » aurait-il ajouté en remettant à Lemoine son portefeuille, l'adresse de son épouse et divers documents personnels. Il fait ensuite venir le capitaine Magne qui est « lui aussi exténué et n'a pas un mot de révolte » (rapport Lemoine). Pourquoi en aurait-il ? Dans l'état d'épuisement où il se trouve, il n'aura pas trop de toute sa volonté pour exécuter le mouvement prescrit. De toute façon, personne n'imagine de discuter un ordre du colonel Robert !

Lorsque Magne est informé de la mission, il retourne à sa compagnie, sous la pluie. D'Alegron prescrit à son ordonnance de le réveiller le 18 à 1 h 30 du matin et va s'allonger. Il lui reste à peine deux heures pour récupérer une partie de la fatigue qui le brise depuis des jours et des jours...

A la même heure, le lieutenant-colonel de Langalerie, du 313e RA, est convoqué au PC de l'artillerie divisionnaire de la 6e DINA où le colonel

---

1. Le I/332e RI du commandant Quatrecoup appartenant au groupement Miserey.
2. Lettre du 9 janvier 1980 adressée par M. Virenque à l'auteur.

Ténot lui fait savoir que son régiment est désigné pour appuyer l'opération imaginée par le colonel Robert. On fait à Langalerie le coup de l'invité. Pourquoi Ténot n'engage-t-il pas sa propre artillerie, ou même le 70e RAMF du lieutenant-colonel Droneau qui est en position derrière la Meuse depuis trois jours ?

« Mes deux groupes ne représentent plus que dix-huit tubes, fait remarquer Langalerie.

— Vous prendrez sous vos ordres le I/6e RANA, à charge pour vous de le retrouver, car, à Pagny-sur-Meuse, il a sans doute pris la route de Toul... »

Voilà l'explication : Ténot ignore où se trouve son artillerie et, en pleine nuit et sur des routes qui seront bientôt saturées de colonnes appartenant à toutes les divisions du 21e corps et du groupement Dubuisson, il préfère laisser à un autre le soin de la retrouver. Deux officiers, les lieutenants Toulouse et de Valady, du 313e RA, accompagneront les reconnaissances du 11e Étranger avec leurs observateurs ; ils disposeront chacun d'un émetteur-récepteur ER 17 qui devrait leur permettre, en théorie, d'obtenir des appuis de 75 rapides et précis. Tout bien réfléchi, c'est l'ensemble de l'opération qui est du domaine de la théorie. On voit mal, en effet, les quatre reconnaissances de la Légion se mettre en place en pleine nuit et démarrer à l'aube vers leurs objectifs, alors que les cisaillements ainsi que les chevauchements d'unités se multiplient dans l'obscurité, les Allemands tirant parti de cette confusion qu'ils devinent en ouvrant le feu au canon de 20 et avec leurs armes automatiques depuis le secteur de Void.

Une des premières salves atteint sur la RN 4 la voiture du capitaine Joseph Courrèges, du 155e RIF, dans laquelle a pris place le médecin-capitaine Émile Talon, du même régiment. Ils succomberont l'un et l'autre à leurs blessures.

***

Une fois la nuit tombée, la 3e DIC a entamé son mouvement sous la pluie à partir de Vertuzey. Les effectifs sont incomplets, il manque plusieurs compagnies et les batteries du 3e RAC qui ont réussi à se dégager de « l'entonnoir de Gironville » cherchent dans la nuit un point de regroupement. A la tête des rescapés du III/23e RIC, le capitaine Souriac affirme qu'à environ six cents mètres au nord du pont de la Meuse « la colonne qui aborde Pagny fait trois fois la largeur de la route ». Selon le commandant du bataillon, c'est vers 22 heures que des projectiles traceurs sont tirés de la région de Void. Inutile de prendre la direction du canal, estime Souriac, l'ennemi s'y trouve déjà ! Esclave du devoir, le commandant Bret, du I/23e RIC, s'obstine à trouver un chemin abrité des balles pour gagner sa nouvelle position entre Vacon et Sauvoy. Personne ne lui a dit que Void est tombée, que les motocyclistes du GRDI 73 sont en bouchon sur la RN 4 et que le groupement Miserey a lâché le canal.

« Nous devons aller à Sauvoy, rapporte le capitaine de Brébisson, adjudant-major du Ier bataillon, mais la confusion est extrême, la route étant obstruée par des convois d'artillerie, des véhicules divers et, d'autre part, balayée par des tirs d'armes automatiques. »

Réduit à moins d'une centaine d'hommes, le I/23e RIC parvient, on se demande comment, à Sauvoy, où Bret découvre que le canal est défendu par la compagnie du lieutenant Boespflug, du I/332e RI. Le chef de bataillon ne comprend plus et, pressentant qu'un contrordre lui a été envoyé, mais que l'agent de liaison n'a pas réussi à le joindre, il décide de se diriger vers la vallée de la Meuse. Il trouvera la mort[1] au cours du trajet, et le I/23e RIC en grande partie disloqué sera capturé, à l'exception du lieutenant Lizembard qui parviendra à rejoindre la 3e DIC avec une douzaine d'hommes à bout de forces.

Le lieutenant-colonel Rousseau lui-même, installant le PC du 23e RIC dans une propriété sise entre la Meuse et la forêt de Void, aperçoit au petit matin les Allemands qui pénètrent dans le parc, à l'autre extrémité.

« Il ne doit sa liberté qu'à une rapide remontée en voiture et à un démarrage non moins rapide de sa Primaquatre Renault », raconte le lieutenant Périnne.

Le commandant Bacquerie, et ce qu'il a pu sauver du III/306e RI, a formé le dessein de gagner Ourches, sur la rive gauche de la Meuse, où il a reçu l'ordre de se mettre à la disposition du lieutenant-colonel Thouvenin, du 21e Algériens. La RN 4 étant saturée, Bacquerie reste d'abord bloqué plus de deux heures à moins d'un kilomètre de Pagny.

« Nous démarrons vers minuit, écrit-il dans son rapport, mais, une heure plus tard, nous nous arrêtons de nouveau alors que nous sommes encore à huit cents mètres du pont de la Meuse. »

Les balles traceuses commencent à illuminer la nuit, et Bacquerie adopte une autre solution : il va couper à travers champs. Sous la pluie, marchant autant au « pifomètre » qu'à la boussole, il perdra des chevaux avec leurs voiturettes et aussi des hommes, certains d'entre eux préférant s'allonger et dormir dans les prés spongieux jusqu'au lever du jour plutôt que de poursuivre cette épuisante retraite de nuit. A l'aube du 18 juin, lorsque Bacquerie, parvenu à Ourches, fera l'appel du « bataillon », celui-ci alignera cent quatre-vingts soldats et gradés armés de quatorze FM et six mitrailleuses.

1. Voir *Juin 1940, le mois maudit* (Fayard, 1980).

Au 1ᵉʳ RIC, le colonel Fauchon a eu la prudence de faire reconnaître l'itinéraire fixé à son régiment par un de ses officiers, le lieutenant Picard. Celui-ci est parti en side-car et, malgré la coupure du pont de Sorcy qui l'a retardé, est revenu à temps pour rendre compte à son chef de corps « que le boche tient Void et le canal de l'Est ». Fauchon a immédiatement dérouté le 1ᵉʳ RIC et, par Troussey qui n'en est qu'à trois kilomètres au nord, dirige tout son monde vers Pagny-sur-Meuse. Il double ses colonnes à bord de sa voiture ; lorsqu'il arrive à la hauteur du 21ᵉ RIC qui n'est plus qu'un détachement à l'effectif réduit placé sous les ordres du commandant Lepeley, les gerbes des traceuses commencent à se croiser au-dessus de la petite route et, un peu plus loin, sur la RN 4 où le trafic est paralysé. Partant de la région de Sorcy — Void, des *Stosstrupps* profitent de l'obscurité pour s'approcher des voies de communication utilisées par les Français, car certaines rafales d'armes automatiques ne sont pas très éloignées.

« Il ne pouvait être question d'essayer de passer en pleine nuit sur le ventre d'un adversaire de force inconnue ! » écrit Fauchon qui décide de faire demi-tour et de revenir à Troussey.

Les coloniaux du commandant Lepeley poursuivent leur route, mais organisent en même temps une flanc-garde avec les chenillettes sur lesquelles le lieutenant Lethiais fait placer des FM. Un projectile brise la glace d'une voiture et blesse au visage le lieutenant Casanova. Affolés par le ballet continu des balles traceuses, des chevaux s'emballent et les conducteurs ont le plus grand mal à les maîtriser. La compagnie d'engins reçoit plusieurs rafales...

« Des chevaux blessés se cabrent, note le lieutenant Périnne. Un conducteur de voiturette de mitrailleuse de 20 ayant lâché le sien, atteint de plusieurs balles, l'animal pointe. Il se jette vers le talus descendant en pente raide vers la Meuse, entraînant voiturette et pièce de 20. Il s'empêtre dans les arbustes et tombe à demi dans l'eau. »

Le soldat Le Maréchal et le caporal Bolelli se précipitent avec Périnne, mais ils doivent renoncer à dételer le cheval. Le Maréchal reçoit une balle dans le bras. Dominant sa douleur, il aide ses deux compagnons à remonter la mitrailleuse (400 kilos) sur la route où le conducteur d'une voiturette de la compagnie accepte de la prendre en remorque jusqu'à Pagny.

A la sortie de Troussey, le colonel Fauchon confère avec le commandant Le Puloch, dont le bataillon est en queue de la colonne du 1ᵉʳ RIC, et le capitaine Fieschi, de l'état-major de la 3ᵉ DIC. Ils sont tous les trois du même avis : la route est sous le feu de l'adversaire, mais celui-ci ne peut être en force et il est certainement possible de passer. Le 1ᵉʳ RIC doit se rendre à Ourches et son chef de corps est décidé à l'y conduire.

« Il n'y a d'ailleurs pas d'autre solution en dehors de la capture ! » commente-t-il.

Précédés par la section motocycliste du sergent-chef Tixier et « accompagnés par les cris hystériques d'une femme qui hurle de terreur », Fauchon et ses officiers repartent vers Pagny. Après le cimetière de Troussey, la route « est jonchée de cadavres d'hommes et de chevaux, de voitures et de canons de 155 abandonnés ! » (rapport Fauchon [1]).

A une centaine de mètres du carrefour avec la RN 4, les motocyclistes essuient un tir d'armes automatiques. Tixier fait abriter les machines et se porte en avant avec deux tireurs au FM, Pavie et Gillet. Une section de la compagnie Le Jan les renforce, tandis que, de la rive droite de la Meuse, les chars du lieutenant Cornély recherchent les flammes des départs avec leurs armes de tourelle.

« L'adversaire invisible est bientôt muselé, affirme Fauchon, et, lorsque je traverse le pont derrière la 6e compagnie, le calme est revenu. »

* *
*

La route qui longe la Meuse de Pagny à Vaucouleurs est étroite. Lorsque le lieutenant-colonel de Langalerie l'emprunte à son retour de Rigny-la-Salle où il a reçu les ordres du colonel Ténot pour l'appui des quatre reconnaissances du 11e Étranger, il est littéralement emprisonné au milieu des centaines de véhicules qui tentent de circuler sur cet itinéraire, la plupart allant vers le sud, d'autres, moins nombreux, vers le nord. En quatre heures, sa voiture ayant parcouru... quatre kilomètres, Langalerie claque la portière et poursuit son chemin à pied. Comment va-t-il découvrir ses batteries dans ce monstrueux encombrement et, surtout, de quelle façon s'y prendra-t-il pour les en dégager et leur faire remplir leur mission ?

A la même heure, sur le même itinéraire, le général Falvy se pose les mêmes questions au sujet de la 3e DIC. Il a quitté Vertuzey à 20 heures pour s'arrêter à Rigny-Saint-Martin... le 18 à 1 h 30. Le lieutenant Tournant lui a remis un ordre du général Dubuisson fixant son PC à Ugny-sur-Meuse... où il était passé une heure plus tôt.

« Nous repartons ! » dit-il au colonel Cassagnaud, l'artilleur de la division.

Non seulement Falvy a l'intention de s'installer à Ugny, mais il

---

1. Quatre cavaliers du GRDI 73 : Briendo, Siaudeau, Jungwitz et Leguen, seront inhumés à Troussey avec un soldat belge, Champoël, ainsi que cinq militaires dont l'unité n'a pas été identifiée.

entend vérifier, en pleine nuit, si ces derniers ordres ont bien été exécutés. Le 1er RIC de Fauchon doit prendre position entre Pagny-sur-Meuse et Ourches, prolongé au sud jusqu'à Ugny par le groupement Rousseau (23e RIC-21e RIC et centre d'instruction).

« L'encombrement s'est encore amplifié, raconte Cassagnaud. On n'avançait pour ainsi dire plus, ni dans un sens ni dans un autre. Nous sommes arrivés à Ugny à 8 heures du matin, ayant parcouru, en automobile, six kilomètres en six heures. »

Trois heures plus tôt, Falvy a fait comme Langalerie : il a laissé voiture et chauffeur dans le « bouchon » et, avec le commandant Rénucci, son chef d'état-major, il est parti à pied vers le nord, au-devant de ses coloniaux. Bien qu'il n'ait pas le verbe facile (on l'a surnommé « le Rugueux ») et la sensibilité à fleur de peau, le commandant de la 3e DIC écrit dans son rapport, après avoir vu passer les premiers éléments de la division : « Hommes et animaux sont exténués. »

Lorsque le lieutenant-colonel Rousseau lui rapporte comment il a échappé aux Allemands à l'ouest de la Meuse, Falvy l'autorise à fixer son PC à Saint-Germain, sur la rive droite, où il n'a plus qu'à attendre son « régiment ». On a vu qu'une douzaine d'hommes du bataillon Bret parviendront à le rejoindre. Du II/23e RIC, personne ne sait rien ; quant aux rescapés du IIIe, ils passent la plus grande partie de la nuit à proximité du pont de Pagny, avant de se diriger vers le bois de Rigny-la-Salle où les capitaines Warrant et Souriac leur accorderont quelques heures de repos. Après tout, personne ne leur a encore dit qu'ils devaient prendre position sur la Meuse !

Passé le pont de Pagny, la colonne du 1er RIC a éclaté, un détachement continuant vers Toul, le reste du régiment, avec le colonel Fauchon, se trouvant repoussé vers la route des bords de Meuse.

« Le chemin est étroit, se plaint Fauchon, et deux files de véhicules occupent toute la chaussée. »

Le bataillon Le Puloch cherche à passer pour rejoindre Saint-Germain, le I/1er RIC du commandant Fouquet recevant l'ordre de tenir la voie ferrée au nord du village. « Mais il est encore en arrière, précise le colonel, noyé dans la cohue des voitures. »

Le chef de corps du 1er RIC est étonné de voir autant de monde prêt à se battre dans la vallée de la Meuse ; il rencontre des tirailleurs algériens, des légionnaires du 11e Étranger et finit par se demander si tous ces chevauchements ne sont pas la conséquence d'une erreur de transmission. Qui a reçu pour mission de défendre la vallée de la Meuse entre Pagny et Ugny : la 6e DINA ou la 3e DIC[1] ?

1. Selon le capitaine Redon, de l'état-major de la 3e DIC, c'est entre sept et huit heures du matin, à son PC de Blénod-lès-Toul, que le général Dubuisson a dicté l'ordre

« Tous les ordres étant verbaux, souligne Fauchon, ils sont forcément incomplets, et, comme la 6e DINA ne modifie pas son dispositif, il en résulte une véritable salade d'unités. »

Bouchon, cohue, salade, le nom importe peu, mais les hommes qui vont se battre le 18 juin sur la Meuse ne fermeront pas l'œil de la nuit. Une fois de plus ! A 5 heures du matin, alors que le jour se lève vers 3 h 30, les quatre cents coloniaux du 21e RIC traînent encore la semelle du côté de Pagny.

« Le régiment a encore douze kilomètres à faire, calcule le capitaine Barat. Les voitures mélangées de la 6e DI et de la 3e DIC occupent le chemin, et l'infanterie marche sur les bas-côtés et dans les prés. »

Le long de la Meuse, les soldats se surprennent à lever machinalement la tête ; la même pensée les traverse : si un « mouchard » en maraude repère les colonnes paralysées sur la petite route, qui sera la première victime de l'artillerie allemande ? A Saint-Germain où coloniaux et légionnaires s'ignorent alors qu'ils vont livrer la même bataille, côte à côte, dans quelques heures, le lieutenant-colonel Rousseau a installé son PC près de l'église. Le PC-observatoire de la compagnie d'engins est à proximité, dans un potager. Les deux sections de 25 sont aux lisières nord et ouest du village, tandis que les pièces antiaériennes de 20, juchées sur une crête, à l'est de la Meuse, attendent l'inévitable apparition du *Henschel* aux ailes grises.

Quand le 21e RIC se présente enfin au PC du lieutenant-colonel Rousseau, celui-ci fait connaître sa mission au commandant Lepeley : défendre la boucle de la rivière, en avant de Saint-Germain. Sous leurs paupières mi-closes, les soldats aux traits tirés observent leurs officiers : vont-ils les autoriser à se restaurer et à se reposer une heure ou deux ? La réponse vient du nord où la voix du canon se fait entendre, de plus en plus forte : la bataille du 18 juin est commencée. Avec une petite pointe d'amertume, le lieutenant Vidal de La Blache, qui sera grièvement blessé dans l'après-midi, écrit avant d'aller se mettre en position : « Un quart d'heure de pause est accordé aux hommes exténués par une retraite de plus d'une semaine au cours de laquelle ils marchèrent toutes les nuits, ne s'arrêtant que pour se battre et ne mangeant que ce qu'ils pouvaient trouver dans la campagne. »

Trois divisions allemandes se présentent par le nord-ouest, devant un dispositif dont les généraux Flavigny et Dubuisson ne soupçonnent pas les contradictions. De Pagny-sur-Meuse à Ugny, les tirailleurs et les légionnaires de la 6e DINA sont mélangés aux coloniaux de la 3e DIC, mais aucune liaison n'a été prise et chaque division s'apprête à livrer SA

fixant à la 3e DIC la défense de la Meuse de Pagny à trois kilomètres au nord de Vaucouleurs. Mais quelle est la mission confiée à la 6e DINA par le général Flavigny ?

bataille. Mieux : en application des ordres du colonel Robert, les reconnaissances du 11e Étranger ont déjà quitté la vallée de la Meuse en direction du canal. A la même heure, le « trou de Montbras » attend toujours ses défenseurs !

CHAPITRE XXII

Le calvaire du 11ᵉ Étranger

La préparation des reconnaissances offensives en direction de Void et du canal de la Marne au Rhin a tellement absorbé les cadres et les légionnaires du 11ᵉ Étranger que la plupart d'entre eux n'ont pas fermé l'œil de la nuit.

Dans un premier temps, le commandant Clément a quitté le bois ruisselant d'humidité, d'accès difficile, où se trouvait le PC du régiment, pour installer celui-ci au sec et plus près de son dispositif. Il a choisi la cave de l'agence postale de Saint-Germain, en face de l'église. Dans la soirée du lundi, les commandants de compagnie sont venus prendre leurs ordres peu avant minuit, puis ils les ont répercutés sur les chefs de section, lesquels ont fait prendre la tenue d'assaut aux légionnaires devant participer aux reconnaissances ordonnées par le colonel Robert.

Lorsque l'aube du mardi 18 juin blanchit le ciel, la situation du 11ᵉ REI est la suivante : au Iᵉʳ bataillon, le capitaine Rouillon a fait partir la 2ᵉ compagnie du lieutenant Roux vers le carrefour de l'Étoile, en avant de la rivière ; elle est en soutien des reconnaissances sur Void et interviendra dans l'hypothèse où celles-ci seraient contraintes au repli. La 1ʳᵉ compagnie du lieutenant Pierre tient les deux ponts de Saint-Germain sous son feu et celui d'Ugny a été confié à la « 3 » du lieutenant Gheyssens.

Au IIIᵉ bataillon du commandant Gauthier, la « 11 » du capitaine Lhuisset se tient en réserve sur la voie ferrée, à Ugny, pendant que les compagnies Trimaille et Jaillet sont déjà sur leur base de départ, à l'ouest de la Meuse. Le commandant Robitaille, chef d'état-major du 11ᵉ REI, a fait savoir qu'il conduirait personnellement un corps franc chargé d'ouvrir la route à ces deux compagnies [1].

---

1. « Je le revois encore, écrit le lieutenant Virenque, se faisant donner la communion par le capitaine Houet, aumônier du régiment. » (Lettre du 9 janvier 1980 adressée à l'auteur.)

Au IIe bataillon, le commandant d'Alegron n'a pas changé d'avis : il partira en direction de Void avec la 6e compagnie du capitaine Magne. La « 7 » du capitaine Coquet marchera vers l'ouest de façon à atteindre le canal en face de Villeroy-sur-Méholle. La « 5 » du capitaine Lanchon restera en soutien sur la cote 292, au nord du Signal de Saint-Germain. Tout semble calculé, analysé, tout sauf un détail : aucun renseignement sur l'ennemi n'est parvenu au PC de la 6e DINA et l'on ignore à la fois sa force et son axe de marche. De plus, si l'initiative du colonel Robert a reçu l'aval du général de Verdilhac, l'autorité supérieure, c'est-à-dire le général Flavigny, ne semble pas avoir été informé.

A Saint-Germain, que les colonnes continuent de traverser en direction du sud, la section du sergent-chef Plus est au pont de chemin de fer qui franchit la Meuse à la sortie de la localité ; le sergent Dupuis et ses hommes sont en réserve au PC de la 1re compagnie que le lieutenant Pierre a installé, lui aussi, dans une cave. Au pont-route, deux sections, celles du sous-lieutenant Collin et du sergent Didier, ont creusé leurs emplacements, mais leurs effectifs sont si bas qu'elles regroupent environ quinze légionnaires.

« Trente-quatre jours de campagne, marches et contre-marches dont huit jours de retraite, explique Collin. Des blessés et des morts entre le 21 mai et le 8 juin, des malades, des disparus durant le trajet et... jamais un homme de renfort [1]. »

Collin a disposé ses armes automatiques de part et d'autre de la route, et un sergent du génie le suit dans tous ses déplacements afin de ne pas perdre une minute lorsque l'officier donnera l'ordre de faire sauter le passage. Un légionnaire est en sentinelle devant la rivière et envoie à son chef de section les soldats qui possèdent encore leur arme et se disent à la recherche de leur régiment. Collin les « réquisitionne » sur-le-champ et les affecte à la défense de SON pont.

« En remontant la lisière ouest du village, rapporte le jeune officier, je croise la 6e compagnie qui se rend à Void avec, à sa tête, le commandant d'Alegron, le capitaine Magne et le lieutenant Coubard. Ils me serrent la main au passage. Le commandant semble épuisé. »

La nuit s'éclaircit, mais on ne peut pas dire que le jour est vraiment levé. Sur la route d'Ugny, les convois sont arrêtés. Une fois de plus. Ils repartiront, au pas, avanceront d'une centaine de mètres et seront de nouveau bloqués par on ne sait quel bouchon formé en aval. Collin ne s'intéresse pas aux véhicules immobilisés ; cela ne le concerne pas. A une centaine de mètres en avant du pont, il découvre une ferme abandonnée. « Elle a été évacuée, dit-il, et les plats sont encore garnis sur la table. Je fais préparer du café qui est porté aux hommes. Ils en ont besoin ! »

1. Lettre du 13 janvier 1980 adressée par le général Collin à l'auteur.

492

Des coloniaux, sans doute ceux du 21e RIC du commandant Lepeley, vont s'installer sur la gauche du I/11e REI, « mais les cadres, remarque Collin, partis en reconnaissance vers l'ouest, sont accueillis à coups de fusil. Les boches sont déjà là ! ».

Si l'ennemi est aussi près, que sont devenues les reconnaissances du IIIe bataillon, les compagnies Trimaille et Jaillet, avec le corps franc du commandant Robitaille ?

Leur mission a été annulée par un ordre donné directement par le colonel Robert, qui n'en a d'ailleurs pas informé le chef de corps du 11e REI. Le capitaine Jaillet conduit ses légionnaires vers la ferme de Gombervaux et le capitaine Trimaille emmène les siens à la ferme du Margouillis [1], situées toutes les deux en avant de la Meuse. Quant au IIe bataillon du commandant d'Alegron, il est trop tard pour l'intercepter et arrêter une opération qui ne suscite que des critiques. « La façon dont les choses ont été menées ne pouvait conduire qu'à des pertes inutiles », estime le sous-lieutenant Collin.

Le lieutenant Bertot, de la 5e compagnie, parle d'une intervention « qui ne m'a pas paru très intelligente », mais le lieutenant de Valady, observateur du 313e RA, désigné pour accompagner la compagnie du capitaine Coquet, exprime son indignation d'une façon plus vigoureuse : « C'est le type même de l'opération " bidon " qui n'avait aucune chance de succès et allait coûter pas mal de monde [2]. »

Quant au lieutenant Lamor, il affirme que ce n'est pas un ordre direct du colonel Robert qui a arrêté le IIIe bataillon, mais la réaction de son chef, le commandant Gauthier. « Il a refusé d'exécuter une opération qu'il estimait suicidaire et d'aucune utilité [3]. »

Venant du nord et du nord-ouest, le bruit de la bataille s'amplifie et, dans la cave de la poste de Saint-Germain, le commandant Clément et les officiers de l'état-major du 11e REI se posent des questions que chacun juge inutile de formuler à haute voix : le commandant d'Alegron et la 6e compagnie ont-ils déjà pris le contact ? L'artillerie qui leur est affectée est-elle en mesure de les appuyer ?

★

Le pont de Pagny-sur-Meuse saute à 4 h 12 (historique de la 6e DI). Les chars de la 2e compagnie du 43e BCC ont reculé pour s'embosser le long des premières maisons de la localité. Au loin, du côté de Void, on

1. Selon M. Berçot, de Vaucouleurs, la ferme installée dans les communs de l'ancien château féodal, aujourd'hui en ruine, était la propriété de M. Plauche-Gillon, de Nancy. La ferme du Margouillis appartenait à M. Loevenbruck, de Toul (lettre du 2 août 1980 adressée à l'auteur).
2. Lettre du 17 octobre 1979 adressée par M. de Valady à l'auteur.
3. Lettre du 28 septembre 1980 adressée par M. Henry Lamor à l'auteur.

aperçoit aux jumelles des fantassins allemands qui se regroupent de part et d'autre de la RN 4, et le lieutenant Cornély a envoyé une section de chars à la lisière nord de Pagny, car l'infanterie adverse est également signalée dans cette direction, venant de Troussey.

Quand le général Lucien, qui a passé la nuit dans la cave de l'école, lit le premier compte rendu apporté par le lieutenant-colonel Perdijon, du 119e RI, les *minen* éclatent dans le secteur du pont et l'artillerie ennemie effectue ses premiers réglages. Les officiers du 43e BCC, Bigard, Sicardet et Lescroart, font ouvrir le feu, car des armes automatiques arrosent la rive droite de la Meuse et les balles miaulent devant l'école. Lucien souhaite « reprendre son monde en main », ce qui n'est guère possible s'il reste en première ligne. Aussi décide-t-il de partir à la première accalmie de feu. Une reconnaissance d'officiers indiquant que la route des bords de Meuse en direction d'Ugny est très encombrée et constituera bientôt un excellent objectif pour les artilleurs allemands, le commandant de la 6e DI décide de prendre la direction de Toul avec un premier arrêt à Foug. Les voitures de l'état-major partiront en tête, la colonne du QG suivra.

Selon le rapport de Lucien, deux colonels, Perdijon, du 119e RI, et Bléger, du 36e RI, restent à Pagny, mais ils sont autorisés à gagner Blénod-lès-Toul « sous une forte pression », ce qui leur laisse toute liberté d'appréciation[1]. Les chars du 43e BCC vont partir, eux aussi, vers le sud-est, pour rejoindre leur bataillon. Lépine, un mécanicien, vient d'être blessé par balle, mais les blindés n'ont pas à intervenir : « Canonnade dans la matinée, note le lieutenant Bigard, mais pas d'engagement sérieux. »

Le général Lucien et ses officiers ont beaucoup de chance, car les premières salves de l'artillerie adverse éclatent sur Pagny au moment où ils montent dans leurs voitures. L'une d'elles est d'ailleurs criblée d'éclats et doit être abandonnée. Le « Dauphin », le cheval de Lucien, est tué net par un gros éclat. Le convoi s'éloigne de la zone dangereuse sans autre perte.

L'historique du 119e RI[2] indique que le lieutenant-colonel Perdijon a quitté Pagny vers cinq heures du matin. Formée avec les rescapés du III/119e RI du commandant Prigent, une compagnie serait restée à Pagny jusqu'à midi. Le combat qu'elle a pu mener n'a rien de comparable avec les événements qui vont se produire devant le 21e Algériens et le 11e Étranger[3].

_____

1. Lucien n'a-t-il plus confiance dans son infanterie ? Il rapporte que « le 17, dans la région de Commercy, les Allemands ont tenté de fraterniser et ont agité des drapeaux blancs en invitant les troupes à se rendre. Des défaillances sont à craindre ».
2. Rédigé par le Dr Gilles Buisson.
3. Dans l'historique du Dr Buisson, huit soldats du 119e RI sont donnés comme tués le 18 juin (Rauzet, Desloges, Bouvet, Berthelot, Chaigneau, Chilard, Champeau et le

Vers six heures, l'adjudant-chef Dorey, qui a passé la nuit dans une cave avec le commandant Deleval, du I/119ᵉ RI, et le lieutenant Dury, s'engage avec son détachement sur la route de Saint-Germain, et c'est en toute bonne foi qu'il écrit : « Dès le départ, nous croisons une quarantaine de légionnaires, mousqueton à la bretelle. Ils vont relever les hommes du 119ᵉ RI qui gardent le pont de Pagny[1]. »

Il s'agit bien de relève ! C'est l'avant-garde du II/11ᵉ REI qui effectue sa reconnaissance offensive en direction de Void.

Le détachement du 119ᵉ RI qui vient de croiser les légionnaires est sans doute le dernier à les avoir vus vivants ! Au sud de Void, puis le long de la RN 4, les rafales d'armes automatiques sont serrées et l'ennemi utilise ses *minen* à la cadence la plus rapide. Un officier de la « 6 », le lieutenant Coubart, est grièvement blessé, et ses légionnaires le portent dans une toile de tente jusqu'au poste de secours. C'est le seul officier de la compagnie qui reviendra. Des autres, on ne sait rien, sinon que le commandant Henri Rzekieki, dit « d'Alegron », âgé de quarante-sept ans, a été tué au cours de l'opération. Son corps sera retrouvé « au-dessus du passage à niveau de Void » et il sera d'abord inhumé avec la mention « Inconnu ». Malgré la faiblesse de leurs effectifs, les légionnaires ont sans doute contourné le village et poussé vers le canal de l'Est puisque le capitaine de Beaufort, qui sera enfermé le 20 juin dans l'église du village avec d'autres prisonniers, note dans son rapport que les Allemands ont demandé des volontaires pour enterrer des morts. « Je fis partie du groupe, raconte l'officier et, à cinq cents mètres de la sortie nord de Void, sur la route de Sorcy, nous avons vu dix corps dont neuf de la Légion. Le capitaine Magne était parmi eux avec de nombreuses blessures dont une très grave à la tête. »

Au PC du 11ᵉ REI, le commandant Clément reçoit le premier et unique compte rendu de la reconnaissance effectuée par le IIᵉ bataillon. Elle figure au journal du régiment.

« Compagnie Magne arrêtée devant Void par feu ennemi important. Compagnie très éprouvée. Commandant d'Alegron tué. Capitaine Magne disparu. »

On se décide enfin à arrêter l'opération. Qui en donne l'ordre : Clément ou Robert ? On l'ignore. A bord d'une chenillette, le lieutenant Roger Viel fonce à travers champs et tente de rejoindre la « 6 » avant qu'elle ne soit complètement détruite.

sergent Hubert). Trois d'entre eux ont trouvé la mort à Pagny, les autres en cours de route sous le bombardement.

1. Lettre du 17 février 1980 adressée par M. Dorey à M. Edmond Godron, ancien commandant de la 3ᵉ compagnie du I/119ᵉ RI.

« Il est tué avant d'avoir pu accomplir sa mission », rapporte le capitaine Lemoine qui, vers sept heures, s'est avancé jusqu'à Ourches où les rares survivants de la reconnaissance qui se réfugient derrière le 21e Algériens lui apprennent la mort du lieutenant André Jabouille, de la compagnie d'appui. Le calvaire du 11e Étranger ne fait que commencer. Une heure plus tard, Lemoine rencontre l'adjudant-chef Romanovitch (à qui le colonel Robert a reproché d'avoir abandonné son poste au pont tournant de Void).

« Il est abruti de fatigue, constate Lemoine, et je ne puis en tirer de renseignement précis. »

Les légionnaires rendent compte, non sans amertume, que la « puissante » artillerie qui devait soutenir l'opération est restée muette. Explication du lieutenant-colonel de Langalerie : « Le poste ER 17 du lieutenant Toulouse n'a pas fonctionné et il n'a pu faire exécuter aucun tir. Quant au lieutenant de Valady, sa radio n'a pas mieux fonctionné. »

Imprévoyance ou incompétence ? Sans doute les deux, car le lieutenant de Valady n'est pas d'accord avec son chef de corps. « Il est facile de parler de mauvais fonctionnement, quand on prétend utiliser l'ER 17 au-delà de ses possibilités, écrit-il. Sa portée était très faible dans les meilleures conditions (terrain plat et dégagé), alors que nous étions en terrain accidenté et boisé. Un coup d'œil au plan directeur aurait permis à ceux qui ont monté l'opération de s'en rendre compte [1]. »

La 7e compagnie du capitaine Coquet à laquelle est rattaché Valady réussit à atteindre la voie ferrée parallèle à la route et au canal de la Marne au Rhin, mais le tir des *minen,* puis celui de l'artillerie lui interdisent de franchir l'obstacle. Vers onze heures, un agent de liaison apporte un ordre de repli, mais, décrochant sous la pression de l'infanterie allemande, la « 7 » ne franchira la Meuse que cinq heures plus tard.

La 5e compagnie du capitaine Lanchon pourrait être récupérée plus vite puisqu'elle a été laissée derrière le IIe bataillon, en position de soutien dans un premier temps, de recueil si la situation l'exige. On ne se presse pas pour la ramener sur la Meuse et, au fur et à mesure que les tirs d'artillerie ennemis augmentent en puissance, la position de la compagnie, exposée aux vues sur un glacis, devient difficile.

« De mon emplacement, note le sous-lieutenant Collin, j'aperçois au-dessus de la crête des arbres les hommes à plat ventre, sans un trou pour s'abriter (...). La « 5 » se fait hacher sur place ; les obus tombent et tuent, soulevant avec les corps, des gerbes de terre et de fumée... »

Pourquoi maintenir la compagnie Lanchon dans de telles conditions de vulnérabilité, alors qu'elle ne sert strictement à rien ? Lanchon en a

---

1. Lettre du 17 octobre 1979 adressée par M. de Valady à l'auteur.

tellement conscience que, sans attendre les ordres de ses supérieurs, il prend sa décision.

« La situation était intenable, écrit le sous-lieutenant Bertot, et le capitaine m'a appelé pour me dire qu'il avait décidé de donner l'ordre de repli. »

Le capitaine Louis Lefèvre, dit « Lanchon », n'a pas le temps de mettre son projet à exécution : un obus éclate devant lui et le tue sur le coup [1]. C'est le quatrième officier du 11e Étranger tué depuis l'aube du 18 juin.

« J'ai pris le commandement pour ramener une dizaine de légionnaires »..., dit encore Bertot [2].

Par un autre itinéraire, balayé celui-là par des tirs de mitrailleuses, le lieutenant Chevillotte ramènera encore une vingtaine de légionnaires de la 5e compagnie, avec les deux seuls gradés ayant échappé au massacre, les caporaux-chefs Bedrich et Cheraffedine.

Au carrefour de l'Étoile, à l'ouest de la Meuse, la 2e compagnie du lieutenant Roux prend un contact brutal avec l'ennemi, mais c'est elle qui a l'ascendant et elle capture plusieurs soldats allemands qu'elle envoie à Saint-Germain survolé par le *Henschel,* malgré les tirs des mitrailleuses de 20 du 1er RIC.

Au PC du 11e Étranger, dans la cave de la poste, le commandant Clément [3] s'inquiète de l'action soutenue de l'artillerie allemande, et la nouvelle qui lui est apportée par le lieutenant Lamor l'ancre dans l'idée que, sans contre-batterie française, la journée du 18 juin risque de coûter cher.

« Les canons boches tirent à vue sur les pentes boisées, déclare Lamor, et il y a beaucoup de casse, mon commandant. Le lieutenant de Rouziers vient d'être tué. »

Jacques de Rouziers, vingt-cinq ans, n'avait connu que la Légion depuis sa sortie de Saint-Cyr. Officier de transmissions du régiment, il a eu le réflexe de crier : « A moi ! » lorsque l'obus a éclaté, puis, le dos labouré par les éclats, il est mort alors que le sergent Lubin se portait vers lui [4]. Entre deux salves, les légionnaires l'ont allongé sur une

1. Selon Georges Manue, qui l'écrit dans une série d'articles publiés en juin 1941 dans *Le Temps,* le capitaine Lanchon affirmait : « Je suis un homme de droite, comme disent les imbéciles, c'est-à-dire que j'ai sur le devoir certaines idées chrétiennes que je défendais dans la paix. Elles m'engagent dans la guerre plus que quiconque. »
2. Lettre du 21 juillet 1980 adressée par M. Alfred Bertot à l'auteur.
3. Le commandant René Clément est chef de corps, le capitaine Pierre Clément est adjudant-major au 1er bataillon.
4. « Poste de radio détruit, lignes téléphoniques coupées, nos liaisons latérales et vers l'arrière étaient devenues inexistantes », témoigne le lieutenant Virenque (lettre du 6 août 1980).

chenillette avec d'autres morts et le véhicule a dévalé la pente vers le village où le poste de secours du médecin-capitaine Lados, installé lui aussi dans une cave, commence à être encombré. A la lueur des bougies, Lados fait comme les médecins des bataillons : Pressard, Devaux, Hyposteguy ou Fitsch, il pare au plus pressé, refait les pansements, pose des attelles, désinfecte des plaies et fait évacuer les blessés les plus graves sur Blénod-lès-Toul.

Au PC du 1er RIC, le colonel Fauchon traduit la situation avec une extrême concision : « Les heures passent, les munitions s'épuisent et les pertes augmentent. »

En différents points de la ligne de feu, les tirs diminuent : on se bat à l'économie. Il est vrai que, le 18 au matin, les coloniaux n'étaient pas très riches. « Ils n'avaient que leurs cartouches individuelles et cinq chargeurs par FM », précise le lieutenant Vidal de La Blache, du III/21e RIC, qui est à demi enterré par l'éclatement d'un obus. Malgré ses blessures — il est touché dans le dos et son bras droit est fracassé —, il parvient à se dégager et deux soldats le hissent sur une charrette tirée par un cheval. Une nouvelle salve explose. L'animal s'emballe, l'officier roule à terre et la charrette lui passe sur le corps[1]. Des brancardiers le sauvent une seconde fois et le portent jusqu'à la cave où le médecin-lieutenant Carayon et ses deux auxiliaires, Bourgin et Ricordeau, ont installé le PS du bataillon. Dénué de matériel lors de son arrivée à Saint-Germain, Carayon a la chance de faire équipe avec le médecin-lieutenant Casalis, du centre d'instruction de la 6e DINA, mieux pourvu, surtout en médicaments. Le problème qui se pose est celui des évacuations, car le 21e RIC manque de voitures sanitaires.

En fin de matinée, Carayon et Casalis, qui ont récupéré une moto en état de marche dans un fossé, se rendent jusqu'à Ugny pour demander au général Falvy de leur venir en aide. Le commandant de la 3e DIC lève les bras au ciel ; il ne dispose d'aucune sanitaire et donne le conseil suivant aux deux médecins désappointés : « Gardez vos blessés dans les caves jusqu'à la nuit. Dans l'obscurité, la circulation sera moins dangereuse et nous verrons ce que nous pourrons faire ! »

Les « motocyclistes » auront la chance de regagner le PS sans recevoir un seul obus et feront part de leur déconvenue à Ricordeau. « Vous n'auriez pas dû partir tous les deux, leur dit doucement celui-ci, je me voyais déjà seul avec Bourgin pour m'occuper de tous les blessés. Vous savez, les arrivées n'ont pas cessé ! »

Le 21e RTA, qui tient la Meuse au nord du 11e Étranger, est plus étiré. Le 1er bataillon du commandant Hode est à la lisière de Pagny-sur-

1. Récit du chef d'escadron Jacotot.

498

Meuse d'où les derniers éléments de la 6e DI vont décrocher. Le II/21e RTA est à la hauteur de la chapelle Massey[1], entre Pagny et Ourches, et le IIIe bataillon du commandant Reymond défend ce dernier village, sur la rive gauche de la Meuse, ce qui oblige les tirailleurs algériens à s'adosser à la rivière. Ourches est l'endroit le plus chaud pour l'ennemi qui arrive du nord-ouest. On a vu ses fantassins descendre de leurs camions arrêtés sur la RN 4 entre Void et Pagny.

« Ils suivent l'axe du chemin qui vient droit sur nous, écrit le lieutenant Hardy, de la 11e compagnie, mais, harcelés par les mitrailleuses et les mortiers de Pagny qui les prennent de flanc, ils se replient pour revenir en formation très diluée, à l'abri des cultures. »

Le *Henschel* cherche les défenses du 21e RTA pour les signaler à l'artillerie, mais les mitrailleuses de 20 Oerlikon l'incitent à la prudence. A 10 heures, la pièce de 20 du IIIe bataillon est écrasée par un obus. Par manque de fil, les bataillons ne sont pas reliés par téléphone et les liaisons radio par ER 40 ne sont pas fameuses, sans doute en raison du relief accidenté et boisé. Les premiers engagements ont été marqués par l'arrivée des blessés au PS du médecin-commandant Marty qui ne désemplit pas. Le sous-lieutenant Jean Logeay a été tué, puis le lieutenant Léon Zonzon, de la section motocycliste. Le lieutenant Bodin de Saint-Laurent est blessé, mais il est gravement atteint et ne survivra pas.

Sur l'ordre du lieutenant-colonel Thouvenin, le commandant Reymond a envoyé à l'aube — à contrecœur — deux sections qui, isolées au nord du village, ont été rapidement réduites. Maintenant, l'ennemi utilise les vergers pour s'infiltrer et se rapprocher d'Ourches.

« Montez tout de suite une contre-attaque ! » fait dire Reymond au lieutenant Hardy à qui il promet l'appui du III/306e RI.

Une demi-heure plus tard, tirailleurs et fantassins s'élancent à l'assaut de la première ligne allemande qui ploie sous le choc. L'adversaire reflue en abandonnant des armes et même des blessés.

« Nous faisons deux prisonniers et ramassons une mitrailleuse, raconte le sous-lieutenant Matray, du III/306e RI, mais notre progression est brève, car les FM qui nous appuyaient cessent le feu par manque de munitions. »

L'étreinte de l'ennemi est tout de même desserrée, mais, avant d'entreprendre une nouvelle action, il déclenche un tir de *minen* sur les éléments de la contre-attaque qui se regroupent. Le sous-lieutenant Thouvenin est grièvement blessé et ses tirailleurs l'emportent vers l'arrière. Le lieutenant Robert Normand, du bataillon Bacquerie, est décapité par une explosion.

1. La chapelle Massé, orthographiée « Massey » sur certaines cartes, se trouve sur la rive droite de la Meuse, au sud de Pagny.

« Un obus tombe près de moi et me truffe d'éclats, dit encore Matray. Je suis sérieusement atteint à l'épaule et mon adjoint, le sergent Duchamp, me fait porter au poste de secours du 21e RTA[1]. »

Malgré l'intensité du feu, des tirailleurs algériens prennent le temps de ramasser les blessés allemands qui gisent à la lisière des vergers. Il reste que les pertes ont pris de telles proportions que le commandant Reymond se demande s'il pourra se maintenir, au moins jusqu'au soir, sur la rive gauche de la Meuse.

« La presque totalité des sous-officiers sont tombés sur leurs pièces, rapporte-t-il, et près de trois cent soixante tirailleurs sont hors de combat. Blessés allemands et français occupent plusieurs caves. »

Sous les salves qui écrasent la position, les tués s'additionnent : les sergents-chefs Deharbe et Margault, les sergents Dumard et Robinet, et même un adjudant du 11e Étranger, Pascal Charles, dont le corps sera retrouvé dans une rue. Reymond organise la défense à contre-pente, mais ne parvient pas à résoudre le problème du ravitaillement des premières lignes en munitions. En effet, les Allemands ont compris que chenillettes, carrioles ou même motocyclistes de liaison devaient obligatoirement franchir le pont de la Meuse qui est devenu la cible privilégiée de leur artillerie.

« Une véritable chasse aux munitions s'organise ! » raconte le lieutenant Hardy.

A la 9e compagnie du lieutenant Bouquin, on voit des tirailleurs ramper jusqu'à leurs camarades morts pour leur enlever cartouches et grenades. La « 10 », qui est en deuxième échelon dans le village, cède une partie de ses munitions, mais, pour alimenter les mortiers, il faut absolument qu'une chenillette franchisse le pont. Cependant, Ourches tient bon et l'infanterie allemande semble chercher son second souffle. De nombreux corps vêtus de *feldgrau* sont restés sur les pentes et, depuis son observatoire, le lieutenant Hardy remarque « une grosse activité de brancardage ».

* *
*

Vers midi, le bombardement s'étend à toute la rive droite de la Meuse et il suffit qu'un mouvement soit repéré, un emplacement de mortiers ou de mitrailleuses, pour que les salves se succèdent à cet endroit.

A la mairie-école d'Ugny, PC de la 3e DIC, le général Falvy s'apprête à partager son repas avec le commandant Rénucci, les colonels Cuzin et Cassagnaud, et quelques officiers de l'état-major. Un obus éclate sur l'église et arrache une partie du clocher. Imperturbable, Falvy lance à la cantonade : « Passons à table ! »

1. Lettre du 14 février 1981 adressée par M. René Matray à l'auteur.

RN4

Void

Pagny-sur-Meuse Toul

RN4

76e ID

Vacon

Rhin-

Ourches

6e DI

58e DI

51e DI

Moselle

24e ID

St-Germain
Ugny

Sauvoy

6e DINA

42e CA

Rigny-la-Salle

Rigny-
St-Martin

Blénod-
les-Toul

canal de la Marne au

la Meuse

Vaucouleurs

21e
corps

Uruffe

16e ID

Sepvigny

Colombey-
les-Belles

Montbras

Sauvigny

36e ID

CID 56

Domrémy

68e ID

Coussey

Soulosse

36e DI

Neufchâteau

Rebeuville

corps colonial

86e ID

Harréville-
les-Chanteurs

1e DIC

3e DINA

Gonaincourt
Bourmont

groupt
Brusseaux

Contrexéville

la Meuse

Graffigny-Chemin

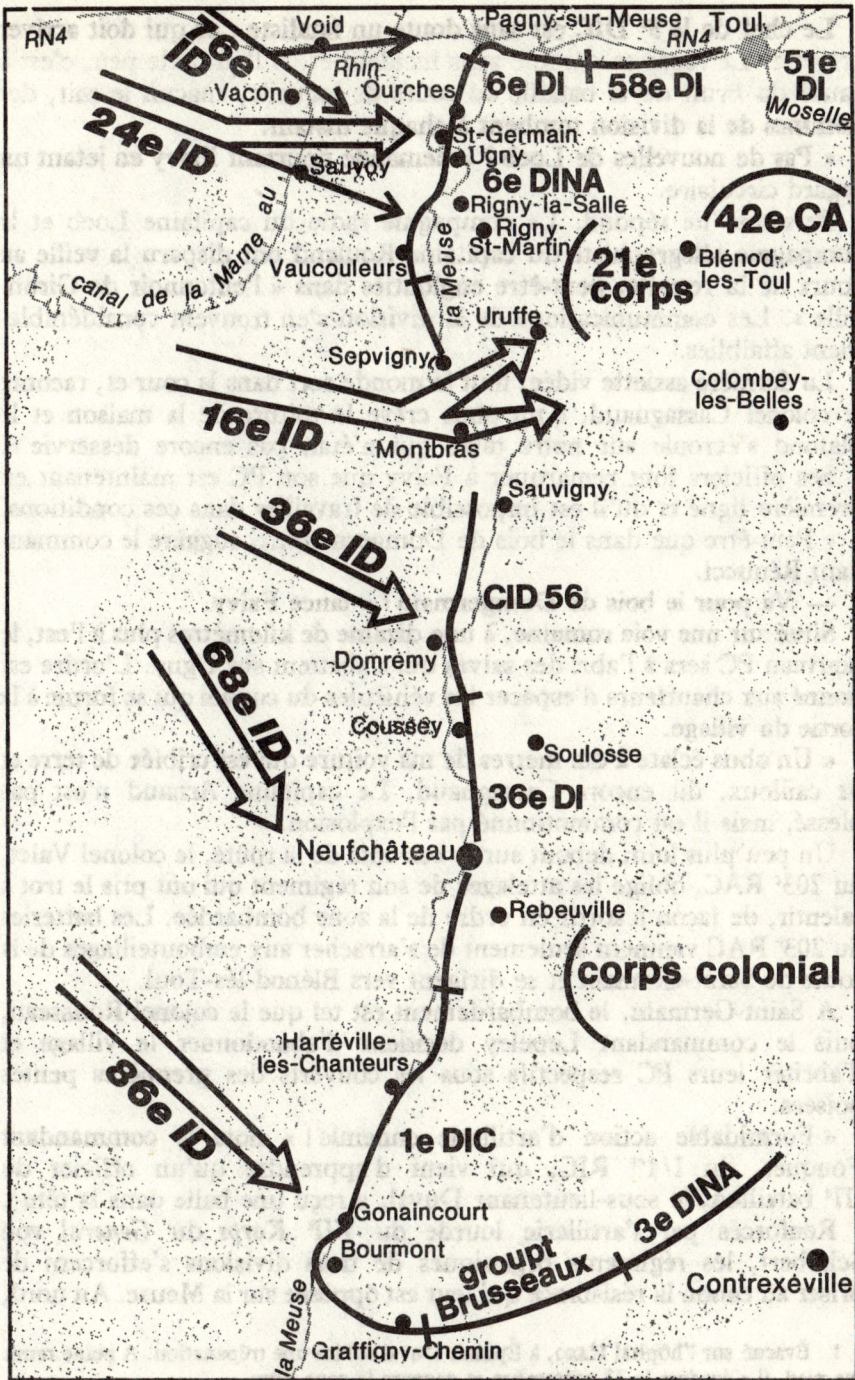

La bataille de la Meuse

Le chef de la 3ᵉ DIC est sans doute un fataliste : ce qui doit arriver arrivera. Le repas se déroule sans incident et, si l'on parle peu, c'est à cause du bruit de la bataille au cours de laquelle, chacun le sait, des hommes de la division tombent à chaque instant.

« Pas de nouvelles de Loeb ? » demande pourtant Falvy en jetant un regard circulaire.

Personne ne répond. La compagnie radio du capitaine Loeb et la compagnie télégraphiste du capitaine Rouland ont disparu la veille au cours de la retraite, peut-être englouties dans « l'entonnoir de Gironville ». Les communications de la division s'en trouvent considérablement affaiblies.

La dernière assiette vidée, tout le monde sort dans la cour et, raconte le colonel Cassagnaud, « un obus crève la toiture de la maison et le plafond s'écroule sur notre table qui n'était pas encore desservie ».

Ses officiers font remarquer à Falvy que son PC est maintenant en première ligne et qu'il est impossible de travailler dans ces conditions.

« Peut-être que dans le bois de Domgermain..., suggère le commandant Rénucci.

— Va pour le bois de Domgermain ! » lance Falvy.

Situé sur une voie romaine, à une dizaine de kilomètres plus à l'est, le nouveau PC sera à l'abri des salves qui s'abattent sur Ugny. L'ordre est donné aux chauffeurs d'espacer les véhicules du convoi qui se forme à la sortie du village.

« Un obus éclate à dix mètres de ma voiture qui est criblée de terre et de cailloux, dit encore Cassagnaud. Le capitaine Arnaud n'est pas blessé, mais il est commotionné par l'explosion. »

Un peu plus loin, debout sur le bas-côté de la route, le colonel Valet, du 203ᵉ RAC, oblige les attelages de son régiment qui ont pris le trot à ralentir, de façon à sortir en ordre de la zone bombardée. Les batteries du 203ᵉ RAC viennent seulement de s'arracher aux embouteillages de la route de Saint-Germain et se dirigent vers Blénod-lès-Toul.

A Saint-Germain, le bombardement est tel que le colonel Rousseau, puis le commandant Lepeley décident d'abandonner le village et d'abriter leurs PC respectifs sous les couverts des premières pentes boisées.

« Formidable action d'artillerie ennemie ! » note le commandant Fouquet, du I/1ᵉʳ RIC, qui vient d'apprendre qu'un officier du IIIᵉ bataillon, le sous-lieutenant Duval, a reçu une balle dans la tête[1].

Renforcés par l'artillerie lourde du *VIIᵉ Korps* du *General* von Schobert, les régiments organiques de trois divisions s'efforcent de briser au canon la résistance qui leur est opposée sur la Meuse. Au nord,

_____

1. Évacué sur l'hôpital Haxo, à Épinal, Duval subira une trépanation. A peine remis sur pied, il s'évadera le 22 septembre et gagnera la zone libre.

la *76ᵉ ID* du *General* de Angelis exerce sa pression sur Pagny, au centre, la *24ᵉ ID* de von Tettau attaque entre Ourches et Saint-Germain-sur-Meuse pendant que l'avant-garde de la *16ᵉ ID* du *General* Hube appuie vers le sud-est, en direction du... « trou de Montbras ».

Tassés quand ils le peuvent au fond de leurs tranchées et de leurs trous individuels, tirailleurs, légionnaires et coloniaux s'interrogent sur l'absence de réaction de l'artillerie française. Sauf de rares exceptions, celle-ci est en effet muette et le fait est d'autant plus incompréhensible que le commandement ne manque ni de tubes ni de munitions. Il faut donc admettre que ce commandement, au niveau du corps d'armée et de la division, subit la bataille de la Meuse sans essayer de la maîtriser. De nombreuses colonnes d'artillerie sont passées à Saint-Germain, à Ugny et se « promènent » maintenant sur les arrières, sans recevoir de mission. Il ne s'est trouvé aucun chef pour « réquisitionner », ne serait-ce qu'une batterie, comme le fit le 14 juin avec le 314ᵉ RA le général Cruciani, artilleur de la 1ʳᵉ DIC. La carence de l'artillerie observée le 18 juin est d'abord une carence du commandement.

⋆
⋆ ⋆

Régiment organique de la 6ᵉ DINA, le 6ᵉ RANA du colonel Martegoute a disparu. C'est pourtant l'infanterie de sa division qui se bat dans la vallée de la Meuse. Les documents sont rares sur ce régiment, mais nous savons par le capitaine Kormann, officier adjoint du chef de corps, que l'ordre a été reçu de mettre le régiment en position « dans la région d'Ugny » le 18 au matin. Les reconnaissances ont été effectuées, mais personne n'a revu le colonel, vraisemblablement prisonnier d'un des monstrueux « bouchons » qui paralysent les convois. Le I/6ᵉ RANA du commandant Certeux qui devait appuyer les reconnaissances de la Légion sous les ordres du lieutenant-colonel de Langalerie est demeuré introuvable et, voyant le régiment sans chef de corps, le commandant Forestier, du IIᵉ groupe, en a pris le commandement..., pour le replier sur Colombey-les-Belles, à une quinzaine de kilomètres à l'est de la Meuse.

Une partie du régiment organique de la 6ᵉ DI, le 43ᵉ RA du lieutenant-colonel Debroise, a réussi à se dégager de Pagny-sur-Meuse dans la soirée du 17, malgré la perte de quelques échelons du IIIᵉ groupe du capitaine Rabaud « dans une bousculade ».

Le II/43ᵉ RA du capitaine Travers est à Ugny le 18 au matin, mais, ne recevant aucun ordre, il poursuit en direction de Vaucouleurs et Uruffe. Seul, le groupe Rabaud participe à la bataille en fournissant l'appui direct du 21ᵉ Algériens. La 7ᵉ batterie du lieutenant Thuilot est sur une crête à l'est d'Ugny, la « 8 » du lieutenant Leguillier et la « 9 » du lieutenant Hounau se trouvant en position dans les prés, à environ cinq cents mètres au sud d'Ourches. Le III/43e RA tire toute la matinée et la contre-batterie allemande lui cause quelques pertes : Berthelot est tué et les blessés sont évacués sur le PS du médecin-lieutenant Houdeville : l'aspirant Moignard, Eluart, Le Bolé, Touchefeu, Conquet, deux sous-officiers, Lemoigne et Lagadrillère, puis l'adjudant Pepermans, qui ne survivra pas.

« Nous effectuons de nombreux tirs devant Ourches, mais, vers midi, les munitions sont épuisées », rapporte le capitaine Rabaud.

Ne recevant ni ordre ni promesse de ravitaillement en projectiles, Rabaud décide de replier ses batteries sur Blénod-lès-Toul où, paraît-il, le général Lucien tente de remettre sur pied la 6e DI. Sur son chemin, il s'arrêtera au PC de la 6e DINA, à la ferme des Quatre-Vaux, pour rendre compte.

Au début de la matinée du 18 juin, un groupe de 155 hippomobile s'arrête à Saint-Germain : le III/145e RAL du capitaine Haussoulier, lequel se dit « heureux de retrouver le 11e Étranger au profit duquel il a souvent tiré au mois de mai dans les Ardennes ». Le commandant Clément se plaignant du manque d'artillerie, Haussoulier lui propose son concours. Avant de reprendre la route de Blénod-lès-Toul, car personne ne lui a donné l'ordre de se mettre en position dans la vallée de la Meuse.

« Nous effectuons un tir de 150 coups sur Sauvoy ! » écrit Haussoulier dans son rapport.

Les 155 tirent sur le seul endroit où une unité française, la compagnie du lieutenant Boespflug, du I/332e RI, tient toujours le canal. Des éléments du I/23e RIC se trouvent également dans les parages, mais les tirs déclenchés par Haussoulier n'ont pas été très efficaces, car ni Boespflug ni le capitaine de Brébisson, adjudant-major du I/23e RIC, ne s'en font l'écho dans leurs rapports.

Le commandant Conte, du I/145e RAL signalant que « l'ennemi débouche de la forêt de Vaucouleurs », les artilleurs reforment leur colonne sur roues et s'éloignent en direction de Blénod-lès-Toul.

Le 70e RA du lieutenant-colonel Droneau devait appuyer les quatre bataillons du groupement Miserey en position sur le canal, mais le groupement a maintenant disparu et Droneau fournit l'appui direct du 9e Marocains dont les unités se trouvent en avant de Vaucouleurs. Contre-battu par l'artillerie allemande, le groupe Pernot intervient avec des pièces nomades, alors que le groupe Pavelak, en position vers Chalaines, est gêné dans ses interventions par le bombardement auquel il est soumis. Un coup au but lui coûte cinq tués[1].

Le IIIe groupe a reçu l'ordre « de faire mouvement sur Uruffe et d'y prendre position pour battre la vallée de la Meuse à la hauteur de Void à Saint-Germain (sic) ». L'ordre est aussi vague que mal défini (Void est à seize kilomètres d'Uruffe) et les interventions du IIIe groupe n'auront aucun effet sur l'artillerie adverse.

Pourtant, à l'aube du 18, les batteries du 3e RAC qui ont survécu à la bataille du 14 juin et au désastre de Gironville sont en position de tir. Le II/3e RAC du commandant Pédrazzi aligne douze pièces de 75 et le Ier groupe... trois seulement, avec 96 coups dans les coffres. On ne comprend pas pourquoi le colonel Corniquet ne se préoccupe pas en priorité du ravitaillement en munitions. Il suffit d'aller à Blénod-lès-Toul où le capitaine Redon, de l'état-major de la 3e DIC, signale la présence du PAD (parc d'artillerie divisionnaire) et de celui de la 6e DIC » entièrement motorisé, au complet et chargé à 100 tonnes ». Les embouteillages et la carence des communications sont-ils seuls en cause ?

« Les trois pièces du I/3e RAC sont en défense antichar au pont de Saint-Germain dès le matin », note le capitaine Laval qui est sur place avec l'aspirant Sultan.

Bien entendu, les trois 75 restent muets puisque les divisions allemandes qui arrivent du nord-ouest ne possèdent pas de chars. Aucune demande de tir dans ce sens n'étant formulée, « nous ne pourrons participer à la protection de Saint-Germain », conclut Laval. Si on leur avait demandé leur avis, il est probable que les coloniaux du 21e RIC et les légionnaires eussent conseillé aux artilleurs de se préparer à tirer à mitraille sur l'infanterie adverse plutôt que d'attendre des *Panzers* fantômes !

Le groupe Pédrazzi effectue des tirs devant Vaucouleurs, mais on se demande sur quel objectif, car — il est cinq heures du matin — le I/23e RIC cherche encore son chemin dans les layons de la forêt et les légionnaires de la 7e compagnie du capitaine Coquet effectuent la reconnaissance qui leur a été imposée en direction de Villeroy-sur-Méholle par le colonel Robert.

A 11 h 30, le lieutenant Garret reçoit l'ordre de replier ses trois pièces qui attendent les chars allemands au pont de Saint-Germain (rapport Laval). Elles prennent la direction du bois de Domgermain où elles attendront... des ordres jusqu'à 21 heures. Au IIe groupe, la 6e batterie du lieutenant Culmann a quitté la vallée de la Meuse sur ordre vers 7

---

1. Paradeïs, Chapuis, Depoutot, Dubois et le maréchal des logis Defaysse. Parmi les trois blessés évacués à Rigny-Saint-Martin, Boudrenghien, Masson et Delmarquette, ce dernier succombera dans la soirée.

heures. Elle rejoint son groupe en position sur une crête, à environ six kilomètres derrière Ugny, mais la matinée se passera, puis l'après-midi, sans qu'une seule demande de tir lui soit adressée. Malgré son silence, le II/3ᵉ RAC a été repéré par le « mouchard » et les obus allemands ont tué le brigadier Vogt à la 6ᵉ batterie et trois artilleurs de la batterie Rodolphe [1].

A 17 heures enfin, parvient le premier ordre de tir. La 5ᵉ batterie du capitaine Morain ouvre le feu, mais « elle s'attire une réplique violente de l'ennemi » et enregistre deux blessés, Morlay et Benoît. La 6ᵉ batterie qui se préparait à intervenir reçoit l'ordre « de ne pas tirer ». Pour le 3ᵉ RAC du colonel Corniquet, la journée est finie.

L'infanterie de la 3ᵉ DIC et celle de la 6ᵉ DINA ont-elles plus de chance avec le 313ᵉ RA du lieutenant-colonel de Langalerie qui, de l'aveu du chef de corps, dispose le 18 au matin de dix-huit pièces de 75 ? La première mission confiée au groupe Chénesseau était l'appui des reconnaissances envoyées par le 11ᵉ Étranger en direction du canal. On a vu que la liaison n'a pu être établie avec les postes ER 17 des lieutenants Toulouse et de Valady, mais cette lacune n'a pas empêché les dix tubes de Chénesseau d'ouvrir le feu. Sur quel objectif ? Sur le canal de Sauvoy, comme le fera deux heures plus tard le groupe Haussoulier, du 145ᵉ RAL. Heureusement, le lieutenant-colonel de Langalerie nous rassure : « Ces tirs qui ne peuvent avoir aucune précision sont surtout exécutés pour impressionner l'ennemi et remonter le moral de nos fantassins ! »

Le groupe Chénesseau déménage ensuite pour rejoindre près de Gibeaumeix les quatre pièces du groupe de Langavant qui ont passé la nuit dans l'interminable convoi des bords de Meuse sans pouvoir s'en dégager. Les dix-huit tubes étant alignés à la lisière d'une futaie, au sud-est de Vaucouleurs, le lieutenant-colonel de Langalerie va se présenter au PC de la 6ᵉ DINA qui est à la ferme des Quatre-Vaux depuis midi.

« Mon régiment est prêt à intervenir ; j'attends des ordres ! » dit Langalerie.

Dans son rapport, il indique que le colonel Ténot, commandant l'artillerie divisionnaire, lui a répondu : « Ne tirez pas sur les villages qui regorgent de réfugiés et, pour les ordres de tir, attendez encore, car on ne sait pas exactement où sont nos fantassins. »

A 14 heures, le chef de corps du 313ᵉ RA qui est revenu auprès de ses batteries envoie le lieutenant de Tinguy du Pouet au PC de la 6ᵉ DINA pour rappeler à Ténot qu'il est toujours prêt à ouvrir le feu et qu'il attend des ordres. L'officier de liaison revient une heure plus tard.

1. Vogt a été inhumé à Mont-le-Vignoble avec trois artilleurs : Chaussin, Nicolle et le maréchal des logis Devaux. Sans doute s'agit-il des morts de la batterie Rodolphe.

Apporte-t-il une demande d'intervention au profit de l'infanterie ? Non, le 313e RA doit se replier sur Colombey-les-Belles.

Régiment organique de la division Decharme, le 14e RA du lieutenant-colonel Royal est disponible. L'infanterie de la 35e DI marchant en direction du plateau d'Ochey où elle passe en réserve pour se reposer, le colonel Cobert, du 21e corps, décide de mettre le 14e RA à la disposition de la 6e DINA à partir de midi. C'est une bonne nouvelle pour l'infanterie soumise au bombardement allemand de Saint-Germain à Ourches. Que décide le colonel Ténot ? Rien ! Le journal du 14e RA nous apprend dans quelles conditions ses batteries ont été employées : « La 6e DINA n'ayant donné aucune instruction, la division reprend son artillerie dans l'après-midi. »

Nous ne parlerons que pour mémoire des régiments d'artillerie lourde qui pouvaient — qui devaient — être engagés dans la bataille de la Meuse : le 203e RAL de la 3e DIC, le 206e RANA de la 6e DINA, le 243e RAL de la 6e DI, et même le 109e RAL du 21e corps. Le général Flavigny disposait aussi le 16 juin du 185e RAL du colonel Vincens-Bouguereau, mais, craignant de le voir encombrer les routes avec son matériel, il lui a donné l'ordre d'effectuer « un bond en arrière important ». On aurait pu le mettre en position derrière la Meuse dont les points de franchissement, de toute évidence, allaient créer des difficultés aux unités en retraite, mais le 185e RAL est allé beaucoup plus loin. Le 18 juin, il stationne au sud de la colline de Sion, à près de quarante kilomètres du front de la Meuse.

« Le régiment est abandonné à lui-même ! » écrit Vincens-Bouguereau dont les pièces de 155 n'auront plus jamais l'occasion de tirer.

***

Le capitaine Redon note dans ses carnets que le général Dubuisson signe à 13 heures l'ordre de retirer la 3e DIC de la Meuse, le général Falvy portant son PC à Blénod-lès-Toul. Redon ajoute qu'il remet lui-même cet ordre à Falvy une heure plus tard[1].

« La 3e DIC se regroupera sur les pentes ouest et sud-ouest de Charmes-la-Côte après relève par la 6e DINA sur la Meuse, un détachement de la valeur d'un bataillon au moins sous les ordres d'un colonel assurant un crochet défensif face à Pagny-sur-Meuse entre la chapelle Massé et Lay-Saint-Rémy. »

La 3e DIC relevée par la 6e DINA ? Dubuisson ignore manifestement que légionnaires et tirailleurs se battent sur la Meuse AVEC les

---

1. Le journal de la 3e DIC indique que l'ordre n'a été envoyé qu'à 16 heures par Dubuisson.

coloniaux ! Quant au second point, l'envoi d'un bataillon commandé par un colonel au sud de Pagny, il se révélera impossible à réaliser. Le général Falvy désigne en effet le 21e RIC dont les effectifs sont ceux d'un petit bataillon, le commandant Lepeley faisant fonction de colonel. C'est seulement à 19 heures que Lepeley, qui vient d'apprendre la mort de l'adjudant Monfort et du sous-lieutenant René Gerbaux, est informé de la mission. Comment va-t-il faire pour traverser du sud au nord le 11e REI, le 1er RIC et les arrières du 21e RTA, alors que le bombardement de l'artillerie allemande redouble de violence et que la liste des tués ne cesse de s'allonger [1] ? Avec ses capitaines, de Plas et Monbrun, Lepeley va essayer d'élaborer un plan de manœuvre, mais celui-ci se révélera impossible à exécuter sous les tirs nourris des canons adverses. A 20 h 30, le chef de corps du 21e RIC obtiendra d'être « relevé de sa mission ».

Le décrochage de la 3e DIC se heurte aux mêmes difficultés. Des éléments en retrait comme la 11e compagnie du III/23e RIC ou la compagnie d'engins du 21e RIC parviennent à se replier sur Blénod-lès-Toul, mais le 1er RIC, pris sous le feu des *minen*, reste sur sa position.

« Une rupture du combat ne paraît guère possible avant la tombée de la nuit ! » estime le colonel Fauchon.

1. Morts identifiés à 19 heures : Chiron, Bonnin, Desjardins, Compain, Fiquot, Dujolas, Rochet, Guinebretière, Jaunet, Lafile, le sergent Grateau et le chef Bastide.

CHAPITRE XXIII

« Nous avons déjà trois caves
pleines de blessés... »

Les légionnaires du 11e REI ne comprennent pas. « Petit à petit, lit-on dans le journal du régiment, les coloniaux qui truffaient notre ligne se replient vers l'est. »

A 18 heures, sur un ordre transmis par le colonel Robert, le 11e Étranger est autorisé à ramener tous ses éléments en position à l'est de la rivière sur la rive droite. La liaison s'effectue au nord avec le 21e Algériens, au sud, avec le 9e Marocains qui se regroupe à Vaucouleurs.

« Le régiment est seul et sans artillerie pour défendre la position », écrit encore le rédacteur du journal du 11e Étranger.

Le déplacement des éléments passant de la rive gauche de la Meuse à la rive droite va prolonger et accentuer le calvaire de la Légion. Le noyau principal, la 2e compagnie, va effectuer son mouvement sous le feu. Son chef, le lieutenant Robert Roux, décrit la scène : « Nous avons déjà de nombreux blessés et j'ai peur que le chemin du retour soit déjà occupé par l'ennemi. Arrivé en vue du pont de Saint-Germain, une longue rafale tue les deux légionnaires qui me précédaient et je suis atteint au bras gauche. Je passe le commandement au sous-lieutenant Cachat et le sergent Le Juge va prendre la mitrailleuse à revers et tue trois Allemands. Le caporal Averino abattra le quatrième, un officier, un instant plus tard. Tenant mon bras [1], je pars en tête... »

Derrière lui, Cachat ramène une trentaine de légionnaires, ses mitrailleuses et les canons de 25 tractés par les chenillettes sur lesquelles on a allongé les blessés. Le médecin auxiliaire Devaux s'est porté en direction du pont avec une charrette pour recueillir ses « clients », mais,

---

1. La blessure est grave : gros fracas de l'humérus à hauteur du biceps gauche. Après neuf opérations, treize plâtres et vingt-deux mois d'hôpital, Roux sauvera cependant son bras menacé d'amputation.

à moins de cinquante mètres de la Meuse, un obus fracasse un poteau télégraphique.

« Nous avons eu le plus grand mal à nous sortir de tous les fils qui coupaient le chemin et s'enroulaient autour des essieux », dira Devaux qui accompagne le lieutenant Roux au poste de secours où l'aumônier Houet « le réconforte avec son bidon de mirabelle [1] ».

Une carriole tirée par un cheval arrive également au PS où les médecins ne savent plus où donner de la tête. C'est Buttet, le cuisinier de la popote des officiers qui, pour se rendre utile, a réquisitionné animal et voiture ; sans se soucier du bombardement, il va et vient dans les rues à la recherche des blessés.

Après le repli de tous les légionnaires survivants sur la rive droite, la défense du pont de la Meuse se trouve en première ligne.

« De toutes les lisières des bois, écrit le sous-lieutenant Collin, les boches débouchent, soutenus par l'artillerie qui tire à vue, et par les mitrailleuses. Il fait une chaleur écrasante, les balles sifflent de tous côtés. Cela va être à nous d'entrer en action. Sur la gauche, les *feldgrau* progressent dans les blés en direction du pont, mais ils doivent ramper. J'ai trois FM, un groupe de mitrailleuses et nous repérons leurs sillages. Mais j'en aperçois qui avancent à deux cents mètres. »

Collin, qui a la délégation du lieutenant Pierre, décide qu'il est temps de faire sauter le pont. « La déflagration va être si forte, lui dit le sergent du génie, qu'il est préférable de faire reculer tout le monde d'au moins cinquante mètres et d'abriter les armes. »

Le sapeur actionne la mise à feu et la terre tremble sous la violence de l'explosion. Les Allemands ont compris qu'ils ne prendront pas le pont intact et, au canon et à la mitrailleuse, ils déversent leurs projectiles sur les légionnaires.

« Toutes les rues du village sont prises sous les feux des armes automatiques ennemies. » (Journal du 11e REI.)

Derrière l'emplacement du pont, Collin n'a plus qu'une poignée d'hommes avec lui. Les morts semblent dormir dans leurs trous, des blessés appellent, d'autres souffrent en silence... » A ma gauche, plus personne, dit le sous-lieutenant, la Coloniale a disparu. Il est vrai que les obus tombent serrés. »

Il envoie sur son flanc le caporal-chef Chevoppe armé d'une mitraillette récupérée sur l'ennemi. Derrière son canon de 25, le sergent-chef Lenart vient d'être tué. Dans le village, la situation n'est pas plus brillante. La rue qui sépare le PC du régiment de son poste de secours « est jonchée de cadavres », témoigne le lieutenant Virenque. On tente

1. Devaux (futur président de l'ordre des médecins de Paris) souffre du ménisque et sera évacué sur Rigny-la-Salle, genou bloqué, en fin d'après-midi. Le médecin-lieutenant Pressat le recueillera au passage lors du repli du soir.

de les identifier, mais, sous le feu, l'opération devient suicidaire. On sait cependant qu'Alloucherie, Bon, Bastelica, Goffinet, Sera, Ittah, Sigaud, Anlot et Bourges sont parmi les tués.

Les deux « sections » du pont ne représentent plus qu'une poignée de légionnaires autour du sous-lieutenant Collin. Leurs mécanismes envahis par la poussière, les FM présentent des enrayages de plus en plus fréquents. Il faudrait les démonter, les nettoyer, les graisser...

Collin a une idée. « Tu vas porter un message au lieutenant Pierre, dit-il au sergent Didier. Il nous faut du renfort et des munitions. »

Malgré les projectiles de tous calibres tirés sur la rive droite de la rivière, Didier arrive sans une égratignure au PC de la compagnie où le lieutenant Pierre accepte de faire partir son ultime réserve, la section du sergent Dupuis. Sitôt arrivée devant les débris du pont, celle-ci met ses FM en batterie pendant que ceux de Collin sont démontés et graissés avec l'huile des trois dernières boîtes de sardines conservées pour le repas du soir. Dix minutes plus tard, le sous-lieutenant Bertot apparaît à bord d'une chenillette dont la remorque est pleine de caisses de cartouches.

« Tout va bien ! » jubile Collin qui réorganise sa ligne de défense. Il dispose maintenant de sept FM et de trois mitrailleuses qui ne permettent aucune approche à l'infanterie adverse. Celle-ci veut tenter sa chance sur le nord du saillant de Saint-Germain, mais elle est repérée. Le lieutenant Pierre envoie le légionnaire Doms porter un message à Collin : « Le boche s'infiltre par la droite, vers les coloniaux qui ont lâché[1]. Renforcer le dispositif de ce côté ! »

Le caporal Matagne file vers la droite menacée avec un FM et prend liaison avec ce qui reste de la « 9 » du lieutenant Jamet. Le chef Konecke se porte également de ce côté avec la section de commandement de la 1re compagnie. Comparé à la puissance de l'attaque allemande et aux moyens mis en œuvre, tout cela semble dérisoire et, sans la détermination des légionnaires et de leurs cadres, la défense de Saint-Germain aurait été depuis longtemps enfoncée.

A Ourches, l'assaillant doit allonger les tirs de son artillerie, car ses fantassins se sont rapprochés du village et, sur le périmètre de la défense, des combats à la grenade sont en cours. L'ennemi envisage-t-il de donner l'assaut ? Dans cette hypothèse, les tirailleurs du III/21e RTA ont mis baïonnette au canon et attendent.

Dans l'après-midi, un obus allume un début d'incendie dans une grange. Un sous-officier rassemble quelques Algériens et, mêlés aux Lorrains sortis en hâte de leurs caves, ils tentent de circonscrire le sinistre en organisant une chaîne jusqu'à la Meuse avec des seaux d'eau.

1. Les coloniaux n'ont pas lâché ; ils ont exécuté l'ordre de repli donné à la 3e DIC.

On imagine la scène sous les balles qui se fichent dans les murs et les *minen* éclatant dans les rues. L'incendie gagne d'ailleurs du terrain et, lorsque les flammes s'arrêteront d'elles-mêmes, treize maisons et corps de bâtiment auront été détruits.

Au nord du village, l'infanterie allemande se fait pressante, mais les tirailleurs, avares de leurs cartouches, ne tirent que pour tuer et leur discipline de feu porte ses fruits, car c'est encore l'artillerie qui prend le relais.

« C'est éprouvant ! reconnaît le lieutenant Hardy dans son rapport. Une soixantaine d'arrivées en trois minutes autour du PC de la " 11 ". »

Presque silencieux, les éclats des *minen* frappent au ras du sol et les cris des blessés émergent de la fumée des explosions. Au PS du 21e RTA, le médecin-commandant Marty a fait vider de nouvelles caves et les infirmiers les aménagent avec de la paille pour recevoir d'autres blessés. Toute évacuation étant devenue impossible en raison du bombardement — et du manque de voitures sanitaires —, que vont devenir tous ces hommes qui geignent sur leur couche rougie de sang pendant que d'autres ferment déjà les yeux dans l'attente de la mort ?

Devant Saint-Germain, c'est aussi l'artillerie qui cherche à emporter la décision. Le brancardier Grandpied, du 21e RIC, qui transporte deux blessés sur sa brouette, est jeté à terre par l'éclatement d'un 105. Indemne, il se relève et secoue sa vareuse blanche de poussière : ses deux blessés ont été tués. Un autre brancardier, Souplie, a la main ouverte. Blessé par balle, le sous-lieutenant Vignes est mortellement atteint par un éclat alors qu'on le conduisait au PS du 21e RIC[1]. On se demande comment le médecin auxiliaire Ricordeau a pu rejoindre la cave sans une égratignure après avoir été prodiguer ses soins à des blessés intransportables ?

Au PS du 11e Étranger, un autre auxiliaire, Hyposteguy, a rempli la même mission, mais, commotionné à deux reprises par des éclatements d'obus, il s'effondre en regagnant le PC du médecin-capitaine Lados et pleure à chaudes larmes.

« Dieu que ça soulage ! » dira-t-il au bout d'un moment.

L'autre médecin auxiliaire, Jacques Fitsch, quitte à son tour l'abri et prend son élan afin de traverser la zone dangereuse. Hélas, à moins de vingt mètres de la cave, il est broyé par un projectile ! C'est Hyposteguy qui remontera l'escalier pour aller chercher le corps mutilé de son ami.

A cent mètres de là, au PS du 21e RIC, le médecin-lieutenant Carayon décide d'envoyer le soldat Vasseur à Chalaines, à environ huit kilomètres, où se trouve, dit-on, un groupe sanitaire divisionnaire. Vasseur doit

1. Le lieutenant Georges Vignes est décédé le 19 juin dans une formation sanitaire de Thaon-les-Vosges.

remettre à la plus haute autorité qu'il rencontrera le message suivant : « Avons besoin urgent sanitaires pour évacuation nombreux blessés. »

Deux heures plus tard, Vasseur — qui a la « baraka » — rentrera indemne au PS. « Ils vont faire le nécessaire ! » dira-t-il à Carayon qui est d'autant plus persuadé du contraire que son médecin-chef, le médecin-commandant Castarède, vient de lui faire remettre ce petit mot : « Je suis à trois kilomètres de vous, totalement démuni. Toutes les brouettes porte-brancard ont été détruites par l'artillerie. »

Carayon se résigne au pire : la captivité pour tous les blessés allongés sur la paille dans les caves de Saint-Germain. Quant à lui, s'il n'en parle pas, sa décision est prise : il restera avec eux.

Derrière les débris du pont-route, pendant ce temps, les Allemands ne peuvent plus tolérer cette résistance qui les empêche de traverser la Meuse. Le bombardement, interrompu depuis une demi-heure, reprend avec plus d'intensité et surtout plus de précision.

Le sous-lieutenant Collin écrit : « Plusieurs obus nous soufflent violemment et nous aspergent de terre ; mon masque et ma capote, restés au bord du boyau, sont déchiquetés. Enfin, un coup bien placé, juste dans la tranchée, me tue cinq hommes et blesse mon ordonnance qui se trouvait à côté de moi ; le coude du boyau m'a protégé. »

Les rescapés dégagent trois FM des décombres d'où ils retirent en même temps les cinq corps. L'un d'eux vit encore, c'est Libigoski. « Transpercé de part en part, dit Collin, il saigne de partout. Il réclame l'infirmier et demande à boire. » L'officier lui passe son bidon, mais le légionnaire est grièvement atteint et meurt un instant plus tard. Son frère, engagé à la Légion sous le nom de Kurasewki, a été tué par le même obus. Coïncidence extraordinaire : parmi les cinq morts, il y a encore deux frères, les Wejner.

« Avec le dernier tué, Jurkiewicz, commente Collin, nous perdons là cinq légionnaires d'élite. »

Dans le village, le médecin-capitaine Lados a traversé la rue pour descendre dans la cave où se trouve le PC du 11e Étranger.

« Nous n'évacuons plus faute de véhicules et nous avons déjà trois caves pleines de blessés, dit-il au commandant Clément. S'ils ne sont pas soignés rapidement, certains d'entre eux vont mourir. Nous ne sommes pas outillés pour faire de la grande chirurgie.

— Nous avons l'ordre de tenir ! » répond doucement Clément.

A côté de lui, Robitaille, le chef d'état-major, ajoute d'une voix qui ne transige pas : « Nous recevrons peut-être d'autres ordres à la tombée de la nuit. »

Désespéré, Lados regagne sa cave où les odeurs d'éther et de sang se mêlent à la fumée des chandelles. Comme Carayon il a, lui aussi, fait son choix : il restera avec ses blessés. Le maire du village, M. Pierrot, s'est risqué entre deux salves jusqu'au PC du commandant Clément.

« Si la bataille se prolonge, ne serait-il pas plus sage d'évacuer la population ?

— Restez dans vos caves, vous êtes des non-combattants, ils ne vous feront rien. »

Pourquoi Clément expliquerait-il au maire qu'il n'a plus qu'un rideau défensif derrière la Meuse et que l'assaut d'un seul bataillon allemand crèverait ce rideau en quelques instants ? Lisons encore le journal du 11e REI : « 20 h 30. L'attaque allemande progresse toujours. La compagnie Roux et la section Forget, de la compagnie Coquet, viennent au pas gymnastique à Saint-Germain pour la défense du PC. »

Le commandant Robitaille a recensé les armes et compté ses propres cartouches en faisant savoir à voix haute qu'il « n'était pas disposé à lever les bras ». Va-t-on « faire Camerone » à Saint-Germain-sur-Meuse ? En attendant d'en venir là, le commandant Clément fait incinérer le drapeau du 11e Étranger. Seule, la cravate échappe au feu et sera portée au colonel Robert par le sous-lieutenant Malaud [1].

« Vers 21 heures, note le sous-lieutenant Collin qui tient la position la plus en saillant, Saint-Germain est fortement menacée. A droite, on se bat aux lisières d'Ourches qui semble pris par les Allemands. Peu de chose les empêche de passer la Meuse : presque toutes les armes automatiques sont démolies ou restent sans servants, ou sans munitions. La situation est critique. »

C'est exact, mais Collin est trop épuisé pour se rappeler qu'une bataille est aussi la rencontre de deux volontés. L'une ou l'autre brisera la seconde et, le 18 au soir, devant Saint-Germain, ce sont les hommes de la *24e Infanterie Division* qui renoncent.

« Chose curieuse, constate Collin vers 21 h 30, l'ennemi n'accentue pas davantage sa progression. Il pouvait cependant s'emparer du village... La nuit tombe. Peu à peu, les obus s'espacent et le calme s'étend sur le champ de bataille. »

*
* *

Au 1er RIC, le colonel Fauchon a commis une erreur d'ordre psychologique : il a fait connaître l'ordre de repli à ses unités avec cette réserve que le mouvement ne devait s'opérer, par prudence, qu'après la tombée de la nuit. Épuisés, affamés, dormant debout au milieu de leurs camarades tués et blessés, les coloniaux vivent dans une sorte d'état second et, du conseil — impératif — donné par le colonel, ils n'ont retenu qu'un mot : repli. Un mot qui signifie pour eux l'autorisation de

1. Voir *Juin 1940, le mois maudit* (Fayard, 1980).

514

s'éloigner de la zone où les obus et les *minen* ne cessent de creuser leurs rangs. Nombreux sont ceux qui, commotionnés, rient ou pleurent sans raison apparente et se révèlent incapables de coordonner leurs gestes, de contrôler le tremblement de leurs mains, de leurs jambes, de leurs lèvres, comme s'ils étaient atteints de troubles moteurs. L'usure des corps et des esprits est profonde et l'on comprend soudain que, pour ses hommes, le mot « repli » s'identifie à une idée qui paraissait insensée une heure plus tôt, celle de survivre à la longue journée du 18 juin.

« D'échelon en échelon, écrit le colonel Fauchon, l'ordre se déforme et certaines fractions concluent au départ immédiat. Aussi le repli se fait-il dans des conditions pitoyables. Au Iᵉʳ bataillon, tout le matériel doit être porté à dos d'homme ; or les effectifs sont réduits à rien, tout le monde est épuisé... »

Des *minen* éclatent et tuent encore. Bourdel, Couturier, Goy, Lecoustumier, Le Goc, Guicheteau, Salmont et le caporal Ragot ne recevront pas de sépulture ; ils restent sur le champ de bataille, les yeux grands ouverts, dans la posture où la mort les a saisis. Derrière Ourches où rougoient encore les incendies, l'ennemi bombarde toujours la rive droite de la Meuse. A vingt minutes d'intervalle, deux officiers supérieurs sont blessés : le commandant Le Puloch, du II/1ᵉʳ RIC, atteint au pied, et le commandant Montalti, du II/23ᵉ RIC[1].

Au 21ᵉ RTA, le lieutenant-colonel Thouvenin donne l'ordre de repli à 20 heures, mais il insiste, lui aussi, sur la nécessité d'attendre la chute du jour. Ourches est en saillant et les premiers fantassins allemands ne sont pas loin. Une attaque en cours de décrochage aboutirait à un désastre. Au milieu des tirailleurs tués, allongés sous les arbres des vergers ou recroquevillés dans les tranchées, personne ne bouge jusqu'au crépuscule.

« Sous couvert d'un léger plastron, rapporte le commandant Reymond, du III/21ᵉ RTA, nous franchissons le pont de la Meuse. »

La 10ᵉ compagnie du capitaine de Montigny reste en arrière-garde et, tard dans la soirée, l'officier fait passer ses tirailleurs épuisés sur la rive droite avant de donner l'ordre aux sapeurs de détruire le pont. Un quart d'heure plus tard, ceux-ci viendront lui rendre compte « que la mise à feu refuse de fonctionner ». De toute façon, la largeur de la rivière n'est pas la même qu'à Monthermé ou Sedan et de nombreux gués permettent le passage. Le pont d'Ourches est abandonné. La retraite du 21ᵉ Algériens connaît un début difficile, car, avec leur charge d'armes et de

1. Le capitaine Sasias lui succède à la tête du « bataillon » et le capitaine Chailly prend les fonctions d'adjudant-major. Le capitaine Souriac reconstituera le Iᵉʳ bataillon à trois compagnies de voltigeurs (lieutenants Ratte, Gisserot et Tissandier) et une compagnie d'engins (sous-lieutenant Lizambard).

munitions, les tirailleurs doivent gravir le coteau aux arbres écrêtés par les tirs d'artillerie. Et chaque compagnie ne compte que 60 à 70 hommes.

Dix minutes avant d'être blessé par un éclat de *minen*, le capitaine Barat, du 21e RIC, assure que l'ordre de repli est apporté « à 20 h 10 au PC du capitaine de Plas ». Le décrochage ne peut s'opérer dans de bonnes conditions, eu égard au mélange des éléments de la 3e DIC avec ceux de la 6e DINA.

« Les unités décimées commencent à refluer vers le sud et la voie ferrée », constate le commandant Lepeley.

La nuit s'épaissit dans la vallée et les hommes marchent vers le sud-est pour éviter de gravir le coteau qui, derrière Saint-Germain, ressemble à un étrange cimetière avec les troncs dépouillés et noircis de ses sapins. Il est hors de question de procéder à un appel et les commandants de compagnie espèrent seulement regrouper leurs soldats le lendemain, dès qu'il fera jour. On passe à côté des chevaux morts, de corps allongés, mais personne ne s'arrête. Comment établir la différence, à moins de l'ausculter, entre un cadavre et un homme qui, à bout de forces, s'est laissé tomber pour dormir, quoi qu'il puisse lui arriver ? Dans son rapport, le lieutenant Vidal de La Blache affirme « qu'en entrant à Saint-Germain, les Allemands firent prisonniers les rescapés qui, sans cartouches, ayant parfois détruits leurs armes, s'étaient endormis sur place, exténués ».

Dans la cave de la poste de Saint-Germain, le commandant Clément a reçu l'autorisation de se replier vers 19 heures. Après en avoir parlé avec le commandant Robitaille, les deux hommes sont tombés d'accord : l'ordre ne sera diffusé qu'à la tombée de la nuit. Connaissant l'état d'épuisement des légionnaires, Clément donne pour consigne d'emporter armes et munitions. Un problème se pose pour les mitrailleuses : la plupart des chevaux ayant été tués par le bombardement et les voiturettes détruites, peut-on imposer aux hommes de les porter sur leurs épaules ? La question sera réglée au niveau des sections, par accord mutuel ; quelques Hotchkiss seront sauvées, les autres seront démontées et jetées dans la Meuse.

Réduite de moitié, la 1re compagnie du lieutenant Pierre couvre le repli derrière les débris du pont de Saint-Germain. Vers minuit, la 3e compagnie du lieutenant Gheysens [1] fait sauter celui d'Ugny avant de décrocher. A l'immense flamme de la déflagration, semblent répondre des lueurs blanches montant dans le ciel sombre, du côté d'Ourches : les

1. Le lieutenant Gheysens sera tué en Indochine en 1950.

516

Allemands lancent des fusées éclairantes afin d'obtenir la certitude que leur adversaire se replie.

Vers une heure du matin, le lieutenant Pierre fait partir ses sections, les unes après les autres. Laissant ses morts derrière elle, la Légion abandonne Saint-Germain.

« La nuit est très noire, note le sous-lieutenant Collin, étrangement calme. Nous brisons les mousquetons que nous ne pouvons emporter, mais ne laissons aucune arme automatique. Nous partons, terriblement chargés de munitions, laissant sur la position les cadavres de nos braves légionnaires. C'est le neuvième jour de la retraite qui commence. »

Les corps des officiers tués qui ont pu être ramenés dans le village : Jabouille, Viel, de Rouziers, et sans doute Ziegler et Guillemart, ont été déposés dans l'église. Un obus a percuté la toiture de l'édifice et une fine pellicule de poussière blanche — et quelques gravats — recouvre les corps. Sur le front de la Meuse, restent les blessés allongés dans les caves, avec leurs médecins et les infirmiers volontaires qui ont accepté de rester avec eux.

*
* *

A Ourches, le médecin-commandant Marty et son équipe médicale ont environ soixante-dix blessés algériens et français et une dizaine d'Allemands capturés lors de la contre-attaque du bataillon Reymond. Dans une autre cave, le médecin auxiliaire Houssin a renoncé à la liberté pour ne pas abandonner les blessés du I/1er RIC. Au IIIe bataillon, le médecin-lieutenant Cheynel, qui disposait d'une camionnette, a pu évacuer la presque totalité des coloniaux tombés pendant la bataille, mais, vers 22 heures, il en reste une dizaine.

« Je reste avec vous jusqu'au bout ! décide Cheynel.

— Je reste aussi ! » dit en écho l'aumônier Goursat.

Jusqu'à minuit, depuis l'entrée de la cave, les deux hommes observent la lente retombée de fusées éclairantes lancées par l'ennemi. Des gerbes de balles traceuses glissent encore dans la vallée de la Meuse, à la poursuite d'un objectif qui se dérobe. Soudain, vers une heure du matin, alors qu'un grondement de moteur semblait annoncer l'arrivée des Allemands, c'est une camionnette du 1er RIC qui se présente. Avec des gestes brusques qui leur arrachent des cris de douleur, on sort les blessés de la cave, on les entasse dans la camionnette qui démarre bien entendu tous feux éteints et louvoie entre les véhicules abandonnés et les gros ventres des chevaux morts. Deux heures plus tard, Cheynel et ses derniers blessés arriveront à Blénod-lès-Toul.

Le journal du 11e Étranger indique que les caves du poste de secours de Saint-Germain abritent encore une quarantaine de blessés. De même que Marty, son homologue du 21ᵉ RTA, le médecin-capitaine Lados a refusé de partir. Avec le pharmacien-lieutenant Carraz, le médecin auxiliaire Hypostéguy, l'adjudant-chef Petit, le sergent-chef Liégeois et quelques infirmiers, il attend les Allemands.

A moins de cent mètres de l'ancien PC du lieutenant-colonel Rousseau, d'autres caves abritent les blessés du 21ᵉ RIC qui sont les plus nombreux, faute d'avoir bénéficié de moyens d'évacuation.

« A l'heure du repli, raconte le médecin-lieutenant Carayon [1], nous avions 73 blessés en charge dont 35 sérieusement touchés que nous avions regroupé dans la même cave. »

Selon Carayon qui travaille avec le médecin-lieutenant Casalis, les premiers Allemands ont fait leur apparition dans les rues de Saint-Germain le 19 juin entre 4 et 5 heures du matin.

« Tout le personnel médical français a d'abord été séparé des blessés, témoigne le jeune médecin du 21ᵉ RIC, mais, devant nos protestations, nous avons été autorisés à redescendre dans les caves. Malgré nos demandes, les services sanitaires allemands ne s'occupaient pas de nous et notre indignation était grande de voir l'ennemi prendre des photos dans les rues du village alors que plusieurs de nos grands blessés agonisaient. Toute la journée du 19 s'est écoulée ainsi et c'est seulement le soir, vers 20 heures, sur nos instances, que les plus gravement atteints furent évacués, non pas sur une ambulance ou un hôpital, mais dans une autre cave, sur de la paille… [2]. »

A force d'implorer le vainqueur, Carayon obtiendra que deux officiers, dont Vidal de La Blache qui sera amputé du bras, soient pris en charge d'urgence par les médecins militaires de la *24ᵉ Infanterie Division*.

* * *

Le général Falvy est arrivé le 18 juin vers 21 heures à Blénod-lès-Toul, suivi des colonels Cuzin et Cassagnaud. C'est le quatrième PC de la journée, et Rénucci, le chef d'état-major, se demande s'il ne serait pas utile d'en prévoir un cinquième lorsqu'il introduit chez le général, pour lui faire connaître ce qu'il vient lui-même d'entendre, le capitaine Ingold, un des officiers de liaison de la 3ᵉ DIC.

« Les boches sont à Uruffe, mon général ! » annonce Ingold dont le visage est profondément marqué par la fatigue.

1. Lorsque l'auteur l'a retrouvé, en 1978, le médecin général Carayon exerçait les fonctions de directeur de l'Institut de léprologie appliquée, à Dakar.
2. Au PS du 21 ᵉ Algériens, à Ourches, le sous-lieutenant Matray, du III/306ᵉ RI, se souvient d'avoir « été transporté le 19 juin avec tous les autres blessés, à l'hôpital de Commercy où les Allemands nous ont soigné comme l'étaient leurs propres officiers…

Rénucci déploie une carte. A vol d'oiseau, Uruffe est à environ six kilomètres de la Meuse, SUR LA RIVE DROITE. Par la route qui traverse la forêt de Meine, Uruffe est à dix kilomètres de Blénod-lès-Toul. Ce qui explique pourquoi l'idée d'un cinquième PC ne saurait être écartée.

« Des cavaliers tiennent la lisière de la forêt, face à Uruffe, explique Ingold, et j'ai regroupé une centaine d'isolés de la division que j'ai placés en bouchon sur la route de Blénod. »

Le capitaine se tourne vers le colonel Cassagnaud, de l'artillerie divisionnaire : « Les abandons de matériel deviennent plus nombreux. A trois kilomètres d'ici, j'ai été obligé de saboter quatre pièces de 75 et un tracteur Jeffery avec des pétards de mélinite. »

Le général Falvy a froncé les sourcils. La présence de l'ennemi à dix kilomètres de son propre PC montre à l'évidence que le front de la Meuse a craqué quelque part au sud de Vaucouleurs et que les Allemands se sont enfoncés dans la brèche. Falvy, dont les coloniaux se sont battus côte à côte avec les tirailleurs et les légionnaires de la 6e DINA, Falvy ignore tout du « trou de Montbras » dans lequel s'est engouffrée l'avant-garde de la *16e ID* du *General* Hube. Celle-ci n'a d'ailleurs pas rencontré la résistance qu'elle craignait à Pagny-la-Blanche-Côte, au débouché de la Meuse.

Coupé des bataillons qui le flanquaient sur le canal, « allégé » des deux tiers de ses effectifs, le II/332e RI du capitaine Vezet a fait son entrée à Pagny-la-Blanche-Côte dans la matinée du 18 juin. Vezet pensait trouver derrière la Meuse une ligne de recueil, un front organisé, une grande unité à laquelle il pourrait se rattacher. Il ne rencontre que le secrétaire de mairie qui, vers dix heures du matin, demande à lui parler :

« Vous ne pouvez pas vous battre ici, lui dit-il, le village abrite plus de deux mille réfugiés qui s'entassent dans les caves. »

Vezet n'a ni l'intention de se battre ni celle de s'attarder. Il repart vers l'est avec les débris de son bataillon. Le capitaine Levacher assure la couverture de la colonne et l'aspirant Marchesson sort le dernier de la localité, poussant une bicyclette sur laquelle il a fixé un FM.

Où sont les cavaliers du GRCA 14 du colonel Gallini qui devaient fermer le « trou de Montbras » ? Quant aux chars du 43e BCC du commandant Delacommune, dont la devise est « A fond et jusqu'au bout », ils stationnent, inemployés, près de Crézilles qui sera le troisième PC de la 6e DINA dans la soirée du 18 juin. Le général Flavigny, qui transporte le sien de Saulxures-lès-Vannes à Mont-le-Vignoble, ignore tout de la percée allemande en direction d'Uruffe ; ils ne voit donc pas la nécessité d'envoyer les chars du 43e BCC barrer la route de Blénod-lès-Toul.

Il convient de passer — une fois de plus — dans le camp adverse, pour mesurer l'ampleur de l'échec essuyé par le *VIIe Korps* de von Schobert sur le front de la Meuse. La percée jusqu'à Uruffe n'est pas significative en soi si on la compare aux objectifs ambitieux fixés la veille à ses divisions par von Schobert :

« Poursuite rapide de l'ennemi et destruction de ses dernières grandes unités groupées dans la région de Toul.

« Objectifs à atteindre le 18 juin :

— *16e ID* : Mirecourt.
— *24e ID* : Diarville.
— *76e ID* : Vézelise. »

La vigoureuse défense opposée au *VIIe Korps* par les fantassins de la 6e DINA et ceux de la 3e DIC n'a pas permis aux Allemands de pousser aussi loin qu'ils l'avaient envisagé. Après l'usure des combats sans relève de mai-juin dans les Ardennes, après huit nuits de retraite effectuées dans les pires conditions, von Schobert ne croyait pas les Français capables d'une telle résistance. Il obtient tout de même une satisfaction, car il avait — témérairement — fixé son PC du 18 au soir au château de La Voivre. A 20 heures, avant même que la nuit soit tombée, il s'y installe, laissant ses officiers médusés par une telle audace. Il se trouve en effet à TROIS kilomètres au sud de Vaucouleurs que le 9e Marocains du colonel Lançon se prépare à évacuer, en application de l'ordre de repli envoyé par la 6e DINA.

Cette présence fréquente des généraux allemands aux endroits les plus exposés offre de gros avantages sur le plan tactique, car ils sont ainsi renseignés très vite sur les opérations en cours et peuvent intervenir directement si le besoin s'en fait sentir. En outre, sur le plan psychologique, le général que l'on voit en première ligne se pare d'une véritable aura auprès des combattants.

Dans le camp français, à la même heure, le général de Verdilhac est en route pour Crézilles, à 15 kilomètres à l'est de la Meuse, Flavigny est à Mont-le-Vignoble, à 13 kilomètres, et Dubuisson se dirige vers Ochey, à 18 kilomètres de la zone des combats. Falvy est encore à Blénod-lès-Toul, à 12 kilomètres du PC de von Schobert.

★ ★ ★

Les Marocains du colonel Lançon n'ont pas connu les violentes attaques et surtout le bombardement qui a épuisé dans la journée le 11e Étranger, le 21e Algériens et les coloniaux de la 3e DIC. Plusieurs engagements se sont produits en avant de Vaucouleurs, mais il s'agissait de simples prises de contact.

Une fois la nuit tombée, le dernier bataillon a franchi le pont de Chalaines qui a sauté à 23 h 30. Lançon a laissé en arrière-garde la 9ᵉ compagnie du capitaine Le Merle de Beaufond qui sera décimée le 19 juin après avoir perdu le lieutenant de Montigny et vingt-trois tirailleurs tués, de Beaufond étant lui-même grièvement blessé. Une partie du I/9ᵉ RTM sera encerclée dans la forêt de Meine et le commandant Lemarchand sera fait prisonnier avec deux de ses capitaines, Joseph et de Vincelles. Le IIᵉ bataillon livrera combat vers Gibeaumeix, mais son décrochage sera coûteux. « Une partie du bataillon passera, rapporte le capitaine Plasse, en laissant des armes, du matériel et la presque totalité des animaux de trait. »

Plus au sud, sur le front du corps d'armée colonial, la Meuse a été franchie aux passages défendus par des troupes de qualité médiocre et parfois mal armées.

Un exemple : le commandant Parigot a sous ses ordres le CID 56, le centre d'instruction de la malheureuse division du général de Mierry coupée en deux le 14 juin à Joinville par l'arrivée de la *1ʳᵉ Panzer*. Parigot a confié à l'un de ses subordonnés, le capitaine Paul Henry, la défense du pont de Coussey et celle du pont de Domrémy, village natal de Jeanne d'Arc. Les jeunes soldats du CID 56 sont très mal armés et aucun effort ne semble avoir été fait pour les renforcer ou les doter d'armes automatiques en nombre suffisant. Selon Henry, ils ne possèdent qu'un FM et une mitrailleuse sans trépied.

« Tireurs et chargeurs ont été armés de fusils Lebel récupérés sur les routes », ajoute le capitaine.

A Coussey, les « bleus » du CID 56 ont sans doute été appuyés par les premiers éléments de la 36ᵉ DI, mais à Domrémy, ils ont épuisé leurs cartouches de 6 à 11 heures du matin avant de céder devant un adversaire dont la supériorité ne faisait aucun doute. L'affaire a coûté cher au petit détachement français qui a eu douze tués [1] et dix-huit blessés parmi lesquels Magona, Levègue, Le Bihan, Castel, Gonce, le caporal-chef Jelaxo, deux sergents : Walzer et Gallois, et le chef Boucard.

Ayant franchi la Meuse à Domrémy, les Allemands obliquent vers le sud et attaquent de flanc le 14ᵉ RI du lieutenant-colonel Béker, qui tient le sous-secteur nord de la 36ᵉ DI. Le IIIᵉ bataillon du commandant Marty prend un violent contact vers Coussey et Soulosse, alors qu'il attendait son adversaire à l'ouest, derrière la Meuse. Renforcé par les spahis du capitaine Roze des Ordons, Marty affirme que, « près de la

---

1. Aloncle, Bouvet, Daviaux, Didier, Laniel, Legrille, Olgiati, Mur, Raulet, Nagel, Grandpierre et le caporal-chef Adnot.

scierie de Coussey incendiée par le bombardement, la défense a été gênée par les habitants et les réfugiés saisis de panique ».

Toute la journée du 18 juin, l'ennemi va exercer une pression constante sur le 14ᵉ RI, utilisant son artillerie plutôt que de se risquer dans de coûteux assauts d'infanterie. Le chef Bessière et le sous-lieutenant Vaucourt sont tués et plusieurs officiers blessés : le capitaine Souard, les sous-lieutenants Raffier, Richard, et l'aspirant Pagezy. Tout se joue au cours de l'après-midi, car la volonté de se battre fait défaut dans certaines unités du 14ᵉ RI. Il est vrai que la 36ᵉ DI, très éprouvée les 9 et 10 juin lors de l'offensive lancée sur l'Aisne par von Runstedt, a ensuite couvert le plus long chemin lors de la retraite. Elle n'a pas supporté la cadence imposée par le général Carles entre le 15 juin au soir et le 18.

« Vers 16 heures, écrit le commandant Roux, du I/14ᵉ RI, l'ennemi bouscule le IIᵉ bataillon qui forme saillant par suite d'une boucle de la Meuse et le capture presque en entier. »

Le propos sera confirmé par le lieutenant Polier qui a réussi à se dissimuler dans un bosquet avec quelques soldats jusqu'à la nuit : « A travers bois, nous rejoignons le PC du II/14ᵉ RI et apprenons que presque tout le bataillon est prisonnier. » Regroupant une cinquantaine d'hommes, le lieutenant Schirm rejoindra le régiment, tandis qu'à la 6ᵉ compagnie, le lieutenant Béteille note pudiquement que « les trois sections ont été submergées ».

Au sud de la 36ᵉ DI, le dispositif français mis en place sur la Meuse se termine en saillant avec la 1ʳᵉ DIC du général Roucaud. Les coloniaux sont dans le même état d'épuisement que leurs voisins puisqu'ils ont quitté la Meuse dans la soirée du 17 juin avant de faire demi-tour pour s'y réinstaller, en application de l'ordre de contre-offensive donné par le général Prételat.

Juché sur une crête, le village de Bourmont (Haute-Marne) constitue la pointe sud de la défense et, sur son flanc gauche, le général Roucaud a placé le groupement Brusseaux [1], lui-même prolongé vers Contrexéville par les forces peu nombreuses de la 3ᵉ DINA de Mast. Si aucune critique n'a été relevée à l'encontre du colonel Miserey qui commandait la branche nord du groupement Fournier, le général Brusseaux, en revanche, ne paraît pas avoir enthousiasmé le général Roucaud.

« Je l'ai vu le 18 juin, écrit le commandant de la 1ʳᵉ DIC, lui ai donné, au fur et à mesure que j'en recevais moi-même, des ordres successifs. Je

1. Le groupement Brusseaux formait la branche sud de la couverture de la IIIᵉ armée confiée au général Fournier. Il comprend deux bataillons du 294ᵉ RI coupés de leur division, la 56ᵉ DI, le 69ᵉ régiment régional, très médiocre, et un régiment d'artillerie tracté, le 46ᵉ RAMF du lieutenant-colonel Merle.

ne l'ai plus revu et n'ai pu reprendre le contact avec lui malgré les officiers et les courriers expédiés à sa recherche. Il ne pouvait faire grand-chose, je ne suis pas sûr qu'il s'y soit efforcé[1]. »

La pression allemande s'exerce d'abord au sud-est de Bourmont, à Graffigny-Chemin qui est abandonné prématurément. Quand il l'apprend, le commandant Voillemin, du I/14e RTS, qui tient Bourmont, donne l'ordre de reprendre le village. La 10e compagnie du lieutenant Coat contre-attaque avec, à sa tête, les aspirants Arnould et Lamazou de Betbéder qui emmènent leurs sections « à la baïonnette ». Les Sénégalais laissent onze tués sur le terrain, mais les reconnaissances allemandes ont fait demi-tour.

Le gros des forces ennemies venant du nord-ouest, le I/12e RTS du commandant Graff, soutenu par la 8e batterie du 1er RAC, est attaqué à Harréville-les-Chanteurs, si bien que le commandant Voillemin, qui se trouve à dix kilomètres au sud, se demande pourquoi le combat fait rage DERRIÈRE lui. Les tirailleurs de Graff perdent une douzaine de tués, mais Harréville reste entre leurs mains.

A Bourmont, la prise de contact est d'autant plus rude qu'une avant-garde de la *86e ID* du *General* Witthöft avait poussé jusqu'au village au lever du jour et l'avait signalé « libre d'ennemis ». La 1re DIC, qui avait fait demi-tour dans la nuit, n'avait pas encore repris ses positions sur la Meuse, mais maintenant le *Major* Zorn, chef d'état-major de Witthöft, s'interroge sur ce qu'il appelle « la réapparition des Français ».

Bien commandés, installés sur un terrain qui leur est favorable, les tirailleurs du I/14e RTS ne sont pas décidés à lâcher Bourmont et le journal de la *86e ID* signale « de fortes pertes au *Panzerjäger Abteilung* le 18 juin ».

Le commandant Voillemin applique à la lettre les ordres du général Roucaud qui a cru qu'on revenait sur la Meuse à titre définitif. Aussi imagine-t-on sans peine la fureur du commandant de la 1re DIC lorsqu'il reçoit dans la soirée du 18 juin l'ordre de quitter la rivière une seconde fois et d'entamer un nouveau repli. La colère de Roucaud est telle qu'il envoie le capitaine Chapouthier au PC du général Carles dire à celui-ci « que la division est fourbue, qu'elle n'est plus capable d'aucun mouvement ». Cela consigné par écrit, naturellement.

Chapouthier : « J'apporte le poulet (*sic*) au commandant du corps colonial. Il est au lit, en chemise de nuit classique de grand-papa à liséré rouge. Il me déclare qu'il faut encore gagner du temps, que les pourparlers d'armistice se poursuivent... »

Voilà, exprimé en quelques mots, à un iota près, l'opinion de la

---

1. Officier de liaison à la 1re DIC, le capitaine Chapouthier a noté : « Le groupement est formé de débris d'unités que commande " en principe ", " théoriquement ", le général Brusseaux. »

plupart des généraux pris au piège avec les armées de l'Est. Ils ont conscience qu'ils ne peuvent plus vaincre, mais qu'en prolongeant leur résistance jusqu'à l'armistice (qu'on attendra « d'une heure à l'autre » pendant huit longues journées), l'ennemi leur accordera sinon les honneurs de la guerre, du moins la liberté. Mais ce qui fut appliqué en 1870 à des places fortifiées telles que Belfort et Bitche le sera-t-il à des troupes encerclées en rase campagne en 1940 ?

Dans la soirée du 18 juin, les régiments du général Roucaud se replient, cette fois vers le nord-est, tandis que le I/14ᵉ RTS de Voillemin, coupé de ses arrières, est abandonné à son sort. Le 19 juin, les Allemands engageront un bataillon du *IR 167* qui contournera Bourmont et, attaquant à revers par Gonaincourt, fléchira les Sénégalais, puis contraindra Voillemin à se rendre vers 18 heures.

Les deux journées de combat ont coûté cher au I/14ᵉ RTS qui a perdu huit chefs de section sur douze. Les lieutenants Jean Dumora, Robert Risch et Jacques Rippe ont été blessés, mais le lieutenant Desfourneaux et deux sous-lieutenants, Louis Le Chevallier et Jean Bertrand, ont été tués. Les autres chefs de section blessés sont les adjudants-chefs Negrerie et Ruffie, les adjudants Dechêne et Roque, le chef Scavennec. On retrouvera le corps du sous-lieutenant Bertrand dans une fosse commune avec ceux de seize tirailleurs. Les caporaux Sans et Dulong, les soldats Duquerroy, Caillard, Laurent et Carrère seront enterrés sans souci d'identification et, malgré les efforts des autorités civiles, huit des quarante-deux morts de Bourmont conservent aujourd'hui encore sur leur tombe le mot « Inconnu ».

Selon les archives du 14ᵉ RTS, le nombre des blessés soignés au PS de Bourmont s'est élevé à soixante-six, neuf sous-officiers et cinquante et un tirailleurs étant portés disparus. Ils sont présumés prisonniers, mais il est quasi certain que, devant l'âpre résistance des Sénégalais, les Allemands ont eu la détente légère. Ce n'est sans doute pas le chef de corps du *IR 167* qui les en a blâmés[1].

Le bilan de la bataille du 18 juin sur la Meuse est plus lourd en aval, mais, sur l'ensemble du front, il reste très élevé. Deux tués à Coussey, trois à Illoud (Masson, le sergent Gervais et le chef Deregnecourt), neuf à Vaucouleurs, treize à Domrémy-la-Pucelle, quinze du 9ᵉ Marocains à Gibeaumeix, vingt-trois à Chalaines et parmi eux les chefs Vieillard et Hagnière, quarante-six dont neuf inconnus à Pagny-sur-Meuse, trente et un dont dix-huit légionnaires à Void, quatre-vingt-trois dont douze « inconnus » à Saint-Germain-sur-Meuse, où les combats ont été les plus

1. Âgé de cinquante-trois ans en 1940, l'*Oberst* Digeon von Monteton sera condamné et pendu comme criminel de guerre en 1946.

meurtriers[1], huit à Sauvigny dont le sergent Robinet, et cinquante-quatre à Ourches. Dans ce dernier village, dix-sept d'entre eux portaient l'écusson du 21ᵉ RTA, douze celui du 306ᵉ RI et trois la grenade à sept flammes de la Légion (Cuvelier, Dourmont et Szyma).

En ajoutant les treize tués de Mauvages, on obtient un total de trois cent quatre-vingt-cinq tués dans moins de vingt communes, mais on ne connaîtra jamais le nombre des blessés décédés dans les hôpitaux, dans les postes de secours saturés, comme à Ourches et à Saint-Germain, ni ceux que la mort a surpris, solitaires, dans un bois, une grange ou une cave, comme le soldat Eugène Agostini retrouvé à Void.

* *
*

Il serait injuste de tourner la page de la bataille du 18 juin sans évoquer les combats livrés ce jour-là par le 149ᵉ RIF du lieutenant-colonel Beaupuis dans la région d'Andelot (Haute-Marne). Appartenant au secteur fortifié de la Crusnes, au sud de Longwy, le régiment a été enlevé le 14 juin par un groupe de transport et conduit à l'est de Chaumont où il devait prolonger la couverture mise en place sur le flanc de la IIIᵉ armée par le général Condé. Le 149ᵉ RIF n'a pas eu le temps de barrer la vallée de la Marne empruntée dans la même journée par la *1ʳᵉ Panzer* qui s'emparait de Chaumont vers minuit. Avec l'appui d'une batterie du 26ᵉ RA abandonnée sur un train et d'une partie du 57ᵉ bataillon de mitrailleurs, le lieutenant-colonel Beaupuis s'est mis sur la défensive à une vingtaine de kilomètres au nord-est de Chaumont, de façon à couper la route de Neufchâteau. Le samedi 15 juin, il est resté seul, négligeant peut-être les liaisons avec l'arrière, le groupement Brusseaux ou celui du colonel Miserey. Le dimanche, le 149ᵉ RIF est écorné par la *8ᵉ Panzer* qui, ayant ouvert son chemin la veille avec la *6ᵉ Panzer* à travers la 1ʳᵉ DIC, traverse maintenant nord-sud le département de la Haute-Marne.

La *Panzer* — qui sous-estime la valeur et la force du 149ᵉ RIF — laisse quelques éléments pour réduire cette « résistance isolée » et poursuit sa route sans heurt jusqu'à Bourbonne-les-Bains où ses automitrailleuses font leur entrée vers minuit. Les cavaliers de la brigade Gailliard, qui couvraient le flanc sud du corps colonial, se sont repliés sur la Meuse, et personne n'a pris l'initiative de donner l'ordre de décrocher au 149ᵉ RIF qui aurait pu, par exemple, s'installer dans le « trou de Montbras ».

Les forces de Beaupuis sont maintenant entre les itinéraires des *8ᵉ* et *6ᵉ Panzerdivisionen* derrière lesquelles avancent les divisions de la *XIIᵉ Armee* du *General* List. Le choc est inévitable et les deux grandes unités

1. Des isolés ont été tués à Saint-Germain : Darbins, du 3ᵉ RIC, Garcia, du 14ᵉ RI, Vérard, du 6ᵉ RICMS, Formet, un sapeur, etc.

qui marchent en tête du *13ᵉ Korps* du *General* von Vietinghoff ne s'attendaient pas à rencontrer les Français dans un secteur où deux *Panzerdivisionen* étaient passées « en coup de vent [1] ».

Dans la matinée du 17 juin, le *General* Sponheimer, de la *21ᵉ ID*, prévient le PC du *13ᵉ Korps* : « Andelot occupée par un ennemi qui se défend avec acharnement. »

Entamé le 17, le combat se prolonge le 18 juin et l'artillerie du *13ᵉ Korps* est avancée pour appuyer les attaques des *17ᵉ* et *21ᵉ ID*. Lorsque le silence se fait sur la région d'Andelot, le 18 juin à l'heure du crépuscule, le rédacteur de l'historique du *13ᵉ Korps* écrit : « C'est seulement à la nuit que la résistance du 149ᵉ RIF fut brisée, après un combat qui amena de fortes pertes. Nous avons capturé 66 officiers et 2 493 hommes. »

Le lieutenant-colonel Beaupuis a été fait prisonnier en fin de matinée au PC du II/149ᵉ RIF installé à Darmannes [2]. Les pertes du régiment et de ses unités d'appui sont lourdes : cinq morts à Rimaucourt où seront inhumés le lieutenant Pierre Thévenet, du 26ᵉ RA, et deux de ses artilleurs, Legay et Pertuiset. Quatre morts du 57ᵉ BM à Riaucourt, dix à Darmannes dont huit du 149ᵉ RIF avec l'adjudant Vandevalle, trois morts dont l'adjudant Deschamps à Andelot et trois autres à Cirey-lès-Mareilles. A Treix, on relèvera douze morts parmi lesquels le commandant Marcel Valentin, du III/149ᵉ RIF, tué sur la mitrailleuse qu'il servait, le lieutenant Roger Coulbaux, les sergents Michot et Parisot, le caporal Delamarre, etc. En tout, une cinquantaine de morts et plus de quatre-vingts blessés [3]. L'hommage au 149ᵉ RIF est tout entier contenu dans cette phrase portée dans le journal de la *17ᵉ ID* du *General* Loch : « Les Français se sont défendus avec vaillance, même lorsqu'il n'y avait plus aucune issue pour eux ! »

1. Circulant sur une route « déserte », l'*Oberst* Arnold, commandant les transmissions de la *12ᵉ Armee*, est capturé par le 149ᵉ RIF. On suppose aujourd'hui qu'il portait sur lui les clés de chiffrement de l'*Armee*, mais Beaupuis a négligé de le faire fouiller et l'a échangé contre deux capitaines français prisonniers après une aventure rocambolesque (bulletin nᵒ 74 de 1977 de l'association des Amis de l'École supérieure de guerre).
2. Beaupuis s'évadera deux jours plus tard et rejoindra la zone libre où on lui confiera la direction de l'École supérieure d'éducation physique d'Antibes.
3. Après de longues recherches, l'aspirant Marcel Carmeille a dressé une liste de 61 morts en identifiant 12 décédés des suites de leurs blessures, dont 7 à l'hôpital de Chaumont (Michel, Charsel, Douchin, Jaspart, le caporal-chef Jochum, le sergent Dubois et l'adjudant Lebleu).

CHAPITRE XXIV

« Enlever la forteresse de Toul... »

« Au lever du jour, le ciel est couvert, note le capitaine Marcel Mercier le mardi 18 juin. Je fais demander des vivres, car le ravitaillement est toujours insuffisant et la faim se fait sentir. »

Mercier commande la 3ᵉ compagnie du I/100ᵉ RI et le commandant Madeline l'a installé sur la droite du bataillon, au point le plus vulnérable, le carrefour du Petit-Bernon où se rejoignent , venant du nord, la RN 404 et la RN 411. Les gros du 42ᵉ corps du général Renondeau sont au sud de la Moselle et du canal de la Marne au Rhin, la 58ᵉ DI du général Perraud de Foug, à l'ouest, jusqu'à Toul exclus, la 51ᵉ DI de Boell, de Toul à Sexey-aux-Forges. Deux bataillons du 139ᵉ RIF[1] et le 128ᵉ RIF sont sous les ordres du colonel de Fleurian qui les a placés au nord-est de Toul, derrière le double barrage du canal et de la Moselle[2].

Quatre bataillons se trouvent au nord des lignes d'eau avec une mission d'arrière-garde. Devant Foug, le II/334ᵉ RI du commandant Faramin interdit les routes venant de Boucq et de Lagney. Sur sa droite, se succèdent le II/204ᵉ RI du commandant Jourdan, le III/227ᵉ RI du commandant Pfister et enfin le I/100ᵉ RI du commandant Madeline. Les positions de celui-ci et de Pfister sont d'autant plus importantes que leurs bataillons contrôlent deux hauteurs situées à quelques kilomètres au nord de Toul, la côte Saint-Michel (385 mètres), surmontée d'un fort désaffecté, et la côte Barine (369 mètres). Toutes proportions gardées, elles ressemblent à deux pyramides boisées édifiées sur la plaine et constituent des observatoires exceptionnels. Le général Renondeau a

1. On a vu que le III/139ᵉ RIF du commandant Millerand a été détaché au groupement Miserey.
2. Le groupement de Fleurian n'a pas dépassé Gondreville à l'est, alors qu'il avait l'ordre de prendre liaison à Aingeray avec le 167ᵉ RIF, ce qui permettra à l'*Oberst* von Scheele d'entrer à Nancy dans quelques heures.

envisagé d'enfermer les deux collines dans son dispositif, mais le système ne s'accordait pas avec la défense des lignes d'eau et, pour l'instant, ce sont les bataillons d'arrière-garde qui les tiennent.

A l'aube du 18 juin, on sait de toute façon qu'à moins d'un coup de main lancé ailleurs, l'ennemi attaquera d'abord le carrefour du Petit-Bernon tenu par la compagnie Mercier. La veille, celle-ci a passé la journée à trois kilomètres plus au nord, barrant la RN 404 au niveau de Lucey. Vers 17 heures, elle a ouvert le feu sur des automitrailleuses « de couleur verdâtre » qui sortaient de Bouvron. Une demi-heure plus tard, quelques salves d'artillerie sont tombées sur la compagnie qui a eu quatre tués et un canon de 25 détruit. A la réception de l'ordre de repli sur le carrefour du Petit-Bernon, Mercier a encore perdu un cheval et une mitrailleuse sous les coups de 105 de l'ennemi.

Installé sur la côte Saint-Michel, le commandant Madeline est d'autant plus persuadé que l'attaque allemande s'exercera d'abord sur la compagnie Mercier, que les cavaliers du GRDI 61 ont traversé celle-ci la veille, vers 16 heures, venant du nord. L'aspirant de Bonnet de Breuille aurait dit au passage : « Nous venons de frapper les trois coups à Ménil-la-Tour, le rideau va se lever sur la bataille de Toul. »

Le GR du commandant de Poret a joué son rôle qui était de couvrir le repli de l'infanterie et de laisser le temps à celle-ci de s'installer derrière les lignes d'eau. Le 17 juin vers midi, le GR était à moins de vingt kilomètres de Toul, entre Ménil la Tour et Andilly. Les cavaliers étaient nerveux, car ils savaient que le combat auquel ils se préparaient serait sans doute le dernier de la retraite. Ils passeraient ensuite derrière l'infanterie dans l'attente d'une nouvelle mission. Dans la soirée du 16, déjà, trois pelotons de l'escadron de mitrailleuses du capitaine Rouget avaient été sévèrement accrochés vers Creue et Chaillon et, malgré leur courage, les lieutenants Verdier, Desbrosses et de Suremain n'avaient pas été fâchés de voir arriver le lieutenant Carayon avec trois chars R 35 du 5e BCC[1].

A la tombée de la nuit, entre Heudicourt et Vigneulles-lès-Hattonchatel, c'est une colonne allemande qui est tombée dans une embuscade montée par les cavaliers. Le lieutenant Sohier, l'adjudant Michaud, le chef Besson avec un FM et le canon de 25 du chef Brunet incendient la tête de colonne où camions, side-cars et voitures enchevêtrés brûleront pendant plusieurs heures. Tout le GR s'est replié au cours de la nuit, mais le lieutenant Carayon a perdu un de ses chars déchenillé par un 37 *Pak*.

1. Comme la plupart des bataillons de chars, le 5e BCC est dispersé et le commandant Godderis rapporte « qu'il n'a pas pu suivre l'action de ses R 35, faute de les avoir tous concentrés sous ses ordres ».

Le 17 juin vers 14 heures, le peloton du lieutenant Desbrosses est bousculé à Andilly et se replie sur Ménil-la-Tour où une reconnaissance motorisée ennemie se présente une demi-heure plus tard : trois sides avec trois hommes à bord de chaque véhicule, deux voitures et deux camions tractant des pièces de *Pak*. Le lieutenant Sohier veut appliquer la même méthode que la veille et il a donné pour consigne au chef Brunet de n'ouvrir le feu au 25 qu'à cent cinquante mètres. Pénétrés des vertus de la guerre éclair, les Allemands ne se méfient pas. Toutes les armes de l'escadron se dévoilent en même temps et la pièce de 25 débite soixante projectiles sur les véhicules qui zigzaguent d'abord sur la chaussée avant de s'immobiliser lorsque l'incendie se déclare. Les rescapés refluent vers le nord plus vite qu'ils ne sont arrivés.

L'ennemi se renforce et ses coups de 75 de campagne éclatent sur la position des cavaliers. Un obus arrache le moteur de la voiture de Derkenne, l'infirmier. Un autre défonce la façade d'une maison, et le groupe de mitrailleuses Lafont qui tirait depuis le premier étage se retrouve... au rez-de-chaussée avec le plancher. On aperçoit des groupes de combat adverses qui progressent par bonds et manœuvrent pour prendre les cavaliers au piège à Ménil-la-Tour. Ils n'en auront pas le temps. Vers 15 heures, le capitaine Rouget rend compte au commandant de Poret « que les colonnes françaises sont toutes passées et que les routes en direction de Toul sont dégagées.

— Très bien ! Décrochez et passez derrière l'infanterie qui tient le carrefour du Petit-Bernon. »

On abandonne la sanitaire de Derkenne et, pendant que le lieutenant Sohier fait enterrer des mines sur les bas-côtés de la route, sept blessés dont un officier, Batteski, sont installés dans les camionnettes de l'escadron qui démarrent en direction de Toul. Rouget avait conçu le projet de coucher une vingtaine d'arbres en travers de la route, mais il faut y renoncer : le cavalier Bocquenay a rendu compte « que tous les pétards sont mouillés ».

Servant lui-même la mitrailleuse de la voiture-DCA, l'adjudant Michaud sort le dernier du village avec le cavalier Cousin. Une demi-heure plus tard, lorsque l'escadron traversa sa position, le capitaine Mercier apprit que « les trois coups avaient été frappés à Ménil-la-Tour ». Le commandant de la 3e compagnie du I/100e RI est allé voir ses chefs de section : le lieutenant Tiberghien, l'aspirant Audrain, l'adjudant Thoré et le sergent-chef Jaune. A chacun d'eux, il a tenu le même langage : « Les cavaliers sont passés derrière Toul. Entre les boches et nous, il n'y a plus rien. Ce n'est pas le moment de s'endormir ! »

Dans la nuit du 17 au 18 juin, Mercier a reçu en renfort les trois chars R 35 du lieutenant Deroy. Une fois au courant de la situation, celui-ci a prévenu les sergents Cavier et Jouhanneau, ses chefs de chars :

« Embossez-vous à courte distance de la route, mais qu'on ne vous voie pas trop au lever du jour. ».

Darrigade, Héreil et Bonnefond, les pilotes, ont obtempéré et, dix minutes plus tard, leurs moteurs se sont tus. Le canon de 25 détruit la veille a été remplacé et le capitaine Mercier a reçu en plus le lieutenant Camus avec une pièce de 47 et trois groupes de mitrailleuses. Il est maintenant persuadé que le commandement sait que la bataille de Toul va s'engager au carrefour du Petit-Bernon. Sinon, pourquoi lui enverrait-on des chars, des mitrailleuses et même un 47 ? Et puis, si l'attaque à laquelle il s'attend menace de le submerger, il pourra toujours se réfugier sur la côte Saint-Michel tenue par son bataillon, ou se replier sur Toul où le II/100ᵉ RI du commandant Bouteil et le IIIᵉ bataillon du commandant Leduc ont établi leur barrage entre le canal et les vieux remparts.

La prise de contact a lieu à 4 h 15. Deux side-cars et une automitrailleuse avancent sur la RN 404 venant de Ménil-la-Tour. Quelques coups de 47 tirés sur l'ordre du lieutenant Camus leur font savoir que le passage est défendu, et les trois véhicules se replient. Jusqu'à 6 heures, le calme règne sur la position, mais on devine, à leurs allées et venues, que les Allemands se renforcent dans le bois de la Ville, à l'est de la route nationale, et, vers l'ouest, à la ferme de Longeau et à la ferme de Sébastopol. Mercier, qui bénéficie de l'appui direct du groupe André, du 27ᵉ RA, lui demande un tir d'arrêt qui écrase le hangar du petit terrain d'aviation et incendie quelques side-cars. Les artilleurs allemands ripostent avec du 105 et le « mouchard » ne se gêne pas pour venir observer la position, évitant toutefois de s'approcher de la côte Saint-Michel que le pilote soupçonne — à tort — d'abriter de la DCA. Prodigue de ses *minen,* l'ennemi cherche, à l'évidence, à écraser la compagnie Mercier avant de donner l'assaut.

La matinée est chaude pour la « 3 » ! Les balles et les éclats déciment les cadres : le lieutenant Camus est blessé, puis c'est l'aspirant Audrain, l'adjudant Thoré, les sergents-chefs Goldmann et Florin. Parmi les chefs de groupe, les pertes s'allongent aussi : les sergents Loisée et Delchambre sont évacués, puis le sergent Dislaire dont les deux jambes sont brisées, tandis que le sergent Régnier a l'épaule fracassée. Neuf tués sont enveloppés dans leur toile de tente. Vers 11 h 30, le capitaine Lagaski, de l'état-major de la 51ᵉ DI, vient sur la position avec l'aumônier Lemaire, et il fait embarquer morts et blessés, les premiers dans une camionnette, les seconds dans une sanitaire, les deux véhicules se dirigeant sur Germiny, à vingt-cinq kilomètres au sud, où se trouve le groupe sanitaire de la 51ᵉ DI.

Pour combler les pertes du capitaine Mercier, le commandant Madeline prélève deux sections, celles des lieutenants Buseine et Fondu, sur la 1ʳᵉ compagnie du lieutenant Lesimple. Une heure plus tard, la main droite traversée par un éclat, Buseine, originaire de Lille, passe les consignes au chef Lepoutre et la sanitaire l'emporte vers l'arrière.

Marchant derrière un barrage d'artillerie, l'infanterie allemande passe à l'attaque, et les chars de Deroy comme les armes automatiques de Mercier consomment un nombre considérable de cartouches. Une automitrailleuse allemande brûle sur la route, deux side-cars dans un fossé, mais les points d'appui de Mercier regorgent de blessés : Thaon, Ginglinger, Cornil, Hébert, Cans, Lamblin, Glorieux, Brisse, Santraine, Engel, et la liste n'est pas close. Les mortiers de 81 de la compagnie du capitaine Preys appuient l'action des artilleurs du 27ᵉ RA, mais le bombardement est d'une telle violence que Mercier commence à douter de pouvoir tenir le carrefour du Petit-Bernon jusqu'au soir.

« Les blessés sont nombreux, écrit le lieutenant Debeyre, officier de renseignements du 100ᵉ RI [1], et si un de nos chars incendie un camion de fantassins allemands, la CA 1 a encore cinq blessés, la section Lepoutre n'a plus qu'une vingtaine d'hommes et la section Fondu neuf seulement. »

Brusquement, vers 13 heures, alors que Mercier resserre son dispositif, le bombardement perd de la puissance. « Il vire au harcèlement ! » observe le commandant de la 3ᵉ compagnie qui ne peut pas savoir que, dans le camp adverse, les cartes viennent de changer de mains [2].

*
* *

Les avant-gardes allemandes interceptées les 16 et 17 juin par les cavaliers du GR 61 appartenaient à la *71ᵉ ID* du *General* Weisenberger qui, après avoir fait son entrée à Verdun le 15, à Saint-Mihiel dans la soirée du 16, poursuit son avance vers le sud-est. L'infanterie encercle et liquide les poches de résistance qui subsistent sur les arrières — en particulier le 155ᵉ RIF — pendant que les reconnaissances motorisées s'efforcent de dégager les itinéraires en direction de Toul. Cette place fortifiée constitue en effet l'un des objectifs prioritaires nommément fixés par le « *Führerbefehl* » (« ordre du *Führer* ») signé par le chancelier Hitler le 17 juin. Aussi, lorsque l'*Oberst* von Scheele installe le PC de son régiment, le *IR 191,* à Ménil-la-Tour, quelques heures après le départ de l'escadron Rouget, est-il persuadé de recevoir dans la nuit des ordres détaillés dans lesquels l'attaque de Toul lui sera confiée. De son côté, Weisenberger se dit que la ceinture fortifiée de Toul ne tombera pas aussi facilement que celle de Verdun, car cette fois les Français ont eu le

1. M. Guy Debeyre, futur recteur de l'université de Lille.
2. Sur les arrières, la *Luftwaffe* bombarde Vézelise, Colombey-les-Belles, Crépey, Chaudeney, etc., et cause de nombreuses victimes civiles.

temps de pourvoir les garnisons en vivres et en munitions. Les cartes dont disposent les Allemands portent les noms de fortifications situées au nord de Toul, fortifications qu'il sera nécessaire d'enlever une à une avant de s'attaquer à la ville : les ouvrages de Bouvron, de Francheville, de Ropage, du Vieux-Canton, de la Cloche, les forts de Lucey, d'Ecrouves, de la côte Saint-Michel, etc. Le *Pionnier Bataillon 171* a d'ailleurs reçu des ordres et son journal en fait mention : « En vue d'une attaque-surprise sur Toul, sept *Stosstrupps* seront constitués pour enlever les forts, ainsi que des reconnaissances motorisées destinées à rechercher les possibilités de franchissement de la Moselle et du canal. »

Pour la *71ᵉ ID,* la prise de Toul constitue donc une « grosse affaire », sans doute la dernière de la campagne, mais le *General* Weisenberger serait surpris d'apprendre que les forts de Toul sont dans le même état d'abandon que ceux de Verdun. Le commandement français n'a pas l'habitude de lier la forteresse à la manœuvre, sans doute parce qu'il ne manœuvre pas et se cantonne dans une attitude défensive.

Dans la soirée du lundi 17 juin l'*Oberst* von Scheele a reçu ses ordres, mais, on le sait, ils n'ont aucun rapport avec ce qu'il attendait. Il doit former au cours de la nuit un groupement mixte avec lequel il lancera un raid, non pas sur Toul, mais sur Nancy. Pour protéger son flanc sud, von Scheele est autorisé à laisser de faibles éléments d'infanterie et d'artillerie. Ce sont eux qui accrochent la compagnie du capitaine Mercier à l'aube du 18 pendant que von Scheele fait lancer un pont de bateaux devant le « trou d'Aingeray ». Toutefois, il est possible que le « *Kommandeur* » du *IR 191* cherche à jouer sur les deux tableaux, car les forces qui tentent de faire sauter le verrou du carrefour du Petit-Bernon ne se contentent pas de protéger le flanc sud de von Scheele. Si la compagnie Mercier cédait, il est probable qu'elles pousseraient en direction de Toul pendant que le *General* Weisenberger rendrait compte à l'autorité supérieure et demanderait l'autorisation de passer à l'attaque avec des éléments renforcés. Le chef de la *71ᵉ ID* souhaiterait, c'est certain, inscrire à la fois Nancy et Toul à son « tableau de chasse » avant l'armistice. Il est en effet le mieux placé pour réussir ce coup double, car, le 18 juin, la division qui a reçu l'ordre de s'emparer de Toul n'est pas encore en mesure de passer à l'attaque.

Dans la soirée du 17 juin, la *58ᵉ ID* du *Général* Heunert a toute son infanterie au nord de Verdun et seuls ses éléments motorisés ont dépassé la ville pour s'arrêter à Lacroix-sur-Meuse, dix kilomètres avant Saint-Mihiel. Le PC avancé de la division est également dans la localité et, vers minuit, Heunert reçoit un message de son supérieur, le *General* Feige, de *Höhere Kommando 36,* qui lui donne l'ordre de pousser la *58ᵉ ID* sur la droite de la *71ᵉ ID* qui doit s'emparer de Nancy et d' « utiliser toute possibilité d'enlever la forteresse de Toul en évitant combat et pertes ».

Enlever la forteresse de Toul ? Heunert ne dissimule pas sa surprise. Surtout « en évitant combat et pertes ». Si les Français continuent de battre en retraite, la prise de Toul ne présentera aucune difficulté, mais s'ils décident de défendre la ville... L'observation aérienne a montré dans la journée du 17 de nombreuses colonnes se dirigeant vers Toul. Ont-elles poursuivi en direction du sud au cours de la nuit ? Heunert n'en sait rien et, de toute façon, il a le temps de l'apprendre, car le plus urgent est de transmettre les ordres de mouvement. Le *Rittmeister* von Hellermann, de l'*Aufsklärungs Abteilung,* a « prêté » ses automitrailleuses au groupement von Scheele et fait partir sur-le-champ son escadron cycliste et son escadron à cheval. Des *Pionniers* d'assaut, une compagnie motorisée, le *Panzerjäger Abteilung* et ses pièces de 37 *Pak* prennent également le départ, mais la préoccupation du *General* Heunert est l'infanterie. Celle-ci n'a que ses jambes et le régiment de tête de la division, le *IR 204,* arrivera à Lacroix-sur-Meuse, selon les prévisions, le 18 juin vers 6 heures du matin après une marche de nuit de 45 kilomètres. Certes, la *XVIe Armée* doit envoyer plusieurs rames de camions, mais il sera nécessaire d'accorder au moins deux heures de repos aux fantassins et de les restaurer.

Les officiers de l'état-major de la *58e ID* ne dorment pas de la nuit et s'efforcent de prévoir les itinéraires, le ravitaillement, les liaisons, tout en concevant, sans tarder, plusieurs hypothèses d'attaque. Heunert est parti avec l'avant-garde et le 18 à 11 h 30, le PC de Lacroix-sur-Meuse reçoit un premier message radio.

« Avons atteint de part et d'autre la route Pont-à-Mousson-Toul, niveau de la ferme de Longeau. »

Les escadrons de von Hellermann se reposent dans le bois de Saint-Gengoult, derrière la ferme de Sébastopol[1], et les *Pionniers* d'assaut — qui s'attendent à recevoir des salves d'artillerie du fort Saint-Michel — s'interrogent sur le combat engagé devant le carrefour du Petit-Bernon. Lorsqu'il apprend que ce sont des éléments de la *71e ID* qui tentent de percer en direction de Toul, le *Rittmeister* von Hellermann profite de la présence d'un officier d'état-major de la *58e ID,* le *Hauptmann* von Baudissin, pour le prier d'intervenir et de faire savoir à la *71e ID* que la division du *General* Heunert arrive et que c'est à elle que le *Höhere Kommando 36* a confié la mission de s'emparer de Toul. En langage clair : dégagez vers Nancy où sont vos affaires et laissez-nous nous occuper de Toul !

C'est seulement vers 14 heures que la première rame de camions débarque un détachement du *IR 204* avant de repartir aussitôt en direction de Verdun pour une deuxième rotation. Les fantassins sont

---

1. Victime d'une « bavure », Mlle Andrée Moncieu sera tuée dans le jardin de la ferme de Sébastopol.

fourbus car le déplacement à bord des camions n'a pas contribué à faire disparaître la fatigue des 45 kilomètres parcourus à pied la nuit précédente. Le *General* Heunert a-t-il l'intention d'attaquer dans la soirée du 18 juin, sur un terrain semé d'embûches, coupé par des lignes d'eau successives et dont aucune reconnaissance n'a encore sondé les défenses éventuelles ?

*_**

Dans l'après-midi, le capitaine Mercier a l'impression qu'une attaque générale se prépare contre sa position. De la côte Saint-Michel, le commandant Madeline, son chef de bataillon, lui fait savoir que « les forces ennemies semblent couvrir l'horizon ». Il se produit certainement un mélange d'unités chez les Allemands : les éléments de la *71e ID* ne se sont pas encore retirés et les premiers *Stosstrupps* de la *58e ID* se mêlent au combat. Un char-mitrailleuse de la section Deroy appuie la section du chef Jaune et un autre R 35 dégage la section Thoré de justesse, le capitaine Mercier reconnaissant « qu'un groupe a été obligé de se battre à la grenade ».

Sous les *minen,* on emporte encore quatre morts et vingt et un blessés. Le canon de 47 est détruit et le cheval de la pièce de 25 est tué, mais, finalement, la *58e ID* prenant le secteur en charge, les coups de départ diminuent, puis le calme revient sur le carrefour du Petit-Bernon. Mercier est encore plus satisfait lorsque le commandant Madeline lui fait parvenir l'ordre « de décrocher dès que la nuit sera tombée ». Il trouve en effet que le lever de rideau de la bataille de Toul a coûté cher, mais il quitte le carrefour de plein gré, sans en avoir été chassé par l'ennemi. Il ne sait pas que sa 3e compagnie se replie, mais également les quatre bataillons laissés au nord des lignes d'eau sur l'ordre du général Renondeau.

Le chef Jaune part le premier, la section du lieutenant Fondu fermant la marche. A 22 h 25, la « 3 » étant au sud du canal, Mercier donne l'ordre aux sapeurs de faire sauter le pont. Vers 2 heures du matin, la compagnie sera à Pierre-la-Treiche, derrière la Moselle. Tout le bataillon Madeline exécute l'ordre de repli et abandonne le superbe observatoire de la côte Saint-Michel aux Allemands.

A gauche, le III/227e RI du commandant Pfister barre la route de Saint-Mihiel, entre la côte Barine et la côte Saint-Michel. Vers 20 heures, un accrochage s'est produit avec des éléments motorisés effectuant une reconnaissance.

« Deux motocyclistes sont capturés, raconte le lieutenant Rochette, mais, blessés grièvement, ils succomberont avant d'avoir pu être interrogés. Par les papiers trouvés sur eux, nous apprenons qu'ils appartiennent à la *58e Division.* Quelle coïncidence ! »

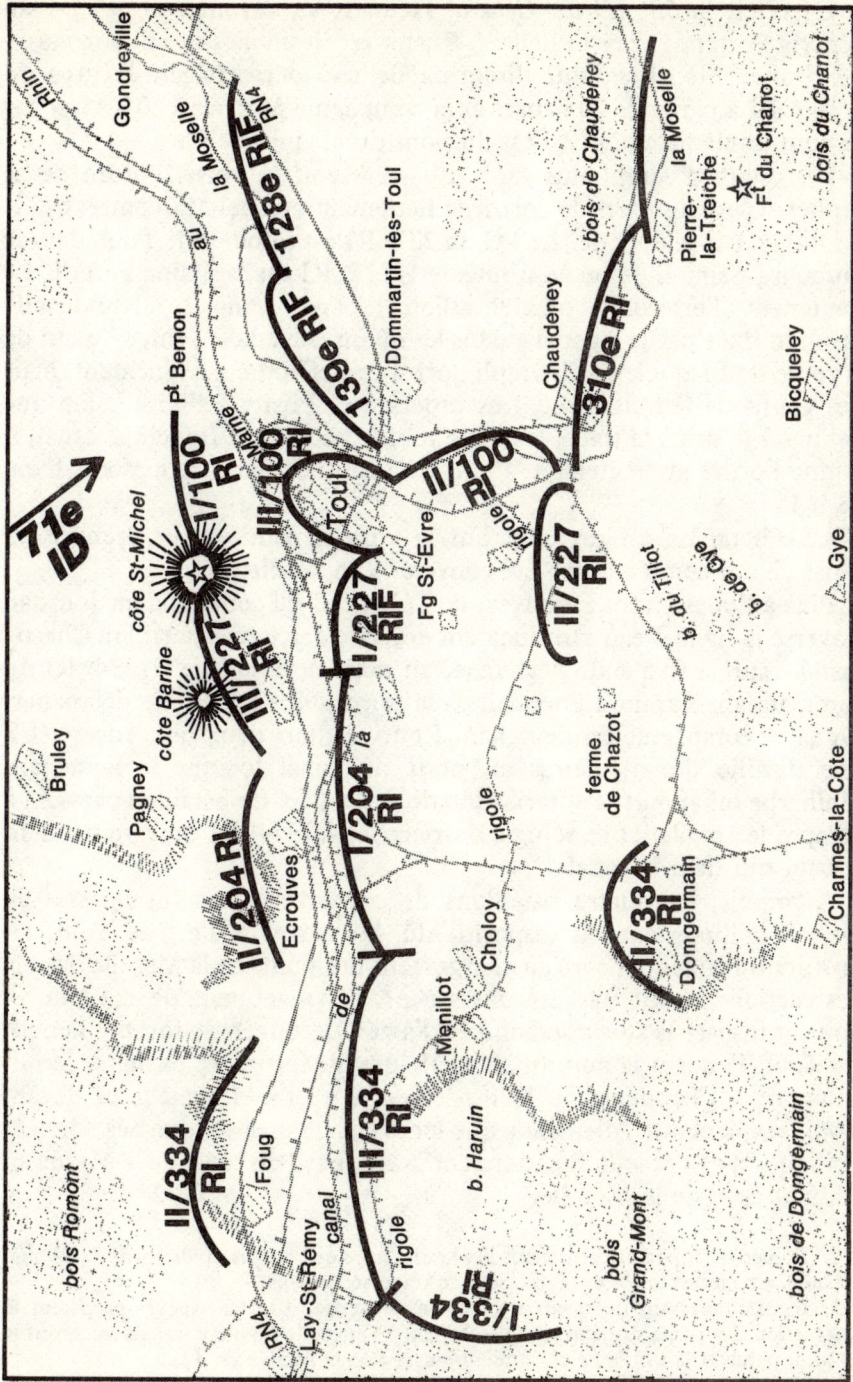

Le front de Toul le 18 juin

71e ID

bois Romont

Bruley

Gondreville

au Rhin

la Moselle

Pagney

côte St-Michel

côte Barine

Pt Bernon

I/100 RI

III/100 RI

139e RIF

RN4

128e RIF

Dommartin-lès-Toul

Toul

la Marne

II/100 RI

Fg St-Evre

rigole

Chaudeney

bois de Chaudeney

la Moselle

Pierre-la-Treiche

Ft du Chanot

bois du Chanot

Bicqueley

310e RI

III/227 RI

II/227 RI

I/227 RIF

la

I/204 RI

rigole

ferme de Chazot

II/227 RI

b. du Tillot

b. de Gye

Gye

Charmes-la-Côte

II/204 RI

Ecrouves

de

canal

Ménillot

Choloy

rigole

Domgermain

II/334 RI

bois Grand-Mont

Foug

Lay-St-Rémy

III/334 RI

b. Haruin

I/334 RI

rigole

RN4

II/334 RI

bois de Domgermain

En effet, la *58ᵉ ID* du *General* Heunert va affronter la 58ᵉ DI du général Perraud. Vers 19 heures, Pfister reçoit un message de son voisin de droite, Madeline, qui l'informe de son décrochage : le gros du I/100ᵉ RI à partir de 20 heures et la compagnie Mercier à 20 h 45, « par le pont immédiatement à l'est du pont du chemin de fer ».

Un quart d'heure plus tard, Pfister reçoit lui aussi l'ordre de se replier. C'est son chef de corps, le lieutenant-colonel Marcouire, qui le lui donne par téléphone. Le PC du 227ᵉ RI est à l'ouest de Toul, dans le faubourg Saint-Evre où se trouve le I/227ᵉ RI du capitaine Péretti. Le lieutenant Torterotot, officier adjoint, part reconnaître la nouvelle position fixée par le colonel « dans les ravins au sud de Toul, à l'ouest de la route de Bicqueley ». Le repli nocturne s'effectue sans incident, mais des coups de feu claquent, très proches, et Pfister a l'impression que l'ennemi le suit à la trace. Lorsque tout le bataillon a franchi le canal, il donne l'ordre au lieutenant Wilm, du génie, de détruire le pont. Il est 23 h 15[1].

« Le bataillon est regroupé sur la « promenade » pour prendre un repas chaud comme cela a été convenu », note Pfister.

Plus à l'ouest, vers Ecrouves, le II/204ᵉ RI du commandant Jourdan traverse la ligne d'eau sans incident et passe derrière le bataillon Charpy installé sur la rive sud. A gauche, au nord de Foug, le II/334ᵉ RI du commandant Faramin attendait avec impatience l'ordre de décrocher, car la 6ᵉ compagnie du lieutenant Routy est aux deux tiers encerclée à une dizaine de kilomètres au nord du canal lorsque le lieutenant Malherbe lui apporte l'autorisation de se replier. Le bataillon parvient à rompre le contact et se réfugie derrière le III/334ᵉ RI du commandant Ribaut qui tient le canal.

A minuit, les quatre bataillons de couverture sont tous passés en réserve à l'intérieur du dispositif du 42ᵉ corps. A l'est de Toul, les sapeurs travaillent encore au chargement des ponts de la Moselle dont la destruction n'avait pas été envisagée[2]. Ils manquent de mélinite et doivent utiliser le stock de bombes d'avion découvert au fort de Blénod-lès-Toul. Pendant la nuit du 18 au 19 juin, de fortes explosions se feront entendre à Chaudeney, à Villey-le-Sec, à Pierre-la-Treiche et devant Toul, révélant aux Allemands que leurs adversaires sont passés derrière les lignes d'eau et leur abandonnent la rive nord du canal de la Marne au Rhin et celle de la Moselle.

1. Dans son rapport, le lieutenant Rochette assure qu'une passerelle à voie de 60, mal détruite, permet encore à des fantassins de traverser le canal.
2. Il est intéressant de savoir qu'à la même heure, d'autres sapeurs préparent la destruction des ponts suspendus sur le Rhône, à l'ouest de Montélimar. Ils sauteront le 20 juin, pendant la troisième et dernière journée de la bataille de Toul.

Le *General* Heunert a porté le PC de la *58ᵉ ID* à Mandres-aux-Quatre-Tours, à environ vingt-deux kilomètres au nord de Toul et, vers 17 heures, le *Rittmeister* von Hellermann a signalé qu'il recevait des feux d'armes automatiques et des tirs d'artillerie laissant supposer « que la forteresse de Toul est toujours tenue par les Français. »

A 23 heures, l'état-major de Heunert présente l'ordre nᵒ 30 à sa signature. Le contenu de ce document montre, une fois de plus, que la prudence avec laquelle les Allemands avancent leur est imposée par le peu de renseignements dont ils disposent. En plaine, le *Henschel 126* « moucharde » le plus petit emplacement de mitrailleuse, mais, au-dessus de Toul, où des milliers de réfugiés, de fuyards et de soldats à la recherche de leur régiment vont et viennent dans les rues, comment savoir si des unités se préparent à défendre la place ? Apparemment, le II/100ᵉ RI du commandant Bouteil qui est en position en avant des vieux remparts, au nord de la ville, depuis le 17 juin au soir, n'a pas été repéré. En effet, dans l'ordre nᵒ 30, la mission du *IR 209* que les camions ont débarqué au nord du canal est ainsi précisée :

« *Pendant la nuit, vérifier par des reconnaissances scrupuleuses si Toul a été évacué.*

« *— Un Stosstrupp sera engagé sur la crête fort de Bruley-fort d'Ecrouves pour enlever ce dernier. Si la mission ne réussit pas pendant la nuit, l'attaque reprendra à l'aube avec appui d'artillerie.*

« *— Si l'occupation de Toul par l'ennemi se confirme le 19 au matin, il faut engager sur la ville, après un puissant bombardement effectué par trois groupes d'artillerie dont un groupe lourd, de nombreux Stosstrupps bien entraînés. Si aucune résistance ne se manifeste, pénétrer dans la ville. »*

Heunert ne dispose donc d'aucune information sur le 42ᵉ corps et ses deux divisions en position derrière les lignes d'eau ? De leur côté, les Français n'ont pas imaginé que leur adversaire pourrait déclencher le feu de trois groupes d'artillerie sur la ville, alors que celle-ci abrite une partie de la population et plusieurs milliers de réfugiés.

Les escadrons de von Hellermann passent une nouvelle nuit blanche et couvrent une étape d'une trentaine de kilomètres. Par Francheville et Villey-Saint-Étienne, ils vont traverser la Moselle sur le pont d'Aingeray lancé par les *Pionniers* de la *71ᵉ ID* et attaqueront Toul sur le flanc est par Dommartin. Le *IR 209* de l'*Oberstleutnant* Kreipe lancera l'offensive principale par le nord et le *IR 220* de von Dewitz [1] que les camions

---

1. La *Wehrmacht* comptait trois colonels von Dewitz genannt von Krebs : Günther, le plus âgé (cinquante-cinq ans), a été tué devant Saint-Quentin le 5 juin 1940 ; Stanislas, qui se prépare à attaquer Toul, mourra en captivité au camp russe de Workula ; et Karl sera fusillé en 1945 à Torgau par l'Armée rouge.

doivent amener au cours de la nuit enverra « de fortes patrouilles portées par la 14ᵉ compagnie [1] vérifier si les bois situés à l'est de la route Boucq-Trondes-Lay-Saint-Rémy sont tenus par l'ennemi ».

Il s'agit du bois de Romont, ce qui montre que le *General* Heunert prévoit la protection de son flanc ouest à une vingtaine de kilomètres de Toul. Quant au troisième régiment d'infanterie de la division, le *IR 154* de von Bogen, « il sera mis en marche sur Toul dans la journée du 19 juin ».

Si la bataille se déroulait comme prévu, la *58ᵉ ID* de Heunert se casserait vraisemblablement les dents sur Toul. En face d'elle, le général Renondeau aligne deux divisions avec leur artillerie organique, mais il peut faire intervenir le GR 61 du commandant de Poret et le GR 70 du commandant Viennet, un régiment d'artillerie lourde de corps d'armée, le 143ᵉ RAL, sans compter les cinq bataillons de forteresse du colonel de Fleurian. Pour une fois, l'équilibre des forces est nettement en faveur des Français qui sont les seuls à posséder des chars, le 5ᵉ BCC du commandant Godderis et quelques sections de vieux FT du 29ᵉ BCC. Malheureusement pour lui, Renondeau n'est pas seul et les forces de la IIᵉ armée, en particulier la 6ᵉ DINA, qui viennent de livrer bataille sur la Meuse, vont l'obliger à dégarnir son front et à modifier son dispositif.

▲*▲

Depuis le 14 juin, l'axe de repli de la IIᵉ armée est passé du sud au sud-est sous la pression du groupement Guderian et, nous l'avons souligné à maintes reprises, il était inévitable que le mouvement se terminât par une « collision » avec la IIIᵉ armée retraitant plein sud. Nous avons fait état des craintes formulées à ce sujet par le général Condé et son chef d'état-major, le colonel Tessier, nous avons vu le général Flavigny solliciter le passage d'une partie de ses troupes sur la rive droite de la Meuse mais, le mardi 18 juin, les colonnes du 21ᵉ corps et du groupement Dubuisson s'enchevêtrent avec les arrières du 42ᵉ corps de Renondeau. On comprend l'inquiétude de celui-ci à qui le général Condé avait donné l'assurance que la IIᵉ armée gardait solidement le flanc ouest sur la Meuse. Au moment où la bataille de Toul va s'engager, il apprend que les forces allemandes ont percé — sans effort — devant le « trou de Montbras » et que les généraux Flavigny et Dubuisson sont désormais incapables d'arrêter l'ennemi avec leurs seules unités. Si les Allemands poussent vers l'est, ils menaceront les

---

1. La 14ᵉ compagnie de chaque régiment dispose, rappelons-le, de camions tractant les pièces de *Pak*.

538

deux Barisey[1] et, quatre kilomètres plus loin, l'important carrefour routier de Colombey-les-Belles qui n'est qu'à dix-sept kilomètres au sud de Toul.

Dans l'hypothèse la plus défavorable — un enfoncement rapide du front tenu par les 58e et 51e DI de part et d'autre de Toul — Renondeau se voit mal effectuer un repli avec l'ennemi à dix-sept kilomètres derrière lui. Il parvient vite à la conclusion qu'il doit céder une partie de ses forces à la IIe armée pour que celle-ci puisse barrer solidement les deux axes de progression possibles pour les Allemands : la route de Blénod-lès-Toul et celle de Colombey-les-Belles. La 6e DINA, dont l'infanterie a été très éprouvée sur la Meuse (à l'exception du 9e Marocains), retraite à travers bois vers Blénod, la 6e DIC de Gibert qui a beaucoup souffert en Champagne et en Argonne se rétablit au niveau des Barisey avec des effectifs très faibles et mal armés, la 35e DI de Decharme n'est pas en état de combattre, la 3e DIC qui n'a pas ménagé son sang dans la bataille de Verdun le 14 juin, puis dans celle de la Meuse, est à bout de souffle et, à la 6e DI qui a été disloquée entre la Meuse et Gironville, le général Lucien rapporte qu'il fait du « racolage » sur les routes pour essayer de regrouper les débris de ses régiments.

« J'emploie toute ma journée, dit-il, à réorganiser quelques unités. Ce n'est pas commode, car hommes et cadres tombent de sommeil. »

Face à cette insupportable réalité, Renondeau n'a pas le choix : le GRDI 61 du commandant de Poret et le GRDI 70 du commandant Viennet vont se diriger vers Allamps, à quelques kilomètres en avant de Barisey-la-Côte, où le colonel Gallini, du GRCA 14, tente de mettre sur pied un groupement de cavalerie sur le flanc sud-ouest. Les lieutenants-colonels Ritter, du 139e RIF, et Roulin, du 128e RIF, restent sous les ordres — à titre provisoire — du colonel de Fleurian, mais leurs cinq bataillons vont quitter le front de Toul dans la nuit du 18 au 19 juin pour être placés sous les ordres du général Flavigny. Ce n'est pas tout : la 51e DI du général Boell est mise à contribution : le I/201e RI du commandant Martinié et le II/201e RI du commandant de France sont envoyés vers l'ouest, le bataillon Guillaumin, du 310e RI, fait mouvement sur Thuilley-aux-Groseilles, à sept kilomètres de Colombey-les-Belles, et le III/204e RI du commandant Boixéda (58e DI) part pour Barisey-au-Plain. L'opération est importante, mais le général Flavigny, tout en appréciant les renforts annoncés, n'ignore pas qu'il s'agit d'unités dont la valeur est loin d'égaler celle de ses coloniaux ou de ses tirailleurs. En outre, les bataillons donnés par Renondeau ne seront pas tous utilisés dans les meilleures conditions. N'oublions pas que le commandement du 21e corps et celui du groupement Dubuisson n'ont plus la maîtrise de la situation, en raison même de la désorganisation

1. Barisey-la-Côte et Barisey-au-Plain.

539

profonde des arrières, du manque de coordination avec l'état-major de la IIIᵉ armée lui-même dépassé, et des ordres insensés ou inexécutables comme la contre-offensive vers le sud envoyés par le GA 2. Cette désorganisation se traduit sur le terrain par un surcroît de fatigue pour la troupe qui ne comprend pas ce qu'on prétend exiger d'elle. Un exemple : le II/201ᵉ RI du commandant de France va marcher jusqu'à Colombey-les-Belles où il constituera un verrou antichar avec l'appui des FT du 29ᵉ BCC [1]. Le 19 au soir, on le renverra vers le nord, à Charmes-la-Côte, d'où il repartira le 20 en direction de Bicqueley, vers l'est, sans avoir tiré un coup de fusil.

La ponction opérée sur le 42ᵉ corps est importante : deux groupes de reconnaissance et neuf bataillons dont cinq de forteresse, mais Renondeau possède encore des réserves pour faire face à une situation imprévue, colmater une brèche, voire contre-attaquer. Le II/334ᵉ RI de Faramin, le II/227ᵉ RI de Féracci, le II/204ᵉ RI de Jourdan, le I/100ᵉ RI de Madeline ne sont pas en ligne sur le canal ou la Moselle et, avec le 5ᵉ BCC du commandant Godderis, Renondeau serait encore bien placé dans le rapport de forces. Ce qui va le perdre, c'est la seconde décision qu'il prend dans la soirée du 18 juin. La première l'a amené à dégarnir son front nord, celui de Toul, la seconde lui fait modifier son dispositif. On ne comprend pas l'espèce de quitte ou double auquel se livre le commandant du 42ᵉ corps. Ignore-t-il que le contact est pris et que l'ennemi, très combatif, cherche visiblement à franchir les lignes d'eau en profitant de l'obscurité [2] ?

Ayant retiré trois bataillons à la 51ᵉ DI et un seul à la 58ᵉ DI, Renondeau décide que celle-ci, à titre de compensation, étendra son front vers la droite. La défense de Toul qui était confiée au 100ᵉ RI passe au 227ᵉ RI. Sur le papier, rien n'est plus simple, mais cette relève contient en germe le désastre qui va suivre. Le II/100ᵉ RI du commandant Bouteil est installé depuis le 17 juin sur la face nord de Toul, il a choisi et creusé ses emplacements de tir, son plan de feux a été soigneusement mis au point et chaque officier connaît le terrain. Peu

1. Quand le général Boell va inspecter le II/201ᵉ RI, à Colombey, il découvre « une cohue innommable dans le village où s'entassent des exilés de toutes les divisions avec une foule de réfugiés. J'arrive tout de même à trouver de France qui, tant bien que mal, au milieu de ce désordre, est arrivé à s'organiser. Colombey a déjà été bombardé et, s'il tombait encore des bombes pendant que j'y suis, ce serait affreux avec l'accumulation de gens et de voitures ».
2. Le PC de Renondeau est à Haillainville, à plus de 60 kilomètres au sud-est de Toul. Ce PC a peut-être été fixé par le général Condé qui voulait rapprocher ses grands subordonnés, Loizeau et Renondeau, de son propre PC, avant de créer un front sur la Moselle, entre Toul et Épinal, face au sud-ouest, comme le lui suggérait Prételat le 15 juin. Trois jours plus tard, cette situation est absurde et Renondeau s'installera le 19 à Thélod, à 18 kilomètres à l'est de Colombey-les-Belles.

importe, Bouteil reçoit l'ordre d'abandonner sa position dans la soirée du 18 juin, en pleine nuit, pour la céder au commandant Pfister, du III/227ᵉ RI, lequel vient tout juste de traverser la ligne principale de résistance pour être mis en réserve après avoir passé la journée en couverture entre la côte Barine et la côte Saint-Michel.

Pendant que les premières patrouilles allemandes tiraillent depuis la rive nord, selon leur habitude, pour impressionner l'adversaire, les compagnies du III/227ᵉ RI se déplacent dans l'obscurité pour occuper un terrain dont elles ignorent tout, entre le canal et les remparts de Toul. On a dit à Pfister qu'il doit tenir le carrefour de la route de la gare et les boulevards extérieurs près du monument aux morts de 1870, mais le grain de sable qui se glisse dans le mécanisme est le suivant : il n'y a pas relève et passage de consignes au sens réglementaire du terme. Le bataillon Bouteil, qui passe en réserve de division, a quitté la position AVANT l'arrivée du bataillon Pfister pour aller bivouaquer dans le bois de Gye, à une dizaine de kilomètres au sud de Toul[1].

Comment la pseudo-relève pourrait-elle s'opérer autrement que dans le désordre ? A gauche, la 11ᵉ compagnie du lieutenant Vaissier a la chance de trouver rapidement la liaison avec la section du lieutenant Lancelin, du I/227ᵉ RI, alors qu'au centre, la « 10 » du lieutenant Bérard tâtonne dans l'obscurité pour essayer de découvrir ses emplacements.

« Faute de pouvoir longer le canal, écrit Pfister, elle est obligée de repasser devant le PC et de glisser à gauche de la 9ᵉ compagnie où elle tombe sous le feu ennemi. Plusieurs hommes sont blessés, dont le sergent Philippon. »

On a l'impression que les malheureux soldats de la « 9 » et de la « 10 » passent la nuit du 18 au 19 juin à chercher l'endroit où ils doivent se battre. Lorsque l'aube pointe, vers 3 h 30, la 9ᵉ compagnie du lieutenant Bussière est de l'autre côté de la Moselle.

« Ma mission était d'interdire le pont à l'ennemi, écrit Bussière. Nous étions à la sortie du pont, dans le faubourg de La Madeleine, sur la route de Nancy, quand un officier du génie, malgré mes ordres, fit sauter l'ouvrage[2]. »

Décidément, la bataille de Toul s'engage mal. « La situation de ma compagnie, acculée à la Moselle, et sans liaison ni itinéraire de repli,

1. Était-il indispensable de retirer le bataillon Bouteil d'une position qu'il connaissait parfaitement pour le placer en réserve ? Le III/227ᵉ RI pouvait lui-même rester en réserve de corps d'armée, pour être mis à la disposition de la 51ᵉ DI en cas de besoin. Exemple frappant de la lourdeur du commandement et de son manque d'imagination.
2. Lettre du 5 novembre 1979 adressée par M. Georges Bussière à l'auteur. « La " 9 " est isolée à l'est de la rivière, car le génie a fait sauter le pont qui la reliait à Toul », confirme le lieutenant Rochette. Mais qui a eu l'idée de placer la compagnie à la sortie du pont et non à l'entrée ?

était devenue très critique, dit encore Bussière. En effet, quoique se défendant vaillamment, les sections, les unes après les autres, durent cesser le combat. »

Encore que nous émettions de sérieuses réserves sur la « vaillante défense » de la 9ᵉ compagnie, un fait est certain : au lever du jour, elle est éliminée. La 10ᵉ compagnie du lieutenant Bérard a-t-elle au moins trouvé ses emplacements, au centre du bataillon ? Officier-adjoint du commandant Pfister, le lieutenant Torterotot écrit : « Cette compagnie combat vaillamment (tous les officiers sont tués ou blessés), mais sans liaison possible avec le PC du bataillon par suite d'un encerclement ; elle succombera par manque de munitions vers 8 heures du matin. »

Torterotot a rédigé son rapport à son retour de captivité, ce qui explique peut-être les défaillances de sa mémoire. Le rapport du commandant Pfister, au contraire, a été fait à chaud, le 20 juin, alors que la bataille de Toul s'achevait. Ce rapport est contresigné par huit officiers du III/227ᵉ RI... dont Torterotot, et les événements qui s'y trouvent relatés n'ont rien de commun avec le récit de l'officier adjoint écrit en 1945.

Dès l'aube, Pfister a procédé à une reconnaissance en compagnie du capitaine Badet, de la CA 3, et du lieutenant Maès. Après une nuit de pagaille, il est naturel que le chef de bataillon veuille contrôler son dispositif. Il voit le lieutenant Vaissier, à la 11ᵉ compagnie, puis les trois officiers se portent vers les emplacements de la « 10 », en passant, note Pfister, « devant la porte de France dont les grilles sont fermées et enchaînées ».

Au-delà du canal, le tir des armes automatiques ennemies est intense et les balles sifflent autour des trois hommes.

« Près de l'octroi, raconte le chef de bataillon, je suis prévenu par le caporal Provost que les soldats de la « 10 » agitent des drapeaux blancs, dans l'intention de se rendre. »

Pfister, Badet et Maès trouvent en effet les « soldats » de la compagnie Bérard « déséquipés, agitant des mouchoirs et criant : " Ne tirez pas, nous nous rendons ! " ».

C'est beaucoup plus grave que devant Longwy le 12 mai dernier[1] ! Heureusement, l'arrivée du chef de bataillon renverse la situation. Très sec, la voix dure, il donne ses ordres et les hommes de la « 10 », tout penauds, ramassent leurs cartouchières et se rééquipent. Certains d'entre eux prétendent — timidement — qu'ils manquent de munitions.

« Il en reste assez pour tenir jusqu'à ce que le nécessaire soit fait ! »

---

1. Le 227ᵉ RI avait déjà connu plusieurs défaillances au nord et à l'ouest de Longwy (voir *Faites sauter la ligne Maginot !*, Fayard, 1973).

tranche Pfister qui renvoie le lieutenant Maès au PC pour demander par téléphone une chenillette de cartouches.

Il est à peu près 6 h 15. Le commandant du III/227ᵉ RI s'attarde à la 10ᵉ compagnie et s'efforce de « regonfler » son monde, allant jusqu'à rappeler la fière devise du régiment : « Dur comme un cep[1] ! » Puis, sans trop se faire d'illusions, il regagne son PC, près du monument aux morts, et fait envoyer le message suivant à son chef de corps, le lieutenant-colonel Marcouire :

« La compagnie Bérard (au centre) lâche. Je viens de regrouper les hommes et de les remettre à leurs emplacements de combat. J'envoie un groupe de mitrailleuses pour remonter le moral, si possible. »

Au-dessus de Toul, les batteries françaises s'efforcent de contre-battre l'artillerie allemande qui vient d'ouvrir le feu et le bruit devient insupportable. A 7 h 45, Pfister téléphone : « Sommes attaqués sur toute la ligne ! »

C'est maintenant que l'issue de la bataille se joue. Alors que sa droite est découverte par la disparition de la 9ᵉ compagnie sur la rive droite de la Moselle, le centre du III/227ᵉ RI cède aussi.

« Les événements se précipitent, rapporte Pfister. Des hommes de la " 10 ", complètement déséquipés, affluent vers le PC. Je les renvoie sous la conduite du sergent Cloez. »

La chenillette de munitions arrive au même instant et Renard, un agent de liaison, la guide vers la 10ᵉ compagnie. Elle n'atteindra pas les emplacements de celle-ci, qui a craqué, cette fois définitivement, et cédé la place aux Allemands. Ceux-ci ont fait précéder leur attaque d'un tir de *minen* particulièrement nourri, sous lequel les cadres sont tous tombés.

« Le lieutenant Louis Bérard a l'avant-bras arraché, précise le rapport Rochette, l'aspirant Marcel Claveloux est tué, le lieutenant Rougé est blessé par balles à la mâchoire, le reste de la " 10 " est fait prisonnier. »

Vers 9 heures, le capitaine de Heinzelin, qui appartient à l'état-major du 227ᵉ RI, franchit le barrage de l'artillerie allemande et se présente au PC du IIIᵉ bataillon où Pfister lui remet les copies des messages envoyés au colonel. Heinzelin qui en prend connaissance ne peut donc ignorer les défaillances de la 10ᵉ compagnie, mais le journal du régiment à la reconstitution duquel il a collaboré est muet sur cette affaire[2]. Les cosignataires sont d'ailleurs restés dans de prudentes généralités : « Vers 8 heures, l'ennemi réussit à s'infiltrer par le pont de Dommartin non

1. Le 227ᵉ RI est constitué pour l'essentiel de Bourguignons de la Côte-d'Or.
2. Brûlé lors de la capitulation du 22 juin qui sera évoquée dans le tome II des « Combattants du 18 juin », le JMO du 227ᵉ RI a été « reconstitué » en juillet 1940 au camp de prisonniers de Saint-Mihiel. Il porte la signature du lieutenant-colonel Marcouire, des commandants Brice et Féracci, du capitaine de Heinzelin et de deux lieutenants.

détruit et déborde par le sud-est le III/227e RI. La défense est prise de flanc et bientôt à revers. »

Pas un mot, bien entendu, sur les drapeaux blancs agités à la 10e compagnie. Quant au pont de Dommartin « non détruit », l'expression provoque une vive réaction du lieutenant Bussière : « Je maintiens que ce pont a sauté dès les premières heures du jour, mais j'apprendrai plus tard par Bérard que les destructions n'ont pas été formidables (*sic*) et que l'ennemi a pu faire de sommaires réparations pour le franchir dans la matinée[1]. »

Les deux escadrons du *Rittmeister* von Hellermann sont passés dans la nuit sur la rive droite de la Moselle par le pont de bateaux d'Aingeray et aucun combat n'entrave leur traversée de Dommartin-lès-Toul. Alors que Bussière prétend avoir été placé « dans une véritable souricière », les cyclistes et les cavaliers allemands franchissent le pont « détruit » et, à 7 h 45, font leur jonction à Toul avec les *Stosstrupps* du *IR 209* (message reçu au PC de la *58e ID* à 8 h 30).

C'est maintenant qu'on mesure à quel point la relève du bataillon Bouteil par le bataillon Pfister fut une erreur et ne devait à aucun prix s'effectuer pendant la nuit. Amputé de deux compagnies, le III/227e RI est désormais condamné.

« 8 h 05. La progression allemande continue, note Pfister. Ils sont à cent cinquante mètres de mon PC. »

Tous les disponibles qui possèdent un fusil prennent un créneau du périmètre défensif sous les ordres du lieutenant Torterotot[2]. Le dispositif est en liaison étroite avec les sections Walter et Leclerc appuyées par deux canons de 25, et tout le monde courbe la tête sous les obus et les *minen*. Les trois groupes d'artillerie engagés par le *General* Heunert pilonnent la ville où de nombreuses habitations sont en feu. Depuis la côte Saint-Michel où ils se sont installés au lever du jour, les observateurs allemands qui dominent Toul et ses faubourgs déclenchent des tirs d'une grande précision.

« On pouvait même indiquer quels blocs de maisons et quelles rues étaient tenus par l'ennemi », lit-on dans le journal de la *58e ID*.

Par chance, la ligne téléphonique qui relie le PC de Pfister à celui du régiment n'est pas coupée et le commandant du III/227e RI envoie un nouveau message : « Des infiltrations ont eu lieu — Des civils nous

---

1. Lettre du 26 novembre 1979 adressée par M. Bussière à l'auteur.
2. Le III/227e RI pourrait être baptisé le « bataillon des instituteurs ». En effet, Pfister, Badet, Bussière, Bérard, Torterotot et sans doute d'autres officiers de réserve appartiennent au personnel enseignant.

tirent dessus[1]. — Sommes soumis à un bombardement sérieux, juste devant le PC. »

Prévoyant une coupure prochaine de la liaison par téléphone, le chef de bataillon prend ses précautions et informe le PC du 227ᵉ RI : « Nous appellerons toutes les cinq minutes pour vérifier la ligne. Poste radio ER 17 à l'écoute, mais ne possédons plus le carnet de chiffrement. »

N'ayant rien à dissimuler, le PC du IIIᵉ bataillon peut se permettre de procéder à ses émissions en clair, ce qui, de toute façon, fera gagner du temps. Toutes les armes sont en action et le lieutenant Maès s'est emparé d'un FM dont le tireur a été blessé. Le contact est toujours rapproché, mais, devant le réduit, les Allemands semblent hésiter à donner l'assaut. Peut-être ont-ils percé sur le 100ᵉ RI, à droite, ou sur le front du I/227ᵉ RI de Péretti, à gauche ? Pfister ne sait rien et cette ignorance le prive d'une partie de ses moyens, car, s'il prend une initiative, ne va-t-elle pas contrarier l'action de ses voisins ?

A 8 h 45, un premier message radio est émis en clair : « Envoyer d'urgence la sanitaire. Nous n'avons plus de médecin depuis hier. »

Le médecin-lieutenant Papin travaille à l'hôpital Gamat avec le médecin-chef du régiment, le Dr Cazaux ; le médecin auxiliaire Beyssac, dont le poste de secours est dans une cave, à environ quatre cents mètres de Pfister, est non seulement isolé mais menacé.

« Par le soupirail, raconte Beyssac, j'ai vu passer les Allemands, d'abord isolés, puis de plus en plus nombreux. Après une heure d'attente, j'ai pensé qu'il était préférable de se rendre pour que mes blessés soient évacués[2]. »

Le fonctionnement de l'émetteur radio ER 17 étant soumis à certaines variations[3], il n'est pas certain que le PC du 227ᵉ RI ait reçu le message de Pfister. Celui-ci ne verra ni sanitaire ni médecin. En revanche, le lieutenant-colonel Marcouire a lâché la bride au sous-lieutenant d'Erceville et à son corps franc. Articulée en trois groupes placés sous les ordres de l'adjudant Labaud et du chef Gourvest, cette unité compte une quarantaine de volontaires, très combatifs, qui rejoignent le PC du III/227ᵉ RI sous les *minen*. Pfister demande à d'Erceville de rechercher la liaison à droite avec la compagnie du lieutenant Bussière dont il espère encore récupérer quelques sections, alors que la « 9 » est prisonnière depuis plus d'une heure. D'Erceville et ses hommes vont se trouver engagés au milieu de la ville où plusieurs quartiers sont en feu et les Allemands eux-mêmes (dans le journal de la *58ᵉ ID*) soulignent les

1. Les Allemands en disent autant, mais aucune preuve n'esr apportée, ni dans un camp ni dans l'autre.
2. Lettre du 25 novembre 1979 adressée par le Dr Lucien Beyssac à l'auteur.
3. On l'a vu avec les lieutenants Toulouse et de Valady, artilleurs du 313ᵉ RA, qui accompagnaient chacun une reconnaissance de la Légion étrangère le 18 à l'aube.

difficultés qu'ils rencontrent : « Au centre et à l'est de Toul se développent de violents combats de rues que l'ennemi conduit avec beaucoup d'adresse. Des rues et des maisons qui, après nettoyage, semblaient vides, sont à nouveau occupées par des tireurs. La lutte se transforme en une infinité de combats singuliers et les *Stosstrupps* sont engagés de tous côtés. »

Le corps franc, qui pratique une forme de guérilla très efficace, n'est pas seul à se battre dans Toul. Outre le bataillon Péretti qui interdit les accès du faubourg Saint-Èvre, de nombreux isolés de toutes armes, du 227e RI et du 100e RI, font le coup de feu depuis les caves ou les greniers où ils se sont embusqués, tandis que les incendies se développent. Un groupe du corps franc traverse même le canal et récupère des documents abandonnés dans une voiture allemande criblée de balles. C'est le soldat Tupinier qui se porte volontaire pour aller remettre les papiers au colonel. Le bombardement s'étend à Saint-Èvre où le « mouchard » a sans doute aperçu les barricades dressées dans les rues, et un épais nuage de fumée monte au-dessus de Toul.

« Les merveilleux observatoires de la côte Barine et de la côte Saint-Michel expliquent la précision de l'artillerie allemande qui précède pas à pas son infanterie et nous cause des pertes », se plaint le capitaine Péretti qui a porté son PC dans une maison de la petite route de Bicqueley. La liaison téléphonique étant coupée, le chef Lamain est sorti pour réparer le fil, mais, pour une épissure achevée, la situation en exige déjà une dizaine d'autres. Il faut renoncer aux liaisons par téléphone. Le lieutenant Rougé lance alors des appels par l'appareil radio, mais ce sont les Allemands qui répondent sur la fréquence du PC du 227e RI.

Les incendies qui ravagent la rue du Dr Chapuis et, dans son prolongement, la rue Jeanne-d'Arc gênent de plus en plus la défense. A la 13e compagnie de pionniers qui a été envoyée en renfort à Péretti, le lieutenant Jaboulet évacue en catastrophe avec ses hommes l'immeuble où ils s'étaient retranchés : la toiture est en feu et, à chaque obus, les murs se fissurent davantage. Le capitaine Simon, dont le PC est dans un hangar, au milieu de balles de chiffons pressés, est victime d'une salve de 105. Barberot, son observateur, est tué sous ses yeux et, la cuisse traversée par un éclat, le commandant des pionniers de la « 13 » doit passer les consignes au lieutenant Ruffin. Pourtant, les combats semblent devenir sporadiques à l'intérieur des remparts de Toul et l'artillerie adverse allonge ses tirs.

« A ma droite, rapporte Péretti, je vois des soldats du 100e RI qui, dans les fossés, se déplacent tantôt vers le nord, tantôt vers le sud pour échapper aux projectiles. »

Le III/100e RI du commandant Leduc barre les sorties sud de Toul entre Saint-Èvre et le pont du chemin de fer qui franchit la Moselle.

C'est avec lui que la compagnie Bussière devait prendre liaison pour assurer l'étanchéité de la défense, mais désormais le bataillon est seul. La prise de contact avec l'escadron cycliste de von Hellermann et les *Stosstrupps* infiltrés sur le flanc du bataillon Pfister a été d'une extrême brutalité. Personne n'a ménagé ses cartouches.

Le sous-lieutenant Raymond Gervais est tué l'un des premiers, d'une rafale de mitrailleuse en pleine tête. Le sous-lieutenant Charles Mathy qui se porte en avant avec sa section est grièvement blessé et, sous le feu, les brancardiers remplissent le poste de secours du médecin-lieutenant Piquinot. On ne verra pas de « mouchoirs blancs » brandis au 100e RI du lieutenant-colonel Fortet. Le chef Dekiver et le sergent Druel sont transportés au PS, victimes des éclats qui fauchent tout ce qui dépasse du sol.

« Les *minen* surtout sont très meurtriers », remarque le lieutenant-colonel Fortet.

A la sortie du pont de chemin de fer, les armes automatiques semblent se répondre avec une sorte de rage qui montre une détermination semblable dans chaque camp. Malgré l'appui efficace de la section franche du sous-lieutenant Dordain, la 10e compagnie du capitaine Sillègue subit une pression qui s'accentue au fur et à mesure que les blessés évacués et les morts amputent ses effectifs.

Trois mitrailleurs allemands, pas un de plus, qui n'auront pas volé leur croix de fer, traversent la Moselle par bonds et assurent une tête de pont sur la rive française. Ils sont les seuls à réussir cet exploit, car les mitrailleuses du sous-lieutenant Bigenwald en position dans les maisons ne laissent plus rien passer et le moindre mouvement suspect sur la rive droite est salué d'une rafale. Le commandant Leduc souhaite même lancer une contre-attaque pour dégager sa première ligne, mais Sillègue a trop de blessés pour se permettre de prélever une section sur la 10e compagnie. A gauche, la « 11 » du capitaine Pattyn a, elle aussi, beaucoup souffert depuis le matin, mais un grondement de moteurs sur l'arrière fait tourner les têtes : trois chars R 35 du 5e BCC sont mis à la disposition de Pattyn qui n'hésite pas un instant.

« Nous contre-attaquons ensemble ! » lance-t-il au lieutenant Tour-tonde qui se présente à son PC.

Trop rapidement montée, l'opération est prise sous un tir de *minen* et d'armes automatiques qui oblige les fantassins à se jeter au sol. Dans la poussière et la fumée, les trois chars continuent et tombent sous le feu de deux pièces de *Pak*. Grièvement blessé, Jean Tourtonde est sorti de la tourelle par Mathet, son mécanicien, mais il meurt sans reprendre connaissance. Un autre chef de char, le sergent Legrand, est tué et, l'engin étant immobilisé, le mécanicien Thorin l'incendie quand il aperçoit les silhouettes sombres des Allemands à travers le rideau de fumée. Le troisième blindé brûle et le caporal Vergé s'en écarte en courant. Une rafale le cueille au moment où il saute une barrière. Guerrero a disparu, peut-être fait prisonnier. Seuls, Mathet et Thorin parviennent à rejoindre les lignes du III/100e RI.

« Ce n'est pas avec trois chars et une poignée de fantassins qu'on pourra reprendre Toul ! » dira le commandant Leduc à son adjoint, le capitaine Terrière.

Il ne sera pas question de reprendre Toul, la ville a suffisamment souffert. Les Français cherchent surtout à interdire aux Allemands d'en déboucher. A 9 h 40, le *General* Heunert a rendu compte par radio à son supérieur, le *General* Feige, « que le drapeau à croix gammée[1] flotte sur la cathédrale ». Le « *Kommandeur* » de la *58e Division* est tellement sûr de conserver la ville qu'il a nommé le *Major* Delffs « *Stadtkommandant* » avec prise de fonction immédiate. Delffs dispose d'une compagnie du *Panzerjäger Abteilung,* sa propre unité, et de la *Feldgendarmerie-trupp 158.* La mission qui lui est confiée peut se résumer ainsi : régulation des mouvements, circulation dans les rues où aucun incendie n'est signalé, surveillance des prisonniers et interdiction de tout pillage. Sur ce dernier point, Heunert a donné des consignes particulièrement sévères : « Aucun soldat de la *Division* n'est autorisé à entrer dans les maisons, à enlever ustensiles ou mobilier, et aucun civil ne doit être molesté. »

A l'heure où le groupe franc du sous-lieutenant d'Erceville pratique la guérilla sur la frange des quartiers sud-ouest de Toul, l'interdiction d'entrer dans les maisons ne manque pas de sel. Heunert a également rédigé un ordre du jour (no 31) par lequel il fait savoir à toutes les unités de la *58eID* que le régiment 209 s'est emparé de la ville, mais « que des engagements locaux se produisent encore ». L'*Oberstleutnant* Kreipe[2] a d'ailleurs reçu l'ordre de poursuivre l'action et « de nettoyer Toul et d'enlever les hauteurs de part et d'autre de Bicqueley ». Sans se soucier de la résistance qui lui est opposée par le III/100e RI, Heunert caresse même un projet plus ambitieux : « Renforcés par une compagnie du *Panzerjäger Abteilung,* les escadrons du *Rittmeister* von Hellermann enverront des reconnaissances jusqu'à Colombey-les-Belles, Crépey et Marthemont. »

Heunert est tellement persuadé que les Français s'apprêtent à reprendre leur mouvement de retraite en direction du sud qu'il donne les consignes suivantes à son artilleur, l'*Oberstleutnant* Engel : « Feu

1. *Hakenkreuzfahne.*
2. Le *General* Heinrich Kreipe commandera en 1944 la *22e ID* « *Luftland* » (aérotransportable) stationnée en Crète. Le 26 avril, il sera enlevé et ramené en Libye par un commando britannique débarqué de nuit dans l'île.

libre sur tout objectif payant, en particulier sur les mouvements de repli observés sur les routes allant de Toul vers le sud. »

Heunert oublie qu'il lui faut d'abord liquider le dernier noyau de résistance du III/227e RI, puis repousser le I/227e RI de Péretti solidement établi dans Saint-Èvre ; enfin, percer le front du III/100e RI de Leduc et sans doute, si l'opération réussissait, celui du II/100e RI du commandant Achille Bouteil. Il est peu probable que la journée suffise pour vaincre toutes ces résistances !

Le chef de la *58e ID* est inquiet pour son flanc ouest où la liaison n'est pas établie avec la *76e ID* du *General* de Angelis qui arrive, croit-on, de Pagny-sur-Meuse. Heunert, qui n'ignore pas la présence d'unités françaises au sud du canal, derrière Écrouves et derrière Foug, ne tient pas à s'engager trop vite en direction du sud sans avoir l'assurance que la *76e ID* le couvre sur sa droite. Un message radio envoyé au début de l'après-midi au PC du *General* de Angelis montre d'ailleurs son impatience.

« *58e ID* à *76e ID* — 13 h 50 — Toul oppose une résistance acharnée — Vous demande avancer avec aile gauche sur Gye — *58e ID* avance sur Bicqueley — Quand la *76e ID* peut-elle s'engager ? »

Le « *Kommandeur* » de la *58e Division* exagère en disant qu'il avance sur Bicqueley, mais peut-être veut-il forcer la main à Angelis ? A 14 h 40, ses transmissions enregistrent la réponse à son message : « Une attaque sur Gye n'est pas prévue — Aile droite de la *76e ID* poussera jusqu'à la région de Domgermain. »

Si l'on décèle une certaine sécheresse dans la réponse, elle s'explique par le fait que de Angelis n'appartient pas au même corps d'armée que Heunert et qu'il est obligé de se soumettre aux ordres de von Schobert et de lier sa manœuvre à celle des deux autres divisions du *VIIe Korps,* la *24e ID* et la *16e ID.* De plus, la *76e ID* rencontre des difficultés dans la zone boisée qu'elle traverse derrière le 21e RTA qui a quitté Ourches dans la soirée du 18 juin.

Du côté français, on s'inquiète aussi de la couverture du flanc ouest, et le général Perraud, de la 58e DI, ne masque pas sa surprise lorsque le général Flavigny lui demande « de placer un bataillon et si possible de l'artillerie face à l'ouest, car il n'a plus rien de disponible [1] ».

On pourrait objecter à Flavigny que c'est la direction sud-est prise lors de son repli par la 6e DINA qui découvre le flanc de la 58e DI. On pourrait lui dire aussi que l'artillerie de la 35e DI et celle de la 6e DINA sont disponibles puisqu'elles ne sont pas intervenues le 18 juin sur la Meuse. Sur le moment, Perraud ne possède aucun de ces arguments et il

---

1. Lettre du 7 juin 1966 adressée par le général Perraud à l'auteur.

porte le I/334e RI du capitaine Podechard vers l'ouest, les cavaliers du GRRF 44 recevant l'ordre d'envoyer des reconnaissances en avant de Lay-Saint-Rémy où le canal disparaît dans un tunnel.

Le danger que personne ne soupçonne et ne peut connaître au 334e RI du lieutenant-colonel Beurville est contenu dans le message radio envoyé par de Angelis à Heunert : il pousse la tête de sa division vers Domgermain. Lorsque l'opération aura réussi, le III/334e RI qui est en ligne sur le canal, face au nord, et le Ier bataillon de Podechard auront les Allemands DERRIÈRE eux. Comment se sortiront-ils d'une telle situation ?

CHAPITRE XXV

« La cathédrale de Toul est en feu ! »

Dans les rues de Toul, les incendies gagnent du terrain, mais des éléments isolés du 100ᵉ RI et le corps franc du sous-lieutenant d'Erceville poursuivent leurs actions de harcèlement. Au sud-ouest, le faubourg Saint-Evre est sous le feu de l'artillerie allemande, mais le I/227ᵉ RI du capitaine Péretti conserve son ascendant sur l'adversaire. Barrant les sorties sud de la ville, le III/100ᵉ RI du commandant Leduc est mal en point et l'on évalue à plus de 40 % les effectifs tués et blessés depuis le matin. Certaines rues relativement étroites comme les rues d'Inglemur, Joseph-Carrez, Muids-des-Blés et Pierre-Hardie sont devenues impraticables, en raison de la chaleur et des incendies qui les ravagent. Dans la rue Thiers qui brûle sur toute sa longueur, on aperçoit l'immeuble des Magasins Réunis qui vient d'être atteint par le feu ; il n'en restera que les murs.

Au nord de Toul, devant les remparts, le commandant Pfister sait que son réduit est condamné. L'investissement est total. En cherchant une liaison vers l'ouest avec le bataillon Péretti, le lieutenant Maès a rencontré la section du lieutenant Ancelin. Il manifestait déjà sa joie d'avoir repris le contact lorsque Ancelin a tempéré son enthousiasme : « Je me resserre sur vous, car je suis, moi aussi, séparé du bataillon Péretti. »

Au PC, Pfister a rédigé un dernier message destiné à son chef de corps, le lieutenant-colonel Marcouire : « Toujours sans liaisons — Appels radio restent sans réponse — Aucune nouvelle de ma droite — Chenillettes étant parties, les munitions vont manquer — Tiendrai jusqu'au bout — Ai brûlé archives. »

Qui va essayer de traverser les lignes allemandes et la ville où ronflent les incendies pour aller au PC du 227ᵉ RI installé depuis 13 heures au fort du Tillot ?

« Je veux bien essayer, mon commandant, dit le sergent-chef Labadie. Je vais foncer avec ma moto. »

551

Personne ne reverra Labadie et Pfister ne saura jamais s'il a pu, ou non, accomplir sa mission. Pfister s'inquiète aussi des nombreux blessés entassés dans la cave. Le sergent Ger et un brancardier font des garrots, des pansements et posent même des attelles. Ils ne sont pas qualifiés pour faire plus et l'absence de médecin pose un douloureux problème au chef du III/227e RI, car il est évident que, faute d'intervention chirurgicale, les plus atteints risquent de mourir avant la reddition que chacun sait inévitable.

Vers 16 heures, une salve de 105 éclate sur la section Walter : le caporal Roux est blessé au ventre, Cordes mourra dans moins d'un quart d'heure, les autres, Vincent, Monira, Pigneret et Mercier, sont descendus dans la cave où Ger et son brancardier leur prodiguent les premiers soins, réduits, la plupart du temps, à une désinfection à l'eau-de-vie de mirabelle et à la pose d'un pansement individuel. Deux de ses camarades amènent Chaudat, atteint par des éclats, puis Devavry qui va succomber à ses blessures. Pfister griffonne un autre message qu'il tend à son radio : « Sommes soumis à un nouveau bombardement très violent. PC du bataillon touché brûle. Je le porte maison voisine. »

Le déménagement est vite terminé, le transfert des blessés étant le plus délicat. Comme il faut se hâter, sous les balles et les obus, les brancardiers improvisés les portent sans douceur et leur arrachent des cris de souffrance. Comment faire autrement ?

« Toutes les maisons du coin et les bois sont en feu et s'écroulent ! » note Pfister dans son rapport.

Un obus éclate à l'entrée de la cave où se trouve l'émetteur ER 17 qui est traversé de part en part par un éclat. Le poste est inutilisable et le caporal-radio Buron, victime du même projectile, est touché à la main. Le dernier îlot de résistance au nord de Toul est depuis longtemps repéré par les artilleurs allemands qui n'ont aucune peine à placer leurs coups au but. Vers 18 h 30, les officiers du bataillon, Badet, Vaissier, Rochette, Leclerc, viennent les uns après les autres rendre compte « qu'on tire les dernières cartouches ».

La fin est proche. De courtes rafales de pistolet-mitrailleur crépitent à moins de cent mètres. Calmement, l'adjudant Marceau Crespin démonte un FM et en disperse les pièces[1]. Un dernier blessé est confié à Ger : c'est le sergent Coudrat. Une accalmie se manifeste et des fusées blanches montent au-dessus des incendies : les artilleurs adverses laissent le soin d'en finir à leur infanterie.

Pfister : « Des civils, femmes et enfants, réfugiés auprès de nous, pleurent, prient, crient et démoralisent nos hommes qui, n'en pouvant plus de fatigue et se voyant impuissants sans munitions, sortent des mouchoirs blancs et posent leurs armes. »

1. M. Marceau Crespin, futur président de *Rhin et Danube.*

Le capitaine Badet esquisse un geste de renoncement et le lieutenant Torterotot hausse les épaules en murmurant : « A quoi bon ? » Les officiers se tournent vers le chef : c'est lui qui décidera de l'attitude à observer. Directeur d'école, Pfister a du caractère et il ne faut pas compter sur lui pour donner l'ordre de cesser le combat. Celui-ci va s'éteindre de lui-même, car, les Français ne tirant plus, un *Stosstrupp* avance, en formation diluée, craignant un piège. Les officiers du III/227e RI jettent avec ostentation leurs pistolets et deux d'entre eux enlèvent le sien à Pfister qui, soudain très las, ne réagit pas. Les Allemands vont le conduire à Nancy, mais, en passant devant ses soldats, ils l'autoriseront à les saluer une dernière fois, les prisonniers déséquipés prenant machinalement la position du garde-à-vous pour répondre au geste d'adieu de leur chef de bataillon.

*
* *

Au sud de Toul, les pertes du III/100e RI du commandant Leduc sont tellement élevées que le chef de bataillon a rendu compte au colonel Fortet « qu'il sera peut-être impossible de tenir au-delà d'une certaine limite, faute d'effectifs ».

Informé par le chef de corps, le général Boell l'autorise à envoyer en renfort le IIe bataillon du commandant Bouteil [1]. Toutefois, le problème posé par l'acheminement du II/100e RI est insoluble, car si les compagnies font mouvement de jour, elles seront repérées par les observateurs de la côte Saint-Michel ou par le *Henschel* qui tourne autour de la ville et mises à mal par l'artillerie.

« Il faut que Leduc tienne jusqu'à la nuit ! » conclut Fortet.

Le lieutenant Meillanoux est envoyé sur la ligne de feu pour informer les compagnies. Pourront-elles attendre le crépuscule ? Quand Meillanoux pose la question au capitaine Pattyn, dans un fossé de la route de Toul, celui-ci lui montre les soldats qui, la tête enfoncée dans le sol, tentent d'échapper aux projectiles martelant la position.

« Voilà tout ce qui reste de la 11e compagnie : une vingtaine d'hommes et les mitrailleurs des lieutenants Breuvart et Koltes. »

Meillanoux s'éloigne ; il va rendre compte. Derrière lui, une nouvelle salve s'abat sur la route. Criblé d'éclats, le capitaine Gérard Pattyn meurt en quelques minutes. Quand il apprend la nouvelle, le lieutenant Breuvart n'hésite pas ; c'est lui l'officier le plus ancien dans le grade le plus élevé. « Le capitaine vient d'être tué, je prends le commandement, fait-il dire aux chefs de groupe. Il faut tenir sur place jusqu'à la relève qui aura lieu à la tombée de la nuit. »

1. Le commandant Blouin, chef d'état-major du 100e RI, et le lieutenant Debeyre, officier de renseignements, parlent d'une relève et non d'une montée en renfort.

L'artillerie française répond aux batteries adverses, mais ses observateurs manquent de vues lointaines et elle ne parvient pas à faire taire les canons qui pilonnent les bataillons en ligne. Dans le faubourg Saint-Evre, la bataille prend un double aspect : le bombardement d'une part et, dans les rues, des combats sporadiques et de gros engagements devant les barricades contre lesquelles les hommes de l'*Oberstleutnant* Kreipe tirent au 37 *Pak*.

Le capitaine Péretti est inquiet de la rupture de la liaison avec la section Lancelin qui tenait le canal au nord et s'est resserrée, on l'a vu, sur le réduit du commandant Pfister. Le dernier contact avec le lieutenant Lancelin a été pris vers 15 heures par le soldat François. Depuis, on ne peut plus passer, d'une part à cause des incendies, d'autre part en raison de la présence ennemie.

Le lieutenant Dufouleur a pris la tête d'une patrouille pour essayer de rejoindre Lancelin, mais de violents tirs d'armes automatiques l'ont obligé à rebrousser chemin. Avec deux groupes de son corps franc, d'Erceville a tenté, lui aussi, de percer en direction du nord. Il a perdu des hommes et s'est replié sur le PC de Péretti.

S'éteignant sans raison, puis se rallumant, le combat s'étend aux lisières de Toul et l'audace manifestée par l'assaillant dégénère parfois en actions individuelles. A l'abri d'une barricade, le caporal Musset grenade trois Allemands qui pensaient franchir l'obstacle sans difficulté et les oblige à refluer dans la fumée. Le sergent Roussel est grièvement blessé alors qu'il contre-attaquait avec son groupe, à la baïonnette, pour « donner de l'air » à sa section. A la tête des trois hommes qui lui restent, Beaudoin, Fontenette et Martin, l'aspirant Villemin charge un *Stosstrupp* qui avance en hésitant au milieu des maisons en feu, s'empare d'un pistolet-mitrailleur et ramène un prisonnier. Le soldat Beaudoin trouve la mort au retour. A Saint-Evre où se succèdent les lueurs des éclatements d'obus, dans un univers de poussière et de fumée, à travers des rues où s'effondrent des immeubles embrasés, le capitaine Péretti trouve encore des volontaires pour assurer les liaisons : Tissier, Marin, Badoil, Renard, sans oublier Lobreau qui traverse la rue de la République en flammes pour guider une chenillette et sa remorque de munitions. Est-ce la même chenillette que pilote le sergent Gruère arrêté un quart d'heure plus tard devant la barricade défendue par la section du lieutenant de Malezieux de Lochner ? Celui-ci sort de son abri pour guider la chenillette dans la chicane, et... un même obus tue l'officier et le conducteur de l'engin.

Au PC de la *58e ID*, le *General* Heunert, qui s'est hâté de rendre compte au *General* Feige « que le drapeau à croix gammée flotte sur la cathédrale », se montre plus nuancé lorsqu'il envoie par radio, au PC de la *76e ID*, à Pagny-sur-Meuse, le message suivant enregistré à 16 h 47 :

« Il y a encore des combats dans Toul. La ville ne sera pas libérée (*sic*) aujourd'hui. »

*
* *

A l'ouest du front du 42ᵉ corps, le commandant Ribaut a installé le PC du III/334ᵉ RI à Choloy et deux compagnies sont en ligne au sud du canal de la Marne au Rhin : la « 9 » du capitaine Vaupré tient sous son feu le pont de Foug, la « 10 » du capitaine Wilt est à droite, à la liaison avec le I/204ᵉ RI du commandant Charpy. Vaupré a placé deux de ses groupes dans les maisons qui encadrent le pont détruit et le mortier de 60 — qui n'a que trente projectiles — est prêt à ouvrir le feu sur les débouchés de Foug. Vers 7 h 30, Vaupré a commis l'erreur de dévoiler ses emplacements en autorisant le tir sur une colonne allemande qui circulait entre Foug et Écrouves. Il s'agissait des premiers éléments de la *76ᵉ ID* du *General* de Angelis qui, ne rencontrant aucune défense sur la RN 4 entre Pagny-sur-Meuse et Foug, venaient de prendre le contact avec un bataillon de la *58ᵉ ID* du *General* Heunert.

Un de ses observateurs lui signalant « des infiltrations le long du canal », le capitaine Vaupré monte dans le grenier de la maison la plus proche du pont et jette un regard circulaire par l'œil-de-bœuf. Ce qu'il voit le sidère : quatre ou cinq soldats allemands mettent en place une mitrailleuse et creusent un trou pour y entasser les caissettes de cartouches. Pas un soldat de la « 9 » n'a ouvert le feu.

« Le canal seul nous sépare ! » rapporte Vaupré qui saisit un mousqueton et, réapprovisionnant avec rapidité, couche trois Allemands, morts ou blessés. Le capitaine n'a pas le temps de tirer une quatrième balle : une longue rafale, puis une seconde cinglent l'œil-de-bœuf ; aveuglé par de minuscules éclats de pierre (onze au total), l'officier lâche son arme et tente de retrouver l'escalier. Deux de ses hommes le guideront jusqu'à Choloy d'où il sera évacué sur Goviller où se trouve le groupe sanitaire du 42ᵉ corps. La rafale qui l'a aveuglé à déclenché d'autres rafales, puis l'artillerie a fait entendre sa grosse voix, hachant les bois où sont dissimulés les trains du III/334ᵉ RI. Chevaux tués ou disparaissant au galop, fous de peur, fourgons et « roulantes » détruits, le bilan est sévère.

Le colonel André, de l'ID 58 et le lieutenant-colonel Beurville, du 334ᵉ RI, ont chacun leur PC au château de Choloy. La brutalité du bombardement les décident à prendre du champ et ils cèdent la place au commandant Ribaut à qui Beurville lance en ouvrant la portière de sa voiture : « Vous connaissez la consigne, hein ? Tenir sans esprit de recul ! »

Ribaut connaît. Tout le monde connaît l'antienne. Beurville promet aussi un appui d'artillerie, mais le sous-officier observateur qui reste au

PC ne dispose d'aucun moyen de communication, la ligne téléphonique ayant été coupée par le bombardement. Seul le poste ER 17 du bataillon permet des liaisons, mais la présence de la forêt sur les arrières perturbe les vacations et rend toute conversation à peu près inaudible.

Sur le canal, les Allemands semblent régler leurs tirs depuis un café de la rive nord et leurs *minenwerfer* sont en position sur le terrain de football, à la sortie de Foug. Bien camouflées, les armes automatiques criblent de balles la rive sud du canal et, à la 10ᵉ compagnie du capitaine Wilt, le premier tué est le sergent Boufflerd. Clair, touché au ventre, mourra au poste de secours de Choloy. On évacue des blessés des sections Rio et Gaillard : le sergent Dauvergne, atteint au cou, Coillard, à la jambe, puis Duchamp, Galay et Marceau. A la 9ᵉ compagnie, les pertes sont plus élevées. Le lieutenant Robert Vérat, dit « Fleury », de Mâcon, reçoit une balle dans la main, une autre dans la poitrine et succombe lorsqu'une troisième l'atteint en pleine tête. Le sergent Martinot a la partie inférieure du visage arrachée par des éclats et meurt sur la position ; Rabret, un autre sergent, et le caporal-chef Perrot sont évacués. Le sous-lieutenant Devaux est envoyé en renfort vers le canal, mais il tombe, grièvement blessé, avant d'avoir pu rejoindre son poste.

Le lieutenant Touzet prend le commandement de la 9ᵉ compagnie, sa section enregistre elle aussi des pertes ; deux de ses chefs de groupe, les sergents Poly et Durepoix, sont blessés. Près du pont, Rémond tire au FM par une fenêtre, mais commence à être encadré par des rafales de mitrailleuses. Dans le jardin, Martin et Richard sont touchés par des éclats au moment où une volée de balles arrache le FM des mains de Rémond qui a le biceps déchiqueté, une horrible blessure qu'il tente d'occulter d'une seule main avec son pansement individuel [1] pour arrêter le sang. Traumatisé, Huichard a disparu dans l'escalier et Bourgeois, allongé sur le plancher, a cessé de vivre.

Le mortier de 60 n'a pas eu le temps de tirer un projectile ; une salve d'artillerie l'a rendu inutilisable, le mulet de la voiturette a été tué et Pourret, le conducteur, est blessé au mollet. Le mortier de la compagnie Wilt n'a pas plus de chance ; pris pour cible par les *minen,* ses servants, Le Pic, Couchoux et Blondeau, ont préféré se mettre à l'abri. Cependant, la 9ᵉ compagnie a le plus souffert. Sur quatre officiers, le lieutenant Touzet reste seul et trente et un morts du III/334ᵉ RI seront retrouvés au sud du canal. Le commandant Ribaut ne prend qu'une initiative : il envoie le lieutenant Piffaut, de la CA 3, « demander du renfort ». On lui enverra, dit-il dans son rapport, deux sections du Iᵉʳ bataillon qu'il conservera en réserve à Choloy. La section de

1. « Nous n'avons reçu, le 19 juin, que des pansements individuels pour nos blessés, écrit le lieutenant Touzet. Le commandant Ribaut nous les a envoyés par le motocycliste Tell, un brave... » (Lettre du 26 décembre 1979 adressée à l'auteur.)

pionniers du lieutenant Léger est également mise à sa disposition et, au début de l'après-midi, elle est affectée à la « 10 » de Wilt qui n'a pas réussi à se mettre en liaison avec le bataillon voisin, le I/204e RI du commandant Charpy.

« Sous un violent duel d'artillerie, raconte Léger, j'ai cherché le 204e RI en direction de la voie ferrée et du canal. La progression s'effectuait le plus souvent en rampant et les récoltes, encore sur pied, gênaient les vues rapprochées. Finalement, je n'ai pas trouvé le bataillon Charpy et j'ai rendu compte au capitaine Wilt[1]. »

Le I/204e RI de Charpy est au sud d'Écrouves et le chef de bataillon se méfie à la fois de sa droite, où la liaison ne paraît guère solide avec le 227e RI qui se bat dans Toul, et de sa gauche où, depuis midi, le III/334e RI donne l'impression d'avoir resserré son dispositif. Sans doute a-t-il souffert du bombardement, mais, pour en avoir le cœur net, Charpy envoie le capitaine Camelin, de la CA 1, à Choloy.

« A la mairie, personne, relève-t-il dans son rapport, mais beaucoup d'objets abandonnés. Enfin, après des recherches assez longues, Camelin trouve le commandant du III/334e RI..., qui ne connaît pas l'emplacement de ses compagnies. Son bataillon ne tient plus le canal et s'est retiré aux abords de Choloy. »

Charpy extrapole ; il est exact que Ribaut a encore des éléments sur la rive sud de la ligne d'eau, mais de nombreux fuyards ont été observés. Le capitaine Wilt et le lieutenant Touzet se trouvent encore sur leur position initiale, peut-on dire qu'ils la tiennent ?

« J'étais avec le groupe des transmissions dans le sous-sol d'une maison, dans une cité ouvrière, écrit le lieutenant Touzet. Nous n'avions rien à manger, sinon les fraises des jardins[2]. »

Il est certain que des abandons de poste se sont produits dans l'après-midi du 19 juin, mais, sous les tirs de *minen,* personne, en première ligne, ne s'en est aperçu, l'idée fixe de chaque combattant étant de s'enterrer ou de trouver une cave pour échapper au feu adverse. Le soldat Rémond, blessé au bras en tirant au FM, est resté seul, sans secours, de 13 à 22 heures, heure à laquelle ses « camarades sont revenus en position[3] ».

Depuis le fort de Domgermain, l'aspirant Destre, du II/334e RI, affirme de son côté qu'il a vu « se replier des éléments désorganisés des autres bataillons ».

1. Lettre du 10 décembre 1979 adressée par M. Antoine Léger à l'auteur.
2. Lettre du 6 décembre 1979 adressée par M. Lucien Touzet à l'auteur.
3. Lettre du 24 novembre 1940 adressée par M. Rémond au capitaine Antoine Vaupré.

Charpy n'est pas satisfait du rapport que lui fait le capitaine Camelin, mais il ne peut prendre sur lui d'étendre son quartier vers la gauche afin de donner la main au commandant Ribaut. Le I/204ᵉ RI a deux compagnies sur le canal, celles du capitaine Guerreau et du lieutenant Breuillé, la « 3 » du lieutenant Heurley restant en soutien sur la deuxième position, au niveau de la route reliant Choloy à Toul.

« Mon colonel, fait dire Charpy à Cavey, son chef de corps, ma gauche est dans le vide et je n'ai personne... »

Le lieutenant-colonel Cavey promet de lui envoyer le corps franc du lieutenant Ch... qu'il pourra placer en bretelle face à l'ouest. Vers la fin de l'après-midi, Ch... sera en place et Charpy, rassuré, se tournera alors vers Toul où, soudain, avec la reddition du III/227ᵉ RI de Pfister, la liaison devient incertaine. Cavey lui-même, mesurant l'isolement dans lequel Charpy semble de plus en plus enfermé, envoie à 20 h 30 le capitaine Perrault au PC du 227ᵉ RI.

« J'ai vu le lieutenant-colonel Marcouire effondré dans un fauteuil, écrit Perrault, et je lui ai demandé ce qui se passait chez lui. Il m'a répondu que tout allait certainement bien puisqu'il n'avait pas de nouvelles. »

Perrault est stupéfait. Marcouire semble ignorer que le commandant Pfister s'est rendu une heure plus tôt, de même qu'il ne connaît pas la position exacte du bataillon Péretti à Saint-Èvre. « Pas de nouvelles, bonnes nouvelles ! » semble dire Marcouire. Il dispose du IIᵉ bataillon du commandant Feracci, mais, comme il ne prend aucune initiative, c'est une compagnie du II/204ᵉ RI qui est désignée pour rétablir un front continu entre Charpy et Péretti. « Vers 20 heures, note celui-ci, je suis avisé que la compagnie Bourgin, du 204ᵉ RI, va prendre la partie est de mon front pour que je puisse resserrer mon dispositif. »

Comme la veille, tous les mouvements s'opèrent dans l'obscurité, chaque section évitant les quartiers en feu pour ne pas se faire repérer. On retire les pionniers de la compagnie Simon et la 1ʳᵉ compagnie du lieutenant Kaltnecker du I/227ᵉ RI se resserre, comme l'a voulu Péretti, sur la compagnie Périssé. De son côté, Charpy envoie la section de pionniers du lieutenant Raisin vers les casernes de la Justice qui se dressent à l'ouest de Toul.

« Notre mission, dit l'adjudant Mazoyer, adjoint de Raisin, était de nous placer entre le I/227ᵉ RI et l'hôpital pour arrêter des infiltrations possibles. »

Mais la nuit est, elle aussi, un adversaire, et Raisin s'arrête sur une position qui ressemble à celle qui lui a été désignée. Aucune liaison avec la « 6 » du lieutenant Bourgin, pas de contact avec le bataillon Péretti. De son côté, Bourgin doit se battre face au nord contre un ennemi essayant de franchir le canal, mais il ne parvient pas à trouver une seule section du I/227ᵉ RI. A droite de celui-ci, le colonel Fortet profite de

558

l'obscurité pour faire relever le III/100ᵉ RI du commandant Leduc par le IIᵉ bataillon de Bouteil. L'opération se déroule sans difficulté, mais Bouteil craint de subir le 20 juin des pertes aussi élevées que Leduc. La position est en effet très exposée et ce ne sont pas les abris et tranchées qui résisteront aux coups précis de l'artillerie allemande.

Au 334ᵉ RI, qui est commandé par le lieutenant-colonel Beurville, comme le 227ᵉ RI par le lieutenant-colonel Marcouire « Pas de nouvelles, bonnes nouvelles ! », la soirée du 19 juin est particulièrement dissolvante. D'une part, le commandant Ribaut renonce à la défense du canal et, sans prévenir Charpy, son voisin de droite, resserre son dispositif sur Choloy et Ménillot. Le lieutenant Touzet et les débris de la « 9 » sont sans doute considérés comme perdus puisque personne ne les avise du mouvement [1]. La décision prise par Ribaut est motivée par le fait que le I/334ᵉ RI qui protégeait sa gauche, face à l'ouest, a été tourné et assailli par le sud. Selon le rapport Ribaut, le capitaine Podechart, son adjudant-major le capitaine Lecoin et le capitaine Blache, de la CA 1, se réfugient avec quelques hommes à la 11ᵉ compagnie. Trouvant le chemin libre entre le Iᵉʳ bataillon et les hauteurs de Domgermain tenues par le II/334ᵉ RI, l'avant-garde de la *76ᵉ ID* est maintenant au sud de Choloy.

« Profitant du vide à notre gauche, constate le lieutenant Lamblin, les Allemands nous ont tournés. Ils se sont même emparés de nos éléments les plus en arrière [2]. »

**
*

Au PC de la *58ᵉ Division,* le *General* Heunert ne dissimule pas son mécontentement. Ses subordonnés lui objectent que les Français résistent vivement au sud de Toul, mais il ne voit qu'une chose : la percée envisagée jusqu'à Colombey-les-Belles reste du domaine de l'hypothèse et il piétine toujours dans les faubourgs de Toul. Dans la soirée, il s'est porté au fort Saint-Michel, mais, quand l'*Oberstleutnant* Kreipe lui présente le bilan de la journée du 19 juin, Heunert en tire une conclusion erronée : « Le nombre de prisonniers (550 hommes) permet de penser que l'ennemi décrochera dans la nuit. »

1. « Vers 22 heures, écrit le capitaine Wilt, repli de la 10ᵉ compagnie sur les lisières nord-ouest de Choloy. » Le lieutenant Léger confirme : « J'ai occupé les abords du château, en bordure du parc, à cent mètres du PC du commandant Ribaut. »
2. Trois chars du 5ᵉ BCC sont mis à la disposition du commandant Ribaut, mais aucune contre-attaque n'étant montée ils ne serviront à rien. L'un d'eux est pris par surprise dans un layon ainsi que le chef de section, le lieutenant Siot, qui rejoignait à moto ; les deux autres se dégageront (lettre du 17 janvier 1980 adressée par le lieutenant Siot à l'auteur).

Les Allemands ont pris l'habitude de voir les Français se replier chaque soir et il ne leur vient pas à l'idée qu'ils pourraient s'établir sur un front et s'y battre..., sans esprit de recul. Une page plus loin, dans le journal de la *58e ID,* Heunert est plus nuancé : « Je veux savoir si l'ennemi se replie pendant la nuit ou s'il tient avec les mêmes effectifs les positions reconnues. »

Dans la seconde hypothèse, Heunert fait monter une attaque puissante qui sera déclenchée dans les conditions suivantes :

a) Le *Regiment 220* se portera en direction de Bicqueley après une forte préparation d'artillerie de part et d'autre de la route ;

b) Le *Regiment 209* qui s'est emparé de Toul attaque le faubourg Saint-Èvre et pousse un bataillon vers les casernes de la Justice ;

c) Deux groupes d'artillerie de la *58e ID* soutiendront l'avance sur Bicqueley, mais, auparavant, de 6 h 25 à 6 h 35, quatre groupes concentreront leurs tirs « sur le groupe de maisons à l'est de la route de Saint-Èvre et des casernes » ;

d) L'*Aufsklärungs Abteilung* stationnera à Toul et, dès que la percée sera effectuée, lancera ses escadrons vers Thuilley-aux-Groseilles. Le troisième régiment d'infanterie de la division, le *IR 154,* se regroupera au pied de la côte Saint-Michel, prêt à intervenir.

L'idée de manœuvre du *General* Heunert est simple : c'est de Toul qu'il faut déboucher en direction du sud. Et, pour briser la résistance du I/227e RI de Péretti et celle du II/100e RI de Bouteil, il va lancer deux régiments appuyés par quatre groupes d'artillerie.

*
* *

Dès que les brouillards matinaux se sont dissipés, les observateurs de la côte Saint-Michel font ouvrir le feu. Du côté français, on ne fera aucune différence entre la concentration de dix minutes opérée par les quatre groupes à 6 h 25 et les tirs d'ensemble qui engloutissent une nouvelle fois la ville de Toul dans un océan de flammes, d'explosions et de fumée. Les artilleurs français ripostent, pratiquement sans visibilité et, dans leurs tranchées et leurs trous individuels, les fantassins français sont durement sonnés.

Journal du 100e RI : « De 4 h 30 à 6 h 30, très violents tirs d'artillerie sur le IIe bataillon, en particulier sur la 5e compagnie. Les lieutenants Maillard, Salembier et Birembaut sont grièvement blessés et évacués. Près de soixante hommes sont hors de combat. » Les *Stosstrupps* n'ont pas encore fait leur apparition et la moitié de la 5e compagnie a disparu. Le plus inquiétant est qu'elle assure la liaison avec le I/227e RI de Péretti. Les trois officiers blessés, Michel Salembier, brasseur à Lille, André Birembaut, inspecteur de police, lui aussi de Lille, et Étienne Maillard, commandant de la « 5 », vont mourir quelques instants après leur admission au poste de secours. Arrivé en appui avec ses mitrailleuses, le lieutenant Delobelle remplace Maillard à la tête de la compagnie.

A Saint-Èvre où de nouveaux incendies apparaissent, le capitaine Péretti souligne, lui aussi, la force du bombardement : « L'artillerie commence ses tirs de bonne heure ; elle sera déchaînée toute la journée, produisant à elle seule la plus grosse part des pertes avec les *minen.* »

De son PC, installé à la ferme de Bois-le-Comte, le commandant Charpy et ses officiers assistent au spectacle. « Reprise de la bataille par un violent bombardement des faubourgs ouest de Toul, des casernes et du petit bois, à la tête du ravin des Poudrières », rapporte le chef de bataillon du I/204e RI.

Les *Stosstrupps* s'infiltrent derrière la compagnie Bourgin. Après un bref engagement au cours duquel le lieutenant Doumenc est blessé, deux sections sont capturées et Bourgin fait prisonnier vers 9 heures. Quand il l'apprend, Charpy est furieux et met ces pertes au compte du I/227e RI dont la compagnie Kaltnecker devait verrouiller le ravin des Poudrières. Mais Kaltnecker, opérant son mouvement la veille, en pleine nuit, a-t-il trouvé la position qui lui avait été assignée ? Peut-être a-t-il cru de bonne foi qu'il était installé au bon endroit [1] !

En marge du rapport Charpy, le lieutenant-colonel Cavey a noté : « Les infiltrations dans le ravin sont signalées à la division et au 227e RI. Le lieutenant-colonel Marcouire me répond : " Rien de nouveau puisque mes bataillons ne signalent rien. " »

La force d'inertie du chef de corps du 227e RI est désarmante, car, pendant ce temps, son Ier bataillon est sous le feu des canons allemands. L'adjudant Bourlard et une douzaine d'hommes sont déjà blessés et la vigoureuse résistance de la section Perrin n'empêche pas la compagnie du lieutenant Kaltnecker de disparaître au cours de la matinée. La section de l'adjudant Charvet est amputée de 50 % de ses effectifs et le capitaine Bouhey [2] est obligé de resserrer sa 1re compagnie pour conserver un front qu'il veut solide. La section Villemin est repliée sur celle du lieutenant Dieuzaide, elle-même prolongée par la section Rochot. Bouhey prévient ses cadres : « Protégez vos hommes et ne pensez à rien d'autre. L'infanterie adverse n'arrivera qu'au moment où l'artillerie allongera ses tirs. »

Par radio, Péretti a pu obtenir un appui direct des 75 du 48e RA qui oblige les fantassins allemands à chercher refuge dans les caves. Du côté français, le simple fait de traverser une rue tient de la roulette russe. La maison où Péretti a son PC reçoit deux obus coup sur coup et

---

1. Le capitaine Perrault écrit le 30 juin 1942 au colonel Cavey : « Je sais qu'il y a eu discussion en captivité entre Charpy et Péretti qui chicanait l'endroit où devait se faire la liaison. »
2. Futur député socialiste de la Côte-d'Or.

s'enflamme. Le lieutenant Rougé évacue ses transmissions et le capitaine Brisse bouscule le personnel du PC qui rejoint le chef de bataillon dans un petit immeuble encore intact, à cinquante mètres de là. Sonnés par les effets du souffle, des blessés légers s'y réfugient également. Les yeux exorbités, ils ne paraissent pas entendre ce qu'on leur dit.

« Ces tirs d'artillerie m'ont rappelé ceux de Verdun et de la Somme ! » note Péretti qui revit le cauchemar des bombardements de 14-18.

Sur le front du II/100e RI qui barre les routes du sud, la liste des morts s'allonge[1]. Le caporal-chef Jourdain meurt au moment où les brancardiers le déposent au poste de secours. A son PC, le commandant Bouteil décide de ne plus bouger avant la prise de contact avec l'infanterie. A chaque fois qu'il a voulu savoir ce qui se passait dans ses compagnies, ses agents de liaison sont tombés sous les obus. Trois d'entre eux, Derudder, Lesur et Destailleur, ont été tués en moins d'une heure. Les *minen* succèdent aux projectiles de l'artillerie et les rafales des armes automatiques se rapprochent.

« Vers dix heures, note Péretti, les balles claquent dans les murs et certaines, plus précises, frappent le rideau de fer du garage, à l'entrée de mon PC. »

C'est maintenant l'infanterie des deux camps qui se bat et, malgré des liaisons précaires et les incendies qui peuvent selon le cas nuire ou avantager, le combat se prolonge durant la matinée sans que les Allemands réussissent à percer. Le faubourg Saint-Èvre disparaît dans la fumée et chaque déplacement est sanctionné par une rafale ou une salve de *minen*. A deux reprises, pourtant, le sergent Grelot apporte des munitions au PC du I/227e RI. Quant aux agents de liaison, un seul d'entre eux, Badoil, remplit ses missions sans une égratignure ; le sergent Fremeau a été commotionné par l'éclatement d'un 150 et Renard est mort de ses blessures au PS du médecin auxiliaire Kuntz qui, travaillant dans des conditions que la plume ne peut décrire, parviendra à traiter plus de cent cinquante blessés dans la journée[2]. Parallèlement, de nouveaux morts sont signalés : Maire, Richond, Diette, Graisnet, Lucas, Thollot, Henin, Cazin, Lacayrouse, Brochot, Larue, Degrange, Curial, Chatelan, Congery, etc. Toul et ses ruines noircies par le feu deviennent un vaste cimetière.

Le capitaine Péretti apprend que le chef de la 2e compagnie, le lieutenant Périssé, est grièvement blessé[3]. On l'évacue et le lieutenant

1. Parmi ceux qui ont pu être identifiés, on relève les noms de Vangermée, Caron, Médard, Dejonckère, Demaille, Lucidarne, Levez, Glontzen, Hespel et Vandewighe.
2. Au 100e RI, 138 blessés feront l'objet d'une citation pour leur comportement pendant la bataille de Toul.
3. Raymond Périssé succombera à ses blessures. Il repose au cimetière de Thiais (Val-de-Marne) où il a été inhumé de nouveau en juin 1948.

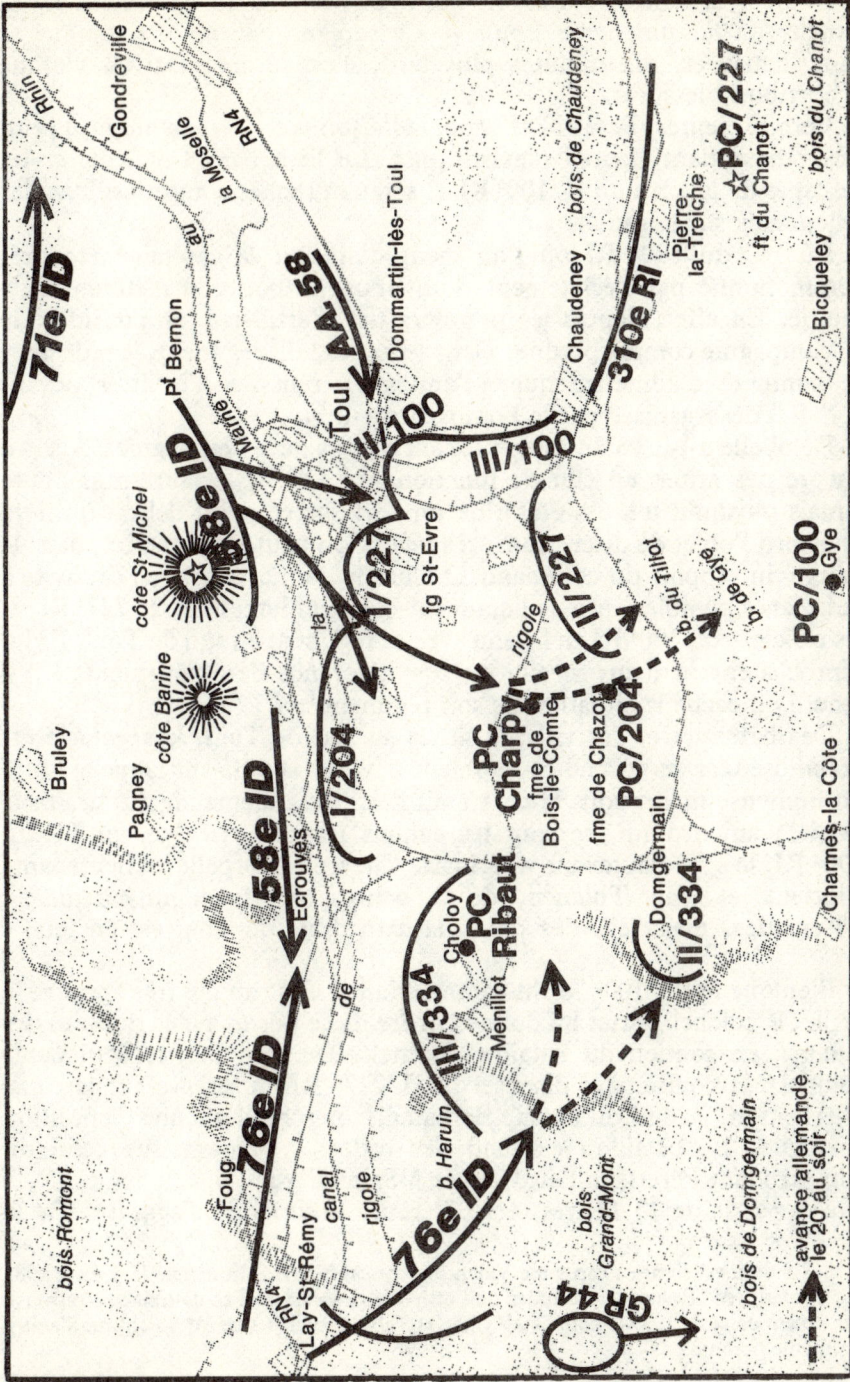

20 juin : la bataille de Toul se termine

Dufouleur le remplace à la tête des deux sections qui se battent sur la gauche de la compagnie Bouhey. Le sergent Falières est tué sur sa mitrailleuse et, dix minutes plus tard, c'est le chef Dalval, victime d'horribles blessures.

Vers 13 heures, Péretti l'affirme, la liaison entre son bataillon et celui du commandant Bouteil n'existe plus. Le lieutenant Delobelle et les rescapés de la « 5 » du II/100e RI se seraient repliés « après avoir vu les Allemands sur la gauche ».

Au PC du 100e RI où l'on vient d'amener le capitaine Honoré, commotionné par l'éclatement d'un obus, la nouvelle n'étonne qu'à moitié. En effet, depuis les premiers tirs d'artillerie, on considère la 5e compagnie comme perdue. Dans le journal du régiment, le rédacteur se contente d'admettre que « l'ennemi a réussi à s'infiltrer devant la " 5 " désorganisée par le bombardement ».

Delobelle a-t-il voulu sauver les survivants de la compagnie ? Avait-il encore des armes en état de fonctionner ? On ne le saura sans doute jamais puisqu'il n'a pas établi de rapport sur ce point délicat qui fera plus tard l'objet de discussions très vives. On peut lire, en effet, dans la marge du rapport du commandant Charpy : « J'ai assisté en captivité à des scènes pénibles entre le lieutenant-colonel Marcouire, du 227e RI, et les officiers du 100e RI en liaison avec ce régiment au sud de Toul. Ils lui reprochaient sa mauvaise foi ou son ignorance des événements : il a ignoré ou caché la situation de son régiment[1]. »

Des hauteurs et des villages situés au sud de Toul, le spectacle est grandiose, car les incendies semblent dévorer la ville sur laquelle flotte un immense nuage noir. Hier, c'était l'artillerie allemande qui tirait sur la cité ; aujourd'hui, ce sont les canons français. A Gye, au PC du 100e RI, le sous-lieutenant vétérinaire Chevron interpelle les lieutenants Glorieux et Van Thienen, de la compagnie de commandement : « Regardez, mais regardez donc, la cathédrale de Toul est en feu ! »

Bien que le III/100e RI du commandant Leduc ait été très éprouvé la veille, le colonel Fortet lui donne l'ordre de se porter sur le ruisseau des Adams, en soutien du bataillon Bouteil. De son côté, le lieutenant-colonel Marcouire, qui dispose du II/227e RI en réserve sur le canal d'irrigation, au sud du champ de bataille, ne prend aucune disposition analogue. Le bataillon « attend des ordres » pendant que celui du commandant Péretti se fait décimer à Saint-Evre.

« A partir de 15 heures, écrit Péretti, la situation s'aggrave. De la

1. La note est signée : capitaine Valentini, avocat à Arras. Interrogé le 4 mars 1982 par l'auteur, Me Besnard, bâtonnier de l'ordre des avocats du Pas-de-Calais, a retrouvé sur un annuaire de 1939 le nom de Me Charles Vallini, mais pas de Me Valentini. S'agit-il du même homme ?

crête de l'hôpital, partent des tirs nourris d'armes automatiques. Le nombre des tués et des blessés augmente... »

De la crête de l'hôpital? Péretti a raison, car les *Stosstrupps,* pour forcer le passage en direction du sud, élargissent d'abord le terrain conquis en poussant aussi vers l'ouest, sur le flanc du I/204ᵉ RI de Charpy. Quant au médecin auxiliaire Kuntz, il vient de rendre compte au capitaine Péretti qu'il ne sait plus « par quel moyen évacuer ses blessés ni sur quelle formation médicale ». Après une courte — et inutile — préparation d'artillerie, les Allemands viennent en effet de s'emparer de l'hôpital Gamat situé au sud des casernes de la Justice.

« J'étais dans un lit du premier étage lorsque le deuxième étage s'est écroulé en partie sous les obus, témoigne le capitaine Alfred Simon, de la 13ᵉ compagnie de pionniers. On nous a évacués d'abord au sous-sol, puis dans un pavillon où nous étions cinq officiers blessés. Les murs ont été criblés de balles, puis les Allemands sont arrivés. »

Dirigée par le médecin-capitaine Cazaux, du 227ᵉ RI, la formation médicale de Gamat s'est trouvée renforcée par l'équipe du médecin-capitaine Masson, du 132ᵉ RIF, qui a perdu son régiment le 17 juin dans « l'entonnoir de Gironville[1] ». Le personnel a accompli un travail extraordinaire puisque, selon le rapport Masson, plus de trois cent cinquante blessés ont été reçus et traités à Gamat depuis le début de la bataille. Les croix rouges sur l'hôpital n'ont pas empêché l'ennemi de tirer sur l'établissement comme s'il s'agissait d'un camp retranché. En outre, les premiers Allemands se livrent à une exploration méthodique des lieux, comme s'ils craignaient de découvrir quelque tireur embusqué, puis, avec des gestes menaçants, ils font sortir médecins, infirmiers et brancardiers. Lorsque ceux-ci sont rassemblés devant un mur extérieur, un *Oberfeldwebel* vociférant leur annonce froidement qu'il va les fusiller sur-le-champ « s'ils ne révèlent pas où sont enterrés les blessés de la *Wehrmacht* ACHEVÉS la veille ».

Les Français tombent des nues. Le Dʳ Cazaux fait un pas en avant et proteste : « C'est une infamie ! Nous avons toujours exercé notre fonction qui est de soigner et non de tuer. Vous n'avez pas le droit de porter de telles accusations ! »

Le sous-officier allemand fait peut-être allusion aux deux motocyclistes interceptés dans la soirée du 18 par le bataillon Pfister et décédés de leurs blessures. A moins qu'un « incident de parcours » — on dirait, aujourd'hui, une « bavure » — ne se soit produit pendant les combats de rues livrés, on l'a vu, dans la fumée des incendies et la poussière.

1. Dans l'équipe Cazaux, on trouve le pharmacien Jequier, le dentiste Chavaudrey, le vétérinaire Viot et deux médecins de bataillon, Bourée, du I/227ᵉ RI, et Papin, du III/227ᵉ RI. L'équipe Masson est formée du pharmacien Clastre, des dentistes Chevalier et Delaporte.

Comment des médecins qui n'ont pas quitté leur salle d'opération depuis quarante-huit heures peuvent-ils le savoir ?

« Pendant quelques instants, dira le Dr Bourée, j'ai bien cru qu'on allait finir là, bêtement, devant ce mur... »

Heureusement, l'intervention d'un homme, à la fois serein et déterminé, va briser l'atmosphère de suspicion et empêcher les Allemands de crisper davantage leur index sur la détente de leur arme. Responsable des infirmiers et des brancardiers, le sergent-chef Joseph Pabot sort des rangs et s'avance vers l'*Oberfeldwebel* qui n'a pas cessé une seconde de pointer son pistolet-mitrailleur sur le groupe silencieux.

« Je vous donne ma parole de prêtre que vos soldats ont été traités comme les nôtres », lance Pabot d'une voix qui ne tremble pas. Se retournant pour montrer l'hôpital Gamat du doigt, il ajoute : « Vous pouvez vérifier, ils sont encore dans leur lit ! »

Pabot est prêtre de l'Oratoire et son sang-froid impressionne le sous-officier allemand qui jette un ordre à trois de ses hommes. On comprend qu'il leur demande d'aller vérifier les dires du sergent-chef. Un long quart d'heure s'écoulera avant que les soldats du *Regiment* Kreipe, ayant constaté que leurs blessés sont soignés dans les mêmes conditions que les Français, n'autorisent les équipes de Cazaux et de Masson à reprendre leur travail.

« J'ai conservé un souvenir atroce de cette station debout, le dos au mur et face à un peloton d'exécution, sous un soleil éclatant, dira le médecin-lieutenant Bourée. La scène paraissait irréelle et il est incontestable que nous devons la vie à Pabot[1]. »

Dans le faubourg Saint-Evre, le bataillon Péretti, dont les pertes sont très lourdes, poursuit la lutte. Parmi les ruines, au milieu des flammes qui lèchent les façades des immeubles, dans le fracas des toitures qui s'effondrent et des rafales d'armes automatiques, les hommes du I/227e RI font leur devoir. Il n'y a plus de front, plus de première ligne, chacun se bat pour son propre compte, tel le lieutenant Dussère qui, depuis le deuxième étage d'un immeuble criblé de balles et d'éclats, tire à la mitrailleuse sur les Allemands qui cherchent à s'engager dans la rue.

A son PC où il est, lui aussi, pris pour cible, le capitaine Péretti est coupé de ses 2e et 3e compagnies et les effectifs qu'il contrôle encore représentent une centaine d'hommes, affamés et harassés. Des chefs de groupe, sergents et même caporaux lorsque le sous-officier a été tué ou blessé, viennent au PC, se réapprovisionnent en cartouches et repartent au feu. A 16 h 30, le lieutenant Dieuzaide vient rendre compte « qu'il est

1. Lettre du 28 novembre 1979 adressée par le Dr Jacques Bourée à l'auteur. Le Dr Cazaux, de Marseille, a rédigé un récit inédit de cette pénible histoire à l'intention de l'auteur et le lui a adressé le 13 décembre 1979.

serré de près, mais que ça tient ». Péretti n'a pas le temps de tirer une minute de satisfaction de ces paroles : Xavier Dieuzaide est tué alors qu'il s'apprêtait à rejoindre ses hommes. Il avait tout juste trente ans.

Le commandant du I/227ᵉ RI craint maintenant de voir ses unités se déliter et, avec le capitaine Bouhey, il arrête de nouvelles dispositions qui permettront peut-être de prolonger la résistance.

« Ce qui reste du bataillon décrochera section par section et se formera en carré autour des casernes qui sont à deux cents mètres derrière nous. »

Péretti demande ensuite deux volontaires pour porter un compte rendu de changement de position au colonel. Tissier, son ordonnance, et le sergent Tricon se présentent. La mission confiée à ces deux braves serait inutile si l'appareil radio du PC régimentaire répondait aux appels qui lui sont lancés, mais, pas plus qu'il n'a accusé réception la veille des derniers messages du commandant Pfister, il n'enregistre les demandes de Péretti. Faut-il incriminer le matériel ou le manque d'instruction du personnel des transmissions ?

« Où est d'Erceville ? » s'inquiète Péretti.

— Il se bagarre encore dans le faubourg ! » répond Bouhey qui a aperçu le chef du corps franc près de l'église de Saint-Evre.

Harcelé par les *minen* qui couvrent l'avance des *Stosstrupps,* cinglé par des rafales tirées de persiennes closes ou de soupiraux de cave, le personnel du PC se replie sur la caserne Ney où le chef de bataillon veut choisir lui-même le nouvel emplacement. Il s'arrête dans une tranchée où sont allongés des blessés du III/100ᵉ RI que les brancardiers n'ont pu évacuer avant d'être eux-mêmes décimés. Essoufflés, les officiers du I/227ᵉ RI, Brisse, Rougé, le médecin auxiliaire Kuntz, se regroupent autour de leur commandant, mais l'ennemi a suivi, il est sur leurs talons.

« Les grenades à manche éclatent sur le parapet, rapporte Péretti, et les fantassins sont sur nous avant que nous n'ayons pu esquisser un geste de défense, d'ailleurs impossible avec tous les blessés qui encombrent la tranchée. »

Seuls, le capitaine Bouhey, le sous-lieutenant d'Erceville et une poignée d'hommes parviennent à rejoindre le IIᵉ bataillon du commandant Féracci toujours aligné sagement en arrière de la rigole d'alimentation. Quant au lieutenant-colonel Marcouire, il doit croire que tout va bien puisque le capitaine Péretti ne l'a pas informé de la fin du Iᵉʳ bataillon. Pas de nouvelles, bonnes nouvelles !

***

Le commandant Charpy est perplexe : à quoi bon tenir le canal face au nord puisque l'attaque se porte sur son flanc droit, par les casernes de la Justice ? A l'échelon de la division et du régiment, le commandement reste passif. Ni le II/204 RI de Jourdan ni le II/227 RI de Féracci ne recevront l'ordre de contre-attaquer.

Le lieutenant Raisin a envoyé le caporal-chef Carlier et le soldat Coulon prendre contact avec les éléments du I/227e RI qu'il suppose en position devant l'hôpital Gamat. Personne ne reverra les deux hommes et ce sont au contraire les Allemands qui apparaissent. Ils avancent par bonds, « rafalant » à une cadence qui surprend les Français. Cléret a le bras ouvert par une balle, le caporal Jonneau les deux mains traversées…

« Nous avons entendu des cris, rapporte l'adjoint de Raisin, l'adjudant Mazoyer, et nous avons vu venir à nous le groupe Marcon entouré par les boches. »

Usant d'une méthode qui ne constitue pas un fait isolé, l'adversaire fait marcher ses prisonniers devant lui, et les pionniers du lieutenant Raisin, plutôt que de tirer sur leurs camarades, préfèrent lever les bras eux aussi.

On se bat encore vers les casernes de la Justice où la 3e compagnie du lieutenant Breuillé a été attaquée par-derrière [1]. La position du bataillon est couverte d'éclatement de *minen*. Le capitaine Camelin, de la compagnie d'appui, le lieutenant Wagner, puis l'adjudant Pacaud sont blessés.

« Allez voir ce qui se passe à droite et revenez vite me rendre compte ! » ordonne le commandant Charpy au capitaine Ducarme, son adjudant-major.

Ducarme ne dépasse pas le PC du lieutenant Heurley de la 2e compagnie. Il y rencontre le lieutenant Breuillé qui, ses transmissions détruites par le bombardement, est venu téléphoner chez Heurley.

« Les boches avancent en s'abritant derrière des prisonniers ! » rend compte Breuillé.

Ducarme rejoint aussitôt le PC du bataillon à la ferme de Bois-le-Comte et informe Charpy de la méthode utilisée par l'ennemi. Il a bien fait de s'éloigner, car, les mêmes causes engendrant les mêmes effets, toute la droite du bataillon s'écroule.

Charpy : « Les Allemands se font précéder des soldats de la compagnie Bourgin, du IIe bataillon, qui ont été capturés, soit une centaine d'hommes qui s'avancent en criant de ne pas tirer, que l'armistice est signé. Jugeant la situation désespérée et ne voulant pas faire tirer sur la " 6 ", Heurley et Breuillé décidèrent de se rendre. »

Au même moment, le chef de bataillon reçoit un message alarmant du

---

1. Un officier de la « 3 », le lieutenant B…, « a perdu le contrôle de ses actes et, affolé, a fichu le camp en abandonnant sa section » (lettre du 16 décembre 1953 adressée par le capitaine Perrault au colonel Cavey).

lieutenant Bornat qui a succédé la veille au capitaine Guerreau [1] à la tête de la 1re compagnie. Bornat rend compte « que le corps franc n'est plus sur sa gauche et qu'il est attaqué de flanc et sur ses arrières par l'ennemi venant du quartier du 334e RI ».

Que s'est-il passé ? Rien de brillant ! Le commandant Ribaut ayant resserré son « bataillon » sur Choloy et Ménillot, le corps franc du lieutenant Ch... s'est trouvé découvert sur sa gauche et, au lieu de venir sur la compagnie Bornat, il a tout simplement pris la poudre d'escampette. Nous le savons par le lieutenant-colonel Cavey qui découvre Ch... et les vingt-cinq hommes du corps franc « faisant la pause à l'abri du talus de la route », à quelques kilomètres au sud du canal. Lorsque le chef de corps lui demande les raisons de sa présence sur les arrières du bataillon Charpy, Ch... tente d'expliquer qu'il s'est replié « sur un ordre verbal venu de la droite ». Cavey n'est pas dupe et le prie avec fermeté de remonter à sa vraie place, c'est-à-dire en première ligne. Personne n'entendra plus parler du corps franc Ch..., et il est probable qu'il a rendu ses armes au premier *Stosstrupp* rencontré.

L'étau se resserre sur la ferme de Bois-le-Comte et le commandant Charpy perd toutes ses illusions lorsqu'il s'aperçoit que personne ne tient la rigole d'alimentation baptisée par le commandement ligne d'arrêt. Derrière les obus, les *minen*. Derrière les *minen,* les voltigeurs allemands.

« A 16 h 30, écrit Charpy, les *minen* commencent à tomber sur la ferme. La cadence sera bientôt de cinq toutes les dix secondes. »

Personne, au PC, ne comprend le sens de la manœuvre allemande. D'où vient l'ennemi ? Quel est son axe de marche ? Les observateurs ne signalent aucun mouvement vers le nord, côté canal, mais un agent de liaison envoyé au PC du 204e RI, installé à la ferme de Chazot, à deux kilomètres au sud, est revenu à toutes jambes pour annoncer « que les boches se baladent dans les cultures, entre les deux fermes ».

Chaque *minen* qui percute la toiture ouvre une brèche et, entre deux éclatements, on entend le bruit de cascade des tuiles qui glissent sur les lattes avant de s'écraser au sol. Posté chacun à une fenêtre, le sous-lieutenant Monchy et le soldat Moreau tirent au FM sur les Allemands qui avancent par bonds, à moins de six cents mètres.

« A 17 h 45, note le commandant Charpy, je donne l'ordre de cesser le feu. »

Débordé sur sa droite, Charpy l'est également sur sa gauche où les événements se sont précipités depuis le « repli » du corps franc Ch...

---

1. Victime d'un accident, le capitaine Alix Guerreau a été évacué avec une entorse à la cheville.

Ayant constitué les villages de Choloy et de Ménillot en centres de résistance fermés, le commandant Ribaut donne l'impression de vouloir tenir le plus longtemps possible. Ce n'est qu'une impression, car Ribaut, à n'en pas douter, vient de découvrir que le feu tue. Abandonnés à leur sort sur la rive sud du canal, les rescapés de la 9e compagnie ont été faits prisonniers au lever du jour avec leur dernier officier, le lieutenant Touzet, par une compagnie de la *76e ID*. Le sergent-chef Gauvin a été abattu d'une rafale de pistolet-mitrailleur alors qu'il revenait sur ses pas pour prendre sa musette. Un Allemand a cru qu'il tentait de s'évader.

« Tous nos blessés ont été amenés jusqu'à un poste de secours improvisé par nos adversaires, écrit Touzet. Ils nous ont ensuite conduits à Pagny-sur-Meuse, mes soldats dans l'église et moi à la mairie [1]. »

De Ménillot, le capitaine Podechart et ses officiers, rescapés du I/334e RI, ont tenté de filer vers le sud, pour gagner Domgermain et rejoindre le bataillon Faramin. Ils n'ont pas eu de chance. Podechart a été blessé d'une rafale de 9 mm dans les reins et son adjudant-major, le capitaine Maxime Lecoin, a été tué. Tué également l'adjudant Lacassagne, qui a remplacé le lieutenant Devaux à la tête du corps franc. La fin du III/334e RI est proche, mais comment se produit-elle ? Nous avons plusieurs versions et d'abord celle du commandant Ribaut consignée dans son rapport :

« 17 heures. — La liaison par ER 17 ne fonctionne plus.

« 18 heures. — Le bataillon est encerclé. Le Ier bataillon qui se repliait a été attaqué par les Allemands (*sic*), le commandant du bataillon grièvement blessé et le capitaine adjudant-major tué.

« De 18 à 19 heures. — Les îlots de résistance tombent l'un après l'autre, ayant épuisé leurs munitions. Le château de Choloy est attaqué par le sud. Le chef de bataillon, sorti pour se rendre compte de la situation, trouve en rentrant, vers 19 heures, le château occupé et il est fait prisonnier. Il y avait dans les caves des habitants du village et des réfugiés qui y avaient cherché protection. »

Ribaut ajoute qu'il « est emmené à un PC allemand au fort d'Ecrouves où il reçoit des compliments pour la belle défense de son bataillon ».

Autre version, celle du lieutenant Léger, de la section de pionniers envoyée en renfort à la 10e compagnie du capitaine Wilt. Il affirme qu'un soldat du 334e RI fait prisonnier a été renvoyé sur Choloy par les Allemands. C'est Léger qui l'a intercepté et le soldat lui a déclaré « que l'armistice était signé et qu'il ne fallait plus tirer ». Léger laisse sa section sous les ordres de son adjoint, le chef Raveaud, et conduit lui-même le « prisonnier » au commandant Ribaut.

« Il répéta les mêmes paroles au commandant, écrit Léger, et ajouta

_____
1. Lettre du 6 décembre 1979 adressée par M. Touzet à l'auteur.

que les Allemands voulaient qu'un officier se rendît dans leurs lignes pour prendre contact. Le commandant se tourna vers le capitaine Wilt, qui parlait l'allemand couramment. Celui-ci hésita puis accepta, sans gaieté de cœur (...). Il revint vers 16 heures : « L'armistice est signé, nous dit-il, les combats cessent, chacun reste sur ses positions [1]. »

La version du capitaine Wilt, très voisine, diffère cependant sur l'objet de la mission qui lui a été confiée par Ribaut. « Il m'a effectivement chargé de me rendre dans les lignes allemandes, confirme le commandant de la 10ᵉ compagnie, mais il n'était pas question de se renseigner sur l'armistice, démarche qui m'aurait paru anormale, peu conforme aux habitudes militaires. J'étais simplement chargé de dire à l'ennemi que nous cessions de tirer, que nous acceptions de nous rendre [2]. »

Cette version est sans doute la plus proche de la vérité, car le commandant Ribaut ne peut pas ignorer que la bataille se poursuit et qu'il n'est pas question d'armistice : on se bat toujours au sud de Toul et cela s'entend. Le III/334ᵉ RI ne se rend pas contraint et forcé, mais parce que son chef de bataillon l'a décidé. Formés en colonne, les prisonniers seront conduits sous escorte à Pagny-sur-Meuse et enfermés le lendemain à Vaucouleurs. Quant au commandant Faramin, installé sur les hauteurs de Domgermain avec le II/334ᵉ RI, il recevra dans la soirée l'ordre de se replier sur Charmes-la-Côte, à trois kilomètres au sud. Il fera mouvement au cours de la nuit, laissant derrière lui les corps de ses derniers tués, les sergents Bapt et Ancelin, et le capitaine Bernard Tenaillon, de la 7ᵉ compagnie.

**
*

Vers 17 heures, le lieutenant-colonel Cavey a quitté le PC du 204ᵉ RI installé à la ferme de Chazot pour se rendre au fort de Domgermain recevoir des ordres du colonel André, de l'infanterie divisionnaire de la 58ᵉ DI. Dix minutes à peine se sont écoulées depuis le départ du chef de corps lorsqu'un soldat essoufflé vient interrompre le capitaine Perrault qui téléphonait au PC de l'artillerie : « Mon capitaine, les boches sont à quatre cents mètres et nous tirent dessus. »

Furieux d'être dérangé, Perrault le rabroue : « Tout le monde voit des Allemands partout ! »

Le soldat raconte la même chose à l'adjudant-chef Gameau qui hausse

---

1. Lettre du 10 décembre 1979 adressée par M. Léger à l'auteur.
2. Lettre du 9 janvier 1980 adressée par M. Albert Wilt à l'auteur. Brillant universitaire d'origine alsacienne, M. Wilt ajoute avec honnêteté : « Ce n'est pas de bon gré que je vous livre ces renseignements. On partage mal les grandes souffrances. »

les épaules, puis au lieutenant Chevalier qui, lui, décide « d'aller jeter un coup d'œil dehors ».

Trois minutes plus tard, il revient et déclare à la cantonade « que l'ennemi est sur la route de Domgermain et met des mortiers en batterie.

— Mon Dieu ! fait Perrault, et le colonel qui est parti dans cette direction !

— Je l'ai vu qui courait et se couchait à différentes reprises, le rassure Chevalier. Il pourra certainement se réfugier au bataillon Jourdan [1]. »

Depuis une fenêtre du premier étage, le capitaine Cassier, de la compagnie de commandement, aperçoit des *Stosstrupps* au voisinage de la ferme de la Tuilerie. Des rafales d'armes automatiques sont tirées au sud-ouest et semblent se rapprocher. Cassier et Chevalier, qui l'avaient rejoint, descendent dans la salle commune où se trouvent le capitaine Perrault, le lieutenant Sartirano, le médecin-capitaine Gatineau et le lieutenant Saur, des transmissions. Un conseil d'officiers s'improvise rapidement et une seule question est posée : faut-il se battre, défendre le PC du 204e RI qui ne dispose même pas d'une arme automatique ? Le Dr Gatineau fait remarquer que son personnel est non combattant et que le drapeau à croix rouge signalant le poste de secours est accroché à la façade de la ferme. Les Allemands apprécieraient-ils que l'on tirât sur eux dans ces conditions ? C'est peu probable ! Des *minen* éclatent maintenant sur les arrières de la ferme.

« Rendez compte de notre situation en clair à la division et sabotez le matériel ! » ordonne Perrault au lieutenant Saur.

Dès que le message radio est émis, le commandant des transmissions fait détruire l'émetteur, le central téléphonique, les codes et les archives. Des balles s'écrasent contre les murs, les vitres des fenêtres sont brisées.

« Ils sont dans la cour ! » souffle le lieutenant Sartirano.

Les éclatements secs des *minen* n'ont pas cessé, mais l'officier de renseignements a raison : des uniformes verdâtres, poussiéreux, apparaissent à quelques mètres.

« Je suis allé à leur rencontre avec Cassier et Chevalier, rapporte Perrault, mais la violence du bombardement nous obligea à rentrer. »

Les Allemands lancent des fusées grâce auxquelles ils obtiennent la cessation des tirs, puis, précédés d'un grand *Feldwebel,* ils franchissent la porte de la ferme de Chazot.

« Une douzaine d'hommes ont été tués ou blessés dans les dernières minutes du bombardement, dit encore Perrault. Parmi les tués, le caporal-infirmier Gitton et Bontempelli, un des créateurs de la marche

1. Le II/204e RI de Jourdan a envoyé sur ordre la 6e compagnie du lieutenant Bourgin sur la droite du bataillon Péretti. Il est dans le bois de la Queue-du-Mont avec les compagnies des capitaines Louvet et Arnault et personne n'envisage de le jeter dans la bataille.

du régiment. Certains blessés ont été transportés à la ferme de Bois-le-Comte, le Dr Gatineau et le dentiste Reusser sont restés avec les autres[1]. »

★ ★

Le II/227e RI du commandant Féracci est étiré derrière les arbres bordant la « rigole », le canal d'irrigation situé à quelques centaines de mètres des casernes Ney. Les liaisons entre les compagnies sont difficiles et l'artillerie allemande envoie toujours ses salves sur les positions françaises signalées par le « mouchard » qui survole le secteur. Sur la gauche du bataillon, la 5e compagnie du capitaine Ch... disparaît avec la section de mitrailleuses du lieutenant Denizot.

« Vers 19 h 30, explique un des chefs de section, le lieutenant Laurent, complètement encerclés et manquant de munitions, des éléments de ma compagnie sont faits prisonniers[2]. »

Selon le lieutenant-colonel Cavey, la 5e compagnie n'était pas à l'emplacement qui lui avait été fixé, ce qui expliquerait pourquoi les Allemands ont pu s'infiltrer derrière la ferme de Chazot et s'emparer du PC du 204e RI.

« Ils ont débouché des bois qui devaient être tenus par le bataillon Féracci ! » affirme Cavey qui se montre aussi sévère que la veille envers Marcouire, chef de corps du 227e RI. Quand il lui a téléphoné dans la matinée, tout allait bien. A 14 heures, rien de particulier à signaler. De son côté, ayant reçu du lieutenant Breuillé (du I/204e RI) des informations selon lesquelles les Allemands étaient à l'hôpital Gamat et aux casernes de la Justice, le capitaine Perrault a téléphoné au lieutenant-colonel Marcouire à 16 h 30.

« Tout allait bien encore ! » écrit d'une plume indignée l'officier adjoint du 204e RI.

Sur sa droite, le bataillon Féracci n'a aucune liaison avec le 100e RI où les combats se poursuivent, même après la tombée de la nuit. Les Allemands font irruption au PC du III/100e RI à 23 heures. Par chance, le commandant Leduc s'était rendu à la mairie de Gye, PC du régiment, ce qui lui permet d'échapper à la capture. L'ennemi est maintenant très proche et le colonel Fortet a envoyé les motocyclistes du chef Defrennes à la lisière nord du village. Les colonels André et Diani, qui commandent respectivement l'ID 58 et l'ID 51, viennent d'arriver au PC du

---

1. Meunier, Pouchoy, Diette, Brody, Cretelle et le caporal Bontempelli seront inhumés dans une tombe commune près de la ferme de Chazot. Le caporal André Gitton sera retrouvé dans une tombe individuelle à une centaine de mètres.

2. Dans d'autres unités, au contraire, les cartouches abondent. « Grâce aux récupérations, nous ne manquons pas de munitions ! » écrit le commandant Faramin, du II/334e RI.

573

100e RI. Ils organisent, lit-on dans le journal du régiment, « un nouveau plan de défense » qui consiste pour l'essentiel à regrouper les unités qui ont échappé à la destruction dans le bois de l'Enfoux, à quelques kilomètres à l'est de Bicqueley. Curieux plan de défense qui ressemble plutôt à un plan de survie, car, en se resserrant sur Bicqueley et Pierre-la-Treiche, le général Renondeau renonce à défendre les deux routes du sud, celle de Blénod-lès-Toul et celle de Colombey-les-Belles. Le *General* Heunert va pouvoir lancer ses unités en direction des objectifs qu'il convoite depuis deux jours, à commencer par le carrefour routier de Colombey-les-Belles. Chose curieuse, il n'en fait rien et, dans son ordre n° 32 signé dans la nuit du 20 au 21 juin, il indique simplement « que la *58e ID* se met sur la défensive sans dépasser la ligne atteinte [1] ».

Les *Stosstrupps* de l'*Oberstleutnant* Kreipe ne dépasseront pas le bois de Gye, permettant ainsi à Fortet et à l'état-major du 100e RI de quitter le village sans avoir à se battre pour passer. Au II/227e RI, le commandant Féracci a l'impression d'avoir été oublié et, dans la soirée, il fait savoir à ses officiers, le capitaine Cothias, les lieutenants Coiral et Thouvenin, le sous-lieutenant d'Erceville, que le « bataillon » va s'organiser en point d'appui fermé dans le bois du Prêtre-Noyé, au sud de la « rigole ». On inhume l'aspirant Joseph Caubet, tué la veille, et le chef Ropiteau, tombé quelques heures plus tôt [2]. A 2 heures du matin, le lieutenant Tinlot, qui a quitté à la nuit tombante le fort du Chanot où s'est installé le PC du 227e RI, découvre enfin le PC de Féracci et… lui remet l'ordre de repli signé par Marcouire.

A la même heure, le commandant Faramin quitte Charmes-la-Côte avec le II/334e RI. Il n'est pas inquiété, car la *76e ID* du *General* de Angelis a reçu les mêmes consignes que la *58e ID* : se mettre sur la défensive sans dépasser la ligne atteinte ; elle s'installe donc sur les hauteurs de Domgermain, tandis que le bataillon Faramin marche d'abord vers le sud jusqu'à Blénod-lès-Toul pour prendre ensuite la direction de Bicqueley, au nord-est. Les hommes abattront leurs trente-cinq kilomètres dans la nuit, mais, dans la matinée du 21, ils auront rejoint, sans mauvaise rencontre, le PC du lieutenant-colonel Beurville.

Dans ce genre d'affaire, on trouve toujours des oubliés. Personne n'apporte l'ordre de repli au commandant Jourdan, dissimulé avec les deux dernières compagnies du II/204e RI dans le bois de la Queue-du-Mont. Comme l'avait espéré le lieutenant Chevalier, du Ier bataillon, le lieutenant-colonel Cavey a pu se réfugier au PC de Jourdan et seul, le général Perraud, de la 58e DI, pourrait donner l'ordre de se replier à Cavey. Mais Perraud est persuadé que le chef de corps du 204e RI est

1. Le commandant allemand veut appliquer un autre plan, ce que nous verrons dans le t. II des « Combattants du 18 juin ».
2. Le dernier officier blessé, le sous-lieutenant Champeaux, a pu être évacué.

574

depuis longtemps prisonnier. Dans la matinée du 21 juin, après un bref engagement au cours duquel Jourdan sera blessé au pied, Cavey donnera l'ordre de reddition.

Dans l'ordre n° 32, le *General* Heunert rend hommage à ses troupes et à leurs adversaires en soulignant que la *58e Division* a, « dans des combats de rues et sous bois, battu un ennemi qui s'est défendu avec vigueur ».

Dans la journée du 20 juin, les Allemands ont capturé 36 officiers français et 1 437 sous-officiers et hommes de troupe. Ce succès est tempéré par les pertes enregistrées au cours des deux jours de bataille. Dans le journal de la *58e ID*, on relève que le montant des blessés et des tués approche de 500, parmi lesquels 27 officiers. De son côté, le directeur des Sépultures militaires de Meurthe-et-Moselle a établi que « 154 Allemands ont été tués au cours de la bataille des 19 et 20 juin [1] ».

Dans le camp français, on restera longtemps dans l'approximatif, faute de documents. Le 16 mars 1942, le maire de Toul demandera à l'administration responsable le remboursement d'une facture de 29 670 F se rapportant à « l'exhumation, la mise en bière et la réinhumation de 88 militaires français et 27 civils tués pendant la bataille ». Ces chiffres ne concernent que Toul et les pertes françaises sont beaucoup plus élevées, même si l'on sait que le 227e RI, en particulier le bataillon Péretti, a perdu 59 morts identifiés dans la ville. Des dizaines de tués isolés seront inhumés sommairement dans la campagne, le long de la « rigole » ou à la lisière d'un bois, parfois sans avoir été identifiés.

Au 100e RI, les sergents Hespel et Georges, les caporaux-chefs Drouffe et Decottignies seront retrouvés entre les casernes Ney et le bois de Gye avec 29 de leurs camarades. Avenue Jean-Jaurès, le chef Robin et le caporal-chef Jourdain ont été tués sur leur mitrailleuse, mais la plupart des morts du 100e RI sont tombés de part et d'autre de la RN 404, entre Toul et Bicqueley dont ils défendirent l'accès avec acharnement. Une vingtaine de soldats non identifiés et un sergent-chef aux jambes sectionnées seront inhumés dans le faubourg Saint-Evre. Selon la liste établie par le médecin-commandant Bernard, on sait aussi que 14 blessés graves sont décédés au GSD de la 51e DI à Germiny [2]. A Gye, où fonctionnait le poste de secours du médecin-capitaine Tournadre, du 100e RI, encore 10 morts [3]. A Ochey, dans un autre PS, 8

1. Lettre du 27 mai 1942 retrouvée par l'auteur au Service des Sépultures militaires de la rue de Bercy.
2. Parmi eux, quatre soldats du 100e RI identifiés : Detivaud, Milan, Marynissen et Vanopstal.
3. Le caporal Blouin, du 100e RI, et huit artilleurs du 48e RA : Lemarié, Monbeig, Mérat, Debarnot, Charreaux, Van Malder, Godry et Soupey. Les trois derniers auraient été tués lors de l'éclatement de leur pièce.

morts : Audin et Demarque, du 100e RI, et 6 artilleurs, Bloume, Carneau, Gamez, Lenain, Samalens et Cedarry. Ajoutons les 35 morts de la commune de Foug, auxquels s'ajoutent les 25 d'Ecrouves et de Choloy parmi lesquels on compte 2 sergents, Nève et Soubrillard, un artilleur, le maréchal des logis Chaigneau, et 12 soldats du I/204e RI. N'oublions pas les 7 tués de la ferme de Chazot, les capitaines Lecoin et Tenaillon inhumés près du fort de Domgermain et tous les isolés tombés sur l'ensemble du champ de bataille : les sergents Bapt et Ancelin, du 334e RI, les caporaux Colin, Chavaroc, et le soldat Barat, tous les trois du 227e RI. Nous atteignons ainsi, avec les réserves d'usage, un total de 230 morts identifiés, ce qui constitue, de même que sur la Meuse ou le canal de la Marne au Rhin, un nombre minimal.

La 58e DI du général Perraud qui s'est cantonnée, conformément aux ordres, dans une attitude strictement défensive a perdu six bataillons. La 51e DI de Boell, qui ne fut attaquée que sur sa gauche, ne peut plus compter sur les bataillons Leduc et Bouteil, du 100e RI. A Toul, les dégâts sont très étendus et des quartiers entiers ont disparu, d'abord sous les coups de l'artillerie allemande, ensuite pendant les combats de rues et, pour finir, sous les obus français. Dans son rapport du 18 septembre 1940, le préfet de Meurthe-et-Moselle assure que Toul est la ville du département qui a été le plus sévèrement touchée par les destructions, avec 530 immeubles rasés ou très endommagés. Longwy, qui fut bombardée les 12 et 13 mai, arrive loin derrière avec 283 habitations détruites[1].

A Toul, l'incendie de la cathédrale Sainte-Etienne a fait couler beaucoup d'encre, les adversaires se rejetant la responsabilité du bombardement de l'édifice. Il est certain que ce sont les artilleurs français qui ont tiré sur la cathédrale, sans pour autant la prendre comme objectif. Le 19 juin, les Allemands disposaient des observatoires de la côte Saint-Michel qui leur permettaient, ils l'ont souligné, de repérer les quartiers et même les pâtés de maisons où résistaient les fantassins français. Et, le 20 juin, ils occupaient la ville. Prévoyant cependant qu'on le soupçonnerait d'avoir voulu détruire la cathédrale, le *General* Heunert a fait rédiger par un aumônier catholique de la *58e ID* le compte rendu suivant : « Le 20 juin 1940, la cathédrale de Toul fut bombardée par l'artillerie française. L'intérieur de la cathédrale brûla. Par l'action des troupes du génie et des...[2], il fut possible de sauver des

---

1. Si l'on tient compte des effectifs de la population, la localité du département qui a le plus souffert est Villers-la-Montagne : 216 maisons détruites ou très endommagées pour 912 habitants (13 267 à Toul).
2. Illisible sur le microfilm.

objets d'art précieux de la destruction et de neutraliser l'incendie à l'intérieur de l'édifice. »

Le document fut porté à Me Henri Miller, notaire et maire de Toul, qui fut prié d'ajouter les lignes suivantes et de les signer : « Le soussigné peut attester que la cathédrale a été bombardée après l'entrée des troupes allemandes dans la ville. »

Le *Leutnant* Bober fut chargé d'établir une copie destinée au *General* Feige du *Höhere Kommando* 36, dans le journal duquel elle figure[1].

* * *

Sur le canal de la Marne au Rhin, la Meuse et le front de Toul, trois batailles viennent de prendre fin avec, pour chacune d'entre elles, les mêmes corollaires : pertes élevées en hommes et en matériel, affaiblissement des unités et reprise du mouvement de retraite qui oblige les armées encerclées à se resserrer davantage et leurs arrières à s'enchevêtrer. Le moment approche où elles devront s'arrêter, faute d'espace, et se battre « le dos au mur » avant d'être, de toute façon, éliminées.

Le groupement Guderian opère sa conversion face au nord-est et, lorsqu'il passera à l'attaque, les armées françaises auront alors quatre fronts à défendre, ce qui sera d'autant plus difficile que le général Condé, commandant la IIIe armée, n'a plus d'unités à envoyer sur le front sud. Toutefois, les difficultés de toutes sortes dans lesquelles il se débat n'empêchent pas le haut commandement de poursuivre le « jeu de la tactique ».

Se trouvant en dehors du champ de bataille, Georges, qui commande le front Nord-Est, et Prételat, du GA 2, ne connaissent pas la véritable situation de leurs subordonnés, celle de Condé en particulier, enfermé à l'intérieur du cercle. Ce qui n'a pas empêché Georges de télégraphier à Prételat dans l'après-midi du 18 juin pour lui rappeler « que les attaques prévues doivent être déclenchées dans le plus bref délai avec tous les moyens disponibles ».

Il s'agissait du projet de contre-offensive vers le sud et Georges estimait que « cette action de force était seule capable de sauver l'honneur ». Prételat n'a pas apprécié la formule et s'est hâté de rappeler à son supérieur qu'il lui avait rendu compte « des mouvements offensifs entamés ».

---

1. Dans le journal, on lit également mais à la date du 19 juin : « Les Français, qui résistent avec acharnement, tiennent les casernes de la Justice. Toul reste sous le feu de l'artillerie ennemie qui endommage malheureusement (*sic*) la cathédrale. La construction des ponts souffre également de ces tirs, mais deux ponts sur le canal peuvent être achevés. »

Georges peut donc croire que l'opération prescrite est lancée, alors qu'il n'en est rien. Prételat assure que son dernier télégramme est parti le 18 à 23 heures. Pourquoi masque-t-il la vérité à Georges puisque le général Condé lui a dit à 13 h 30 : « Menace dislocation totale — Arrête opération prévue. » La situation dans laquelle se débat Condé étant suffisamment compliquée pour qu'on ne lui parle pas d'une offensive lancée cette fois « pour l'honneur », Prételat s'en tient à sa réponse du 18 à 23 heures adressée à Georges, et l'on a l'impression que l'histoire s'arrête là. Le commandant du GA 2 laisse s'écouler la nuit du 18 au 19 juin, puis une partie de la matinée, avant de se décider à envoyer un nouveau message au PC de la IIIe armée où il est enregistré à 11 h 50. Le document comporte deux paragraphes, mais le premier est sans intérêt, car il entérine un état de fait.

« 1° Ensemble forces constituant les IIIe, V[e] et VIIIe armées et restes IIe armée passent ordres du général Condé. »

Prételat veut-il rappeler à Condé qu'il a l'entière responsabilité des armées encerclées et que si un désastre se produit...

Dans le second paragraphe du télégramme, Prételat ne tient pas compte du message reçu la veille de Condé (« Menace dislocation totale — Arrête opération prévue ») et, reprenant les directives de Georges, engage fermement le commandant de la IIIe armée à relancer l'offensive vers le sud et à préparer, dans cette perspective, un nouveau plan d'opération.

« 2° Malgré difficultés signalées, attaques prévues doivent être déclenchées dans le plus bref délai avec tous moyens disponibles et dernière énergie. Situation générale exige impérieusement cette action, seule capable sauver l'honneur. »

C'est la phrase exacte employée par Georges dans son télégramme du 18 juin. Prételat a-t-il volontairement retardé la transmission de vingt-quatre heures, de manière que les ordres soient définitivement inexécutables ? Officier d'ordonnance du général Condé, le capitaine Cogny se dit persuadé que, dans l'esprit de Prételat, le deuxième ordre d'offensive ne visait pas à relancer une opération jugée irréalisable deux jours plus tôt et pouvant provoquer la dislocation des armées encerclées.

Il s'agissait, dira Cogny, « de donner un aspect favorable à l'ultime image de nos armées de 1940 surprises par l'armistice en cours d'exécution d'une offensive vers le sud [1] ».

Doit-on comprendre que les grands chefs, Prételat et Georges, ne veulent pas être pris en flagrant délit de passivité lorsque sonnera le cessez-le-feu ? Ce qui expliquerait les échanges de télégrammes supposés traduire une intense activité opérationnelle. Pour Condé, au contraire, l'ordre de relancer l'offensive n'a rien de symbolique et implique une

---

1. Lettre du 30 janvier 1967 adressée par le général Cogny à l'auteur.

exécution, ce qui ne l'empêche pas de le trouver absurde et de s'interroger sur les intentions réelles de ses supérieurs. Son journal nous livre d'ailleurs ses préoccupations : « D'où peut venir cet ordre ? Où est Prételat ? Connaît-il exactement notre situation ? »

Sa plume est sans doute restée suspendue quelques instants, le temps de la réflexion, puis, allant à la ligne, il ajoute : « Bien. On va exécuter ce qu'on pourra. »

Le 3ᵉ Bureau va préparer un ordre d'opérations et nous en trouvons mention dans les carnets du lieutenant-colonel Debeugny : « Je refuse d'aller à la popote pour m'attacher immédiatement à l'ordre d'opérations, car il me paraît indispensable et urgent d'inviter les corps d'armée à entamer aussitôt la progression générale vers le sud ordonnée avant-hier, sans consentir de nouveau délai et en sacrifiant les troupes trop engagées au nord [1]. »

Il y a de l'exaltation dans les propos de Debeugny, mais elle retombe vite lorsqu'il examine la situation d'un œil plus critique : « C'est la seule façon de nous en tirer, s'il en est temps encore, ce dont je doute fort, hélas, maintenant que nous avons perdu quarante-huit heures. »

De son côté, le général Condé nous donne les grandes lignes de la nouvelle contre-offensive montée en direction du sud, se gardant toutefois de préciser quelles divisions il compte retirer du front pour reconstituer le bloc d'attaque de l'opération telle qu'elle avait été prévue le 17 juin :

« Mettre en route, face au sud, tous les éléments possibles pour former avant-gardes. Maintenir sur le front des troupes engagées pour couvrir un commencement d'exécution... Dès que ces avant-gardes auront gagné le champ nécessaire, les armées dégageront du front tout ce qui n'est pas strictement nécessaire pour exécuter une action retardatrice couvrant les arrières. Cette deuxième phase en principe au début de la nuit 19-20 juin. Premier objectif des armées : ligne Le Thillot — Bains-les-Bains — Saint-Thiébault (sur la Meuse). »

Même si Condé parvenait à regrouper des forces suffisantes, il leur serait difficile d'atteindre la ligne prévue. Bains-les-Bains est entre les mains de la *6ᵉ Panzerdivision* depuis plus de trente-six heures. La division est entrée dans la ville le 18 au matin et attaque vers le nord-est. Quant à Saint-Thiébault, sur la rive gauche de la Meuse, les premiers éléments de la *86ᵉ ID* l'occupent depuis la veille et se battent sur l'autre rive pour s'emparer de Bourmont où le commandant Voillemin, du I/14ᵉ Sénégalais, va bientôt mettre bas les armes pendant que sa

1. Debeugny fait allusion au 20ᵉ corps du général Hubert et au 43ᵉ corps du général Lescanne. Le chef du 3ᵉ Bureau compte toujours sur la 6ᵉ DINA qu'il qualifie de « très abîmée mais non engagée ». On voit qu'il n'était pas la veille à Ourches ou à Saint-Germain-sur-Meuse.

division, la 1re DIC, poursuit le mouvement de repli entamé sur ordre au cours de la nuit précédente. On ne va tout de même pas demander au général Roucaud de revenir une TROISIÈME fois s'installer sur la Meuse ?

Il n'en est rien, car si le 3e Bureau de Condé s'efforce d'établir un ordre d'opérations à peu près cohérent, le chef de la IIIe armée révèle dans son journal qu'il n'est pas dupe : « On fera ce qu'on pourra et, au risque d'un écroulement complet, car, dans ce château branlant que nous maintenons avec tant de peine, tout mouvement vers le sud risque d'entraîner une panique. »

N'ayant pas apprécié certains passages du dernier télégramme de Prételat, Condé, avec l'aide de Tessier, son chef d'état-major, rédige une réponse qui comporte deux volets. Le premier est envoyé au commandant du GA 2 à titre personnel : « Reçu 19 juin ordre attaquer. Sera exécuté[1]. Beaucoup d'éléments sans pain, ni munitions ni essence — Presque tous les corps d'armée contiennent péniblement l'ennemi avec fractions non épuisées — Jamais avion ami — Aucun renseignement — Bombardements ennemis fréquents — Tout mouvement vers le sud qu'on pourra appeler « offensive vers le sud » peut déterminer écroulement — Quant à sauver honneur troupes qui, après annonce fin de la lutte[2], encerclées, non ravitaillées, combattent depuis six jours en rase campagne, c'est fait. »

Dans le second télégramme, un chiffré ordinaire, Condé place ses supérieurs devant leurs responsabilités et exige les appuis qu'il estime indispensables à la réussite de l'offensive qu'on lui ordonne de lancer, pour la seconde fois, en direction du sud.

« Pour exécuter opérations prévues par télégramme du GA 2 de ce matin 19 juin et en raison de l'activité jamais gênée de l'aviation ennemie, je demande :

« a) Puissante protection de chasse pendant journée du 20 juin sur zone Neufchâteau — Charmes — Pont-Saint-Vincent — Foug ;

« b) Renseignements sur occupation et mouvements ennemis dans zone Neufchâteau — Charmes — Langres — Remiremont. »

Ces demandes parfaitement justifiées resteront sans suite. Georges et Prételat, s'ils insistent auprès de Condé sur la nécessité de se dégager du cercle où il est enfermé avec plus de cinq cent mille hommes, ne lui apportent aucun secours.

1. « La suite du télégramme montre bien qu'il s'agit de la réaction militaire classique : « J'ai reçu un ordre, j'exécute. Mais... » (Correspondance du général Cogny avec l'auteur.)

2. Allusion au discours radiodiffusé de Pétain le 17 juin : « (...) je vous demande de cesser le combat. »

« L'offensive vers le sud s'est avérée une entreprise chimérique, déclare Cogny. Seul le 45e corps a réussi, sous ce prétexte, à échapper à l'encerclement pour se jeter finalement en Suisse, laissant la porte ouverte au débordement allemand. Il n'était pas concevable de transformer ladite « offensive vers le sud » en fuite honteuse d'armées désorganisées ou, plus exactement, des centaines de milliers d'individus qui les composaient[1]. »

La question reste posée : comment le haut commandement a-t-il pu, à deux reprises, donner un ordre d'offensive dont le responsable des armées encerclées affirmait qu'il était inexécutable et pouvait provoquer une « dislocation totale » ? Comment a-t-on pu donner des ordres « pour l'Histoire » sans accorder à Condé le minimum de moyens qu'il sollicitait, en particulier une couverture aérienne ?

Il semble que les armées encerclées ont été délibérément sacrifiées et, dans ce cas, les faits donnent raison au général Cogny lorsqu'il qualifie l'ordre d'offensive vers le sud de « malhonnêteté intellectuelle ». Le colonel de Villelume, directeur du cabinet militaire de Paul Reynaud, donc bien placé pour connaître les arcanes du pouvoir, nous livre ce terrible aveu dans son journal : « Qu'était-ce en effet pour moi que l'armistice dont je demandais la conclusion ? Une opération dont l'unique but était de nous amputer d'un membre mort : l'armée de terre métropolitaine[2]. »

---

1. Lettre du 7 avril 1968 adressée par le général Cogny à l'auteur.
2. *Journal d'une défaite* (Fayard, 1976).

Table des cartes

Table des cartes

Table des matières

Achevé d'imprimer le 27 octobre 1983
sur presse CAMERON,
dans les ateliers de la S.E.P.C.
à Saint-Amand-Montrond (Cher)
pour le compte de la librairie Arthème Fayard
75, rue des Saints-Pères - 75006 Paris

35-14-6509-02
ISBN 2-213-00737-3

Dépôt légal : octobre 1983
N° d'Édition : 6696. N° d'Impression : 1717.

Imprimé en France